复旦卓越·金融学系列

（第二版）

金融法学

张学森　编著

Banking and Financial Law

复旦大学出版社

内容简介

《金融法学》作为著作性教材，框架体系新颖完备、章节内容权威规范，自出版以来，受到各地高校金融学、法学等相关专业师生欢迎，不少高校选择其作为课程建设的指定教材或者主要参考资料，使其发挥了应有的积极作用。

近年来，随着我国金融行业的创新发展和法治国家建设的不断深化，金融法作为一个法律分支和金融法学作为一门交叉学科，都得到了长足的发展。可以认为，我国现代金融法治体系已经形成，以之为研究对象的金融法学科已具雏形。我国已经进入民法典时代，《民法典》中虽很少有直接规范金融行业或金融行为的条款，但物权编、合同编、侵权责任编中的法条与规则，与金融活动具有非常密切的联系，影响直接且巨大。事实上，几乎所有的金融业务活动都离不开《民法典》合同编。而且，合同编还在典型合同分编中增加了保理合同等专章，对于保理等金融活动予以细化规制。

基于上述情况，作者决定对《金融法学》进行较大幅度修订，以反映我国金融法治建设最新成就，满足高等院校相关专业金融法学课程建设、课堂教学和人才培养的最新需要。因此，在修订中，一方面，调整全书结构，删减第一版中有关章节，聚焦金融法学的核心内容；另一方面，增加金融创新、普惠金融的法治保障和金融纠纷解决等章节内容，努力做到体系完备、内容规范，重点突出、简明扼要。全书共12章，包括金融法学概论、金融体制与金融立法、金融调控与监管法、金融机构组织法、商业银行业务法、票据法律制度、金融担保法律制度、证券法律制度、金融信托法律制度、保险法律制度、金融纠纷解决、金融创新的法治保障。

我们希望，《金融法学》（第二版）的体系结构和内容安排能够更好地满足金融法学课程建设和课堂教学的实际需要，在各类金融法律专业人才的培养中继续发挥应有的积极作用。

前　言

党的十九大报告提出了"现代金融"概念,十九届四中全会明确提出:"加强资本市场基础制度建设,健全具有高度适应性、竞争力、普惠性的现代金融体系,有效防范化解金融风险。"这意味着,我们需要尽快完善适应现代金融发展的金融法律保障体系。

至2019年中华人民共和国成立70周年,我国基本建成了与中国特色社会主义相适应的具有高度适应性、竞争力、普惠性的现代金融体系。目前,我国金融业已形成了覆盖银行、证券、保险、基金、期货等领域,种类齐全、竞争充分的金融机构体系。截至2019年6月,我国银行业金融机构达到4 597家,其中政策性银行2家、开发性金融机构1家、国有大型商业银行6家、全国性股份制商业银行12家、城市商业银行134家、农村商业银行1 423家、农村合作银行30家、农村信用社782家、村镇银行1 622家、民营银行17家、信托公司68家、金融租赁公司70家、企业集团财务公司254家、汽车金融公司25家、消费金融公司24家、金融资产管理公司4家等;证券公司131家,基金公司120家,期货公司149家;保险公司229家。2019年年末,全国金融业总资产318.7万亿元,其中银行业总资产290万亿元,规模位居全球第一;证券业总资产8.1万亿元;保险业总资产20.6万亿元。我国已拥有全球第一大银行业、第二大股票市场和第三大债券市场。民间资本在股份制银行股本中占比超过40%,在城市商业银行中占比超过50%,在农村合作金融机构中占比超过80%。2020年6月底,我国外汇储备余额3.1万亿美元,多年居全球第一。

2020年是我国金融中心建设中具有里程碑意义的年份,作为国家战略,上海基本建成与我国的经济实力和人民币的国际地位相适应的国际金融中心。一是从框架体系看,上海的金融中心主体架构已经基本确立,各类金融市场、基础设施等金融要素齐备,中外资金融机构集聚发展,金融产品和服务体系在不断完善。二是从内涵功能看,上海金融中心价格形成功能和人民币支付清算功能已较为完善,"上海金""上海油"等"上海价格"有力提升了人民币资产的国际定价能力。人民币跨境支付系统、上海清算所、中国银联、支付宝等落户上海,使上海成为全球人民币支付清算的核心枢纽。三是从开放水平看,上海的金融中心国际化程度大幅提升,我国的A股、债券相继被纳入各大主流国际指数,沪港通、债券通、黄金国际版等相继推出,外资金融机构加快在上海布局。四是从发展环境看,上海金融中心的配套服务体系不断健全,上海金融法院成立,政务服务"一网通办"全面推进,市大数据中心、普惠金融应用正式上线,法制、信用、人才环境更加完善,会所、律所、征信、评级机构等金融专业服务机构加快在上海集聚,金融从业人员已有40万人左右。五是从国际比较看,上海在全球金融中心指数中已经连续三期保持全球第五名,金融业增加值、金融市场交易额等多项指标国际排名居世界前列。在英国独立智库Z/YEN集团于2020年3月26日发布的全球金融中心指数(GFCI)排名中,上海已排名全球第4位。

新中国成立70年以来,适应新时代金融业快速发展,金融监管体系和金融法治体系得到不断优化,金融监管专业性和有效性得到提升。2017年7月召开的第五次全国金融工作会议,启动了新一轮的金融改革。国务院金融稳定发展委员会成立,统筹金融改革发展与监管,加强宏观审慎管理,防范和化解系统性金融风险,由人民银行承担国务院金融稳定发展委员会办公室职责;中国人民银行的职能得到了充实;中国银监会和中国保监会实现职能整合,新组建的中国银保监会于2018年4月8日正式挂牌;各地政府金融工作机构在2019年纷纷挂牌成立地方金融监督管理局。截至目前,国务院金融稳定发展委员会统筹抓总,"一行两会一局"和地方分工负责的金融监管架构已经形成。

与此同时,我国现代金融法治体系基本形成,建立了以《中国人民银行法》《银行业监督管理法》《商业银行法》《证券法》《信托法》《保险法》等基础金融法律为核心,相关行政法规、部门规章及规范性文件为重要内容的金融法律制度框架。出台了《票据法》《反洗钱法》《金融统计管理规定》《征信业管理条例》《存款保险条例》等法律法规。公布、施行了《商业银行互联网贷款管理暂行办法》《标准化票据管理法》《融资租赁公司监督管理暂行办法》《信用保险和保证保险业务管理办法》等部门规章,以及《上海市地方金融监督管理条例》《浙江省地方金融条例》等地方金融法规。此外,还建成了全国集中的金融统计信息系统,建立金融业综合统计制度。反洗钱和反恐怖融资监管取得重要进展,有效遏制了金融领域洗钱与恐怖融资风险。

特别是,2020年5月28日,十三届全国人大三次会议通过了《民法典》,自2021年1月1日起施行,我国由此进入"民法典时代"。《民法典》是市场经济的基本法,虽然很少有直接规范金融行业的法条,但其物权编、合同编与金融关系十分密切。事实上,所有的金融活动都离不开《民法典》合同编。而且,《民法典》合同编还分别对借款合同、融资租赁合同、保理合同等作出了专门规定。因此,《民法典》对我国金融法治的发展和完善,具有直接的重大影响。

正是在这样的大背景下,笔者决定对《金融法学》进行较大幅度修订,以反映我国金融法治建设最新成就,满足高等院校相关专业金融法学课程教学和人才培养的最新需要。因此,在这次修订中,一方面,调整全书结构,删减第一版中有关章节,聚焦金融法学核心内容;另一方面,增加金融创新、普惠金融的法治保障和金融纠纷解决等章节内容,努力做到体系完备、重点突出、简明扼要。全书共12章:金融法学概论、金融体制与金融立法、金融调控与监管法、金融机构组织法、商业银行业务法、票据法律制度、金融担保法律制度、证券法律制度、金融信托法律制度、保险法律制度、金融纠纷解决、金融创新的法治保障。我们希望,这样的内容体系,能够更好地满足金融法学课程教学的实际需要,在各类金融法律专业人才的培养中发挥积极作用。

由于水平有限,不足甚至错讹之处在所难免,热诚欢迎批评指正。电子邮箱:20059475@lixin.edu.cn;1600041316@qq.com。

张学森

2020年7月

于上海浦东花木

目 录

第一章 金融法学概论 ··· 1
  本章要点 ··· 1
  第一节 金融概述 ······································· 1
  第二节 金融法原理 ····································· 7
  第三节 金融法学基础 ··································· 20
  复习思考题 ··· 22

第二章 金融体制与金融立法 ··································· 23
  本章要点 ··· 23
  第一节 各国金融体制 ··································· 23
  第二节 国外金融立法 ··································· 33
  第三节 中国金融立法 ··································· 40
  复习思考题 ··· 48

第三章 金融调控与监管法 ····································· 49
  本章要点 ··· 49
  第一节 金融调控与监管法概述 ··························· 50
  第二节 中央银行法 ····································· 55
  第三节 银行保险监管 ··································· 61
  第四节 证券期货监管 ··································· 72
  复习思考题 ··· 78

第四章 金融机构组织法 ······································· 79
  本章要点 ··· 79
  第一节 金融机构法概述 ································· 79
  第二节 商业银行 ······································· 82
  第三节 政策性银行 ····································· 92
  第四节 非银行金融机构 ································· 98
  复习思考题 ··· 104

第五章　商业银行业务法 ·· 105
　　本章要点 ·· 105
　　第一节　银行业务法概述 ·· 105
　　第二节　银行负债业务 ·· 112
　　第三节　银行资产业务 ·· 118
　　第四节　银行中间业务 ·· 127
　　复习思考题 ·· 139

第六章　票据法律制度 ··· 140
　　本章要点 ·· 140
　　第一节　票据法概述 ··· 140
　　第二节　票据法基本制度 ·· 150
　　第三节　汇票法律制度 ·· 161
　　第四节　本票与支票 ··· 167
　　复习思考题 ·· 169

第七章　金融担保法律制度 ·· 170
　　本章要点 ·· 170
　　第一节　金融担保法概述 ·· 170
　　第二节　金融信用担保 ·· 178
　　第三节　金融物权担保 ·· 192
　　第四节　融资担保制度 ·· 199
　　复习思考题 ·· 205

第八章　证券法律制度 ··· 206
　　本章要点 ·· 206
　　第一节　证券法基本原理 ·· 206
　　第二节　证券发行与交易 ·· 216
　　第三节　上市公司收购 ·· 222
　　第四节　信息披露与投资者保护 ·· 227
　　复习思考题 ·· 231

第九章　金融信托法律制度 ·· 232
　　本章要点 ·· 232
　　第一节　金融信托法概述 ·· 232
　　第二节　信托行为 ·· 242
　　第三节　信托财产 ·· 246
　　第四节　信托当事人 ··· 247
　　第五节　金融信托业 ··· 255
　　复习思考题 ·· 260

第十章　保险法律制度 ……………………………………………………… 261
  本章要点 ……………………………………………………………………… 261
  第一节　保险法基本原理 …………………………………………………… 261
  第二节　保险合同 …………………………………………………………… 269
  第三节　保险公司及其经营规则 …………………………………………… 279
  第四节　保险中介服务 ……………………………………………………… 283
  复习思考题 …………………………………………………………………… 286

第十一章　金融纠纷解决 …………………………………………………… 287
  本章要点 ……………………………………………………………………… 287
  第一节　纠纷解决概述 ……………………………………………………… 287
  第二节　金融纠纷及其解决机制 …………………………………………… 292
  第三节　金融调解 …………………………………………………………… 299
  第四节　金融仲裁 …………………………………………………………… 309
  复习思考题 …………………………………………………………………… 321

第十二章　金融创新的法治保障 …………………………………………… 322
  本章要点 ……………………………………………………………………… 322
  第一节　金融创新及其法治保障 …………………………………………… 322
  第二节　绿色金融的法治保障 ……………………………………………… 327
  第三节　结构融资的法治保障 ……………………………………………… 336
  第四节　融资租赁的法治保障 ……………………………………………… 347
  第五节　商业保理的法治保障 ……………………………………………… 354
  复习思考题 …………………………………………………………………… 360

参考文献 ……………………………………………………………………… 361

第一章 金融法学概论

本章要点

- 金融的概念
- 金融基本范畴：货币、信用、金融工具和金融市场
- 金融法的概念与调整对象
- 金融法的内容、体系和渊源
- 金融法的基本原则
- 金融法学的概念

> 金融作为现代经济的核心，在国民经济全局中居于枢纽地位、发挥重要作用。金融法是调整金融关系的法律规范的总称。金融关系包括金融监管关系与金融交易关系。在金融法总称下面，可以将有关调整金融监管关系与金融交易关系的法律分为银行法、票据法、证券期货法、信托法、保险法、外汇管理法等具体类别，构成金融法次级法律部门和金融法学分支法律学科的物质基础。

第一节 金融概述

金融①（finance②）是随着商品经济的发展而产生的，经历了由简单到复杂，由低级到高级的演变。在经济全球化时代，伴随着全球创新浪潮，金融创新运动的兴起与迅猛发展，给整个金融体制、金融宏观调节乃至整个经济都带来了深远的影响。

---

① 古代文字中有"金"，有"融"，但未见"金融"连在一起的词。中国最早列入"金融"条目的工具书是：1915 年版《辞源》金融的释文："今谓金钱之融通状态曰金融，旧称银根。各种银行、票号、钱庄，曰金融机构……"1936 年版《辞海》金融的释文"谓资金融通之形态也，旧称银根"。参见黄达：《金融学》（精编版），中国人民大学出版社 2004 年版，第 59 页。

② 现在很多工具书把"金融"与 finance 对应，但作为经济范畴加以研究时，两者并不完全等同。"Finance. The provision of money when and where required. Finance may be required for consumption or for investment. For the latter when provided it becomes capital."参见格雷姆·本那克，R.E.贝克斯特，伊文·戴维斯：《企鹅经济学词典》（英文版），外文出版社 1999 年版，第 160 页。

一、金融的概念

(一) 金融的定义

金融,即货币资金的融通,是指与货币流通和信用活动相关的一切资金融通活动。在这里,融通的对象是货币和货币资金;融通的方式是有借有还的信用方式;融通的组织机构是银行和非银行金融机构;融通的范围包括货币的发行和回笼,存款的吸收和贷款的发放,投资基金的筹集,国内外资金的汇兑和结算,金银、外汇的买卖,有价证券的发行和转让,同业拆借市场、票据市场的活动,信托、保险、租赁以及由此派生或者与此相关的一切与货币资金融通有关的经济活动。

由此可见,作为一个经济范畴,金融是指社会经济生活中的货币流通和信用活动以及与此有关的一切经济活动的总称。金融既有别于货币流通和信用活动,又容纳、概括了这两者,是货币流通和信用活动相互依存、相互作用的一个有机整体。

(二) 金融范畴的形成与发展

分析金融范畴的形成,需要追溯货币和信用的发展和演变。

(1) 古代的货币范畴和信用范畴相互独立发展。或者说,在现代资本主义市场经济之前,货币范畴的发展同信用范畴的发展保持着相互独立的状态。流通中的货币[①],其形态经历了从最初的实物形态,到金属铸币形态,再到信用货币形态的发展演变。货币在以实物形态和铸币(包括称量的金属货币)形态存在时,都不是信用的创造。

资本主义社会之前的信用[②],一直是以实物借贷和货币借贷两种形式并存。随着商品货币关系的发展,作为财富凝结的货币在借贷中日益占重要地位。但在货币借贷迅速发展的同时,实物形态的借贷仍然大量存在。信用的发展,对于货币的流通起到过强大的作用,推动了两者联系的日益增强,但总的看来,货币和信用仍然保持着相互独立的状态。

(2) 现代银行的产生促进了金融范畴的形成。随着资本主义经济的发展,在西欧产生了现代银行。银行家签发允诺随时兑付金银铸币的银行券。银行券流通的规模迅速扩大,越来越多地代替铸币执行流通手段和支付手段职能。今天在世界各国流通的现钞都属于银行券范畴。同时,在银行存款业务的基础上,形成了既不用铸币也不用银行券的转账结算体系和在这个体系中流通的存款货币,即用以结清大额交易的主要货币形态。

在18、19世纪,在一些资本主义工业化国家中,一方面,金属铸币制度(金本位制、银本位制、金银复本位制)仍然存在着,这是独立于信用活动之外并由国家直接制定管理的制度;另一方面,铸币流通范围急剧缩小,到19世纪末20世纪初,流通中的贵金属铸币已经很少,大量金银集中于中央银行;用于转账结算的存款需要提取现金时,以银行券支付;银行券的信誉则由随时可兑取金币、银币来保证。在经济繁荣时期,一国在中央银行集中的贵金属准备,可支持规模比它大几十甚至几百倍的银行券和存款货币的流通;一旦危机来临,公众普遍追求现钞,进而追求铸币,则会同时造成货币制度和信用制度的剧烈震荡。发展到这样的

[①] 货币(money, currency)是固定充当一般等价物的特殊商品,其职能有五项:价值尺度、流通手段、贮藏手段、支付手段和世界货币,其中价值尺度和流通手段是货币的基本职能,贮藏手段和支付手段是派生职能。

[②] 信用(credit)这个词是舶来品,在中国传统文字中若说道德规范、行为规范时,是一个"信"字;若作为经济范畴,与之相当的是"借贷""债"等。作为经济范畴,信用是指借贷行为,其特征是以收回为条件的付出,或以归还为义务的取得;而且,贷者之所以愿意贷出,是因为有权利取得利息(interest),借者之所以可能借入,是因为承担了支付利息的义务。

地步,货币制度与信用制度的联系,非常明显,已经不可分割。只是,由于金属铸币的流通依然存在,货币制度相对于信用的独立性尚未完全泯灭。

第一次世界大战后,在发达的资本主义国家中,贵金属铸币全部退出流通。到 1930 年代,则先后实施了彻底不兑现的银行券流通制度。这时,货币的流通与信用的活动,则变成了同一的过程。一方面,任何货币的运动都是在信用基础上组织起来的:基于银行信用的银行券是日常小额支付的手段;转账结算中的存款货币则是大额支付的主要形式。完全独立于信用活动之外的货币制度已荡然无存。另一方面,任何信用活动也同时都是货币的运动:信用扩张意味着货币供给的增加,信用紧缩意味着货币供给的减少,信用资金的调剂则时时影响着货币流通速度和货币供给在部门之间、地区之间和微观经济行为主体之间的分布。

当货币的运动和信用的活动虽有多方面联系却终归保持着各自独立发展的过程时,这是两个范畴;而当两者密不可分地结合到一起时,则在货币范畴和信用范畴存在的同时,又增加了一个由这两个范畴长期相互渗透所形成的新范畴,"金融"范畴应运而生。这个范畴在中国的最终形成较晚。到 1935 年,以法币改革为标志,完全排除了银圆的正式流通,完成了金融范畴形成的最后一步。

(3) 金融范畴不断扩展,逐步覆盖了投资、保险、信托与租赁等。伴随着货币与信用相互渗透并逐步形成一个新的金融范畴的过程,金融范畴也同时向投资和保险等领域覆盖。投资(investment),其古典形式是个人出资或合伙集资经营农工商业,将本求利。伴随着金融范畴的形成过程,投资也发生了质的飞跃——形成了以股票交易为特征的资本市场。

保险(insurance),无论是财产保险(property insurance)还是人身保险(life and health insurance),其存在的根据,是危险、是风险、是生命周期,均独立于货币、信用之外。但早期的保险业务,往往是与贷款业务同处在一个金融机构之中——保险的集中货币资金与货币资金的贷放直接结合。很快,保险集中的货币资金虽然不再主要用于直接贷放,而是主要投放于金融市场。在金融市场上,保险资金所占份额有举足轻重的地位;保单之类的保险合约也成为金融市场上交易的重要金融工具之一。至于其中的人寿保险,其主要部分从其产生伊始,就是保险与个人储蓄的结合;直到今天,依然如此。而后来发展的相互人寿保险(mutual life insurance)的形式中,保险又与投资结合起来。所以从不同角度来看,保险均成为金融领域的重要组成因素。

此外,信托(trust)与租赁(leasing)等,几乎完全或大部分与金融活动结合,成为金融所覆盖的领域。

(三) 金融概念的界定

金融的概念有广义和狭义之分。广义的金融是指货币资金流通体系,即全社会的货币资金的筹集、分配、借贷、使用和管理活动的总和。根据资金流通的条件和方式的不同,广义的金融可以分为无偿融通和有偿融通,即资金的财政融通和信用融通两种。财政融通是指国家以其政治权力为基础,将部分社会资源以税费名义征收上来用于社会公共需要。资金的财政分配具有无偿性、强制性和固定性的特点。信用融通则是指社会经济活动的各类主体以市场为基础,以信用为条件,将部分社会资源以货币资金为载体在其相互之间流转,以调剂余缺,满足私人物品和服务的生产经营的需要。资金的信用分配具有有偿性、自愿性和任意性的特点。①

狭义的金融,是指货币资金的信用融通活动的总和。这种资金融通活动从参加主体看,包括企业、银行、个人以及国家;从行为上看,包括货币的发行、流通和回笼,货币资金的信贷,投资基金的筹集,国内外资金的汇兑和结算,黄金外汇的买卖,有价证券的发行和转让,同业拆借市场、票据市场的活动,保险、信托、租赁以及由此派生或者与此相关的一切与货币资金融通的有关活动。可见,狭义的金融具有丰富的内容。

金融学、金融法学意义上的金融,是指狭义的金融。

二、金融基本范畴

作为经济范畴的金融,是货币流通和信用活动以及与此直接有关的一切经济活动;因此,金融离不开货币和信用,货币和信用构成金融的基础。在现代经济中,没有货币关系、货币运动,或者没有信用关系、信用活动,也就没有金融关系和金融活动。

（一）金融与货币

金融以货币资金为对象,货币是金融运作的基础工具,金融与货币密不可分。

货币是从商品交换过程中从商品中分离出来的,固定地充当一般等价物的特殊商品。与普通商品相比,货币具有两个基本特征:一是货币具有价值尺度职能,是表现一切商品价值的手段。在货币出现以前,一种商品的价值是通过与另一种商品相交换而表现出来的。货币出现以后,通过交换中的货币就能直接反映出商品所包含的价值。二是货币具有流通手段职能,可以直接同一切商品相交换,普通商品不具备这种能力。

金融以货币资金为对象,货币资金即以货币形式存在的资产。任何金融活动都离不开货币,都是以货币为对象进行的。如货币的发行、流通、兑换、交易及其组织管理。因此,没有货币就无所谓金融活动。在社会再生产过程中,由于货币可以在流通中增值,就成为货币资金。随着商品经济和市场经济的发展,金融活动日益成为社会经济活动的中心,金融的对象越来越多地表现为货币资金。

随着社会经济不断发展,货币经历了实物货币、金属货币、代用货币（纸币）、信用货币和电子货币五种形式。目前各国广泛使用的是代用货币和信用货币。电子货币的出现是货币作为支付手段的又一次革命。作为新兴的货币形式和崭新的支付手段,电子货币因其方便、快捷的优势,发展十分迅速。正像支票存款代替通货一样,电子货币最终将取代支票而成为占统治地位的支付手段。

（二）金融与信用

金融以信用为基础,信用是现代金融运作的基础和形式,金融就是资金的信用融通。

汉语中的"信用"是个多义词,通常是指人们因能够依约行事或者履行承诺而取得的信任。经济学上的信用,是一种体现着特定经济关系的借贷行为。它有两个基本特征:一是以偿还为前提条件,即到期必须偿还;二是偿还时要有一个增加额,即偿还时支付利息。

信用的这种到期归还和支付利息的特征,使其与一般商品交换区别开来:一般商品交换是等价交换,商品的所有权通过交换而发生转移,买卖双方都保留价值;这其中,卖方在让渡自己商品的同时就换回货币,买方支付货币的同时就换回商品,货币在其中执行了流通手段

---

① 张学森:《金融法学》,复旦大学出版社2006年版,第7页。

职能。而在信用关系中,商品所有者让渡自己的商品时,得到的只是按规定期限还本付息的承诺,只有在对方履行其还本付息承诺时,才能收回价值,交易才算完成;这就是作为信用的借贷行为,其中借贷物被贷出时,价值作单方面的转移,由贷出方让渡出价值,但保留所有权;借贷物被归还时,价值也作单方面转移,只是借者除了归还本金外,还要支付利息,货币在其中执行了支付手段职能。

信用是商品货币经济的产物,信用关系实际上是一种借贷关系,它从本质上反映着以还本付息为条件的让渡财产或货币的经济利益关系。

当代各国的信用形式主要有商业信用、银行信用、国家信用、消费信用、股份信用、租赁信用、信托信用、民间信用、国际信用。这些不同信用形式构成了统一的信用体系。

(三)金融体系

在现代经济生活中,金融体系是一个极其庞大的复杂系统。金融学认为,现代金融体系有五个构成要素。[①]

(1)货币流通。货币用于购买时,不断地离开起点,从商品购买者手中转到商品所有者手中,这样周而复始地运动,就形成了货币流通。可见,货币流通是由商品流通引起的,是为商品流通服务的。一个国家以法律形式规范其货币流通的结构、体系和组织形式,就形成了货币制度。

(2)金融机构。金融机构又称信用机构,是专门从事货币流通和信用业务活动的机构,它也可以概括为经营货币或货币资本的企业,或者说充当信用中介、媒介以及从事种种金融服务的组织。这是个种类繁多的群体,通常区分为银行金融机构和非银行金融机构。

(3)金融市场。金融的核心内容是资金融通机制,金融市场就是这一资金融通机制的主要载体之一,它也是一个庞大的系统,包括资本市场、货币市场、外汇市场、保险市场、衍生性金融工具市场等。通过参与金融市场活动,各个经济主体实现调剂资金余缺的目的,同时也使资金配置趋于合理化。

(4)金融工具。一般而言,金融工具是指信用关系的书面凭证、债权债务的契约文书等,是金融机构中和金融市场上交易的对象。在我国,金融工具通常包括存款、贷款、商业票据、银行票据、保单,以及期货、期权和各种金融衍生工具的标准化合约。

(5)金融制度。现代市场经济条件下,国家都会对金融市场和金融运行进行立法监管,就形成了一个国家的金融制度系统和体系,包括货币制度、汇率制度、信用制度、利率制度、金融机构制度、金融市场制度,以及支付清算制度、金融监管制度,等等。

三、金融市场及其结构

简单地讲,金融市场是进行资金融通的场所。

(一)金融市场的定义

随着科技的发展,特别是计算机技术和网络技术在金融交易中的广泛应用,金融交易的场所已逐渐趋于无形化。因此,金融市场应该被更广义地理解为是一种以各种金融资产作为对象而进行交易的组织系统或网络,以及由这类交易本身所发的各种信用关系。如果从融资角度分析,金融市场实质上是一种确定金融资产交易价格的机制。

---

① 黄达:《金融学》(精编版),中国人民大学出版社2004年版,第64页。

因此，金融市场的确切定义应该是：金融市场是交易金融资产并确定金融资产价格的一种机制。

（二）金融市场的分类

根据不同的标准，可以将金融市场分成许多类别：

(1) 按融资期限划分，可分为货币市场、资本市场。货币市场又称为短期资金市场，一般是指融资期限在一年以下的金融市场，它又可进一步细分为短期国库券市场、商业票据市场、同业拆借市场以及欧洲货币市场等具体的市场类型。资本市场又称为长期资金市场，一般是融资期限在一年以上的金融市场，它又可细分为股票市场、中长期国库券市场、中长期债券市场等。

(2) 按融资工具划分，可分为证券市场、商业票据市场、可转让定期存单市场。证券市场是指进行各种有价证券交易的市场，又可细分为股票市场和债券市场。其中，股票市场是以公司发行的股票作为交易对象的证券市场；而债券市场则是以政府、银行、企业发行的债券为交易对象的证券市场。商业票据市场指从事本票、承兑汇票等商业票据贴现、买卖的金融市场。可转让定期存单(CD[①])市场是指以金融机构发行的大额可转让定期存单为交易对象的金融市场。

(3) 按交易对象划分，可分为资金市场、外汇市场、黄金市场。资金市场即借贷资金市场，其中借贷长期资金的称为资本市场，借贷短期资金的称为货币市场。外汇市场是指买卖外汇的市场。黄金市场是指进行黄金交易的市场。

(4) 按地域范围划分，可分为国内金融市场、国际金融市场。国内金融市场是指融资交易活动的范围限于一国国境之内，不涉及其他国家，即只有本国居民参加的金融市场。国际金融市场是指融资交易活动不限于一国国境之内，而是涉及多个国家，即允许外国居民参与交易的金融市场。如，欧洲货币市场就是一个典型的国际金融市场。

(5) 根据交易方式划分，可分为现货市场、期货市场、期权市场。现货市场上达成的金融现货交易，一般在买卖成交后当场或几天之内即办理交割清算，钱货两清。而期货市场上达成的金融期货交易，都应该按照期货合约规定的价格、数量和期限进行交割清算。期权是指在未来特定时期内按约定价格买进或卖出一定数量证券的权利，期权市场就是指专门进行这种权利买卖的市场。

（三）金融市场的结构

金融市场是一个由多种要素构成的有机统一体，一般主要由金融市场的参与者、金融市场的交易对象、金融市场的交易工具和金融市场的组织形式四个要素。

(1) 金融市场的参与者。金融市场的参与者是指在金融市场上进行金融交易的活动者，是市场的主体，包括个人、企业、金融机构、政府及其所属机构和中央银行等。这些参与者分别以投资者或筹资者身份参与金融市场活动。

个人或称居民作为金融市场的参与者，主要是作为资金的供给者身份出现。它们参加金融市场的目的通常是调整自己的金融资产结构，以追求收益与风险的最佳组合；当然，个

[①] CD 是 certificate of deposit 的缩写，指存款人将资金存放于银行一定期间而由银行对其发给的证明文件。根据《企鹅经济学词典（The Penguin Dictionary of Economics）》（英文版），certificate of deposit (CD)："A negotiable claim issued by a bank in return for a term deposit. CDs are securities which are purchased for less than their face value, which is the banks promise to repay the deposit and thus offer a yield to maturity."

人也可能以投机者身份参与金融市场活动。

企业在金融市场上既可能是资金的需求者,又可能是资金的供给者。企业为弥补自有资金的不足,除了向银行借款外,还可以通过发行公司债券、股票等证券来筹集资金;企业拥有暂时闲置资金时,或将其存入银行,或购买国家债券,或购买其他企业的股票和债券,从而成为金融市场上的资金供给者;企业当然也可能在金融市场上从事投机或套期保值行为。

政府在金融市场上主要充当资金的筹措者和金融市场的监管者;政府也会以资金供给者身份参与金融交易活动。中央银行是金融市场上资金的最终提供者,同时又是金融市场的调控者。中央银行参与金融市场主要是为了执行国家的货币政策,调控货币供给量,稳定本国货币币值。

(2) 金融机构。金融机构又称信用机构,是专门从事货币流通和信用业务活动的机构,主要包括商业银行、证券公司、保险公司、信托公司等金融中介机构。按照金融机构创造货币、创造交换媒介和支付手段的能力不同,一般把金融机构分为银行金融机构和非银行金融机构两大类。各种银行金融机构和非银行金融机构是金融市场的主要参与者,也是特殊参加者。它们一方面创造着大量的金融工具;另一方面,又大量地购买金融工具。

在市场上,金融机构对有资金需求的交易方来讲是资金的供给者,而对持有盈余资金寻求投资机会的交易方来讲,则是资金的需求者。它们在市场上的买与卖,最终使金融市场中其他参与者卖与买意愿得以实现。即金融机构的参与,在获得一定利润的同时,更重要的是保证绝大多数其他参与者能实现他们参与市场交易的意愿,从而保证了金融市场交易的顺畅进行。

(3) 金融工具。金融工具(financial instruments),又称为信用工具,是指在信用活动中发行和流通的,记载金融交易的金额、期限、价格等要素,用以证明债权债务关系的标准化的书面文件。金融工具作为资金的载体,是金融市场上交易的客体,即交易的对象。金融工具一般具有期限性、流通性、收益性、风险性等特征。

金融工具按发行机构的性质来划分,可分为直接证券和间接证券两类。其中,直接证券是由非金融机构发行的,主要是股票、债券、国库券等;而间接证券是由金融机构发行的,主要包括现钞、可转让存单、人寿保单等金融证券。

根据其所代表的权利的性质划分,金融工具可分为所有权凭证和债权凭证。所有权凭证只有股票一种,其他所有金融工具都是债权凭证。债权凭证表明持有人所拥有的权利是债权,有权据以到期讨还本金;而所有权凭证表明持有人的权利是所有权,无法据以索要本金,只能通过转让所有权即出售股票方式,收回本金。

从广义上讲,金融工具与金融产品(financial products)、金融资产(financial assets)所指的内容是一致的,三者既密切联系,又相互区别。金融工具是从金融市场交易的角度来讲的,如果从持有者角度来看,这些金融工具则是其金融资产;而金融产品是由金融机构设计与开发的适合面向社会大众发行销售的金融资产,其中可以转让交易的就是金融工具。

第二节 金融法原理

金融法是随着金融活动的发展而产生的,它从最初的习惯,到后来的银行法,再到现代的金融法,经历了一个发展演变的过程。

在货币和信用的初期发展过程中,货币兑换、货币收支、货币借贷等活动中形成了一定的规则,这些规则起初表现为习惯,它们为大家所公认,共同遵守,具有普遍约束力。从世界范围来说,现代意义上的银行法是在进入资本主义社会之后产生的。史料记载,近代最早的银行是 1580 年成立的意大利威尼斯银行。1694 年,英国伦敦创办的英格兰银行,是世界上第一个真正的资本主义银行;在此基础上产生了世界上第一部银行法,即 1844 年的英格兰银行法。之后,随着金融活动范围的不断扩大,在银行业务和银行法制基础上逐步形成了金融法。

一、金融法的概念

(一) 金融法的概念

金融法是调整金融关系的法律规范的总称。具体地讲,金融法就是国家立法中确立金融机构的设立、组织、性质、地位和职能的法律规范,国家金融主管机关在组织、管理金融事业和调控、监管金融市场过程中所形成的金融调控与监管关系的法律规范,以及调整银行及其他金融机构从事金融业务活动中发生的商事交易关系的法律规范的总称。

金融法是一个集合概念,它是对调整同类社会关系的不同层次的规范性文件的统称。从学理上解析,金融法有广义和狭义之分。狭义的金融法是指由国家立法机关依法制定或认可的有关金融方面的法律规范,即金融法律;广义的金融法除金融法律之外,还包括金融行政法规和部门规章、金融司法解释,以及金融地方法规等。

金融法是一个集合概念,在我国现行法律体系中,并不存在一部以"金融法"命名的法律或者法规,但它自成一类规范或"一个法群"(a body of law),被公认是我国市场经济法律体系中的一个重要组成部分。传统上的金融法专指银行法,这是因为银行是金融体系的核心,银行法是金融法的基本法。新时代的金融法则不仅包括银行法,还包括货币法、票据法、证券法、信托法、保险法等。本书所称的金融法,是指新时代的金融法。

(二) 金融法的性质与特征

金融活动是连接生产、交换、分配和消费等各个经济环节的纽带,是国民经济的重要组成部分;金融法是调整各类金融关系的法律规范的总和,它是国家在宏观上调控和监管整个金融产业,在微观上规范经济主体金融活动,促进金融业朝着正确方向发展的重要法律手段之一。①

金融法在本质上是属于经济法的范畴。尽管在金融法调整的对象和范围中也包含有民商法、行政法的因素,但其最基本因素是经济法。

金融法之所以是经济法的组成部分,而不是其他部门法的组成部分,其主要原因在于:第一,作为金融法调整对象的金融及金融关系具有强烈的经济属性,是国家调控经济、监管市场过程中发生的核心经济关系;第二,金融法具有经济法律部门的一般特征,如金融法的主要功能是确认和规范国家调控金融和监管市场的职责权限,维护社会整体利益;第三,金融法确立国家调控和监管金融业的法律原则,金融主管机关据此依法调控金融业和监管金融市场,体现出金融法规范和约束政府权力的经济法性质的作用。

正因为金融法属于经济法范畴,所以与其他法律部门,特别是民商法、行政法相比,它有

---

① 张学森:《金融法学》,复旦大学出版社 2006 年版,第 13 页。

着以下几个显著的特征:

(1) 金融法具有宏观调控性。金融法是以实现国家对金融业的调控和监管为目的的法,所以具有显著的宏观调控性,这也是其经济法性质的最好体现。金融法通过对市场准入、经营范围、利率及汇率和资格审查等四大要素进行规范,以实现对金融关系的规范。由于上述因素对国民经济有直接或间接的影响,因此,金融法对宏观经济的调控作用,比其他法律更加明显。

(2) 金融法以强制性规范为主。因金融法较多体现了国家对金融活动的干预,故必然存在着大量的强制性规范。也就是说,金融法律规范以义务性、禁止性和命令性规范为主。而传统的民商法,因为调整的是平等主体之间的社会关系,坚持意思自治原则,所以更多的是任意性规范。

(3) 金融法是公法和私法的融合。金融法调整金融调控与监管关系、金融机构组织关系,其具有宏观调控性、以强制性规范为主的特点,决定了金融法的公法性;同时,金融法调整平等主体之间的金融性商事交易关系,包含有大量的私法规则和制度,具有明显的私法性。因此,金融法是典型的公法和私法相融合的法。

(4) 金融法是实体法与程序法的统一。金融法主要规定金融主体的职责、权利和义务等实体法内容,但也规定实现这些权利、义务的程序、步骤、方式等程序法内容。例如,票据法是规定和保护票据当事人的权利义务的法律,因而属于实体法;但同时,因票据的运作注重程序,票据法中规定有许多程序性规定,如具体结算规则,体现出明显的程序法特征。

(三) 金融法的地位

金融法的地位是指金融法在整个法律体系中的位置,即金融法在法律体系中是否属于一个独立的法律部门,以及属于哪一层次的法律部门。

金融法的性质决定了其在法律体系中的地位,作为自成一类规范或"一个法群"(a body of law)的金融法,是经济法的一个重要组成部分。经济法是一个独立的法律部门,金融法是这个独立部门当中的一个组成部分,它是法律体系第三层次的一个组成部分;而作为一个法律学科,金融法就是隶属于经济法学的一个重要分支学科,可称为法学的三级学科。

金融法在我国整个法律体系中有着不可或缺的重要地位和作用,金融法学是一个具有广阔研究空间和长远发展前途的新兴法律学科。

二、金融法的调整对象

金融法作为调整金融关系的法律规范,其调整对象就是各类金融关系。所谓金融关系,是指在金融管理活动和金融业务活动中各种主体之间产生的社会关系,包括金融管理关系和金融业务关系。而金融管理关系又可以分为金融机构组织关系和金融调控与监管关系两类。

(一) 金融管理关系

(1) 金融组织关系。金融法的一个重要职能就是对各类金融机构组织进行立法规范,因而金融机构组织关系就构成了金融法调整对象的一个重要方面。具体来讲,金融法调整的金融机构组织关系主要包括两大类:其一,金融机构的外部组织关系,即与金融机构法律地位有关的,在金融机构设立、变更、终止过程中所发生的经济关系。如金融机构的设立、注册资本、业务范围、变更、接管、终止等。其二,金融机构的内部组织关系,即与金融机构内部治理结构有关的,在金融机构及其分支机构、职工之间因经营管理而发生的经济关系。如金融机构的组织机构、分支机构的性质和地位等。

金融法调整金融组织关系的法律规范的总和,构成了金融法体系中的金融机构法,或称金融组织法。

(2)金融调控与监管关系。国家金融主管机关在对金融业进行宏观调控和监督管理过程中所发生的社会关系,属于金融调控与监管关系。国家金融主管机关是指国家为实施对金融产业的宏观调控和对金融市场的监督管理而设立的职能部门,主要包括国务院金融稳定发展委员会、中国人民银行、中国银行保险监督管理委员会、中国证券监督管理委员会、国家外汇管理局,以及各级地方金融监管局等。

金融主管机关对金融业实施的管理,可以是直接管理,也可以是间接干预,前者形成金融监管关系,后者形成金融调控关系。

(1)金融调控关系。金融调控是国家对经济实施宏观调控的基本手段,是现代市场经济条件下金融的基本职能之一。金融调控关系是指政府金融主管机关以稳定币值、促进经济增长为目的,对有关金融变量实施调节和控制而产生的关系。金融调控以中央银行制定和实施货币政策为主导,通过调整货币供应量指标、市场利率水平,间接调控金融市场。当然,在某些特定时期,也会动用直接控制手段,施以直接管制。因而,金融调控关系既有金融交易的平等性质,又有金融监管的不平等性质。

金融法所调整的金融宏观调控关系,包括以下内容:

其一,与货币政策的制定和实施有关的经济关系,即中央银行因制定和实施货币政策,运用货币政策工具而与金融机构、其他主体之间发生的经济关系。

其二,与货币发行有关的经济关系,即中央银行在履行其"发行的银行"职能中,与金融机构、其他主体之间发生的经济关系。发行货币是中央银行最重要的职责,在其通过再贴现、贷款,以及购买证券、金银、外汇等方式把货币投入市场,形成流通货币过程中,与各有关主体之间必然产生多种经济关系。

其三,与中央银行金融服务业务有关的经济关系,即中央银行向政府、金融机构和社会各界提供公共服务的过程中所发生的各种经济关系。中央银行提供的公共金融服务业务包括经理国库,代理发行、兑付政府债券,组织协调清算系统并提供清算服务等。

(2)金融监管关系。金融监管是指政府金融主管机关依法对金融市场主体及其行为所实施的监督和管理活动,其间所产生的各种社会关系就构成了金融法所调整的金融监管关系。具体地讲,作为金融法调整对象的金融监管关系包括以下内容:

其一,与金融机构主体资格审批有关的监管关系,即政府金融主管机关因依法审批各类银行、非银行金融机构的设立、资本、任职资格、分支机构、变更、接管、终止及其业务范围而与有关机构和个人所形成的行政审批关系。

其二,与金融机构及其业务活动的日常监管有关的社会关系,即政府金融主管机关对各类金融机构及其业务活动进行日常监督和管理中所形成的关系,主要包括在银行存贷款管理、银行结算管理、金融资产交易管理、信托投资管理、证券发行与交易管理、期货期权交易管理、保险管理中发生的监管关系。

其三,与查处非法金融活动、取缔非法金融机构有关的行政处罚关系,即政府金融主管机关对非法设立金融机构,以及金融机构、非金融机构和个人从事非法金融活动进行查处而形成的行政处罚关系,主要包括主管部门对金融机构违法经营、非法设立金融机构、非法吸收公众存款、非法发行证券、操纵证券市场价格、从事内幕交易等与有关机构和当事人之间发生的行政处罚法律关系。

(二) 金融业务关系

金融业务关系,又称为金融交易关系,是指金融机构依法从事金融活动过程中与其他金融主体之间发生的平等主体之间的商事交易关系。具体地讲,金融业务关系是在货币市场、证券市场、保险市场和外汇市场等各种金融市场上,金融机构之间,金融机构与社会大众之间,大众相互之间进行的各种金融交易的关系。金融业务关系与其他经济关系相比,具有以下特点:一是当事人中往往有一方是金融机构;二是以货币或者金融工具为交易对象;三是业务活动通常是信用活动或是以信用为基础。

金融业务关系是一种特殊的债权债务关系,其特殊性就在于其一方主体是金融机构,其交易对象是货币或者金融工具。所以,金融业务关系既要受到民商法等基本法的调整,又要受到金融法等特别法的调整。具体地讲,金融法调整的金融业务关系包括:

(1) 金融机构相互之间的经济关系。这种关系包括银行金融机构相互之间、银行金融机构与非银行金融机构之间、非银行金融机构之间的各种金融业务关系,如同业拆借、再贷款、转贴现、再贴现等。

(2) 金融机构与其他主体之间的经济关系。这类关系大量存在,主要包括金融机构与其他企业、事业单位以及个人之间的金融业务关系,如存款、贷款、办理结算,以及委托代理、财务顾问、融资租赁、金融信托、证券发行、证券交易、财产保险、人寿保险等。

三、金融法律关系

法的任务是通过各种具体的法律规范调整各式各样的现实的社会关系。由法律规范调整的当事人之间的具有权利义务内容的具体的社会关系就是法律关系。也就是说,法律关系是社会关系经法律规范调整之后所形成的权利和义务关系。可见,法律关系是指法律上的权利义务关系,而权利的行使和义务的履行是由国家强制力来保障的。

(一) 金融法律关系的概念

社会关系的多样性决定着法律关系的多样性,金融法律关系就是由金融法律规范调整的具有权利义务内容的金融关系。或者说,金融法律关系是由金融法律规范调整的在金融管理活动和金融业务活动过程中形成的权利、义务关系。

金融法律关系与金融关系是两个不同的概念,在金融业务活动和金融管理活动中必然形成各种各样的金融关系,这些金融关系中凡是经过金融法调整的,就具有了金融法律关系的性质,构成了受国家法律保护的金融法上的权利、义务关系。

作为经济法律关系的一种,金融法律关系具有经济法律关系的典型特征,即金融法律关系具有纵向行政管理性和横向经济协作性的双重性:一方面,国家金融监管部门要对金融机构的组织和金融活动的开展实施宏观的管理和监督;另一方面,各金融主体之间又要按照价值规律、金融市场运行机制开展金融业务活动。因此,金融法律规范所调整的金融关系既有纵向的金融监管关系,又有横向的金融业务关系,由此产生的金融法律关系是纵向金融管理法律关系和横向金融协作法律关系的统一。

除此之外,金融法律关系还具有自己的特征:一是金融法律关系的主体中必然有一方是金融机构；二是金融法律关系客体主要是作为物的货币和有价证券等；三是金融法律关系的确立、变更多采用书面形式，而且其格式往往是标准化的要求，当事人不能随意加以更改，有着较为严格的准则性要求。

(二) 金融法律关系的构成要素

法律关系是由主体、客体、内容三个要素构成的，法学理论上称为法律关系的"三要素说"。金融法律关系也是由主体、客体和内容三要素构成的。而且，金融法律关系的任何一个要素都必须是具体明确的，具有确定性。

(1) 金融法律关系的主体。金融法律关系的主体，是指金融法律关系中享有权利和承担义务的自然人、法人或其他组织，或者说是参加金融法律关系，依法享有权利、承担义务的当事人。国家机关、企事业单位、社会组织和个人依法可以成为金融法律关系的主体，而金融机构则是金融法律关系的当然主体。

(2) 金融法律关系的内容。金融法律关系的内容，是指金融法律关系主体享有的权利和承担的义务。它体现着金融法律关系主体参加金融活动的行为目的和具体要求，反映着金融法律关系的本质属性。在大多数情况下，具体的金融法律关系都是在法律地位平等的主体之间达成的，其主体双方享有的权利或承担的义务，均由当事人秉承自愿、有偿、诚实信用的原则协商确定；只有在金融管理关系中，由于金融监管机构所行使的管理职权来自国家强制力，使得主体相互之间的权利、义务具有不平等性和强制性。

(3) 金融法律关系的客体。金融法律关系的客体是指金融法律关系主体所享有的权利和承担的义务所共同指向的对象，它包括两类，即与金融业务和金融管理相关的行为和作为金融工具的货币、有价证券。其中，货币和有价证券是金融法律关系的主要客体。

(三) 金融法律关系的确立

讨论法律关系的确立，不能不提及另一个法律概念，即法律事实。法律事实就是能够引起法律关系发生、变更或终止的客观情况，包括法律行为和法律事件。金融法律事实是指能够引起金融法律关系发生、变更或终止的客观情况。根据其发生与当事人主观意志有无联系，金融法律事实可分为行为和事件。事件是指不依人的主观意志为转移的客观现象，如不可抗力造成的自然灾害及战争等社会现象；行为是指由金融法律规范规定的能够引起金融法律关系产生、变更或终止的行为，包括合法行为和不合法行为。

(1) 金融合法行为。凡符合法律规定的行为均为合法行为，在金融法律规定的范围内发生的受金融法律规范保护的金融行为即是金融合法行为，它可以引起金融法律关系的发生、变更或终止。金融合法行为包括金融管理行为、金融司法行为、金融交易行为等。

(2) 金融违法行为。即金融法律关系主体违反金融法律规定的行为，包括不履行法定义务的行为或者做了金融法律禁止的行为。金融违法行为会侵害其他金融关系主体的合法权益，因而必须依法承担相应的法律责任，包括刑事责任。

(3) 金融法律事件。即由金融法规定的不以金融行为主体的主观意志为转移的能够引起金融法律关系产生、变更或终止的客观情况。金融法律事实既可以是自然现象，也可以是社会现象，但它们必须是金融法规定的能够引起金融行为主体之间的金融权利义务关系发生变化的那些现象。例如，自然灾害中的地震、火灾、水灾等造成有价证券灭失，社会现象中的当事人死亡、军事行动、政府禁令等造成金融业务履行不能，均会引起相关金融法律关系的发生、变更或消灭。

(四) 金融法律关系的保护

金融法律关系的保护就是国家金融主管机构和国家司法机关依法对金融法律关系主体进行严格监督管理，促使其正确行使权利、切实履行义务，维护金融市场的正常秩序，保护权利主体的合法权益。在保护金融法律关系方面具有职能的机构有国家金融主管机关、仲裁机构、审判机构。

国家对法律关系的保护，最终是通过追究违法者的法律责任来实现的，从而使得法律责任成为法律关系保护的一个重要范畴。法律责任是指违反法律规定的行为人应当受到的法律制裁及其法律后果。金融法律关系的保护要靠金融法律责任，金融法律责任是金融行为主体违反金融法规定时应当受到的法律制裁及其法律后果。根据金融违法行为的性质的不同，违法行为人要承担不同的金融法律责任，主要有民事责任、行政责任和刑事责任。

(1) 金融民事责任。金融行为主体违反民事性质的金融法律规范，就要承担金融民事法律责任，以使违法行为的受害人获得必要的经济补偿。承担金融民事法律责任的条件为：其一，有违法行为的存在；其二，有财产损失的事实存在；其三，违法行为与财产损失之间存在因果关系；其四，违法行为的实施者主观上有过错。违法行为者承担金融民事法律责任的形式主要有停止侵害，返还财产，赔偿损失，支付违约金等。

(2) 金融行政责任。金融行政责任是指金融行为主体因违反行政性质的金融法律规范而依法必须承担的法律后果，其目的在于矫正市场行为、维护市场秩序。行为人承担金融行政法律责任的条件为：其一，行为人已构成行政违法；其二，行为人具有责任能力；其三，行政违法的情节与后果；其四，违法行为者的主观恶性程度。违法行为者承担金融行政法律责任的形式分为惩罚性行政责任和补救性行政责任，前者主要有通报批评、行政处分、行政惩罚；后者主要有履行职务、撤销违约、纠正不当、行政赔偿等。

(3) 金融刑事责任。金融刑事责任是指法院对违反刑事性质的金融法律规范、达到犯罪程度的行为人所依法给予的刑事制裁。行为人的违法行为具备金融犯罪的构成要件时，必须承担刑事责任。根据我国《刑法》的规定，承担刑事责任的形式即刑事处罚的形式有管制、拘役、有期徒刑、无期徒刑、死刑，以及罚金、剥夺政治权利、没收财产等。

法律责任是任何法律制度得以实现的根本保证，我国金融立法应该更加重视金融法律责任制度的建立和完善，以更好地保护金融法律关系的稳定和健康有序的发展。

四、金融法的内容、体系和渊源

(一) 金融法的内容

金融法是调整金融关系的法律规范的总称。金融法的内容就是金融法所包含的调整各种金融关系的各类具体的法律制度和法律规范，即国家制定或认可的调整金融关系、规范金融行为的规范性文件中的具体行为规则。一般而言，凡是调整某一类社会关系的法律部门，其内容主要是规定参加该类社会关系的主体及其资格条件、资本要求、组织机构等，以及具备资格条件的主体从事该领域社会活动的行为规则。由此，可以将该部门的全部法律规则分为主体法和行为法两大部分。

作为调整金融关系的法律分支部门，金融法的内容大致可以分为两大部分，即金融主体法和金融业务法。所谓金融主体法，又称金融机构法、金融组织法、金融业法等，就是关于各类金融关系主体,特别是金融机构的设立、变更和终止以及其性质、地位、组织形式和组织机构等的法律规则。而金融业务法,又称为金融行为法、金融活动法,就是关于各类金融关系主体,特别是金融机构依法从事金融业务、开展金融活动所应该遵守的法律规则。

应该指出,金融法的内容,即各类金融法律规范,并不是截然区分的,而是相互协调,构成一个分类组合、有机联系的统一体,这个统一体就是金融法的体系。

(二) 金融法的体系

法律体系是指一个国家全部现行法律规范在分类组合为不同的法律部门的基础上构成的有机联系的统一整体。据此,金融法的体系就是指一个国家调整各类金融关系的全部法律规范所组成的,多层次的有机联系的统一体。金融法体系的多层次性表现在,按制定机关和法律效力的不同,金融法律规范的表现形式有金融法律、金融法规、金融规章、地方性金融法规和自律性金融规章等多个层次。金融法体系的有机性表现为,在金融法基本原则指导下,调整金融关系不同侧面的金融法律、法规、规章等金融法律规范,分类组合为不同的金融法律制度,共同实现金融法的宗旨和任务,从而形成统一整体。

在金融法理论上,金融法学体系与金融法规体系是两个不同的概念。当我们对金融法的体系进行分析,研究其构成的时候,我们通常可以从法学理论和立法实践两个角度入手,并分别形成金融法的理论体系和金融法的立法体系,也就是金融法学体系和金融法规体系。

1. 金融法学体系

金融法的理论体系,也就是金融法学体系。从法学理论上分析,按照金融法的调整对象和调整方法进行归纳和分析,金融法可以分为金融组织法、金融监管法和金融业务法三个部分。

(1) 金融组织法。金融组织法又可称为金融主体法或金融机构组织法等,是指用以确定银行和其他金融机构的性质、法律地位、职责权限、组织机构、业务范围及业务规则的法律规范的总称。金融机构是金融活动不可或缺的主体,金融关系的当事人中往往有一方是金融机构,因而它在金融体系中居于核心地位,也成为金融法予以规范和主管机关进行监管的主要对象。所以,金融组织法是金融法的基础,包括中央银行法(如我国《中国人民银行法》)、商业银行法、政策性银行法、非银行金融机构管理法(如证券法中关于证券公司设立的规定、信托法中关于信托公司的规定等)、涉外金融机构管理法等。

(2) 金融监管法。金融监督管理法是用以确立国家金融主管机关的性质、地位、职权、职责及监管措施,以及规范金融主管机关的具体监督管理行为的法律规范的总称。我国已初步建立起了"分业经营、分业监管"的金融业监督管理机构体系,主要包括中国人民银行、中国银行保险监督管理委员会、中国证券监督管理委员会。

我国的金融监管法已形成基本框架,最典型的是2003年12月27日第十届全国人大常委会第六次会议通过的《银行业监督管理法》,另外还包括《中国人民银行法》《商业银行法》《证券法》《保险法》等法律法规中关于相关金融主管机关的职权、职责及监管措施等方面的法律规范。

(3) 金融业务法。金融业务法又称为金融行为法或金融交易法,是指调整金融机构与客户之间各种具体金融业务活动的法律规范的总和。根据不同金融业务的不同性质,金融业务法又可细分为间接融资法、直接融资法、特殊融资法及金融中介业务法等。

间接融资法是主要调整和规范间接融资关系的法律规范的总和,包括存款法、贷款法、同业拆借法等;直接融资法是主要调整直接融资关系、规范资本市场行为的法律规范,包括证券发行法、证券交易法、产权交易法、信托法、企业债券管理条例等;特殊融资法是主要调整期货、期权、外汇融资等行为的法律规范的总和,包括期货法、期权法、外汇法等;金融中介业务法是指调整和规范金融中介服务活动的法律规范总和,包括银行结算法、银行代理法、投融资咨询法等内容,分别存在于民法典《商业银行法》《票据法》《支付结算办法》《国内信用证结算办法》等法律、法规和规章之中。

2. 金融法规体系

金融法的立法体系,也就是金融法规体系。世界各国由于所处的经济发展阶段、金融立法的具体任务和规制重点不同,加之金融法的内容十分庞杂,使得各国金融法在立法体系上各有特点。根据适应我国社会主义市场经济体制要求的金融立法实践,我国的金融法规体系主要由以下几个法律部门组成。

(1) 银行法。银行法是调整银行和非银行金融机构的主体组织和业务活动的法律规范的总称。银行是最重要的金融机构,银行法也是金融法的最重要的组成部分。按照银行业务性质的不同,我国银行法主要包括中央银行法、商业银行法、政策性银行法和非银行金融机构法等。

我国银行法调整和规范的对象,不仅包括银行业金融机构及其活动,而且包括非银行业金融机构及其活动,所以银行法又称为"金融机构法"。所谓银行业金融机构,是指在我国设立的商业银行、城市信用合作社、农村信用合作社等吸收公众存款的金融机构以及政策性银行;而非银行业金融机构则包括在我国境内设立的金融资产管理公司、信托投资公司、财务公司、金融租赁公司以及经批准设立的其他金融机构。[1]

(2) 货币法。货币法,又称货币管理法,是指调整货币的种类、地位、发行、流通、兑换及其管理和保护的法律规范的总称。根据货币的不同种类,货币法可以分为通货法、外汇法和金银法。根据货币运动的层次和顺序,货币法可以分为货币发行法、货币流通法和货币保护法等。

(3) 票据法。票据法是规定票据的种类、形式、内容以及调整票据关系的法律规范的总称,主要包括汇票制度、本票制度和支票制度等。票据作为一种债权凭证,以信用为基础,是重要的支付结算工具,因此票据法是金融法的组成部分。

(4) 证券法。证券法是调整有价证券的发行、交易以及相关行为的法律规范的总称。我国《证券法》主要是调整资本证券的发行和交易行为的法律规范,其所调整的资本证券的基本形式有两种:一是股权凭证,如股票、证券投资基金份额等;二是债权凭证,如公司债券、金融债券、政府债券等。

(5) 信托法。信托法是调整信托关系的法律规范的总称。信托法的内容包括信托当事人、信托财产以及信托的设立、变更、终止等方面的法律制度。实践中,从事信托业务的大多是作为金融机构的信托投资公司,由信托公司作为受托人而设立的信托是金融信托。金融信托属于金融法的范畴,而普通的、一般性的信托,属于民法范畴。

(6) 保险法。保险法是调整保险关系的法律规范的总称。保险作为一种危险管理的重要手段,其实质是对危险发生后遭受的损失予以经济补偿。由于保险还具有积累资金和投

---

[1] 《商业银行法》第93、94条;《银行业监督管理法》第2条。

资职能,被列为金融体系的组成部分,因此保险法是金融法的范畴,其内容主要包括保险业法、保险合同法和保险监管法。

在经济全球化、金融国际化的当今社会,国际与国内金融法在不断地加速融合。"如果说,国内金融法与国际金融法还有什么区别的话,只是时间上的区别了,我国加入WTO后,区别将越来越小。"① 我们认为,学习和研究金融法,不能不与国际金融法相结合;反之,亦然。

(三) 金融法的渊源

金融法的渊源,是指金融法律规范的创制及各种具体表现形式,包括国内渊源和国际渊源两大类。金融法的国内渊源是指我国有关机关制定并发布的调整各种金融关系的规范性法律文件;金融法的国际渊源是指我国参加或缔结的国际金融条约、协定以及一些具有广泛影响、为国际社会接受和认可的国际金融惯例。

具体地讲,我国金融法的渊源包括:

(1) 宪法。宪法是国家的根本大法,它规定了我国的各项基本制度、公民的基本权利和义务、国家机关的组成及其活动的基本原则等。我国宪法由全国人民代表大会按照特殊程序制定和修改,具有最高的法律地位和法律效力,是其他一切法律、法规制定的依据。因此,宪法是金融法的立法基础和依据,金融法的立法和实施都必须在宪法指导下进行。

(2) 金融法律。金融法律是指由国家立法机关依照法定程序制定和颁布的调整各种金融关系的规范性法律文件,是我国金融法的最重要的渊源。

(3) 金融法规。金融法规即指金融行政法规,是指国务院依法制定和发布的调整金融机构及其业务活动的规范性法律文件。根据我国《宪法》和《立法法》规定,国务院有权根据宪法、法律或全国人大及其常委会授权,制定行政法规、发布决定和命令。② 金融行政法规是我国金融法的重要表现形式,它不得与宪法和法律相抵触。

(4) 金融规章。金融规章,即指金融部门规章。部门规章是国务院各部、委员会、中国人民银行、审计署和具有管理职能的直属机构,根据法律和国务院的行政法规、决定、命令,在本部门的权限范围内,制定的规章。③ 金融规章即指国家金融主管机关制定的规范金融机构及其活动的规范性法律文件。

(5) 金融地方性法规、规章。地方性法规是指省、自治区、直辖市和较大的市④的人民代表大会及其常委会制定的有关金融活动的规范性法律文件;地方性规章是指省、自治区、直辖市和较大的市的人民政府制定的地方性法律文件。地方性法规、规章在本行政区域内生效,不得与宪法、法律、行政法规等相抵触。

(6) 自律性规章。自律性规章是指由金融行业或金融机构制定的有关自身金融活动的行为规范,具有准法律效力。如我国银行业协会、证券业协会、保险业协会、信托业协会的章程和自律性规则,上海、深圳证券交易所的股票上市规则等。

---

① 吴志攀教授2004年6月28日为北京大学出版社出版的《国际金融法论丛》所作的"总序"。
② 国务院2001年11月16日发布的《行政法规制定程序条例》第4条规定,行政法规的名称一般称《条例》,也可称《规定》《办法》等。国务院根据全国人大及其常委会授权决定制定的行政法规,称"暂行条例",或者"暂行规定"。
③ 国务院2001年11月16日发布的《规章制定程序条例》第6条规定,规章的名称一般称《规定》《办法》,但不得称《条例》。
④ 根据我国《立法法》第63条第4款规定,所谓较大的市,是指省、自治区的人民政府所在地的市,经济特区所在地的市和经国务院批准的较大的市。

(7) 金融司法解释。法律的司法解释属于法律的正式解释或有权解释,是基于宪法和法律赋予的职权而对法律所作的解释。在我国,最高人民法院对在审判案件过程中如何具体应用法律、法规所作的司法解释,对下级法院具有普遍约束力。我国典型的金融司法解释,如 2000 年 11 月 14 日公布、11 月 21 日起施行的《最高人民法院关于审理票据纠纷案件若干问题的规定》(法释〔2000〕32 号)等。

(8) 国际金融条约和国际金融惯例。国际金融条约是国际法主体之间依国际法所缔结的据以确定其在相互间金融关系中的权利和义务的书面协议,对缔约国具有法律约束力。作为我国金融法的国际渊源之一的国际条约,是我国缔结或参加的规范国际金融关系的国际金融条约。迄今为止,在世界范围内具有普遍法律效力的大多数国家参加的国际公约屈指可数,主要有:1944 年在布雷顿森林召开的联合国货币金融会议上缔结的、经过后来多次修订的《国际货币基金协定》和《国际复兴开发银行协定》,参加国已达 180 多个;关贸总协定(GATT)乌拉圭回合谈判达成的《服务贸易总协定》,以及在世界贸易组织(WTO)主持下签订的 1997 年《全球金融服务协议》,对 WTO 成员的金融法制具有不可忽视的影响。

国际金融惯例是指在国际金融交往实践中逐渐形成的不成文规则,它通常指人们在长期的国际金融实践中经反复的类似行为而形成,并被从事有关实践的当事人普遍认为具有法的拘束力的习惯做法和通例。国际金融惯例因其"不成文"的特点所致,其所表现的行为规范在实际适用中往往会发生解释上的分歧。为了促进惯例规则的统一化,一些国际组织和学术团体对某些国际金融惯例加以收集、整理,并系统编纂,形成国际惯例文件。目前,在世界范围内具有重要影响的国际金融惯例文件主要有:国际商会的《跟单信用证统一惯例》《托收统一规则》《合同担保统一规则》《见索即付担保统一规则》《国际备用信用证惯例》等;国际保理商联合会的《国际保付代理通则》;巴塞尔银行监管委员会发布的《巴塞尔资本协议》及其修正案、《有效银行监管核心原则》等;国际证券商协会、塞德尔、欧洲清算组织共同拟定的《ACE 惯例规则》等。

五、金融法的基本原则

法律的基本原则,是法律的精神实质和价值取向的高度概括和集中体现。金融法的基本原则反映着金融法的精神实质和价值取向,它是体现金融法的立法目的、贯穿整个金融立法过程并对各项金融法律制度和全部金融法律规范起统率作用的指导思想和最高准则。为适应社会主义市场经济体制的建立和发展,我国的金融法应遵循以下几个原则。

(一)稳定币值以促进经济增长原则

经济增长、币值稳定是市场经济协调发展的重要标志,成为越来越多国家和地区的货币政策的主要目标。我国《中国人民银行法》明确规定,我国的货币政策目标是"保持货币币值的稳定,并以此促进经济增长"①,从而使其成为我国金融法的重要原则。

货币稳定是货币流通的基本规律和基本要求,它是与经济发行相联系的。要稳定币值,就必须贯彻货币制度独立性和统一性的要求,执行经济发行的原则。货币制度的独立是指货币政策的制定和实施要与其他政策相对独立,货币的发行必须与财政发行、政府信用分开,即财政部门不得向中国人民银行透支,中国人民银行不得直接认购、包销国债和其他政

---

① 《中国人民银行法》第 3 条规定:"货币政策目标是保持货币币值的稳定,并以此促进经济增长。"

府债券,不得向地方政府、各级政府部门提供贷款;货币制度的统一是指货币的发行与管理要统一由中国人民银行负责。

稳定币值以促进经济增长原则,要求货币的发行、金融活动的开展、金融监管与调控的进行,都要有利于为经济发展创造良好的金融环境。这一原则归根到底是要保持货币的稳定,是在稳定币值的基础上促进经济增长,实现国民经济可持续发展的战略。

(二) 金融安全与效率兼顾原则

金融业是从事货币资金融通的特种行业,是时刻面临多种类型风险威胁的高风险行业,这些风险包括信用风险、市场风险、利率风险、流动性风险等。风险的存在,严重威胁着金融业的安全运营,并有可能影响到整个社会的经济生活和国家安定。金融是国民经济和世界经济的命脉和血脉,各国均将防范和化解金融风险、维护金融稳定和安全作为金融法的一项基本原则。

我国《中国人民银行法》和《商业银行法》在立法目的和宗旨中都有维护金融秩序、金融稳定和金融安全的要求。[①] 我国的金融立法、执法中必须始终贯彻防范和化解金融风险、维护金融安全的理念和原则。为此,从立法上而言,要科学、合理地建立、健全各种金融法律、法规和规章制度,为防范和化解金融风险创造良好的法律环境;从执法上而言,必须强化金融监管部门的地位和职权,改进监管的方式、方法,完善监管措施;从守法方面而言,各金融机构必须健全内部控制和各项具体业务制度,实行规范运作和审慎经营。在金融对外开放方面,必须积极稳妥,立足于国家主权和安全,切实做好涉外金融业务的经营和监管工作,防范国际金融风险的渗透和转移。

效率是市场经济的内在要求,金融业及金融市场的效率对一个国家的经济效率和国际竞争力有着重要影响。效率和安全之间具有辩证关系,效率以安全为前提之一,安全以效率为目标之一,金融法应该在注重金融安全的同时,兼顾金融系统和金融市场的运行效率。有管理的适度竞争对于金融业的安全和效率具有重要意义。

(三) 保护投资者和债权人利益原则

金融市场是融通资金、买卖有价证券的场所。在金融法律关系中,金融机构总是当然主体之一,而作为金融机构债权人的存款人、投资者等则是分散的,相对处于弱势。为规范金融市场交易秩序,维护金融稳定和金融安全,促进国民经济健康发展,各国金融立法都把保护投资者、债权人及其他当事人的合法权益为基本原则之一。我国《银行业监督管理法》《商业银行法》《证券法》《信托法》《保险法》等,都在第1条立法宗旨中作出明确规定,保护存款人和其他客户的合法权益,保护投资者及其他当事人的合法权益。

以商业银行业务为例,商业银行是经营货币这种特殊商品的企业,具有很强的公共性;又由于商业银行融通资金的主要来源是社会公众存款,其经营以营利为目的,并伴有经营风险,商业银行的经营活动是否健康、规范,直接影响着存款人的利益。各国金融法之所以都把保护投资者和债权人利益作为基本原则,究其原因,主要在于:第一,商业银行与其他企业不同,其自有资本比例很低,资金的绝大多数是靠吸收存款负债经营,是典型的借鸡生蛋,存款人利益能否得到保障,关系到存款人对银行业的信任度和积极性,对整个金融业发展具有基础性的重要作用;第二,商业银行吸收的是公众的存款,而作为商业银行债权人的存款人

---

① 《中国人民银行法》第1条、《商业银行法》第1条的规定。

是分散的,很难了解银行经营运作的实际情况,在这一金融业务关系中,相对于银行来说处于弱势;第三,面对社会上众多的存款人,如果不强调对存款人利益的保护,严格禁止侵害存款人利益的行为,一旦银行发生破产,就可能产生社会动荡,直接影响社会安定团结的局面。因此,以法律的明确规定及具体措施保护存款人的合法权益是商业银行立法的重要目的。

(四) 分业经营与分业监管原则

现代金融业,依照行业性质、业务范围以及服务内容的不同,可以分为银行业、证券业、信托业、保险业四大类,它们被称为现代金融业的四大支柱。金融业的四大行业各有特定的业务范围、经营方式。在我国现阶段,这些行业都处于发展过程中,金融法确立了"分业经营、分业管理"的原则,有利于提高经营水平、加强监督管理。

同时,对于不同的金融行业很难以一个统一的标准或法律来予以规范,而必须根据它们的行业性质和特点,分别制定相应的法律,如银行法、信托法、证券法、保险法等,设置相应的专门监管部门,实施分行业管理。只有这样,才能使我国对金融事业的管理做到有的放矢、落到实处。这几个行业的有关"分业经营与分业管理"的规定或解释主要有以下四个方面。

(1) 银行业。《商业银行法》第43条规定,商业银行在我国境内不得从事信托投资和证券经营业务,不得向非自用不动产投资或者向非银行金融机构和企业投资;第10条规定,商业银行依法接受国务院银行业监督管理机构的监督管理中国银行保险监督管理委员会。

(2) 证券业。《证券法》第6条规定,证券业和银行业、信托业、保险业分业经营、分业管理。证券公司与银行、信托、保险业务机构分别设立;第7条规定,国务院证券监督管理机构依法对全国证券市场实行集中统一监督管理,即中国证券监督委员会监管。

(3) 信托业。信托业即从事受托理财业务的行业,信托公司以受托人的身份接受他人(委托人)的财产委托,为了受益人的利益或者特定目的,对受托财产进行管理和处置,所得收益归属受益人,信托公司以手续费或佣金形式收取报酬。我国《信托法》于2001年颁布,《信托业法》还在制定中。当前,根据我国《银行业监管法》第2条规定,信托投资公司的监管适用该法规定中国银行保险监督管理委员会。

(4) 保险业。《保险法》明确规定,保险是指投保人根据合同约定,向保险人支付保险费,保险人对于合同约定的可能发生的事故因其发生所造成的财产损失承担赔偿保险金责任,或者当被保险人死亡、伤残、疾病或者达到合同约定的年龄、期限时,承担给付保险金责任的商业保险行为;经营商业保险业务的是依法设立的保险公司,其他单位和个人不得经营商业保险业务。国务院保险监管机构对保险业实施监督管理中国银行保险监督管理委员会。

(五) 与国际惯例接轨原则

市场经济是外向型经济,市场经济体制要求与国际经济体制接轨。随着世界经济一体化进程的加快和我国对外开放的深入,外资金融机构将大量涌入,我国的金融业也将越来越多地参与到国际金融活动中去。为此,一方面,我国的金融立法要大胆地借鉴市场经济国家中的金融立法做法,采用国际金融立法的通例,培养和发育外向型的金融市场;另一方面,又要从我国的基本国情出发,从维护国家主权和促进本国经济的发展入手,对外债、外汇进行必要的监督管理,并对外资金融机构在华的活动及我国驻外的金融机构进行立法管理和必要的金融监督。

第三节　金融法学基础

金融法在我国整个法律体系中有着不可或缺的重要地位和作用,金融法学是一个具有广阔研究空间和长远发展前途的新兴法律学科。

金融法学作为一门新兴的学科,对于其理论体系,法学界正在研究探索之中。正确地确立我国的金融法学体系,对于全面地、深刻地理解、掌握和运用金融法,有着十分重要的意义。在此,本书试着对金融法学的研究对象、研究方法和理论体系等进行初步探讨。

一、金融法学的概念

法学是研究法律这一特定社会现象及其发展规律的科学。与法律部门的划分相适应,法学划分为许多分支学科,如宪法学、行政法学、民法学、经济法学、社会法学、刑法学、诉讼法学等。金融法学作为一个学科,是经济法学的一个重要组成部分。

金融法学在法律科学体系中的地位如何呢?我国的法律,按照它调整的社会关系的内容和范围的不同,可以分为若干个部门。部门法学,是以特定的部门法为研究对象来划分的。金融法学在法律科学中的地位,是与金融法在我国立法体系中的地位相联系、相适应的。金融法是作为独立法律部门的经济法的一个重要分支,它是法律体系第三层次的一个组成部分。而作为一个法律学科,金融法学就是属于经济法学的一个重要组成部分,可称为法学的三级学科。对于金融法学在法学中的地位,有专家将其称为"一个亚法律学科"。[①]

二、金融法学的研究对象

金融法学是以研究我国金融法及其发展规律为主要对象的一门独立的法律科学,在我国法学体系中占有十分重要的地位。任何一门科学,不论是自然科学还是社会科学,都有各自特定的研究对象。作为法律科学的金融法学,当然也不例外。金融法是调整金融关系的法律规范的总称,金融法学即以金融法律规范及其发展规律作为自己的研究对象。可以说,金融法学是对金融法律规范及其发展规律进行理论概括的科学。实际上,金融法学除主要研究我国现行的金融法及其发展规律外,还包括古今中外的金融立法及其规律,并进行比较研究,吸取其有益的因素。

三、金融法学的研究方法

一般而言,大学生学习金融法学课程,主要是掌握金融法的基本原理、基本制度和基本规范,培养分析问题和解决问题的能力,通常并不要求具备研究能力。而实质上,学习和研究仅一步之遥,研究也是培养分析问题、解决问题能力的最佳途径。因此,青年学生掌握法学的研究方法也是一件重要而具有长远意义的事情。

如果说学习主要是掌握金融法的基本原理和基本规范的话,则研究主要在于弄清楚金融法基本原理和基本规范背后的理由。也就是要探究:某个法律规范为什么是这样,而不是

---

① 刘隆亨:《银行金融法学》(第五版),北京大学出版社 2005 年版,第 47 页。

那样?以研究法律的作用与功能;还要探究:某个法律规范应当是什么样的?以关注法律的理想和价值。因此,法学研究并不是简单地记住或者知道什么,而是要运用法律解释方法揭示法律规范的真实意义。

研究金融法学和研究其他社会科学一样,要以马克思主义哲学方法为指导。辩证唯物主义和历史唯物主义是研究金融法学的根本方法。依据这种方法,就应该对研究对象由此及彼、由表及里地进行全面深入的分析;依据这种方法,就应该以辩证发展的观点,把金融法的现行规定与历史情况以及未来趋势联系起来,把所考察的问题置于一定的历史环境之中,联系社会经济政治条件作出客观的历史分析和评价;依据这种方法,就应该遵循唯物主义认识论,坚持理论与实践相结合,立足本国,放眼世界,使金融法学的研究联系实际,来自实践,并为实践服务。因此,分析的方法、比较的方法、历史的方法、理论联系实际的方法,都是金融法学研究的正确方法。

(一) 分析的方法

分析的方法就是辩证的方法。所谓分析,就是分析事物的矛盾。进行法律学科的研究,应当学会综合运用逻辑分析、定性分析、定量分析等多种分析方法。分析法律,实质上就对法律进行阐述和解释。法律无论规定得多么具体,与丰富多样的实际生活比较起来,总还是概括性的。在法律适用中会遇到许许多多实际问题和意外情况,这就需要根据立法意图,对法律进行认真的分析,阐明其真实含义,以便有针对性地加以运用,做到法律与实践的统一。金融法学的研究在很大程度上是对现行金融法律规定进行阐述和解释,这说明分析的方法始终是金融法学研究的一个基本方法。在运用分析方法时,还要尽可能把定性分析与定量分析结合起来,进行实证性研究。

(二) 比较的方法

比较的方法是通过比较来认识事物的一种方法。人们的认识过程总是在不同程度上通过比较的方法进行的。通过比较,才能将不同现象区别开来,了解它们之间的共同点和不同点,确定它们各自的概念。所以,任何学科都使用比较方法,金融法学也不例外。运用比较方法研究问题,有助于拓宽金融法学研究的视野,增进对各种不同的理论、立法和实践的了解和掌握,并从中剖析是非优劣,评述利弊得失,吸取经验教训,更好地获得规律性的认识。当然,为了进行正确的比较,就必须事先收集到相当多的材料。不搞调查研究,不详细占有资料,仅凭一鳞半爪、片言只语,是不可能进行比较研究,得出科学结论的。

(三) 历史的方法

如果说比较的方法主要是横向研究的话,那么历史的方法则是纵向研究。列宁指出:"在分析任何一个社会问题时,马克思主义理论的绝对要求,就是要把问题提到一定的历史范围之内"。研究金融法,同样要运用历史的方法,这就要求我们对国内外的金融体制、金融立法、金融法律制度及金融法律规范的产生、发展和演变情况进行系统的考察研究。

比较是横向的,而历史是纵向的。在金融法学研究中,应当将横向比较方法和纵向历史方法有机地结合起来,达到纵横交错,实现对古今中外金融法制的综合研究,以指导社会实践,满足现实需要。同时,在吸收本国历史上的和外国的经验时,既要反对盲目照搬,崇洋媚外,又要反对闭目塞听,闭关自守。我们应当始终坚持"古为今用"和"洋为中用"的原则和方针。

(四) 理论联系实际的方法

理论联系实际是科学研究的普遍方法,也是金融法学研究的基本方法。理论来源于实践,又指导和推动实践的发展;实践是理论的基础,也是检验理论的真理性的唯一标准。金融法学是一门理论性、实践性和应用性都很强的法律学科。在加大金融法学理论研究的同时,更要注重金融法律实际运用情况和经验的总结分析。运用案例研究方法是理论联系实际的良好途径。运用典型案例研究金融法学,既可以促进掌握和检验现有的理论,又可以通过典型复杂案例研究来发展理论。只要能系统、周密地进行调查研究,努力吸收立法和司法实践经验,并有针对性地分析和解决问题,就能够更好地发挥理论指导实践的作用。

理论联系实际的方法是金融法学得以枝繁叶茂的常青之路。

四、金融法学的理论体系

金融法学的理论体系也称金融法学体系,就是将金融法学研究的对象具体化之后,对知识内容加以排列组合而形成的理论上的结构形式。金融法学体系显示了本学科内在的理论联系和逻辑结构,它对于从整体上认识和把握金融法学是非常必要的。

与金融法学体系即金融法学的理论体系相对应的,是金融法规体系即金融法的立法体系。金融法学体系不可能脱离金融法规体系,但它又不能简单照搬金融法规体系。我国金融法学的理论体系就是以我国金融法及其发展规律作为研究对象而建立起来的。金融法学作为一门法律科学,它既要参照金融法规体系,又要照顾到自己内在的理论联系和逻辑结构,以及叙述的方便,从而建立本身的科学理论体系。

正确地确立我国的金融法学体系,对于全面地、深刻地理解、掌握和运用金融法,有着十分重要的意义。金融法学是一门新兴的学科,对于其理论体系,法学界正在研究探索之中。作为一种探讨和尝试,本书在体系和内容上形成了自己的特色。

本教材全书共设12章,内容依次是金融法学概论、金融体制与金融立法、金融调控与监管法、金融机构组织法、商业银行业务法、票据法律制度、金融担保法律制度、证券法律制度、金融信托法律制度、保险法律制度、金融纠纷解决、金融创新的法治保障。这一理论体系,基本上体现了金融法学研究对象的完整性和内容的丰富性,既维护了金融法基本理论的稳定性和连续性,又可容纳最新的金融立法、司法和理论研究的成果。因此,我们认为,这个理论体系是适应当前金融法律实践的需要的。

 复习思考题

1. 简述金融法的概念及其调整对象。
2. 试述我国的金融法律体系。
3. 论述我国金融法的基本原则。
4. 我国金融法的主要渊源有哪些?
5. 简述金融法律关系及其保护。
6. 试比较西方主要国家的金融体制。
7. 试述金融法学及其研究对象。

第二章 金融体制与金融立法

本章要点

- 金融体制
- 金融立法
- 英国"双峰"监管模式
- 日本市场型间接金融体系
- 我国金融监管体制
- 我国金融立法成就

> 一般而言,金融体制或金融体系,是基于金融立法而确立的一个国家的金融机构体系、金融市场体系、资金融通活动和金融管理制度的总和。因此,金融立法不仅是金融法学研究的条件和内容,更是金融体制形成和发展的基础。当然,由于各国社会制度和经济管理体制的不同,各国金融体制和金融立法都存在较大差异。
>
> 2017年7月召开的第五次全国金融工作会议,启动了我国新一轮的金融改革。至2019年中,全国各地地方金融监督管理局挂牌成立,新的金融监督管理体制的基本框架已经形成。此轮改革的重点在于,调整和完善我国金融监管体制,设立国务院金融稳定发展委员会、充实中国人民银行职能、银保监会合并,旨在加快完善符合现代金融特点和我国国情、统筹协调、有力高效的现代金融监管框架、监管规则和监管标准,实现宏观审慎管理和金融监管对所有金融机构、业务、活动及其风险的全覆盖,消除监管盲区,提高监管效能。

第一节 各国金融体制

金融体制与金融立法是一对相互依存的概念,金融体制通过金融立法来确立,而现行金融体制又会对金融立法(立、改、废)产生重要影响。

一、金融体制概说

金融体制是指银行等金融机构利用各种信用活动组织、调节货币流通与资金运动的形式和管理制度的总和,其主要内容包括银行体制、货币发行体制、借贷资本(信贷资金)管理体制和利率管理体制等。关于金融体制,金融学界已有大量的研究。[①]

由于各国社会制度和经济管理体制的不同,各国金融管理体制也存在着不同程度的差别,但由于各国经济制度具有商品经济的共性,使得各国金融体制又必然存在某些共同的特点,主要有四个方面:其一,以银行为主体的多种形式的金融机构并存;其二,以中央银行为金融体系的核心机构和宏观调控机构(个别国家以相应的政府机构行使中央银行部分职能);其三,中央银行垄断货币发行权;其四,国家对金融机构的设置和金融活动进行比较严格的管理,并以本国国民经济宏观效益作为管理和调控的基本目标。

在法律学上,金融体制是指一个国家划分金融管理机构和金融业务机构的法律地位、职责权限、业务范围,协调彼此之间的活动及其相互关系而形成的制度系统。它包括金融机构组织体系、金融市场体系、金融监管体系和金融制度体系四个方面的内容。

目前,在西方发达国家和地区,经过长时期的发展演变,基本上都形成了在法制基础上以国家金融主管部门为监管中心,以商业银行和证券机构为主体,与信托、保险等其他金融机构并存,以货币、证券和保险等市场为枢纽的金融体制。

二、西方主要国家的金融体制

(一) 美国金融体制及其特征

美国是世界第一的经济大国,其金融体制由联邦储备系统(中央银行体系)、联邦证券交易委员会、商业银行(包括国民银行和州立银行)、非银行金融机构(主要指储蓄信贷机构,包括储蓄贷款协会、互助储蓄银行、信用联合社、人寿保险公司、金融公司、投资银行、商业票据所、经纪和交易商公司、证券交易所和信托机构等)、政府专业信贷机构(包括进出口银行、联邦中期信贷银行、联邦土地银行、合作社银行、住宅信贷银行、环境保护金融管理局、小企业管理局、联邦融资银行等)和养老基金、货币市场互助基金等其他金融机构组成。目前,美国大约有5万多家金融机构。美国的金融体制是和美国联邦政体相联系的,具有其鲜明的特点。

(1) 双轨注册制。在美国,联邦政府和州政府都有权接受金融机构的注册登记,并对各自登记的金融机构实施监管,形成了双轨银行制。就商业银行而言,既可按《国民银行法》在联邦政府财政部的货币监理局注册领取执照,接受其管理,成为国民银行,又可依各州银行法在各州的金融管理机构注册领取执照,成为州立银行;就储蓄机构来看,既可在联邦住房贷款银行委员会注册,也可在州管理机构注册。

(2) 单一银行制及其改变。自1782年其第一家商业银行——北美银行建立以来,美国始终采取单一银行制,历时200多年,构成美国商业银行制度的一大特点。按照1863年美国颁布的《国民银行法》及其后的银行法的规定,国民银行不得跨州开设分支行;各州银行法也禁止或限制州银行设立分支行,从而形成单一银行制度,其目的在于鼓励竞争、防止金融垄断。因此,美国的商业银行虽然数量多,但规模一般比较小。

[①] 对于"金融体制"这一概念,白钦先教授认为,"所谓金融体制,是指各国金融发展与运行中的发展战略、组织形式、框架结构、业务分工、监督管理、构造方式、运行机制、运转环境(经济环境、金融环境、社会环境)和总体效应等相关金融要素的有机整体。这些相关要素不是彼此分离和孤立的,而是相互联系和相互制约的。"并对金融体制的九个构成要素的具体内容进行了叙述。参见白钦先、郭翠荣:《各国金融体制比较》,中国金融出版社2001年版,第2—8页。

银行持股公司①的出现,打破了单一制,迫使美国立法从 1980 年代以来逐渐放宽限制。1994 年 9 月 29 日生效的《1994 年里格·尼尔银行跨州经营及设立分行效率法》(*The Riegle-Neal Interstate Banking and Branching Efficiency Act of 1994*,《跨州银行法》)规定,允许包括美国银行和外国银行在内的所有银行,从 1997 年 6 月 1 日起全方位跨州经营业务,并在一定范围内跨州设立分行。由此,美国商业银行制度开始由单一行制向分支行制转变。根据该法,银行持股公司成为美国银行制度中一种占有相当优势的金融组织形式。银行持股公司急剧发展的原因,一是为规避美国不许跨州开设分支行或有些州根本不许银行设立分支机构的法律限制;二是为顺利打入非银行的领域,可以从事其他非银行业务。②

(3) 非银行金融机构实力雄厚,直接融资比重较大。美国金融体制的一大特点是非银行金融机构势力雄厚,如美国的保险公司、储蓄贷款协会、互助储蓄银行、养老基金、投资基金、金融公司、投资银行等为数众多,其资产总额大大超过了商业银行。特别是,美国的证券市场很发达,直接融资比重很大,几乎与间接融资平分秋色。

(4) 多头监管制。所谓多头监管是指美国对金融机构的监理是通过多家机构进行的。美国在联邦一级的金融监管机构就有联储委员会、货币监理局、联邦存款保险公司、联邦住房放款委员会和联邦储蓄贷款保险公司、证券交易委员会、国民信用社管理局和国民信用社保险基金,而各州也有相应的监管机构。就银行的监管而言,在联邦一级就有三个机构:①财政部货币监理局,负责国民银行的注册登记等事宜;②联邦储备体系,对会员银行及银行持股公司进行监管;③联邦存款保险公司,对参加存款保险的所有银行进行监管。而州立银行还要受到州银行监理官的管理。在证券交易方面,投资银行、证券交易场所和商业银行均须接受证券交易委员会的领导和管理。政府专业信贷机构则需要接受相关政府部门的管理。这种多元管理体制存在许多弊端,如职能划分不清、监管协调低效等。美国近年来试图改变这种状况,但进展不大。

(5) 监管(regulation)与监管放松(deregulation):分业经营与混业经营的轮回演变。自《1933 年银行法》(*Banking Act of 1933*,即 *Glass-Steagal Act*,《格拉斯-斯蒂格尔法》)以来,美国一直实行典型的金融分业经营体制,即商业银行只能从事中短期贷款、存款和买卖政府债券等银行业务,不能从事发行、买卖有价证券等投资银行业务,也不能从事长期贷款等储蓄信贷机构业务;而投资银行和储蓄贷款协会、互助储蓄银行、信用社、人寿保险公司等金融机构,也不能从事活期存款和工商信贷等商业银行业务。许多商业银行只能设立信托部,从事证券业务,并实行独立核算。

1999 年 11 月 3 日,美国国会参众两院分别以压倒多数通过了《金融服务现代化法》(*Financial Services Modernization Act*,又称 *Gramm-Leach-Bliley Act*),克林顿总统于同年 11 月 12 日签署,从而废止了施行 66 年的 1933 年《格拉斯-斯蒂格尔法》,准许金融持股公司下属子公司对银行、证券和保险的兼业经营。由此,美国结束其金融分业经营历史,进入了短暂的混业经营时代,直到 2008 年次贷危机的爆发。

2008 年 9 月,雷曼兄弟因次贷危机(subprime crisis)倒闭,标志着一场全球系统性经济

---

① 银行持股公司(Bank Holding Company),是指控制一家或多家银行股票的公司,前者称为单一银行持股公司,后者称为多家银行持股公司。参见张学森、希强:《美国商业银行法的新发展》,载《上海法学研究》,1996 年第 6 期,第 46 页。
② 张学森、希强:《美国商业银行法的新发展》,载《上海法学研究》,1996 年第 6 期,第 45—47 页。

危机爆发,数十个国家成为这场危机的受害者。此后,美国政府进行了重大的金融监管体系改革,并出台了《华尔街改革与消费者保护法》,以金融稳定和消费者保护为重点,再度回到了加强金融监管的模式。

金融危机过去10年后,美国着力进行金融监管放松改革。2018年5月24日,美国总统特朗普签署《经济增长、放松监管和消费者保护法案》(Economic Growth, Regulation Relief, and Consumer Protection Act),美国金融监管放松改革获得重大进展。美国坚持10年的金融监管政策,再次发生了根本性逆转,将对美国自身乃至世界经济产生更为深远的影响。

(二)英国金融体制及其特征

英国是世界上金融业发展最早、最成熟的国家之一,其现行的金融监管"双峰"模式被公认为改革较为彻底、最适应当前现实的金融监管模式。英国金融监管体制从分业监管、混业监管到"双峰"监管的变革,值得各国借鉴。

英国的金融体制由英格兰银行、商业性银行和其他金融机构以及发达的金融市场构成。英格兰银行最早成立于1694年,1844年开始退出商业银行业务,1946年成为英国真正意义上的中央银行。商业性银行包括零售性银行、商人银行、贴现行海外银行、国际财团银行等。零售性银行是英国银行系统的主体,其客户主要是个人和中小企业,主要提供现金存取、小额贷款和资金转账等服务;商人银行,又称为承兑所,是英国和其他西欧国家特有的一种银行,由从事国际贸易并兼营承兑业务的商人发展起来的,故称商人银行,主要办理存款、证券、咨询、代理等业务;贴现行,又称贴现所或贴现公司,主要从事票据贴现业务;其他金融机构包括保险公司、信托投资银行、国民储蓄银行和信托储蓄银行、房屋互助协会、伦敦票据交换所及证券交易所等构成。

英国金融监管体制先后经历了从分业监管、混业监管到"双峰"监管的历史变革。一是《1986年金融服务法》成立了证券与投资委员会,承担证券业的法定监管职责,分业监管体制逐步成形。金融机构混业经营和国际竞争使分业监管体系受到了严峻的挑战。二是1995年老字号巴林银行破产事件引起了舆论对监管机构的普遍声讨,英国认为央行的监管权与货币政策存在目标冲突,而且央行在金融消费者保护和企业效益方面缺乏监管动力。1997年开始的"三方体系"金融监管改革取消了英格兰银行的监管权,成立了新的超级监管机构金融服务局(Financial Service Authority, FSA),英国成为第一个实行统一金融监管的国家。三是次贷危机后,"北岩银行挤兑事件"让人们意识到剥离央行监管权并不利于金融稳定,监管机构缺乏宏观审慎视角,不具备预判系统性风险的能力,与央行缺乏高效协作。一手抓金融系统稳定、一手抓市场行为规范的"双峰"监管模式受到英国重视。

英国的金融体制经历了漫长的自然演进过程,其自然构造的特点比较明显。

(1)中央银行有效的管理体制。英格兰银行是迄今为止世界上产生最早(除短命的瑞典第一银行外)、经营有方、兴盛不衰的股份制商业银行;也是经过漫长的历史演变,成为在国家政权支持下,逐渐由既发行货币,代理国库,又经营一般商业银行业务的兼营式中央银行,演变为高度专业化的现代中央银行的典型。英格兰银行从一般商业银行演进为管理全国金融业的中央银行,并最终形成较为完善的中央银行管理体制,其在三大职能和业务管理方面的经验为西方国家所效法,以英格兰银行为中心的金融体制成为西方国家效仿的模式。

(2)商业银行典型的"总分行制"。其一,英国对银行的集中和垄断较少限制,其商业银行实行典型的"总分行制",分支机构遍设国内外,少数几家清算银行(主要集中于伦敦)几乎主导了整个国家的金融业务;其二,其商业银行从一开始就以办理短期金融业务为主,成为后来西方国家建立和发展商业银行的一种典型模式;其三,金融市场准入自由,对伦敦成为世界上最早和重要的国际金融中心具有巨大推动作用。如对证券市场以自律管理为主的特点,对西方许多国家金融市场的发展和管理具有重要影响。

(3) 银行体制鲜明的国际化。英国特殊的历史和国情形成了其与美国及西欧许多国家银行体制的不同特征,其银行体制鲜明的国际化特征就是一个重要方面。一是英国拥有历史上最庞大的国际性银行体系。第一次世界大战前已成"日不落帝国"的英国,侵略扩张到哪里,就在哪里建立英国人自己的银行;第二次世界大战后,英国在原殖民地的银行或被没收或被改组为合资银行。因此,英国殖民地海外银行和本土银行的海外分支机构成了英国银行体系的重要组成部分。二是英国拥有在国际金融体系中占据极高地位的伦敦国际金融中心。伦敦是世界上最早和重要的金融中心,又是重要的外汇市场、黄金市场和欧洲货币市场,英国的银行体制、结构、法规和政策,更多地考虑到国际业务的需要和特点,其经济金融的发展更加受到国际性因素的影响。三是外国银行是英国金融体系的重要组成部分。伦敦作为国际金融中心的地位和影响,加上英国对外国银行的设置和业务活动采取宽松的鼓励政策,故各国银行纷纷在伦敦设立分支机构、附属机构、合资银行、国际银行团等,开展金融业务。这些外国银行成为英国银行体系的重要组成部分。

(4) 现行"双峰"监管模式。按照"目标型监管"原则,"双峰"监管赋予英格兰银行维护金融系统稳定的核心地位,并撤销金融服务局(FSA),将其拆分为审慎监管局(The Prudential Regulation Authority,PRA)和金融行为监管局(The Financial Conduct Authority,FCA),新成立金融政策委员会(The Financial Policy Committee,FPC)。其一,在英格兰银行内成立金融政策委员会,负责制定宏观审慎政策,识别、监控并采取措施消除或减少系统性风险,以实现宏观审慎监管目标。其二,在英格兰银行内下设审慎监管局,负责对存款机构、保险公司和系统重要性投资公司等进行审慎监管,以实现微观审慎监管目标。其三,在央行之外设立金融行为监管局,对超过 56 000 家公司进行行为管理,并负责对审慎监管局监管范围外的约 18 000 家金融机构进行审慎监管,以实现消费者保护目标。其四,强化英格兰银行的危机处理能力,加强其对系统重要性金融市场基础设施的监管权。

"双峰"监管模式有利于健全宏观审慎政策框架,防范系统性风险。传统货币政策只瞄准物价稳定,而忽略资产价格的波动;微观审慎监管只关注金融机构个体稳健而忽视系统性风险。宏观审慎政策的意义在于弥补货币政策和微观审慎监管之间留下的空白,从宏观经济和整个金融体系的视角抑制金融顺周期性和跨市场风险。

独立于央行的金融行为监管局(FCA)负责维护金融消费者权益、市场诚信和市场竞争。FCA 关注前瞻性风险,加强主动干预。在风险评估方面,FCA 强调前瞻性地深入评估风险,提前制定预案,探索有利于消费者权益和行业发展的长远解决方案。在监管方法上,FCA 强调主动而强硬的干预,在消费者利益受损前及时干涉。在日常监管环节,FCA 有三大支柱或三大模式:"前瞻性机构监管""专题和产品线监管"以及"基于事件的响应式监管",并开发了相应的政策工具。

"双峰"监管模式完善了金融管理部门的协调机制。将金融政策委员会(FPC)和审慎监管局(PRA)设在英格兰银行内部,有利于实现金融稳定方面的协调统一。其一,金融政策委员会与微观监管机构的协调。作为宏观审慎政策机构,FPC 与 PRA 和 FCA 建立了"信息与知识的合作性双向交流"。FPC 有权向 PRA 和 FCA 发出具有约束力的"指示"和"建议",还可以充当 PRA 和 FCA 之间的仲裁员。其二,审慎监管局和行为监管局之间的合作协调机制。双方签署具有法律约束力的备忘录,明确双方对共同监管对象的监管职能划分和协调方式;当 PRA 认为 FCA 采取的监管行动可能危及金融系统稳定或引起"无序倒闭"时,PRA 拥有"否决权";针对接受 PRA 和 FCA 双重监管的金融机构,双方遵循一套规则制定与豁免的协商机制。

总之,英国"双峰"监管模式分别由英格兰银行的货币政策委员会(MPC)、金融政策委员会(FPC)、审慎监管委员会(PRC)以及独立于英格兰银行的金融行为监管局(FCA)负责物价稳定、金融稳定(宏观审慎)、个体金融机构稳健(微观审慎)、消费者权益保护等不同目标,防止出现监管空白,弥补监管短板,消除监管套利。在金融创新层出不穷的情况下,传统的"机构监管"和"功能监管"存在监管机制跟不上新业态、监管职责不清晰、监管动力不足的弱点,"目标监管"可以有效弥补上述短板。

(三) 德国金融体制及其特征

德国是西方国家中银行监管制度较完善,监管效果较理想的国家之一。严格谨慎的金融监管保证了德国金融业的稳定发展,避免了过度的价格竞争,也促进了市场经济的增长。

德国的金融体制包括德国中央银行、全能银行体系和特殊目的银行组成的综合体,其核心是德国的中央银行体系。德国的商业银行主要有德意志银行、德累斯顿银行和德国商业银行等三大银行。德国的金融体制的特点主要有以下四个方面。

(1) 中央银行体系。德国的中央银行是德意志联邦银行,成立于 1957 年 8 月 1 日,是根据同年 7 月 20 日《德意志联邦银行法》建立起来的。德国中央银行具有较强的独立性,它独立于政府,对议会负责;联邦银行在行使职权时,不受联邦政府的约束或干扰。

根据《马斯特里赫特公约》,1999 年后,欧洲实现货币一体化,货币政策权力由欧洲中央银行执事,德意志联邦银行只负责银行的再贷款、现金与非现金清算、银行监管、外汇储备管理、人事问题等。

(2) 全能银行体系。与英、美、日等国实行专业化银行制度不同,德国全能银行作为单个金融机构提供着各种各样的金融服务业务,包括传统的银行业务、投资和证券业务、不动产交易、组织救助陷入财务危机的企业、企业并购等。全能银行又主要可分为商业银行、储蓄银行和合作银行三类。商业银行是德国商业银行体系的主体部分,但其业务权限远比美国商业银行宽泛。储蓄银行属于地方性银行,几乎都为地县所有,其业务范围也限于所在区域,业务对象主要是德国的中小企业。合作银行是大量小银行构成的地方性银行,主要为农业地区小企业提供启动的资本和资金融通服务。

(3) 德国专业银行体系。较之全能银行,德国专业银行只能从事其营业许可证所规定的特定金融业务,包括抵押按揭银行、基建信贷联合会、投资公司和德意志清算代理处以及其他具有特殊职能的银行。还有特殊职能银行,比如复兴信贷银行、出口信贷公司等。德国还有一些准银行机构的财务公司,比如保险公司、租赁公司、信用卡公司、投资顾问公司等;还有由非银行机构主办的提供融资服务的公司,如各大汽车公司主办的汽车银行等。

(4) 德国金融监管体制。1961 年《联邦银行法》实施之前,德国没有专门的金融监管机构,央行集货币政策与金融监管职能于一身。1961 年在《联邦银行法》颁布的同时,成立了隶属财政部的银行监管局,负责对银行业的监管。2002年4月22日,《统一金融服务监管法》通过以后,在合并原来银行监督局(BAKred)、保险监督局(BAV)、证券监督局(BAWe)三家机构的基础上,于5月1日正式组建成为联邦金融监管局(BAFin),其地位及职责由《联邦银行法》《信贷法》《证券账户管理法》《联邦保险法》等40余部法律赋予。根据法律规定,联邦金融监管局有权监管所有金融机构,包括银行、金融服务机构、保险公司等,并且可以依法对被监管对象进行处罚。

值得指出的是,德国银行制度的综合化和万能化,导致银行与工业相互依赖、关系密切。企业从开办到经营,银行都积极参与,帮助策划、募股、发行债券和提供贷款等;银行通过持有公司股票,与企业实行人事结合等,形成对工商企业的压倒性优势和支配权。德国和日本的银行相比,前者是企业的"保姆",后者是企业的"保护神"。银行全能化和银企紧密结合,使得德国的证券市场相对落后,其证券市场股票市值仅占国民生产总值的10%左右,大大低于其他工业化国家。这是因为,贷款较股票筹资简便易行、股息税和股东所得税的开征影响企业发行股票的积极性、不愿公开自己的内部情况等,使得德国企业不愿选择股份公司的形式进行生产经营。

(四) 日本金融体制及其特点

与英美等国银行体制发展的历史不同,日本银行体制是在1868年明治维新时选择了一种"反弹琵琶"的发展战略,①在一个较短的时间内通过政府直接推动以人为构造方式快速建立起来的。政府发行了大量公债,并用这些公债建立了银行体系,由公债构成日本银行资本的经济基础,显示了日本政府非凡的创造能力。

2008年金融危机后,为了应对危机,日本对金融监管机制做了相应改革。金融厅加强对金融危机影响的跟踪分析和把握,以便应对经济危机突发事件;明确证券化商品底层资产的可追查性,强化信息公开和风险管理;加强信用评级公司的监管,降低信用风险;健全金融厅内部体制,设立新部门负责把握市场动态等。同时,加强了金融创新和金融监管协调发展:一是加强监管机构和央行在宏观审慎监管中的配合。金融厅和央行既明确分工又加强协调是日本宏观审慎监管体系的重要特点,金融危机以后两者的配合与协调进一步加强,共同出席金融危机应对会议,参与金融危机的决策,联名发布相关指导性文件。二是加强金融机构的系统性风险监管。金融控股公司通过设立相关部门加强了对所辖金融机构的系统性风险控制,加强了对成员企业的内部监督。总体上看,日本的金融监管政策可以概括为中央银行+金融厅组成的"双峰制",以及金融控股公司内部的自律性监管的特殊体制。

日本金融体制的主要特点表现为以下四个方面。

(1) 分工严密的专业化银行体制。日本金融体制的最根本的特征是各金融机构在业务经营和服务对象上有较为严格的分工,主要有长期金融业务和短期金融业务相分离;银行一般业务与证券业务、信托业务、外汇业务等专业业务相分离;工业金融与农业金融相分离;城

---

① 日本1868年明治维新时,欧美各国资本主义已经取得了长足的发展,为赶超欧美,日本政府突破常规,选择了一种"反弹琵琶"的发展战略,即日本在商业资本和产业资本远未得到充分发展,而客观上国内外形势也不允许有这种充分发展的条件下,没有沿袭西方国家正常发展的道路,而是优先发展银行资本。通过政权强有力的支持和扶植,反过来促进日本商业资本和产业资本的形成和发展。由此形成了日本经济和金融发展的特殊规律。这种"反弹琵琶式"的发展战略,是一种逆向战略,是一种超常规战略,是一种对金融和经济进行人为构造而非自然构造的发展战略,这一战略的实施,使得从1868年明治维新后日本现代银行制度开始创建到1882年《日本银行条例》颁布和日本银行成立,日本现代金融制度形成仅用了10多年的时间。

市金融与地方金融相分离;大工商企业金融与中小企业金融相分离;政府金融机构与民间金融机构相分离;有一个独立而且资金实力雄厚的邮政储蓄系统。

(2) 金融厅与央行"双峰"监管体制。1981年,日本新《银行法》规定,日本的银行可以经营证券业务,由此开始了日本金融混业经营的新时代。1996年,日本金融施行了"大爆炸"式的重大改革,废除了分业管理体制。1998年6月22日,日本国会通过《金融监督厅设置法》,金融监督厅作为金融监管专门机构正式成立。原属大藏大臣的权限如金融机构检查监督权、审批权、业务改善或停止命令权、金融机构关闭或合并决定权等权力转移至金融监督厅,金融监督厅长官转由总理大臣(而非大藏省)任命。大藏省保留金融和证券交易制度设计职能,并对金融监督厅管辖范围外的政策性金融机构、证券市场等履行监管职能。

日本以金融厅和日本银行协同为主的"双峰"监管体制,具有自己的特点。金融厅和日本银行各自的法律地位决定了这两个机构是日本宏观审慎监管的主要机构,财务省由于历史原因在宏观审慎监管中的权限较小,仅限于出席金融危机应对会议和指导存款保险机构。金融厅和央行在宏观审慎监管中发挥的作用难以用孰大孰小来衡量,但总的看来,金融厅作为政府部门,其作用侧重于实施行政处罚等措施,日本银行的作用侧重于系统性风险识别、监测和提出建议。

(3) 日本金融控股集团发展经验。第二次世界大战后,日本颁布了《禁止垄断法》,明治维新后形成的"财阀经济"逐渐转变成"财团经济"。当时主要有三菱、三井、住友、富士、三和、劝银六大财团,它们以资本为纽带,各成员企业之间松散的横向联合体,银行与企业或者企业与企业之间可以相互持股,主要目的是相互提携业务。大银行和金融机构是集团的核心,集团最高权力机构是"社长会",集团没有统一的管理机构,企业之间属于松散状态,集团本身也不是独立的法人。"财团"打破了原来"财阀"的绝对垄断,成员企业间就重大问题通过社长会协商解决,民主性、开放性、竞争性都有所增强。

随着日本金融管制放松,2000年后财团进行了重新组合,逐渐发展形成了金融控股集团。2000年9月,兴业银行、富士银行、第一劝业银行组建成瑞穗银行,成为当年世界第一大银行集团。2001年4月,三和银行、东海银行和东京信托银行合并,组成日本联合银行。2001年4月,住友银行和樱花银行组建成三井住友银行。2005年10月,三菱东京金融控股集团和日本联合金融控股集团合并,组建三菱东京UFJ金融集团,成为日本最大的金融控股集团。至此,六大财团的核心银行,通过合并和混业经营重组为三大金融控股集团(简称"金控集团"),即三菱东京UFJ金融集团、瑞穗银行、三井住友银行。

日本大型金融控股集团都在不同程度上进行产融结合,且主办银行制在金控集团中居于核心地位。比如瑞穗金融集团,作为日本第一家金融控股集团,由第一劝业银行、富士银行和日本兴业银行于2000年合并而形成。集团下设四家金融机构,即瑞穗银行、瑞穗实业银行、瑞穗信托银行和瑞穗证券公司。金控集团除了主营金融业务外,还持有实业企业股权,或者投资了实业、科技企业等实体企业。金控集团对实业企业承担着监督责任,保持着长期权益和人员派遣等关系,当企业发生经营危机时,金控集团有能力动用资源对其进行救助。日本金控集团这种产融结合,一定程度上促进了产业企业持续经营、降低经营风险和优化集团内资源配置,但也存在产业企业过度依赖核心金融资源、自发创新能力不足、容易错失革命性科技创新浪潮的缺陷。

就监管而言,《日本银行法》明确规定,金融控股公司除了对附属机构行使控制权外,不能从事其他经营或营利性活动。次贷危机爆发后,形成了日本金融厅和日本央行既明确分工又加强协调的宏观审慎监管体系,并加强了对大型金融控股集团的管理,甚至针对三大金融集团建立了直接的监管小组。

(4) 日本"市场型间接金融"体系的优势。① 日本与美国截然不同,其金融制度表现为以银行为中心的间接金融体系。由于间接金融比重高,银行在日本的金融体系中就一直处于核心的地位。这种体制下,银企关系十分密切,即企业和银行之间形成了长期的、稳定的、综合的交易关系,被称为主办银行制度。由此,企业和银行之间这种特殊密切的关系,既是间接金融的基础,又是日本式经营的基本条件和重要保证,对实体企业发展和社会经济高速增长发挥了至关重要的作用。

20 世纪 90 年代末期金融危机的爆发,使日本增强了控制金融风险的意识。为避免由银行危机导致的金融体系危机的再度爆发,并将银行承担的信用风险向社会转移,建立高效率多层次的风险分担机制,日本开始构建"市场型间接金融"体系,成为继金融大爆炸后重建日本金融体系的一个重要环节。

"市场型间接金融"实质上是将间接金融与直接金融相互融合的一项金融制度创新,其特征是通过资本市场将资金借贷方与金融中介有机地结合起来,其目的是实现金融服务的全覆盖。这种多层次、复合型的金融结构,通常可以表示为多家金融中介以不同层次的市场为媒介进行"贷款债权"的买卖交易。例如,金融中介可以向资金需求方发放贷款,也可以将向投资者筹措来的资金通过资本市场运作获利,还可以通过资本市场实施贷款债权的"流动化"。因此,在"市场型间接金融"呈现的多层次复合型结构中,金融中介是主体,资本市场是载体,金融中介斡旋于不同的资本市场间,从事长期或短期资金服务,如银团贷款、投资信托、资产证券化等均是其金融服务的主要内容,它比间接融资和直接融资有可能更有效地配置金融资本。

日本的这种机制"市场型间接金融"体系中,间接金融在整个金融中占据主导地位,这主要因为日本金融业、工商企业及政府间的特殊紧密的"铁三角"关系,特殊的依赖和银行在财团中的核心地位,凸显了银行业和间接金融在国民经济中的特殊重要地位。

三、中国金融体制的发展演变

(一) 近代中国的金融业

中国金融业的发展具有悠久的历史。早在西周时期,就存在专门办理财政征税、商业贸易、铸币、稳定物价及贷款收息的政府机构——泉府。南北朝时期,已有一些大的寺院经营典当业务。隋唐时期,作为我国旧式银行的典当业已经比较普遍。到唐朝中期,长安商铺兼营货币兑换、存放款业务,并出现了专业金融机构"柜坊",从事银钱保管及当时称为"飞钱"和"帖"的汇兑业务。北宋时期,已有专门经营货币的钱铺。元、明时期高利贷盛行,典当业相当发达。明朝中期以后,在中国封建社会内部产生了资本主义经济的萌芽,出现了经营钱币兑换的"钱庄",兼做存款、放款、汇兑、贴现、发行庄票、买卖生金银的业务。清代还出现了办理汇兑业务的"票号",也办理存放款业务。及至清朝乾隆、嘉庆年间,钱庄已多达 106 家,发展成为具有相当规模的独立经营金融业务的行业。

---

① 张学森:《金融创新发展的法治保障研究》,复旦大学出版社 2018 年版,第 80 页。

鸦片战争后,近代金融业在中国发展起来。1845—1948年,英国人办的丽如银行先后在香港、广州、上海设立机构。接着,法、德、日、俄、美、荷、比等国也相继在中国设立银行。外国资本和银行的入侵,加速了中国封建经济的解体,也刺激了旧中国银行的兴起。

我国第一家民族资本银行是1897年5月27日在上海成立的中国通商银行,这家银行采取官商合办的形式,由清末督办铁路事务大臣盛宣怀提议并创办,标志着我国银行现代信用事业的开始。1905年根据清朝户部奏准的《试行银行章程》,正式成立了官办的户部银行(1908年2月该银行依《大清银行则例》改名为大清银行,1912年改组为中国银行)。1907年,清政府邮传部奏请设立了交通银行。辛亥革命后,特别是第一次世界大战期间,帝国主义无暇东顾,中国的民族金融业得到较大发展,1921—1927年新成立的银行达到168家。1927年以后,国民党政府力图控制全国的金融业,于1928年11月1日成立了中央银行,同年10月改组中国银行,11月改组交通银行。以后又相继于1930年3月成立邮政储金汇业局,1933年6月成立农民银行,1935年10月成立中央信托局,1946年11月设立中央合作金库,从而形成了以官僚资本"四行二局一库"为核心的金融垄断体系。到1946年年底,全国银行总数已达754家,拥有分支行2 996所。

(二) 现代中国的金融体制

中国的金融体制是在革命根据地和解放区金融体制基础上,根据建立社会主义国家的不同阶段的需要,逐步建立和发展起来的,并经历了艰难曲折的发展过程。大体而言,可分为以下三个阶段。

(1) 计划经济下的金融体制。1949—1977年是我国单一制的银行体制时期(或称一级银行体制、大一统银行体制时期),即由中国人民银行统一领导、垄断金融的时期。其特点是中国人民银行既是行使货币发行和金融管理职能的国家机关,又是从事信贷、储蓄、结算、外汇等业务经营活动的经济组织,其机构遍及全国城乡。另外,有少数几家专业银行存在,但并不受中央银行的领导,而是直接受命于政府。这种体制适应了当时高度集权的计划经济体制的需要。

(2) 有计划商品经济时期的金融体制。1978—1993年是我国中央银行体制确立和完善时期。在这一时期,逐步建立起适应我国有计划商品经济发展需要的二级银行体制,又称中央银行体制。在恢复、分设专业银行、中国人民保险公司的基础上,中国人民银行开始专门执行中央银行的职能。另外,设立中国工商银行办理工商信贷和城镇储蓄业务,试办商业银行和其他非银行金融机构,重新组建了交通银行等全国性综合银行,设立了中信实业银行等全国性商业银行和招商银行等区域性商业银行。同时,还大力发展保险、信托等非银行金融机构,开办了中外合资银行或财务公司等。

到1993年年底,我国除了中央银行外,还有4家全国性专业银行、9家全国性和区域性的商业银行、12家保险公司、387家金融信托投资公司、87家证券公司、29家财务公司、11家金融租赁公司、5.9万家农村信用合作社、3 900家城市信用合作社。此外,还有225家外国金融机构在中国设立的302个代表处和98家营业性分支机构。这样,在我国已初步形成了以中央银行为领导,以国有专业银行为主体,多种金融机构并存、分工协作的金融体制。

(3) 市场经济下的金融体制。1994年起至今,是全面深化金融体制改革的时期。按照1993年12月国务院《关于金融体制改革的决定》和《关于进一步改革外汇管理体制的通知》的规定,我国自1994年1月1日起开始进行金融体制的全面改革,以建立适应社会主义市场经济发展需要的金融体制。改革的总体目标归结起来就是建立"三个体系",实现"两个真正"。即一是建立在国务院领导下,独立执行货币政策的中央银行宏观调控体系;二是将政策性金融与商业性金融分离,建立以国有商业银行为主体、多种金融机构并存的金融组织体系;三是建立统一开放、有序竞争、严格管理的金融市场体系;四是实现"两个真正",即把中国人民银行办成真正的中央银行,把国有专业银行办成真正的商业银行。

2017年7月第五次全国金融工作会议决定,我国实施了一系列金融改革。新一轮改革的重点在于调整和完善我国金融监管体制。其中,设立国务院金融稳定发展委员会、充实中国人民银行职能、银保监会合并,旨在加快完善符合现代金融特点和我国国情、统筹协调、有力高效的现代金融监管框架、监管规则和监管标准,实现宏观审慎管理和金融监管对所有金融机构、业务、活动及其风险的全覆盖,消除监管盲区,提高监管效能。通过此次金融改革,形成了我国独有特色的金融监管体制。

在新的监管框架下,国务院金融稳定发展委员会(金稳委)于2017年11月成立,主要是加强金融宏观审慎管理,增强金融监管的协调性、权威性和有效性;中国人民银行作为中央银行,主要强化宏观审慎管理和系统性风险防范职责,同时承担国务院金融稳定发展委员会办公室职责;2018年3月中国银行保险监督管理委员会合并成立,依照法律法规统一监督管理银行业和保险业,保护金融消费者合法权益,维护银行业和保险业合法、稳健运行,防范和化解金融风险,维护金融稳定等;各监管部门明确职责定位和分工,健全功能监管和综合监管,强化行为监管和消费者保护;明确地方监管职责。这是一个目标责任明确、全覆盖的金融监管体系。在日益复杂的经济环境下,新的金融监管体制弥补了原有体制的缺陷,顺应了国际监管趋势。

2019年上半年,全国各地地方金融监督管理局纷纷成立,以"分业立法、分业经营,分工监管、统一协调"为主要内容的我国新的金融监管体制基本形成。在这个体制下,银行、证券、保险、信托等金融各业依法实行分业经营;国务院金融稳定发展委员会、中国人民银行、中国银行保险监督管理委员会、中国证券监督管理委员会分别对金融各业实施宏观审慎监管和微观审慎监管,而地方金融监督管理机构负责对本地类金融机构及其业务活动进行监督管理。

第二节 国外金融立法

金融法作为调整金融关系的法律规范,随金融活动的出现而产生,并随金融活动范围的扩大而日益丰富其内容。早期的金融法,萌芽于货币兑换、收支、借贷等活动中逐渐形成并普遍遵循的各种契约和习惯,这些习惯到了奴隶制国家被赋予了阶级统治的内容,成为奴隶主和大商人通过高利借贷关系剥削小生产者的习惯法。而在封建社会,金融法的最具重要意义的发展是统一货币制度的建立(使货币制度法律化),并使有关借贷关系的不成文习惯法成文化。

现代意义上的金融法是随资本主义商品经济和信用活动的高度发展、银行等金融机构大量出现并成为一个产业(金融业)时,才产生和发展起来的。一般认为,1844年英国国会通过的由首相皮尔提出的《英格兰银行条例》(又称《皮尔条例》)是世界上第一部银行法,也是世界上第一部专门性的金融法律。而这部法律的诞生距该银行的成立(1694年)已有150年的历史,距世界上第一家银行——1171年成立的威尼斯银行更有670多年的历史。现代金融法的产生与金融机构出现的非同步性,说明早期的金融是被视为与一般商业无异的,无须制定专门的法律予以规范。只有当资本主义商品经济经二三百年发展达到了较高水平,当银行等金融机构大量出现,并且其所开展的金融业务对社会具有重大影响时,专门的调整金融活动的法律——金融法才产生了。

继英国之后,法国、德国、瑞典、美国、日本等资本主义国家也先后制定了普通银行法和中央银行法等金融法。以后,随着信托投资公司、证券公司、财务公司、租赁公司、保险公司等非银行金融机构的大量出现,存款、贷款、汇兑、信托、票据、证券、保险等金融业务蓬勃兴起,商业信用、银行信用、国家信用等同时并举,货币市场、资本市场、特殊融资市场的大力发展,大大加速了货币资金的融通。同时,各种融资关系也变得越来越复杂,客观上要求制定统一、权威的行为规则加以调整。因此,市场经济发达国家先后制定、颁布了票据法、信贷法、保险法、证券法、信托法等各种专门调整金融关系的金融法律、法规,形成了一个比较完整的金融立法体系。

一、西方国家金融立法概况

(一)金融消费者保护与监管立法

2018年5月24日,特朗普签署《经济增长、监管放松与消费者保护法案》(Economic Growth, Regulation Relief, and Consumer Protection Act),正式修改了《多德-弗兰克法案》,这对美国金融监管、金融发展以及国际监管协调产生深远影响。

2008年次贷危机后,英国银行业丑闻频发,金融消费者权益受损严重,金融体系受到重创。2011年6月,英国政府正式发布《金融监管新方法:改革蓝图》的白皮书,全面阐述监管改革方案。2012年12月,新《金融服务法案》得到议会批准,规定自2013年4月起正式施行准"双峰"金融监管体制。2016年《英格兰银行与金融服务法案》进一步明确了英格兰银行在英国金融体系中的核心地位。改革后的英国"双峰"监管模式分别由英格兰银行的货币政策委员会(MPC)、金融政策委员会(FPC)、审慎监管委员会(PRC)以及独立于英格兰银行的金融行为监管局负责物价稳定、金融稳定(宏观审慎)、个体金融机构稳健(微观审慎)、消费者权益保护等不同目标,防止出现监管空白,弥补监管短板,消除监管套利。在金融创新层出不穷的情况下,传统的"机构监管"和"功能监管"存在监管机制跟不上新业态、监管职责不清晰、监管动力不足的弱点,"目标监管"可以有效弥补上述短板。

日本2006年的《金融商品交易法》中出现了金融商品的横贯统合的趋势,随之而来的是金融业的同步横贯统合发展,包括金融商品交易业者以及他们的具体金融业务行为,以及投资者客户和社会的自律规制机构等具有金融商品交易主体资格的各种单位和个人。日本将其原有的《金融期货交易法》《投资咨询业法》《抵押证券业法》《外国证券业法》以及《投资信托法》《信托业法》等法律中的有关业者规制的部分都统一移入《金融商品交易法》中。该法旨在构建一个横贯的以保护投资者为目的的保护网,所以对其国内的各种各类复杂的行业进行横贯统合是势在必行的,将这些业务类型都规制在法律中,而囊括复杂多样的金融各行各业的,就是《金融商品交易法》所指的金融商品交易业。日本的金融服务统合化的立法改革,直接影响其消费者保护制度和金融监管体制,受到世界各国的极大关注。

（二）银行立法

银行法是金融法的核心内容。世界各国的银行立法有两种模式：一种是合并立法，即将中央银行和普通银行（主要指商业银行）同立一法，统称为银行法；另一种是分别立法，即分别制定中央银行法和普通银行法。目前，世界上绝大多数国家采用后一种立法模式。

(1) 中央银行立法。世界上第一部中央银行法是 1844 年英国颁布的《英格兰银行条例》，该条例确定的有关中央银行的职能，对其他国家中央银行的建立和中央银行法的制定产生了重大影响。1914 年 8 月英国制定的《通货与钞票法案》、1946 年 2 月英国国会通过的《英格兰银行国有化法案》、1971 年 9 月颁布的《竞争与信用控制法》，使英国的中央银行法不断完善。目前，西方各国基本上都制定了中央银行法。主要有：1913 年颁布实施的《美国联邦储备法》；1934 年 6 月公布的《瑞典银行法》；1934 年公布的《瑞士联邦银行法》；1942 年 2 月公布的《日本银行法》；1957 年 7 月公布的《德意志联邦银行法》；1973 年 1 月颁布的《法兰西银行法》；1973 年 12 月公布的《澳大利亚联邦储备法》等。

(2) 普通银行立法。在商品经济社会里，普通银行是金融体系的主体，承担着一国社会经济发展中资金供给和调节的重要职责，故各国都十分重视普通银行的管理，对其组织及业务开展均予以立法规范。由于普通银行主要是指商业银行，因此，大多数国家将规范普通银行的立法称为商业银行法，或干脆称银行法。目前，西方各国普通银行立法主要有：美国 1863 年公布的《国民通货法》，1864 年的《国民银行法》，1919 年的《爱治公司法》，1960 年的《银行吞并法》；加拿大 1871 年颁布、1980 年修订的《加拿大银行法》；德国 1961 年 7 月公布的《德国银行法》；英国 1979 年 4 月公布的《英国银行法》；日本 1981 年公布、1983 年修改的《普通银行法》；法国 1984 年 1 月公布的《法国银行法》等。

（三）证券立法

证券法是调整直接融资关系的主要立法。随着金融资产证券化，直接融资的比重越来越高，证券立法也就显得越来越重要。世界上最早的证券法是 1933 年 5 月美国国会通过的《证券法》，该法的制定主要是为了加强对证券市场的管理，稳定受经济危机重创的美国经济。1934 年又颁布了《证券交易法》。这两部法律奠定了美国证券法的基础，也为其他国家的证券立法提供了蓝本。此后，美国又相继制定了一系列证券法规，如 1935 年的《公用事业控股公司法》、1939 年的《信托契约法》、1940 年的《投资公司法》和《投资咨询法》、1956 年的《统一证券法》、1970 年的《证券投资者保护法》、1984 年的《内幕交易制裁法》等。英国没有统一的证券法，英国证券关系调整的法律规范散见于 1939 年的《防止欺诈（投资）法》、1948 年的《公司法》、1973 年的《公平交易法》、1984 年的《公司证券法》（内幕人士交易法）和 1986 年的《金融服务法》中；日本于 1948 年 4 月制定了《证券交易法》，1984 年进行了修改；德国、法国等西欧国家没有制定专门的证券法，其内容包含在各自的公司法和投资法中。

（四）票据立法

票据立法最早源于 1863 年法国路易十四时期的《陆上商事条例》中有关票据的规定。1807 年拿破仑主持制定的《法国商法典》第一编第 8 章中规定有汇票和本票。1865 年，法国又制定了《支票法》。1935 年法国对商法典中票据的内容进行了修改。德国在统一前，各邦都有自己的票据法。统一后，于 1871 年 4 月将《普鲁士票据条例》稍加修改，颁行全国。1908 年制定了《票据法》（规定汇票和本票）和《支票法》，现行《票据法》和《支票法》是 1933 年制定颁布的。日本曾于 1882 年制定了《汇票本票条例》，现行票据法律是 1932 年公布的《票据法》和次年公布的《支票法》。英国于1882年制定颁布了《票据法》,规定了汇票、本票和支票。1959年又制定了《支票法》,对支票作了一些补充规定。美国于1896年制定了《统一流通证券法》,1952年又颁布了《统一商法典》(该法典于1962年作了修改),其第三编规定了汇票、本票和支票,取代了《统一流通证券法》。

(五)信托立法

西方各国都有关于信托方面的立法。但以英国和日本的立法最为系统、完备。英国是世界上最早产生信托和信托投资公司的国家。其信托方面的立法主要包括:1893年制定的《受托人条例》、1896年颁布的《私法受托人法》、1906年颁布的《公共受托人法》和1925年颁布的《受托人法》。日本的信托是于1899年从美国引进的,是现今世界上信托业务最活跃的国家。其信托方面的立法主要包括:1922年制定、1923年1月1日颁布的《信托法》和《信托业法》,1952年公布的《贷款信托法》,1957年公布的《证券投资信托法》。

(六)保险立法

保险是一种用集中起来的保险费建立保险基金,用于弥补特定危险事故或人身约定事件的出现所造成的损失的经济补偿制度。在市场经济条件下,在发达资本主义国家中,保险尤其是人寿保险发挥着非常重要的作用,故各国对保险业、保险合同等都有比较完备的立法。日本最早于1901年颁布了《保险业法》,该法于1940年予以修订;美国于1974年公布了《保险公司法》,另外美国各州都制定有保险法规,以1939年公布的《纽约州保险法》最为完备。

二、美国金融立法的新发展

在全球金融体系中,美国占据举足轻重的位置,其监管政策走向一直为世界广泛关注。在竞选总统之初,特朗普就明确提出了"金融去监管"的口号,主张废除2010年出台的《多德-弗兰克法案》。2018年5月24日,特朗普签署《经济增长、监管放松与消费者保护法案》(Economic Growth, Regulation Relief, and Consumer Protection Act),首次正式修改了《多德-弗兰克法案》,这对美国金融监管、金融发展以及国际监管协调产生深远影响。

从改革的逻辑和内容看,美国新法案没有全面否定《多德-弗兰克法》以及审慎监管的政策逻辑。但是,该法确实大幅度地降低了美国审慎监管标准,是对金融机构的一次较为显著的"松绑"。

(一)提高系统重要性金融机构的认定标准

2008年美国金融危机爆发过程中,"大而不倒"效应或系统重要性问题是金融危机传染中的一个重要机制。金融危机之后,美国对银行控股公司这类复杂金融机构的监管大大强化,对资产规模不低于500亿美元的银行控股公司和大型非银行金融机构要求强化审慎监管标准,同时要求定期进行公司级压力测试并提供"生前遗嘱"。在华尔街等利益集团的游说下,特朗普亦认为系统重要性的审慎标准对于中性金融机构的市场竞争力是严重不利的。

新法案在坚持系统重要性审慎监管的同时强调放松对中型金融机构的审慎监管标准。在对特定银行控股公司和受美联储监管的非银行金融机构的强化审慎监管标准上(即系统重要性监管标准),该法案将系统重要性金融机构合并总资产阈值从500亿美元大幅提高至2 500亿美元。资产规模在500亿美元至1 000亿美元的机构,在该法实施当日起就免除系统重要性审慎要求;资产规模在1 000亿美元至2 500亿美元的金融机构,将在法案实施后

18 个月免除系统重要性审慎要求。新法案规定,需要进行运营压力测试的银行控股公司资产规模阈值从 500 亿美元提高至 2 500 亿美元。新法案实施之后,美国执行系统重要性审慎监管标准的银行数量将从 38 家减少到 12 家,资产规模在 500 亿美元至 2 500 亿美元的金融机构获得了较为显著的监管放松。

(二) 放松中小银行类金融机构的监管要求

在全球金融危机之后,美国社区银行和信用联盟等中小银行业机构的发展进入了一个低谷期。特朗普总统认为这是《多德-弗兰克法》制造的"灾难",该法不公平地损害了社区银行的利益。本次改革中,中小型银行类金融机构的监管标准显著放松。

首先,对于监管指标低于一定阈值(比如,资产规模不高于 100 亿美元,或前两个年度每年发放的封闭式住房抵押贷款或开放式信贷少于 500 笔)的储蓄机构和信用联盟,可以在其提供住房抵押贷款时免除特定的监管要求,同时对于特定贷款免除资金托管要求。

其次,显著简化社区银行资本金监管标准。新法案要求监管当局为社区银行提供简化的资本金监管要求,资产规模低于 100 亿美元的社区银行可仅根据杠杆率作为核心监管指标,当社区银行杠杆率水平高于监管要求时就自动认定其符合所有的资本金和杠杆率监管标准。

再次,积极拓展中小金融机构的业务。资产规模低于 200 亿美元的储贷机构(savings associations)在不改变章程的情况下可与全国性银行享受同样权利。储蓄机构的交互存款(reciprocal deposits,即两家机构持有对方同样数量的贷款)规模不超过 50 亿美元或总负债的 20% 之孰低者,该储蓄机构将可以从事联邦存款保险公司法案中的经纪转存(broker deposits)业务。

最后,降低中小金融机构的运作监管要求。在进行补充杠杆率的监管要求时,联邦储备体系下的银行作为托管银行存在央行的托管资金将无需纳入补充杠杆率的计算范畴。金融机构在向客户发放第二笔贷款时如利率低于第一笔贷款就可以免除为期 3 天的抵押贷款披露期而直接发放贷款。资产规模低于 50 亿美元或符合联邦储备体系认定的其他标准的储蓄机构,可以降低信息报告要求。资产规模低于 30 亿美元的机构的存款保险资格审查周期从 12 个月提高至 18 个月。

(三) 降低"沃尔克规则"对中小银行的监管约束

"沃尔克规则"限制商业银行自营交易,限制商业银行发起及投资对冲基金或者私募基金,要求银行内部建立自营业务、对冲基金投资等相应的合规程序。自营交易及对冲基金是美国金融体系利润最为丰厚的领域,"沃尔克规则"触及了美国金融体系的核心利益。特朗普总统对"沃尔克规则"多有不满,认为其严重破坏美国金融体系的全球竞争力。

《经济增长、放松监管和消费者保护法》对"沃尔克规则"进行了调整,豁免了社区银行等小银行相关的监管约束。对于合并资产规模低于 100 亿美元的银行主体且交易资产及负债总额不超过合并资产 5% 的银行主体可以免除关于银行控股公司的监管要求。允许特定基金可使用其母公司或银行附属投资咨询公司的相同名称或相似名称。需要进行相关信息披露的小型银行控股公司资产规模阈值从 10 亿美元提高至 30 亿美元。

作为金融控股公司的主要监管主体,美联储出台了"沃尔克规则"的完善方案。修正方案主要集中在六个方面:一是基于金融机构交易资产和负债规模来实施合规要求,对交易规模最大的交易活动实施最严格的监管。二是对交易账户的界定进行完善。三是对规则允许的做市交易和承销活动进行明确的规定,并施加内部风险限制。四是简化银行主体依靠自营交易进行对冲的监管豁免标准。五是限制"沃尔克规则"对外资银行在国外活动的影响范围。六是简化银行主体提交交易活动的信息要求。

在基于交易资产和负债规模实施分类监管上,美联储将银行分为三类,并适用于"沃尔克规则"的不同标准:第一类是规模至少 100 亿美元的,将严格执行"沃尔克规则"最为严格的标准;第二类是规模在 10 亿美元至 100 亿美元之间的,将执行相对温和的监管标准;第三类是规模低于 10 亿美元的,将无须自我证明遵循"沃尔克规则"。合并资产规模低于 100 亿美元且交易资产及负债总额占合并资产规模比例低于 5% 的银行机构将免除"沃尔克规则"的监管。

美联储的完善方案实际上是在《经济增长、放松监管和消费者保护法》条款及监管改革精神的基础上分类实施"沃尔克规则",中小银行将受益于此。但是,对于交易规模较大的银行主体仍然没有放弃对其执行最严格的"沃尔克规则"标准,远没有达到此前特朗普总统所宣称的"废除"程度。

(四) 改革证券市场监管,促进资本形成

中小银行在过去强监管过程中弱化了对实体经济的服务功能,是本次改革的一个重点。《经济增长、放松监管和消费者保护法》针对小银行监管标准的放松、对小型金融机构豁免"沃尔克规则"、对系统重要性机构认定标准的提高等本质上都是为了提高这些机构的信用供给和金融服务能力,以促进居民消费和企业资本形成。

《经济增长、放松监管和消费者保护法》在促进资本形成方面的另一重点是资本市场的监管改革。首先,对于已经发行上市或在"全国性证券交易所"发行的证券在发行过程中豁免州监管。其次,要求美国证券交易委员会(SEC)对于小规模商业资本形成的状况和问题进行评估并对相关信息进行披露。再次,修改了 1940 年《投资公司法》,提高风险投资基金投资者数量限额从 100 人至 250 人,低于此限额的可以不向 SEC 注册为"投资公司"。还有,额外披露的强制保证制度的阈值提高,即发行人在 12 个月销售规模阈值从 500 万美元提高至 1 000 万美元,这对于小企业的发行具有促进作用。最后,扩大了适用于"条例 A+"的发行人,豁免某些小型证券产品发行的登记要求。

(五) 完善部分监管制度和强化消费者保护

值得注意的是,《经济增长、放松监管和消费者保护法》并非全面放松金融监管,对于部分监管问题还进行了补充完善。

新法案强化了对保险业的监管要求。该法要求美联储成立一个保险咨询委员会,在 2024 年年底前提供年度报告并接受全球保险监管的政策质询,特别是全球保险监管政策对美国消费者和保险市场的影响。同时,要求财政部长、美联储主席、联邦保险办公室主任联合发布国际保险监管标准的影响报告,此报告必须在国际最终标准达成之前发布。

新法案在降低部分监管标准同时又保留了金融管理当局的监管权力。新法案在社区银行实施简单的杠杆率监管标准的同时,保留了联邦银行监管机构对社区银行的认定权力。在提高系统重要性金融机构认定阈值的同时,保留了美联储对系统重要性金融机构的自由裁量权。在提高需要进行相关披露的小型银行控股公司资产阈值的同时,亦保留美联储基于监管目的可不提高该阈值的权力。

新法案强化了消费者保护。新法案在降低储蓄机构和信用联盟监管标准的同时,要求

这两类机构必须参与联邦存款保险计划,并同时提供消费者保护。新法案要求信贷机构保存消费者欺诈警示材料至少一年,对消费者安全冻结生效及取消提供无限且免费的服务。消费者通过电子或电话渠道的安全冻结申请必须在收到申请后1个小时内生效。新法案要求联邦贸易委员会建设一个中央化网站以提供各个信贷管理机构的链接,以方便消费者申请或撤销安全冻结及欺诈警示。这个服务还需要估计少数族裔和残疾人士的服务需求。

可以认为,美国金融监管改革使得国际监管标准受到一定的破坏。美国为了提高中小银行的信用供给和金融服务能力,其监管标准被大大放松,影响最为深远的一个改革就是以杠杆率标准代替了资本金充足率标准,其本质就是弱化了资本金充足率的要求以及《巴塞尔新资本协议Ⅲ》的监管标准性。因此,美国金融监管放松改革将使得国际监管协调更加困难。欧洲以及阿根廷、巴西等新兴经济体的银行系统以及金融体系受到的金融危机的影响仍然没有消退,意大利银行业风雨飘摇,欧洲正在寻求更为严格的资本和流动性要求,而美国方面却在降低此类要求,这使得未来国际监管协调将会出现更大的难题。另外,新法案体现出美国在国际监管协调上的强硬立场。新法案要求财政部、美联储、联邦保险办公室、证券交易委员会等全面评估保险业、资本市场、网络安全等国际监管协调对其国内的影响。

三、日本金融服务业的统合立法

日本是通过金融服务统合立法,健全市场竞争机制,强化消费者保护的先行者。《金融商品交易法》所规定的金融商品交易行业,囊括了复杂各样的金融业者。

2006年,日本修改《证券交易法》,更名为《金融商品交易法》。从该《金融商品交易法》开始,日本金融立法出现了金融商品的横贯统合的趋势。随之而来的是,金融业的同步横贯统合发展,包括金融商品交易业者以及他们的具体金融业务行为,同时还有投资者客户和社会的自律规制机构等具有金融商品交易主体资格的各种单位和个人。

日本将其原有的《金融期货交易法》《投资咨询业法》《抵押证券业法》《外国证券业法》以及《投资信托法》《信托业法》等法律中的有关业者规制的部分都统一移入《金融商品交易法》之中。该法旨在构建一个横贯的以保护投资者为目的的保护网,所以对国内的各种各类复杂的行业进行横贯统合是势在必行的,将这些业务类型都规制在法律中2006年《金融商品交易法》第1条开宗明义,把"实现有价证券的发行及金融商品等的公正性和有价证券的顺畅流通,并通过充分发挥资本市场的功能形成金融商品等的公正价格等,最终以有利于国民经济的健康发展和投资保护"确立为立法目的。

金融服务统合法既强调消费者保护,又强调市场功能的保障,兼具民商法和经济法的性质,其根本理念是将原有的纵向分割的行业法的立法目的——"保护培育行业"转变到"确保市场机能维护公平竞争"这一根本目标上来。金融服务统合法的主要内容包括金融商品、金融服务的横向统合规制、金融组织的统合规制、金融监管的统合规制,金融消费者保护统合法体系的构建,以及法律、法规、规章、自律规则等规制统合体系的构建。不仅仅规制微观层面的金融商品、金融服务、金融业者,更加注重宏观层面的市场功能的确保和市场竞争秩序的维护。

日本是通过金融服务统合立法健全市场竞争机制的先行者,金融服务法的统合化发展可以产生众多积极效果。例如,可以提高法律效率,避免交叉立法规范导致的重复低效;同时,可以尽可能全面地保护消费者的合法权益,维护金融商品交易市场的稳定秩序,提高资源的优化配置,填补法律上的空白漏洞。金融服务统合法在承袭了传统金融服务法防控金融风险和维护金融安全的目标的基础上,进一步提出了保护金融消费者与确保市场功能的目标。一方面,在现代金融法制体系下,风险已有成本化的趋势,降低风险从某一角度上说也是降低成本的表现;另一方面,将金融消费者保护与市场功能的确保有机结合可以保证金融市场健康有序运行,促进金融民主,健全金融法制。金融服务统合法的基本目标是风险防控与风险利用的统合。

2008年金融危机爆发后,日本频繁修订该法。2013年6月12日,日本国会通过"金融商品交易法等部分修正法律案",再次大规模修法,希望借此提高本国金融市场的国际竞争力,解决金融危机给其金融市场造成的各种问题,如公募增资中的内幕交易问题、投资顾问公司资产运营和监管问题等。修改内容主要包括强化增资中内幕交易规制、完善金融机构有序破产处理制度、修改银行等表决权保有规制以及修改投资信托、投资法人制度等。

第三节 中国金融立法

中华人民共和国成立后的前30年,由于实行高度集中的计划经济体制,我国的金融事业发展缓慢,对金融活动的规范和管理以行政手段为主,因而也就无所谓金融立法。改革开放后,随着金融改革的深化及我国法制建设进程的加快,适应有计划的商品经济的需要,我国加快了金融立法的步伐,制定了大量的金融法规和规章,如1986年1月7日发布的《银行管理暂行条例》。

1993年,我国确立了建立社会主义市场经济体制的目标,金融体制的总体目标得以确立,金融改革进一步深化,金融立法也步入了一个崭新时期。尤其是在1995年"金融立法年",我国制定颁布了"五法一决定"(五部金融基本法律及一个决定),从根本上改变了我国金融领域欠缺基本法律规范的局面,初步形成了我国金融法体系的基本框架。

2011年3月10日,全国人大常委会委员长吴邦国同志向第十一届全国人大第四次会议作工作报告时庄严宣布,一个立足中国国情和实际、适应改革开放和社会主义现代化建设需要、集中体现党和人民意志的,以宪法为统帅,以宪法相关法、民商法、行政法、经济法等多个法律部门的法律为主干,由法律、行政法规、地方性法规与自治条例、单行条例等三个层次的法律规范构成的中国特色社会主义法律体系已经形成。其中,包括金融法律体系。

一、近代中国金融立法的探索

近代中国的金融立法经历了晚清时期、北洋政府和国民政府时期,其立法范围以银行立法为主,也有一些货币、票据、证券、公司等方面的立法实践。

(1)银行立法。第一部金融法是1908年清王朝颁布的《大清银行则例》,《则例》规定大清银行享有代表国家发行纸币、代理国库和调剂金融的权利。同年,又颁布了《银行通行则例》,规定了银行的九项业务,即票据贴现、短期拆款、存款、放款、买卖生金银、兑换、代收票据、发行票据、发行银钱票。凡经营这九种业务的机构均称为银行,受该则例的拘束。

北洋政府时期,1913颁布了《中国银行则例》,1914年颁布了《交通银行则例》。当时,由于尚未设立中央银行,而中、交两行均为国家银行,故履行部分中央银行的职能。

1927年国民党政府制定《中央银行法》，据此于次年11月1日成立中央银行。1928年10月，国民党政府财政部修订《中国银行条例》，改组了中国银行，特许其为"国际汇兑银行"。11月又颁布《交通银行条例》，改组了交通银行，特许其成为"发展全国实业的银行"。

1931年3月28日，国民党政府公布《银行法》，共50条。1935年5月9日，国民党政府立法院通过公布了《中央银行法》，共7章36条。1947年4月20日，国民党政府颁布《新银行法》，共10章119条，对商业银行、实业银行、储蓄银行、信托银行、钱庄、外国银行及银行的登记、业务许可、法律责任等均作了规定。

（2）货币立法。1910年清政府颁布《铸币则例》，规定银圆为本位币，并将铸币权收归中央，第一次在中国确立了银本位制，但仍是银圆与银两并用。

1933年4月6日，国民党政府颁布《银本位铸造条例》，实行废两改元，由中央造币厂统一铸造，从此在我国正式确立了银本位制。1935年11月4日，国民党政府颁布紧急法令，实行"法币改革"，即废止银本位制，实行纸币制，规定自即日起以中央、中国、交通三银行（1936年2月增加中国农民银行）发行的钞票为法定货币，所有完粮纳税及一切公私款项之收付，概以法币为限，禁止白银流通使用，并将白银收归国有，作为外汇准备金。这次改革使中国进入了不兑换纸币本位时期。

（3）票据立法。清末变法时，清政府的宪政编纂馆于光绪三十三年（1907年）聘请日本法学家志田钾太郎起草票据法。1922年，北洋政府的修订法律馆起草了6稿票据法，但均未公布施行。1929年10月国民党政府公布施行《中华民国票据法》，共139条。次年7月又颁布《票据法施行法》，共20条。

（4）证券立法。清政府于1904年颁布的《公司律》，是我国近代首部对股份公司股份发行进行规定的法律。1914年，北洋政府颁布了我国历史上第一部证券法——《证券交易所法》。1929年10月，国民党政府颁布《中华民国交易所法》；次年4月又颁布了新的《中华民国交易所法》。

（5）保险立法。1805年，英商在广州设立第一家谏当保安行，标志着中国近代保险业的发端。1865年5月25日，上海义和公司保险行的创设，是我国第一家自办的保险机构。1907年，清政府令溥伦、孙家鼐等筹设资政院，审核制定法律事宜。光绪三十三年（1907年）拟具的《保险业章程草案》是中国近代保险史上的第一部保险法规，共有7章105条。其上报清廷后，遂被束之高阁，并未批准付诸实施。第一章"总则"第一条给保险下了定义："凡筹集资本，设立公司或公会，分保物产损失及生命危险而担负其赔偿者，是为保险事业"。有意思的是，第七章"附则"指出"本章施以奉旨允行之日为施行日期"，并强调"凡应遵守本章程之保险公司及公会，其所定各项章程及凭单等类，须用中国文字，如有翻译附载东西各国文字者，仍以中国文字为准"，这一条反映了保护民族权益和中国民族保业强烈的民族自立意识。之后，民国时期进行了多次立法尝试，除了少量规章得以实行外，大部分立法未能实施，如1929年12月《保险法》，同年由政府明令公布，内分总则、损害保险、人身保险3章计82条；1937年1月同时公布的修正后的《保险法》《保险业法》和《保险业法施行法》等，均未能实施。

（6）其他金融立法。中国近代在信托等方面也有些立法尝试。例如，在我国出现得最早的信托机构，是由日本人于1913年在大连设立的"取引所信托株式会社"和由美国人于1914年在上海设立的"普益信托公司"。1917年，上海商业储蓄银行成立了一家名为"保管部"的机构,主要业务是出租保管箱。1921年更名为信托部,经营范围有所扩大。1918年,浙江兴业银行正式开办具有信托性质的出租保管箱业务,但此时并未专设信托部。1919年12月,重庆聚兴城银行上海分行成立了信托部,主要经营报关、运输、仓库和代客买卖证券业务。这是中国信托史上最早经营信托业务的3家金融机构,也是我国现代信托业创设的标志。国民党政府对信托业的管理主要依据1937年颁布的《新银行法》,具体主管部门为财政部。

二、现代中国金融立法的历程与成就

中华人民共和国成立后的前30年,由于实行高度集中的计划经济体制,我国的金融事业发展缓慢,对金融活动的规范和管理以行政手段为主,也就无所谓金融立法。

1978年改革开放以来的40多年,我国金融立法取得了巨大成就,大体经历了以下四个发展阶段。

(一) 金融立法起步探索阶段(1978—1992年)

1978年,十一届三中全会的召开拉开了金融体制改革的大幕,1983年4月20日发出《国务院批转财政部关于建设银行机构改革问题的报告的通知》(国发〔1983〕70号),将建设银行改为独立经营、独立核算的全国性的金融经济组织,是管理基本建设等投资的国家专业银行。1983年9月17日发布《国务院关于中国人民银行专门行使中央银行职能的决定》(国发〔1983〕146号),明确中国人民银行专门行使中央银行职能,不再兼办工商信贷和储蓄业务;成立中国工商银行,承担由中国人民银行办理的工商信贷和储蓄业务。从而形成中国工商银行、中国农业银行、中国银行、建设银行等专业银行,构成了中央银行和普通银行两大层级的中国金融体系。这一时期,国家开始启用法律手段管理经济、管理金融。1982年制定了《经济合同法》,其中确立了借款合同制度。1986年公布的《民法通则》第90条明确规定"合法的借贷关系受法律保护。"开启了运用基本法律保护金融借贷关系的先河。1986年1月7日发布《银行管理暂行条例》,1988年发布《现金管理暂行条例》,1992年发布《储蓄管理条例》等涉及货币银行业务的金融法律、金融行政法规和一批金融性政府规章、地方性金融法规。我国金融立法起步阶段,没有制定出专门调整金融关系的法律,一些以条例或暂行条例命名的政府规章也仅仅限于银行业领域。这些都反映了我国改革开放初期的金融体制改革状况和金融立法起步特点。

(二) 金融立法快速发展阶段(1993—2001年)

自1993年开始,我国确立了建立社会主义市场经济体制的目标,为适应市场经济的发展,国家加速了经济体制、金融体制改革和外汇管理体制改革的进程,为促进和保障金融体制改革,这一阶段的金融立法全面提速,被称为"金融立法年"的1995年同时颁布了《中国人民银行法》《商业银行法》《保险法》《票据法》《担保法》共五部金融法律和《全国人大常委会关于惩治破坏金融秩序犯罪的决定》。1996年制定《外汇管理条例》,1997年修订实施新的《刑法》专门对有关金融方面的犯罪进行集中规定;1998年颁布《证券法》,随后还陆续颁布《证券投资基金管理暂行办法》《证券法公开市场操作》,2000年制定《金融资产管理公司条例》,2001年颁布《信托法》等。在金融立法快速发展阶段,国家加强了银行、证券、保险、信托、外汇等金融各个领域的立法,成龙配套、全面铺开,仅八年时间就出台了七部金融法律,加上一大批相应的配套金融行政法规等规范性法律文件。可以认为,在这一阶段,中国特色社会主义金融法律法规,已经初步形成了一个体系框架。

(三)金融法律体系形成阶段(2002—2011年)

2001年12月11日,我国正式加入世界贸易组织(WTO),2006年11月世界贸易组织过渡期结束,世界贸易组织要求我国履行金融业全面对外开放的承诺。面对我国金融业全面对外开放格局和应对2008年国际金融危机的复杂形势,这一阶段的金融立法主要任务是通过调整立法内容和全力修改不适应履行金融业全面对外开放承诺的一系列金融法律法规,同时制定了放开外资进入中国金融市场的行政法规。例如,2002年6月中国人民银行发布《外资金融机构驻华代表机构管理办法》,2006年11月国务院制定了《外资银行管理条例》,允许外商独资银行、中外合资银行开展经中国银监部门批准的部分或者全部外汇业务和人民币业务,允许经中国人民银行批准的经营结汇、售汇业务等;为规范举借外债行为,防范外债风险,2003年国家发改委、财政部和外汇管理局发布了《外债管理暂行办法》。

随着金融业改革开放的加速,金融市场迅速发展,为推动多层次和多元化的资本市场体系建设,国家加快了证券投资基金、期货等方面的立法。例如,2003年全国人大常委会通过制定《证券投资基金法》,2007年国务院公布《期货交易管理条例》等。

在金融监管方面,"一行三会"的分业监管体制基本建立,金融监管法律制度逐步完善。例如,2003年12月第十届全国人民代表大会常务委员会第六次会议修正了《中国人民银行法》,通过了《银行业监督管理法》(于2006年10月修正)。为强化和规范监管,还引入五级分类的信贷和会计准则制度,建立信息披露制度等。

在这一阶段的金融立法,还在推动农村信用社的试点改革,推行国有商业银行的股份制改革,实施股权分置改革,推进利率市场化改革等方面也都出台了相应的法规。例如,2003年中国银监会发布了《农村商业银行管理暂行规定》《农村合作银行管理暂行规定》等。

至2011年3月10日,全国人大常委会委员长吴邦国同志向第十一届全国人大第四次会议做工作报告时庄严宣布,一个立足中国国情和实际、适应改革开放和社会主义现代化建设需要、集中体现党和人民意志的,以宪法为统帅,以宪法相关法、民商法、行政法、经济法等多个法律部门的法律为主干,由法律、行政法规、地方性法规与自治条例、单行条例等三个层次的法律规范构成的中国特色社会主义法律体系已经形成。因此,作为其重要组成部分的金融法律体系,随之初步形成。

(四)金融立法发展完善阶段(2012年至今)

自2012年党的十八大召开以来,我国金融立法进入了提高立法质量、推进立法精细化的新发展阶段。党的十八届三中全会发布了《中共中央关于全面深化改革若干重大问题的决定》,党的十八届四中全会通过了《中共中央关于全面推进依法治国若干重大问题的决定》。为了落实党中央的两个决定,为全面深化改革、全面推进依法治国,加强重点领域立法,作为重点领域的金融立法涉及的内容更复杂。

近几年来,我国金融立法突出表现为对已有法律和行政法规的修订与完善。例如,2013年6月第十二届全国人大常委会第三次会议和2014年8月第十二届全国人大常委会第十次会议分别对《证券法》进行了第二次和第三次修订;2015年4月第十二届全国人大常委会第十四次会议对《保险法》进行了第三次修订;2012年12月第十一届全国人大常委会第三十次会议和2015年4月第十二届全国人大常委会第十四次会议分别对《证券投资基金法》进行了修订和修正。2013年5月和2016年2月国务院对《外资保险公司管理条例》进行了两次修订。2012年10月、2013年7月、2016年2月和2017年3月,分别对《期货交易管理条例》进行了四次修订。国务院公布了两部新的金融行政法规,即2015年2月的《存款保险条例》,2017年8月的《融资担保公司监督管理条例》。

三、我国金融立法的发展趋势

金融立法是指金融法律制度的制定、修改和废止。在我国,金融立法主要是指全国人大及其常委会、国务院等有立法权的国家机关制定、修改和废止的为调整金融关系的规范性法律文件的活动。规范性金融法律文件的表现形式一般包括金融法律、金融行政法规、金融地方性法规、金融规章和金融司法解释等。金融立法一般采用两种立法模式:一是将主要调整涉及金融业务经营关系的法律规范专门规定在一部法律中,如《商业银行法》《信托法》,而将主要调整涉及金融组织管理关系的法律规范规定在另一部法律中,如《银行业监督管理法》《信托业法》;二是将调整金融业务经营关系与金融组织管理关系的法律规范都规定在同一部法律之中,如《证券法》《保险法》等。无论采用何种模式,只要制定出来的法律、法规中包含有专门调整金融关系的法律规范,都属于金融法律体系的范围。

(一)金融改革推动金融立法

自2013年9月中国(上海)自由贸易试验区(Pilot Free Trade Zone)成立以来,上海自贸区在金融领域基本搭建了以自由贸易账户(FT账户)为基础的制度创新框架,形成了面向国际的金融市场和金融服务业开放格局,国际金融中心建设稳步推进,金融服务科创中心能力不断增强。至2019年底,我国已经分多批次批准了18个自贸试验区,已经初步形成了"1+3+7+1+6"的基本格局,形成了东西南北中协调、陆海统筹的开放态势,推动形成了我国新一轮全面开放格局。

2017年7月,第五次全国金融工作会议开启了我国新一轮的金融体制改革,国务院金融稳定发展委员会成立;2018年是中国"新一轮金融开放的元年",4月11日新任央行行长易纲在博鳌亚洲论坛上给出了新一轮金融开放的路线图和时间表,公布"金融开放11条"。所有这些,都将对我国金融法治产生巨大而深远的影响。

1. 自贸试验区建设与金融制度创新

2013年12月,上海市政府协同一行三会先后发布了《中国人民银行关于金融支持中国(上海)自由贸易试验区建设的意见》(银发〔2013〕244号)、《中国银监会关于中国(上海)自由贸易试验区银行业监管有关问题的通知》(银监发〔2013〕40号)、《中国证监会关于资本市场支持促进中国(上海)自由贸易试验区若干政策措施》《中国保监会支持中国(上海)自由贸易试验区建设的有关事项》(以上俗称"51条"金融支持试验区建设的意见)。2015年10月,上海市政府及一行三会、商务部、外汇局又联合发布了《进一步推进中国(上海)自由贸易试验区金融开放创新试点加快上海国际金融中心建设方案》(俗称进一步推动自贸试验区金融开放创新的"40条"意见)及相关细则。

2017年3月31日,国务院公布了《全面深化中国(上海)自由贸易试验区改革开放方案》(以下简称"全改方案")。这是上海自贸区历经2013年"总体方案"、2015年"深改方案"后的3.0版本,"全改方案"确立了上海自贸区"三区一堡"的新目标,即建设开放和创新融为一体的综合改革试验区、开放型经济体系的风险压力测试区、提升政府治理能力的先行区、服务国家"一带一路"建设和推动市场主体走出去的桥头堡。方案明确提出,要设立"自由贸易港区"。基于3.0版本的"全改方案",上海自贸区的金融改革发展,必须做到"顶天立地"——"顶天",即自贸金融的改革创新,要对照国际最高标准和国际最高水平,引领全局发展;"立地",即自贸金融的创新制度,要落实到自贸试验辖区和各类市场主体,产生实际成效。①

2019年7月27日,国务院印发《中国(上海)自由贸易试验区临港新片区总体方案》,指出,要以习近平新时代中国特色社会主义思想为指导,坚持新发展理念,坚持高质量发展,推动经济发展质量变革、效率变革、动力变革,对标国际上公认的竞争力最强的自由贸易园区,选择国家战略需要、国际市场需求大、对开放度要求高但其他地区尚不具备实施条件的重点领域,实施具有较强国际市场竞争力的开放政策和制度,加大开放型经济的风险压力测试,实现新片区与境外投资经营便利、货物自由进出、资金流动便利、运输高度开放、人员自由执业、信息快捷联通,打造更具国际市场影响力和竞争力的特殊经济功能区,主动服务和融入国家重大战略,更好服务对外开放总体战略布局。《方案》提出,到2025年,新片区将建立比较成熟的投资贸易自由化便利化制度体系,打造一批更高开放度的功能型平台,区域创造力和竞争力显著增强,经济实力和经济总量大幅跃升;到2035年,建成具有较强国际市场影响力和竞争力的特殊经济功能区,形成更加成熟定型的制度成果,打造全球高端资源要素配置的核心功能,成为我国深度融入经济全球化的重要载体。《方案》明确,新片区参照经济特区管理。要建立以投资贸易自由化为核心的制度体系。在适用自由贸易试验区各项开放创新措施的基础上,支持新片区以投资自由、贸易自由、资金自由、运输自由、人员从业自由等为重点,推进投资贸易自由化便利化。要建立全面风险管理制度。以风险防控为底线,以分类监管、协同监管、智能监管为基础,全面提升风险防范水平和安全监管水平。要建设具有国际市场竞争力的开放型产业体系。发挥开放型制度体系优势,推动统筹国际业务、跨境金融服务、前沿科技研发、跨境服务贸易等功能集聚,强化开放型经济集聚功能。加快存量企业转型升级,整体提升区域产业能级。

2. 全国金融工作会议与金融监管改革

2017年7月14日至15日召开的第五次全国金融工作会议将对我国金融法治产生深远影响。此次会议围绕服务实体经济、防控金融风险、深化金融改革"三位一体"的金融工作主题作出了重大部署,决定设立国务院金融稳定发展委员会,强化中国人民银行宏观审慎管理和系统性风险防范职责,强化金融监管部门监管职责,确保金融安全与稳定发展。会议对金融重新定位之后,所有金融业务都要纳入监管,及时有效识别和化解风险。而且,除明确国务院金融稳定发展委员会和中国人民银行宏观审慎监管与防范系统性金融风险的责任外,还特别强调要"压实地方监管责任",加强金融监管问责。

至2019年,经过改革,我国现已形成了新的"委行会局"的金融监管体制,即由国务院金融稳定发展委员会、中国人民银行、中国银行保险监督管理委员会、中国证券监督管理委员会、国家外汇管理局、地方金融管理局构成的"委行会局"的监管模式,即持牌金融机构由两会负责微观审慎监管,类金融机构由地方金融监督管理局监管。2019年第一季度,我国地方各级政府的金融工作部门,改制、挂牌为地方金融监督管理局的工作基本完成。根据中央

---

① 张学森:《金融创新发展的法治保障研究》,该书第二章"自贸区金融改革的法治保障研究",复旦大学出版社2018年版,第35—90页。

部署,地方金融监督管理局的监管范围为"7+4",具体为负责对小额贷款公司、融资担保公司、区域性股权市场、典当行、融资租赁公司、商业保理公司、地方资产管理公司等金融机构实施监管,强化对投资公司、农民专业合作社、社会众筹机构、地方各类交易所等的监管。[①]

3. 新一轮金融对外开放与金融立法

中国金融业的对外开放最早可以追溯到改革开放之初。1979 年,中国批准设立第一家外资银行代表处——日本输出入银行北京代表处,拉开了中国金融业对外开放的序幕。随着中国金融业开放的不断深入,近年来,外资银行、险企、券商、基金和资管纷纷抢滩中国。2018 年是中国"新一轮金融开放的元年"。2018 年 4 月 11 日,新任央行行长易纲在博鳌亚洲论坛上给出了新一轮金融开放的路线图和时间表,公布"金融开放 11 条":取消银行和金融资产管理公司的外资持股比例限制,内外资一视同仁;允许外国银行在我国境内同时设立分行和子行;将证券公司、基金管理公司、期货公司、人身险公司的外资持股比例上限放宽至 51%,三年后不再设限。

保险业和证券业的对外开放晚于银行业。在新时期对外开放的背景下,继 2018 年 4 月出台"取消外资保险机构设立前需开设 2 年代表处的要求"等 15 条措施。2019 年 7 月 20 日,国务院金融稳定发展委员会办公室出台"缩短外资人身险公司外资股比限制从 51% 提高至 100% 的过渡期至 2020 年"等 7 条措施,金融保险行业进入高水平对外开放的新阶段。外资控股的金融机构开始出现,2018 年 11 月 25 日,德国安联保险集团筹建安联(中国)保险控股有限公司获准筹建,成为我国首家外资保险控股公司。

2018 年 4 月 28 日,中国证监会正式发布最新的《外商投资证券公司管理办法》,明确将外资控股比例正式调整为 51%,允许外资控股合资证券公司,逐步放开合资证券公司业务范围。至此,证券行业全面打开了大门,合资券商牌照松绑。2018 年 11 月,证监会核准瑞士银行增持瑞银证券股比至 51%,瑞士银行成为首家增持合资证券公司股权以实现控股的外资金融机构。

2018 年 6 月 21 日,上海自贸试验区管委会召开扩大金融服务业对外开放工作推进会,总结上海自贸试验区在金融服务业扩大开放领域已开展的工作,推出了《中国(上海)自由贸易试验区关于扩大金融服务业对外开放进一步形成开发开放新优势的意见》。《意见》分六大部分、25 条举措,体现了上海自贸区在扩大金融开放中的"试验田"作用,为上海自贸区主动承接国家金融服务业开放重大举措落地,加强上海国际金融中心与自贸试验区建设联动提供有力的支持和保障。具体而言,意见内容包括:第一,实施吸引外资金融机构集聚的新政策。扩大上海自贸试验区银行业、证券业及保险业对外开放、支持境外中央银行和国际金融组织在上海自贸试验区设立代表处或分支机构以及支持管理规模靠前、投资理念先进、投资经验丰富的跨国资管在上海自贸试验区设立外资资管区域总部等。第二,建立便利外资金融机构落户的新机制。包括全面落实准入前国民待遇加负面清单管理制度、建立与各国驻沪机构和国际经济组织的合作机制等。第三,构筑全面深化金融改革创新的新平台。包括在金融监管部门的统一部署和支持下,在上海自贸试验区稳步推进资本项目管理的便利化和可兑换,先行先试外汇管理改革,拓展自由贸易账户的投融资功能和适用范围等。第四,开创金融服务科创中心建设的新格局。包括深化陆家嘴金融城和张江科学城双城联动、

---

① 张学森:《金融创新发展的法治保障研究》,复旦大学出版社 2018 年版,第 100 页。

推动浦东新区产业创新中心建设及深化科技金融产业布局等。第五，打造高层次金融人才集聚发展的新高地。包括提高外籍人才通行和居留便利、深化人才跨境金融服务等。第六，构建与国际规则接轨的金融法治新生态。包括以上海金融法院设立为契机，在金融法治建设上持续发力，给各类市场主体以更稳定的预期，更好保护投资者的合法权益等。

（二）地方金融立法大量涌现

2019年以来，为适应新体制、新形势的要求，满足地方金融监督管理的需要，多个地方出台了地方金融条例等地方立法。例如，《天津市地方金融监督管理条例》《四川省地方金融监督管理条例》都于2019年7月1日起正式实施，《上海市地方金融监督管理条例》于2020年7月1日起施行，《浙江省地方金融条例》自2020年8月1日起施行。因此，未来几年，我国金融法律体系中将出现大量地方金融立法，以防范地方金融风险、打击非法金融行为等。

《四川省地方金融监督管理条例》是四川省首部关于地方金融监督管理的地方性法规，不仅填补了四川省地方金融立法的空白，也解决了地方金融主管部门执法缺乏有效手段、执法依据不足的问题。该条例共6章45条，从总则、地方金融组织、服务与发展、风险防范、法律责任、附则等方面，对四川省各类地方金融组织、地方金融活动进行规范，明确在四川省行政区域内对地方金融组织从事金融业务进行监督管理。同时，条例将地方金融组织界定为国家授权地方人民政府及其有关部门监督管理的小额贷款公司、融资担保公司、区域性股权市场、典当行、融资租赁公司、商业保理公司、地方资产管理公司、开展信用互助的农民专业合作社、从事权益类或者大宗商品类交易的交易场所等。

该《条例》还明确，县级以上地方人民政府应当制定地方金融风险突发事件应急预案和防范处置方案，建立金融信息共享、风险处置等协作机制，承担防范和处置地方金融风险责任。负责地方金融工作的机构发现地方金融组织存在可能引发金融风险的隐患的，应当对其重点监控，进行风险提示；对已经形成金融风险，严重影响金融秩序和金融稳定的，应当按照规定程序及时报告。省人民政府地方金融主管部门可以责令地方金融组织暂停相关业务，采取查封、扣押地方金融组织经营活动相关的电子信息设备及存储介质、财务账簿、会计凭证、档案资料等措施。

自2020年7月1日正式实施的《上海市地方金融监督管理条例》是我国地方金融立法的一个最新成功范例。至此，上海地方性法规中"发展＋监管"的法律制度并驾齐驱，《上海市推进国际金融中心建设条例》与《上海市地方金融监督管理条例》作为地方金融法治的"双翼"，对上海国际金融中心的建设和发展具有重大意义。《上海市地方金融监督管理条例》的主要内容和特色在于：诠释了"地方金融监管"的丰富内涵，构建起行之有效的监管工作体制机制，丰富了金融科技、监管科技的应用场景，提炼出地方金融组织的共性监管规则，依法审慎建立地方金融监管工具箱，推动形成金融风险防范与处置的整体合力。因此，《条例》在健全国际金融中心法律制度体系、确立国际金融中心金融监管体制、营造国际金融中心良好发展环境等方面都做出了积极探索。

地方金融监管体系是我国金融监管体系的重要组成部分，也是中央金融监管体系的必要补充。第五次全国金融工作会议后，地方金融监管机构的监管范围明显扩展，地方金融监管生态正迎来重大变化。在当前地方金融风险点多面广、复杂关联、易发多发的背景下，地方金融监管面临诸多挑战，亟须进一步完善体制机制，以立法对地方金融监管赋权明责，具有重要的现实意义。

(三) 金融科技立法活动不断加强

金融法的调整对象决定了金融立法基本内容的范围。根据我国金融法的调整对象,其金融立法的基本内容一般由以下内容构成:金融调控与监管法、金融机构组织法、金融机构业务法,等等。

今后一个时期,我国要加强互联网金融的立法活动。伴随着信息技术的发展,互联网金融的创新层出不穷,新的金融模式不断涌现,互联网的金融风险加快累积。但互联网的立法还仅停留在部门规章的层面,立法的层级不高,金融监管立法还处于滞后状态。因此,要推进互联网金融的立法建设,规范互联网金融企业的经营活动,明确金融监管机关,细化金融监管职责,建立互联网金融风险防范的制度。

互联网金融是指运用互联网技术和信息通信技术实现资金融通、支付结算和金融信息中介的金融活动。互联网金融具有网络化、云计算、大数据、移动支付和搜索引擎等技术特点。互联网金融包括的内容十分丰富,其表现形态多种多样,并处于不断发展变化之中。目前,互联网金融的发展,以金融科技为核心,其内容体现为 ABCD,即人工智能(AI)、区块链(Block Chain)、云计算(Cloud)、大数据(Data)。近年来,为调整互联网金融关系,规范互联网金融行为,我国有关部门制定了一些立法位阶低的互联网金融法律规范性文件,形成了互联网金融法体系。例如,2005 年中国银监会制定的《电子银行业务管理办法》,中国人民银行等十部委联合发布的《关于促进互联网金融健康发展的指导意见》《非金融机构支付服务管理办法》《关于防范比特币风险的通知》等。可以预见,在金融与科技相结合的领域,我国将有更多的各层次立法,以促进金融科技创新的不断发展。

改革开放四十余年来,我国金融立法成果丰硕。目前,中国特色社会主义进入了新时代,今后,中国金融立法要以习近平新时代中国特色社会主义思想为指导,主动适应新时代的要求,遵循科学立法、民主立法和依法立法原则,尽快完善以宪法为核心的中国特色社会主义法律体系。我国金融立法应该在保障金融服务实体经济发展方面发挥保驾护航的积极作用。

 复习思考题

1. 简述金融法的概念及其调整对象。
2. 试述我国的金融法律体系。
3. 论述我国金融法的基本原则。
4. 我国金融法的主要渊源有哪些?
5. 简述金融法律关系及其保护。
6. 试比较西方主要国家的金融体制。
7. 试述我国地方金融立法的主要特点。

第三章 金融调控与监管法

本章要点

- 金融调控法的概念
- 金融监管法的概念
- 中央银行的性质、地位与职责
- 货币政策及货币政策工具
- 中国银保监会及其监管职责、监管措施
- 我国证券期货业的监督管理
- 我国地方金融监管机构的职责

金融调控与监管法,即指金融调控法和金融监管法,它们分别属于经济法中的宏观调控法和经济监管法的核心组成部分。在现代市场经济中,金融调控法以中央银行法为核心,在我国就是指中国人民银行法;而金融监管法则以银行业监管法律制度为核心,在我国主要指银行业监督管理法,还包括有关调整证券业、保险业、信托业的法律规范。

中央银行是一国金融体系的核心,曾一度承担了金融调控与金融监管的几乎全部职能。随着中央银行制度的发展,其金融监管职能逐步分离出来,由专门设立的金融监管机构来承担。在当今世界各主要国家和地区,中央银行主要专注于宏观经济调控,而金融监管则由专门的金融业监管机构负责。当然,这其中还存在着若干不同的模式和体制,由此形成了世界各国各具特色的金融调控与金融监管法律制度。

2017年7月召开的第五次全国金融工作会议,启动了我国新一轮的金融改革。至2019年中,全国各地地方金融监督管理局挂牌成立,新的金融监督管理构架已经形成。此轮改革的重点在于,调整和完善我国金融监管体制,设立国务院金融稳定发展委员会,充实中国人民银行职能,银保监会合并,旨在加快完善符合现代金融特点和我国国情、统筹协调、有力高效的现代金融监管框架、监管规则和监管标准,实现宏观审慎管理和金融监管对所有金融机构、业务、活动及其风险的全覆盖,消除监管盲区,提高监管效能。

第一节　金融调控与监管法概述

一、宏观调控法与金融调控法

(一) 宏观调控与宏观经济政策

1. 宏观调控

宏观调控是指国家为实现宏观经济的总量平衡和经济结构的优化,保证经济持续、稳定、健康发展,而对国民经济总体活动进行的调节和控制。宏观调控有广义、狭义之分,狭义上的宏观调控仅指货币收支总量、财政收支总量和外汇收支总量的调节和控制;而广义上的宏观调控,还要包括政府为弥补市场缺陷而采取的其他有关方面的宏观措施。

宏观调控作为国家干预经济最主要的形式,其基本目标就是经济总量的平衡和经济结构的优化。最重要的宏观调控手段就是金融调控。

2. 宏观经济政策

所谓宏观经济政策,是指国家在一定时期内按照宏观调控目标的要求而制定的组织、调节、控制经济活动的行为规范和准则,是国家宏观调控经济运行,保障市场经济健康发展的重要工具。一般而言,宏观经济政策主要包括财政政策、货币政策、产业政策、收入分配政策等。

货币政策主要由中央银行代表国家制定和实施,它对经济运行的干预主要集中在总量和结构两个方面。在总量调节上,通过提高利率、控制货币发行量等措施,形成较紧的货币政策,有助于增加储蓄,降低社会投资和消费需求;相反,降低利率、增加货币发行量和市场上的货币流通量等措施,形成较宽松的货币政策,有助于增加社会需求总量。在产业间、地区间实行差别利率等倾斜信贷政策,同样是调节经济结构的有力措施。

(二) 宏观调控法

1. 宏观调控法的概念

宏观调控法是指调整国家对国民经济进行宏观调控过程中所产生的各种社会经济关系的法律规范的总称,一般包括计划法律制度、产业法律制度、财政税收、法律制度、货币调节法律制度和价格法律制度等。目前,我国并没有一部统一的宏观调控法,它包括许多调整宏观经济调控关系的法律、法规和规范性文件,如《预算法》《中国人民银行法》《税收征收管理法》《对外贸易法》《价格法》等。

2. 宏观调控法的体系

根据宏观调控法的调整对象和调整方法,我国宏观调控法的部门法体系,应该包括国民经济和社会发展计划法、财政税收法、金融调控法、投资法、产业调节法、国有资产管理法、价格法、审计法、国际收支平衡法、就业法等内容。

(三) 金融调控法

1. 金融调控的概念

金融调控是指中央银行依照法律,通过制定和实施货币政策等手段,以调节金融活动为媒介,实现资金供需平衡,最终作用于宏观经济整体的活动。金融是现代经济的核心,金融调控对国民经济走向可以起到"牵一发而动全身"的功效,因而是最重要的宏观调控手段。金融调控具有如下几项特征。

(1)调控主体单一。为保证金融调控的权威性,各国一般规定只有中央银行才是金融调控的主体。在我国,中国人民银行依法行使金融调控权,其他任何机构和组织均不得成为金融调控的主体。

(2)调控手段以货币政策为核心。货币政策是指中央银行为实现既定的宏观经济目标,调节和控制货币供应量的方针、措施、规则的总称。货币政策通过调整货币供应或信用的总量及结构,影响货币支付能力,进而影响社会总需求,促进供求总量平衡。货币政策是具有长期、间接特点的宏观经济政策。

(3)调控方式多样。宏观经济调控可以采用经济方式、法律方式、行政方式,金融调控也是如此。经济方式是指通过市场行为改变金融市场经济要素的供求,从而影响相关资源的配置;法律方式是指制定和实施有关金融调控的各种法律、法规等规范性文件,以规范市场主体的行为;行政方式是指国家运用行政权力,通过发布命令、指示等形式,作用于行政相对人,直接干预经济,实现调控目的。一般认为,在市场经济条件下,以经济方式和法律方式为主要手段,配合必要的行政管理手段。

(4)调控依法进行。中央银行必须在法定的权限内,严格按照法定程序,制定和实施调控方案,以保证权力不被滥用,维护市场自由的前提。中央银行在通过市场活动调控时,如公开市场操作,也应该严格依法行事。

金融调控不同于金融监管。金融监管是国家金融监管机构对金融机构及其业务活动进行的限制和约束。金融调控和金融监管虽同为金融的组成部分,也都体现了国家对经济的干预,但两者分属于宏观调控领域和经济监管范畴,前者重在实现社会总需求与社会总供给之间的平衡,后者追求经济安全、控制金融风险和抵御金融危机。具体说来,在主体方面,金融调控的主体是单一的,而金融监管的主体是多元的;在方法上,金融调控采取综合多样的方法,有直接的方法如信贷计划、利率限额等,也有间接的方法如道义劝告、窗口指导等,而金融监管的方法比较单一,即限制和约束。

2. 金融调控法的概念

金融调控法是宏观调控法的重要组成部分,它是调整国家为实现经济目标而干预金融市场,对金融活动进行调控过程中所产生的社会关系的法律规范的总称。金融调控法以金融调控关系为调整对象,具有较强的程序法和组织法的特点。金融调控法确定金融调控的机构及其职责,明确金融调控的目标和手段,规定金融调控的原则和工具,它涉及与金融调控紧密相关的各个金融领域。金融调控法与金融监管法、金融机构法、金融业务法一起,共同构成金融法的体系。

3. 金融调控法的体系

我国确定建立社会主义市场经济以来,不断完善宏观调控,加强金融调控,取得了丰富的经验和可喜的成绩。与此同时,重视金融调控法制建设,已经初步形成了以《中国人民银行法》为核心的我国金融调控法律体系,主要包括《中国人民银行法》(1995年3月18日制定,2003年12月27日修正)、《中国人民银行货币政策委员会条例》(1997年4月15日公布)、《外汇管理条例》(1997年1月14日修正)、《金银管理条例》(1983年6月15日公布)、《现金管理暂行条例》(1988年9月8日公布)、《国家金库条例》《国家货币出入境管理办法》

《中国人民银行货币发行管理制度(试行)》《中国人民银行再贴现办法》《中国人民银行利率管理暂行条例》《中国人民银行对金融机构贷款管理暂行条例》《金融机构缴存外币存款准备金暂行规定》《中国人民银行融资券管理暂行办法》《中国人民银行货币供应量统计和公布暂行办法》等。

二、经济监管法与金融监管法

(一)经济监管与金融监管

监管(regulation)是国家干预经济的手段之一,其原意是指有系统地进行管理和节制,并含有规则、法律和命令的基本含义。现代市场经济条件下,所谓监管,是指"代表社会利益的国家、政府或其授权机构,通过设定一定的行为标准、规则或准则,对有关机构或参与者活动的合规性,进行持续的和专门的监督,以限制参与者的行为不损害其他参与者的利益,或不产生有违公平公正的分配原则的后果,并对不合规行为及其后果实施监察和处理。"[1]

在现实经济中,由于自然垄断、经济活动的外部性和信息不对称的存在,市场机制不可能达到经济资源最优配置的理想状态,这时,作为社会公共利益代表的政府就要用"看得见得手"来弥补"看不见的手"的缺陷,对经济活动和市场进行干预和监管。经济监管的目标是防范经济风险,保障经济安全。经济监管的主体是有关实施监管行为的机关、机构、团体,其中以政府机关为主。经济监管的对象是经济活动的参与者及其市场行为。经济监管的方法是对经济运行全过程的制约,包括经济活动发生前的事先制约,如市场准入;经济活动发生时的同步制约,如实时跟踪监督;经济活动发生后的事后制约,如定期或不定期检查、统计资料分析、违法行为处罚等。

金融监管属于经济监管的重要组成部分,它是指金融监管主体依法运用行政权力对金融机构和金融活动实施规制和约束,促使其稳健运行的一系列行为的总称。金融监管作为政府对金融市场中金融机构及其行为的监督、管理和约束、规范,是随着社会经济的发展和金融市场及金融机构的变化,而不断地进行主动或被动的调整、修正与发展、演变。为更好地提高金融机构运行和金融资源配置的效率,保证金融市场的稳定,并促进经济稳定持续发展,就需要金融监管进行不断创新和变革。而自从这种监管的机构和制度产生以来,已经历了由开始全面的监管(regulation)到放松监管(deregulation),再到重新监管(re-regulation)的演变过程。从最初金融业完全自由放任的状态,到政府实行全面严格的金融监管,又由于经济和金融业发展的内在要求,形成放松金融监管和推行金融自由化的趋势。

就一国而言,金融监管的目的主要有两点:一是保证金融体系的稳定;二是保护存款人和投资者的利益。金融监管包括三大类型:其一,系统性监管。关注整个金融体系的健康,防止因个别金融机构陷入危机或倒闭而冲击整个经济金融体系。其二,审慎监管。关注个别金融机构的健康程度,分析和监控金融机构的资产负债表、资本充足率、信贷风险、市场风险、营运风险和其他审慎性指标。其三,业务发展方式监管。关注金融机构如何开展业务,保护消费者利益强调制定正确的规则和指南,注重规范业务实践。第一种可谓宏观性监管,第二种可谓微观性监管,而第三种可归入中观性监管。这三个方面,已经成为各国经济管理

---

[1] 屠光绍:《市场监管:架构与前景》,上海人民出版社 2000 年版,第 1 页。

的重要内容。①

(二) 经济监管法

经济监管法是经济法的重要组成部分,它是指调整监管主体对市场主体及其行为进行监督管理所产生的社会关系的法律规范的总称。由于经济监管的核心是监管市场,因此经济监管法也可以称为市场监管法。② 经济监管法不仅是经济监管机构履行监管职能、实施监管行为的法律依据,而且也是经济活动主体规范经营行为的法律准则。

在内容上,经济监管法不仅涉及行政机关的监督管理职能,而且还涉及交易所、社会团体等自律组织的自我管理职能,甚至经营主体、投资者、中介机构的内部控制等,这就大大超出了行政权力的范围。在法律渊源上,经济监管法既包括专门规定监管内容的法律、法规,也包括与商法内容结合在一起的监管规范,如《保险法》中的监管部分。当然,政府部门规章和规范性文件也是经济监管法的重要渊源。

(三) 金融监管法

1. 金融监管法的概念

金融监管法是金融法的重要组成部分,它是指调整国家金融监管机构对金融机构及其金融活动进行监督管理所产生的社会关系的法律规范的总称。其内容包括金融监管体制、对金融机构的监管、对投资人和融资人的监管、对金融市场活动和金融产品的监管,以及金融监管的国际合作等。③ 金融监管法不仅规范、约束、指引和保障各种金融机构的行为,而且为金融监管部门提供了监管的标准、权威、手段和合法性前提。④

2. 金融监管体制

金融监管体制是指为特定的经济目标而对金融机构的从业行为和社会金融活动施加影响的一套组织结构和运行机制的总和。其要素是监管的主体和受体,核心是监管主体的机构设置、职责权限的法律定位,以及为实现金融监管目标而采用的各种方式、方法。我国的金融监管体制经历了一个沿革历程。从1948年12月1日中国人民银行成立,到1953年前,我国金融体系基本上是以中国人民银行为核心和骨干,但仍保留几家专业银行和其他金融机构的格局。从1953年到1970年代末,我国仿效苏联长期实行"大一统"的金融体制。中国人民银行实际成为我国唯一的一家银行,集金融行政管理与经营银行业务于一身。改革开放后,随着中国农业银行、中国银行等机构的建立,中国人民银行开始从国家银行向中央银行过渡。1983年9月,国务院颁布了《关于中国人民银行专门行使中央银行职能的决定》,规定中国人民银行从1984年1月1日起,专司中央银行职能,不再对企业和个人办理金融业务。同时,中国人民银行履行对银行业、证券业、保险业、信托业的综合监管职能。

1992年之后,中国金融机构不断增多,证券市场迅速扩张,信托机构在起伏中发展,银行业、保险业间竞争加剧,出现了局部宏观金融失控和金融秩序混乱的状况,金融监管的重要性逐渐凸显出来,金融监管体制逐步进入了一个由混业监管向分业监管过渡的新阶段。1992年10月,国务院决定成立国务院证券监管机构(中国证监会),将证券业的监管职能从中国人民银行分离出来。1993年底,国务院发布《关于金融体制改革的决定》,初步建立了

---

① 丁邦开、周仲飞:《金融监管学原理》,北京大学出版社2004年版,第2页。
② 李昌麒、刘瑞复:《经济法》,法律出版社2004年版,第388页。
③ 顾功耘:《经济法教程》,上海人民出版社2002年版,第581页。
④ 张忠军:《金融监管法论——以银行为中心的研究》,法律出版社1998年版,第5页。

金融调控体系、金融组织体系和金融市场体系。[①]

1995年3月,《中国人民银行法》颁布施行,首次以国家立法形式确立了中国人民银行制定和实施货币政策,对金融业进行监督管理的中央银行的法律地位。从1998年开始,面对亚洲金融危机的严重局势和中国经济金融实际情况,我国决定对金融体制进行重大改革,主要标志是建立跨省区的中国人民银行分行,实施中国人民银行与中国证监会、中国保监会的分业监管。1998年11月,中国保监会成立;2003年3月,国务院决定设立中国银行业监督管理委员会。由此,我国建立了运行十几年的中国银监会、证监会和保监会分工明确的金融分业监管体制。

2017年7月,第五次全国金融工作会议决定,我国实施一系列金融改革。新一轮改革的重点在于调整和完善我国金融监管体制。其中,设立国务院金融稳定发展委员会、充实中国人民银行职能、银保监会合并,旨在加快完善符合现代金融特点和我国国情、统筹协调、有力高效的现代金融监管框架、监管规则和监管标准,实现宏观审慎管理和金融监管对所有金融机构、业务、活动及其风险的全覆盖,消除监管盲区,提高监管效能。通过此次金融改革,至2019年上半年,形成了我国新的独有特色的金融监管体制。

目前,我国的金融监管机构及其各自职责如下:

(1) 国务院金融稳定发展委员会。2017年7月14—15日在北京召开的全国金融工作会议上宣布设立,旨在加强金融监管协调、补齐监管短板。其基本职能是坚持协同防范,统筹协调,健全风险监测预警和早期干预机制,补齐监管短板,健全监管制度,改进监管方法,进行监管问责,深化金融业改革开放,稳妥解决体制性、机制性问题。

(2) 中国人民银行。作为我国的中央银行,主要强化宏观审慎管理和系统性风险防范职责,同时承担国务院金融稳定发展委员会办公室职责,拟订银行业、保险业重要法律法规草案和审慎监管基本制度。

(3) 中国银行保险监督管理委员会。即中国银保监会,其主要职责是依照法律法规统一监督管理银行业和保险业,维护银行业和保险业合法、稳健运行,防范和化解金融风险,保护金融消费者合法权益,维护金融稳定。

(4) 中国证券监督管理委员会。即中国证监会,依法统一监管全国证券期货市场。

(5) 地方金融监督管理局。2019年第一季度,我国地方各级政府的金融工作部门,改制、挂牌为地方金融监督管理局的工作基本完成。根据中央部署,地方金融监督管理局的监管范围为"7+4",具体为负责对小额贷款公司、融资担保公司、区域性股权市场、典当行、融资租赁公司、商业保理公司、地方资产管理公司等金融机构实施监管,强化对投资公司、农民专业合作社、社会众筹机构、地方各类交易所等的监管。

3. 我国的金融监管法律体系

金融监管法律体系是指由效力层次不同的金融监管法律、法规、规章等规范性文件构成的有机整体。金融法律是全国人大及其常委会依法制定的调整基本金融关系的法律,数量较少,属于金融法中的基本法,构成金融监管法律体系的基干部分;金融监管行政法规是国

[①] 国务院《关于金融体制改革的决定》指出,我国金融体制改革深化的目标是在"九五"期间初步建立适应社会主义市场经济发展需要的金融体制。具体分解为三个子目标,即建立独立制定和执行货币政策的中央银行调控体系(金融调控体系);建立政策性金融与商业金融相分离、国有银行为主体、多种金融机构并存的金融组织体系;建立统一开放、有序竞争、严格管理的金融市场体系。

务院依法制定的调整金融关系的规范性法律文件,数量较多,构成金融监管的重要法律依据;金融监管部门规章是由各金融监管机构在各自职权范围内依法制定的规范性法律文件,数量最多、变动频繁、技术性高、操作性强,是金融监管活动的具体依据;行业自律性规范是由银行业公会、证券业协会、保险业协会、信托业协会,以及证券交易所、期货交易所等依法制定的,对其会员具有约束力的自律性规范。

目前,我国的金融监管法律主要有我国《中国人民银行法》《银行业监督管理法》《证券法》《保险法》《信托法》等。本章主要探讨作为金融调控法的中央银行法律制度和作为金融监管法核心部分的银行保险监管法律制度。

第二节 中央银行法

第五次全国金融工作会议,启动了我国新一轮金融改革。其中,2017年11月成立了国务院金融稳定发展委员会,其办公室设在中国人民银行;2018年4月,银监会、保监会合并成立了中国银行保险监督管理委员会,将两会重要法律法规草案和审慎监管基本制度的职责划入了中国人民银行。

一、中央银行的概念、性质与职能

(一) 中央银行的概念

中央银行是一国金融体制中居于核心地位,依法制定和执行国家货币金融政策,实施金融调控与监管的特殊金融机关。在现代社会中,一般具有发行的银行、银行的银行、政府的银行、金融调控与监管的银行等重要职能。

当今世界上大多数国家都实行中央银行制度。关于中央银行的名称,除部分国家直接以"中央银行"命名外,有的国家称为"国家银行",如苏联、瑞典、荷兰、比利时、罗马尼亚等;有的国家称为"储备银行",如美国、澳大利亚、南非、新西兰、印度等;有的国家冠以国名,如英国、日本、意大利、法国、加拿大、西班牙等;还有的国家称"中国人民银行",如朝鲜和中国等。因此,识别一个国家的中央银行,不能单纯看其名称,而应深入了解它的地位和职能。

(二) 中央银行的性质

从世界各国实践来看,中央银行是调节宏观经济、监管金融行业的特殊国家机关。作为国家机关,中央银行与一般政府机关相比,有着显著的特殊性:具有银行的性质,执行着金融机构的业务。作为金融机构,中央银行虽然具有银行(金融企业)的一般性质,但它和普通银行相比,又更多地体现出国家机关的性质。

我国《中国人民银行法》第2条规定:"中国人民银行是中华人民共和国的中央银行。中国人民银行在国务院领导下,制定和实施货币政策,防范和化解金融风险,维护金融稳定。"该法第八条规定:"中国人民银行的全部资本由国家出资,属于国家所有。"由此可见,中国人民银行是我国的中央银行,是特殊的国家机关;它在国务院领导下,制定和实施货币政策,拥有资本,可依法开展业务,行使发行的银行、政府的银行、银行的银行和金融调控的银行的职能。

(三) 中央银行的职能

中央银行的职能,是指中央银行作为特殊的国家机关应有的作用,是中央银行的性质的具体反映,在各国的中央银行立法中具体体现为中央银行的职责。

1. 中央银行的主要职能

根据中央银行的性质,中央银行的职能可分为调控职能、监管职能和服务职能。而以其在国民经济中的地位为标准,中央银行的职能又可分为发行的银行、银行的银行、政府的银行三大职能。

(1) 作为发行的银行,中央银行垄断全国钞票的发行权,根据国民经济发展的要求,发行全国统一的本位货币,并负责控制信用,调节货币流通。

(2) 作为银行的银行,是指中央银行只与普通银行等金融机构发生业务往来,不与一般工商企业产生直接的信用关系。具体体现为:集中保管各金融机构的存款准备金(包括法定准备金存款和超额准备金存款),成为金融机构的现金准备中心;在各金融机构存款的基础上,办理它们相互间的转账结算,成为全国金融业的票据清算中心;以准备金存款和货币发行为资金来源,对金融机构放款,充当最后贷款人。

(3) 作为政府的银行,是指中央银行履行政府管理职能,并把政府作为其直接的客户。其主要表现为:中央银行代表政府制定和实施货币金融政策,调节宏观经济运行;管理普通银行等金融机构,行使金融监管职责;充当政府的经济金融政策顾问;代表政府从事国际金融活动;为政府开立存款账户,并在此基础上代理财政金库,代理政府办理出纳业务和政府债券的发行、兑付业务;在政府财政需要时,向政府提供贷款或以其他方式为政府筹集资金。

发行的银行、银行的银行、政府的银行的职能实际上都体现了中央银行的服务职能,所以,归纳起来,中央银行具有发行的银行、银行的银行、政府的银行、金融调控与监管的银行四大职能。

2. 中国人民银行的职能与职责

按《中国人民银行法》第2条的规定,中国人民银行的基本职能是制定和执行货币政策、防范和化解金融风险,维护金融稳定;该法第4条又规定了中国人民银行的具体职责。《中国人民银行法》第4条规定了中国人民银行的13项职责,2017年第五次全国金融工作会议新一轮金融改革后,中国人民银行的职能得到充实。根据2020年1月中国人民银行官网介绍,其主要职能有如下18项:

(1) 拟订金融业改革和发展战略规划,承担综合研究并协调解决金融运行中的重大问题、促进金融业协调健康发展的责任,参与评估重大金融并购活动对国家金融安全的影响并提出政策建议,促进金融业有序开放。

(2) 起草有关法律和行政法规草案,完善有关金融机构运行规则,发布与履行职责有关的命令和规章。

(3) 依法制定和执行货币政策;制定和实施宏观信贷指导政策。

(4) 完善金融宏观调控体系,负责防范、化解系统性金融风险,维护国家金融稳定与安全。

(5) 负责制定和实施人民币汇率政策,不断完善汇率形成机制,维护国际收支平衡,实施外汇管理,负责对国际金融市场的跟踪监测和风险预警,监测和管理跨境资本流动,持有、管理和经营国家外汇储备和黄金储备。

(6) 监督管理银行间同业拆借市场、银行间债券市场、银行间票据市场、银行间外汇市场和黄金市场及上述市场的有关衍生产品交易。

（7）负责会同金融监管部门制定金融控股公司的监管规则和交叉性金融业务的标准、规范，负责金融控股公司和交叉性金融工具的监测。

（8）承担最后贷款人的责任，负责对因化解金融风险而使用中央银行资金机构的行为进行检查监督。

（9）制定和组织实施金融业综合统计制度，负责数据汇总和宏观经济分析与预测，统一编制全国金融统计数据、报表，并按国家有关规定予以公布。

（10）组织制定金融业信息化发展规划，负责金融标准化的组织管理协调工作，指导金融业信息安全工作。

（11）发行人民币，管理人民币流通。

（12）制定全国支付体系发展规划，统筹协调全国支付体系建设，会同有关部门制定支付结算规则，负责全国支付、清算系统的正常运行。

（13）经理国库。

（14）承担全国反洗钱工作的组织协调和监督管理的责任，负责涉嫌洗钱及恐怖活动的资金监测。

（15）管理征信业，推动建立社会信用体系。

（16）从事与中国人民银行业务有关的国际金融活动。

（17）按照有关规定从事金融业务活动。

（18）承办国务院交办的其他事项。

二、中央银行的法律地位

中央银行的法律地位，是指各国通过立法规定中央银行在国家机构体系中的地位。中央银行的法律地位如何，决定了其权限大小及其在国民经济调节体系中的地位。评判一国中央银行的法律地位，主要从它与国会、政府和财政的关系加以考察，特别是从其在制定和执行货币政策、开展业务时享有多大的权力或有多大独立性方面加以判明。

（一）中央银行的独立性

中央银行是否应具有独立性，或者说应该有多大的独立性，历来是一个颇具争议的问题。但自第二次世界大战后，尤其是随着各国经济自由化改革浪潮的兴起，西方大多数经济学家和立法机关逐步认为，应使中央银行具有较大的独立性，以避免政党政治的干扰，避免政府短期行为的干扰。但也有少数国家认为中央银行的独立性只能是相对的。正因为各国对中央银行独立性理解的不同，以及各国经济、金融和政治体制不同，决定了各国立法对中央银行地位的规定也不尽相同。概括起来主要有三种类型。

（1）直接向国会负责、独立性较强型。该类型的中央银行直接对国会负责，可以独立地制定和执行货币政策。政府不能对它直接发布命令，不得直接干预货币政策的制定和执行。当中央银行的货币政策与政府发生矛盾时，则通过协商来解决。这一类型的国家主要有美国、德国、瑞典、瑞士等。其中尤以德意志联邦银行和美国联邦储备体系最为典型。

（2）名义上属于财政部，但实际上具有相对独立性型。该类型的中央银行，立法上虽规定隶属于政府财政部门，但在实际业务操作中却保持较大的独立性。英国、日本、加拿大、挪威、马来西亚等国的中央银行属于这种类型。

（3）隶属于政府、不具有独立性型。该类中央银行，不论在组织管理的隶属关系上还是在货币政策的制定和执行上,都受政府严格控制。货币政策的制定和执行需经政府批准,政府有权暂停甚至否决中央银行的决议。属于这一类型的国家有意大利、澳大利亚、比利时等。

(二) 中国人民银行的法律地位

中国人民银行的性质及我国现行的政治体制结构,决定了中国人民银行的法律地位只能是在国务院领导下具有相对独立性的国家金融调控机关。

(1) 对中央政府的行政隶属性。《中国人民银行法》第2条规定:"中国人民银行在国务院领导下,制定和执行货币政策,防范和化解金融风险,维护金融稳定。"这就明确表明了中国人民银行是国务院的直属机构,是在其领导下对金融业实施调控的一个职能部门。该法第5条规定:"中国人民银行就年度货币供应量、利率、汇率和国务院规定的其他重要事项作出的决定,报国务院批准后执行";第12条规定:"中国人民银行设立货币政策委员会。货币政策委员会的职责、组成和工作程序,由国务院规定,报全国人民代表大会常务委员会备案";第10条规定:"中国人民银行的行长的人选,根据国务院总理的提名由全国人民代表大会决定,副行长须由国务院总理任免";等等,都进一步说明了中国人民银行对国务院的行政隶属性。

(2) 依法享有相对独立性。中国人民银行虽然隶属国务院,但它作为中央银行,负有制定和执行货币政策、调控宏观经济的重大职能,因而决定了它和其他政府部门相比,应有较大的独立性。这些独立性突出表现在它与各级政府、与财政部、与社会团体和个人的关系及间接向全国人大常委会负责的规定上。《中国人民银行法》第7条规定:"中国人民银行在国务院领导下依法独立执行货币政策,履行职责,开展业务,不受地方政府、各级政府部门、社会团体和个人的干涉。"第29条规定:"中国人民银行不得对政府财政透支,不得直接认购、包销政府债券和其他政府债券。"第13条:"中国人民银行对分支机构实行统一领导和管理。中国人民银行的分支机构根据中国人民银行的授权,维护本辖区的金融稳定,承办有关业务。"第6条:"中国人民银行应当向全国人民代表大会常务委员会提出有关货币政策情况和金融业运行情况的工作报告。"从而从法律上保证了中国人民银行相对于国务院其他部委和地方政府明显的独立性。

实践证明,随着我国经济改革和金融改革的深入,中国人民银行作为中央银行在国家宏观经济调控、经济管理中所起的作用将越来越重要。2003年4月28日中国银监会成立,中国人民银行不再承担对金融机构的金融监管职能后,将在国务院领导下,强化制定和执行货币政策的职能,更好地发挥货币政策在宏观调控和防范与化解金融风险中的作用,进一步改善金融服务。它通过调节货币供应量,创造良好的货币金融环境,促进国民经济稳定、健康地发展。而国家以法律的形式,明确中国人民银行的性质和地位,就可以保障中国人民银行制定和执行货币政策的科学性、权威性,保障金融体系稳健运行,以适应社会主义市场经济的需要。

三、中央银行的组织机构

一般而言,中央银行的组织机构主要包括最高权力机构(包括决策和执行机构)、内部职能机构、外部分支机构,各国的情况不尽相同。

(一) 中国人民银行的组织机构

我国《中国人民银行法》就中国人民银行的领导机构、外部分支机构和咨询机构的设置作了原则规定，对内部职能机构则未作规定。

（1）领导机构。根据《中国人民银行法》第10、11条规定，中国人民银行的领导机构是中国人民银行的决策机构和执行机构，包括行长1人，副行长若干人。行长根据国务院总理提名，由全国人大决定；人大闭会期间，由全国人大常委会决定，由国家主席任免。副行长由国务院总理任免。中国人民银行实行行长负责制，行长领导中国人民银行工作，副行长协助行长工作。

（2）分支机构。中国人民银行根据履行职责的需要设置分支机构，作为中国人民银行的派出机构，中国人民银行对分支机构实行集中统一领导和管理。分支机构根据中国人民银行的授权，维护本辖区的金融稳定，承办有关业务。

（二）咨询机构——货币政策委员会

依据《中国人民银行法》第12条和1997年4月15日国务院发布的《中国人民银行货币政策委员会条例》的规定，中国人民银行设立货币政策委员会，作为中国人民银行制定货币政策的咨询议事机构。

货币政策委员会的主要职责是根据国家的宏观经济调控目标，讨论货币政策的制定和调整，讨论一定时期内的货币政策控制目标、货币政策工具的运用、有关货币政策的重要措施、货币政策与其他宏观经济政策的协调等涉及货币政策的重大事项，提出制定和实施货币政策的建议。

四、货币政策及货币政策工具

（一）货币政策的概念

货币政策，或称金融政策，是指主权国家为实现其特定的经济目标而采用的各种调节货币供应量或管制信用规模的方针、政策和措施的总称，是一国主要的宏观经济政策。由于制定和实施货币政策是中央银行的核心职责，人们一般称货币政策为中央银行的货币政策。

按其运行机制，货币政策的内容可分为货币政策最终目标、中介目标、操作目标、货币政策工具、传导机制、政策效应和监测等。按其实施的措施，可分为信贷政策、利率政策、外汇政策及金融监管政策等。按其在宏观经济中发挥的作用，可以分为紧缩性货币政策、扩张性货币政策、中性货币政策。

（二）货币政策目标

1. 货币政策目标

货币政策目标是中央银行实施货币政策所预定要对宏观经济产生的明确效果，包括最终目标、中介目标和操作目标。最终目标是指一国中央银行采取货币政策所要达成的总目标，是中央银行制定和执行货币政策的出发点和归宿点，一般表述为稳定物价、充分就业、经济增长、平衡国际收支四项。中介目标，也称中间指标，是货币政策的操作目标和最终目标之间的过渡性指标。中介目标应具有可控性、可测性、相关性、抗干扰性、适应性，一般包括货币供应量和信用总量。操作目标是指受货币政策工具直接作用的金融变量指标，一般包括短期利率和基础货币中的准备金。在货币政策诸目标中，中介目标意义尤为重大。因为，它是连接最终目标和操作目标的中介变量，是货币政策调控的主要对象。目前，各国货币政策的中介目标主要是货币供应量。

2. 中国人民银行的货币政策目标

《中国人民银行法》第3条规定:"货币政策目标是保持货币币值的稳定,并以此促进经济增长。"对此可从三个方面理解:(1)中国人民银行首要的和直接的货币政策目标是保持货币币值的稳定,这是中国人民银行制定和执行货币政策的出发点和归宿点。(2)中国人民银行制定和执行货币政策,并不是为稳定币值而稳定币值,而是为了促进经济增长而稳定币值。(3)稳定币值目标和经济增长目标在货币政策目标序列中并不是并列的,而是有主次之分的。中国人民银行的货币政策以稳定币值为主,以此为经济增长创造条件。稳定币值是货币政策的第一层次,促进经济增长是货币政策目标的第二层次。

在货币政策中介目标方面,世界各国广为采用的是以货币供应量作为中介目标。我国过去的货币政策惯于把信贷规模、现金发行作为中介目标。但随着体制改革的深入,1993年12月,国务院发布的《关于金融体制改革的决定》中指出:"货币政策中介目标和操作目标是货币供应量、信用总量、同业拆借利率和银行备付金率。"这里货币供应量和信用总量即为中介目标。

(三) 货币政策工具

1. 货币政策工具的概念

货币政策工具是中央银行实现其货币政策目标的政策手段。中央银行通过货币政策工具的运作,影响商业银行等金融机构的活动,进而影响货币供应量,最终影响国民经济宏观经济指标。

货币政策工具可分为以下三类:(1)常规性货币政策工具,是指中央银行所采用的、对整个金融系统的货币信用的扩张与紧缩产生全面性或一般性影响的手段,是最主要的货币政策工具。这政策类工具包括法定存款准备金制度、再贴现政策和公开市场业务,俗称中央银行的"三大法宝"。(2)选择性货币政策工具,是指中央银行针对某些特殊的信贷或某些特殊的经济领域的信用加以调节和影响而采用的工具。主要包括证券市场信用控制、不动产信用控制、消费者信用控制等。(3)补充性货币政策工具,包括信用直接控制工具和信用间接控制工具。

2. 中国人民银行货币政策工具

《中国人民银行法》第23条规定了中国人民银行可以运用的六种货币政策工具,包括存款准备金制度、中央银行基准利率、再贴现政策、再贷款政策、公开市场业务、其他货币政策工具。

五、中国人民银行的金融监管

最新修正的《中国人民银行法》强化了中国人民银行制定和执行货币政策、实施宏观金融调控的职能,同时为其保留了履行职能所必需的部分必要的金融监管职能。中国人民银行的金融监管职能的目的是:依法监测金融市场的运行情况,对金融市场实施宏观调控,促进其协调发展。

根据《中国人民银行法》第五章的规定,中国人民银行的金融监管职能主要体现在以下六个方面。

(1) 监管银行间同业拆借市场和银行间债券市场。为满足履行金融稳定职责和执行货币政策的需要,中国人民银行有权依法监管同业拆借市场和银行间债券市场。《中国人民银行法》第4条第(4)项对此作了明确规定。

中国人民银行对同业拆借市场监管的内容，主要包括制定规章制度、审批金融机构成为同业拆借市场交易成员、对交易成员的行为进行监督检查、授权中介机构发布市场信息等四个方面。而对银行间债券市场的监管，主要有两个方面：一是对银行间债券市场发行债券的管理，包括审查货币市场工具发行的方式和工具（即债券）的利率水平等；二是对银行间债券市场交易行为的管理，包括确定可以交易的货币市场工具、明确交易的各种规则、监测市场的日常变化，以及对违反交易规则的主体进行处罚，等等。

（2）实施外汇管理，监管银行间外汇市场。《中国人民银行法》第 4 条第（5）项明确规定，中国人民银行"实施外汇管理，监督管理银行间外汇市场"。中国人民银行通过国家外汇管理局来行使其外汇管理的职责，外汇管理局是中国人民银行管理的国家局，是外汇管理的具体实施部门。

（3）监督管理黄金市场。根据《中国人民银行法》第 4 条第（6）项规定，监督管理黄金市场是中国人民银行的法定职责之一。中国人民银行既要监管我国黄金交易所市场，又要监管黄金进出口业务；可以对金融机构其他单位和个人执行有关黄金管理规定的行为进行检查监督，也有权对违反黄金管理规定的行为进行处罚。

（4）管理支付结算和清算。中国人民银行的这项监管职责包括维护支付、清算系统的正常运行，组织清算系统、协调清算事项和提供清算服务，会同中国银监会制定支付结算规则，并有权对清算行为进行检查监督和对违反清算管理规定的行为进行处罚。

（5）检查监督权。为履行其监管职责，中国人民银行依法具有三个方面的检查监督权：对金融机构、其他单位和个人的九种行为进行直接监督检查的权力；[①]根据实施货币政策和维护金融稳定的需要，建议中国银监会对银行业金融机构进行检查监督的权利；[②]对出现支付困难、可能引发金融风险的银行业金融机构进行全面监督检查的权力。[③]

（6）要求报送报表资料。根据《中国人民银行法》第 35 条规定："中国人民银行根据履行职责的需要，有权要求银行业金融机构报送必要的资产负债表、利润表以及其他财务会计、统计报表和资料。中国人民银行应当和国务院银行业监督管理机构、国务院其他金融监督管理机构建立监督管理信息共享机制。"

第三节　银行保险监管

第五次全国金融工作会议启动新一轮金融改革之后，2018 年 4 月，原中国银监会、中国

[①] 《中国人民银行法》第 32 条规定：中国人民银行有权对金融机构以及其他单位和个人的下列行为进行检查监督：(1)执行有关存款准备金管理规定的行为；(2)与中国人民银行特种贷款有关的行为；(3)执行有关人民币管理规定的行为；(4)执行有关银行间同业拆借市场、银行间债券市场管理规定的行为；(5)执行有关外汇管理规定的行为；(6)执行有关黄金管理规定的行为；(7)代理中国人民银行经理国库的行为；(8)执行有关清算管理规定的行为；(9)执行有关反洗钱规定的行为。前款所称中国人民银行特种贷款，是指国务院决定的由中国人民银行向金融机构发放的用于特定目的的贷款。

[②] 《中国人民银行法》第 33 条规定：中国人民银行根据执行货币政策和维护金融稳定的需要，可以建议国务院银行业监督管理机构对银行业金融机构进行检查监督。国务院银行业监督管理机构应当自收到建议之日起三十日内予以回复。

[③] 《中国人民银行法》第 34 条规定：当银行业金融机构出现支付困难，可能引发金融风险时，为了维护金融稳定，中国人民银行经国务院批准，有权对银行业金融机构进行检查监督。

保监会合并成立了中国银行保险监督管理委员会(China Banking and Insurance Regulatory Commission, CBIRC),简称"中国银保监会",依法依规对全国银行业和保险业实行统一监督管理,维护银行业和保险业合法、稳健运行。

一、银行保险监管机构

2018年3月13日,国务院官网发布《关于国务院机构改革方案的说明》,决定将中国银行业监督管理委员会和中国保险监督管理委员会的职责整合,组建中国银行保险监督管理委员会,作为国务院直属事业单位。2018年4月,中国银保监会在合并原中国银监会、中国保监会基础上成立。

(一)合并意义

合并成立的中国银保监会属于国务院直属事业单位,依照法律法规统一监督管理银行业和保险业,维护银行业和保险业合法、稳健运行,防范和化解金融风险,保护金融消费者合法权益,维护金融稳定。此次银行业、保险业监管机构的整合,标志着1998年成立的中国保监会在规范运营20年后正式退出历史舞台,银行、保险之间的监管边界消弭。这是我国金融监管领域的重大变革,标志着我国"分业监管"的金融监管格局被打破,由"一行三会"转变为"一委一行两会",向着"混业监管"的金融经济发展要求迈进。结合供给侧结构性改革、三大风险攻坚战大背景来看,此次合并可能仅是我国金融监管体制转变的开始,保险监管领域更深层次的改革可能很快就会到来。

(二)主要职责

根据2020年1月中国银保监会官方网站介绍,其主要职责包括:

(1)依法依规对全国银行业和保险业实行统一监督管理,维护银行业和保险业合法、稳健运行,对派出机构实行垂直领导。

(2)对银行业和保险业改革开放和监管有效性开展系统性研究。参与拟订金融业改革发展战略规划,参与起草银行业和保险业重要法律法规草案以及审慎监管和金融消费者保护基本制度。起草银行业和保险业其他法律法规草案,提出制定和修改建议。

(3)依据审慎监管和金融消费者保护基本制度,制定银行业和保险业审慎监管与行为监管规则。制定小额贷款公司、融资性担保公司、典当行、融资租赁公司、商业保理公司、地方资产管理公司等其他类型机构的经营规则和监管规则。制定网络借贷信息中介机构业务活动的监管制度。

(4)依法依规对银行业和保险业机构及其业务范围实行准入管理,审查高级管理人员任职资格。制定银行业和保险业从业人员行为管理规范。

(5)对银行业和保险业机构的公司治理、风险管理、内部控制、资本充足状况、偿付能力、经营行为和信息披露等实施监管。

(6)对银行业和保险业机构实行现场检查与非现场监管,开展风险与合规评估,保护金融消费者合法权益,依法查处违法违规行为。

(7)负责统一编制全国银行业和保险业监管数据报表,按照国家有关规定予以发布,履行金融业综合统计相关工作职责。

(8)建立银行业和保险业风险监控、评价和预警体系,跟踪分析、监测、预测银行业和保险业运行状况。

(9) 会同有关部门提出存款类金融机构和保险业机构紧急风险处置的意见和建议并组织实施。

(10) 依法依规打击非法金融活动,负责非法集资的认定、查处和取缔以及相关组织协调工作。

(11) 根据职责分工,负责指导和监督地方金融监管部门相关业务工作。

(12) 参加银行业和保险业国际组织与国际监管规则制定,开展银行业和保险业的对外交流与国际合作事务。

(13) 负责国有重点银行业金融机构监事会的日常管理工作。

(14) 完成党中央、国务院交办的其他任务。

(15) 职能转变。围绕国家金融工作的指导方针和任务,进一步明确职能定位,强化监管职责,加强微观审慎监管、行为监管与金融消费者保护,守住不发生系统性金融风险的底线。按照简政放权要求,逐步减少并依法规范事前审批,加强事中事后监管,优化金融服务,向派出机构适当转移监管和服务职能,推动银行业和保险业机构业务和服务下沉,更好地发挥金融服务实体经济功能。

(三) 监管措施

中国银保监会履行对银行业、保险业的统一监督管理职责,依据我国《宪法》《中国人民银行法》《银行业监督管理法》《商业银行法》《保险法》《信托法》等国家法律、法规,以及部门规章,依法采取法律规定的监管措施。

比如,在监管工作中,中国银保监会可以采取现场检查措施。现场检查是指中国银保监会及其派出机构依法对银行业和保险业机构经营管理情况进行监督检查的行政执法行为。为完善现场检查制度框架,规范现场检查行为,提升现场检查质效,中国银保监会2019年12月26日发布了《中国银保监会现场检查办法(试行)》,自2020年1月28日起施行。

二、银行业监管职责

(一) 制定和发布监管规章和命令

中国银保监会作为银行业监督管理机构,其最基本的职权包括相关规章和命令的制定权。我国《银行业监管法》第15条规定:"国务院银行业监督管理机构依照法律、行政法规制定并发布对银行业金融机构及其业务活动监督管理的规章、规则。"

中国银保监会根据其监督管理职权的范围和需要,在不与相关法律、行政法规相抵触的前提下,制定和发布有关对银行业金融机构及其业务活动监督管理的规章和命令,并在该规章和命令的指导下开展具体工作。所有银行业金融机构、其他金融机构,以及经批准设在境外立的金融机构和金融机构在境外的业务活动,都应当严格遵守和执行中国银监会依法制定和发布的所有规章和命令,否则应承担相应的法律责任。

(二) 银行业金融机构的审批监管

银行业金融机构的审批,是指国务院银行业监督管理机构依照法律、行政法规规定的条件和程序,审查批准银行业金融机构的设立、变更、终止以及业务范围的监管活动。未经国务院银行业监督管理机构批准,任何单位或个人不得设立银行业金融机构或者从事银行业金融机构的业务活动。

中国银保监会对银行业金融机构的审批,属于行政许可的范畴。为规范中国银保监会及其派出机构实施行政许可行为,明确行政许可程序,提高行政许可效率,保护申请人的合法权益,根据我国《银行业监管法》《保险法》和《行政许可法》等法律、行政法规及国务院有关决定,中国银保监会于 2019 年 10 月 11 日发布《中国银行保险监督管理委员会行政许可实施程序规定(征求意见稿)》,公开征求意见。该规定第 2 条指出,银保监会依照本规定的程序对银行保险机构及银保监会监督管理的其他金融机构实施行政许可。

该规定第 4 条规定,银保监会的行政许可事项包括银行保险机构及银保监会监督管理的其他金融机构设立、变更和终止许可事项,业务许可事项,银行业金融机构董事(理事)和高级管理人员任职资格许可事项,保险业金融机构董事、监事和高级管理人员任职资格许可事项,法律、行政法规规定和国务院决定的其他许可事项。

(三) 银行业金融机构经营和风险的监管

1. 审慎经营规则的监管

银行业金融机构的审慎经营,是指银行业金融机构应当充分认识其业务活动内在的风险性,牢固树立风险意识,使业务活动尽可能安全、稳妥地进行。对银行业金融机构审慎经营的监管,是银行业监管机构的一项重要职责。

我国《银行业监管法》第 21 条规定,银行业金融机构的审慎经营规则,由法律、行政法规规定,也可以由国务院银行业监督管理机构依照法律、行政法规制定。前款规定的审慎经营规则,包括风险管理、内部控制、资本充足率、资产质量、损失准备金、风险集中、关联交易、资产流动性等内容。银行业金融机构应当严格遵守审慎经营规则。

2. 日常经营监管

银行业监管机构对金融机构业务活动进行监督管理的主要方式包括非现场监管、现场监管和并表监管。

(1) 非现场监管。所谓非现场监管,是指银行业监督管理机构对银行业金融机构报送的各种统计数据、报表和报告,运用现代化手段分析、评价银行业金融机构的风险状况的活动。非现场监管中,监管工作人员应具有在单一和并表的基础上收集、检查、分析报告的手段。非现场监管主要是审查和分析各种业务报告和统计报表,这就对金融机构的业务报表提出了真实性和及时性方面的要求。

我国《银行业监管法》第 23 条规定:"银行业监督管理机构应当对银行业金融机构的业务活动及其风险状况进行非现场监管,建立银行业金融机构监督管理信息系统,分析、评价银行业金融机构的风险状况。"

我国目前非现场监管的主要指标是:其一,资本充足率,包括资本充足率和核心资本充足率。其二,资产质量,包括不良贷款率、最大十家客户贷款比例、单一客户贷款比例、不良贷款抵补率、非信贷资产抵补率、预期贷款率。其三,资产流动性。人民币备付金率、外币备付金率、本外币流动性比率。其四,盈利性。盈利增长速度、净资产收益率。其五,市场风险。利率缺口比率、汇率敞口头寸比率。

(2) 现场检查。所谓现场检查,是指银行业监管机构指派检查人员或者是委托外部审计师直接进入到银行业金融机构,按法定程序和方式实地对其业务状况进行检查监督。

我国《银行业监管法》第 24 条规定:"银行业监督管理机构应当对银行业金融机构的业务活动及其风险状况进行现场检查。国务院银行业监督管理机构应当制定现场检查程序,规范现场检查行为。"为完善现场检查制度框架,规范现场检查行为,提升现场检查质效,中国银保监会2019年12月26日发布《中国银保监会现场检查办法(试行)》,自2020年1月28日起施行。

(3) 并表监管。跨国银行监管的一个重要原则是综合并表监管。《有效银行监管核心原则》中规定:银行监管者必须实施全球性并表监管,对银行在世界各地的所有业务,特别是其外国分行、附属机构和合资机构的各项业务,进行充分的监测,并要求其遵守审慎经营的各项原则。

我国《银行业监管法》第25条规定:"国务院银行业监督管理机构应当对银行业金融机构实行并表监督管理。"就国内并表监管而言,主要以集团化银行业金融机构为对象,是对集团化银行金融机构总体经营和风险进行的监管。

我国《银行业监管法》第26条规定:"国务院银行业监督管理机构对中国人民银行提出的检查银行业金融机构的建议,应当自收到建议之日起三十日内予以回复。"

依照我国最新修订的《中国人民银行法》第33条规定:"中国人民银行根据执行货币政策和维护金融稳定的需要,可以建议国务院银行业监督管理机构对银行业金融机构进行检查监督。国务院银行业监督管理机构应当自收到建议之日起三十日内予以回复。"

3. 经营风险监管

银行业务的本质决定了它需要承担各种类型的风险。银行业监管机构需要了解这些风险并确保银行能妥善地计量和管理风险。银行面临的主要风险有:信用风险、市场风险、利率风险、流动性风险、操作风险、法律风险、声誉风险。

银行业面临的风险是方方面面的,即便是建立起了比较完善的监督管理制度,也不能完全排除突发风险发生的可能性。因此,如何迅速、有效地应对突发风险,是银行业监督管理机构面对的一个紧迫问题。银行业突发风险处置制度正是基于以上的考虑而确立的。银行业监督管理机构负责制定突发风险处置预案,处置预案具体包括处置机构和人员及其职责、处置措施和处置程序方面的内容。

(四) 建立银行业金融机构监管信息系统

为对银行业金融机构的业务活动及其风险状况进行非现场监管,分析、评价银行业金融机构的风险状况,《银行业监管法》第23条提出要建立银行业金融机构管理信息系统。

银行业监管机构对银行业金融机构的监管是建立在对其信息充分准确掌握的基础上的,因此建立银行业金融机构监督管理信息系统是其工作得以顺利高效开展的必要前提。我国《银行业监管法》第30条规定,国务院银行业监督管理机构负责统一编制全国银行业金融机构的统计数据、报表,并按照国家有关规定予以公布。

(五) 指导监督银行业自律组织

银行业自律组织是指经银行业监管机构审查同意,并在民政部门依法登记注册的非营利性社会团体法人,一般称为银行业协会、银行公会、同业公会等。目前,我国银行业自律组织主要是中国银行业协会和省级、副省级城市等设立的银行业协会或银行同业公会。

我国《银行业监管法》第31条规定:"国务院银行业监督管理机构对银行业自律组织的活动进行指导和监督。银行业自律组织的章程应当报国务院银行业监督管理机构备案。"银行业协会作为自律性组织,必须接受法定的银行业监管机构的指导和监督,银行业自律组织的章程是其开展活动的基础,故其章程虽不需经过银行业监督管理机构的审批,但需要报其备案,以便于银行业监督管理机构对其活动进行指导和监督。

(六)国际交流合作

我国《银行业监管法》第 32 条规定:"国务院银行业监督管理机构可以开展与银行业监督管理有关的国际交流、合作活动。"

随着经济金融化、金融国际化、贸易自由化的发展,银行业跨境金融活动日益增多,外国银行业金融机构进入我国境内设立分支机构、从事金融业务活动,我国银行业金融机构到境外设立分支机构、开展金融业务活动,成为必然趋势。银行业的国际化和自由化要求我国银行业监管机构积极开展国际交流与合作活动,主要包括:进行银行业监管学术研究和经验交流,参与银行业跨境监管规则的讨论和制定,订立银行业监管的国际合作协定,构建银行业国际监管合作机制,维护我国银行业金融机构的正当权益,等等。

三、银行业监管措施

银行业监督管理措施是指银行业监管机构为履行其监管职责,实现监管目的,依法采取的具体办法。我国《银行业监管法》在明确规定了监管职责的同时,也规定了银行业监管机构可以采取的监管措施,这一方面体现了依法监管的原则,有利于强化监管手段,规范监管行为,防止滥用监管权,实现银行业监管的公开、公正;另一方面,也有利于作为监管相对人的银行业金融机构明了银行业监管机构所采取的具体监管措施,予以积极配合,提高监管效率,并依法对监管机构的监管活动进行监督。

(一)要求报送资料和文件

银行业金融机构的财务会计报表、统计报表、经营资料、审计报告等,是集中反映其业务经营的基础性资料,构成银行业监管机构对银行业金融机构实施监管的基础。我国《银行业监管法》第 33 条规定:"银行业监督管理机构根据履行职责的需要,有权要求银行业金融机构按照规定报送资产负债表、利润表和其他财务会计、统计报表、经营管理资料以及注册会计师出具的审计报告。"

中国银保监会要求金融机构按照规定报送以上报表和资料,是金融监督管理的重要组成部分。金融机构按照规定报送的报表和资料,是监督管理机构的重要信息来源。相对于现场检查来说,根据金融机构报送的报表和资料进行稽核、检查,简便易行,具有节约人力和费用、及时发现问题和弊端等优点,因而成为银行业监管机构对金融机构进行经常性监督的一种重要手段。

银行业监管机构要求报送的资料和文件,主要包括财务会计报表(含资产负债表、利润表、其他财务报表)、统计报表、经营管理资料、注册会计师出具的审计报告等。金融监管部门正是通过对金融机构报送的这些报表和资料进行综合分析,掌握金融机构的经营状况和财务状况,进行日常监督管理工作。

(二)现场检查措施

依法对银行业金融机构实施的现场检查,是指银行业监管机构的一项重要监管职能。根据《银行业监管法》第 34 条规定,银行业监督管理机构根据审慎监管的要求,可以采取下列措施进行现场检查:

(1)进入银行业金融机构进行检查。

(2)询问银行业金融机构的工作人员,要求其对有关检查事项作出说明。

(3)查阅、复制银行业金融机构与检查事项有关的文件、资料,对可能被转移、隐匿或者毁损的文件、资料予以封存。

（4）检查银行业金融机构运用电子计算机管理业务数据的系统。

进行现场检查，应当经银行业监督管理机构负责人批准。现场检查时，检查人员不得少于2人，并应当出示合法证件和检查通知书；检查人员少于2人或者未出示合法证件和检查通知书的，银行业金融机构有权拒绝检查。

（三）监督管理谈话

监督管理谈话是指银行业监管机构就监管事项与银行业金融机构的董事、高级管理人员进行的谈话。《银行业监管法》第35条规定："银行业监督管理机构根据履行职责的需要，可以与银行业金融机构董事、高级管理人员进行监督管理谈话，要求银行业金融机构董事、高级管理人员就银行业金融机构的业务活动和风险管理的重大事项作出说明。"

监督管理谈话是银行业监管机构的一项重要监管措施，是监管机构信息的重要来源之一，构成现场检查的必要补充。应该指出，监督管理谈话的相对人是银行业金融机构董事、高级管理人员；谈话的内容是银行业金融机构的业务活动和风险管理的重大事项；谈话的方式是要求银行业金融机构董事、高级管理人员就相关重大事项作出说明。通过会谈，银行业监管机构能够进一步掌握被稽核单位的整体运作情况、存在的主要问题和风险，以及管理层的经营思想。同时，可以了解和评估高级管理层对本单位业务、经营状况的熟悉程度，其管理能力和管理水平。

（四）信息披露

银行业金融机构的信息披露，是指银行业金融机构按照规定，如实向社会公众披露财务会计报告、风险管理状况、董事和高级管理人员变更以及其他重大事项等信息的行为。我国《银行业监管法》第36条规定："银行业监督管理机构应当责令银行业金融机构按照规定，如实向社会公众披露财务会计报告、风险管理状况、董事和高级管理人员变更以及其他重大事项等信息。"

银行业金融机构属于高风险、公众性的特殊企业，其经营和风险状况直接影响到投资者、存款人和相关利益人的合法权益。从法律上来说，银行与客户之间是平等的关系，在交往中应该是遵循平等、自愿、公平的原则。但在实践中，银行业金融机构控制着金融关系的命脉，在专业操作、信息了解，以及资金运用上，都拥有比客户更大的优势和更优越的地位。为了弥补这实质上的不公平，法律规定银行业金融机构按照银行业监管机构的规定，向社会公众披露财务会计报告、风险管理状况、法人治理和重大事项等信息，以尽量达到银行与客户交往过程中信息上的对称，更好的保护社会公众的合法利益，维护良好的经济金融秩序。

（五）违反审慎经营规则的处罚

审慎经营是银行业金融机构开展金融业务活动的基本原则之一，银行业监管机构对违反审慎经营规则的银行业金融机构有权采取处理措施。

1. 责令限期改正

根据《银行业监管法》第37条规定，银行业金融机构违反审慎经营规则的，国务院银行业监督管理机构或者其省一级派出机构应当责令限期改正。

2. 采取处罚措施

根据《银行业监管法》第37条规定，需要采取处罚措施的，有两种情况：一是责令限期改正，逾期未改正的；二是其行为严重危及该银行业金融机构的稳健运行、损害存款人和其他客户合法权益的。

在上述两种情况下,对需要处罚的银行业金融机构,经国务院银行业监管机构或者其省一级派出机构负责人批准,可以区别情形,采取下列措施:

(1) 责令暂停部分业务、停止批准开办新业务;
(2) 限制分配红利和其他收入;
(3) 限制资产转让;
(4) 责令控股股东转让股权或者限制有关股东的权利;
(5) 责令调整董事、高级管理人员或者限制其权利;
(6) 停止批准增设分支机构。

3. 解除处罚措施

银行业金融机构整改后,应当向国务院银行业监督管理机构或者其省一级派出机构提交报告。国务院银行业监督管理机构或者其省一级派出机构经验收,符合有关审慎经营规则的,应当自验收完毕之日起3日内解除对其采取的前款规定的有关措施。

这些规定,借鉴了巴塞尔银行监管委员会制定的《有效银行监管核心原则》,大大强化了银行业监督管理委员会的监管手段,加大了监管力度,使我国的金融监管进一步与国际接轨。

(六) 接管、重组和撤销

根据我国《银行业监管法》第38条规定,银行业金融机构已经或者可能发生信用危机,严重影响存款人和其他客户合法权益的,国务院银行业监督管理机构可以依法对该银行业金融机构实行接管或者促成机构重组,接管和机构重组依照有关法律和国务院的规定执行。

《银行业监管法》第39条规定:"银行业金融机构有违法经营、经营管理不善等情形,不予撤销将严重危害金融秩序、损害公众利益的,国务院银行业监督管理机构有权予以撤销。"据此,银行业金融机构的撤销须具备下列条件:(1)必须是合法设立的金融机构,如果是非法设立的金融机构则应该予以取缔;(2)须存在违法经营、经营管理不善等情形;(3)不予撤销将严重危害金融秩序、损害公众利益。

根据《银行业监管法》第40条规定,银行业金融机构被接管、重组或者被撤销的,国务院银行业监督管理机构有权要求该银行业金融机构的董事、高级管理人员和其他工作人员,按照国务院银行业监督管理机构的要求履行职责。在接管、机构重组或者撤销清算期间,经国务院银行业监督管理机构负责人批准,对直接负责的董事、高级管理人员和其他直接责任人员,可以采取下列措施:(1)直接负责的董事、高级管理人员和其他直接责任人员出境将对国家利益造成重大损失的,通知出境管理机关依法阻止其出境;(2)申请司法机关禁止其转移、转让财产或者对其财产设定其他权利。

(七) 账户查询和冻结

涉嫌金融违法行为人是指有违反金融法律、行政法规和规章行为嫌疑的银行业金融机构和个人。查询和冻结涉嫌金融违法的银行业金融机构及其工作人员以及关联行为人的账户,是银行业监管机构查处金融违法行为的必要措施。我国《银行业监管法》第41条规定:"经国务院银行业监督管理机构或者其省一级派出机构负责人批准,银行业监督管理机构有权查询涉嫌金融违法的银行业金融机构及其工作人员以及关联行为人的账户;对涉嫌转移或者隐匿违法资金的,经银行业监督管理机构负责人批准,可以申请司法机关予以冻结。"

四、保险业监管

2018年3月13日,国务院官网发布《关于国务院机构改革方案的说明》,决定将中国银行业监督管理委员会和中国保险监督管理委员会的职责整合,组建中国银行保险监督管理委员会,作为国务院直属事业单位。其主要职责:依照法律法规统一监督管理银行业和保险业,维护银行业和保险业合法、稳健运行,防范和化解金融风险,保护金融消费者合法权益,维护金融稳定。此次银行业、保险业监管机构的整合,标志着1998年成立的中国保监会在规范运营20年后正式退出历史舞台,银行、保险之间的监管边界消弭。这是我国金融监管领域的重大变革,标志着我国"分业监管"的金融监管格局被打破,由"一行三会"转变为"一委一行两会",向着"混业监管"的金融经济发展要求迈进。结合供给侧结构性改革、三大风险攻坚战大背景来看,此次合并可能仅是我国金融监管体制转变的开始,保险监管领域更深层次的改革可能很快就会到来。

(一)拓荒时期的混业监管(1949—1997年)

金融业的发展总是根植于国内或国际实体经济。1949—1997年这一时期,是我国经济从蹒跚学步到高速发展的探索、转轨时期,实体产业是经济发展的主角,但金融业也经历了从萌芽到壮大的阶段。这一时期是我国"金融大一统"时期,银行、保险等均由财政部和中国人民银行监管。

1. 改革开放前保险业的发展(1949—1978年)

1949年开国大典期间,中国人民银行组织召开了第一次全国保险工作会议,中央政府在迅速接管各地的官僚资本保险公司、整顿改造私营保险企业的基础上,于1949年10月20日成立中国人民保险公司,宣告了新中国统一的国家保险机构的诞生。1951年,上海和天津的28家私营保险公司分别组成太平和新丰保险公司。1952年6月,中国人民保险公司从中国人民银行划归财政部领导,外国保险公司完全退出中国保险市场。1956年8月,太平、新丰合并,保险业公私合营,标志着中国保险业的社会主义改造完成。1958年"人民公社化"后,在全国财贸工作会议上通过的《关于农村人民公社财政管理问题的意见》中提出:"人民公社化后,保险工作的作用已经消失,除涉外保险业务必须继续办理外,国内保险业务应立即停办",并于同年12月,在全国财政会议上正式作出"立即停办国内保险业务"的决定。1959年,中国人民保险公司从财政部划归中国人民银行,取消了保险公司建制。1966—1976年,中国进入了一段特殊时代,各行各业的发展受到极大阻碍,保险行业的发展也跌至谷底,这一时期结束后,保险业的发展才慢慢开始复苏。

2. 改革开放后保险业的发展(1978—1997年)

1978年的十一届三中全会之后,国民经济进入正常发展轨道。1979年4月,国务院在批转《中国人民银行分行行长会议纪要》中明确提出要开展保险业务。同年11月,中国人民银行召开全国保险工作会议,决定从1980年起恢复停办20余年之久的国内保险业务,同时大力发展涉外保险业务。1980年,中国人民保险公司复业重开,恢复财产保险业务。1982年,人寿保险业务得以恢复。1984年,中国人民保险获准成立投资公司。1985年3月,国务院颁布《保险企业管理暂行条例》,规定国家保险管理机关是中国人民银行。1986年7月,经中国人民银行批准成立了新疆生产建设兵团农牧业生产保险公司。1987年,交通银行上海分行组建了保险业务部,打破中国人保垄断经营局面。1988年3月,经中国人民银行批准,我国第一家股份制保险公司——平安保险公司在深圳成立。1991年4月,中国太平洋保险股份有限公司成立,其前身是为交通银行保险业务部。1994年,中国平安保险公司引进外资入股。1995年6月30日,第八届全国人民代表大会常务委员会第十四次会议通过了《保险法》,标志着保险行业发展跨入了崭新历史阶段,保险监管有法可依。1996年中国人保拆分成中保财产保险有限公司、中保人寿保险有限公司、中国再保险有限公司。而后,中国人民银行于1996年2月颁布《保险代理人暂行规定》,1996年7月颁布《保险管理暂行规定》,1997年11月颁布《保险代理人管理规定(试行)》,我国保险业监管体系初步建设完成。

(二)危机促生的分业监管(1998—2012年)

1997年亚洲金融危机爆发,决策层意识到建立完整、市场化金融体系的重要性。同年11月,中央召开首次全国金融工作会议,会议决定对金融业实行分业监管,合并国务院证券委和中国证监会合并为新的中国证监会;同时成立中国保监会,分别专司中国证券业和保险业的监管;中国人民银行专司对银行业、信托业的监管。1998年11月18日,中国保险监督管理委员会正式登上历史舞台——保监会根据国务院授权履行行政管理职能,依照法律、法规统一监督管理全国保险市场。2003年3月,中国银监会成立,同年,保监会升格为国务院直属正部级事业单位,获得了与中国银监会和中国证监会同样的地位,自此,"一行三会"的金融监管格局确立,一直延续到2017年金融监管改革。

2005年,保监会和证监会联合发布《保险机构投资者股票投资管理暂行办法》,保险资金获准直接入市。2006年保险公司被允许用人民币自有资金购买外汇,进行境外投资。同年6月,《国务院关于保险业改革发展的若干意见》(又称"国十条")正式发布,保险行业得以扩大资产配置到股票等资产类别,险资投资范围不断拓展,中国保险业迎来了黄金年代,但也为保险业乱象埋下了伏笔。2007年中国人寿、中国平安保险、中国太保相继登陆A股市场。2008年次贷危机爆发之后,国际上普遍将偿付能力监管作为现代保险监管的核心,我国保监会也扭转保险行业发展与监管的思路,从做大、做强转化为风险防范。

(三)金融自由化时代下的保险梦魇(2012—2018年)

2012年金融自由化开始,"大资管时代"来势汹汹——《中国保监会关于保险资产管理公司开展资产管理产品业务试点有关问题的通知》也于2013年2月正式出台。2014年,《国务院关于加快发展现代保险服务业的若干意见》(新"国十条")发布,保险业新一轮的改革创新开始,"放开前端、管住后端"的监管理念为保险资金的滥用放开了更大的口子。2015年取消了保险销售(含保险代理)、保险经纪从业人员资格核准审批事项,使得保险业"宽监管"模式不断推进。

同时,金融自由化鼓励金融行业投融资方式的各种创新使得资管和通道业务无序发展,而分业监管体制及"三会"之间的相对独立关系又造成了监管的"真空地带",彼时,恒大系、宝能系、安邦系、生命系、阳光保险系、国华人寿系、华夏人寿系等保险公司纷纷崛起弄潮。2015年7月,可以称为保险行业由盛转衰之点的"宝万之争"爆发,宝能系以"万能险"为资金弹药库,动用各类资管产品以高杠杆运作方式耗资数百亿收购万科股权,背后涉及银行、证券、保险、信托等多类市场参与方,将保险业不规范运作模式开发到了极致。2016年证监会主席刘士余痛批民营控股的保险系是"土豪、妖精、害人精",证监会和保监会之间的监管不衔接和矛盾走向公开化,虽然保监会理直气壮地摆出"保险业姓保、保监会姓监",但已于事无补。2017年4月,保监会主席项俊波接受组织审查。随后,保监会印发"35号文",即《中国保监会关于进一步加强保险业风险防控工作的通知》,强调当前和今后一段时期保险监管的主要任务核心是"强监管、补短板、堵漏洞、防风险,提升服务实体能力水平",宣告了保险业野蛮扩张时期的结束。

2018年2月23日,中国保监会宣布:"鉴于安邦集团存在违反法律法规的经营行为,可能严重危及公司偿付能力,为保持安邦集团照常经营,保护保险消费者合法权益,依照《保险法》有关规定,保监会决定于2018年2月23日起,对安邦集团实施接管,接管期限一年。"这预示着国家将从政府和市场两个层面对保险业的违规乱象进行深度整治——此时新任保监会主席的迟迟未定,似乎也预示了保监会的未来命运。

(四)混业监管的时代起点(2018年)

金融是现代经济的核心组成部分,也是政府调控经济发展,调整社会分配的重要工具和手段。2017年第五次全国金融工作会议指出:"要加强金融监管协调、补齐监管短板。坚持问题导向,针对突出问题加强协调,强化综合监管,突出功能监管和行为监管。要促进金融机构降低经营成本,清理规范中间业务环节,避免变相抬高实体经济融资成本。"实质上是要求通过加强混业监管,解决分业监管带来的监管不足和监管空白等问题。银监会和保监会的合并,是我国金融监管由分业到混业迈出的重要一步,可以看作是混业监管的新起点。经此番调整之后,保险业的监管大体将呈现以下几个趋势。

(1)保险公司管理制度将与银行并轨。从业务上来看,银行与保险公司功能趋同,都是属于较强信用等级的"吸储"机构,融资利率较低,且是最不可发生系统性风险的机构。故而预计未来我国保险业的管理模式将与银行业趋同,将在资管业务、股权投资、标准化产品和非标项目投资方面出台标准相似的监管政策。

(2)"银保"资产流转将更为便利。目前银行与保险的业务合作不断深化,银行已成为保险产品销售的重要渠道,近年来业务发展迅猛。但是,碍于投资标准的不一致,监管银行产品与投资业务转由保险公司接手的道路一直不是很通畅,上海保险交易所设立的初衷也仅限于保险公司之间资产和产品的交易流转,但预计在银监会和保监会合并后,监管部门会对两者资产的对接提出更为切实的方案,会更为高效地铺设好银行长期限、低回报率资产向保险公司转化的通路。

(3)资源调整之后,保险监管将以"杜绝节外生枝"为主基调。在经历了"万宝之争"的翻江倒海之后,保险业进入了业务层面的大整顿,创新型业务或将面临强制"清盘"。加上从监管工作内容上来看,银行与保险企业本在监管理念、规则、工具等方面具有相似性,如若保险业能够"安分守己",那将不会为新部门带来过重的监管负担。故而两部门合并完成后,需要负责较多机构监管工作的原银监方面势必会从资源的最优化使用模式考虑,尽量消减保险业监管的时间成本,所以让保险业更聚焦于本业或将成为下一阶段调整的重要方向。

稳中求进是我国当前改革的总基调,金融监管改革也要遵循同样的原则。美国等部分发达国家实施混业监管,但也有不少国家实行分业监管,分业还是混业主要取决于国家的发展阶段和经济发展水平。将业务相似性较高、市场问题较多的保监会合并进银监会,利于降低改革的风险,同时为大一统的混业监管积累经验。将"三会"整合成"两会",根据银监会和保监会整合的实际改革进展,进可完全混业,退可继续分业,是一种最适合当前改革趋势、市场需求和监管能力的选择。

整体而言,金融稳定发展委员会的设立,银监会、保监会的合并,央行承担拟订银行业、保险业重要法律法规草案和审慎监管基本制度的职责,标志着我国金融监管体制的根本性变革正不断推进。实体经济是未来经济发展的主基调,服务实体经济才是我国金融业的重中之重。随着统一监管的不断推进和金融法规的不断出台,空转套利、制度套利、监管套利现象将得到极大制止,资管业务将得到更全面的管理,"影子银行"也将退出历史舞台,当然,保险业的专业化、低风险的规范运作也指日可待,市场也将真正迎来金融业与实体经济共荣发展的时代。

第四节　证券期货监管

证券市场监管是证券市场监管机构根据证券法律法规,对证券发行、交易以及证券经营机构等市场主体及其行为实施的监督与管理活动。对于证券市场的法律监管,至少应该包括三个方面内容:一是证券市场监管机构,包括政府主管机关和证券自律组织;二是证券法律制度,包括国家机关的证券法律、法规和规章,以及证券自律组织的自律规则;三是证券监管方式,包括政府证券主管机关的行政监管和市场自律组织的自律管理。

我国现行的证券监管法律制度由《证券法》《公司法》以及300多个相关的行政法规、部门规章及规范性文件的相关内容所组成,其中以现行《证券法》为核心,我国现行的证券监管法律制度主要就是由这部《证券法》的相关条款所规定。以《证券法》为核心的证券监管法律制度的施行,对于规范证券发行和交易行为,保护投资者的合法权益,维护社会主义市场经济的发展,起到重要的作用,对证券市场长期健康有序的发展有着十分重要的意义。

2019年12月28日,十三届全国人大常委会第十五次会议对《证券法》进行了第二次修订,自2020年3月1日起实施。最新修订的《证券法》并未改变我国证券期货监管体制。

一、证券市场监管概说

证券市场监管是证券市场监管机构根据证券法律法规,对证券发行、交易以及证券经营机构等市场主体及其行为实施的监督与管理活动。对于证券市场的法律监管,至少应该包括三个方面内容:一是证券市场监管机构,包括政府主管机关和证券自律组织;二是证券法律制度,包括国家机关的证券法律、法规和规章,以及证券自律组织的自律规则;三是证券监管方式,包括政府证券主管机关的行政监管和市场自律组织的自律管理。

在我国证券市场发展早期,证券市场被当作金融市场的组成部分,以中国人民银行为核心的金融管理机构体系当然地被移植到证券市场监管中。1986年《银行管理暂行条例》即将审批专业银行和其他金融机构的设置或撤并,以及管理企业股票、债券有价证券,管理金融市场的职能,明确地赋予中国人民银行。依此,中国人民银行随后发布了《关于企业股票、债券以及其他金融市场业务管理问题的通知》和《关于严格控制股票发行和转让的通知》等一系列规章。

1991年4月,鉴于证券市场在多头管理和分散管理体制下出现黑市交易、操纵交易、内幕交易等严重社会问题,中国人民银行请示国务院批准,成立了由中国人民银行、国家计委、财政部、国家外汇管理局、税务总局等单位共同组成股票市场办公会议制度,代表国务院对证券市场行使日常管理职权。1992年6月,在股票市场办公会议制度基础上,建立了国务院证券管理办公会议制度,其办事机构是中国人民银行的证券管理办公室。

1992年10月,国务院同时成立了国务院证券委员会(以下简称证券委)和中国证监会两个机构。根据国务院1992年12月17日发布的《关于进一步加强证券市场宏观管理的通知》,证券市场管理机构大致分为证券委、证监会、其他政府机构及证券业自律机构。1993年4月22日国务院颁布实施《股票发行与交易管理暂行条例》,规定国务院证券委是全国证券市场的主管机构,中国证监会是证券委的监督管理执行机构。这一监管体制在此后若干年的实践中不断发展和变化。显然,证券委职责更侧重于证券市场的宏观管理,属于对重大事项的非常设议事机构,而证监会侧重于微观管理,彼此之间存在职责上的重叠和交叉。

1998年,在国务院机构改革中,国务院证券委被撤销,中国人民银行依照《银行法》规定,也不再继续负责证券市场的监管,明确了中国证监会统一集中对我国证券市场实行监管。同年颁布的《证券法》进一步明确了中国证监会的性质、职权等,从而确立了中国证监会作为我国证券市场主管机构的法定地位,这一监管体制一直实行至今。

二、中国证券期货监管体系

根据现行《公司法》《证券法》《证券公司监督管理条例》《期货交易管理条例》等相关法律法规规定,目前我国证券期货行业形成了以中国证监会依法对全国证券期货市场进行集中统一监督管理为主,证券业协会、期货业协会和交易所等自律性组织对会员实施自律管理为辅的管理体制。中国证监会依法对证券市场实行监督管理,维护证券市场秩序,保障其合法运行。证券业协会、期货业协会是社会团体法人,通过证券公司、期货公司等全体会员组成的会员大会对证券行业、期货行业实施自律管理。证券交易所、期货交易所作为一线监管机构,在中国证监会的领导下,为证券、期货集中交易提供场所和设施,通过组织和监督证券期货交易,对证券公司、上市公司和期货公司实行自律管理,以使会员更好地遵循法律法规及职业道德准则。

(一) 集中统一监管

中国证监会作为国务院证券期货监督管理机构,依法对全国证券、期货市场实行集中统一监督管理,维护证券期货市场公开、公平、公正,防范系统性风险,维护投资者合法权益,促进证券期货市场健康发展。

1. 监管职责

我国《证券法》第169条规定,中国证监会依法履行如下职责:(1)依法制定有关证券市场监督管理的规章、规则,并依法进行审批、核准、注册,办理备案;(2)依法对证券的发行、上市、交易、登记、存管、结算等行为,进行监督管理;(3)依法对证券发行人、证券公司、证券服务机构、证券交易场所、证券登记结算机构的证券业务活动,进行监督管理;(4)依法制定从事证券业务人员的行为准则,并监督实施;(5)依法监督检查证券发行、上市、交易的信息披露;(6)依法对证券业协会的自律管理活动进行指导和监督;(7)依法监测并防范、处置证券市场风险;(8)依法开展投资者教育;(9)依法对证券违法行为进行查处;(10)法律、行政法规规定的其他职责。

2. 监管措施

我国《证券法》第170条规定,中国证监会依法履行职责,有权采取下列措施:(1)对证券发行人、证券公司、证券服务机构、证券交易场所、证券登记结算机构进行现场检查。(2)进入涉嫌违法行为发生场所调查取证。(3)询问当事人和与被调查事件有关的单位和个人,要求其对与被调查事件有关的事项作出说明;或者要求其按照指定的方式报送与被调查事件有关的文件和资料。(4)查阅、复制与被调查事件有关的财产权登记、通讯记录等文件和资料。(5)查阅、复制当事人和与被调查事件有关的单位和个人的证券交易记录、登记过户记录、财务会计资料及其他相关文件和资料;对可能被转移、隐匿或者毁损的文件和资料,可以予以封存、扣押。(6)查询当事人和与被调查事件有关的单位和个人的资金账户、证券账户、银行账户以及其他具有支付、托管、结算等功能的账户信息,可以对有关文件和资料进行复制;对有证据证明已经或者可能转移或者隐匿违法资金、证券等涉案财产或者隐匿、伪造、毁损重要证据的,经国务院证券监督管理机构主要负责人或者其授权的其他负责人批准,可以冻结或者查封,期限为六个月;因特殊原因需要延长的,每次延长期限不得超过三个月,冻结、查封期限最长不得超过二年。(7)在调查操纵证券市场、内幕交易等重大证券违法行为时,经国务院证券监督管理机构主要负责人或者其授权的其他负责人批准,可以限制被调查的当事人的证券买卖,但限制的期限不得超过三个月;案情复杂的,可以延长三个月。(8)通知出境入境管理机关依法阻止涉嫌违法人员、涉嫌违法单位的主管人员和其他直接责任人员出境。为防范证券市场风险,维护市场秩序,国务院证券监督管理机构可以采取责令改正、监管谈话、出具警示函等措施。

3. 跨境监管

我国《证券法》第177条规定,中国证监会可以和其他国家或者地区的证券监督管理机构建立监督管理合作机制,实施跨境监督管理。境外证券监督管理机构不得在中华人民共和国境内直接进行调查取证等活动。未经国务院证券监督管理机构和国务院有关主管部门同意,任何单位和个人不得擅自向境外提供与证券业务活动有关的文件和资料。

(二) 自律性监管

自律性监管也称自我管理,与政府监管相对应,是由特定范围的组织成员通过制定章程等规范性文件方式设立的,凭借组织成员赋予的适当权力,对组织成员参与证券发行、交易及相关活动进行监督、检查和处理的管理性行为。因此,证券自律监管也属于证券监督管理行为的范畴。

证券自律监管是证券市场参与者通过设立自律组织的方式实现的,各国自律组织名称有异,但大体上分为证券业协会和证券交易所两大类。

1. 中国证券业协会

证券业协会是证券公司或者其他证券业从业机构或个人依法组成的行业性协会。凡是接受和承认证券业协会章程,并具有相应资格的证券公司和证券从业机构或个人,均得申请成为证券业协会的成员。在多数国家证券法中,都有关于证券业协会或类似机构的规定。根据我国《证券法》的规定,中国证券业协会是我国证券业的自律性组织,属于社会团体法人,接受中国证监会的指导和监督。

中国证券业协会主要履行如下职责:(1)教育和组织会员及其从业人员遵守证券法律、行政法规,组织开展证券行业诚信建设,督促证券行业履行社会责任;(2)依法维护会员的合法权益,向证券监督管理机构反映会员的建议和要求;(3)督促会员开展投资者教育和保护活动,维护投资者合法权益;(4)制定和实施证券行业自律规则,监督、检查会员及其从业人员行为,对违反法律、行政法规、自律规则或者协会章程的,按照规定给予纪律处分或者实施其他自律管理措施;(5)制定证券行业业务规范,组织从业人员的业务培训;(6)组织会员就证券行业的发展、运作及有关内容进行研究,收集整理、发布证券相关信息,提供会员服务,组织行业交流,引导行业创新发展;(7)对会员之间、会员与客户之间发生的证券业务纠纷进行调解;(8)证券业协会章程规定的其他职责。

2. 中国期货业协会

根据《期货交易管理条例》,期货业协会是期货业的自律性组织,是社会团体法人。期货公司以及其他专门从事期货经营的机构应当加入期货业协会,并缴纳会员费。期货业协会的权力机构为全体会员组成的会员大会。期货业协会的章程由会员大会制定,并报国务院期货监督管理机构备案。期货业协会设理事会。理事会成员按照章程的规定选举产生。

中国期货业协会履行下列职责:(1)教育和组织会员遵守期货法律法规和政策;(2)制定会员应当遵守的行业自律性规则,监督、检查会员行为,对违反协会章程和自律性规则的,按照规定给予纪律处分;(3)负责期货从业人员资格的认定、管理以及撤销工作;(4)受理客户与期货业务有关的投诉,对会员之间、会员与客户之间发生的纠纷进行调解;(5)依法维护会员的合法权益,向国务院期货监督管理机构反映会员的建议和要求;(6)组织期货从业人员的业务培训,开展会员间的业务交流;(7)组织会员就期货业的发展、运作以及有关内容进行研究;(8)期货业协会章程规定的其他职责。期货业协会的业务活动应当接受国务院期货监督管理机构的指导和监督。

3. 证券交易所

根据《证券法》的有关规定,证券交易所是为证券集中交易提供场所和设施,组织和监督证券交易,实行自律管理的法人。

证券交易所履行自律管理职能,应当遵守社会公共利益优先原则,维护市场的公平、有序、透明。

证券交易所依照法律、行政法规和国务院证券监督管理机构的规定,制定上市规则、交易规则、会员管理规则和其他有关业务规则,并报国务院证券监督管理机构批准。在证券交易所从事证券交易,应当遵守证券交易所依法制定的业务规则。违反业务规则的,由证券交易所给予纪律处分或者采取其他自律管理措施。

4. 期货交易所

根据《期货交易管理条例》,期货交易所应当依照本条例和中国证监会的规定,建立、健全各项规章制度,加强对交易活动的风险控制和对会员以及交易所工作人员的监督管理。期货交易所履行下列职责:(1)提供交易的场所、设施和服务;(2)设计合约,安排合约上市;(3)组织并监督交易、结算和交割;(4)为期货交易提供集中履约担保;(5)按照章程和交易规则对会员进行监督管理;(6)国务院期货监督管理机构规定的其他职责。

期货交易所不得直接或者间接参与期货交易。未经中国证监会审核并报国务院批准,期货交易所不得从事信托投资、股票投资、非自用不动产投资等与其职责无关的业务。

期货交易所应当按照国家有关规定建立、健全下列风险管理制度:(1)保证金制度;(2)当日无负债结算制度;(3)涨跌停板制度;(4)持仓限额和大户持仓报告制度;(5)风险准备金制度;(6)国务院期货监督管理机构规定的其他风险管理制度。实行会员分级结算制度的期货交易所,还应当建立、健全结算担保金制度。

三、证券公司的监督管理

目前,中国证券市场已经形成了一套较为完整的证券业监管法律法规体系,主要包括法律、行政法规和部门规章三个法律层级。法律主要包括《公司法》《证券法》《证券投资基金法》等;行政法规主要包括《证券公司监督管理条例》《证券公司风险处置条例》等;部门规章主要包括中国证监会颁布的部门规章、规范性文件和自律机构制定的规则、准则,涉及行业管理、公司治理、业务操作和信息披露等方面。

2020年3月1日,最新修订的《证券法》开始实施,我国证券行业步入了创新发展的新时期,监管机构的整体思路从事前审批制转变为事中、事后的监督检查,提出"放得更开,管得更好"的监管口号,在此背景下,对证券公司的监管主要体现在以下四个方面。

(一)证券公司市场准入和业务许可

通过《证券法》《证券公司监督管理条例》《外资参股证券公司设立规则》《证券公司业务范围审批暂行规定》和《证券公司分类监管规定》等法律法规的规定,对证券市场准入设置条件,如设立证券公司应当具备的条件、证券公司股东资格的要求、证券公司重大事项变更的报批、证券公司业务范围的确定等,并明确规定,未经中国证监会批准,任何单位和个人不得经营证券业务。

(二)证券公司业务监管

证券公司发展业务以及开展新业务,都脱离不了法律法规的监管框架,通过《证券法》《证券公司监督管理条例》《证券公司风险处置条例》《证券公司分类监管规定》《证券发行与承销管理办法》《证券发行上市保荐业务管理办法》《证券公司客户资产管理业务管理办法》《证券公司资产证券化业务管理规定》《证券公司融资融券业务管理办法》《证券投资顾问业务暂行规定》《发布证券研究报告暂行规定》《证券自营业务指引》《关于证券公司证券自营业务投资范围及有关事项的规定》《证券公司直接投资业务规范》《证券公司参与股指期货、国债期货交易指引》等法律法规和政策文件明确了证券公司开展业务的资格、程序、责任及处罚措施,是证券公司需要遵守的规范性文件。

(三)日常管理及风险防范

对于证券公司的日常运营、公司治理、内控制度、财务风险控制指标、信息披露和日常监督检查等日常管理方面,《证券法》《证券公司监督管理条例》《证券公司治理准则》《证券公司分类监管规定》《证券公司风险控制指标管理办法》《关于加强上市证券公司监管的规定》《证券公司合规管理试行规定》《证券公司内部控制指引》《证券公司风险处置条例》《证券公司全面风险管理规范》《关于证券公司信息公示有关事项的通知》《关于证券公司执行〈企业会计准则〉的通知》《证券公司年度报告内容与格式准则》等法律法规及相关文件作了严格、明确的规定。

(四)从业人员管理

证券公司的董事、监事、高级管理人员和分支机构负责人需要依据《证券公司董事、监事和高级管理人员任职资格监管办法》的规定,取得任职资格,并遵守法律、行政法规和中国证监会的规章、规范性文件,遵守公司章程和行业规范,恪守诚信,勤勉尽责;证券公司从事证券业务的专业人员需要依据《证券业从业人员资格管理办法》的规定，取得从业资格和执业证书。

四、期货公司的监督管理

中国证监会作为国务院直属事业单位，依照法律、法规和国务院授权，统一监督管理全国证券期货市场，维护证券期货市场秩序，保障其合法运行。中国期货业协会、期货交易所按照自律规则对期货公司实行自律管理。

2017年3月1日，国务院发布、实施《期货交易管理条例》共86条，以规范期货交易行为，加强对期货交易的监督管理，维护期货市场秩序，防范风险，保护期货交易各方的合法权益和社会公共利益，促进期货市场积极稳妥发展。根据条例，中国证监会2019年6月4日公布实施《期货公司监督管理办法》（证监会令［第155号］）。以《期货交易管理条例》为核心，以《期货公司监督管理颁发》为支撑，我国期货市场监督管理的法律法规体系，初步形成。

（一）期货交易监管

根据《期货交易管理条例》，所谓期货交易，是指采用公开的集中交易方式或者国务院期货监督管理机构批准的其他方式进行的以期货合约或者期权合约为交易标的的交易活动。本条例所称期货合约，是指期货交易场所统一制定的、规定在将来某一特定的时间和地点交割一定数量标的物的标准化合约。期货合约包括商品期货合约和金融期货合约及其他期货合约。本条例所称期权合约，是指期货交易场所统一制定的、规定买方有权在将来某一时间以特定价格买入或者卖出约定标的物（包括期货合约）的标准化合约。

中国证监会及其派出机构，作为国务院期货监督管理机构，对期货市场实行集中统一的监督管理。

（二）市场准入和业务许可

期货公司是依照我国《公司法》和《期货交易管理条例》规定设立的经营期货业务的金融机构。设立期货公司，应当在公司登记机关登记注册，并经国务院期货监督管理机构批准。未经国务院期货监督管理机构批准，任何单位或者个人不得设立或者变相设立期货公司，经营期货业务。

期货公司业务实行许可制度，由国务院期货监督管理机构按照其商品期货、金融期货业务种类颁发许可证。期货公司除申请经营境内期货经纪业务外，还可以申请经营境外期货经纪、期货投资咨询以及国务院期货监督管理机构规定的其他期货业务。期货公司不得从事与期货业务无关的活动，法律、行政法规或者国务院期货监督管理机构另有规定的除外。期货公司不得从事或者变相从事期货自营业务。期货公司不得为其股东、实际控制人或者其他关联人提供融资，不得对外担保。

期货公司从事经纪业务，接受客户委托，以自己的名义为客户进行期货交易，交易结果由客户承担。

（三）日常管理及风险防范

期货公司应当建立、健全并严格执行业务管理规则、风险管理制度，遵守信息披露制度，保障客户保证金的存管安全，按照期货交易所的规定，向期货交易所报告大户名单、交易情况。

期货公司接受客户委托为其进行期货交易，应当事先向客户出示风险说明书，经客户签字确认后,与客户签订书面合同。期货公司不得未经客户委托或者不按照客户委托内容,擅自进行期货交易。

期货公司不得向客户作获利保证;不得在经纪业务中与客户约定分享利益或者共担风险。期货公司应当为每一个客户单独开立专门账户、设置交易编码,不得混码交易。期货公司经营期货经纪业务又同时经营其他期货业务的,应当严格执行业务分离和资金分离制度,不得混合操作。

复习思考题

1. 试述金融调控法与金融监管法的区别与联系。
2. 试述我国的金融监管法律体系。
3. 简述中央银行的法律地位与基本职能。
4. 解析货币政策、货币政策目标与货币政策工具。
5. 试述我国银行业监管机构的组织机构。
6. 我国银行业监管机构的监管职责是什么?
7. 试述我国银行业监管机构依法可以采取的监管措施。
8. 试述我国证券期货监管制度。

第四章 金融机构组织法

本章要点

- 金融机构法的概念
- 商业银行法的概念与特征
- 商业银行的设立条件与法律地位
- 商业银行的业务范围与经营原则
- 政策性银行的概念、地位与职能
- 非银行金融机构的概念与范围

金融机构是金融活动不可或缺的主体,金融关系的当事人中往往有一方是金融机构,因而它在金融体系中居于核心地位,也成为金融法予以规范和主管机关进行监管的主要对象。金融机构组织法律制度是现代金融法律制度的核心组成部分,其发展演变与现代经济和银行金融的发展密切相关。

金融机构组织法又可称为金融主体法,或金融组织法等,是指用以确定银行和其他金融机构的性质、法律地位、职责权限、组织机构、业务范围及业务规则的法律规范的总称。金融机构组织法是金融法的基础,包括中央银行法、商业银行法、政策性银行法、非银行金融机构管理法(如证券法中关于证券公司设立的规定、信托法中关于信托公司的规定等)、涉外金融机构管理法等。

本书在体例上单独设立了"金融调控与金融监管法"一章,集中对作为金融调控法的核心组成部分的中央银行法和金融监管法各主要组成部分的银行业监管法、证券期货监管法等进行了论述,因而本章以银行业金融机构法律制度为主,集中探讨金融机构法律制度,主要内容包括金融机构法概述、商业银行、政策性银行、非银行金融机构等的组织法。

第一节 金融机构法概述

一、金融机构法概述

(一) 金融机构

金融机构是金融市场的主体,是金融法调整与规范的主要对象。银行是世界上最早出现的金融机构,它专门从事存款、贷款和汇兑等货币信用业务,充当信用中介和支付中介。随着现代经济的发展,以及金融创新的兴起,各类金融机构迅速崛起,在社会经济生活中发挥着十分重要的作用,与银行机构形成了互补与竞争的格局,构成了一个国家或地区的金融组织体系。

在市场经济条件下,现代金融业包括银行业、证券业、信托业、保险业四大支柱产业,现代金融机构体系由银行业金融机构和非银行业金融机构组成。其中,银行业金融机构包括商业银行、城市信用合作社、农村信用合作社等吸收公众存款的金融机构以及政策性银行;非银行业金融机构包括信托投资公司、金融资产管理公司、财务公司、金融租赁公司以及经批准设立的其他金融机构。此外,我国目前还有外资银行,外国银行分行,以及外资或外资参股银行、证券公司、财务公司、基金公司保险公司等涉外金融机构。

中国银保监会官方网站 2019 年 10 月 10 日公布了《银行业金融机构法人名单(截至 2019 年 6 月底)》,我国银行业金融机构法人数量共计 4 597 个。[1] 上述文件中,共分为 21 类。具体如下:

(1) 开发性金融机构 1 家,即国家开发银行。

(2) 政策性银行 2 家,即中国进出口银行和中国农业发展银行。

(3) 国有大型商业银行 6 家,包括中国工商银行、中国农业银行、中国银行、中国建设银行、交通银行、中国邮储银行。

(4) 股份制商业银行 12 家,包括中信、光大、招商、浦发、民生、华夏、平安、兴业、广发、渤海、浙商、恒丰银行。

(5) 城市商业银行 134 家,主要以北京银行、上海银行等为代表的城商行。

(6) 民营银行 17 家,包括上海华瑞、天津金城、深圳前海微众、北京中关村、浙江网商等。

(7) 村镇银行 1 622 家。

(8) 农村合作银行 30 家。

(9) 农村商业银行 1 423 家。

(10) 农信社 782 家。

(11) 外资法人银行共有 41 家。

(12) 信托公司 68 家。

(13) 金融资产管理公司 4 家。

(14) 金融租赁公司 70 家。

(15) 企业集团财务公司 254 家。

(16) 汽车金融公司 25 家。

(17) 消费金融公司 24 家。

(18) 贷款公司 13 家。

(19) 货币经纪公司 5 家。

(20) 农村资金互助社 45 家。

---

[1] 中国银保监会官网 2019 年 10 月 10 日发文《银行业金融机构法人名单(截至 2019 年 6 月底)》。参见链接:http://www.cbirc.gov.cn/cn/view/pages/ItemDetail.html?docId=875711&itemId=863&generaltype=1。

（21）其他金融机构17家，如中国外汇交易中心、上海黄金交易所、中国信托业保障基金有限责任公司、中央国债登记结算有限责任公司、中银金融资产投资有限公司、交银理财有限责任公司等。

（二）银行业金融机构

如前所述，银行是专门经营存款、贷款、汇兑、结算等金融业务，充当信用中介和支付中介的金融机构，它是随着商品经济的发展而最早产生的金融机构，在现代金融体系中居中心地位。据央行统计，截至2020年一季度末，银行业金融机构资产总额302.39万亿元。①

《银行业监管法》第2条规定："本法所称银行业金融机构，是指在中华人民共和国境内设立的商业银行、城市信用合作社、农村信用合作社等吸收公众存款的金融机构以及政策性银行。

对在中华人民共和国境内设立的金融资产管理公司、信托投资公司、财务公司、金融租赁公司以及经国务院银行业监督管理机构批准设立的其他金融机构的监督管理，适用本法对银行业金融机构监督管理的规定。"

银行法是调整银行信用和货币流通等金融关系的法律规范的总称。具体而言，银行法调整银行组织机构、业务经营和监督管理过程中发生的各种社会关系。银行法是金融法体系的核心，是金融法中的基本法。

银行业金融机构法与银行法是两个不同的概念，银行业金融机构法属于银行法的组成部分，它是指银行法中调整银行业金融机构组织关系的法律规范的总称，包括了确定商业银行和其他银行业金融机构的性质、法律地位、职责权限、组织机构、业务范围及业务规则等法律规定。

但是，无论如何，金融机构法的核心是银行业金融机构法。所以，本书以银行业金融机构法为中心来讨论金融机构的法律制度。

二、金融机构法的调整对象

银行法的调整对象是指银行法的效力所及的社会关系，当某类社会关系被纳入银行法的调整范围时，它便成为银行法的调整对象。从银行法调整社会关系的性质来看，在其调整的银行组织关系，银行经营业务关系和银行管理关系中，既有平等性的银行经营业务关系，又有带管理性的银行组织关系和银行管理关系，既涉及储户、商业银行等社会个体的利益，又涉及社会整体和国家的利益。

（一）金融机构法的调整对象

金融法的一个重要职能就是对各类金融机构组织进行立法规范，因而金融机构组织关系就构成了金融法调整对象的一个重要方面。银行业金融机构法是调整银行业金融机构组织关系的法律规范的总称，其调整对象就是银行业金融机构组织关系。具体来讲，作为银行业金融机构调整对象的金融机构组织关系，主要包括两大类：

（1）金融机构的外部组织关系，即与金融机构法律地位有关的，在金融机构设立、变更、终止过程中所发生的经济关系。如金融机构的设立、注册资本、业务范围、变更、接管、终止等。

---

① 参见中国人民银行《中国金融稳定报告2019》，http://www.gov.cn/xinwen/2019-11/26/content_5455673.htm。

(2) 金融机构的内部组织关系,即与金融机构内部治理结构有关的,在金融机构及其分支机构、职工之间因经营管理而发生的经济关系。如金融机构的组织机构、分支机构的性质和地位等。

金融法调整金融组织关系的法律规范的总和,构成了金融法体系中的金融机构法,或称金融机构组织法。

(二) 银行业金融机构法的体系和内容

(1) 银行业金融机构法的体系。一个国家的金融机构体系包括各类银行机构和非银行金融机构。我国现行的金融体系是以作为中央银行的中国人民银行为领导,商业银行、政策性银行和证券机构、保险机构、信托机构等非银行金融机构为主体,信用合作机构等为补充的金融组织体系,又称为广义的银行体系。

与此相适应,关于各类银行及非银行金融机构的法律制度构成了广义上的银行法律体系。我国现行的银行体系及其法律体系包括中央银行法、商业银行法、涉外金融机构法、非银行金融机构法、银行业监督管理法等。

(2) 银行业金融机构法的内容。根据银行业金融机构法的调整对象,其内容也包括两个方面:一是调整金融机构外部组织关系的法律规范,即调整与银行业金融机构法律地位有关的,在其设立、变更、终止过程中所发生的经济关系的规范,如关于金融机构的设立、注册资本、业务范围、变更、接管、终止等的法律规定;二是调整金融机构内部组织关系的法律规范,即调整与银行业金融机构内部治理结构有关的,在其机构及其分支机构、职工之间因经营管理而发生的经济关系的法律规范,如关于金融机构的组织机构、分支机构的性质和地位等的法律规定。

三、银行业金融机构法的基本原则

银行业金融机构法是金融法中银行法的重要组成部分,因而必须遵守银行法的基本原则。作为一个独立的法律部门,银行法的基本原则是指有关银行立法、执法以及从事银行金融活动时必须遵守的最基本的准则,这些银行法的基本原则是银行法的本质和内容最集中的表现,对银行法律体系中的各项法律制度都有普遍指导意义。

简单说来,银行业金融机构法必须遵守的银行法基本原则主要有四个:维护货币政策的稳定并保障其实现;促进资金流动的有效性和完全性;维护客户的合法权益;维护国家主权和尊重国际惯例等原则等。

第二节 商 业 银 行

一、商业银行法概述

(一) 商业银行的概念

商业银行(commercial bank)是从事吸收存款、发放贷款、办理结算等业务,以获取利润为经营目的的信用中介机构。我国《商业银行法》第2条给商业银行的定义是:"本法所称的商业银行是指依照本法和《公司法》设立的吸收公众存款、发放贷款、办理结算等业务的企业法人。"

商业银行所从事的业务主要有吸收资金来源的业务，运用资金的业务和以代理人身份办理委托事项、从中收取手续费的业务，这三类业务分别被称为负债业务、资产业务和中间业务。目前，我国商业银行最典型、最主要的负债业务、资产业务和中间业务分别是吸收公众存款、发放贷款和办理结算。这样就明确了商业银行的主要业务范围，从而将商业银行与其他金融企业、非银行金融机构区分开来。

（二）商业银行的法律地位

《商业银行法》第2条规定，商业银行是依法设立的吸收公众存款、发放贷款、办理结算等业务的企业法人，明定了商业银行的企业法人地位。本条第3款规定，商业银行以其全部法人财产独立承担民事责任。商业银行以其全部法人财产独立承担民事责任，是指（1）银行承担有限责任；（2）银行以其全部法人财产承担有限责任；（3）银行独立承担有限责任，国家以其出资额承担有限责任，不承担无限连带责任。

这一规定有着重要的现实意义。一是明确了我国的商业银行是法人；二是由此割断了过去政企职责不分的脐带，国家不再扮演经营者的角色，而将经营权还给银行，使商业银行逐步按企业化原则进行改组，为银行实现真正的自主权、分散经营、成为经济实体奠定了基础；三是国家不再承担无限责任。

（三）商业银行的职能

商业银行作为金融组织体系的基本主体，其对现代经济生活的重要性集中反映在它的四个基本职能上。

1. 信用中介职能

信用中介职能是商业银行最本质、最基本的职能。这一职能的实质，是通过银行的负债业务（主要是吸收存款）把社会上闲散的各种货币资本集中到银行里来，再通过银行的资产业务（放款和投资等），把它投向经济各部门。在此过程中，商业银行作为货币资本的贷入者和贷出者的中介人，来实现资本的融通，并从吸收资金的成本和发放贷款的利息收入、投资收益的差额中，获取收入，形成银行利润。商业银行遂成为买卖"资本商品"的大商人。

需要指出的是，商业银行通过信用中介职能实现资本盈余和短缺之间的融通，并不改变货币资本的所有权，而只是改变货币资本的使用权，并在这种改变中实现了对经济过程的多层次的调节：（1）将社会闲置资本转变为职能资本；（2）将不能当作资本使用的小额货币转变为巨额资本；（3）将短期货币资本转变为长期货币资本；（4）引导货币资本由低效益的部门流向高效益的部门。

2. 支付中介职能

商业银行通过客户在银行开立的存款账户，代理客户办理货币兑换、货币结算、货币收付等业务，成为工商企业、团体和个人的货币保管者、出纳者和收付代理人。这样，以商业银行为中心，形成了经济过程中无始无终的支付链条和债权债务关系。商业银行支付中介职能的发挥，使现金的使用大为减少，节约了社会流通费用，加速了资金结算和货币资本的周转。

商业银行支付中介职能的发挥是以活期存款账户为基础的。长期以来，商业银行是唯一能够吸收活期存款、开设活期支票账户的金融机构，以至于有学者称商业银行是"使用支票存款的银行"。近些年来，随着西方各国金融管制的放松，专业银行和其他金融机构也可开设类似于支票账户的其他账户,如可转让支付命令账户等,但与商业银行相比,仍有很大差别。工商企业之间的大额支付及多数与个人有关的货币支付,仍需由商业银行办理。

3. 信用创造职能

商业银行在信用中介职能和支付中介职能的基础上,产生了信用创造职能。商业银行是能够吸收各种存款的银行,它利用吸收的存款发放贷款,在支票流通和转账结算的基础上,贷款又转化为存款,在这种存款不提现或不完全提现的情况下,就增加了商业银行的资金来源,最后在整个银行体系形成数倍于原始存款的派生存款。

信用创造职能是指商业银行通过自己的信贷活动,创造和收缩活期存款,把自己的负债(吸收的存款)作为货币来流通(转账结算),是其显著区别于专业银行和其他金融机构的职能。不过,商业银行创造信用并不是无限制的,它受到以下因素的制约:

(1) 商业银行的信用创造要以存款为基础。就单个商业银行而言,要根据存款发放贷款和投资;就整个商业银行体系而言,也是在原始存款的基础上创造信用,并且创造信用的限度取决于原始存款的规模。

(2) 商业银行的信用创造要受到中央银行的存款准备率、自身的现金准备率、贷款付现率的制约,其信用创造能力与这些比率成反比。

(3) 商业银行信用创造还受制于贷款需求。如果没有足够的贷款需求,存款贷不出去,就谈不上创造。因为,只有贷款才派生存款,贷款的程度与派生的程度相一致。

所以,商业银行最有意义的业务是存款,只有吸收的存款越多,才越有可能扩大贷款规模,实现经营目标。商业银行创造信用的实质,从整个社会再生产来看,是流通工具的创造。在这种创造中,加速资本周转,节约流通费用,满足经济过程对流通和支付手段的需要。

4. 金融服务职能

随着经济的发展,居民的生活环境、工商企业的经营环境日益复杂化,银行间的业务竞争也日益剧烈。这样,迫使商业银行不得不拓展其业务、提高其服务品质以招徕顾客。现代商业银行利用其设施先进、联系面广、信息灵通和专业知识丰富等优势,为客户提供信息服务、咨询服务以及代交公共费用、代发工资、代理融资和保管箱等项服务。在现代经济生活中,金融服务已成为商业银行的重要职能。

(四) 商业银行的业务范围

根据《商业银行法》第 3 条规定,商业银行的业务可分为四大类:

(1) 传统业务,包括吸收公众存款;发放短期、中期和长期贷款;办理国内外结算;办理票据承兑与贴现。

(2) 特定业务,包括发行金融债券;代理发行、代理兑付、承销政府债券;买卖政府债券;从事同业拆借。

(3) 中间业务,包括买卖、代理买卖外汇;提供信用证服务及担保;代理收付款项及代理保险业务;提供保管箱服务。

(4) 经国务院银行业监督管理机构批准的其他业务,如银行卡业务、咨询业务、私人理财业务、海外投资顾问,以及基金和债券托管业务等。《商业银行法》第 3 条第 14 款规定,商业银行可以从事经国务院银行业监督管理机构批准的其他业务,这是我国商业银行法关于商业银行业务范围的兜底条款。

（五）商业银行的经营原则

根据我国《商业银行法》第 4 条规定，商业银行应遵循业务经营的"三性原则"，即以效益性、安全性、流动性为经营原则。

（1）效益性。商业银行作为经营货币资金，结算和创造信用的特殊企业，在业务活动的过程中，其最基本的、首要的动机和目标是获取最大限度的利润。商业银行的一切经营活动包括如何设立分支机构，开发何种新的金融产品，提高何种金融服务，建立什么样的债券组合等均要服从这一目标。

（2）安全性。由于银行经营是在一个不确定的、变化多端的环境中进行的，所以需要尽可能地规避风险，排除各种不确定性因素对其资产、负债、利润、信誉及一切经营发展条件的影响，保证收益的安全与稳定，使其健康安全的发展。这不仅是银行本身发展的要求，而且还是社会对在经济领域中重要地位的商业银行的客观要求，也是商业银行社会责任感、优良的社会形象的体现。

（3）流动性。保持流动性对商业银行来说之所以重要，是因为商业银行在经营中面临着负债和资产的不稳定性，一旦商业银行的本金与利息收回额与其准备金额之和还不能应付客户提存与贷款需求及银行本身需求时，便出现了流动性危机。流动性危机将严重损害商业银行的信誉，影响其业务量并增加经营成本，妨碍其进一步发展。

（六）商业银行法概述

1. 商业银行法的概念

商业银行法是调整商业银行的组织及其业务经营的法律规范的总称。广义上，商业银行法是指一切关于商业银行的组织及其业务经营的法律、法规、行政规章的总称，除《商业银行法》外，还包括其他法律、法规、规章中关于商业银行的组织及其业务经营的规定，如《中国人民银行法》《银行业监督管理法》《储蓄管理条例》《外汇管理条例》《贷款规则》等。

狭义上的商业银行法仅指冠以"商业银行法"名称的专门性法律，在我国指 1995 年 5 月 10 日八届全国人大常委会第十三次会议通过，自同年 7 月 1 日起施行的《商业银行法》，经过 2003 年 12 月 27 日十届全国人大常委会第六次会议和 2015 年 8 月 29 日十二届全国人大常委会第十六次会议两次修正。

作为调整商业银行的组织及其业务经营的基本法律，修改后的我国《商业银行法》共 9 章 95 条，其内容涵盖了立法目的、商业银行的法律地位、业务范围、经营原则、银行的设立、变更、接管与终止、清算和解散的条件、程序、银行业务规则、财务会计、监督管理及法律责任等。

商业银行法在性质上属于企业法，只不过它所规范的对象是特殊的金融企业——商业银行。商业银行从事货币金融业务的行为是一种特殊的商事行为，所以调整商业银行的组织及其业务经营的商业银行法从性质上属于商事法。

2. 商业银行法的调整范围

我国商业银行法的调整对象是商业银行在设立、变更、终止及其业务经营活动和监督管理过程中发生的社会关系。其调整范围包括国有商业银行、合作银行、外资商业银行、中外合资商业银行、外国商业银行分行和其他商业银行等。

从严格意义上讲，城市信用合作社、农村信用合作社不是商业银行，但其从事的业务大多都是银行业务，所以其相关业务活动也应适用《商业银行法》。《商业银行法》第 93 条对此作了规定："城市信用合作社、农村信用合作社办理存款、贷款和结算业务，适用本法有关规定。"此外,邮政企业办理邮政储蓄业务、汇款业务,也属于商业银行业务性质,根据《商业银行法》第94条规定,也应适用该法的有关规定。

根据我国有关法律规定,我国金融业实行"分业经营、分业管理"的经营管理体制,《商业银行法》只调整我国银行业,对于证券业、信托业、保险业等非银行金融机构,国家分别制定《证券法》《信托法》《保险法》予以调整。对于政策性银行,由于其具有政策性、非营利性等特点,一般不列入《商业银行法》的调整范围,而是以单行法规进行调整和规范。

二、商业银行的组织机构

(一) 商业银行的设立审批

1. 商业银行的设立审批

我国《商业银行法》第11条规定,设立商业银行,应当经国务院银行业监督管理机构审查批准。未经国务院银行业监督管理机构批准,任何单位和个人不得从事吸收公众存款等商业银行业务,任何单位不得在名称中使用"银行"字样。商业银行是一个特许经营的金融业,它的设立应当经过银行业监管机构的审查批准,并取得经营金融业许可证。

2. 商业银行的设立条件

商业银行的设立,是指组建商业银行并使之取得企业法人资格的一系列法律行为。根据我国《商业银行法》第12条规定,设立商业银行,应当具备下列条件:(1)有符合本法和《公司法》规定的章程;(2)有符合本法规定的注册资本最低限额;(3)有具备任职专业知识和业务工作经验的董事长(行长)、总经理和其他高级管理人员;(4)有健全的组织机构和管理制度;(5)有符合要求的营业场所、安全防范措施和与业务有关的其他设施;(6)其他审慎性条件。

(二) 商业银行的组织机构

我国《商业银行法》第17条规定:"商业银行的组织形式、组织机构适用《公司法》的规定。"对于该法施行前设立的商业银行,其组织形式、组织机构不完全符合《公司法》规定的,可以继续沿用原有的规定,适用前款规定的日期由国务院规定。

我国《公司法》第2条规定的公司形式有两种,即有限责任公司和股份有限公司,另有一人有限责任公司和国有独资公司作为有限责任公司的特殊形式。相应地,商业银行按照组织形式划分,可以分为有限责任公司形式的商业银行、国有独资的商业银行和股份有限公司形式的商业银行。

1. 股份有限公司形式的商业银行

股份有限公司形式的商业银行简称股份商业银行,是指依照公司法和商业银行法设立的,全部资本由等额股份组成,股份由发起人认购或以股票形式公开发行和转让,股东各方以其所认购股份对商业银行承担责任,商业银行以其全部资产对其债务承担责任的商业银行。

股份商业银行有如下特征:(1)股份商业银行属于资合银行;(2)股份商业银行的资本划分为等额股份,可向社会发行股票筹措资金;(3)股票可以自由转让或流通;(4)有法定的最低发起人数,股东人数不受限制;(5)银行有比较严密的组织机构和管理制度。

2. 有限责任公司形式的商业银行

有限责任公司是由两个以上股东共同出资,每个股东以其所认缴的出资额对公司承担有限责任,公司以其全部资产对其债务承担责任的企业法人。商业银行作为有限责任公司,其组织机构主要包括股东会、董事会或者执行董事、监事会或者监事。

3. 国有独资商业银行

国有独资商业银行是指国家授权投资的机构或者国家授权的部门单独投资设立的承担有限责任的商业银行。按照我国《公司法》和《商业银行法》的规定,国有独资商业银行的组织机构包括董事会、监事会和经理。

(三) 商业银行的分支机构

1. 商业银行分支机构的设立条件

《关于设置银行及其分支机构的暂行规定》对商业银行设立境内分支机构应具备的主要条件规定如下:(1)申请设立分支机构的银行,必须是已经设立一年以上,经营成绩良好,无违反金融监管法规的银行;(2)申请设立分支机构的银行,在拟设分支机构地区已经发生的贷款业务应不少于5 000万元人民币;(3)拟设置的分行,应由其总行拨给不少于1亿元的营运资金;(4)拟设置的支行应由其总行拨给不少于5 000万元人民币的营运资金;(5)设置分支机构的银行拨给其各支行营运资金总和,不得超过其总行资本金总额的60%;(6)申请设置分支机构的银行,其资产负债比例,应达到中国人民银行规定的各项管理指标;(7)各类银行一律不得设置具有独立法人地位的分支行。

我国为了适应对外开放和经济发展的需要,加强和完善对外资银行的监督管理,促进银行业的稳健运行,国务院于2006年制定、实施了《外资银行管理条例》,经2014年两次修订、2019年9月30日第三次修订。该条例第2条规定,外资银行,是指依照中华人民共和国有关法律、法规,经批准在中华人民共和国境内设立的下列机构:(1)1家外国银行单独出资或者1家外国银行与其他外国金融机构共同出资设立的外商独资银行;(2)外国金融机构与中国的公司、企业共同出资设立的中外合资银行;(3)外国银行分行;(4)外国银行代表处。前款第一项至第三项所列机构,以下统称外资银行营业性机构。第3条规定:"外国金融机构,是指在中华人民共和国境外注册并经所在国家或者地区金融监管当局批准或者许可的金融机构。本条例所称外国银行,是指在中华人民共和国境外注册并经所在国家或者地区金融监管当局批准或者许可的商业银行。"

2. 商业银行的分支机构具有怎样的法律地位

商业银行的分支机构是商业银行的组成部分,分支机构不具备法人资格。我国《商业银行法》第22条第2款规定:"商业银行分支机构不具有法人资格,在总行授权范围内依法开展业务,其民事责任由总行承担。"这意味着分支机构:(1)不能有独立于本商业银行的法人地位,只是在本商业银行直接管理下的分支机构。(2)不能有独立于本商业银行的名称。(3)不能有独立于本商业银行的资产。(4)不能独立承担民事责任,其债务由本商业银行负责清偿。本法如此规定的目的在于保护银行债权人的利益。

3. 商业银行分支机构的管理

《商业银行法》第22条第1款规定,商业银行对其分支机构实行全行统一核算,统一调度资金,分级管理的财务制度。

(四) 商业银行的分立与合并

1. 商业银行的分立

商业银行的分立是指商业银行依照法律、法规的规定,分成两个或两个以上的银行的商业法律行为。商业银行分立有新设分立和派生分立两种形式。所谓新设分立,是指一个银行将其全部资产,分割设立两个或两个以上银行的法律行为。所谓派生分立,是指一个银行以其部分资产,另外设立一个银行的法律行为。

商业银行分立有以下法律效力:其一,银行的存续、解散、设立。派生分立中原有一方仍然存在,但由于分出去一部分,应当到工商行政机关办变更登记手续,分出去的一方应办理设立登记手续;原来银行解散,分立若干银行的,原来银行应当办理解散手续,分立银行办理设立登记手续。其二,股东改变。银行的分立不单纯是财产分立,还有股东的退出或者重新加入。派生分立的股东可以从原来银行分离出来,加入新设立的银行或者仍然在原来的银行中。也就是说,银行的分立并不意味着股东资格的消灭,股东仍可以以自己所持有的股份行使自己的权利。其三,债权、债务的承受。银行分立以后的各方,应当无条件地按照分立协议的约定,接受自己的债权、债务,特别是债务。如果分立银行不承担自己的债务,债权人可以向法院起诉,通过诉讼程序来保护自己的合法权益。

2. 商业银行的合并

商业银行的合并是指两个或两个以上的银行,依照法律规定归并为一个银行或创设一个新的银行的法律行为。商业银行合并的形式有两种,即吸收合并和新设合并。所谓吸收合并,是指两个或两个以上的银行合并后,其中有一个银行(吸收方)存续,而其他银行(被吸收方)解散。所谓新设合并,又称创设合并,是指两个或两个以上的银行合并后,在合并各方都归于消灭的同时,另外创设出一个新的银行。

无论吸收合并,还是新设合并,其共同特征是:其一,除在吸收合并中吸收银行存续外,其他银行的法人资格均归于消灭;其二,因合并而被消灭了的银行的财产及债权债务,均为存续银行或新设银行所概括继受;其三,因合并被消灭了的银行的股东,均被存续银行或新设银行所吸收。

商业银行合并的法律效力主要表现在以下三个方面:(1)商业银行解散。无论是吸收合并或是新设合并,合并后会导致一个或一个以上银行的消灭。因合并而解散的银行,在解散后即归于消灭。但这种消灭并非绝对消灭,只不过是改变了存在形态,所以不必经过清算程序。(2)商业银行的变更或设立。在吸收合并时,必然有一个银行存续下来,存续银行因其他银行的并入而使资本、股东都发生了变化,所以应当修改公司章程并办理变更登记,这就发生了变更的效果。在新设合并时,必然有一个新银行成立,这就发生了设立的效果,应当按照《公司法》的规定办理设立登记。(3)权利义务的概括承受。因合并而消灭的银行的权利义务,由合并后的存续银行或新设银行分别承受。因合并而消灭的银行的所有动产、不动产、债权债务等,全部由存续银行或新设银行来承受,而承受银行不得附加先决条件,并不得进行任何选择。但是,如果银行违反法律规定,不向债权人发出合并通知或公告,或对在指定期限内提出异议的债权人,不作清偿或提供相应的担保,这家银行就不能以合并为由对抗债权人。为确保债权人的合法权益,因合并而解散的银行,不得隐匿债权债务。

三、商业银行的财务会计和监督管理

(一) 商业银行的财会资料

《商业银行法》第54条规定:"商业银行应当依照法律和国家统一的会计制度以及国务院银行业监督管理机构的有关规定,建立、健全本行的财务会计制度。"据此,我国商业银应当以《商业银行法》《会计法》《企业会计准则》《企业财务通则》《金融企业会计制度》《金融保险企业财务制度》等法律、法规、规章的规定，以及国务院银行业监督管理机构对全国结算、联行等业务确定的统一制度和办法为依据，建立、健全本行的财务会计制度及实施细则，从而保证商业银行财务会计活动的正确组织、保证商业银行财务会计资料的完整统一。

（1）会计报表的种类。《商业银行法》第61条规定，商业银行的会计报表由资产负债表、利润表以及其他财务会计、统计报表和资料构成，应当定期向国务院银行业监督管理机构、中国人民银行报送。

（2）编制、报送会计报表的要求。《商业银行法》第55条规定，商业银行应当按照国家有关规定，真实记录并全面反映其业务活动和财务状况，编制年度财务会计报告，及时向国务院银行业监督管理机构、中国人民银行和财政部门报送会计报表。商业银行不得在法定的会计账册外另立会计账册。

（3）编制和公布其经营业绩和审计报告。《商业银行法》第56条规定，商业银行应当于每一会计年度终了3个月内，按照国务院银行业监督管理机构的规定，公布其上一年度的经营业绩和审计报告。

（二）呆账准备金的提取与核销

呆账准备金是商业银行按年初贷款余额的一定比例建立的专项补偿基金，用于弥补银行贷款的损失。

1. 呆账准备金的提取

《商业银行法》第57条规定："商业银行应当按照国家有关规定，提取呆账准备金，冲销呆账。"我国呆账准备金制度建立于1988年，并于1992年作了进一步修改。从1993年起，呆账准备金按银行年初贷款余额的6‰全额提取，从1994年起，每年增加0.1‰，直至历年结转的呆账准备金余额达到年初贷款余额的1％时。从达到1％的年度起，呆账准备金改按银行年初的贷款余额的1％差额提取。

2. 呆账准备金的核销

商业银行提取呆账准备金，冲销呆账必须符合法律规定，只有在法律的程序下和范围内，商业银行才能核销其呆账准备金。商业银行提取的呆账准备金用于弥补商业银行的下列损失：(1)借款人和担保人依法宣告被破产，经过清偿后，仍不能还清的贷款。(2)借款人死亡，或者依照《民法典》的规定，宣告失踪或死亡，以其财产或遗产清偿后，未能还清的贷款。(3)借款人遭受重大自然灾害或意外事故，损失巨大且不能获得保险赔偿，确实无力偿还的部分或全部贷款，或者以保险赔款清偿后未能还清的贷款。(4)经国务院专案批准的逾期贷款。

（三）商业银行的风险管理和内部控制

《商业银行法》第59条规定："商业银行应当按照有关规定，制订本行的业务规则，建立、健全本行的风险管理和内部控制制度。"《信贷资金管理暂行方法》规定，商业银行应建立健全贷款审查审批制度、完善信贷风险准备制度等。

商业银行的内部管理制度主要涉及以下内容：(1)业务管理制度，即商业银行贯彻实施其业务活动的规则，主要包括建立、健全储蓄利率管理制度；建立抵押贷款的保证贷款制度；资产负债比例管理制度；加强建立经营效益的考核制度；建立各项会计结算管理制度。(2)建立现金管理制度，即商业银行根据授权，对开户单位的现金收付活动，即对使用现金的数量和范围进行控制和管理制度。(3)建立各项安全防范制度,即商业银行应建立健全各项安全防范制度以确保资金安全,具体包括对现金库、银行账务、保管箱及消防、安全保卫等方面的防范措施。

(四) 商业银行的内部稽核

商业银行内部稽核是指商业银行内部稽核部门根据国家法律法规、金融方针与政策、内部控制规章与制度,依据现代控制理论,结合商业银行业务经营活动的特点,对商业银行自身的业务活动、财务活动和经济效益进行稽核、核对、检查、监督,以判断其经营活动和财务活动的合法性、准确性、完整性和效益性。《商业银行法》第60条规定,商业银行应当建立、健全本行对存款、贷款、结算、呆账等各项情况的稽核、检查制度,并应当对分支机构进行经常性的稽核和检查监督。

(五) 监管机构的现场检查

现场检查是中国银保监会和中国人民银行经常采用的监督管理方式,通过强化常规稽核检查,对经营管理混乱和有重大违章行为的商业银行及案件进行重点检查,以及严格处罚制度来加强管理。现场检查主要包括对存款业务的检查、对贷款和其他业务的检查、对结算业务的检查、对呆账的检查监督。《银行业监督管理法》《中国人民银行法》《商业银行法》分别从不同角度,对中国银监会、中国人民银行、国家审计机关等对商业银行的现场检查、审计监督等作出了具体规定。

值得注意的是,为进一步完善现场检查制度框架,规范现场检查行为,提升现场检查质效,中国银保监会于2019年12月26日正式发布《中国银监会现场检查暂行办法(试行)》,2020年1月28日起施行。该办法所称现场检查,包括常规检查、临时检查和稽核调查等,是指中国银保监会及其派出机构依法对银行业和保险业机构经营管理情况进行监督检查的行政执法行为。该《办法》意在落实上位法规定,适应监管架构调整要求,加强顶层设计,总结以往现场检查实践经验,厘清现场检查职责,规范现场检查程序,确保检查流程的完整性和一致性。其主要章节包括总则、职责分工、立项管理、检查流程、检查方式、检查处理、考核评价和附则。

四、商业银行的接管和终止

(一) 商业银行的接管

1. 接管的概念与目的

商业银行的接管是指金融管理机构通过一定的接管组织,按照法定的条件和法定的程序,全面控制和管理商业银行业务活动的行政管理行为。这种接管具有主体特定性、法定性、全面性、内部性等特征。根据我国《商业银行法》的64条第2款规定,接管的目的是对被接管的商业银行采取必要措施,以保护存款人的利益,恢复商业银行的正常经营能力。被接管的商业银行的债权债务关系不因接管而变化。

2. 接管的性质

依法通过接管组织对商业银行实施的接管是一种行政措施,接管行为是一种行政行为。其实质是终止被接管商业银行的所有者和经营者对银行行使的经营管理权,被接管银行的法律主体资格并不因接管而丧失。而且,商业银行在接管前的债权债务关系仍由该银行负责;被接管期间的债权债务关系也由该银行负责,而不是由接管组织或决定接管的金融管理机构负责。

3. 接管与条件法律后果

《商业银行法》第 64 条规定,商业银行已经或者可能发生信用危机,严重影响存款人的利益时,国务院银行业监督管理机构可以对该银行实行接管;被接管的商业银行的债权债务关系不因接管而变化。

4. 接管的实施与终止

对商业银行的接管由国务院银行业监督管理机构决定,并组织实施。《商业银行法》第 68 条规定接管终止的三种情形:(1)接管决定规定的期限届满或者国务院银行业监督管理机构决定的接管延期届满;(2)接管期限届满前,该商业银行已恢复正常经营能力;(3)接管期限届满前,该商业银行被合并或者被依法宣告破产。

(二) 商业银行的终止

商业银行的终止是指商业银行在组织上的解体和主体资格丧失,亦即从法律上消灭了其独立的人格。根据《商业银行法》第 72 条规定,商业银行因解散、被撤销和被宣告破产而终止。

1. 商业银行因解散而终止

商业银行的解散是指依法设立的商业银行因出现银行章程或法律规定的事由致使法人资格消灭的法律行为或法律事实。具体来讲,商业银行解散是指商业银行因分立、合并,或者出现公司章程规定的解散事由而主动申请消灭其主体资格的行为。

《商业银行法》第 69 条规定,商业银行因分立、合并或者出现公司章程规定的解散事由需要解散的,应当国务院银行业监督管理机构提出申请,并附解散的理由和支付存款的本金和利息等债务清偿计划,经国务院银行业监督管理机构批准后解散;商业银行解散的,应当依法成立清算组,进行清算,按照清偿计划及时偿还存款本金和利息等债务;国务院银行业监督管理机构监督清算过程。

2. 商业银行因被撤销而终止

商业银行被撤销是指商业银行因为实施了严重违反我国法律法规的行为,严重损害国家、集体、社会公众利益,而依法被国务院银行业监督管理机构勒令停止,强制取消其主体资格的行为。在法律上因被撤销而引起的终止称为强制终止。

《商业银行法》规定了商业银行被撤销的两类事由,一类是第 23 条规定的自取得营业执照之日起无正当理由超过六个月未开业的,或者开业后自行停业连续六个月以上的;另一类是第 74 条规定的,商业银行有下列情形之一,情节特别严重或者逾期不改正的,中国人民银行可以建议国务院银行业监督管理机构吊销其经营许可证:一是未经批准办理结汇、售汇业务的;二是未经批准发行金融债券或者到境外借款的;三是提供虚假的或者隐瞒重要事实的财务会计报告、报表和统计报表的;四是拒绝中国人民银行检查监督的。

商业银行被撤销要经过作出撤销决定、组织清算、注销登记和公告等程序;商业银行被撤销,应当由国务院银行业监督管理机构组织成立清算组,进行清算,以了结商业银行的债权债务关系。撤销清算的结果有两种:一是债务清偿,法人资格终止;二是资不抵债,转入破产还债程序。

3. 商业银行因破产而终止

商业银行破产是指商业银行无力清偿到期债务,经债权人和债务人向人民法院申请宣告破产,以商业银行的全部资产清偿债务的行为。这也属于强制终止的范畴。《商业银行法》第 71 条规定,商业银行不能支付到期债务,经国务院银行业监督管理机构同意,由人民法院依法宣告其破产。

宣告商业银行破产只能由人民法院依法实施,其他任何单位和个人均无权宣告商业银行破产。商业银行只要满足不能清偿到期债务、国务院银行业监管机构审查同意、经由人民法院宣告等三个条件,就可被宣告破产。

商业银行破产需要经过申请、受理、公告、和解和整顿、破产宣告、清算、注销登记和注销公告等阶段。商业银行被宣告破产的,由人民法院组织国务院银行业监督管理机构等有关部门和有关人员成立清算组,进行清算。当商业银行破产清算时,在支付清算费用、所欠职工工资和劳动保险费用后,应当优先支付个人储蓄存款的本金和利息。

第三节 政策性银行

一、政策性银行概述

(一) 政策性银行的概念

政策性银行是指由政府创立、参股或保证的不以营利为目的,专门为贯彻、配合政府经济政策或产业政策,在特定的业务领域内,直接或间接地从事政策性融资活动,专门经营政策性货币信用业务的银行机构。

在我国,政策性银行成立之前,是由专业银行负担国家政策性金融业务的。1994年正式启动了国家专业银行向商业银行转轨的改革,并成立了国家开发银行,中国农业发展银行和中国进出口银行等三家政策性银行,承担原来由专业银行办理的政策性金融业务。

我国的三家政策性银行成立后,业务发展很快。国家开发银行为贯彻国家积极的财政政策和稳健的货币政策,在加大投资力度,支持国家基础设施基础产业和支柱产业等方面发挥了重要作用;中国进出口银行贯彻政府维持人民币币值稳定的要求,通过政策性金融支持大型成套设备和机电产品的出口,对于保护外贸产品的出口竞争力作出了贡献;中国农业发展银行通过加强粮棉油收购资金的供应和封闭管理,促进落实了粮食流通体制改革的各项政策,保证了国家粮食安全,在促进农业和农村经济发展方面,作出了积极的贡献。

(二) 政策性银行的特点

政策性银行不同于政府的中央银行,也不同于其他商业银行,它的重要作用在于弥补商业银行在资金配置上的缺陷,从而健全与优化国家金融体系的整体功能。

与其他银行相比,政策性银行具有如下特点:

(1) 从资本金的性质看,政策性银行一般由政府财政拨款出资或政府参股设立,由政府控股,与政府保持着密切关系。

(2) 从经营宗旨上看,政策性银行不以营利为目标,而以贯彻执行国家的社会经济政策为己任。其主要功能是为国家重点建设和国家产业政策重点扶持行业及区域的发展提供资金融通。

(3) 从业务范围上看,政策性银行不能吸收活期存款和公众存款,主要资金来源是政府提供的资本金、各种借入资金和发行政策性金融债券筹措的资金,其资金运用多为长期贷款和资本贷款。

（4）从融资原则上看，政策性银行有其特殊的融资原则，要求其融资对象必须是从其他金融机构不易得到所需资金的条件下，才有资格从政策性银行获得资金；而且，政策性银行提供的全部是中长期信贷资金，贷款利率明显低于商业银行同期同类贷款利率，有的甚至低于筹资成本，但要求按期还本付息。

（5）从信用创造能力看，政策性银行一般不参与信用的创造过程，资金的派生能力较弱。

（三）政策性银行的分类

政策性银行是专业性的银行，但并非所有的专业性银行均是政策性银行，专业性银行较政策性银行的范围更为宽广。政策性银行依照不同的标准，可做多种分类：

（1）按照活动范围，可以划分为全国性的政策性银行和地方性的政策性银行。全国性政策性银行业务范围覆盖全国，在世界各国政策性银行中占绝大多数；地方性的政策性银行多为开发银行，主要适用于一国经济发展过程中对某一落后地区的区域开发。

（2）按照组织结构，可以划分为单一型和"金字塔"型政策性银行。单一型是指只有一家机构、无分支机构的政策性银行；"金字塔"型是指由一个总机构领导的、由具有不同层次的会员或分支机构组成的呈金字塔型的政策性银行。

（3）按照业务领域，可以划分为农业、中小企业、进出口、住房、经济开发、基础产业、主导产业以及环境、国民福利等政策性银行。按业务性质，可以分为四类：一是专为经济开发提供投资性贷款的银行，一般称为开发银行；二是支持和扶植农业开发的农业信贷银行；三是专门经营对外贸易信用业务的进出口银行；四是为便利居民购买房屋、支持房地产业发展的住宅信贷银行。

（四）政策性银行的法律地位

政策性银行是一国银行体系中与商业银行互补、并存的特殊金融机构。政策性银行的经营行为受政府宏观决策与管理支配，与政府之间保持一种依存关系。所以，政策性银行不像商业银行那样可以自主经营、自负盈亏、自担风险、自求发展，而是以保本经营、不参与商业银行的竞争为原则。政策性银行特殊的法律地位具体表现在以下四个方面。

（1）政策性银行与政府的关系。政府是政策性银行的坚强后盾，并依法对其进行监督管理和行政领导。政策性银行为政府的经济政策、产业政策、社会政策服务，是政府发展经济、进行宏观管理、干预经济活动的有效工具。

（2）政策性银行与中央银行的关系。政策性银行与中央银行的关系可从以下几方面阐述：从资金方面而言，中央银行向政策性银行提供的再贴现、再贷款或专项基金，构成政策性银行的资金来源之一；从人事管理来看，中央银行和政策性银行实行人事结合，即政策性银行的董事会或其他决策机构、监事机构中有中央银行的代表，中央银行的决策机构中也有政策性银行的代表，两者是一种协调配合的关系；从法定存款准备金的缴纳来看，一些国家的政策性银行仍需向中央银行缴纳存款准备金。

（3）政策性银行与商业银行的关系。政策性银行与商业银行在法律地位上是平等的，政策性银行依法享有某些优惠待遇，但并无凌驾于商业银行之上的权利。政策性银行与商业银行在业务上是一种主辅、互补关系，而非替代竞争关系。政策性银行因受分支机构缺乏的限制，政策性业务的开展往往是间接的，一般是通过商业银行转贷给最后贷款人，所以商业性银行与政策性银行之间有一定程度的配合关系。

(4) 政策性银行与服务对象之间的关系。政策性银行与服务对象之间的关系主要体现为信贷关系和投资关系。政策性银行一般以直接或间接的方式向其业务对象提供贷款,从而与业务对象之间形成信贷关系。政策性银行认购投资对象的公司债券或参与股份时,与投资对象直接形成投资关系。政策性银行通过投资关系体现出投资倡导性,表明政府的政策意图和产业取向。

(五) 政策性银行的基本职能

(1) 政策性银行的一般职能。政策性银行和商业银行一样,具有中介职能。政策性银行的中介职能表现为通过负债业务吸收资金,再通过资产业务把资金投放到规定的项目上。所不同的是,政策性银行一般不接受社会的活期存款,其资金来源多为政府资金或在金融市场上筹集的资金。

(2) 政策性银行的特殊职能。政策性银行还具有以下特殊职能:

其一,政策导向性职能,是指政策性银行以直接或间接的资金投放吸引其他金融机构从事符合政策意图的放款,从而发挥其提倡、引导功能。

其二,补充辅助性职能,是指政策性银行的金融活动补充和完善了以商业银行为主的现代金融体系的职能。表现在:对投资回收期过长、收益低的项目进行融资补充,对技术市场和市场风险高的领域进行倡导性投资,对于成长中的扶植产业提供优惠利率放款投资。

其三,选择性职能,是指政策性银行对其融资领域或部门具有选择性,不是任意融资。当然,尊重市场机制是进行选择的前提;当市场机制不能有效配置资源时,由政府主导的选择是最佳方式。

其四,服务性职能,指政策性银行作为专业性银行,有精通业务并且具备丰富实践经验的专业人员,可以为企业提供信息及出谋划策等全方位的服务,显示其服务性职能。

(六) 组织形式和组织机构

就组织形式而言,我国三大政策性银行都是国务院全资设立的、直属国务院领导的政策性金融机构;在法律形式上,它们都是独立法人。我国的政策性银行主要采取单一制形式,但它们可以委托一些金融机构或设立派出机构办理业务。

在组织机构方面,我国的政策性银行一般设董事会和监事会,实行董事会领导下的行长负责制。行长为法定代表人,董事会是最高决策机构,对国务院负责。正、副董事长由国务院任命,董事由有关部门提名,报国务院批准。

行长的主要职责是:负责银行全面经营管理工作;组织实施董事会决议;定期向董事会报告工作;组织制定全行的发展规划、经营方针和年度经营计划;组织拟订银行的人事管理、财务管理等规章制度;组织拟订银行内部管理机构设置方案;董事会授予的其他职责。政策性银行的业务方针、计划和重要规章,行长的工作报告、筹资方案和贷款项目、年度财务决算报告以及其他重大事项,由行长主持的行长会议研究决定。

政策性银行的监事会成员由财政部、中国人民银行、政府有关部门的代表和其他人员组成。监事会受国务院委托,对政策性银行的经营方针及国有资本的保值、增值情况进行监督检查,对政策性银行行长的经营业绩进行监督、评价和记录,提出任免、奖惩的建议。监事会不干预银行的具体业务。

政策性银行对其派出机构、分支机构实行垂直领导。

二、国家开发银行(开发性金融机构)

国家开发银行(China Development Bank,CDB),简称国开行,于1994年作为直属于国务院领导的政策性银行而成立,2008年12月改制为国家开发银行股份有限公司,2015年3月国务院明确其定位为开发性金融机构。目前,国开行是全球最大的开发性金融机构,中国最大的中长期信贷银行和债券银行。

(一) 开发性金融

开发性金融是政策性金融的深化和发展,以服务国家发展战略为宗旨,以国家信用为依托,以市场运作为基本模式,以保本微利为经营原则,以中长期投融资为载体,在实现政府发展目标、弥补市场失灵、提供公共产品、提高社会资源配置效率、熨平经济周期性波动等方面具有独特优势和作用,是经济金融体系中不可替代的重要组成部分。

开发性金融的基本内涵包括以下方面:

(1) 以服务国家战略为宗旨,始终把国家利益放在首位,致力于缓解经济社会发展的瓶颈制约,努力实现服务国家战略与自身发展的有机统一。

(2) 以国家信用为依托,通过市场化发债把商业银行储蓄资金和社会零散资金转化为集中长期大额资金,支持国家建设。

(3) 以市场运作为基本模式,发挥政府与市场之间的桥梁纽带作用,规划先行,主动建设市场、信用、制度,促进项目的商业可持续运作。

(4) 以保本微利为经营原则,不追求机构利益最大化,严格管控风险,兼顾一定的收益目标,实现整体财务平衡。

(5) 以中长期投融资为载体,发挥专业优势,支持重大项目建设,避免期限错配风险,同时发挥中长期资金的引领带动作用,引导社会资金共同支持项目发展。

(二) 国开行及其业务

(1) 基本概况。国开行注册资本为4 212.48亿元,股东是中华人民共和国财政部、中央汇金投资有限责任公司、梧桐树投资平台有限公司和全国社会保障基金理事会,持股比例分别为36.54%、34.68%、27.19%、1.59%。

(2) 宗旨使命。国开行以"增强国力、改善民生"为使命,紧紧围绕服务国家经济重大中长期发展战略,发挥中长期投融资和综合金融服务优势,筹集、引导和配置社会资金,支持的领域主要包括:①基础设施、基础产业、支柱产业、公共服务和管理等经济社会发展的领域;②新型城镇化、城乡一体化及区域协调发展的领域;③传统产业转型升级和结构调整,以及节能环保、高端装备制造等提升国家竞争力的领域;④保障性安居工程、扶贫开发、助学贷款、普惠金融等增进人民福祉的领域;⑤科技、文化、人文交流等国家战略需要的领域;⑥"一带一路"建设、国际产能和装备制造合作、基础设施互联互通、能源资源、中资企业"走出去"等国际合作领域;⑦配合国家发展需要和国家经济金融改革的相关领域;⑧符合国家发展战略和政策导向的其他领域。

(3) 组织架构。国开行在中国内地设有37家一级分行和4家二级分行,境外设有香港分行和开罗、莫斯科、里约热内卢、加拉加斯、伦敦、万象、阿斯塔纳、明斯克、雅加达、悉尼等10家代表处,全行员工9 000余人。旗下拥有国开金融、国开证券、国银租赁、中非基金和国开发展基金等子公司。

(4) 最新业绩。国开行主要通过开展中长期信贷与投资等金融业务,为国民经济重大中长期发展战略服务。截至 2018 年末,资产总额 16.2 万亿元,贷款余额 11.68 万亿元;净利润 1 121 亿元,ROA0.70%,ROE8.82%,资本充足率 11.81%,可持续发展能力和抗风险能力进一步增强。穆迪、标准普尔等专业评级机构,连续多年对国开行评级与中国主权评级保持一致。在 2019《财富》世界 500 强排行榜中,国开行排名 67 位;2019 中国服务业企业 500 强榜单中,排名第 9 位;"一带一路"中国企业 100 强榜单排名第 73 位;2019 年 12 月,改行入选 2019 中国品牌强国盛典榜样 100 品牌。

(三) 国开行改革发展

2015 年 3 月 20 日,国务院批复国家开发银行深化改革方案。国开行深化改革的目标,是紧紧围绕服务国家经济重大中长期发展战略,建立市场化运行、约束机制,努力把国开行建设成为资本充足、治理规范、内控严密、运营安全、服务优质、资产优良的开发性金融机构,进一步发挥开发性金融在重点领域、薄弱环节、关键时期的功能和作用,促进国民经济持续健康发展。

国开行深化改革的主要内容:一是明确国开行的开发性金融机构的功能定位。二是明确国开行主要从事开发性业务,如新型城镇化、保障性安居工程、"两基一支"、支持"走出去"、科技、文化和人文交流等。三是完善组织架构和治理结构。四是明确资金来源的政策支持。国开行所发行的债券,国家继续给予信用支持,风险权重为零。五是提高资本充足率。国家为国开行注资以补充资本金。六是建立以资本充足率为核心的资本约束机制。七是加强内部管控和外部监管。建立与开发性业务相适应的风险管理体系。监管部门研究制定对国开行的审慎性监管规定并实施监管。八是按照突出服务国家战略、侧重风险控制、兼顾利润回报为导向对国开行进行绩效评价。九是修订和完善章程。条件成熟时,制定国开行条例,以此作为内部运营和外部监管的法定依据。

三、中国农业发展银行

中国农业发展银行(Agricultural Development Bank of China,ADBC)成立于 1994 年,注册资本 570 亿元,直属国务院领导,是我国唯一一家农业政策性银行。

(一) 设立宗旨及主要任务

中国农业发展银行是直属国务院领导的政策性金融机构。根据《国务院关于组建中国农业发展银行的通知》,中国农业银行的设立宗旨是,为了完善农村金融服务体系,更好地贯彻落实国家产业政策和区域发展政策,促进农业和农村经济的健康发展。

农发行的主要任务是:以国家信用为基础,以市场为依托,筹集支农资金,支持"三农"事业发展,发挥国家战略支撑作用。经营宗旨是紧紧围绕服务国家战略,建设定位明确、功能突出、业务清晰、资本充足、治理规范、内控严密、运营安全、服务良好、具备可持续发展能力的农业政策性银行。

至 2019 年底,全系统共有 31 个省级分行、339 个二级分行和 1 816 个县域营业机构,员工 5 万多人,服务网络遍布中国大陆地区。

(二) 业务范围及主要业绩

中国农业发展银行的业务范围,由国家根据国民经济发展和宏观调控的需要并考虑到农发行的承办能力来界定。中国农业发展银行成立以来,国务院对其业务范围进行过多次调整。中国农业发展银行的主要业务是:(1)办理粮食、棉花、油料收购、储备、调销贷款。(2)办理肉类、食糖、烟叶、羊毛、化肥等专项储备贷款。(3)办理粮食、棉花、油料加工企业和农、林、牧、副、渔业的产业化龙头企业贷款。(4)办理粮食、棉花、油料种子贷款。(5)办理粮食仓储设施及棉花企业技术设备改造贷款。(6)办理农业小企业贷款和农业科技贷款。(7)办理农业基础设施建设贷款。支持范围限于农村路网、电网、水网(包括饮水工程)、信息网(邮政、电信)建设,农村能源和环境设施建设。(8)办理农业综合开发贷款。支持范围限于农田水利基本建设、农业技术服务体系和农村流通体系建设。(9)办理农业生产资料贷款。支持范围限于农业生产资料的流通和销售环节。(10)代理财政支农资金的拨付。(11)办理业务范围内企事业单位的存款及协议存款、同业存款等业务。(12)办理开户企事业单位结算。(13)发行金融债券。(14)资金交易业务。(15)办理代理保险、代理资金结算、代收代付等中间业务。(16)办理粮棉油政策性贷款企业进出口贸易项下的国际结算业务以及与国际业务相配套的外汇存款、外汇汇款、同业外汇拆借、代客外汇买卖和结汇、售汇业务。(17)办理经国务院或中国银行业监督管理委员会批准的其他业务。(18)办理投资业务。

据该行 2018 年度报告显示,该行 2018 年全年累计发放贷款 1.8 万亿元,2018 年末贷款余额 5.14 万亿元。

四、中国进出口银行

中国进出口银行(Export-Import Bank of China,简称 China Eximbank 或 CEXIM),是由国家出资设立、直属国务院领导、支持中国对外经济贸易投资发展与国际经济合作、具有独立法人地位的国有政策性银行。

(一) 基本情况及资金运用

中国进出口银行的主要职责是贯彻执行国家产业政策、对外经贸政策、金融政策和外交政策,为扩大中国机电产品、成套设备和高新技术产品出口,推动有比较优势的企业开展对外承包工程和境外投资,促进对外关系发展和国际经贸合作,提供政策性金融支持。

中国进出口银行的注册资本金为 1 500 亿元人民币,其资金的主要来源包括注册资本金,国家财政拨付的专项基金,发行金融债券,中央银行再贷款和再贴现,货币市场筹资,外国政府及相关机构贷款,以及其他筹资途径。

进出口银行通过资本金的运用,境内外发行金融债券及其他有价证券,同业拆借、同业存款、回购业务,吸收授信客户项下存款等方式筹集资金。进出口银行发行的债券为政策性金融债券,由国家给予信用支持。

(二) 业务范围与最新业绩

根据其《章程》,进出口银行的经营范围:经批准办理配合国家对外贸易和"走出去"领域的短期、中期和长期贷款,含出口信贷、进口信贷、对外承包工程贷款、境外投资贷款、中国政府援外优惠贷款和优惠出口买方信贷等;办理国务院指定的特种贷款;办理外国政府和国际金融机构转贷款(转赠款)业务中的三类项目及人民币配套贷款;吸收授信客户项下存款;发行金融债券;办理国内外结算和结售汇业务;办理保函、信用证、福费廷等其他方式的贸易融资业务;办理与对外贸易相关的委托贷款业务;办理与对外贸易相关的担保业务;办理经批准的外汇业务;买卖、代理买卖和承销债券;从事同业拆借、存放业务;办理与金融业务相关的资信调查、咨询、评估、见证业务;办理票据承兑与贴现;代理收付款项及代理保险业务;买卖、代理买卖金融衍生产品；资产证券化业务；企业财务顾问服务；组织或参加银团贷款；海外分支机构在进出口银行授权范围内经营当地法律许可的银行业务；按程序经批准后以子公司形式开展股权投资及租赁业务；经国务院银行业监督管理机构批准的其他业务。

外国政府贷款转贷是一项政策性很强的工作，中国进出口银行作为国家政策性银行，在办理转贷业务方面具有自身的独特优势，对转贷业务实行专业化管理，形成了科学高效的贷前、贷中、贷后管理体系；在国内银行中，是唯一一家为外国政府贷款业务成立专门部门（即转贷部）的银行。

截至2018年底，该行对外贸易贷款余额10 762.25亿元，跨境投资贷款余额2 725.65亿元，对外合作贷款余额8 861.78亿元，境内对外开放支持贷款余额11 398.99亿元。

第四节 非银行金融机构

一、非银行金融机构概述

非银行金融机构是指银行以外的各种经营金融业务的金融机构，包括信用合作社、证券公司、保险公司、信托公司、财务公司、金融租赁公司、邮政储蓄机构、典当行等。

由于各类非银行金融机构经营业务范围不同，经营侧重点不一样，因此它们依法冠以与自己所经营业务范围相适应的名称，如证券公司、信托投资公司、资产管理公司等，而不能冠以"银行"字样。非银行金融机构是我国金融体系的重要组成部分，与银行相互配合和补充，对我国经济发展起着巨大的促进作用。

各类非银行金融机构虽然与银行一样从事金融业务，但由于它们的组织机构、业务规则、监管要求等各不相同，因此国家采取分别立法的方式进行调整和规范。目前，调整非银行金融机构的法律规范，主要由《中国人民银行法》《商业银行法》《银行业监督管理法》《证券法》《保险法》《信托法》等中的有关规定构成，此外还包括若干国务院及有关部委的行政法规和部门规章，等等。

根据本书的体系结构，本章只讲述信用合作社、金融资产管理公司、金融租赁公司法律制度等。

二、信用合作社

（一）信用合作社及其组织形式的特点

1. 信用合作社的概念

信用合作社是农村信用合作社和城市信用合作社的统称，它们是群众性的合作制金融组织，是对我国银行体系的必要补充和完善，对我国城乡集体企业、个体工商业户和居民个人之间的资金融通起到很好的作用。

2. 信用合作社组织形式的特点

信用合作社作为合作制金融组织，是与股份制不同的产权组织形式，其不同之处表现在：(1)入股方式不同。股份公司一般自上而下控股，下级为上级所拥有；合作制则自下而上参股，上一级机构由下一级机构入股组成，并被下一级机构所拥有，基层社员是最终所有者。

(2)经营目标不同。股份制企业以利润最大化为目标;而合作组织的主要目标是为社员服务。(3)管理方式不同。股份制实行"一股一票",大股东控权;合作制实行"一人一票",社员不论入股多少,具有同等权利。(4)分配方式不同。股份制企业的利润主要用于股东分红,积累要量化到某一股份;而合作组织盈利主要用于积累,积累归社员集体所有。

3. 农村信用社与城市信用社在组织机构上的不同之处

农村信用社与城市信用社,在组织机构上,存在以下主要不同:(1)权力机构不同。农村信用社的权力机构是社员代表大会;而城市信用社的权力机构是社员大会。(2)理事会组成上的不同。农村信用社的理事会由5名以上理事组成,没有上限的规定并且均由社员担任;城市信用社的理事会由5—11名理事组成,可以由非社员担任但人数不得超过理事会成员的20%。(3)监事会组成上的不同。农村信用社的监事会由3名以上监事组成;而城市信用社要求是5名以上。(4)法定代表人不同。农村信用社的法定代表人是主任;城市信用社为理事长。(5)农村信用社在规模较小时,其主任、副主任可由理事长、副理事长兼任;城市信用社的主任和副主任不得由理事长兼任。

(二) 城市信用合作社

根据《城市信用合作社管理办法》规定,城市信用合作社是指依照本办法在城市市区内由城市居民、个体工商户和中小企业法人出资设立的,主要为社员提供服务,具有独立企业法人资格的合作金融组织。

1. 城市信用社的设立条件

设立城市信用社,必须具备下列条件:(1)有50个以上的社员,其中企业法人社员不少于10个;(2)有符合本办法规定的注册资本最低限额;(3)有符合本办法规定的章程;(4)有具备任职专业知识和业务工作经验的理事长、主任及其他高级管理人员;(5)有健全的组织机构和管理制度;(6)有符合要求的营业场所、安全防范措施和与业务有关的其他设施。

城市信用合作社的注册资本,应该不低于100万元人民币。城市信用社不得设立分社、储蓄所、代办所等分支机构。

2. 城市信用社的经营业务

经中国人民银行批准,城市信用社在其所在地可经营下列人民币业务:吸收社员存款;吸收中国人民银行规定限额以下的非社员的公众存款;发放贷款;办理结算业务;办理票据贴现;代收代付款项以及受托代办保险业务;办理经中国人民银行批准的其他业务。要注意的是,随着《银行业监督管理法》的出台,须经批准的业务的审批机构已由中国人民银行转为银监会。

3. 城市信用社的经营管理

有关城市信用社管理的原则规定主要有:(1)城市信用社实行社员民主管理、一人一票的原则,社员具有平等的表决权、选举权和被选举权;(2)城市信用社应当遵循自主经营、自负盈亏、互利互助、自我约束、自我积累的原则开展各项业务活动;(3)城市信用合作社依法接受银监会的监督管理和联社的行业归口管理。

4. 城市信用社税后利润的分配

城市信用社的利润应在税前弥补上一年度亏损,不足弥补的,可以在5年内延续弥补,5年内不足弥补的,用税后利润弥补。城市信用社缴纳所得税后的利润应按以下顺序分配:首先,弥补被没收的财物损失,支付各项税收的滞纳金和罚款及中国人民银行对因少交或迟交存款准备金的罚息和备付金透支的罚款。其次,弥补城市信用社以前年度亏损。再次,提取法定盈余公积金及公益金,法定盈余公积金按税后利润(减弥补亏损)的10%提取,公益金不得低于税后利润的5%。最后,向社员分配利润。

城市信用社缴纳所得税后的利润,在提取公积金、公益金后,不允许全部用作股金分红,应留出一定比例作为待分配利润,留待以后年度分配。城市信用社的公共积累归城市信用社社员所有。

(三) 农村信用合作社

根据《农村信用合作社管理规定》规定,农村信用社是指经中国人民银行批准设立、由社员入股组成,实行社员民主管理,主要为社员提供金融服务的农村合作金融机构。

1. 农村信用社的设立条件

设立农村信用社应当具备下列条件:(1)有符合本规定的章程;(2)社员一般不少于500个;(3)注册资本金一般不少于100万元人民币;(4)有具备任职资格的管理人员和业务操作人员;(5)有符合要求的营业场所,安全防范措施和办理业务必需的设施。

农村信用社营业机构按照方便社员、经济核算、便于管理、保证安全的原则设置,并可根据业务需要下设分社、储蓄所,由农村信用社统一核算。分社、储蓄所不具备法人资格,在信用社授权范围内依法、合规开展业务,其民事责任由农村信用社承担。

在注册资本上,要求不低于100万元人民币。农村信用社的理事长、副理事长、主任、副主任及其他主要管理人员不得在党政机关任职,不得兼任其他企事业单位的高级管理人员,不得从事除本职工作以外的其他任何以营利为目的的经营活动。从业人员中必须有60%的人员从事过1年以上的金融工作或具有金融及相关专业大中专学历,从业人员一般不少于5人。

2. 农村信用社的业务范围

经中国人民银行批准,农村信用社可经营下列人民币业务:(1)办理存款、贷款、票据贴现、国内结算业务;(2)办理个人储蓄业务;(3)代理其他银行金融业务;(4)代理收付款项及受托代办保险业务;(5)买卖政府债券;(6)代理发行、代理兑付、承销政府债券;(7)提供保险箱业务;(8)由县联社统一办理资金融通调剂业务;(9)办理经中国人民银行批准的其他业务。

3. 农村信用社的经营管理

关于农村信用合作社经营管理活动,已经形成了一系列规范化的制度和规则,主要有:

(1) 在贷款管理方面,农村信用社对本社社员的贷款不得低于贷款总额的50%。其贷款应优先满足种养业和农户生产资金需要,资金有余时再支持非社员和农村其他产业。

(2) 在资产负债比例管理和资产风险管理方面,农村信用社坚持多存多贷、自求平衡的原则,实行资产负债比例管理和资产风险管理,具体要求有:资本充足率不得低于8%;年末贷款余额与存款余额的比例不得超过80%;流动性资产余额与流动性负债余额的比例不得低于25%;对同一借款人的贷款余额不得超过本农村信用社资本总额的30%。

(3) 在财务会计管理方面,农村信用社应按规定向主管机构报送信贷、现金计划及其执行情况,报送统计报表其他统计资料。农村信用社对所报报表、资料的真实性和准确性负责。农村信用社执行国家统一制定的农村信用社财务会计制度,按照国家有关规定,真实记录并全面反映其业务活动和财务状况,编制年度财务会计报告,及时向主管机构报送会计报表。不得在法定的会计账册外另立会计账册。

（4）在呆坏账准备金方面，农村信用社应当按照国家有关规定，提取呆账准备金和坏账准备金。

（5）在结算管理方面，农村信用社执行中国人民银行统一制定的结算规章制度，按照中国人民银行的规定办理本地和异地结算业务。办理同城结算，可参加中国人民银行组织的同城票据交换和多边结算，也可通过县联社办理。办理异地结算可自由选择开户银行办理。

（6）在存款准备金方面，农村信用社必须按规定缴纳存款准备金。

三、金融资产管理公司

（一）概念及缘起

根据《金融资产管理公司条例》（下称《条例》），金融资产管理公司是指经国务院决定设立的收购国有银行不良贷款，管理和处置因收购国有银行不良贷款形成的资产的国有独资非银行金融机构。

20世纪90年代以来，特别是亚洲金融危机后，各国政府普遍对金融机构不良资产问题给予了极大关注。在我国，为了化解金融风险、最大限度地收回、变现不良贷款，推进国有企业改革，在认真分析国内金融问题和汲取国外经验教训的基础上，国务院作出决定，分别于1999年4月和1999年10月成立了四家直属国务院的国有独资金融机构——中国信达资产管理公司、中国华融资产管理公司、中国长城资产管理公司和中国东方资产管理公司，分别管理和处置从建、工、农、中四家国有独资商业银行收购的不良贷款。组建金融资产管理公司，是中国金融体制改革的一项重要举措，对于依法处置国有商业银行的不良资产，防范和化解金融风险，推动国有银行轻装上阵，促进国有企业扭亏脱困和改制发展，以及实现国有经济的战略重组都具有重要意义。

（二）性质与任务

金融资产管理公司是一个非银行金融机构，具有独立的法律权利和法律地位，不附属于政府和银行，独立进行业务的运作，独立承担责任，具有极大的自由运作空间。它集权、责、利于一体，是一个独立的市场主体。

金融资产管理公司的任务是收购国有银行不良贷款，管理和处置因收购国有银行不良贷款形成的资产，以最大限度保全资产，减少损失为主要经营目标。

值得注意的是，这里所说的"收购"关系，不同于合同法中的"买卖关系"。一方面，买卖合同是双方当事人意思自治的行为，不允许一方将自己的意志强加于另一方；而金融资产管理公司则是必须收购从国有商业银行剥离出来的不良债权。另一方面，订立买卖合同应当遵循自愿原则和公平原则来确定双方的权利和义务，不能使合同的权利义务显失公平；而金融资产管理公司是在国务院确定的额度内，按照账面价值收购有关贷款本金和相对应的计入损益的应收未收利息。这显然是不公平的，因为不良债权的真实价值与账面价值相差甚远，不少账面上的不良债权实际上已成了呆账、死账，不可能有回收的价值。

（三）政策性和商业性

从《金融资产管理公司条例》的规定来看，金融资产管理公司既具有政策性又具有商业性，体现了两者的统一。

1. 政策性的规定

(1)金融资产管理公司按照国务院确定的范围和额度收购国有银行不良贷款;超出确定的范围或者额度收购的,须经国务院专项审批。(2)金融资产管理公司收购不良贷款后,即取得原债权人对债务人的各项权利。原借款合同的债务人、担保人及有关当事人应当继续履行合同规定的义务。(3)财政部等行政机关具有对金融资产管理公司的考核和监督权以及对公司经营目标的确定权。(4)金融资产管理公司免交在收购国有银行不良贷款和承接、处置因收购国有银行不良贷款形成的资产的业务活动中的税收,免交部分行政性收费等规定,都体现了金融资产管理公司的政策性。

2. 商业性的规定

金融资产管理公司对外业务运作以公开、竞争、择优为原则,以招标、拍卖等为主要方式,体现了其运作的商业性,这有利于资产管理公司以高效率商业化手段管理和处置资产。

(四) 业务范围

《条例》第 10 条规定,金融资产管理公司在其收购的国有银行不良贷款范围内,管理和处置因收购国有银行不良贷款形成的资产时,可以从事下列业务活动:(1)追偿债务;(2)对所收购的不良贷款形成的资产进行租赁或者以其他形式转让、重组;(3)债权转股权,并对企业阶段性持股;(4)资产管理范围内公司的上市推荐及债券、股票承销;(5)发行金融债券,向金融机构借款;(6)财务及法律咨询,资产及项目评估;(7)中国人民银行、中国证券监督管理委员会批准的其他业务活动。金融资产管理公司可以向中国人民银行申请再贷款。

这一条规定可以说是金融资产管理公司进行所有业务活动的基石,从收购资产的资金来源到对资产的处置手段,资产管理公司获得了它所需要的相当宽泛的途径,并且可以视情况随时向有关行政监管主管机关申请新的业务活动手段。

(五) 收购不良贷款时的权利和义务

在权利方面,金融资产管理公司收购不良贷款后,即取得原债权人对债务人的各项权利。原借款合同的债务人、担保人及有关当事人应当继续履行合同规定的义务。

在义务方面,金融资产管理公司按照国务院确定的范围和额度收购国有银行不良贷款,超出确定的范围或者额度收购的,须经国务院专项审批;应当按照账面价值收购有关贷款本金和相对应的计入损益的应收未收利息。

(六) 债权转股权的基本要求

对于债权转股权问题,《条例》在第四章设有专章进行规范:

(1) 金融资产管理公司可以将收购国有银行不良贷款取得的债权转为对借款企业的股权。金融资产管理公司持有的股权,不受本公司净资产额或者注册资本的比例限制。

(2) 实施债权转股权,应当贯彻国家产业政策,有利于优化经济结构,促进有关企业的技术进步和产品升级。

(3) 实施债权转股权的企业,由国家经济贸易委员会向金融资产管理公司推荐。金融资产管理公司对被推荐的企业进行独立评审,制定企业债权转股权的方案并与企业签订债权转股权协议。债权转股权的方案和协议由国家经济贸易委员会会同财政部、中国人民银行审核,报国务院批准后实施。

(4) 实施债权转股权的企业,应当按照现代企业制度的要求,转换经营机制,建立规范的公司法人治理结构,加强企业管理。有关地方人民政府应当帮助企业减员增效、下岗分流,分离企业办社会的职能。

(5) 金融资产管理公司的债权转股权后,作为企业的股东,可以派人员参加企业董事会、监事会,依法行使股东权利。

(6) 金融资产管理公司持有的企业股权,可以按照国家有关规定向境内外投资者转让,也可以由债权转股权企业依法回购。

(7) 企业实施债权转股权后,应当按照国家有关规定办理企业产权变更等有关登记。

(8) 国家经济贸易委员会负责组织、指导、协调企业债权转股权工作。

(七) 向境内外投资者转让股权的规定

金融资产管理公司持有的企业股权,可以按照国家有关规定向境内外投资者转让,也可以由债权转股权企业依法回购。

(1) 金融资产管理公司吸收外资参与资产重组与处置的暂行规定第2条指出,资产管理公司可以通过吸收外资对其所拥有的资产进行重组与处置。

(2) 向境外投资者转让股权是金融资产管理公司股权退出的两种方式之一。资产管理公司拥有的企业股权包括资产管理公司对企业实施债转股后取得的股权,资产管理公司对欠债企业进行重组后拥有的股权,资产管理公司以其他方式拥有的股权。

(3) 金融资产管理公司可对其拥有的非上市公司的股权进行重组后向境外投资者转让,也可以直接向境外投资者转让其拥有的非上市公司的股权。

四、金融租赁公司

融资租赁是不同资本市场之间进行资源传导和资本形态转化的有效机制,由于其具有其他筹资方式所不可比拟的优点,在国际上得到普遍使用和发展。我国的融资租赁业起源于1981年4月,最早的租赁公司以中外合资企业的形式出现,其原始动机是引进外资。

根据原中国银监会2014年发布的《金融租赁公司管理办法》(下称《办法》),金融租赁公司(financial leasing companies)是指经中国银保监会批准,以经营融资租赁业务为主的非银行金融机构。金融租赁公司名称中应当标明"金融租赁"字样。未经监管部门批准,任何单位不得在其名称中使用"金融租赁"字样。

所谓"融资租赁",是指出租人根据承租人对租赁物和供货人的选择或认可,将其从供货人处取得的租赁物按合同约定出租给承租人占有、使用,向承租人收取租金的交易活动。

(一) 设立要求

根据《办法》第7条规定,申请设立金融租赁公司,应当具备以下条件:(1)有符合《公司法》和银监会规定的公司章程;(2)有符合规定条件的发起人;(3)注册资本为一次性实缴货币资本,最低限额为1亿元人民币或等值的可自由兑换货币;(4)有符合任职资格条件的董事、高级管理人员,并且从业人员中具有金融或融资租赁工作经历3年以上的人员应当不低于总人数的50%;(5)建立了有效的公司治理、内部控制和风险管理体系;(6)建立了与业务经营和监管要求相适应的信息科技架构,具有支撑业务经营的必要、安全且合规的信息系统,具备保障业务持续运营的技术与措施;(7)有与业务经营相适应的营业场所、安全防范措施和其他设施;(8)监管部门规定的其他审慎性条件。

金融租赁公司的发起人包括在中国境内外注册的具有独立法人资格的商业银行,在中国境内注册的、主营业务为制造适合融资租赁交易产品的大型企业,在中国境外注册的融资租赁公司以及银监会认可的其他发起人。《办法》对设立金融租赁公司的发起人,根据不同情况,规定了明确的条件要求。

(二) 业务范围

《办法》在第26和27条对金融租赁公司的业务范围进行了专门规定。主要是经监管部门批准,金融租赁公司可以经营下列部分或全部本外币业务:(1)融资租赁业务;(2)转让和受让融资租赁资产;(3)固定收益类证券投资业务;(4)接受承租人的租赁保证金;(5)吸收非银行股东3个月(含)以上定期存款;(6)同业拆借;(7)向金融机构借款;(8)境外借款;(9)租赁物变卖及处理业务;(10)经济咨询。

经营状况良好、符合条件的金融租赁公司可以开办下列部分或全部本外币业务:(1)发行债券;(2)在境内保税地区设立项目公司开展融资租赁业务;(3)资产证券化;(4)为控股子公司、项目公司对外融资提供担保;(5)银监会批准的其他业务。金融租赁公司开办前款所列业务的具体条件和程序,按照有关规定执行。

(三) 发展现状

根据中国银保监会官方网站2019年10月10日公布的《银行业金融机构法人名单(截至2019年6月底)》,我国目前共有70家金融租赁公司。

截至2019年9月底,全国融资租赁企业(既不含单一项目公司、分公司、SPV公司和收购的海外公司,也不含港澳台地区当地的租赁企业)总数为12 027家。其中,已获准开业的金融租赁企业70家;外资租赁公司11 604家。注册资金(统一以1∶6.9的平均汇率折合成人民币计算)约合33 309亿元,其中金融租赁公司为2 292亿元;内资租赁公司约为2 134亿元,外资租赁公司约为28 883亿元。全国融资租赁合同余额约为66 800亿元人民币,其中金融租赁约25 150亿元;内资租赁约20 900亿元,外商租赁约合20 750亿元。

国际会计准则理事会于2016年1月修订发布了《国际财务报告准则第16号——租赁》(以下简称《国际租赁准则》),自2019年1月1日起实施。2018年12月7日,财政部发布了《关于修订印发〈企业会计准则第21号——租赁〉的通知》(财会〔2018〕35号),是进一步完善我国企业会计准则体系,保持与国际财务报告准则持续全面趋同的重要成果。新会计准则的实施,有利于我国融资租赁业的国际化竞争和发展。

 复习思考题

1. 简述金融机构法的概念。
2. 试述银行业金融机构法的调整对象。
3. 分析我国商业银行的概念、性质与职能。
4. 我国商业银行的业务范围与经营原则。
5. 简述开发性金融。
6. 试述政策性银行的法律地位。
7. 简析金融资产管理公司的法律问题。

第五章 商业银行业务法

本章要点

- 银行业务法的概念
- 商业银行的业务范围
- 银行与客户之间的法律关系
- 银行负债业务法律制度
- 银行资产业务法律制度
- 银行中间业务法律制度

> 银行业务法是指有关商业银行业务活动的各种法律规范的总和。商业银行是从事吸收存款、发放贷款、办理结算等业务，以获取利润为经营目的的信用中介机构，有三类业务：负债业务、资产业务和中间业务。
>
> 值得特别指出的是，中国银保监会于2020年7月12日公布、施行了《商业银行互联网贷款管理暂行办法》，以规范商业银行互联网贷款业务经营行为，促进互联网贷款业务健康发展。

第一节 银行业务法概述

商业银行所从事的业务主要有吸收资金来源的业务，运用资金的业务和以代理人身份办理委托事项、从中收取手续费的业务，这三类业务分别被称为负债业务、资产业务和中间业务。目前，我国商业银行最典型、最主要的负债业务、资产业务和中间业务分别是吸收公众存款、发放贷款和办理结算。这样就明确了商业银行的主要业务范围，从而将商业银行与其他金融企业、非银行金融机构区分开来。

银行业务法就是有关商业银行各项业务活动的法律规定的总和，它是以《商业银行法》《银行业监管法》为核心，包括《储蓄管理条例》等相关行政法规和《人民币单位存款管理办法》《贷款通则》《支付结算办法》《票据管理实施办法》《银行卡业务管理办法》《国内信用证结算办法》《商业银行互联网贷款管理暂行办法》等部门规章在内的一个法律规范体系。

一、银行业务法的概念

(一) 银行业务法

银行业务法是金融业务法的核心内容。金融业务法又称为金融行为法或金融交易法,是指调整金融机构与客户之间各种具体金融业务活动的法律规范的总和。根据不同金融业务的不同性质,金融业务法又可细分为间接融资法、直接融资法、特殊融资法及金融中介业务法等。其中,银行业务法主要是间接金融法和金融中介法。

简单说来,间接融资法是主要调整和规范间接融资关系的法律规范的总和,包括存款法、贷款法、同业拆借法等;直接融资法是主要调整直接融资关系、规范资本市场行为的法律规范,包括证券发行法、证券交易法、产权交易法、信托法、企业债券管理条例等;特殊融资法是主要调整期货、期权、外汇融资等行为的法律规范的总和,包括期货法、期权法、外汇法等;金融中介业务法是指调整和规范金融中介服务活动的法律规范总和,包括银行结算法、银行代理法、投融资咨询法等内容,分别存在于《商业银行法》《票据法》《担保法》《支付结算办法》《国内信用证结算办法》等法律、法规和规章之中。

(二) 银行业务法的渊源和体系

1. 银行业务法的渊源

银行业务法的渊源就是指银行业务法的外在表现形式,主要包括金融法律、金融行政法规和金融部门规章。其中,金融规章是指国家金融主管机关制定的规范金融机构及其活动的规范性法律文件,主要是指中国人民银行、中国银保监会、国家外汇管理局等发布和施行的规范性法律文件。

2. 银行业务法的体系

银行业务法作为有关商业银行各项业务活动的法律规定的总和,它是一个法律规范体系。目前,我国银行业务法的国内渊源,以《中国人民银行法》《商业银行法》《银行业监管法》等法律为核心,包括《储蓄管理条例》等相关行政法规和《人民币单位存款管理办法》《贷款通则》《支付结算办法》《票据管理实施办法》《银行卡业务管理办法》《国内信用证结算办法》《商业银行互联网贷款管理暂行办法》等部门规章在内,构成一个国内法律规范的体系。

而银行业务法的国际渊源,主要是指国际金融惯例,如 1967 年国际商会的《商业单据托收统一规则》、1983 年《商业跟单信用证统一惯例》、1985 年世界银行的《贷款协定和担保协定规则》及《合同担保统一规则》、2006 年 10 月巴塞尔银行监管委员会的《有效银行监管的核心原则》等。

(三) 商业银行的业务范围

商业银行发展至今,其业务范围发生了很大的变化。业务集中于短期性自偿性贷款的以英国为代表的原始意义的商业银行逐渐地被以德国为代表的综合式商业银行取代。这类综合式的全能商业银行,不仅发放短期商业贷款,提供周转资金,而且也融通长期性的固定资金,并直接投资于新兴企业、包销企业证券、参与企业决策和进行咨询服务等,从而被称为"金融百货公司"。但具体到各个国家,由于经济、金融形势不一,因此,在法律上对其业务范围的界定也就有别,或采用列举式,或采用定义加限制方式对商业银行的业务作出规定。

根据我国《商业银行法》第 3 条的规定,商业银行可以经营下列部分或全部业务:(1)吸收公众存款;(2)发放短期、中期和长期贷款;(3)办理国内外结算;(4)办理票据贴现;(5)发行金融债券;(6)代理发行、代理兑付、承销政府债券;(7)买卖政府债券;(8)从事同业拆借;(9)买卖、代理买卖外汇;(10)从事银行卡业务;(11)提供信用证服务及担保;(12)代理收付款项及代理保险业务;(13)提供保管箱服务;(14)经监管机构批准的其他业务。

上述商业银行业务,按资金来源和用途,可归纳为三大类:

(1) 负债业务。负债业务是商业银行通过一定的形式,组织资金来源的业务。其主要方式是吸收存款、发行金融(资本)债券、借款(含同业拆借、向央行借款、向国外货币市场借款)、应付款等。其中,最主要的负债业务是吸收存款,包括活期存款、定期存款、储蓄存款、大额可转让定期存单、委托存款、保证金存款、通知存款、协定存款、协定透支存款等。在负债业务中,商业银行是债务人,各类存款人是债权人。

(2) 资产业务。资产业务是商业银行运用其积聚的货币资金从事各种信用活动的业务,是商业银行取得收益的主要途径。包括发放贷款、进行投资(证券投资、现金资产投资、固定资产投资)、租赁业务、买卖外汇、票据贴现等,其中,最主要的资产业务是贷款业务(含短期、中期、长期贷款和高档消费品贷款)和投资业务。在资产业务中,商业银行是债权人,而借款人是债务人。我国《商业银行法》第43条对商业银行的投资业务作了严格的限制。

(3) 中间业务,或称表外业务。指商业银行并不运用自己的资金,而代理客户承办支付和其他委托事项并从中收取手续费的业务。中间业务主要包括办理国内外结算,银行卡业务,代理发行、代理兑付、承销政府债券,代理买卖外汇,提供信用证服务及担保,代理收付款以及代理保险业务等。此外,信托业务也属中间业务,但在我国依"分业管理、分业经营"的原则,此类业务在商业银行法中,未作为法定业务加以规定。在经营中间业务时,商业银行并不运用自有资金或借入的资金,也即此类业务的开展不会引起商业银行资产与负债比例的变化,商业银行既非债权人,亦非债务人,而是代理人或金融中介人。

以上三类业务,负债业务和资产业务构成商业银行业务的基本内容,而中间业务的开展,通过提供优质、高效的服务,可为银行争取到更多的客户,更有利于促进资产负债业务的开展。

二、商业银行业务经营原则

(一) 商业银行"三性原则"

根据我国《商业银行法》第4条第1款规定,商业银行应遵循业务经营的"三性原则",即商业银行以效益性、安全性、流动性为经营原则。

(1) 效益性。商业银行作为经营货币资金,结算和创造信用的特殊企业,在业务活动的过程中,其最基本的、首要的动机和目标是获取最大限度的利润。商业银行的一切经营活动,包括如何设立分支机构,开发何种新的金融产品,提高何种金融服务,建立什么样的债券组合等均要服从这一目标。

(2) 安全性。由于银行经营是在一个不确定的、变化多端的环境中进行的,所以需要尽可能地规避风险,排除各种不确定性因素对其资产、负债、利润、信誉及一切经营发展条件的影响,保证收益的安全与稳定,使其健康安全的发展。这不仅是银行本身发展的要求,而且还是社会对在经济领域中重要地位的商业银行的客观要求,也是商业银行社会责任感、优良的社会形象的体现。

(3) 流动性。保持流动性对商业银行来说之所以重要,是因为商业银行在经营中面临着负债和资产的不稳定性,一旦商业银行的本金与利息收回额与其准备金额之和还不能应付客户提存与贷款需求及银行本身需求时,便出现了流动性危机。流动性危机将严重损害商业银行的信誉,影响其业务量并增加经营成本,妨碍其进一步发展。

(二) 商业银行"四自方针"

商业银行"企业化经营"的原则。我国《商业银行法》第 2 条规定商业银行是企业法人,第 4 条规定:商业银行实行自主经营、自担风险、自负盈亏、自我约束。商业银行依法开展业务,不受任何单位和个人的干涉。商业银行以其全部法人财产独立承担民事责任。即是要求商业银行应以企业法人的身份,独立自主地开展经营业务活动,实现企业化经营。我国《商业银行法》所以规定这一原则,主要是针对当时我国的四大专业银行政企不分,职责权限不明,不能独立自主、自负盈亏地开展经营活动而进行的,为的是把专业银行办成真正的商业银行。

1. "自主经营"

即指商业银行在符合国家法律、法规、产业政策和发展政策的前提下,有权根据市场的需要,自主地对经营计划、投资安排、公积金公益金的支配、金融产品的开拓、利率和劳务定价以及银行内部的劳动、人事、工资奖金分配等方面作出决策并组织实施,不受地方政府和部门的干预。这是商业银行作为企业法人——独立的金融业务经营者所应具备的基本条件。

2. "自担风险"

即指商业银行要独自承担经营风险。商业银行的经营风险主要有:信用风险、利率风险、汇率风险、流动性风险和国家风险等,但最主要的风险是信用风险。自担风险的原则要求商业银行正确识别和认定金融资产的经营风险,建立和强化风险的防范、控制、清收、补偿机制,降低资产风险,减少资产损失,提高资产质量。自担风险是与自主经营相联系的,只有允许银行自主经营,银行才对其自主经营的风险承担责任。

3. "自负盈亏"

即指商业银行对其经营金融业务所产生的后果享有相应的权利、承担相应的责任。这是商业银行作为独立法人的标志,也是防止其滥用自主权的关键所在。

4. "自我约束"

即指商业银行必须遵守国家的法律、法规和金融监管机关的有关规定,建立自我约束机制。一方面,高度重视其资产质量,实行资产风险管理,保证资产的安全性和流动性;另一方面,严格本行的业务规章,建立、健全本行的业务管理和内部稽核制度。从而正确处理好银行与国家、银行与股东、银行与员工的关系,兼顾全局利益和局部利益、目前利益与长远利益,自觉地规范自身的经营管理行为。

所谓"商业银行依法开展业务,不受任何单位和个人的干涉",是政企分开、银行成为独立自主的企业法人的要求。银行开展业务,除受法律法规的限制和规范外,不受任何单位和个人的干涉,从而避免政企不分、行政干预、以权谋私等现象的发生。所以,商业银行有权拒绝任何单位和个人强令发放贷款或提供担保的要求;有权依法收回到期贷款本息不受阻挠;任何单位和个人无权豁免银行贷款的本金、利息等。

"商业银行以其全部法人财产独立承担民事责任"的含义是指:(1)商业银行承担有限责任;(2)商业银行以其全部法人财产承担有限责任;(3)商业银行独自承担有限责任,商业银行的股东(包括国家)只以其出资额为限承担有限责任,不承担无限连带责任。这既是商业银行成为企业法人的先决条件,又是商业银行企业化经营的必然要求。因为只有使商业银行拥有自己独立的法人财产,使其与商业银行投资者的财产区分开来,并以此独立承担民事责任,才有可能政企分开,使商业银行开展业务不受其他单位和个人的干涉,才有可能使国家不再对商业银行的行为承担无限责任,才有可能真正实现商业银行的自主经营、自担风险、自负盈亏、自我约束的经营机制。

(三) 业务往来遵循平等、自愿、公平和诚实信用的原则

这一原则的含义是指银行与客户的法律地位平等、业务开展自主而非强迫、业务往来公平合理对价、重信誉守合同不搞欺诈。我国《商业银行法》第5条规定:"商业银行与客户的业务往来,应当遵循平等、自愿、公平和诚实信用的原则。"这反映了在市场经济体制下商业银行作为企业法人的客观要求,使商业银行和客户(其他工商企业、合伙组织和个人)以平等主体的身份参与到金融活动中去,遵循平等民事主体行为的基本准则。而不再像计划经济体制时期那样,专业银行作为国家银行执行国家金融管理方面的职能,一方面附属于政府、听命于政府,另一方面又对客户、对企业行使监督管理职能。

(四) 保障存款人的合法权益不受侵犯的原则

我国《宪法》规定保护公民个人合法储蓄存款的所有权不受侵犯,有关法律、法规也规定银行应维护法人存款的正当权益。《商业银行法》第6条明确规定:"商业银行应当保障存款人的合法权益不受任何单位和个人的侵犯。"这一原则的具体要求是:商业银行办理个人储蓄存款业务,应当遵循存款自愿、取款自由、存款有息、为存款人保密的原则;对单位和个人的存款,商业银行有权拒绝任何单位或者个人查询、冻结、扣划,但法律法规另有规定的除外;按照中国人民银行的规定,交存存款准备金,留足备付金;按照中国人民银行规定的存款利率的上下限,确定存款利率,并予以公告;保证存款本金和利息的支付,不得拖延、拒绝支付存款本金和利息;商业银行破产清算时,在支付清算费用、所欠职工工资和劳动保险费用后,应当优先支付个人储蓄存款的本金和利息。

(五) 严格贷款的资信担保、依法按期收回贷款本息的原则

贷款是我国商业银行资产运用的最主要的形式,贷款本息能不能按期足额收回是商业银行能否盈利、能否实现企业化经营的关键。所以,我国《商业银行法》第7条规定:"商业银行开展信贷业务,应当严格审查借款人的资信,实行担保,保障按期收回贷款。""商业银行依法向借款人收回贷款本金和利息,受法律保护。"这一原则要求银行在发放贷款时,应当对借款人的借款用途、偿还能力、还款方式等资信情况进行严格的审查,除经审查、评估,确认借款人资信良好确能偿还贷款,可不提供担保者外,一般都要求借款人提供担保,即要以保证、抵押、质押的形式对贷款设定担保。以担保贷款为原则,信用贷款为例外。对发放的到期贷款的本金和利息,商业银行有依法收回的权利,借款人到期不归还担保贷款的,商业银行依法享有要求保证人归还贷款本息或者就该担保物优先受偿的权利;借款人到期不归还信用贷款的,应当按照合同约定承担责任。

(六) 依法营业,不得损害社会公益的原则

商业银行作为金融企业,是一种有别于工商企业的特殊企业。它的业务经营活动的开展、债权债务关系的能否实现,不仅仅关系到银行本身能否盈利、能否存续发展,更关系到它的客户——广大的工商企业和人民大众的生产、生活能否顺利进行,关系到整个社会、整个国家的社会秩序、经济秩序能否稳定。因此,《商业银行法》第8条规定:"商业银行开展业务,应当遵守法律、行政法规的有关规定,不得损害国家利益、社会公共利益。"并在该法和

《中国人民银行法》《外资金融机构管理条例》等法律、行政法规中，对商业银行的业务开展作了许多具体的强行性规定。对于这些硬性规定，商业银行应当遵循办理，不得违反。否则，就要承担相应的法律责任。

（七）公平竞争原则

我国《商业银行法》第9条规定："商业银行开展业务，应当遵守公平竞争的原则，不得从事不正当竞争。"竞争是商品经济的基本特征之一，只有竞争才会出效益，才会使资源达到最佳配置。对于金融业来说也不例外。但金融业的竞争，必须是有序竞争、正当竞争，而不能搞不正当竞争。商业银行开展业务遵循公平竞争的原则，主要表现为商业银行应当在国家法律、行政法规和金融主管机关监管规定许可的范围内开展业务，不得违反规定提高或者降低利率以及采取其他不正当手段，吸收存款，发放贷款，损害其他银行的正当合法权益。

（八）依法接受监管原则

根据《中国人民银行法》《银行业监管法》规定，中国人民银行和中国银保监会分别是我国的金融调控机关和金融监管机关，依法发布有关金融监管和金融业务的命令和规章，按照规定审批、监管金融机构，维护金融业的合法、稳健运行。商业银行必须依法接受中国人民银行和中国银监会的监督管理，遵守各种监管规定，其设立、变更、终止及业务范围改变需经中国人民银行审批，其存款、贷款、结算、呆账等情况需随时接受中国人民银行的稽核、检查和监督，并按规定向中国人民银行报送资产负债表、损益表以及其他财务报表和资料等。

三、商业银行与客户之间的法律关系

（一）商业银行的客户

银行客户是指在银行开立账户办理存款、贷款或结算业务的单位或个人。根据所进行的业务内容不同，可将银行客户分为存款人、借款人、寄托人和委托人。

（1）存款人是指在银行开立账户存款的单位或个人。存款人和银行之间形成债权债务关系，银行是债务人，负有到期支付存款本息的义务；存款人是债权人，享有要求银行支付存款本金及利息的权利。在银行的实际业务中，为避免过高的谈判和交易成本，银行推出不同的存款类型，作为与客户间权利义务的标准化约定。

（2）借款人是指在银行开立账户，按照一定的利率和约定期限，向银行借款，并到期归还本金及利息的银行客户。在贷款关系中，银行是债权人，享有要求借款人到期向其支付本金及利息的权利；借款人（债务人）负有到期向商业银行归还本金及利息的义务。

（3）寄托人是指将物品交给银行保管并支付报酬的银行客户。比如，在银行开设的保管箱业务中，客户可以将贵重物品交由银行保管，由此产生寄托关系：客户为寄托人，银行是受托人。

（4）委托人包括结算业务客户和委托银行办理其他业务的客户。结算业务客户是指在银行开立账户，通过银行办理结算业务的单位或个人；委托业务客户可以委托商业银行办理其他业务，比如委托贷款和委托投资业务，委托发行各类有价证券业务，委托买卖有价证券、买卖外汇，委托收付款项，委托进行保险业务等。

（二）商业银行与客户间法律关系的性质

（1）商业银行与客户间关系的性质。从表面来看，商业银行与客户间的关系是资金融通关系，但本质上是债权债务关系，属于民事法律关系的范畴。我国《商业银行法》第5条规定,商业银行与客户的业务往来,应当遵循平等、自愿、公平和诚实信用的原则。由此,我国《商业银行法》也确定了银行与客户间债权债务关系的民事法律关系性质。

(2) 商业银行与客户地位平等的法理依据。商业银行与客户的法律地位是平等的。商业银行是依照《公司法》设立的公司法人,它是经营金融业务的特殊的公司。除根据《商业银行法》规定可以经营金融业务外,商业银行同其他公司一样都是企业法人,在法律地位上同任何一个客户一样,都是平等的法律主体,平等地享有民事权利、承担民事义务。

(三) 商业银行与客户业务往来应遵循的原则

(1) 自愿原则。自愿是指当事人在经济交往中,自主与自由协商达成协议的主观态度和行为过程。自愿原则是民法中的一项基本原则,商业银行与客户的法律关系作为一种民事法律关系,必须要遵循这一原则。

(2) 公平原则。公平原则是指商业银行与客户的业务往来要公允合理。首先,商业银行与其客户在权利义务的承担上要对等。其次,商业银行与其客户在承担民事责任上要公平合理,按照过错原则承担相应的责任,商业银行不能利用其优势面免除其应负的责任。

(3) 诚实信用原则。商业银行诚实信用原则是订立合同的一项基本原则,要求当事人在订立和履行合同时,要诚实不欺、恪守信用。商业银行与客户间民事法律关系的性质,决定了其应当守诚实信用原则。

(四) 商业银行与存款人的债权债务关系

银行与存款人的债权债务关系是客户将其款项存入银行而使商业银行对其具有债款义务而形成的法律关系。存款人(客户)在银行开立账户存款,和银行间形成合同关系,银行是债务人,客户是债权人。

同时,保护存款人合法权益是银行立法的一基本项原则。我国《商业银行法》第6条明确规定:"商业银行应当保障存款人的合法权益不受任何单位和个人的侵犯。"这一原则要求具体体现在我国《商业银行法》第三章"对存款人的保护"中,该章从第29条到第33条,共有5条规定。

(五) 商业银行与借款人的债权债务关系

商业银行与借款人的债权债务关系是指符合条件的借款人依照法律规定和合同约定向商业银行借款而形成的法律关系。商业银行一方面广泛吸收社会闲散资金,从而成为储户的债务人;另一方面,商业银行又将存款作为资本贷放给急需资金的企业、组织和个人,从而又成为债权人。银行享有到期要求借款人还本付息的权利,借款人则承担到期还本付息的义务。商业银行在接受存款时,只以自身的信用作为还款保证,而并不提供任何担保。但在放款时,则分为信用贷款和担保贷款两种情况。

(六) 商业银行对客户的一般义务

商业银行与客户间债权债务关系的性质决定了商业银行与客户之间互负义务。商业银行与客户之间的义务主要由法律、行政法规以及中国人民银行的规章规定。归纳起来,商业银行对客户的一般义务主要有保证支付存款本金及利息、按期足额向借款人发放贷款、按规定为客户办理支付结算、为客户保密和谨慎善意办理业务等五个方面。

(1) 保证支付本金及利息。《商业银行法》第33条规定:"商业银行应当保证存款本金及利息的支付,不得拖延、拒绝支付存款本金和利息。"保证向存款人支付存款本金和利息是商业银行的法定义务。

(2) 按期足额向借款人发放贷款。商业银行经过对借款人进行审查,认为其符合贷款条件从而决定向其发放贷款后,应当依法与借款人签订书面借款合同,双方成立合同关系。借款合同是双务合同,合同关系成立以后,商业银行作为贷款方就承担起按期足额发放贷款的义务。不按合同约定发放贷款的,应承担违约责任,支付违约金。因此而给借款人造成损失的,还应当承担赔偿责任。

(3) 按规定为客户办理支付结算。商业银行接受客户委托为其开立账户办理支付结算,即应承担起根据客户指令依法为其办理支付结算的义务。

(4) 为客户保密的义务。除法律有强制性规定或客户许可外,银行必须为客户的存款负保密义务。如此规定,一方面是为了保护客户利益不受非法侵害;另一方面也有助于提高银行信誉。

(5) 谨慎、善意办理业务的义务。银行工作人员为客户办理存取款和结算业务时,应当认真核查存取款凭证和各类结算凭证,谨慎善意处理业务,以避免客户利益受损。

(七) 客户对银行的法律义务

在客户与商业银行的债权债务中,客户作为合同一方当事人,对银行也负有相应的义务。同时,客户还应履行审慎自我保护的义务。

(1) 按期足额归还贷款本息的义务。在借款合同关系中,当商业银行把款项贷给借款人之后,借款人作为债务人,对银行负有到期足额归还贷款本息的义务。

(2) 向银行支付报酬的义务。客户向银行借款或委托银行办理结算等业务时,必须向银行支付一定的费用。

(3) 审慎自我保护的义务。客户开立账户后,必须保管好自己的存单、印章、密码等,不为他人非法从自己银行账户划款或取款提供可乘之机。规定客户的该项义务,目的在于提高客户的自我防范意识,避免不必要的损失。

第二节 银行负债业务

商业银行的资金来源包括自有资金和吸收的外来资金两部分,其中自有资本仅占商业银行资金的很少部分,但却是吸收外来资金的基础;而吸收的外来资金构成商业银行的负债,是商业银行所承担的能以货币计量、需要未来一定时间内偿付的债务。

商业银行的负债业务是指商业银行形成资金来源的业务,主要包括吸收公众存款和借入款,借入款包括发行金融债券、同业拆入资金、向中央银行借款、再贴现、境外借债款等。商业银行的负债业务构成商业银行资产业务和中间业务的基础。

一、吸收公众存款业务

(一) 存款及其种类

1. 存款的概念

存款是机关、团体、企业、事业单位或个人根据可以收回的原则,把货币资金存入银行或其他信用机构并获取存款利息的一种信用活动形式。存款业务是商业银行筹集信贷资金最主要、最基本的形式,是商业银行最重要的负债业务,占比达 70%—80%。

2. 存款的种类

存款按不同标准可划分为以下几类:(1)根据期限不同,存款可分为活期存款和定期存款。活期存款是指存款人可以随时存取的存款;定期存款是指银行与存款人对存款的期限和提取方式事先约定的存款。(2)根据货币种类不同,可将存款划分为人民币存款和外汇存款。(3)根据支取方式不同,存款可以划分为支票存款、存单(折)存款、银行卡存款、通知存款、透支存款、存贷合一存款、特种存款等。其中,通知存款是指存款人在存入款项时不约定存期,支取时需提前通知金融机构,约定支取存款日期和金额方能支取的存款。

(二) 办理存款业务应遵循的基本原则

存款业务在商业银行各项业务中非常重要,而且涉及社会生活的很多方面,对我国金融业和市场经济都有重要影响,所以我国法律、法规对存款业务作了详尽和严格的规定,商业银行在办理存款业务时应该严格遵守这些原则:

(1)存款业务特许经营原则。我国《商业银行法》第11条规定:"未经国务院银行业监督管理机构批准,任何单位和个人不得从事吸收公众存款等商业银行业务,任何单位不得在名称中使用'银行'字样。"第81条规定:"未经国务院银行业监督管理机构批准,擅自设立商业银行,或者非法吸收公众存款、变相吸收公众存款的,构成犯罪的,依法追究刑事责任;并由国务院银行业监督管理机构予以取缔。伪造、变造、转让商业银行经营许可证的,构成犯罪的,依法追究刑事责任。"这说明商业银行开展存款业务必须经由国务院银行业监督管理机构审核批准。目前,我国能从事存款业务的金融机构有商业银行、信用合作社、邮政储蓄机构等。

(2)依法交存存款准备金原则。存款准备金是商业银行依据法律和中央银行的规定,按吸收存款的一定比例缴存于中央银行的存款,其目的是为了应付存款人的提取。这种存款一般不计利息。我国《商业银行法》第32条规定:"商业银行应当按照中国人民银行的规定,向中国人民银行交存存款准备金,留足备付金。"

(3)存款利率法定与公告原则。中国人民银行是国家利率管理的唯一机构,商业银行的存款利率必须遵循中国人民银行的规定,如若自行决定,调节利率,则会受到行政处罚。《商业银行法》第31条规定:"商业银行应当按照中国人民银行规定的存款利率的上下限,确定存款利率,并予以公告。"

(4)财政性存款专营原则。财政性存款由中国人民银行专营,不计利息,各受托银行应及时将金额划转中国人民银行,不得截留、分用。

(5)合法正当吸存原则。《商业银行法》第47条规定:"商业银行不得违反规定提高或者降低利率以及采用其他不正当手段,吸收存款,发放贷款。"

(三) 储蓄存款法律制度

1. 储蓄的概念及其基本法规

储蓄是指个人将属于其所有的人民币或外币存入储蓄机构,储蓄机构开具存折或者存单等作为凭证,个人凭以支取存款本息的信用活动。

目前,在我国规范储蓄存款关系的法律、法规主要是《商业银行法》《储蓄管理条例》(1992年12月11日国务院发布,1993年3月1日起施行,2011年1月8日修正)、《中国人民银行关于执行〈储蓄管理条例〉的若干规定》(1993年1月12日发布)、《个人存款账户实名制规定》(2000年3月20日国务院发布,自2000年4月1日起施行)。

2. 储蓄存款原则

我国商业银行办理储蓄存款业务应当遵循两个原则：

(1) 存取自由、存款有息、依法保密原则。我国《商业银行法》《储蓄管理条例》规定了储蓄机构办理个人储蓄业务应遵循的原则，即"存款自愿、取款自由、存款有息、为储户保密"原则，以保护个人存款的所有权，鼓励个人参加储蓄。

为履行为储户保密的义务，商业银行有权拒绝任何单位和个人查询、冻结、扣划，但法律另有规定的除外。

(2) 个人存款账户实名制。2000 年 3 月 20 日，国务院发布了《个人存款账户实名制规定》，自 2000 年 4 月 1 日起施行。我国对个人存款账户实行实名制，即指个人在金融机构开立个人存款账户时，应当出示本人身份证件，使用实名；代理他人在金融机构开立个人存款账户的，代理人应当出示被代理人和代理人的身份证件。

个人存款账户实名制，有利于强化资金管理，防止公款私存等违法行为，预防犯罪；对加强税收征收管理、完善个人信用制度，以及促进金融机构开展多种个人金融业务，都具有重要意义。

3. 储蓄存款利率及计息规则

储蓄存款利率由中国人民银行拟定，经国务院批准后公布，或者由国务院授权中国人民银行制定、公布。储蓄机构必须挂牌公告储蓄存款利率，不得擅自变动。

4. 查询、冻结、扣划个人储蓄存款规则

储蓄机构及其工作人员对储户的储蓄情况负有保密责任。储蓄机构不代任何单位和个人查询、冻结或者扣划个人储蓄存款，但法律另有规定的除外。

5. 存款过户与支取规则

储蓄存款的所有权发生争议，涉及办理过户或支付手续的，商业银行依据人民法院发生效力的判决书、裁定书或者调解书办理过户手续。

6. 储蓄业务禁止规则

包括以下禁止规则：

(1) 禁止公款私存。《商业银行法》《储蓄管理条例》都明确规定：任何单位和个人不得将公款以个人名义开立储户存储。公款的范围包括：凡列在国家机关、企事业单位会计科目的任何款项；各保险机构、企事业单位吸收的保险金款项；属于财政性存款范围的款项；国家机关和企事业单位的库存现金等。

公款私存，对社会经济发展危害极大：一是为一些企事业单位私设"小金库"、逃避监督提供方便；二是将企业贷款转为储蓄存款，影响银行与企业的正常资金周转、扰乱国家金融秩序；三是逃税、漏税，逃避现金管理；四是滋生腐败。所以，必须禁止。

(2) 禁止使用不正当手段吸收储蓄存款。"不正当手段"是指：以散发有价馈赠品为条件吸收储蓄存款；发放各种名目的揽储费；利用不确切的广告宣传；利用汇款、贷款或其他业务手段强迫储户存款；利用各种名目多付利息、奖品或其他费用。

(四) 单位存款法律制度

根据中国人民银行 1997 年 11 月 15 日发布的《人民币单位存款管理办法》第 3 条，单位存款是指企业、事业、机关、部队和社会团体等单位在金融机构办理的人民币存款，包括定期存款、活期存款、通知存款、协定存款及经中国人民银行批准的其他存款。

(1) 单位存款原则。单位存款,又称机构存款,是指企事业单位、国家机关和社会团体暂时闲置的货币资金存入银行的法律行为。我国法律法规对机构存款有若干具体规定:

① 财政性存款专营原则。财政性存款由中国人民银行专营,各受托银行应及时全额划转中国人民银行,不得截留、分用。

② 强制存入原则。各单位的现金,除核定的库存限额外,必须存入银行。强制单位现金必须存入银行,这是我国金融法规的一贯规定,其目的就是为了加强对单位现金的管理和监督。

③ 限制支出原则。单位定期存款不得办理提前支取手续,银行转账结算起点以下,且可以受用支取现金的方式外,必须通过银行办理转账结算方式。

④ 禁止公款私存、私款公存原则。任何单位和个人不得将公款以个人名义转为储蓄存款,任何个人不得将私款以单位名义存入金融机构,任何单位不得将个人或其他单位的款项以本单位名义存入金融机构。

⑤ 监督使用原则。存款单位支取存款,必须在有关凭证上注明用途,违法不予支付;商业银行对单位存款人的资金使用有权监督,对违反有关规定的存款使用的存款单位,可给予制裁。

(2) 单位定期存款及计息规则。单位定期存款的期限分三个月、半年、一年三个档次。起存金额 1 万元,多存不限。

(3) 单位活期存款、通知存款、协定存款及计息规则。金融机构对单位活期存款实行账户管理。金融机构和开立活期存款账户的单位必须遵守《银行账户管理办法》。

(4) 单位存款的变更、挂失及查询保密规则。

(五) 商业银行存款利率制度

商业银行办理存款业务,应当按照中国人民银行规定的存款利率的上下限,确定存款利率,不得超过权限和以任何形式变相越权浮动利率。我国对存款利率的管理制度主要包括以下内容:

(1) 中国人民银行是国家管理利率的唯一机关。

(2) 各类金融机构和各级中国人民银行都必须严格遵守和执行国家利率政策和有关规定。

(3) 对擅自提高或者降低存款利率或以变相形式提高、降低存款利率的金融机构,中国人民银行将予以处罚。

(4) 依法设立的储蓄机构及其他金融机构,应当接受中国人民银行对利率的管理与监督,有义务如实按中国人民银行的要求提供文件、账簿、统计资料和有关情况,不得隐匿、拒绝或提供虚假情况。

二、发行金融债券业务

金融债券是金融机构为了筹集资金而发行的债券,它是指各类金融机构为了筹集信贷资金,按照法律规定的条件和程序向社会公开发行的,约定一定时期内还本付息的有价证券。我国四大商业银行从 1982 年起就开始发行金融债券,但由于种种原因,从 1992 年起金融债券的发行被叫停。直到 2004 年,我国真正意义上的金融债券,才开始在规范的基础上兴起和发展。据统计,2018 年我国发行金融债券 274 056 亿元,期末余额 322 585 亿元。[1]

---

[1] 参见中国人民银行《中国金融稳定报告 2019》,http://www.gov.cn/xinwen/2019-11/26/content_5455673.htm。

(一) 商业银行次级债券(简称次级债券)

商业银行次级债券是金融债券的一种。

2003年12月,中国银监会发布《关于将次级定期债务记入附属资本的通知》,允许符合条件的次级债券记入商业银行资本,即商业银行可通过发行次级债券,补充附属资本,缓解中国商业银行资本先天不足、资本补充渠道单一的状况。

为规范商业银行发行次级债券行为,维护投资者合法权益,促进商业银行资产负债结构的改善和自我发展能力的提高,中国人民银行和中国银监会在2004年6月共同发布了《商业银行次级债券发行管理办法》。

(1) 次级债券的概念。根据该办法第2条规定,商业银行次级债券是指商业银行发行的、本金和利息的清偿顺序列于商业银行其他负债之后、先于商业银行股权资本的债券。经中国银行业监督管理委员会批准,次级债券可以记入附属资本。因此,次级债券的发行主体是商业银行,而不能是其他金融机构;次级债券可在全国银行间债券市场公开发行或私募发行。

(2) 商业银行发行次级债券应具备的条件。次级债券可在全国银行间债券市场公开发行或私募发行,公开发行和私募发行的条件是不同的。商业银行公开发行次级债券应具备以下条件:①实行贷款五级分类,贷款五级分类偏差小;②核心资本充足率不低于5%;③贷款损失准备计提充足;④具有良好的公司治理结构与机制;⑤最近3年没有重大违法、违规行为。商业银行以私募方式发行次级债券或募集次级定期债务应符合以下条件:①实行贷款五级分类,贷款五级分类偏差小;②核心资本充足率不低于4%;③贷款损失准备计提充足;④具有良好的公司治理结构与机制;⑤最近5年没有重大违法、违规行为。

(3) 次级债券发行规则。《商业银行次级债券发行管理办法》第三章规定了次级债券发行具体规则。

(4) 次级债券登记、托管与兑付规则。中央国债登记结算有限责任公司(以下简称中央结算公司)为次级债券的登记、托管机构。发行期结束后,发行人应及时向中央结算公司确认债权。在债权确认完成后,中央结算公司应及时完成债权登记工作。发行人应向中央结算公司缴付登记托管费。发行人应于次级债券还本或付息日前10个工作日,通过中国人民银行指定的新闻媒体向投资者公布次级债券兑付公告。次级债券还本或付息日前,发行人应将兑付资金划入中央结算公司指定的账户。发行人应向中央结算公司支付兑付手续费。

(二) 金融债券

(1) 金融债券的概念。根据中国人民银行2005年4月27日发布、2005年6月1日起施行的《全国银行间债券市场金融债券发行管理办法》第2条,金融债券是指依法在我国境内设立的金融机构法人在全国银行间债券市场发行的、按约定还本付息的有价证券。所称金融机构法人包括政策性银行、商业银行、企业集团财务公司及其他金融机构。相对于商业银行次级债券而言,金融债券的发行人不限于商业银行,而是包括所有金融机构,其所募资金用途也较为广泛,而不仅限于补充附属资本。

(2) 金融机构发行金融债券应具备的条件。根据《全国银行间债券市场金融债券发行管理办法》,政策性银行、商业银行和企业集团财务公司发行金融债券应当分别具备下列不同条件,而其他金融机构发行金融债券应具备的条件另行规定。

(3) 金融债券发行规则。①金融债券可在全国银行间债券市场公开发行或定向发行,金融债券的发行可以采取一次足额发行或限额内分期发行的方式。②金融债券的发行应由具有债券评级能力的信用评级机构进行信用评级。金融债券发行后信用评级机构应每年对该金融债券进行跟踪信用评级。如发生影响该金融债券信用评级的重大事项,信用评级机构应及时调整该金融债券的信用评级,并向投资者公布。③发行金融债券时,发行人应组建承销团,承销人可在发行期内向其他投资者分销其所承销的金融债券。④发行人不得认购或变相认购自己发行的金融债券。⑤发行人应在中国人民银行核准金融债券发行之日起60个工作日内开始发行金融债券,并在规定期限内完成发行。⑥金融债券发行结束后10个工作日内,发行人应向中国人民银行书面报告金融债券发行情况。⑦金融债券定向发行的,经认购人同意,可免于信用评级。定向发行的金融债券只能在认购人之间进行转让。⑧金融债券的交易按照全国银行间债券市场债券交易的有关规定执行。

(4) 金融债券的登记、托管与兑付规则。①中央国债登记结算有限责任公司(以下简称"中央结算公司")为金融债券的登记、托管机构。②金融债券发行结束后,发行人应及时向中央结算公司确认债权债务关系,由中央结算公司及时办理债券登记工作。③金融债券付息或兑付日前(含当日),发行人应将相应资金划入债券持有人指定资金账户。

三、从事同业拆借(拆入)业务

(一) 同业拆借及其立法

1. 同业拆借的概念

同业拆借是指银行、非银行金融机构之间相互融通短期资金的行为。拆入资金是商业银行的负债。根据中国人民银行《同业拆借管理办法》,同业拆借,是指经中国人民银行批准进入全国银行间同业拆借市场的金融机构之间,通过全国统一的同业拆借网络进行的无担保资金融通行为。全国统一的同业拆借网络包括:(1)全国银行间同业拆借中心的电子交易系统;(2)中国人民银行分支机构的拆借备案系统;(3)中国人民银行认可的其他交易系统。

2. 同业拆借的立法

为了加强对同业拆借的管理,规范同业拆借活动,维护同业拆借双方的合法权益,中国人民银行于1990年3月8日发布了《同业拆借管理试行办法》,对同业拆借业务活动进行了具体规定。之后,中国人民银行先后于1993年2月11日发布《中国人民银行关于进一步加强对同业拆借管理的通知》、1996年5月17日发布《中国人民银行关于取消同业拆借利率上限管理的通知》、1998年4月3日发布《中国人民银行关于商业银行授权分行进入全国同业拆借市场有关问题的通知》、2005年1月21日发布《银行业金融机构进入全国银行间同业拆借市场审核规则》,等等。

中国人民银行2007年6月8日通过、2007年8月6日起施行的《同业拆借管理办法》,废止了1990年《同业拆借管理试行办法》。该管理办法,由中国人民银行上海总部组织实施,同业拆借相关法律规范得到逐步完善。

(二) 同业拆借法律制度

中国人民银行依法对同业拆借市场进行监督管理。金融机构进入同业拆借市场必须经中国人民银行批准,从事同业拆借交易接受中国人民银行的监督和检查。

同业拆借交易应遵循公平自愿、诚信自律、风险自担的原则。

市场准入管理。下列金融机构可以向中国人民银行申请进入同业拆借市场:(1)政策性银行;(2)中资商业银行;(3)外商独资银行、中外合资银行;(4)城市信用合作社;(5)农村信用合作社县级联合社;(6)企业集团财务公司;(7)信托公司;(8)金融资产管理公司;(9)金融租赁公司;(10)汽车金融公司;(11)证券公司;(12)保险公司;(13)保险资产管理公司;(14)中资商业银行(不包括城市商业银行、农村商业银行和农村合作银行)授权的一级分支机构;(15)外国银行分行;(16)中国人民银行确定的其他机构。

同业拆借交易以询价方式进行,自主谈判、逐笔成交。同业拆借利率由交易双方自行商定。

金融机构进行同业拆借交易,应逐笔订立交易合同。交易合同的内容应当具体明确,详细约定同业拆借双方的权利和义务。合同应包括以下内容:(1)同业拆借交易双方的名称、住所及法定代表人的姓名;(2)同业拆借成交日期;(3)同业拆借交易金额;(4)同业拆借交易期限;(5)同业拆借利率、利率计算规则和利息支付规则;(6)违约责任;(7)中国人民银行要求载明的其他事项。交易合同可采用全国银行间同业拆借中心电子交易系统生成的成交单,或者采取合同书、信件和数据电文等书面形式。

金融机构应当将同业拆借风险管理纳入本机构风险管理的总体框架之中,并根据同业拆借业务的特点,建立健全同业拆借风险管理制度,设立专门的同业拆借风险管理机构,制定同业拆借风险管理内部操作规程和控制措施。

进入同业拆借市场的金融机构承担向同业拆借市场披露信息的义务。金融机构的董事或法定代表人应当保证所披露的信息真实、准确、完整、及时。

全国银行间同业拆借中心是同业拆借市场的中介服务机构,为金融机构在同业拆借市场的交易和信息披露提供服务。

为金融机构向同业拆借市场披露信息提供专业化服务的注册会计师、律师、信用评级机构等专业机构和人员出具的文件含有虚假记载、误导性陈述或重大遗漏的,不得再为同业拆借市场提供专业化服务。违反有关法律规定的,应当承担相应的法律责任。

应该指出,金融机构进入全国银行间同业拆借市场的条件、程序、手续等,按照中国人民银行 2005 年《银行业金融机构进入全国银行间同业拆借市场审核规则》执行。

第三节 银行资产业务

商业银行的资产业务是指商业银行运用其积聚的货币资金,从事各种信用活动的业务,一般包括发放贷款、票据贴现、进行投资等。资产业务是商业银行最主要的业务,是其取得收益的主要途径之一。

2020 年 7 月 12 日,中国银保监会公布、施行《商业银行互联网贷款管理暂行办法》,共七章 70 条,以规范商业银行互联网贷款业务经营行为,促进互联网贷款业务健康发展。

一、贷款业务

(一)贷款及其种类

贷款是指金融机构依法把货币资金按一定的利率贷放给客户,并约定期限由客户偿还本息的一种信用活动。贷款是商业银行的资产业务,也是商业银行业务的核心。商业银行利润的主要来源是贷款利息收入。贷款可分为人民币贷款和外币贷款。

根据《贷款通则》规定的贷款种类的划分规则，贷款可分为若干种类：

(1) 按期限划分，贷款可分为：短期贷款，指贷款期限在1年以内（含1年）的贷款；中期贷款，指贷款期限在1年以上（不含1年）5年以下（含5年）的贷款；长期贷款，指贷款期限在5年（不含5年）以上的贷款。

(2) 按贷款人是否承担风险划分，贷款可分为自营贷款、委托贷款和特定贷款。自营贷款，指贷款人以合法方式筹集资金自主发放的贷款，其风险由贷款人承担，并由贷款人收取本金和利息。委托贷款，指由政府部门、企事业单位及个人等委托人提供资金，由贷款人（即受托人）根据委托人确定的贷款对象、用途、金额、期限、利率等，代为发放、监督使用并协助收回的贷款，其风险由委托人承担，贷款人（即受托人）收取手续费，不得代垫资金。特定贷款，指经国务院批准，并对贷款可能造成的损失采取相应补救措施后责成国有独资商业银行发放的贷款。

(3) 按有无担保及担保方式划分，贷款可分为信用贷款、担保贷款和票据贴现。信用贷款，指贷款人根据借款人的信誉发放的贷款，这种贷款没有担保，风险由银行或金融机构承担。担保贷款，又可以分为三种：一是保证贷款，指按《民法典》规定的保证方式，以第三人承诺，在借款人不能偿还贷款时，按约定承担一般保证责任或者连带责任而发放的贷款；二是抵押贷款，指按《民法典》规定的抵押方式，以借款人或第三人的财产作为抵押物发放的贷款；三是质押贷款，指按《民法典》规定的质押方式，以借款人或第三人的动产或权利作为质物发放的贷款。票据贴现，是指贷款以购买借款人未到期商业票据的方式发放的贷款，《贷款通则》规定的可贴现的票据仅有商业汇票。

(二) 商业银行贷款业务原则

为规范金融机构的贷款业务，建立健全贷款管理秩序，维护借贷双方合法权益，《贷款通则》规定，金融机构经营贷款业务，应当遵守下列原则：

(1) 合法原则。金融机构经营贷款业务，应当遵守法律、行政法规和中国人民银行发的行政规章。任何不符合国家法律、法规和中国人民银行行政规章的，都必须禁止。而且，《商业银行法》第34条规定："商业银行根据国民经济和社会发展的需要，在国家产业政策指导下开展贷款业务。"

(2) 自主经营原则。金融机构有权根据自身信贷资金的营运状况、贷款项目的盈利前景、借款人的资信情况和偿还能力等，依法自主决定贷与不贷、贷多贷少。《商业银行法》第41条规定："任何单位和个人不得强令商业银行发放贷款或者提供担保。商业银行有权拒绝任何单位和个人强令要求其发放贷款或者提供担保。"

(3) 效益性、安全性、流动性原则。金融机构发放贷款，应在法律允许的范围内，努力追求自身经济效益的最大化，并充分考虑社会效益，金融机构发放贷款，应严格审查，加强管理，积极运用法律手段，确保贷款债权的安全，预防和控制贷款风险，避免发生贷款损失。金融机构经营贷款业务，应按照资产负债比例管理的有关规定，控制中长期贷款的比重，加强资产的流动性管理。

(4) 平等、自愿、公平、诚信原则。此项原则是金融机构在贷款业务中，处理与借款合同时其他有关当事人（如保证人、抵押人、出质人）关系的基本准则。当事人因借贷、担保而发生的法律关系，本质上是平等主体之间的民事法律关系。

(5) 公平竞争原则。此项原则是金融机构在开展贷款业务中，处理与同业之间关系的基本准则。应当公平竞争,相互协作,不得从事不正当竞争。在贷款业务上的不正当竞争,主要表现为违反规定擅自提高或降低贷款利率,或者变相提高或降低贷款利率。

(6) 有担保原则。《商业银行法》和《贷款通则》的规定,金融机构发放贷款,除委托贷款外,借款人应当提供担保。

(三) 贷款期限和利率规则

(1) 贷款期限:贷款限期根据借款人的生产经营周期、还款能力和贷款人的资金供给能力由借贷双方共同商议后确定,并在借款合同中载明。自营贷款期限最长一般不得超过10年,超过10年应当报中国人民银行备案。票据贴现的贴现期限最长不得超过6个月,贴现期限为从贴现之日起到票据到期日止。

(2) 贷款展期:不能按期归还贷款的,借款人应当在贷款到期日之前,向贷款人申请贷款展期。是否展期由贷款人决定。申请保证贷款、抵押贷款、质押贷款展期的,还应当由保证人、抵押人、出质人出具同意的书面证明。已有约定的,按照约定执行。短期贷款展期期限累计不得超过原贷款期限;中期贷款展期期限累计不得超过原贷款期限的一半;长期贷款展期期限累计不得超过3年。国家另有规定的除外。借款人未申请展期或申请展期未得到批准,其贷款从到期日次日起,转入逾期贷款账户。

(3) 贷款利率的确定:贷款人应当按照中国人民银行规定的贷款利率的上下限,确定每笔贷款利率,并在借款合同中载明。

(4) 贷款利息的计收:贷款人和借款人应当按借款合同和中国人民银行有关计息规定按期计收或交付利息。贷款的展期期限加上原期限达到新的利率期限档次时,从展期之日起,贷款利息按新的期限档次利率计收。逾期贷款按规定计收罚息。

(5) 贷款的贴息根据国家政策,为了促进某些产业和地区经济的发展,有关部门可以对贷款补贴利息。对有关部门贴息的贷款,承办银行应当自主审查发放,并根据本通则有关规定严格管理。

(6) 贷款停息、减息、缓息和免息:除国务院决定外,任何单位和个人无权决定停息、减息、缓息和免息。贷款人应当依据国务院决定,按照职责权限范围具体办理停息、减息、缓息和免息。

(四) 借款人规则

借款人应当是经工商行政管理机关(或主管机关)核准登记的企(事)业法人、其他经济组织、个体工商户或具有中华人民共和国国籍的具有完全民事行为能力的自然人。

借款人申请贷款,应当具备产品有市场、生产经营有效益、不挤占挪用信贷资金、恪守信用等基本条件,并且应当符合以下要求:(1)有按期还本付息的能力,原应付贷款利息和到期贷款已清偿;没有清偿的,已经做了贷款人认可的偿还计划。(2)除自然人和不需要经工商部门核准登记的事业法人外,应当经过工商部门办理年检手续。(3)已开立基本账户或一般存款账户。(4)除国务院规定外,有限责任公司和股份有限公司对外股本权益性投资累计额未超过其净资产总额的50%。(5)借款人的资产负债率符合贷款人的要求。(6)申请中、长期贷款的,新建项目的企业法人所有者权益与项目所需总投资的比例不低于国家规定的投资项目的资本金比例。

借款人的权利:(1)可以自主向主办银行或者其他银行的经办机构申请贷款并依条件取得贷款;(2)有权按合同约定提取和使用全部贷款;(3)有权拒绝借款合同以外的附加条件;

(4)有权向贷款人的上级和中国人民银行反映、举报有关情况;(5)在征得贷款人同意后,有权向第三人转让债务。

借款人的义务:(1)应当如实提供贷款人要求的资料(法律规定不能提供者除外),应当向贷款人如实提供所有开户行、账号及存贷款余额情况,配合贷款人的调查、审查和检查;(2)应当接受贷款人对其使用信贷资金情况和有关生产经营、财务活动的监督;(3)应当按借款合同约定用途使用贷款;(4)应当按借款合同约定及时清偿贷款本息;(5)将债务全部或部分转让给第三人的,应当取得贷款人的同意;(6)有危及贷款人债权安全情况时,应当及时通知贷款人,同时采取保全措施。

对借款人的限制:(1)不得在一个贷款人同一辖区内的两个或两个以上同级分支机构取得贷款。(2)不得向贷款人提供虚假的或者隐瞒重要事实的资产负债表、损益表等。(3)不得用贷款从事股本权益性投资,国家另有规定的除外。(4)不得用贷款在有价证券、期货等方面从事投机经营。(5)除依法取得经营房地产资格的借款人以外,不得用贷款经营房地产业务;依法取得经营房地产资格的借款人,不得用贷款从事房地产投机。(6)不得套取贷款用于借贷牟取非法收入。(7)不得违反国家外汇管理规定使用外币贷款。(8)不得采取欺诈手段骗取贷款。

(五) 贷款人规则

贷款人必须经中国人民银行批准经营贷款业务,持有中国人民银行颁发的金融机构法人许可证或金融机构营业许可证,并经工商行政管理部门核准登记。

贷款人的权利:根据贷款条件和贷款程序自主审查和决定贷款,除国务院批准的特定贷款外,有权拒绝任何单位和个人强令其发放贷款或者提供担保。(1)要求借款人提供与借款有关的资料;(2)根据借款人的条件,决定贷与不贷、贷款金额、期限和利率等;(3)了解借款人的生产经营活动和财务活动;(4)依合同约定从借款人账户上划收贷款本金和利息;(5)借款人未能履行借款合同规定义务的,贷款人有权依合同约定要求借款人提前归还贷款或停止支付借款人尚未使用的贷款;(6)在贷款将受或已受损失时,可依据合同规定,采取使贷款免受损失的措施。

贷款人的义务:(1)应当公布所经营的贷款的种类、期限和利率,并向借款人提供咨询。(2)应当公开贷款审查的资信内容和发放贷款的条件。(3)贷款人应当审议借款人的借款申请,并及时答复贷与不贷。短期贷款答复时间不得超过1个月,中、长期贷款答复时间不得超过六个月;国家另有规定的除外。(4)应当对借款人的债务、财务、生产、经营情况保密,但对依法查询者除外。

对贷款人的限制:(1)贷款的发放必须严格执行我国《商业银行法》第39条关于资产负债比例管理的有关规定,第40条关于不得向关系人发放信用贷款、向关系人发放担保贷款的条件不得优于其他借款人同类贷款条件的规定。① (2)借款人有下列情形之一的,不得对

---

① 我国《商业银行法》第39条规定:"商业银行贷款,应当遵守下列资产负债比例管理的规定:(1)资本充足率不得低于8%;(2)贷款余额与存款余额的比例不得超过75%;(3)流动性资产余额与流动性负债余额的比例不得低于25%;(4)对同一借款人的贷款余额与商业银行资本余额的比例不得超过10%;(5)国务院银行业监督管理机构对资产负债比例管理的其他规定。本法施行前设立的商业银行,在本法施行后,其资产负债比例不符合前款规定的,应当在一定的期限内符合前款规定。具体办法由国务院规定。"第40条规定:"商业银行不得向关系人发放信用贷款;向关系人发放担保贷款的条件不得优于其他借款人同类贷款的条件。前款所称关系人是指:(1)商业银行的董事、监事、管理人员、信贷业务人员及其近亲属;(2)前项所列人员投资或者担任高级管理职务的公司、企业和其他经济组织。"

其发放贷款:其一,不具备本通则所规定的资格和条件的;其二,生产、经营或投资国家明文禁止的产品、项目的;其三,违反国家外汇管理规定的;其四,建设项目按国家规定应当报有关部门批准而未取得批准文件的;其五,生产经营或投资项目未取得环境保护部门许可的;其六,在实行承包、租赁、联营、合并(兼并)、合作、分立、产权有偿转让、股份制改造等体制变更过程中,未清偿原有贷款债务、落实原有贷款债务或提供相应担保的;其七,有其他严重违法经营行为的。(3)未经中国人民银行批准,不得对自然人发放外币币种的贷款。(4)自营贷款和特定贷款,除按中国人民银行规定计收利息之外,不得收取其他任何费用;委托贷款,除按中国人民银行规定计收手续费之外,不得收取其他任何费用。(5)不得给委托人垫付资金,国家另有规定的除外。(6)严格控制信用贷款,积极推广担保贷款。

(六) 贷款程序规则

贷款申请:借款人需要贷款,应当向主办银行或者其他银行的经办机构直接申请。

借款人应当填写包括借款金额、借款用途、偿还能力及还款方式等主要内容的借款申请书并提供以下资料:(1)借款人及保证人基本情况;(2)财政部门或会计(审计)事务所核准的上年度财务报告,以及申请借款前一期的财务报告;(3)原有不合理占用的贷款的纠正情况;(4)抵押物、质物清单和有处分权人的同意抵押、质押的证明及保证人拟同意保证的有关证明文件;(5)项目建议书和可行性报告;(6)贷款人认为需要提供的其他有关资料。

对借款人的信用等级评估:应当根据借款人的领导者素质、经济实力、资金结构、履约情况、经营效益和发展前景等因素,评定借款人的信用等级。评级可由贷款人独立进行,内部掌握,也可由有权部门批准的评估机构进行。

贷款调查:贷款人受理借款人申请后,应当对借款人的信用等级以及借款的合法性、安全性、盈利情况等进行调查,核实抵押物、质物、保证人情况,测定贷款的风险度。

贷款审批:贷款人应当建立审贷分离、分级审批的贷款管理制度。审查人员应当对调查人员提供的资料进行核实、评定,复测贷款风险度,提出意见,按规定权限报批。

签订借款合同:所有贷款应当由贷款人与借款人签订借款合同。借款合同应当约定借款种类、借款用途、金额、利率、借款期限、还款方式、借、贷双方的权利、义务、违约责任和双方认为需要约定的其他事项。保证贷款应当由保证人与贷款人签订保证合同,或保证人在借款合同上载明与贷款人协商一致的保证条款,加盖保证人的法人公章,并由保证人的法定代表人或其授权代理人签署姓名。抵押贷款、质押贷款应当由抵押人、出质人与贷款人签订抵押合同、质押合同,需要办理登记的,应依法办理登记。

贷款发放:贷款人要按借款合同规定按期发放贷款。贷款人不按合同约定按期发放贷款的,应偿付违约金。借款人不按合同约定用款的,应偿付违约金。

贷后检查:贷款发放后,贷款人应当对借款人执行借款合同情况及借款人的经营情况进行追踪调查和检查。

贷款归还:借款人应当按照借款合同规定按时足额归还贷款本息。贷款人在短期贷款到期1个星期之前,中、长期贷款到期1个月之前,应当向借款人发送还本付息通知单;借款人应当及时筹备资金,按时还本付息。贷款人对逾期的贷款要及时发出催收通知单,做好逾期贷款本息的催收工作。贷款人对不能按借款合同约定期限归还的贷款,应当按规定加罚利息;对不能归还或者不能落实还本付息事宜的,应当督促归还或者依法起诉。借款人提前归还贷款,应当与贷款人协商。

(七) 不良贷款监管规则

贷款人应当建立和完善贷款的质量监管制度,对不良贷款进行分类、登记、考核和催收。

不良贷款系指呆账贷款、呆滞贷款、逾期贷款。呆账贷款,系指按财政部有关规定列为呆账的贷款。呆滞贷款,系指按财政部有关规定,逾期(含展期后到期)超过规定年限以上仍未归还的贷款,或虽未逾期或逾期不满规定年限但生产经营已终止、项目已停建的贷款(不含呆账贷款)逾期贷款,系指借款合同约定到期(含展期后到期)未归还的贷款(不含呆滞贷款和呆账贷款)。

不良贷款的登记:不良贷款由会计、信贷部门提供数据,由稽核部门负责审核并按规定权限认定,贷款人应当按季填报不良贷款情况表。在报上级行的同时,应当报中国人民银行当地分支机构。

不良贷款的考核:贷款人的呆账贷款、呆滞贷款、逾期贷款不得超过中国人民银行规定的比例。贷款人应当对所属分支机构下达和考核呆账贷款、呆滞贷款和逾期贷款的有关指标。

不良贷款的催收和呆账贷款的冲销:信贷部门负责不良贷款的催收,稽核部门负责对催收情况的检查。贷款人应当按照国家有关规定提取呆账准备金,并按照呆账冲销的条件和程序冲销呆账贷款。未经国务院批准,贷款人不得豁免贷款。除国务院批准外,任何单位和个人不得强令贷款人豁免贷款。

(八) 贷款管理责任制规则

行长(经理、主任,下同)负责制:贷款实行分级经营管理,各级行长应当在授权范围内对贷款的发放和收回负全部责任。行长可以授权副行长或贷款管理部门负责审批贷款,副行长或贷款管理部门负责人应当对行长负责。

贷款审查委员会:贷款人各级机构应当建立有行长或副行长(经理、主任,下同)和有关部门负责人参加的贷款审查委员会(小组),负责贷款的审查。

审贷分离制:贷款调查评估人员负责贷款调查评估,承担调查失误和评估失准的责任;贷款审查人员负责贷款风险的审查,承担审查失误的责任;贷款发放人员负责贷款的检查和清收,承担检查失误、清收不力的责任。

贷款分级审批制:贷款人应当根据业务量大小、管理水平和贷款风险度确定各级分支机构的审批权限,超过审批权限的贷款,应当报上级审批。各级分支机构应当根据贷款种类、借款人的信用等级和抵押物、质物、保证人等情况确定每一笔贷款的风险度。

工作岗位责任制:各级贷款管理部门应将贷款管理的每一个环节的管理责任落实到部门、岗位、个人,严格划分各级信贷工作人员的职责。

驻厂信贷员制:贷款人对大额借款人建立驻厂信贷员制度。

离职审计制:贷款管理人员在调离原工作岗位时,应当对其在任职期间和权限内所发放的贷款风险情况进行审计。

(九) 贷款债权保全和清偿的管理规则

借款人不得违反法律规定,借兼并、破产或者股份制改造等途径,逃避银行债务,侵吞信贷资金;不得借承包、租赁等途径逃避贷款人的信贷监管以及偿还贷款本息的责任。

贷款人有权参与处于兼并、破产或股份制改造等过程中的借款人的债务重组,应当要求借款人落实贷款还本付息事宜。

贷款人应当要求实行承包、租赁经营的借款人,在承包、租赁合同中明确落实原贷款债务的偿还责任。

贷款人对实行股份制改造的借款人,应当要求其重新签订借款合同,明确原贷款债务的清偿责任。对实行整体股份制改造的借款人,应当明确其所欠贷款债务由改造后公司全部承担;对实行部分股份制改造的借款人,应当要求改造后的股份公司按占用借款人的资本金或资产的比例承担原借款人的贷款债务。

贷款人对联营后组成新的企业法人的借款人,应当要求其依据所占用的资本金或资产的比例将贷款债务落实到新的企业法人。

贷款人对合并(兼并)的借款人,应当要求其在合并(兼并)前清偿贷款债务或提供相应的担保。借款人不清偿贷款债务或未提供相应担保,贷款人应当要求合并(兼并)企业或合并后新成立的企业承担归还原借款人贷款的义务,并与之重新签订有关合同或协议。

贷款人对与外商合资(合作)的借款人,应当要求其继续承担合资(合作)前的贷款归还责任,并要求其将所得收益优先归还贷款。借款人用已作为贷款抵押、质押的财产与外商合资(合作)时必须征求贷款人同意。

贷款人对分立的借款人,应当要求其在分立前清偿贷款债务或提供相应的担保。借款人不清偿贷款债务或未提供相应担保,贷款人应当要求分立后的各企业,按照分立时所占资本或资产比例或协议,对原借款人所欠贷款承担清偿责任。对设立子公司的借款人,应当要求其子公司按所得资本或资产的比例承担和偿还母公司相应的贷款债务。

贷款人对产权有偿转让或申请解散的借款人,应当要求其在产权转让或解散前必须落实贷款债务的清偿。

贷款人应当按照有关法律参与借款人破产财产的认定与债权债务的处置,对于破产借款人已设定财产抵押、质押或其他担保的贷款债权,贷款人依法享有优先受偿权;无财产担保的贷款债权按法定程序和比例受偿。

(十)贷款管理特别规定

(1)贷款主办行制度:中国人民银行于1996年6月29日发布的《主办银行管理暂行办法》(1997年7月1日起施行),是我国规范商业银行与企业之间的合作关系的规范性文件。

主办银行是指为企业提供信贷、结算、现金收付、信息咨询等金融服务,并与其建立较为稳定的合作关系,签有《银企合作协议》的中资商业银行。而所称企业是指与主办银行签订《银企合作协议》的国有大中型法人企业,是主办行的主要服务对象。《银企合作协议》一年一定。

借款人应按中国人民银行的规定与其开立基本账户的贷款人建立贷款主办行关系。借款人发生企业分立、股份制改造、重大项目建设等涉及信贷资金使用和安全的重大经济活动,事先应当征求主办行的意见。一个借款人只能有一个贷款主办行,主办行应当随基本账户的变更而变更。主办行不包资金,但应当按规定有计划地对借款人提供贷款,为借款人提供必要的信息咨询、代理等金融服务。

(2)银团贷款:根据《贷款通则》第56条的规定,[①]中国人民银行1997年10月7日发布施行了《银团贷款暂行办法》,规范银团贷款业务。银团贷款是由获准经营贷款业务的多家

---

① 《贷款通则》第56条规定:"银团贷款应当确定一个贷款人为牵头行,并签订银团贷款协议,明确各贷款人的权利和义务,共同评审贷款项目。牵头行应当按协议确定的比例监督贷款的偿还。银团贷款管理办法由中国人民银行另行规定。"

银行或非银行金融机构,采用同一贷款协议,按商定的期限和条件向同一借款人提供资金的贷款方式。国内银行贷款的参加者为境内中资银行和非银行金融机构。

银团贷款应当确定一个贷款人为牵头行,并签订银团贷款协议,明确各贷款人的权利和义务,共同评审贷款项目。牵头行应当按协议确定的比例监督贷款的偿还。

(3) 特定贷款管理:国有独资商业银行应当按国务院规定发放和管理特定贷款。特定贷款管理办法另行规定。

(4) 非银行金融机构贷款的种类、对象、范围,应当符合中国人民银行规定。

(5) 贷款人发放异地贷款,或者接受异地存款,应当报中国人民银行当地分支机构备案。

(6) 信贷资金不得用于财政支出。

(7) 各级行政部门和企事业单位、供销合作社等合作经济组织、农村合作基金会和其他基金会,不得经营存贷款等金融业务。企业之间不得违反国家规定办理借贷或者变相借贷融资业务。

(十一)商业银行对关系人发放贷款的禁止性规定

所谓商业银行的关系人,是指与商业银行有直接利害关系,而且能利用这种利害关系或特殊身份直接影响商业银行经营或管理活动的人。我国《商业银行法》第40条第2款明确规定,"所称关系人是指:(1)商业银行的董事、监事、管理人员、信贷业务人员及其近亲属;(2)前项所列人员投资或者担任高级管理职务的公司、企业和其他经济组织。"

我国《商业银行法》第40条第1款规定:"商业银行不得向关系人发放信用贷款;向关系人发放担保贷款的条件不得优于其他借款人同类贷款的条件。"第74条又明确"向关系人发放信用贷款或者发放担保贷款的条件优于其他借款人同类贷款的条件的",要承担法律责任。

(十二)互联网贷款的管理规定

中国银保监会2020年7月12日公布实施的《商业银行互联网贷款管理暂行办法》(下称《办法》)共七章70条,分别为总则、风险管理体系、风险数据和风险模型管理、信息科技风险管理、贷款合作管理、监督管理和附则。应该说,发布实施《办法》是完善我国商业银行互联网贷款监管制度的重要举措,有利于补齐制度短板、防范金融风险、提升金融服务质效。

(1) 互联网贷款的界定。《办法》第3条规定:"本办法所称互联网贷款,是指商业银行运用互联网和移动通信等信息通信技术,基于风险数据和风险模型进行交叉验证和风险管理,线上自动受理贷款申请及开展风险评估,并完成授信审批、合同签订、贷款支付、贷后管理等核心业务环节操作,为符合条件的借款人提供的用于消费、日常生产经营周转等的个人贷款和流动资金贷款。"

(2) 整改过渡期的安排。按照"新老划断"原则设置过渡期,过渡期为《办法》实施之日起2年。过渡期内,商业银行对照《办法》制定整改方案并有序实施,不符合《办法》规定的业务逐步有序压降。过渡期结束后,商业银行所有存续互联网贷款业务均应遵守本《办法》规定。

(3)《办法》的主要内容。一是合理界定互联网贷款内涵及范围,明确互联网贷款应遵循小额、短期、高效和风险可控原则。二是明确风险管理要求。商业银行应当针对互联网贷款业务建立全面风险管理体系,在贷前、贷中、贷后全流程进行风险控制,加强风险数据和风险模型管理,同时防范和管控信息科技风险。三是规范合作机构管理。要求商业银行建立健全合作机构准入和退出机制,在内控制度、准入前评估、协议签署、信息披露、持续管理等方面加强管理、压实责任。对与合作机构共同出资发放贷款的,《办法》提出加强限额管理和集中度管理等要求。四是强化消费者保护,加强信息披露。明确商业银行应当建立互联网借款人权益保护机制,对借款人数据来源、使用、保管等问题提出明确要求;商业银行应当加强信息披露,不得委托有违法违规记录的合作机构进行清收。五是加强事中事后监管。《办法》对商业银行提交互联网贷款业务情况报告、自评估、重大事项报告等提出监管要求。监管机构实施监督检查,对违法违规行为依法追究法律责任。

二、票据贴现业务

中国人民银行《商业汇票承兑、贴现与再贴现管理暂行办法》,对商业汇票承兑、贴现与再贴现业务操作进行了规范,是票据贴现业务的主要管理规章。

(一) 贴现的概念

根据该办法,贴现系指商业汇票的持票人在汇票到期日前,为了取得资金,贴付一定利息将票据权利转让给金融机构的票据行为,是金融机构向持票人融通资金的一种方式。贴现的程序包括申请贴现、审查核准、委托收款、到期付款、划回票款。

转贴现系指金融机构为了取得资金,将未到期的已贴现商业汇票再以贴现方式向另一金融机构转让的票据行为,是金融机构间融通资金的一种方式。

再贴现系指金融机构为了取得资金,将未到期的已贴现商业汇票再以贴现方式向中国人民银行转让的票据行为,是中央银行的一种货币政策工具。

承兑、贴现、转贴现、再贴现的商业汇票,应以真实、合法的商品交易为基础。承兑、贴现、转贴现、再贴现等票据活动,应当遵循平等、自愿、公平和诚实信用的原则。再贴现应当有利于实现货币政策目标。

承兑、贴现、转贴现的期限,最长不超过6个月。再贴现的期限,最长不超过4个月。

再贴现利率由中国人民银行制定、发布与调整。贴现利率采取在再贴现利率基础上加百分点的方式生成,加点幅度由中国人民银行确定。转贴现利率由交易双方自主商定。

(二) 贴现与转贴现规则

贴现与转贴现是商业银行的资产业务,其主要规则如下:

(1) 向金融机构申请票据贴现的商业汇票持票人,必须具备下列条件:①为企业法人和其他经济组织,并依法从事经营活动;②与出票人或其前手之间具有真实的商品交易关系;③在申请贴现的金融机构开立存款账户。

(2) 持票人申请贴现时,须提交贴现申请书,经其背书的未到期商业汇票,持票人与出票人或其前手之间的增值税发票和商品交易合同复印件。

(3) 办理票据贴现业务的机构,是经中国人民银行批准经营贷款业务的金融机构(以下简称贴现人)。

(4) 贴现人选择贴现票据应当遵循效益性、安全性和流动性的原则,贴现资金投向应符合国家产业政策和信贷政策。

(5) 贴现人应将贴现、转贴现纳入其信贷总量,并在存贷比例内考核。

(6) 贴现人对贴现申请人提交的商业汇票,应按规定向承兑人以书面方式查询。承兑人须按照中国人民银行的有关规定查复贴现人。

（7）各商业银行、政策性银行应当运用贴现、转贴现方式增加票据资产,调整信贷结构。

（三）再贴现规则

再贴现是商业银行的负债业务,其主要规则如下：

（1）再贴现的对象是在中国人民银行及其分支机构开立存款账户的商业银行、政策性银行及其分支机构。对非银行金融机构再贴现,须经中国人民银行总行批准。

再贴现的操作体系：①中国人民银行总行设立再贴现窗口,受理、审查、审批各银行总行的再贴现申请,并经办有关的再贴现业务（以下简称"再贴现窗口"）。②中国人民银行各一级分行和计划单列城市分行设立授权再贴现窗口,受理、审查、并在总行下达的再贴现限额之内审批辖内银行及其分支机构的再贴现申请,经办有关的再贴现业务（以下简称"授权窗口"）。③授权窗口认为必要时可对辖内一部分二级分行实行再贴现转授权（以下简称转授权窗口）,转授权窗口的权限由授权窗口规定。④中国人民银行县级支行和未被转授权的二级分行,可受理、审查辖内银行及其分支机构的再贴现申请,并提出审批建议,在报经授权窗口或转授权窗口审批后,经办有关的再贴现业务。

（2）中国人民银行根据金融宏观调控和结构调整的需要,不定期公布再贴现优先支持的行业、企业和产品目录。各授权窗口须据此选择再贴现票据,安排再贴现资金投向,并对有商业汇票基础、业务操作规范的金融机构和跨地区、跨系统的贴现票据优先办理再贴现。

（3）持票人申请再贴现时,须提交贴现申请人与出票人或其前手之间的增值税发票。

（4）中国人民银行对各授权窗口的再贴现操作效果实行量化考核：①总量比例,按发生额计算,再贴现与贴现、商业汇票三者之比不高于1:2:4。②期限比例,累计3个月以内（含3个月）的再贴现不低于再贴现总量的70%。③投向比例,对国家重点产业、行业和产品的再贴现不低于再贴现总量的70%；对国有独资商业银行的再贴现不低于再贴现总量的80%。

（5）中国人民银行对各授权窗口的再贴现实行总量控制,并根据金融宏观调控的需要适时调增或调减各授权窗口的再贴现限额。各授权窗口对再贴现限额实行集中管理和统一调度,不得逐级分配再贴现限额。

三、证券投资业务

证券投资通常是商业银行购买政府债券、金融债券,该项业务是在公开市场上进行的,银行和证券发行人并不一定建立直接联系,银行只是许多债权人之一。

我国《商业银行法》第43条规定："商业银行在中华人民共和国境内不得从事信托投资和证券经营业务,不得向非自用不动产投资或者向非银行金融机构和企业投资。但是,国务院另有规定的除外。"应该指出,上述限制是指在中华人民共和国境内,在中国境外能否从事信托投资业务和股票业务,本条并未限制；此外,上述限制是指不允许向非银行金融机构和企业投资,但对银行之间的投资未加限制。

第四节　银行中间业务

银行中间业务,又称表外业务,指商业银行不运用自己的资金,而代理客户承办支付和其他委托事项并从中收取手续费的业务。根据《商业银行中间业务暂行规定》规定,中间业务是指不构成商业银行表内资产、表内负债,形成银行非利息收入的业务。

在经营中间业务时,商业银行并不运用自有资金或借入的资金,就是说此类业务的开展不会引起商业银行资产与负债比例的变化,商业银行既非债权人,亦非债务人,而是代理人或金融中介人。

我国调整和规范中间业务的法律规范主要有:《银行业监管法》《商业银行法》《票据法》,以及中国人民银行 2001 年 6 月 21 日发布、实施的《商业银行中间业务暂行规定》,1997 年 9 月 19 日发布、1997 年 12 月 1 日起施行的《支付结算办法》,1999 年 1 月 5 日发布、1999 年 3 月 1 日起施行的《银行卡业务管理办法》,1997 年 7 月 16 日发布、1997 年 8 月 1 日起施行的《国内信用证结算办法》等。

一、银行中间业务法律制度概述

(一) 开办中间业务的条件

商业银行开办中间业务,应经中国人民银行审查同意,并接受中国人民银行的监督检查。商业银行申请开办中间业务,应符合以下要求:(1)符合金融市场发展的客观需要;(2)不损害客户的经济利益;(3)有利于完善银行的服务功能,有利于提高银行的盈利能力;(4)制定了相应的业务规章制度和操作规程;(5)具备合格的管理人员和业务人员;(6)具备适合开展业务的支持系统;(7)中国人民银行要求的其他条件。

(二) 开办中间业务的审批与备案

中国人民银行根据商业银行开办中间业务的风险和复杂程度,分别实施审批制和备案制。

适用审批制的业务主要为形成或有资产、或有负债的中间业务,以及与证券、保险业务相关的部分中间业务。适用审批制的中间业务品种包括:(1)票据承兑;(2)开出信用证;(3)担保类业务,包括备用信用证业务;(4)贷款承诺;(5)金融衍生业务;(6)各类投资基金托管;(7)各类基金的注册登记、认购、申购和赎回业务;(8)代理证券业务;(9)代理保险业务;(10)中国人民银行确定的适用审批制的其他业务品种。

适用备案制的业务主要为不形成或有资产、或有负债的中间业务,适用备案制的中间业务品种包括:(1)各类汇兑业务;(2)出口托收及进口代收;(3)代理发行、承销、兑付政府债券;(4)代收代付业务,包括代发工资、代理社会保障基金发放、代理各项公用事业收费(如代收水电费);(5)委托贷款业务;(6)代理政策性银行、外国政府和国际金融机构贷款业务;(7)代理资金清算;(8)代理其他银行银行卡的收单业务,包括代理外卡业务;(9)各类代理销售业务,包括代售旅行支票业务;(10)各类见证业务,包括存款证明业务;(11)信息咨询业务,主要包括资信调查、企业信用等级评估、资产评估业务、金融信息咨询;(12)企业、个人财务顾问业务;(13)企业投融资顾问业务,包括融资顾问、国际银团贷款安排;(14)保管箱业务;(15)中国人民银行确定的适用备案制的其他业务品种。

(三) 中间业务内部授权制度

商业银行应制定中间业务内部授权制度,并报中国人民银行备案。商业银行内部授权制度应明确商业银行各级分支机构对不同类别中间业务的授权权限,应明确各级分支机构可以从事的中间业务范围。

(四) 中间业务内部控制制度

商业银行应健全内部经营管理机制,加强内部控制,保证对中间业务的有效管理和规范发展。商业银行应加强对中间业务风险的控制和管理,并应依据有关法律、法规和监管规章,建立和实施有效的风险管理制度和措施。

商业银行应建立监控和报告各类中间业务的信息管理系统,及时、准确、全面反映各项中间业务的开展情况及风险状况,并及时向监管当局报告业务经营情况和存在的问题。商业银行应注重对中间业务中或有资产、或有负债业务的风险控制和管理,对或有资产业务实行统一的资本金管理;应注重对交易类业务的头寸管理和风险限额控制;应对具有信用风险的或有资产业务实行统一授信管理。商业银行应建立中间业务内部审计制度,对中间业务的风险状况、财务状况、遵守内部规章制度情况和合规合法情况进行定期或不定期的审计。

二、支付结算类中间业务

支付结算管理法是调整支付结算活动中,结算双方与银行之间的权利义务关系的法律规范的总称。所谓支付结算,是指单位、个人在社会经济活动中使用票据、信用卡和汇兑、托收承付、委托收款等结算方式进行货币给付及其资金清算的行为。办理支付结算是银行(包括城乡信用合作社)的主要业务之一,而对支付结算进行管理则是中央银行货币流通管理的一个重要方面。本章主要依据我国现行法律、法规和规章的规定,对非票据结算方式进行介绍,有关票据结算则另设专章讨论。

(一) 支付结算及其立法

1. 支付结算的概念

支付结算是指单位、个人在社会经济活动中使用票据、信用卡和汇兑、托收承付、委托收款等结算方式进行货币给付及其资金清算的行为。银行(包括城乡信用合作社,下同)是支付结算和资金清算的中介机构,未经中国人民银行批准的非银行金融机构和其他单位不得作为中介机构经营支付结算业务。

交易双方因商品交易、劳务供应、资金调拨等产生的债权债务通过某种方式进行清偿,叫结算。用现金方式清偿,叫现金结算;用票据、信用卡等方式进行清偿,叫非现金结算或称支付结算。由于支付结算是通过银行进行的,故又可称为银行结算。鉴于使用现金的不便,以及我国法律对现金使用限制较严,所以,原则上交易双方在其债权债务超过结算起点金额(1 000元)进行结算时,应采用非现金结算方式,亦即通过银行进行支付结算。

单位和个人办理支付结算,应在银行开立存款账户,账户内须有足够的资金保证支付。没有开立存款账户的个人向银行交付款项后,也可以通过银行办理支付结算。

银行账户分为基本存款账户、一般存款账户、临时存款账户和专用存款账户四种,单位和个人开立账户只能开立一个基本存款账户。这四种账户的开户资格、条件及用途等,在1994年10月11日中国人民银行发布的《银行账户管理办法》中有明确规定。

2. 支付结算原则

按照有关规定,单位、个人和银行在办理支付结算时,必须遵守下列原则:(1)恪守信用,履约付款;(2)谁的钱进谁的账,由谁支配;(3)银行不垫款。

3. 支付结算的管理体制

我国的支付结算实行集中统一和分级管理相结合的管理体制。其含义是指:中国人民银行总行负责制定统一的支付结算制度,组织、协调、管理监督全国的支付结算工作,调解、处理银行之间的支付结算纠纷。中国人民银行省级分行制定支付结算的实施细则,报总行备案;根据需要制定单项支付结算办法,报经总行批准后执行。中国人民银行分、支行负责组织、协调、管理、监督本辖区的支付结算工作、处理本辖区银行之间的支付结算纠纷。政策性银行、商业银行总行可以根据统一的支付结算制度,结合本行情况,制定具体管理实施办法,报中国人民银行总行批准后执行。政策性银行、商业银行负责组织、管理、协调本行内的支付结算,调解、处理本行内分支机构之间的支付结算纠纷。

4. 支付结算的法律依据

支付结算法是调整支付结算活动中结算双方与银行之间的权利义务关系的法律规范的总称。目前,我国关于支付结算的法律规范主要有:《票据法》《商业银行法》,具体操作规范有:《票据管理实施办法》及中国人民银行于1997年9月19日发布、同年12月1日起实施的《支付结算办法》,1997年7月22日发布、同年8月1日起实施的《国内信用证结算办法》,1999年1月5日发布、同年3月1日起施行的《银行卡业务管理办法》。

按照《支付结算办法》和《国内信用证结算办法》的规定,我国现行的支付结算方式有银行汇票、商业汇票、银行本票、支票、信用卡、汇兑、托收承付、委托收款和国内信用证九种。

(二) 汇兑业务

汇兑是汇款人委托银行将其款项支付给收款人的结算方式。单位和个人的各种款项的结算,均可使用汇兑结算方式。汇兑分为信汇、电汇两种,由汇款人选择使用。汇兑的规则有:

其一,汇兑凭证的签发与受理规则。签发汇兑凭证必须记载下列事项:(1)表明"信汇"或"电汇"的字样;(2)无条件支付的委托;(3)确定的金额;(4)收款人名称;(5)汇款人名称;(6)汇入地点、汇入行名称;(7)汇出地点、汇出行名称;(8)委托日期;(9)汇款人签章。汇兑凭证上欠缺前述记载事项之一的,银行不予受理。汇兑凭证上记载收款人为个人的,收款人需要到汇入银行领取汇款,汇款人应在汇兑凭证上注明"留行待取"字样;留行待取的汇款,要指定单位的收款人领取汇款的,应注明收款人的单位名称;信汇凭收款人签章支取的,应在信汇凭证上预留其签章;汇款人确定不得转汇的,应在汇兑凭证备注栏注明"不得转汇"字样;汇款人和收款人均为个人,需要在汇入银行支取现金的,应在信汇、电汇凭证上填写"现金"字样和汇款金额。汇出银行受理汇兑凭证,经审查无误后,应及时向汇入银行办理汇款,并向汇款人签发汇款回单。

其二,汇入款项的支取规则。(1)对开立存款账户的收款人,汇入银行应将汇给收款人的款项直接转入其账户,并向其发出收账通知。(2)未在银行开立存款账户的收款人,凭信汇、电汇的取款通知或"留行待取"的,向汇入银行支取款项时,须交验本人的身份证件,并在"收款人签盖章"处签章;信汇凭签章支取的,收款人的签章必须与预留信汇凭证上的签章相符。银行审查无误后,以收款人的姓名开立应解汇款及临时存款账户,该账户只付不收,付完清户,不计付利息。(3)支取现金的,信汇、电汇凭证上必须有按规定填明的"现金"字样;未填明"现金"字样,需支取现金的,由汇入银行按国家现金管理规定审查支付。(4)收款人需要委托他人向汇入银行支取款项的,应在取款通知上签章,注明本人身份证件名称、号码、发证机关和"代理"字样以及代理人姓名;代理人代理取款时,也应在取款通知上签章,注明其身份证件名称等,并同时交验代理人和被代理人的身份证件。(5)转账支付的,应由原收款人向银行填制支款凭证,并由本人交验其身份证件办理支付款项;该账户的款项只能转入单位或个体工商户的存款账户,严禁转入储蓄和信用卡账户。(6)转汇的,应由原收款人向银行填制信汇、电汇凭证,并由本人交验其身份证件;转汇的收款人必须是原收款人。

其三,其他规定。汇款人对汇出银行尚未汇出的款项可以申请撤销,对汇出银行已经汇出的款项可以申请退汇。但转汇银行不得受理汇款人或汇出银行对汇款的撤销或退汇。汇入银行对收款人拒绝接受的汇款,应立即办理退汇;向收款人发出取款通知,经过2个月无法交付的汇款,应主动办理退汇。

(三) 托收承付业务

托收承付是根据购销合同由收款人发货后委托银行向异地汇款人收取款项,由付款人向银行承认付款的结算方式。使用托收承付结算方式的收款、付款单位,必须是国有企业、供销合作社,以及经营管理较好,并经开户银行审查同意的城乡集体所有制工业企业。托收承付结算的款项,必须是商品交易,以及因商品交易而产生的劳务供应的款项。代销、寄销商品的款项,不得办理托收承付结算。托收承付的前提条件和规则如下:

1. 前提条件

包括:(1)收付双方使用托收承付结算必须签有购销合同,并在合同上订明使用托收承付结算方式。(2)收款人办理托收,必须具有商品确已发运的证件;没有发运证件的,特殊情况可凭其他有关证件办理托收。(3)托收承付结算金额起点每笔10万元,新华书店系统每笔起点为1 000元。

2. 托收承付凭证的签发

签发托收承付凭证必须记载下列事项:(1)表明"托收承付"的字样;(2)确定的金额;(3)付款人名称及账号;(4)收款人名称及账号;(5)付款人开户银行名称;(6)收款人开户银行名称;(7)托收附寄单证张数或册数;(8)合同名称、号码;(9)委托日期;(10)收款人签章。托收承付凭证上欠缺前列事项之一的,银行不予受理。

3. 托收承付的方法与程序

托收承付结算款项的划回方法,分邮寄和电报两种,由收款人选用。其程序包括托收和承付两个阶段:(1)托收。收款人按照签订的购销合同发货后,将托收凭证并附发运证件或其他有关证明和交易单证送交开户银行,委托银行办理托收。收款人开户银行接到托收凭证及其附件后,应按规定认真进行审查,必要时,还应查验收付款人签订的购销合同。凡不符合要求或违反购销合同发货的,不能办理托收。(2)承付。付款人开户银行收到托收凭证及其附件后,应当及时通知付款人。付款人应在承付期内审查核对,安排资金。

承付货款分为验单付款和验货付款两种,由收付双方商量选用,并在合同中明确规定。验单付款的承付期为3天,付款人在承付期内未向银行表示拒绝付款的,银行即视作承付,并在承付期满的次日上午开始营业时,将款项按照收款人指定的划款方式,划给收款人。验货付款的承付期为10天,从运输部门向付款人发出提货通知的次日算起。对收付双方在合同中明确规定,并在托收凭证上注明验货付款期限的,银行从其规定。

付款人收到提货通知后,应即向银行交验提货通知。付款人在银行发出承付通知的次日起10天内,未收到提货通知的,应在第10天将货物尚未到达的情况通知银行。在第10天付款人没有通知银行的,银行即视作已经验货,于10天期满的次日上午银行开始营业时,将款项划给收款人;在第10天付款人通知银行货物未到,而以后收到提货通知没有及时送交银行,银行仍按10天期满的次日作为划款日期,并按超过的天数,计扣逾期付款赔偿金。采用验货付款的,收款人必须在托收凭证上加盖明显的"验货付款"字样戳记。托收凭证未注明验货付款,经付款人提出合同证明是验货付款的,银行可按验货付款处理。

付款人在承付期满日银行营业终了时,如无足够资金支付,其不足部分,即为逾期未付款项,按逾期付款处理。付款人开户银行对付款人逾期支付的款项,应当根据逾期付款金额和逾期天数,按每天万分之五计算逾期付款赔偿金。

付款人开户银行对付款人逾期未能付款的情况,应当及时通知收款人开户银行,由其转告收款人。账户有款时,必须将逾期未付款项和应付的赔偿金及时扣划给收款人,不得拖延扣划。付款人开户银行对不执行合同规定、三次拖欠货款的付款人,应当通知收款人开户银行转告收款人,停止对该付款人办理托收。付款人开户银行对逾期未付的托收凭证,负责进行扣款的期限为3个月。

4. 拒绝付款

在下列情况下,付款人在承付期内,可向银行提出全部或部分拒绝付款:(1)没有签订购销合同或购销合同未订明托收承付结算方式的款项。(2)未事先达成协议,收款人提前交货,或因逾期交货付款人不再需要该项货物的款项。(3)未按合同规定的到货地址发货的款项。(4)代销、寄销、赊销商品的款项。(5)验单付款,发现所列货物的品种、规格、数量、价格与合同规定不符,或货物已到,经查验货物与合同规定或发货清单不符的款项。(6)验货付款,经查验货物与合同规定或与发货清单不符的款项。(7)货款已经支付或计算有错误的款项。付款人对以上情况提出拒绝付款时,必须填写"拒绝付款理由书"并签章,注明拒绝付款理由,并提出相关证明。

开户银行须认真审查拒绝付款理由,查验合同。对于付款人提出拒绝付款的手续不全、依据不足、理由不符合规定和不属于前述七种拒绝付款情况的,以及超过承付期拒付和应当部分拒付而为全部拒付的,银行均不得受理,应实行强制扣款。银行同意部分或全部拒绝付款的,应在拒绝付款理由书上签注意见,并将拒绝付款理由书连同拒付证明和有关单证邮寄收款人开户银行转交收款人。

付款人提出的拒绝付款,银行按照本办法规定审查无法判明是非的,应由收付双方自行协商处理,或向仲裁机关、人民法院申请调解或裁决。

重办托收。收款人对被无理拒绝付款的托收款项,在收到退回的结算凭证及其所附单证后,需要委托银行重办托收的,应当填写四联"重办托收理由书",将其中三联连同购销合同、有关证据和退回的原托收凭证及交易单证,一并送交银行。经开户银行审查,确属无理拒绝付款,可以重办托收。

(四) 委托收款

委托收款是收款人委托银行向付款人收取款项的结算方式。单位和个人凭已承兑商业汇票、债券、存单等付款人债务证明办理款项的结算,均可以使用委托收款结算方式。委托收款在同城、异地均可以使用,其款项的划回方式分邮寄和电报两种,由收款人选用。

签发委托收款凭证必须记载下列事项:(1)表明"委托收款"的字样;(2)确定的金额;(3)付款人名称;(4)收款人名称;(5)委托收款凭据名称及附寄单证张数;(6)委托日期;(7)收款人签章。欠缺记载前列事项之一的,银行不予受理。

委托收款以银行以外的单位为付款人的,委托收款凭证必须记载付款人开户银行名称;

以银行以外的单位或在银行开立存款账户的个人为收款人的,必须记载收款人开户银行名称;以未在银行开立存款账户的个人为收款人的,必须记载被委托银行名称。欠缺记载的,银行不予受理。

收款人办理委托收款应向银行提交委托收款凭证和有关的债务证明。银行接到寄来的委托收款凭证及债务证明,审查无误后办理付款,将款项划给收款人。银行在办理划款时,付款人存款账户不足支付的,应通过被委托银行向收款人发出未付款项通知书。

付款人审查有关债务证明后,对收款人委托收取的款项需要拒绝付款的,可以出具拒绝证明,连同有关证明、凭证寄给被委托银行,办理拒绝付款。

(五) 国内信用证结算

1. 信用证的概念

信用证是银行应买方的请求,开给卖方的一种保证付款的书面凭证。《国内信用证结算办法》第 2 条规定:"信用证是指开证行依照申请人的申请开出的,凭符合信用证条款的单据支付的付款承诺"。

在我国,国内信用证是一种不可撤销、不可转让的跟单信用证,适用于国内企业之间的商品交易的转账结算,不得支取现金。办理信用证结算业务的金融机构,限于经中国人民银行批准经营结算业务的商业银行总行以及经商业银行总行批准开办信用证结算业务的分支机构。

2. 信用证结算的过程

信用证结算过程比较复杂,一般是开证申请人(买方)先向其开户银行提出开证申请,由银行开出信用证交给受益人所在地(卖方地)银行,卖方地银行收到信用证后,通知卖方按信用证条款发货并准备好相应单据,卖方将全部单据连同信用证一并交给卖方地指定银行,该银行根据信用证条款逐项审核单据无误后,将货款扣除议付利息后交给卖方。卖方地指定银行再将全部单据寄交给开证银行,开证银行经审核无误后偿付货款,并通知买方付款赎单,买方拿已付款的银行单据到货运公司提取货物。

由于信用证以银行信用代替了商业信用,对买卖双方和银行都有利,因而可以促进国内贸易活动的开展。

3. 信用证的条款

按《国内信用证结算办法》的规定,签发信用证应包括以下条款:(1)开证行名称及地址;(2)开证日期;(3)信用证编号;(4)不可撤销、不可转让信用证;(5)开证申请人的名称和地址;(6)受益人名称及地址(一般为卖方);(7)通知行名称;(8)信用证有效期及有效地点;(9)交单期;(10)信用证金额;(11)付款方式;(12)运输条款;(13)货物描述;(14)单据条款;(15)其他条款;(16)开证行保证文书。

4. 信用证结算的当事人

信用证结算的当事人包括下列人员:(1)开证申请人,是指向银行申请开立信用证的人,即买卖关系中的买方;(2)开证行,是指接受开证申请人的申请,开立信用证的银行,一般是买方的开户行;(3)通知行,是指接受开证行的委托向受益人通知信用证的银行,一般是开证行在卖方所在地的分行或代理行;(4)受益人,是指信用证所指定的有权享受信用证款项的人,即卖方;(5)议付行,是指愿意买进或贴现受益人交来的跟单汇票的卖方地指定银行,议付行通常是通知行,在我国议付行必须是开证行指定的受益人的开户行;(6)付款行,是指信用证上指定的付款银行,通常是开证行。

5. 信用证结算关系

信用证结算关系包括以下五种关系：(1)开证申请人与受益人之间基于订立购销合同而产生的合同关系，这是信用证结算的前提；(2)开证申请人与开证行之间以开证申请书和承诺书建立起来的委托代理关系；(3)开证行和通知行之间基于合同建立的委托代理关系，通知行依约既可只履行通知义务，也可依约成为保兑行或议付行；(4)通知行与受益人之间的通知关系；(5)开证行与受益人之间的无条件付款关系。

《国内信用证结算办法》就信用证结算的程序，包括开证与通知议付、付款、单据审核标准等作了明确规定。

（六）结算纪律与责任

1.《支付结算办法》规定的结算纪律与责任

《支付结算办法》第207、208条规定的结算纪律包括：(1)单位和个人办理支付结算，不准无理拒绝付款，任意占用他人资金；不准违反规定开立和使用账户。(2)银行办理支付结算，不准以任何理由截留挪用客户和他行资金；不准受理无理拒付、不扣少扣滞纳金；不准办理空头汇款；不准在支付结算制度之外规定附加条件，影响汇路畅通；不准违反规定为单位和个人开立账户；不准拒绝受理、代理他行正常结算业务；不准放弃对企事业单位和个人违反结算纪律的制裁；不准逃避向中国人民银行转汇大额汇划款项。

《支付结算办法》第五章"结算纪律与责任"对相关当事人的法律责任，作出了具体规定。

其一，信用卡当事人的责任，包括：(1)持卡人必须妥善保管和正确使用其信用卡，否则应承担因此造成的资金损失。(2)持卡人使用单位卡发生透支的，由其单位承担透支金额的偿还和支付透支利息的责任；持卡人使用个人卡附属卡发生透支的，由其主卡持卡人承担透支金额的偿还和支付透支利息的责任；主卡持卡人丧失偿还能力的，由其附属卡持卡人承担偿付责任。(3)有关责任人对持卡人办理挂失后被冒用造成的损失，按照信用卡章程的规定承担责任。(4)持卡人违反规定使用信用卡进行商品交易、套取现金以及出租或转借信用卡的；单位卡持卡人违反规定，将基本存款账户以外的存款和销货款收入的款项转入其信用卡账户的；个人卡持卡人违反规定，将单位的款项转入其信用卡账户的，应按规定承担行政责任。(5)特约单位受理信用卡时，未按照规定操作程序办理；或发卡银行未按规定时间将止付名单发至特约单位的，应承担因此造成的资金损失。(6)银行违反规定，未经批准发行信用卡的；帮助持卡人将其基本存款账户以外的存款或其他款项转入单位卡账户，将单位的款项转入个人卡账户的；违反规定帮助持卡人提取现金的，应按规定承担行政责任。(7)非金融机构、非银行金融机构、境外金融机构驻华代表机构违反规定，经营信用卡业务的，应按规定承担行政责任。

其二，付款单位的责任，包括：(1)付款单位对收款单位托收的款项逾期付款，应承担赔偿责任；(2)付款单位变更开户银行、账户名称和账号，未能及时通知收款单位，影响收取款项的，应承担逾期付款赔偿责任；(3)付款单位无理拒绝付款，对收款单位重办的托收，应承担自第一次托收承付期满日起逾期付款赔偿责任；(4)付款单位到期无款支付，逾期不退回托收承付有关单证的，应按规定承担行政责任。

其三，其他单位和个人的责任，包括：(1)单位和个人办理支付结算，未按规定填写结算凭证或填写有误，影响资金使用或造成资金损失；票据或印章丢失，造成资金损失的，由其自行负责。(2)单位和个人违反支付结算规定，被银行停止其使用有关支付结算工具，因此造成的后果,由其自行负责。(3)城乡集体工业企业未经银行批准,擅自办理托收承付结算的;单位和个人违反《银行账户管理办法》开立和使用账户的,应按规定承担行政责任。对单位和个人承担行政责任的处罚,由中国人民银行委托商业银行执行。

其四,银行的责任。包括:(1)收款人委托的收款银行的责任,限于收到付款人支付的款项后按照结算凭证上记载的事项将结算凭证记载的金额转入收款人账户。(2)付款人委托的付款银行的责任,限于按照结算凭证上记载事项从付款人账户支付金额。但托收承付结算中的付款人开户银行,应按照托收承付结算方式有关规定承担责任。(3)银行办理支付结算,因工作差错发生延误,影响客户和他行资金使用的,按中国人民银行规定的同档次流动资金贷款利率计付赔偿金。(4)银行违反规定故意拖延支付、受理无理拒付、有款不扣以及不扣、少扣赔偿金、截留挪用结算资金,影响客户和他行资金使用的,要按规定承担赔偿责任。因重大过失错付或被冒领的,要负责资金赔偿。(5)银行违反规定将支付结算的款项转入储蓄和信用卡账户的;违反规定办理空头汇款的;拖延支付、受理无理拒付、有款不扣以及不扣、少扣赔偿金、截留、挪用结算资金的;未按规定通过中国人民银行办理大额转汇的;在结算制度之外规定附加条件,影响汇路畅通的;违反《银行账户管理办法》开立和管理账户的,应按规定承担行政责任。

其五,邮电部门的责任。邮电部门在传递结算凭证和拍发电报中,因工作差错而发生积压、丢失、错投、错拍、漏拍、重拍等,造成结算延误,影响单位、个人和银行资金使用或造成资金损失的,由邮电部门负责。

其六,其他规定,包括:(1)违反国家法律、法规和未经中国人民银行批准,作为中介机构经营结算业务的;未经中国人民银行批准,开办信用卡业务的,应按规定承担行政责任。(2)伪造、变造结算凭证上的签章或其他记载事项的,应当承担民事责任或刑事责任。(3)利用信用卡、结算凭证进行欺诈,构成犯罪的,应依法承担刑事责任。情节轻微,不构成犯罪的,应按照规定承担行政责任。

2. 违反《国内信用证结算办法》的法律责任

(1)开证行的责任。该《办法》第44条规定,开证行对符合信用证条款的单据无理拒付、拖延付款的,应按单据金额每天万分之五向议付行或受益人支付赔偿金,并对其处以按单据金额每天万分之七罚款。(2)通知行的责任。该办法第43条规定,通知行未按规定时间作出信用证通知的,对其处以通知手续费10倍的罚款。(3)其他金融机构的责任。该《办法》第42条第1款规定,非法开办信用证业务的金融机构,应承担信用证上的责任,中国人民银行应没收其手续费所得,根据情节轻重,对其处以3万元以下的罚款,并追究有关责任人员的责任。(4)非法使用者的责任。该《办法》第42条第2款规定,对于伪造、变造信用证或伪造、变造附随的单据、文件的,或者利用伪造的信用证进行诈骗的,依照《刑法》的有关规定追究其法律责任。

三、银行卡业务

根据《信用卡业务管理办法》,银行卡是指由商业银行(含邮政金融机构,下同)向社会发行的具有消费信用、转账结算、存取现金等全部或部分功能的信用支付工具。商业银行未经中国人民银行批准不得发行银行卡。

信用卡是指商业银行向个人和单位发行的,凭以向特约单位购物、消费和向银行存取现金,且具有消费信用的特制载体卡片,是目前我国广泛使用的一种支付结算工具。

(一) 银行卡分类及定义

(1) 银行卡按币种不同分为人民币卡、外币卡;按发行对象不同分为单位卡(商务卡)、个人卡;按信息载体不同分为磁条卡、芯片(IC)卡。芯片(IC)卡既可应用于单一的银行卡品种,又可应用于组合的银行卡品种。

(2) 银行卡包括信用卡和借记卡。①信用卡。信用卡按是否向发卡银行交存备用金分为贷记卡、准贷记卡两类。贷记卡是指发卡银行给予持卡人一定的信用额度,持卡人可在信用额度内先消费、后还款的信用卡。准贷记卡是指持卡人须先按发卡银行要求交存一定金额的备用金,当备用金账户余额不足支付时,可在发卡银行规定的信用额度内透支的信用卡。②借记卡按功能不同分为转账卡(含储蓄卡,下同)、专用卡、储值卡。借记卡不具备透支功能。转账卡是实时扣账的借记卡,具有转账结算、存取现金和消费功能。专用卡是具有专门用途、在特定区域使用的借记卡,具有转账结算、存取现金功能。专门用途是指在百货、餐饮、饭店、娱乐行业以外的用途。储值卡是发卡银行根据持卡人要求将其资金转至卡内储存,交易时直接从卡内扣款的预付钱包式借记卡。

(3) 联名/认同卡是商业银行与营利性机构/非营利性机构合作发行的银行卡附属产品,其所依附的银行卡品种必须是已经中国人民银行批准的品种,并应当遵守相应品种的业务章程或管理办法。发卡银行和联名单位应当为联名卡持卡人在联名单位用卡提供一定比例的折扣优惠或特殊服务;持卡人领用认同卡表示对认同单位事业的支持。

(二) 银行卡业务规则

(1) 银行卡业务审批规则。根据《信用卡业务管理办法》第三章规定,商业银行开办银行卡业务应当具备下列条件:开业 3 年以上,具有办理零售业务的良好业务基础;符合中国人民银行颁布的资产负债比例管理监控指标,经营状况良好;已就该项业务建立了科学完善的内部控制制度,有明确的内部授权审批程序;合格的管理人员和技术人员、相应的管理机构;安全、高效的计算机处理系统;发行外币卡还须具备经营外汇业务的资格和相应的外汇业务经营管理水平;中国人民银行规定的其他条件。

商业银行开办各类银行卡业务,应当按照中国人民银行有关加强内部控制和授权授信管理的规定,分别制定统一的章程或业务管理办法,报中国人民银行总行审批。商业银行总行不在北京的,应当先向中国人民银行当地中心支行申报,经审查同意后,由中国人民银行分行转报中国人民银行总行审批。已开办信用卡或转账卡业务的商业银行可向中国人民银行申请发行联名/认同卡、专用卡、储值卡;已开办人民币信用卡业务的商业银行可向中国人民银行申请发行外币信用卡。商业银行发行全国使用的联名卡、IC 卡、储值卡应当报中国人民银行总行审批。商业银行分支机构办理经中国人民银行总行批准的银行卡业务应当持中国人民银行批准文件和其总行授权文件向中国人民银行当地行备案。商业银行分支机构发行区域使用的专用卡、联名卡应当持商业银行总行授权文件、联名双方的协议书报中国人民银行当地中心支行备案。商业银行变更银行卡名称、修改银行卡章程应当报中国人民银行审批。外资金融机构经营银行卡收单业务应当报中国人民银行总行批准。银行卡收单业务是指签约银行向商户提供的本外币资金结算服务。

(2) 计息与收费规则。根据《信用卡业务管理办法》第四章规定,银行卡的计息包括计收利息和计付利息,均按照《金融保险企业财务制度》的规定进行核算。

(3) 银行卡风险管理规则。发卡银行应当认真审查信用卡申请人的资信状况,根据申请人的资信状况确定有效担保及担保方式。发卡银行应当对信用卡持卡人的资信状况进行定期复查,并应当根据资信状况的变化调整其信用额度。

发卡银行应当建立授权审批制度,明确对不同级别内部工作人员的授权权限和授权限额。发卡银行应当加强对止付名单的管理,及时接收和发送止付名单。通过借记卡办理的各项代理业务,发卡银行不得为持卡人或委托单位垫付资金。

(4) 银行卡当事人职责。《信用卡业务管理办法》明确规定了银行卡当事人双方的权利、义务。

(三) 中国银联及银联卡

为建立和运营全国银行卡跨行信息交换网络,实现银行卡全国范围的联网通用,2002年3月26日,经中国人民银行批准,80多家国内金融机构共同发起设立中国银联股份有限公司,中国银联是一家股份制金融服务机构,注册资本金为16.5亿元人民币,总部设在上海。

中国银联是中国银行卡联合组织,通过银联跨行交易清算系统,实现商业银行系统间的互联互通和资源共享,保证银行卡跨行、跨地区和跨境的使用。

银联卡,即银联标识卡,是经中国人民银行批准,由国内各发卡金融机构发行,采用统一业务规范和技术标准,可以跨行跨地区使用的带有"银联"标识的银行卡。2002年1月10日,我国首期银联卡发行。

近些年来,我国银行卡发卡和受理规模不断扩大。据中国银联发布的《中国银行卡产业发展报告(2019)》统计,截至2018年年底,银联卡全球发行累计超过75.9亿张,银联卡全球受理网络已延伸到174个国家和地区,覆盖超过5 370万家商户和286万台ATM,用卡增值服务不断丰富。

携程和银联国际2019年11月联合发布的《2019年中国人出境旅游消费报告》显示,银行卡消费仍是主要的支付方式,但移动支付快速提升,银联卡已成为中国人出境主流支付工具。为更好服务出境游客,银联国际加速受理环境建设。境外已有176个国家和地区,2 850万商户支持银联卡,"云闪付"用户已可在境外52个国家和地区扫码或"挥"机支付。

四、其他中间业务

商业银行的中间业务,除支付结算类中间业务和银行卡业务外,还包括代理类、担保类、承诺类、交易类、基金托管、咨询顾问、提供保管箱等业务,现予以分别简单介绍。

(一) 代理类中间业务

代理类中间业务指商业银行接受客户委托、代为办理客户指定的经济事务、提供金融服务并收取一定费用的业务,包括代理政策性银行业务、代理中国人民银行业务、代理商业银行业务、代收代付业务、代理证券业务、代理保险业务、代理其他银行银行卡收单业务等。

(1) 代理政策性银行业务,指商业银行接受政策性银行委托,代为办理政策性银行因服务功能和网点设置等方面的限制而无法办理的业务,包括代理贷款项目管理等。

(2) 代理中国人民银行业务,指根据政策、法规应由中央银行承担,但由于机构设置、专业优势等方面的原因,由中央银行指定或委托商业银行承担的业务,主要包括财政性存款代理业务、国库代理业务、发行库代理业务、金银代理业务等。

(3) 代理商业银行业务，指商业银行之间相互代理的业务，例如为委托行办理支票托收等。

(4) 代收代付业务，是商业银行利用自身的结算便利，接受客户的委托代为办理指定款项的收付事宜的业务，如代理各项公用事业收费、代理行政事业性收费和财政性收费、代发工资、代扣住房按揭消费贷款还款等。

(5) 代理证券业务是指银行接受委托办理的代理发行、兑付、买卖各类有价证券的业务，还包括接受委托代办债券还本付息、代发股票红利、代理证券资金清算等业务。此处有价证券主要包括国债、公司债券、金融债券、股票等。

(6) 代理保险业务是指商业银行接受保险公司委托代其办理保险业务的业务。商业银行代理保险业务，可以受托代个人或法人投保各险种的保险事宜，也可以作为保险公司的代表，与保险公司签订代理协议，代保险公司承接有关的保险业务。代理保险业务一般包括代售保单业务和代付保险金业务。

(7) 其他代理业务，包括代理财政委托业务、代理其他银行银行卡收单业务等。

应该指出的是，在代理业务中，委托人与银行应签订委托代理合同，明确双方的权利、义务，界定代理范围、内容、期限、手续费、纠纷处理等。

(二) 担保类中间业务

担保类中间业务指商业银行为客户债务清偿能力提供担保，承担客户违约风险的业务。主要包括银行承兑汇票、备用信用证、各类保函等。

(1) 银行承兑汇票，是由收款人或付款人（或承兑申请人）签发，并由承兑申请人向开户银行申请，经银行审查同意承兑的商业汇票。

(2) 备用信用证，是开证行应借款人要求，以放款人作为信用证的收益人而开具的一种特殊信用证，以保证在借款人破产或不能及时履行义务的情况下，由开证行向收益人及时支付本利。

(3) 各类保函业务，包括投标保函、承包保函、还款履约担保、借款保函等。

(4) 其他担保业务。

(三) 承诺类中间业务

承诺类中间业务是指商业银行在未来某一日期按照事前约定的条件向客户提供约定信用的业务，主要指贷款承诺，包括可撤销承诺和不可撤销承诺两种。

(1) 可撤销承诺附有客户在取得贷款前必须履行的特定条款，在银行承诺期内，客户如没有履行条款，则银行可撤销该项承诺。可撤销承诺包括透支额度等。

(2) 不可撤销承诺是银行不经客户允许不得随意取消的贷款承诺，具有法律约束力，包括备用信用额度、回购协议、票据发行便利等。

(四) 交易类中间业务

交易类中间业务指商业银行为满足客户保值或自身风险管理等方面的需要，利用各种金融工具进行的资金交易活动，主要包括金融衍生业务。

(1) 远期合约，是指交易双方约定在未来某个特定时间以约定价格买卖约定数量的资产，包括利率远期合约和远期外汇合约。

(2) 金融期货，是指以金融工具或金融指标为标的的期货合约。

(3) 互换，是指交易双方基于自己的比较利益，对各自的现金流量进行交换，一般分为利率互换和货币互换。

（4）期权，是指期权的买方支付给卖方一笔权利金，获得一种权利，可于期权的存续期内或到期日当天，以执行价格与期权卖方进行约定数量的特定标的的交易。按交易标的分，期权可分为股票指数期权、外汇期权、利率期权、期货期权、债券期权等。

（五）基金托管业务

基金托管业务是指有托管资格的商业银行接受基金管理公司委托，安全保管所托管的基金的全部资产，为所托管的基金办理基金资金清算款项划拨、会计核算、基金估值、监督管理人投资运作。托管业务包括封闭式证券投资基金托管业务、开放式证券投资基金托管业务和其他基金的托管业务。

（六）咨询顾问业务

咨询顾问类业务指商业银行依靠自身在信息、人才、信誉等方面的优势，收集和整理有关信息，并通过对这些信息以及银行和客户资金运动的记录和分析，并形成系统的资料和方案，提供给客户，以满足其业务经营管理或发展的需要的服务活动。

（1）企业信息咨询业务，包括项目评估、企业信用等级评估、验证企业注册资金、资信证明、企业管理咨询等。

（2）资产管理顾问业务，指为机构投资者或个人投资者提供全面的资产管理服务，包括投资组合建议、投资分析、税务服务、信息提供、风险控制等。

（3）财务顾问业务，包括大型建设项目财务顾问业务和企业并购顾问业务。大型建设项目财务顾问业务指商业银行为大型建设项目的融资结构、融资安排提出专业性方案。企业并购顾问业务指商业银行为企业的兼并和收购双方提供的财务顾问业务，银行不仅参与企业兼并与收购的过程，而且作为企业的持续发展顾问，参与公司结构调整、资本充实和重新核定、破产和困境公司的重组等策划和操作过程。

（4）现金管理业务，指商业银行协助企业，科学合理地管理现金账户头寸及活期存款余额，以达到提高资金流动性和使用效益的目的。

（七）保管箱及其他业务

保管箱业务，以及其他不能归入上述类别的中间业务。

总之，商业银行中间业务是指不构成商业银行表内资产、表内负债，形成银行非利息收入的业务。根据该属性，中间业务可分为九大类，即支付结算类中间业务、银行卡业务以及上述七种中间业务。

复习思考题

1. 简述银行业务法的渊源和体系。
2. 我国商业银行的业务范围是怎样的？
3. 试述银行负债业务的主要法律规定。
4. 简述银行资产业务的主要法律规定。
5. 简述银行中间业务的主要法律规定。
6. 试述商业银行与客户之间的法律关系。
7. 试述我国的金融债券发行规则。

第六章 票据法律制度

本章要点

- 票据的概念、分类、特征及功能
- 《票据法》的概念、性质及票据关系、票据行为、票据权利、票据抗辩
- 汇票的概念,出票、背书、承兑、保证、付款、追索权和汇票结算规则
- 本票和支票的基本法律制度
- 票据法的立法体系与国际统一化的成果与趋势

在商品经济条件下,一切经济往来都体现为货币的收付。由于各种具体的商品交易、劳务供应、资金调拨及其他活动而发生的货币收付行为,就是金融法上的结算。从法律上讲,这种结算行为是当事人各方债权债务的清算和了结。以票据作为支付工具来清结货币收付双方当事人的债权债务关系的方式,被称为票据支付结算方式①。票据法就是所有法律中有关票据的规定的总和。

票据作为重要的支付结算工具,在现代市场经济中发挥着非常重要的作用;票据法作为金融法的重要组成部分,在社会主义市场经济法律体系中占有重要地位。我国现行的1995年《票据法》规定了汇票、本票和支票三种票据。本章从票据法基本理论入手,分别对汇票、本票和支票的基本法律制度进行了阐述。其中,各种票据行为及其内容、三种票据制度之间的异同及各自结算规则,是本章学习的重点和难点。

2020年6月29日,中国人民银行发布《标准化票据管理办法》,自当年7月28日起实施,对于规范标准化票据融资机制,服务中小企业和供应链融资,促进我国票据业务和票据市场健康发展,具有重要意义。

第一节 票据法概述

票据法是调整票据当事人之间的票据授受关系和货币支付关系的法律规范的总称。整个

---

① 根据我国《支付结算办法》《国内信用证结算办法》和《信用卡业务管理办法》的规定,我国现行的支付结算方式共有八种,包括汇票、本票、支票三种票据结算方式,以及信用证、银行卡、汇兑、托收承付、委托收款五种非票据支付结算方式。

现代票据法律制度是建立在票据流通和信用基础之上的。只有充分认识到票据的流通和信用方面的性质和功能，才能理解票据法的精髓，也才能从根本上掌握票据法及相关法律制度。

一、票据的概念与特征

（一）票据的概念

票据一词有广义和狭义之分。广义的票据（commercial paper）泛指商业活动中各种代表财产权利的书面凭证，如钞票、发票、提单、仓单、保单、车票、船票、机票、入场券、股票、债券、存折、汇票、本票、支票等。而狭义的票据专门指票据法上规定的票据（negotiable instruments），是指出票人依法签发的，承诺由本人或委托他人在见票时或在票载日期无条件支付确定的金额给收款人或持票人的一种有价证券。我国票据法上的票据，是狭义上的票据，包括汇票（bills of exchange）、本票（promissory notes）和支票（cheques）。①

上述票据的概念，可从三个方面来理解：

其一，票据是一种有价证券。有价证券是一种表示具有一定财产价值的民事权利的证券，权利的发生、转移和行使均以持有证券为必要。② 有价证券指代表一定民事财产权利，依法可以自由流转的权利证书，其权利内容是一定的财产性民事权利，如物权、债权或股权。票据体现的是一种财产权利，其所表示的权利是以支付确定的金额给权利人为内容的债权，这种权利与票据本身不可分离。票据权利体现在票据上，离开了票据，票据权利就无所依附。持票人拥有票据即拥有票据上的权利，行使票据权利必须持有票据；票据权利的转移，必须交付、转移票据。

其二，票据是以无条件支付确定的金额为内容。所谓"无条件"，并不是签发票据无条件，而是指依法出票后，出票人就为自己设定了无条件支付或担保承兑、担保付款的义务，该义务无对价利益，而且不得附加任何条件或限制。票据的这一特点，有利于其流通。

其三，票据是由出票人依照票据法的规定签发。票据是用来替代流通货币进行支付的，票据如同金钱，票据法实行严格的法定主义。出票人必须严格按照票据法的规定签发票据。各种票据的格式、内容所表明的含义，票面记载的文字和数字的书写，票据应该记载的事项，包括金额、付款人、出票日、出票人等，甚至票据用纸的规格、颜色等，票据法都有具体而详细的规定。

（二）票据的特征

票据的法律特征，或称票据的性质，是指票据区别于其他有价证券的本质属性，包括以下十个方面。

（1）票据是一种设权证券。票据权利产生的前提是制作证券，在证券制成之前不存在任何票据上的权利，票据制作完成时才同时创设了票据权利。没有票据，也就没有票据上的权利；当票据证券灭失或毁损而无法提示时，该证券权利也随之无法行使。设权证券有别于证权证券，证权证券上的权利在制作证券之前就已经存在，制作证券是为了进一步证明权利的存在。例如，提货单就是证权证券，货主对货物本来就享有物权，其持有提货单仅仅是为了证明其与运输者之间的关系。

---

① 《票据法》第 2 条第 2 款规定："本法所称票据，是指汇票、本票和支票。"
② 参见谢怀栻：《票据法概论》，法律出版社 1990 年版，第 8 页。《瑞士民法典》第 5 编"债务法"第 965 条规定："有价证券是一切与权利结合在一起的文书，离开文书即不能主张该项权利，也不能将之转移于他人。"这是大陆法系国家一个典型的票据定义。

(2) 票据是债权证券。根据民商法理论,有价证券依其权利的法律属性可分为物权证券、社员证券及债权证券。物权证券持有人享有的是证券所代表的物权,例如仓单和提货单等;社员证券又称为团体证券,其持有人享有的是证券所代表的社员权,例如公司股票等;债权证券持有人享有的是证券所代表的债权。票据所创设的权利是金钱债权,票据持有人可以对票据记载的一定金额向票据的债务人(付款人或出票人)行使付款请求权和追索权,所以票据为债权证券。

(3) 票据是金钱证券。债权证券根据所表彰的权利的经济内容不同,可分为两种:一种是以请求支付金钱为内容的金钱证券;另一种是以请求交付物品为内容的物品证券。票据所创设的债权以给付一定数量的金钱为标的,从某种意义上说,票据就意味着票据记载的金钱。票据所代表的请求权是以给付一定数量的金钱为内容的,支付"票据金额"是发行票据的唯一目的,所以票据是金钱证券。

(4) 票据是流通证券。作为一种金钱债权证券,票据可以通过背书或交付而转让,具有很强的流通性。各国票据法尽管各有其特点,但都以促进票据的流通作为票据立法的宗旨,并且在票据的流通规则方面则如出一辙,英美国家通常是以"流通证券"(negotiable instruments)来概括票据。一般说来,除票据上记载有"不可转让"字样者外,记名式票据以背书和交付票据为转让要件,无记名式票据以票据的交付为转让的唯一要件。

(5) 票据是无因证券。无因证券又称"不要因证券",是指证券效力与作成证券的原因完全分离,证券权利的存在与行使,不以作成证券的原因为要件的一类证券。也就是说,对于无因证券,即使证券作成原因无效(不合法或不存在),证券本身仍可有效。票据是一种单纯的金钱支付凭证,在一定程度上有着货币的作用,票据关系具有独立性和无因性,其效力原则上不受原因关系和资金关系效力的影响。只要权利人持有票据,就享受票据权利,就可以行使票据上的权利。至于权利人持有票据或取得票据的原因以及票据权利发生的原因,则在所不问。这对保障形式合法票据效力的确定性,对保障票据流转的安全性都十分必要。

(6) 票据是文义证券。票据所创设的一切权利和义务,要完全地、严格地以票据上依法记载的文字的含义为准。任何人都不得以票据文义之外的其他事实或因素来解释或确定或改变票据权利义务及票据债权人、债务人。即使票据上记载的文义有错,也要以该文义为准,而不得以当事人的意思或其他有关事项来确定票据上的权利义务关系。

(7) 票据是要式证券。为了维护票据设权的明确和统一,避免票据文义的混乱或欠缺,票据的形式和记载事项,必须遵照法定格式,才能产生效力;不依法定方式制作的票据,会对票据产生一定的负面影响。例如《票据法》第108条规定汇票、本票、支票的格式应当统一。票据凭证的格式和印制管理办法,由中国人民银行规定。《票据法》第22条规定了汇票必须记载的七个事项,还规定如果有任一事项未记载,则该汇票无效。此外,票据的转让、承兑、付款、追索等行为,也必须严格按照票据法规定的程序和方式进行。

(8) 票据是占有证券。票据作为设权证券,票据权利的行使以实际占有票据证券为前提;没有票据,也就没有票据上的权利。当票据证券灭失、毁损或出质而不实际占有、无法提示时,则无法主张和行使该票据证券权利。

(9) 票据是提示证券。"提示"即提供和出示之义,各国票据法都把提示作为行使票据权利的要件。票据权利人主张和行使票据权利,必须向票据债务人(即票据上记载的付款人)提示票据。提示,包括提示承兑和提示付款。本票和支票属于见票即付的票据,不必提示承兑,只是提示付款;汇票属于委托证券,除另有规定者外,先提示承兑,再提示付款。

(10) 票据是返还证券。票据的占有性和提示性特征,决定了票据具有返还性的特征。如前所述,票据上的权利与票据的占有不可分离。持票人提示付款、取得票面金额后,必须将票据交给付款人,转移票据所有权。各国票据法一般都规定,持票人取得票面金额,以向付款人交付票据为要件。我国《票据法》第55条规定,持票人获得付款的,应当在汇票上签收,并将汇票交给付款人。

二、票据的种类和作用

(一) 票据的种类

1. 法律上的分类

各国票据法对票据的种类采取法定主义,即票据法对票据的种类作出明文规定,不允许当事人自由创设法定种类之外的票据。英美法系国家的票据立法大多采用"合并主义"或"包括主义",把汇票、本票和支票作为票据统一立法。例如,美国《统一商法典》第三编"商业证券"(Commercial Paper)包括汇票、本票、支票和存款单四种证券。而德国、法国、日本等大陆法系国家的票据立法以及日内瓦《统一汇票本票法》则采取"分离主义",将票据仅分为汇票和本票,不包括支票,而把支票列为与票据并立的另一种有价证券,进行单独立法。

《票据法》第2条第2款规定:"本法所称票据,是指汇票、本票和支票。"可见我国票据立法采取了合并主义或包括主义的立法体例。

2. 学理上的分类

在票据法理论上,可根据不同的标准对票据作出不同的分类。

(1) 自付票据与委托票据。这是依据出票人是否同时是付款人而进行的分类。凡是出票人约定由自己支付票据金额的票据即为自付票据,例如本票;自付票据由出票人本人直接承担对票据无条件付款的义务。凡是约定出票人自己不是付款人,而是委托他人支付票据金额的票据,即委托票据,例如汇票、支票;委托票据的出票人本人不直接承担付款义务,而是委托他人并在票据上加以记载,由他人承担无条件付款义务的票据。

(2) 记名票据、无记名票据及指示式票据。这是依据票据对票据权利人的记载方式不同所进行的分类。记名票据是指在票据上明确记载权利人的名称的票据;无记名票据是指票据上不记载收款人的名称,或者把权利人记作"持票人"或"来人"等字样的票据;指示式票据是指在票据上记载的收款人的姓名或名称之后,还附加记载有"或其指定之人"的票据。

记名式票据只能以背书交付方式转让;无记名式票据以单纯交付的方式转让;指示式票据应以背书方式转让,出票人、背书人不得作"禁止转让"的记载。

(3) 即期票据与远期票据。这是依票据上所记载的到期日的不同所进行的分类。即期票据是指持票人得随时提示付款,由出票人见票付款的票据;远期票据是指在票据上记载将来某个日期为到期日,付款人在该日期到来时才付款的票据。即期票据的主要作用是对交易提供支付工具,而远期票据的主要作用是对出票日至付款到期日之间提供期间信用。我国《票据法》目前规定的银行汇票、支票和本票均属于即期票据,仅商业汇票为远期汇票。

远期票据依据其到期日记载方式的不同,又可分为出票后定日付款的票据、出票后定期付款的票据和见票后定期付款的票据三种。出票后定日付款的票据,是指出票人依法在票据上记载的,以出票日后的某一期日为付款到期日的远期票据;出票后定期付款的票据,是指出票人依法在票据上记载的,以出票日起一定期间届满为到期日的远期票据;见票后定期付款的票据,是指根据出票人在票据上的记载,持票人须在提示期间首先向付款人提示承兑,并以承兑日起一定期间届满时为付款到期日的远期票据。

按照我国《票据法》的规定,我国远期票据的付款到期日可由出票人依法在票据上载明,但是自出票日起,付款期限最长不得超过 6 个月,而见票后定期付款票据的付款期限自出票日起最长可达 7 个月。

(二) 票据的作用或功能

总体而言,票据是代表定额货币的有价证券,其在经济生活中的主要作用是替代现金使用,发挥支付结算和融通资金的作用。

(1) 支付作用。票据具有代表定额货币、代替现金支付的功能,其最基本的作用是作为支付手段、代替现金使用。汇票、本票、支票都具有这一功能,支票是单纯的支付工具。用票据代替现金作为支付工具,既可以避免携带大量现金的不安全性,又可以避免清点现钞可能产生的错误和麻烦。

(2) 汇兑作用。票据的汇兑作用,是指票据具有异地输送资金的作用。汇票、本票、支票都具有这一作用,但更主要、更明显是通过汇票来实现的。在现代社会中,票据的汇兑功能因其他汇兑方式的兴起而有所减弱,但在国际贸易中其仍起着重要的作用。

(3) 流通作用。票据在英文上称为"可流通票据"(negotiable instruments),是因为其具有很强的流通性,其流通性可与货币媲美。票据可以作为信用货币代替现金用于支付和流通,从而节约商品流通环节中的货币资金,加快商品周转速度。同时,由于按照背书制度,背书人对票据付款负有担保义务,因此背书次数越多,对票据负责的人数也越多,该票据的可靠性也越高,这样就提高了票据的流通性,使票据的流通日益频繁和广泛。

(4) 信用作用。票据的信用作用,是指票据具有使出票人将未来取得资金的信用能力转变为当前支付能力的作用。由于票据法规定了对票据债务人抗辩的种种限制和对票据债权人的严密保护,使票据成为一种可靠的信用工具。特别是远期票据,如果买卖合同中的买方欲先行取货,在取得货物后的某个期间再付款,就可以开出一张远期票据,这时实际上卖方向买方提供了贷款;同时,如果票据持有人急需现金,则可以将未到期的票据予以贴现换取现金,银行在扣除到期日以前票据金额的利息以后,把票据金额支付给持票人;如果持票人在票据到期日以前需要履行债务,也可以将票据背书转让给债权人,以达到履行债务的目的。

(5) 融资作用。票据的融资作用,是指票据当事人可以通过票据转让或贴现来筹集资金的作用。票据的融资作用建立在票据自由流转规则和贴现规则的基础上,它实际上是将远期票据的信用力短期贴现为货币资金。但我国现有法律对票据的融资作用有极大的限制。一方面,我国《票据法》对种类票据规定了较短的付款期限,其可以转让的期间最长不得超过 6 个月;另一方面,由于我国《票据法》并未完全认可票据关系的无因性,因此,远期票据实际上处于效力不确定的状态,即使是经过承兑的票据也存在着被退票的风险。我国应尽快修改、完善《票据法》,以满足市场经济快速发展的现实需要。

三、票据法概述

(一) 票据法的概念

票据法有广义和狭义之分。广义的票据法,即实质意义上的票据法,是指各种法律中有关票据规定的总和,不仅包括狭义的票据法,还包括民法、刑法、行政法、破产法、税法等法律中有关票据的相关规定。而狭义的票据法,即形式意义上的票据法,则指有关票据法律关系的专门立法。一般所说的票据法,仅指狭义的票据法。

理论上讲,票据法是指调整票据关系以及与票据关系有关的其他社会关系的法律规范的总称。票据关系是指票据当事人之间因票据行为(出票、背书、承兑等)而产生的票据上的权利义务关系。与票据关系有关的其他社会关系,是指不是基于票据行为产生的,而是由票据法规定的,与票据关系密切联系的权利义务关系,又称为票据法的非票据关系。

(二) 票据法的特征

一个非常有趣的现象是,作为民商法之部门法和特别法的票据法,却有着与其他民商法部门很不一样的特征。

(1) 私法兼具公法性。作为民商法的特别法,票据法调整的是平等主体之间因票据而产生的社会关系,属于私法的范畴。但为了促进票据流通的顺畅和维护票据交易的安全,票据法也规定了一些公法性的规范。例如,禁止签发空头支票的规定,禁止票据伪造、变造的规定,以及有关票据法律责任的规定等,这些都体现了票据法的公法性特征。

(2) 实体法兼具程序性。票据法是规定和保护票据当事人的权利义务的法律,因而属于实体法。但是,票据法中同时规定有许多程序性规定,体现出明显的程序性特征。的确,票据的运作注重程序,许多规定都体现了票据法程序的严格性。例如,票据法中的具体结算规则,就是以程序性规则为主。

(3) 强行性而非任意性。票据法定主义原则,决定了票据法的强行性特征。所以,属于民商法特别法或部门法的票据法,民商法中大量存在的任意性规范采用较少,而几乎都是强行性规定。票据法的强行性主要表现在票据种类的法定性、票据证券的要式性和票据行为的法定性等方面。

(4) 技术性而非伦理性。法律与传统文化和伦理道德具有天然联系,尤其是传统民法和刑法规范,往往有着道德伦理性的价值取向。票据作为一种支付结算工具的本质,决定着票据法的技术性的特征。为实现方便交易、繁荣市场的目标,票据法更多地侧重对票据进行纯技术上的规定,而较少受到文化传统和伦理道德的影响。如票据法有关票据的无因性、要式性、文义性等的规定。

(5) 国内法兼具国际性。票据法虽然属于国内法,但从立法内容和发展趋势来看,它又具有很强的国际统一性。20世纪30年代初,日内瓦统一票据法会议之后,世界各国的票据立法都尽可能地与国际票据规则接轨,使各国的票据法在内容上日渐趋同,票据法也因而成为国际间统一化程度最高的法律。

(三) 我国票据法的立法状况

在我国历史上,很早就有了类似于票据的汇兑支付工具。一般认为,我国现代意义的票据是出现于唐代的"飞钱"。但是,受封建社会自然经济的制约,我国票据实践长期没有实现制度化和法律化。

清朝末年,西方银行带来了西方的票据制度,并逐步取代了我国原有的钱庄及票据制度。至国民党政府制定票据法,完全采用了西方国家的票据制度,规定了由西方传来的汇票、本票和支票这三种形式的票据。

1929年,国民政府立法院制定了《票据法》,于1929年9月28日通过,同年10月30日公布实施,中国历史上第一部票据法从此诞生。次年7月1日国民政府又公布了《票据法实施法》共20条。这部票据法在中国内地施行到1949年,目前仍在台湾地区施行。

中华人民共和国成立后,国家实行高度集中的计划经济,严格现金管理,注重银行信用,限制和取消了商业信用,致使票据制度基本没有存在的必要。所以,一直没有制定票据法。

20世纪80年代,我国实行经济改革和对外开放,随着从有计划的商品经济到有特色的市场经济的发展,票据制度得以逐步确立。1988年6月8日,上海市人民政府发布了《上海市票据暂行规定》,这是中华人民共和国成立以来第一个比较全面的地方性票据法规,对汇票、本票等制度作了规定。同年12月,中国人民银行颁发了《银行结算办法》,规定在全国推行汇票、商业汇票、银行本票和支票。1995年5月10日,八届全国人大常委会第十三次会议审议通过了《票据法》,自1996年1月1日起施行。根据2004年8月28日十届全国人大常委会第十一次会议《关于修改〈中华人民共和国票据法〉的决定》修正。

我国《票据法》施行以后,1997年6月23日,经国务院批准,中国人民银行于1997年8月21日发布了《票据管理实施办法》,自1997年10月1日起施行。同年9月17日,中国人民银行又制定《支付结算办法》,以维护支付结算秩序。2000年2月24日,最高人民法院通过了《关于审理票据纠纷案件若干问题的规定》(以下简称"司法解释"),对票据纠纷案件的受理和管辖、票据保全、举证责任、票据权利及抗辩、失票救济、票据效力、票据背书、票据保证、法律适用、法律责任等问题作出了解释。2004年8月28日,第十届全国人民代表大会常务委员会第十一次会议决定对《票据法》作出修订。

2020年6月29日,中国人民银行发布《标准化票据管理办法》,自7月28日起实施,明确了标准化票据的定义、参与机构、基础资产、创设、信息披露、投资者保护、监督管理等,有利于规范标准化票据业务的发展。

除此之外,在我国《刑法》《民事诉讼法》等法律中都有关于票据的相关规定。由此,我国形成了一个比较完善的票据法律体系,为保障票据在经济生活中正常流转,起到了重要的作用。由此,我国票据法律制度与世界其他地区一样一般长期不修改,成为我国金融法领域中最为稳定的一个部分。

(四)我国票据市场的法律问题

中国票据市场经过四十多年的探索实践,已经发展成为金融市场体系的重要组成部分,市场规模和市场参与主体不断扩大,各项创新工作不断推进,有力支持了实体经济特别是中小企业持续健康发展。

1. 票据市场发展现状

作为我国金融改革发展的重要成果之一,上海票据交易所(Shanghai Commercial Paper Exchange, SCPE)于2016年12月8日开业运营。作为我国金融市场的重要基础设施,上海票据交易所具备票据报价交易、登记托管、清算结算、信息服务等功能,承担中央银行货币政策再贴现操作等政策职能,是我国票据领域的登记托管中心、交易中心、创新发展中心、风险防控中心、数据信息研究中心。

近年来,我国票据市场在经历去杠杆和脱虚向实后,各类业务取得明显增长。2019年,上海票据交易所业务总量达131.45万亿元,同比增长19.04%;其中签发承兑20.38万亿元,同比增长11.55%;企业背书46.47万亿元,同比增长16.86%;票据贴现12.46万亿元,同比增长25.33%;票据交易50.94万亿元,同比增长22.01%。截至2019年年底,中国票据交易系统共接入法人机构 2 884 家,会员 2 913 家,系统参与者 101 622 家。

2. 票据法律亟须修订

由于我国《票据法》制定时时代背景的限制,票据被设计为支付结算工具,其支付结算在立法上的功能得到了确认,但其融资功能却未受到应有重视。而且,票据法律条文是基于纸质票据而制定,这与当时我国的经济发展和票据使用环境是相适应的,较好地平衡了当时市场发展和风险防范的需要,但却不能适应现今电子化发展的需要。随着票据市场的发展变化,票据已成为企业特别是中小微企业重要的融资工具。特别是票交所成立后,票据业务流程电子化程度大幅提升,票据的安全性和效率性不断提高。因此,我国《票据法》亟须修订,以便适应发展的现实需要。

其一,明确纸质票据电子化后的法律关系以及票据权属电子登记、电子背书的有效性等相关问题,为票据业务电子化提供法律基础。针对票据融资工具属性日益增强的实际情况,补充融资性业务规范的缺失,有针对性地明确票据转贴现、票据回购等交易规则,对票据的保管、交割、合同标准、双方权利义务关系等作出明确规范。建立完善票据中介业务管理制度,加强市场监管,维护票据市场秩序。

其二,依托票据市场,开发票据融资功能。流通功能和融资功能是现代票据的重要属性,但现行《票据法》缺乏对于票据标准化特性的明确规定,导致票据部分金额转移无法实现,降低了票据的流通功能。同时,其不能作为资管产品投资对象等规定,导致票据利率可能上升,削弱了其服务实体经济的能力。

其三,完善法律制度,补足立法缺位。现行票据法存在若干立法空白,如票据关系人包括出票人、收款人和背书人等均可以票据最后持有人的身份申请公示催告及除权判决,导致持票人和金融机构承担不必要的法律风险,提升了票据使用过程中的操作成本,不利于解决中小微企业融资难、融资贵等问题。

四、国际票据法

(一) 票据法的历史发展

一般认为,近代票据法起源于欧洲中世纪的商人习惯法,依托于 12—13 世纪意大利地中海沿岸城市发展起来的商人法,它主要表现为商业习惯和商业规则,为各国商人所共同接受。大约在 17 世纪以后,随着国家主权的兴起,各国相继颁布自己的商事法律,其间形成了各国成文的票据法。一般认为,1673 年法国《陆上商事条例》关于票据的法律规定,是近代各国票据法的开端。

到 20 世纪 30 年代日内瓦统一票据法公约制定之前,世界上曾存在着三大有代表性的票据法体系,即法国法系、德国法系、英美法系。

1. 法国法系

法国是世界上最早开展票据立法的国家。早在 1673 年,法国国王路易十四颁布《陆上商事条例》,以第五章和第六章专门规定了票据规则,包括汇票和本票。1807 年颁布《商法典》,其中第一编第八章规定了汇票和本票。1865 年制定了《支票法》作为特别法。凡仿效法国票据立法的国家,在理论上都被称为法国法系,包括意大利、西班牙、比利时、希腊、土耳其及拉丁美洲各国。

法国法系的最大特点是在票据作用上采用"输金主义",即票据主要作为输送金钱的工具,偏重于票据的汇兑作用。而且,法国票据法不对票据关系和票据基础关系作分离,即不承认票据的无因性;在立法体例上,采取分立主义,即票据只包括汇票和本票,而对支票另行单独立法。

2. 德国法系

从17世纪到19世纪中叶,德国各邦相继制定了自己的票据法,很不统一。1847年,德国以普鲁士邦法为基础,制定了统一的普通票据条例,几经修改,于1871年公布施行,即为《德国票据法》(规定汇票和本票)。1908年,另行制定和实施了《支票法》。凡仿照德国票据立法的国家,在理论上被称为德国法系,主要包括奥地利、瑞士、丹麦、瑞典、匈牙利、日本、挪威各国。

德国法系的特点在于立法体系上与法国法系一样,也是"分立主义";在票据作用上,既注重票据的汇兑作用,也强调信用作用和融资作用。更为重要的是,德国票据法系在制度上采用"新票据主义",强调票据关系的无因性,认为票据关系与票据基础关系相分离,强化了票据的流通性。德国法系后来成为欧洲大陆法系的代表,影响日益扩大。

3. 英美法系

英国于1882年在原有普通法和判例法的基础上颁布了《票据法》,规定了汇票和本票,而支票则作为汇票的一种来规范。1957年,英国又颁布了《支票法》(共8条)作为对票据法有关规定的补充。美国于1896年由非官方组织"统一州法委员会"制定了《统一流通证券法》,对汇票、本票和支票作了规定。1952年,美国法律协会和统一州法委员会合作编纂了《美国统一商法典》,其中第三编为"商业票据",规定了汇票、本票、支票和存款单四种流通证券,陆续为各州立法所采用。

英美票据法体系的国家除英国、美国外,主要包括加拿大、印度、澳大利亚及一些英属殖民地国家。英美票据法系的特点在于,立法模式上采取三票合一的"包括主义",即对票据的各种形式规定于一部法律文件;同时,注重票据的信用作用、流通作用和无因性,强调对正当持票人的保护。

应该指出的是,在日内瓦统一票据法制定以后,法国法系与德国法系实际上形成了日益趋同的"日内瓦票据法系"。

(二) 票据法的国际统一化活动

19世纪末20世纪初,随着贸易和旅游的发展,票据在国际间广泛使用和流传,但票据法各自为政的局面不能适应这一发展。于是,票据法的国际统一化问题引起了国际范围的广泛关注。早在1869年,意大利商业会议就开始倡导票据法的统一。1872年,德国法律学会倡议编纂欧洲统一票据法。19世纪80年代前后,国际法协会、国际法学会提出过数次统一票据法的草案,如《不莱梅规则》(共27条)、《标准票据法》(共106条)等。

自20世纪以来,统一票据法的国际活动主要有三次,即海牙统一票据法会议、日内瓦统一票据法会议及联合国统一票据法活动。

1. 海牙统一票据法

1910年和1912年,荷兰政府在海牙主持召开了两次国际票据法统一会议,制定了统一汇票本票法规则和统一支票法规则以及统一汇票本票法公约,这些规则和公约,习惯上被称为海牙统一票据法。海牙统一票据法比较适合欧陆国家的立法传统和社会实际,与会各国除英美外,其他大多数国家均予以承认。由于第一次世界大战爆发,未及各国政府批准,国际统一票据法运动便告中止,但对各国立法及其完善起到了很好的促进和示范作用。

2. 日内瓦统一票据法

第一次世界大战以后,国际联盟着手推动票据法的国际统一运动。1930年和1931年,国际联盟在日内瓦先后召开了国际票据法统一会议,分别通过了《统一汇票本票法公约》《统一支票法公约》等一系列票据法公约,统称为"日内瓦票据公约"。公约主要以德国票据法系为基础,签署或参加公约的国家基本上都是大陆法系国家,包括德国、法国、日本和绝大部分欧洲大陆国家及部分拉丁美洲国家。至此,在国际上形成了日内瓦统一票据法体系。

3. 联合国统一票据法

为了进一步各国票据法的国际统一,扩大票据的国际流通,联合国国际贸易法委员会于1971年开始着手起草国际统一适用的票据法草案。1988年12月,联合国第43次大会通过了《联合国国际汇票本票公约》(United Nations Convention on International Bills of Exchange and International Promissory Notes),该公约共有9章90条,并于1990年6月30日前开放签字。该公约第89条第1项规定,公约须经至少10个国家送交批准文件或者加入文件后才能生效。该公约因批准或加入国家未达要求数量,至今尚未生效。但是,随着世界经济的一体化,各国票据法的统一将是不可避免的。

从《联合国国际汇票本票公约》规定来看,该公约的适用范围仅限于"国际票据",即票据签发地、出票地、受款人地、付款地等地点中至少有两地不在一个国家之内的票据。① 可见,该公约不是完全的国际统一票据法,而仅仅是适用于国际的票据法规范。至于缔约国国内的票据法规范,则不在该公约规范之列。同时,该公约对于缔约国当事人而言,不具有强制适用的效力,而只有任意性效力,即发票人或承兑人可以自由选择是否适用该公约。

(三)票据法两大法系及其特点

当今世界,由于英国和美国当初没有派代表参加日内瓦会议,也一直拒绝参加这些公约,仍然坚持自己的票据法传统。因此,直至今天,世界上仍然存在着日内瓦统一票据法体系和英美票据法体系这两大票据法体系。

(1)日内瓦统一票据法系,是由参加日内瓦《汇票本票统一公约》和《支票统一公约》国家的票据立法,以及仿照日内瓦统一票据法的其他国家票据立法,所组成的票据法派系。主要代表性国家有法国、德国、瑞士及日本等。其主要有三方面的特点:其一,深受日内瓦《统一汇票本票法》和《统一支票法》的影响;其二,采用新票据主义,更注重票据的信用工具和流通证券功能,更加强调票据无因性;其三,对票据形式的要求十分严格。

(2)英美票据法系,是指根据票据法的历史传统和特色,把英、美两国票据法以及仿效英美票据法基本特征的其他国家的票据法归为一派系而形成的票据派系。这些国家如美国及大部分英联邦成员国如加拿大、印度等,以1882年《英国票据法》为蓝本制定本国的票据法。美国在1952年制订《统一商法法典》,其中第三章商业证券,即是关于票据的法律规定,

---

① 《联合国国际汇票本票公约》第2条规定:"1.国际汇票是列明至少下列两处地点并指出所列明的任何两处地点位于不同国家的汇票:(a)汇票开出地点;(b)出票人签名旁所示地点;(c)受款人姓名旁所示地点;(d)受款人姓名旁所示地点;(e)付款地点。但须汇票上列明汇票开出地点或汇票付款地点,而且两个地点均位于一个缔约国境内。2.国际本票是列明至少下列两处地点并指出所列明的任何两处地点位于不同国家的本票:(a)本票签立地点;(b)签票人签名旁所示地点;(c)受款人姓名旁所示地点;(d)付款地点。但须本票上列明付款地点,而且该地点位于一个缔约国境内。"

也就是美国的票据法,它在英美法系国家的票据法中也具一定的代表性和影响力。美国和其他英联邦国家的票据法虽在具体法律条文上与英国票据法有所不同,但总体说来,英美法系国家的票据法基本上是统一的,这种统一是建立在《英国票据法》基础上的。

第二节　票据法基本制度

一、票据法律关系

票据法律关系分为票据本身所产生的法律关系和与票据有关的法律关系。前者属于票据固有的法律关系,称为票据关系;后者不属于票据固有的法律关系,称为非票据关系。也就是说,所有与票据运作有关的法律关系,可以分为票据关系和非票据关系两大类。非票据关系又可以分为票据法上的非票据关系和民法上的非票据关系。

(一) 票据关系

1. 票据关系的概念

票据关系是指票据当事人之间因票据行为而直接产生的票据上的权利义务关系。它是一种特殊的民事法律关系,实质上是票据债权人与票据债务人之间的债权债务关系。票据关系具有以下特征:

(1) 票据关系基于票据行为而产生。只有票据法规定的票据行为,才能产生票据权利义务。票据行为之外的任何行为,即便是票据法中规定的行为,也不能引起票据权利义务关系的发生。

(2) 票据关系具有多重性。不同的票据行为就会引起不同的票据关系,从而使得票据关系具有多重性特点。在票据流通的过程中,随着票据当事人的不断增加,票据关系的数量也在增加;再加上汇票的承兑、汇票及本票的保证等票据行为的出现,在同一张票据上也会产生多个票据关系,从而使票据关系具有了多重性。

(3) 票据关系具有无因性。所谓票据关系的无因性,是指票据关系一经合法成立,就与其赖以产生的基础关系相分离,独立于基础关系之外,其效力一般不受其基础关系的影响。即使其基础关系存有瑕疵,也不会影响到票据关系的效力。

2. 票据关系的种类

票据关系多重性决定了票据关系有若干种类,主要包括:

(1) 因出票行为而产生的票据发行关系。因票据的种类不同,票据的发行关系分为汇票的发行关系、本票的发行关系与支票的发行关系三种。

(2) 因背书行为而产生的票据背书关系。票据背书关系的当事人为背书人与被背书人。背书人将票据权利转让给被背书人或将一定的票据权利授予被背书人行使。背书人对被背书人负有担保票据承兑和付款的义务。

(3) 因承兑行为而产生的票据承兑关系。这种票据关系仅存在于远期汇票,即汇票经承兑后,承兑人与收款人或持票人之间便形成了确定的票据债权债务关系。

(4) 因票据保证行为而产生的票据保证关系。票据保证关系中的保证人与被保证人对票据权利人承担连带责任。保证人所承担的责任内容与被保证人相同。

(5) 因票据的参加行为而产生的票据参加关系。票据参加关系分为参加承兑关系与参加付款关系。我国《票据法》中对参加承兑与参加付款均未有规定。

(6) 因支票的保付行为而产生的支票保付关系。所谓支票的保付,是指支票的付款人在支票上记载照付或保付或其他同义字样并签名的行为。支票的付款人进行保付行为后,其付款义务与汇票承兑一样。支票上的所有债务人均因付款人的保付行为而得以解除票据义务。我国票据法中没有支票保付的规定。

3. 票据关系的构成

与其他法律关系一样,票据关系也是由主体、客体和内容三要素构成的。

其一,主体。票据关系的主体,即指票据关系的当事人,是指参与票据关系,享受票据权利和承担票据义务以及与票据权利义务有密切关系的法律主体。根据不同的标准,可对票据关系的主体作出不同的分类。

(1) 权利主体和义务主体。这是根据票据关系当事人在票据上的地位所作的分类。通常讲,持有票据、享有票据权利者,是权利主体;在票据上进行票据行为并签章的人,负有相应的票据义务,是票据关系的义务主体。

(2) 基本当事人与非基本当事人。这是根据当事人是否随票据的出票行为而出现所作的分类。凡随出票行为直接出现的当事人,称为基本当事人;非基本当事人是指不是随出票行为出现,而是随其他票据行为出现的当事人。

票据的基本当事人有三个:出票人(drawer)、收款人(the person to whom payment is to be made)和付款人(drawee)。但本票的出票人和付款人为同一人。

其二,客体。票据关系的客体是指票据当事人的权利义务所共同指向的对象。票据是金钱债权证券的性质,决定了票据关系的客体就是一定数量的金钱,而不可能是其他物品。

其三,内容。票据关系的内容是指票据关系当事人依法享有的权利和承担的义务,即票据权利和票据义务。票据权利是指票据权利人为实现票据上的债权而实施的法律行为,包括付款请求权和追索权。票据义务又称票据责任,是指票据义务人所承担的向持票人支付票据金额的法律义务。

(二) 非票据关系

非票据关系,是指与票据有密切关系,而又不是基于票据行为而产生的法律关系,包括票据法上的非票据关系和民法上的非票据关系两大类。民法上的非票据关系,又称为票据基础关系。

1. 票据法上的非票据关系

票据法上的非票据关系,是指票据法中规定的,与票据有密切关系,而非由票据行为产生的法律关系。票据法上的非票据关系主要有以下几种:

(1) 汇票回单签发关系。持票人将汇票交给付款人时,有权要求付款人签发收到汇票的回单,以证明持票人因提示承兑而向付款人交付了票据。

(2) 票据返还关系。票据返还关系主要有三种,即票据债务人履行票据义务后请求持票人返还票据,以消灭票据关系或据以行使追索权的权利义务关系;持票人因获得承兑或者不获承兑、不获付款后请求付款人退还票据的权利义务关系;正当权利人请求因恶意或重大过失而取得票据的人返还票据的权利义务关系。

(3) 票据复本的签发与返还关系。我国《票据法》中没有关于票据复本的规定。

(4) 誊本的持票人与原本持有人之间的票据原本返还关系。我国《票据法》中也没有关于票据誊本的规定。

(5) 利益偿还关系。持票人因未在票据权利时效之内主张权利或因手续的欠缺而使票据权利消灭的,请求出票人或承兑人在其实际所受利益限度之内予以偿还的权利义务关系。

(6) 损害赔偿关系。票据当事人因违反票据法的规定致他人损失,受害人请求赔偿的权利义务关系。

2. 民法上的非票据关系

民法上的非票据关系是指导致票据关系产生的基础关系,又称为票据基础关系,包括票据原因关系、票据资金关系和票据预约关系。

(1) 票据原因关系。票据原因,是指票据当事人之间所以授受票据的缘由,如买卖价金的支付、赠与目的的达成、借贷合同的成立、定金的交付、债权的担保等。而票据原因关系是构成票据关系产生原因的法律关系,如买卖关系、赠与关系、借贷合同关系等。

(2) 票据资金关系。票据的资金关系是指票据的付款人与出票人或其他资金义务人之间所发生的补偿关系,或者说,是指汇票或者支票的付款人与出票人或者其他资金义务人之间的委托付款法律关系。一般情况下,资金关系中的资金义务人是出票人,但当出票人是受他人的委托而为他人出票时,资金义务人即为该他人。

(3) 票据预约关系。票据的预约关系,是指票据的直接当事人之间就授受票据所达成的合意。票据预约不仅存在于票据的出票人与付款人之间,同样也存在于票据的背书人与被背书人之间。

(三) 票据关系的无因性

票据是无因证券,所以票据关系具有无因性。票据关系的无因性,又称为票据关系的抽象性,是指票据关系与票据基础关系相分离,如果票据关系本身已经依法成立,则不再受票据基础关系的影响,即使票据基础关系无效,也不能阻止票据权利行使权利。票据关系与其基础关系的这种分离表现在以下三个方面。

(1) 票据关系与票据原因关系的分离。票据关系一经依法成立,即与其赖以产生的原因关系相分离,无论原因关系是否有效,对于票据关系的效力都不发生任何影响。例如,某人签发一张票据,票据关系依法成立,但是后来法院判决作为签发该票据的原因关系的购买合同无效。在这种情况下,该购买合同的无效并不影响到票据的效力,票据依然有效。

(2) 票据关系与票据资金关系的分离。资金关系是否存在以及是否有效,对票据关系都不发生影响。这种分离性表现在:①取得票据的人所取得的,并不是取得建立在出票人对于付款人所有的资金关系上的请求权,而是独立的票据权利。②出票人不得以已经向付款人供给了资金为由而拒绝持票人或其他后手的追索。③汇票的付款人即使已经得到出票人供给的资金,也不因之当然成为票据的债务人;但如已承兑,即使没有得到资金,也不得以之为由而免除票据责任。④即使没有资金关系而发行票据时,其票据亦不得因之而无效。应该指出,付款人没有得到资金而已为票据支付时,当然可以向出票人或其他资金义务人请求补偿,但这已不属于票据关系,而应依照民法方法解决。

(3) 票据关系与票据预约关系的分离。票据预约实际上是票据原因和票据行为的桥梁,即票据原因是票据行为的基础,票据预约是票据行为的准备,票据行为是票据预约的实践。当事人如不依照预约而为票据行为时,则属于违反预约,构成债务不履行,应依民法方法解决。然而,票据行为一旦实施,则该预约就因履行而归于消灭,对于已经发生的票据行为或者已经成立的票据关系不发生任何影响。

(四)我国票据法与票据关系的无因性问题

票据的无因性是其流通性的保障。票据是一种具有很强流通性的有价证券,可以通过背书或者交付而辗转流通。票据的流通性是票据的生命线;票据失去了流通性,就失去了存在的价值。票据法之所以使票据关系发生无因性效果,其直接目的在于保护善意第三人的利益,最终目的则在于促进票据的流通性。试设想,假如票据有效成立并经多次转手流通,而此时因为原因关系的无效而引起票据无效,则这些善意受让人的利益势必受到影响甚至损害,进而则无人愿意或敢接受票据,票据流通性由此丧失。票据没有了流通性,就丧失了适用的意义。因此,各国票据法极为重视票据的无因性,并为商业实践所广泛认可。

然而,我国票据法关于基础关系的有关条文规定,使得法学界在我国票据法是否坚持票据无因性原则的认识上产生分歧。我国现行《票据法》关于基础关系的规定主要在第10条、第21条、第74条和第83条:"票据的签发、取得和转让,应当遵循诚实信用的原则,具有真实的交易关系和债权债务关系。票据的取得,必须给付对价,即应当给付票据双方当事人认可的相对应的代价";"汇票的出票人必须与付款人具有真实的委托付款关系,并且具有支付汇票金额的可靠资金来源。不得签发无对价的汇票用以骗取银行或者其他票据当事人的资金";"本票的出票人必须具有支付本票金额的可靠资金来源,并保证支付";"开立支票存款账户和领用支票,应当有可靠的资信,并存入一定的资金"。

我们认为,我国现行票据法是坚持票据无因性原则的。这是因为,我国《票据法》关于票据无效的规定非常明确,而即使票据基础关系不真实或者有欠缺或者已失效,只要票据符合法定形式要件,票据关系仍然有效。而且,《最高人民法院关于审理票据纠纷案件若干问题的规定》[①]相关条文,明确坚持和准确运用了票据无因性原则,弥补了《票据法》条文的不足。该司法解释第14条明确指出:"票据债务人以《票据法》第10条、第21条的规定为由,对业经背书转让票据的持票人进行抗辩的,人民法院不予支持。"这一解释性规定,明确坚持、很好维护了票据无因性的原则。

二、票据行为

(一)票据行为概述

1. 票据行为的概念

票据行为是票据法中一个非常重要的概念,我国《票据法》第1条规定的立法宗旨和任务之一就是为了规范票据行为,但未给出票据行为的定义。

狭义上的票据行为是指能产生票据债权债务关系的法律行为,包括出票、背书、保证、承兑、参加承兑和保付六种行为,我国《票据法》对参加承兑和保付行为未作明确规定。其中,出票、背书和保证行为为三种票据所共有,承兑和参加承兑行为仅限于汇票,而保付则限于支票。广义的票据行为是指产生、变更或者消灭票据关系的法律行为,除包括狭义之票据行

---

① 《最高人民法院关于审理票据纠纷案件若干问题的规定》(法释[2000]32号),2000年2月24日由最高人民法院审判委员会第1102次会议通过,2000年11月14日公布,自2000年11月21日起施行。

为外,还包括付款、更改、涂销、禁止背书(三种票据所共有)、划线(仅限于支票)、见票(仅限于本票)等行为。

票据行为又可以分为基本票据行为和附属票据行为两类。基本票据行为又称为主票据行为,是指创设票据权利的行为,即出票行为。附属票据行为也称为从票据行为,是指在出票行为完成的基础上,在已实际存在的票据上所谓的其他行为,如背书、承兑、保证等。

2. 票据行为的特征

票据行为属于民事法律行为,具有民事法律行为的一般特征。但由于其是一种特殊的民事法律行为,因此,还具有一般民事法律行为所不具备的特征。

(1) 要式性。票据行为都具有严格的法定行为方式,不似一般民事法律行为的形式自由、没有限制。票据行为必须遵循法定形式,不允许当事人自主决定或变更,否则不能产生票据法上的效力。也正因为如此,票据被认为是一种要式证券。票据行为的要式性主要体现在三个方面:首先,任何一种票据行为都必须以书面形式作成;其次,任何一种票据行为都有一定的格式,即每一种票据行为应该记载票据法规定的事项,并且其记载的文句、顺序、位置等都是固定的,不允许行为人有任何变化;最后,任何一种票据行为都必须由行为人签名或盖章。

(2) 文义性。"文义"即文字的含义,票据行为的文义性是指票据行为的内容完全以票据上记载的文义为准,即使文字记载与实际情况不符,仍应以文字的记载为准,不允许票据当事人以票据以外的事实或证据对票据上的文字记载作变更或补充。例如,我国《票据法》第4条第1款规定,票据出票人按照票据上所记载的事项承担责任。也正因此,票据也被认为是一种文义证券。

(3) 独立性。票据行为的独立性,是指依法成立的各个票据行为,分别依其在票据上所记载的文义独立发生效力,不受其他票据行为的影响;一个票据行为的无效,不会影响到同一票据上其他票据行为的效力。但是,如果票据的形式有缺陷,则票据行为可能因违反形式要求而无效。例如,票据的出票人未记载全部的法定必须记载事项,就将票据交付收款人,则此后在票据上的行为,由于出票行为不符合要求导致票据无效,而全部无效。我国票据行为的独立性体现在四个方面:其一,如果无民事行为能力人或限制民事行为能力人在票据上签章的,其签章无效,但是不影响其他签章的效力。其二,没有代理权而以代理人名义在票据上签章的,应当由签章人承担票据责任;代理人超越代理权限的,应当就其超越权限的部分承担票据责任。也即,代理行为无效不影响其他票据行为的效力。其三,票据上有伪造、变造的签章的,不影响票据上其他真实签章的效力。其四,保证人对合法取得汇票的持票人所享有的汇票权利,承担保证责任。但是,被保证人的债务因汇票记载事项欠缺而无效的除外。也即,即使被保证人的债务无效,也不影响保证人的担保责任。

(4) 无因性,也称为抽象性。票据行为的无因性,是指票据行为一旦成立,就与其赖以产生的基础关系相分离,该基础关系有效与否,甚至存在与否都不会影响票据行为的效力。票据行为大都是以买卖、借贷或其他原因关系为前提,然而票据行为一旦成立,则该原因关系有效与否,甚至存在与否都不会影响票据行为的效力。但我国票据法对此有限制,《票据法》第12条规定:"以欺诈、偷盗或者胁迫等手段取得票据的,或者明知有前列情形,出于恶意取得票据的,不得享有票据权利。持票人因重大过失取得不符合本法规定的票据的,也不得享有票据权利。"

（5）连带性。凡是在票据上进行了票据行为（即签章）的人都是票据债务人，他们对持票人（票据债权人）承担法定连带责任。票据行为的连带性主要体现在票据追索权的行使。我国《票据法》规定，汇票的出票人、背书人、承兑人和保证人对持票人承担连带责任，持票人可以不按照汇票债务人的先后顺序，对其中任何一人、数人或者全体行使追索权。

3. 票据行为的要件

票据行为作为一种特殊的民事法律行为，除具备一般民事法律有效成立的要件之外，还必须具备票据法规定的特别要件，包括实质要件和形式要件：

（1）实质要件。票据行为人必须具备票据能力，其意思表示也必须真实。《票据法》第6条规定："无民事行为能力人或者限制民事行为能力人在票据上签章的，其签章无效，……"可见，自然人只有具备完全民事行为能力才具备票据行为能力，其票据行为才有效。同样，《票据法》第7条第2款规定，法人和其他单位，依法也享有票据行为能力。

票据行为人作出的票据行为必须真实、自愿。一方因欺诈、胁迫或乘人之危，使对方在违背真实意思的情况下所为的票据行为，在直接当事人之间可作为抗辩事由，主张票据行为无效。《票据法》第12条即规定，通过欺诈、胁迫、恶意或重大过失取得票据的，不享有票据权利。由于票据是流通证券，经常在不特定的当事人之间流转，为保护善意第三人的权利，促进票据流通，票据法更强调对行为人的意思作客观的、规范的解释。也即，如果行为人意思表示与其本意不符，但其外观上已足以使人相信其意思表示是真实的，则法律保护信赖意思表示外观的善意或无过失的持票人。行为人不得以意思表示不真实对抗善意取得票据的持票人。为此，《票据法》第13条第1款规定，票据债务人不得以自己与出票人或者与持票人的前手之间的抗辩事由，对抗善意的持票人。

（2）形式要件。票据行为的形式要件包括书面、签章、记载事项和交付四项。票据作为文义证券，各种票据行为必须以书面形式作成才能生效，并且票据法对票据格式等还有要求。《票据法》第108条规定，汇票、本票、支票的格式应当统一，而且票据凭证的格式和印制管理办法，由中国人民银行规定。

对于票据上的签章，根据《票据法》第7条，可以是签名、盖章或者签名加盖章，并且签名必须是当事人的本名；而对于法人和其他使用票据的单位在票据上的签章，则必须是该法人或者该单位的盖章加其法定代表人或者其授权的代理人的签章。商业汇票上的出票人的签章，为该法人或者该单位的财务专用章或者公章加其法定代表人、单位负责人或者其授权的代理人的签名或者盖章；银行汇票上的出票人的签章和银行承兑汇票的承兑人的签章，为该银行汇票专用章加其法定代表人或者其授权的代理人的签名或者盖章；银行本票上的出票人的签章，为该银行的本票专用章加其法定代表人或者其授权的代理人的签名或者盖章；支票上的出票人的签章，出票人为单位的，为与该单位在银行预留签章一致的财务专用章或者公章加其法定代表人或者其授权的代理人的签名或者盖章；出票人为个人的，为与该个人在银行预留签章一致的签名或者盖章。①

票据上的记载事项分为必须记载事项、可以记载事项和禁止记载事项。必须记载事项又分为绝对必须记载事项和相对必须记载事项。前者是指必须在票据上记载的事项，欠缺此类事项之一的，票据无效；如《票据法》第22条、第75条和第84条分别规定了汇票、本票

---

① 见票据司法解释第41条。

和支票上的绝对必须记载事项,主要包括确定的金额、出票人签章等。后者指某些事项虽然票据法规定应予记载,但如果票据上不作记载,法律另有补充规定,票据不因此无效;如《票据法》第23条、第76条和第86条分别规定了汇票、本票和支票的相对必须记载事项,主要包括出票地和付款地等。可以记载事项是指出票人可以自由选择是否记载的事项,但是一经记载即发生票据法上的效力。禁止记载事项是指出票人不得记载的事项,否则不具有汇票上的效力。

最后,票据行为人要将票据交付给收款人,这时票据行为才发生法律效力。在票据交付之前发生被盗或遗失等情况,则票据行为人对善意取得票据的持有人仍要负票据责任。

4. 票据行为的代理

票据行为属于民事法律行为,故民法中有关民事法律行为代理的相关规定也适用于票据行为。但是,由于票据重视流通性,注意保护善意持票人的权利,以确保交易的安全稳定,因此票据法对票据行为还作出特别的规定。《票据法》第5条规定,票据当事人可以委托其代理人在票据上签章,并应当在票据上表明其代理关系。没有代理权而以代理人名义在票据上签章的,应当由签章人承担票据责任;代理人超越代理权限的,应当就其超越权限的部分承担票据责任。

(二) 出票

出票(issue)是指出票人签发票据并将其交付给收款人的票据行为。出票是基本票据行为。票据是设权证券,票据权利产生自出票人的出票行为。出票行为由作成票据和交付票据两部分构成。作成票据或制作票据,是指出票人按照票据法规定的格式和内容,在票据上记载规定事项的行为;交付票据则是出票人将制作好的票据实际交付给票据权利人的行为。

在性质上,票据行为是单方法律行为,并以交付为生效要件。出票行为完成,即票据依法作成并交付,就产生法律效力。出票人签发的是汇票时,即承担保证该汇票承兑和付款的责任;本票的出票人在持票人提示见票时,必须承担付款义务;出票人必须按照所签发的支票金额承担保证向该持票人付款的责任。

(三) 背书

背书(endorsement)是指持票人为转让票据权利或其他目的(如委托他人取款或者设定质权),在票据背面或粘单上记载有关事项并签章,并将票据交付于持票人,从而与其他票据债务人连带承担票据债务的票据行为。背书的记载事项和格式,应当严格遵守法律法规的规定。

背书是原票据持有人的行为,票据一经背书转让,原持票人的法律地位发生转变,即由票据债权人转变为票据债务人。也就是说,背书后,票据上的一切权利由背书人转移给被背书人,背书人因此而取得所有票据权利。

(四) 承兑

承兑(acceptance)的字面含义就是承诺兑付。承兑是指汇票付款人承诺在汇票到期日支付汇票金额的票据行为。承兑是汇票独有的制度,是远期汇票付款人在汇票上所为的票据行为。汇票付款人在承兑之前并不构成票据债务人,只有在承兑后才成为票据债务人,承担票据责任。

承兑应坚持提示承兑原则,提示承兑是指持票人向付款人出示汇票,并要求付款人承诺付款的行为。定日付款、出票后定期付款的汇票,应在汇票到期日前向付款人提示承兑;见票后定期付款的汇票应自出票日起1个月内向付款人提示承兑。

（五）保证

保证（guarantee）是指保证人为担保某一特定票据债务人履行票据债务而为的票据行为。保证是一种担保行为，是对票据信用的加强。保证人是票据债务人之外的第三人，保证目的是为了担保票据债务（包括付款债务和偿还债务）的履行，被保证人可以是承兑人，也可以是出票人、背书人，甚至可以是参加人。

被保证的票据，保证人应当与被保证人对持票人承担连带责任。票据到期后得不到付款的，持票人有权向保证人请求付款，保证人应当足额付款；之后，保证人可以行使持票人对被保证人及其前手的追索权。

（六）付款

付款（payment）是票据债务人以消灭票据关系为目的而向持票人支付票据金额的行为，即汇票的承兑人（或付款人）、本票的出票人或支票的付款人及代理付款人向持票人支付票据金额的行为。付款坚持提示付款原则，提示付款是指持票人请求票据债务人履行付款义务时，应当向付款人出示票据。

票据上的权利义务产生于出票行为，消灭于付款行为。票据一经付款，票据上的权利义务当然消失。付款义务人依法足额付款后，全体票据债务人的责任解除。付款人及其代理付款人以恶意或者有重大过失付款的，应当自行承担责任。

三、票据权利

（一）票据权利的概念

票据权利是指持票人向票据债务人请求支付票据金额的权利，包括付款请求权和追索权。需要特别注意的是，票据权利与票据法上的权利是两个不同的概念。票据法上的权利是指票据法规定的、票据权利以外的有关票据的权利，如票据返还请求权、票据利益返还请求权等。

根据票据权利的定义，可以看出票据权利具有以下两个特征：

（1）票据权利是一种金钱债权。这是指票据权利的内容是请求票据债务人支付票据金额。

（2）票据权利是一种两次性权利。这是指票据权利人可以对两个以上的不同债务人行使两次请求权。第一次请求权是付款请求权，即票据权利人对票据主债务人或其他付款义务人请求支付票据金额的权利。第二次请求权是追索权，即票据权利人在付款请求权得不到实现时，可以向付款人以外的票据债务人要求支付票据金额和其他有关费用的权利。

（二）票据权利的取得

根据票据权利取得的途径和方法不同，票据权利的取得可以分为：

（1）原始取得。这是指持票人最初取得票据权利，而不是从其他前手权利人处受让票据权利。出票人作成票据后并将该票据交付给收款人，收款人由此成为基本票据关系人，取得票据权利，这种原始取得票据权利的方式称为出票取得。还有一种称为善意取得的原始取得方式，是指持票人从无处分权人手中受让票据，从而取得票据权利。比如说，甲遗失票据，乙拾得票据后经背书转让给丙，如果丙在获得该票据时不知乙为无处分权人即没有恶意，也不存在重大过失，则丙即善意取得票据权利。

（2）继受取得。这是指持票人从有处分权的前手处，依照背书交付或直接交付方式受让票据权利。如果持票人由于继承、赠与或税收等原因取受让票据的，又称为非票据法上的继受取得。

特别注意的是,合法取得票据,才能依法享有票据权利。合法取得票据权利包括四个条件:第一,依票据法规定的票据转让和背书的连续取得票据;第二,在票据到期日之前取得票据;第三,善意而非恶意或重大过失取得票据;第四,给付对价取得票据。根据《票据法》第11条规定,因税收、继承、赠与可以依法无偿取得票据的,不受给付对价的限制。但是,所享有的票据权利不得优于其前手的权利。

(三) 票据权利的行使和保全

票据权利的行使,是指票据权利人票据义务人提示票据、请求履行票据义务的行为,包括向付款人提示票据请求承兑、向承兑人或付款人提示票据行使付款请求权、向票据债务人行使追索权。按照《票据法》第4条第2款的规定,持票人行使票据权利,应当按照法定程序在票据上签章,并出示票据。

票据权利的保全,是指票据权利人为防止票据权利的丧失而为的一切行为。票据债权人在法定期限内向主债务人提示承兑和付款,可以保全付款请求权和追索权;当被拒绝承兑或付款或有其他法定原因不能实现付款请求权时,票据债权人应依法制作有效拒绝证明书,以保全追索权。根据《票据法》第66条的规定,持票人应当自收到被拒绝承兑或者被拒绝付款的有关证明之日起3日内,将被拒绝事由书面通知其前手;其前手应自收到通知之日起3日内书面通知其再前手。持票人也可以同时向各汇票债务人发出书面通知。未按照规定期限通知的,持票人仍可以行使追索权。因延期通知给其前手或者出票人造成损失的,由没有按照规定期限通知的汇票当事人,承担该损失的赔偿责任,但是所赔偿的金额以汇票金额为限。

此外,根据《票据法》第16条,持票人对票据债务人行使票据权利,或者保全票据权利,应当在票据当事人的营业场所和营业时间内进行,票据当事人无营业场所的,应当在其住所进行。

(四) 票据权利的时效

票据权利的时效是指票据权利的有效期间。《票据法》第17条规定,票据权利在下列期限内不行使而消灭:

(1) 持票人对票据的出票人和承兑人的权利,自票据到期日起2年。见票即付的汇票、本票,自出票日起2年。

(2) 持票人对支票出票人的权利,自出票日起6个月。

(3) 持票人对前手的追索权,自被拒绝承兑或者被拒绝付款之日起6个月。

(4) 持票人对前手的再追索权,自清偿日或者被提起诉讼之日起3个月。

票据的出票日、到期日由票据当事人依法确定。

四、票据抗辩

(一) 票据抗辩的概念

票据抗辩是指票据债务人根据票据法规定对票据债权人拒绝履行义务的行为。[1] 票据抗辩所依据的原因,称为抗辩原因;票据债务人享有的这种拒绝债权人行使权利的权利,称为抗辩权。票据法特别注重票据的流通性,重视保护票据权利人的利益,因此票据法对票据抗辩的规定实质上是为了限制债务人的抗辩权,确保票据权利人实现其票据权利。

---

[1] 参见《票据法》第13条第3款。

（二）票据抗辩的种类

票据法理论根据不同的抗辩原因，一般将票据抗辩分为物的抗辩和人的抗辩两种。

1. 物的抗辩

物的抗辩也称为绝对的抗辩、客观的抗辩，是指基于票据本身的事由发生的抗辩。票据债务人可以以物的抗辩对抗一切票据债权人，并不因持票人的变更而受到影响。物的抗辩主要包括以下四种。

（1）票据欠缺票据法规定的绝对必须记载事项，或者不符合法定格式的。这类票据由于不符合规定而无效。

（2）票据债权已消灭或票据已失效。如果票据债务人已经支付了票据金额或将票据金额进行了提存，则票据债权已消灭，其票据责任已消灭。如果持票人由于某种原因丧失对票据占有时，可申请法院作除权判决，法院依法作出的除权判决生效后，票据即失效，此后债务人只对除权判决的申请人支付票据金额，而不必对其他持票人支付票据金额。

（3）持票人不依票据文义而提出请求的。票据是文义证券，票据债权的内容应依票据文义而行使或享有，不得不依票据文义而任意提出请求。例如，票据的到期日未至，或票据上记载的付款地与持票人请求付款的地点不符等。

（4）超过票据权利时效。由于过了票据权利时效期间，票据权利就丧失了。值得注意的是，票据权利时效期间只对特定债务人有效，例如持票人对前手的追索权，自被拒绝承兑或者被拒绝付款之日起6个月，这一期间只对前手而不对其他债务人有效。

2. 人的抗辩

人的抗辩也称为相对的抗辩、主观的抗辩，是指基于人的事由发生的抗辩。人的抗辩是基于票据债务人和特定的票据债权人之间的关系而发生的抗辩。人的抗辩主要包括以下三种。

（1）持票人缺乏实质上受领票据金额的资格。例如《票据法》第12条规定，当持票人以欺诈、偷盗或者胁迫等手段取得票据的，明知有前列情形，出于恶意取得票据的，或者因重大过失取得不符合票据法规定的票据的，不享有票据权利；根据《票据法》第13条第1款，明知票据债务人与出票人或者与持票人的前手之间存在抗辩事由而取得票据的，票据债务人也可对持票人提出抗辩。

（2）持票人缺乏形式上受领票据金额的资格。例如，《票据法》第31条第1款规定，以背书转让的汇票，背书应当连续。因此，只有在符合背书连续这一条件时，汇票债权人才具有形式上受领汇票金额的资格。

（3）原因关系直接当事人之间的特别抗辩。虽然票据是无因证券，票据原因关系原则上不影响票据权利，但根据《票据法》第13条第2款，票据债务人可以对不履行约定义务的与自己有直接债权债务关系的持票人，进行抗辩。

五、票据的伪造、变造、更改

（一）票据的伪造、变造

票据的伪造，是指假冒他人的名义而实施的票据行为，包括假冒出票人名义签发票据的行为，以及假冒他人名义而为的背书、承兑、保证等其他票据行为。票据的变造，是指无变更权的人对票据上签章以外的有关记载事项进行的变更行为。

根据《票据法》第14条第2款和第3款的规定，票据上有伪造、变造的签章的，不影响票据上其他真实签章的效力。票据上其他记载事项被变造的,在变造之前签章的人,对原记载事项负责;在变造之后签章的人,对变造之后的记载事项负责;不能辨别是在票据被变造之前或者之后签章的,视同在变造之前签章。这是由票据行为的独立性和文义性所决定的,也即在伪造、变造的票据上签章的人,仍然依票据的文义对票据负责。

但同时,票据伪造人或变造人应承担相应的法律责任。根据司法解释第 67 条,伪造、变造票据者除应当依法承担刑事、行政责任外,给他人造成损失的,还应当承担民事赔偿责任。

(二)票据的更改

票据的更改,是指有合法更改权限的人,更改票据上记载事项的行为。根据《票据法》第 9 条第 2 款,票据金额、日期、收款人名称不得更改,如果更改则票据无效。但对票据上的其他记载事项,原记载人可以更改,更改时应当由原记载人签章证明。

如果行为人依票据法的规定对票据进行更改,则合法更改后记载的事项代替原记载事项,并产生票据法律效力。而如果未按照票据法的规定对票据进行更改,则票据无效,并且如果付款人或者代理付款人对此类票据付款的,应当承担责任。

六、票据的丧失与补救

票据的丧失,是指票据持票人并非出于自己的本意而丧失对票据的占有,也就是说票据在没有持票人放弃占有之意思的情况下,脱离持票人的占有。票据丧失还分为绝对丧失和相对丧失两种。前者指票据物质形态的毁灭,后者指票据在物质形态上仍然存在,只是脱离了权利人的占有。

由于票据是有价证券,票据权利人必须提示票据才能行使票据权利,因此票据的丧失,也就意味着票据有票人无法依照票据法规定的程序行使票据权利了。但是,票据丧失并非出于持票人的本意,因此《票据法》对此规定了一些相关补救措施。

《票据法》第 15 条规定,票据丧失,失票人可以及时通知票据的付款人挂失止付,但是,未记载付款人或者无法确定付款人及其代理付款人的票据除外。收到挂失止付通知的付款人,应当暂停支付。失票人应当在通知挂失止付后 3 日内,也可以在票据丧失后,依法向人民法院申请公示催告,或者向人民法院提起诉讼。可以看出,我国票据丧失的补救方法有三种。

(一)挂失止付

挂失止付,是指失票人将票据丧失的情况通知付款人,并要求其停止付款的行为。挂失止付通知必须采用书面形式,由丧失票据的票据权利人在票据丧失后及时向付款人发出。付款人接到挂失止付通知后,不得再履行付款义务,否则应自负责任。但止付仅仅是一种临时措施,失票人的票据权利不能由此得到恢复。

(二)公示催告

公示催告,是指失票人在丧失票据后申请法院宣告票据无效,从而使票据权利与票据本身相分离。票据丧失后可以向票据支付地的基层人民法院申请公示催告。在公示催告期间,由人民法院根据民事诉讼法的相关规定予以确定。如果在公示催告期间届满后,没有人申报权利,人民法院应当根据当事人的申请,作出除权判决,宣告票据无效。失票人则可以依法院的除权判决向付款人请求支付票据金额。

(三)诉讼

失票人在丧失票据后,可以直接向人民法院提起民事诉讼,要求法院判令票据债务人向其支付票据金额。根据司法解释,票据丧失后,失票人在票据权利时效届满以前可以请求出票人补发票据,或者请求债务人付款。如果失票人向人民法院提起诉讼的,除向人民法院说明曾经持有票据及丧失票据的情形外,还应当提供担保。担保的数额相当于票据载明的金额。

第三节 汇票法律制度

一、汇票及其种类

汇票(bills of exchange)是出票人签发的,委托付款人在见票时或者在指定日期无条件支付确定的金额给收款人或者持票人的票据。[1] 汇票是票据中最典型的一种,英美法系国家一般认为汇票是无附带条件的书面命令,它由发票人签名而向付款人开出,要求付款人见票即付、定期支付或在将来某个可确定的日期付给某特定受款人、其指定人或持票人一笔定额现金。[2] 一般认为,汇票得以发展并仍然使用主要在于三个方面的原因:一是汇票能避免现实货币的多次转让,而这种多次转让即使不是危险的,也会是不实用的。二是汇票在商业上被视为像现金一样成熟。三是汇票通常可在将来特定时间而不是见票即付,因此提供了一个信用因素,这种信用要素维持了现代汇票的使用。此外,国际汇票通过规定在到期以约定的货币付款,避免了货币汇率的波动。

汇票按照其性质、内容等的不同,可以分成不同的类型。其中较为重要的分类有以下几种。

(1) 根据汇票对收款人记载方式的不同,可以分为记名汇票、指示汇票和无记名汇票。如果出票人在汇票上明确记载了收款人姓名或名称的汇票,就是记名汇票,又称为抬头汇票;如果不仅记载了收款人姓名或名称,还附有"或其指定人"的汇票,则属于指示汇票;如果汇票上未记载收款人姓名或名称,或者仅抽象记载"来人"或"持票人",则是无记名汇票,又称为来人汇票或空白汇票。《票据法》第22条规定,收款人名称是汇票绝对必须记载事项,因此我国只有记名汇票。

(2) 根据汇票对付款期限的不同记载,可以分为即期汇票与远期汇票。见票即付的汇票是即期汇票。如果汇票上记载了付款期限,则属于远期汇票。一般远期汇票付款期限记载有三种:定日付款;出票后定期付款;见票后定期付款。

(3) 根据汇票出票人的不同,可以分为银行汇票和商业汇票。如果汇票由银行签发,则是银行汇票;反之,则是商业汇票。商业汇票根据承兑人的不同,还可以分为银行承兑汇票和商业承兑汇票。

二、出票

(一) 出票的概念

汇票出票是指出票人签发票据并将其交付给收款人的票据行为。出票又称为发票,是最基本的票据行为,也是背书、承兑、保证等票据行为的前提。

---

[1] 《票据法》第19条。
[2] 董安生等:《英国商法》,法律出版社1991年版,第389页。

我国《票据法》第 10 条规定,票据的签发、取得和转让,应当遵循诚实信用的原则,具有真实的交易关系和债权债务关系;《票据法》第 21 条规定,汇票的出票人必须与付款人具有真实的委托付款关系,并且具有支付汇票金额的可靠资金来源。不得签发无对价的汇票用以骗取银行或者其他票据当事人的资金。这些规定都对出票人的出票行为作了明确规定。但是,付款人不得因为前述原因对已经背书转让票据的持票人进行抗辩。

(二) 出票的记载事项

汇票作为要式证券,出票是要式行为,必须依照票据法的规定记载一定事项,具体规定如下:

(1) 绝对必须记载事项。《票据法》第 22 条规定,汇票上必须记载表明"汇票"的字样、无条件支付的委托、确定的金额、付款人名称、收款人名称、出票日期、出票人签章共 7 项内容,如果欠缺任何一项,则汇票无效;《票据法》第 8 条规定,记载的金额如果以中文大写和数码同时记载,两者必须一致,两者不一致的,票据无效。值得注意的是,对此其他国家规定则不一样,澳大利亚的规定是以低的金额为准,英国则规定以文字为准。

(2) 相对必须记载事项。我国《票据法》第 23 条规定,汇票上记载付款日期、付款地、出票地等事项的,应当清楚、明确。汇票上未记载付款日期的,为见票即付;汇票上未记载付款地的,付款人的营业场所、住所或者经常居住地为付款地;汇票上未记载出票地的,出票人的营业场所、住所或者经常居住地为出票地。

(3) 可以记载事项。《票据法》第 27 条第 2 款规定,出票人可以在汇票上记载"不得转让"字样的,由此汇票不得转让。

(4) 不得记载事项。《票据法》第 24 条,汇票上所记载的票据法规定事项以外的其他出票事项,不具有汇票上的效力。

(三) 出票的法律效力

出票完成后,即可对汇票当事人产生票据法上的效力。《票据法》第 26 条,出票人签发汇票后,即承担保证该汇票承兑和付款的责任。出票人在汇票得不到承兑或者付款时,应当向持票人清偿汇票金额及相关费用。同时,持票人也便取得了汇票上的权利,包括付款请求权和追索权。但持票人的付款请求权在付款人承兑之前仅仅是一种期待权,付款人只有在对汇票承兑后才成为汇票的第一债务人,如果出票后付款人并不承兑,则并不负有付款义务。

三、背书

(一) 背书的概念和种类

根据《票据法》第 27 条第 3 款,汇票背书是指在票据背面或者粘单上记载有关事项并签章的票据行为。通过背书,持票人可以将汇票权利转让给他人或者将一定的汇票权利授予他人行使。

按照背书的目的、方式等的不同,可以将背书进行不同的分类,主要分类如下:

(1) 根据背书目的的不同,可分为转让背书和非转让背书。如果持票人以完全转让汇票权利为目的而在票据上进行背书的,即是转让背书;反之,则是非转让背书。非转让背书又可分为设质背书和委任背书。前者是持票人以汇票权利设定质押而进行的背书,后者是持票人授予他人代理行使一定票据权利所进行的背书。根据《票据法》第 35 条的规定,委任背书和设质背书应分别载明"委托收款""质押"字样,因而,如果背书上未载明上述字样,则推定为是转让背书。

(2) 根据背书记载事项完全与否,可分为记名背书与空白背书。如果汇票背书时同时记载背书人和被背书人名称的,称为记名背书,或完全背书;如果汇票背书时只记载背书人的名称而不记载被背书人的名称,则是空白背书,或不完全背书。《票据法》第 29 条和第 30 条规定,背书时必须记载背书人和被背书人名称,故我国只承认记名背书。但司法解释第 49 条规定,如果背书人未记载被背书人名称即将票据交付他人的,则持票人在票据被背书人栏内记载自己的名称与背书人记载具有同等法律效力。

(二) 背书的记载事项和方式

背书的记载事项同样有必须记载事项、可以记载事项和禁止记载事项。

(1) 必须记载事项。背书时,背书人应当签章、记载背书日期以及被背书人名称。如果背书未记载日期的,视为在汇票到期日前背书。

(2) 可以记载事项。背书人可以在汇票上记载"不得转让"字样,其后手如果再背书转让的,原背书人对后手的被背书人不承担保证责任。

(3) 禁止记载事项。背书人在背书时不得附有条件。如果背书时附有条件的,所附条件不具有汇票上的效力。此外,将汇票金额的一部分转让的背书或者将汇票金额分别转让给二人以上的背书无效。

考虑到票据的背书是完全背书,记载事较多,《票据法》第 28 条规定,如果票据凭证不能满足背书人记载事项的需要,可以加附粘单,黏附于票据凭证上。粘单上的第一记载人,应当在汇票和粘单的粘接处签章。此外,对于委任背书,被背书人不得再以背书转让汇票权利。而对于汇票被拒绝承兑、被拒绝付款或者超过付款提示期限的,也不得背书转让;如果背书转让的,背书人应当承担汇票责任。

(三) 背书的法律效力

首先,通过背书,持票人可以将汇票权利转让给他人或者将一定的汇票权利授予他人行使,这是背书最主要的法律效力。

其次,背书人以背书转让汇票后,即承担保证其后手所持汇票得到承兑和付款的责任。背书人在汇票得不到承兑或者付款时,应当向持票人清偿汇票金额和相关费用。也即,通过背书,背书人成为汇票的第二债务人。

最后,背书还有权利证明的法律效力。由于我国只承认完全背书,故《票据法》第 31 条规定,以背书转让的汇票,背书应当连续,也即在票据转让中,转让汇票的背书人与受让汇票的被背书人在汇票上的签章依次前后衔接。持票人以背书的连续,证明其汇票权利;非经背书转让,而以其他合法方式取得汇票的,应依法举证,证明其汇票权利。

四、承兑

(一) 承兑的概念

根据《票据法》第 38 条,汇票承兑是指汇票付款人承诺在汇票到期日支付汇票金额的票据行为。汇票的承兑以汇票的出票为前提,是汇票付款人表示愿意在汇票到期日支付汇票金额的票据行为,其他票据的付款人不可能为承兑行为,因此这是汇票特有的一项制度。出票行为是出票人的单方法律行为,对付款人不当然产生约束力,只有当付款人承兑后,才承担到期付款的责任。

(二) 承兑的程序和方式

1. 提示承兑。提示承兑是指持票人向付款人出示汇票,并要求付款人承诺付款的行为。《票据法》第 39 条和第 40 条规定,见票即付的汇票无需提示承兑;见票后定期付款的汇票,持票人应当自出票日起 1 个月内向付款人提示承兑;定日付款或者出票后定期付款的汇票,持票人应当在汇票到期日前向付款人提示承兑。如果汇票未按照规定期限提示承兑的,则持票人丧失对其前手的追索权,但并不丧失对出票人的追索权。

付款人收到持票人提示承兑的汇票时,应当向持票人签发收到汇票的回单。回单上应当记明汇票提示承兑日期并签章。

2. 承兑和拒绝承兑。《票据法》第 41 条规定,付款人对向其提示承兑的汇票,应当自收到提示承兑的汇票之日起 3 日内承兑或者拒绝承兑。如果付款人同意承兑,应当在汇票正面记载"承兑"字样和承兑日期并签章;见票后定期付款的汇票,应当在承兑时记载付款日期。如果汇票上未记载承兑日期的,根据《票据法》第 41 第 1 款和第 42 条第 2 款的规定,则以持票人提示承兑之日起的第 3 日为承兑日期。但是,付款人承兑汇票时,不得附有条件;如果附有条件,则视为拒绝承兑。如果持票人拒绝承兑,则承兑人必须出具拒绝证明,或者出具退票理由书。未出具拒绝证明或者退票理由书的,应当承担由此产生的民事责任。

(三) 承兑的法律效力

付款人承兑汇票并将汇票交还给持票人后,承兑即发生法律效力。由此,付款人要承担到期付款的责任,也即成为汇票的第一债务人;而出票人和背书人则成为汇票的第二债务人。即持票人必须首先向承兑人请求付款,只有在其付款请求被拒绝的情况下,才可依拒绝证明书向出票人和背书人行使追索权。同时,持票人对付款人的付款请求权就成为一种现实的权利。

五、保证

(一) 保证的概念

汇票保证是指汇票债务人以外的其他人为担保特定汇票债务人债务的履行,而在汇票上作出的保证记载的票据行为。对于被保证的汇票,保证人应当与被保证人对持票人承担连带责任。

(二) 保证的记载事项

票据保证是一种要式行为,保证人应当按照根据《票据法》第 46 条的规定在汇票或者粘单上记载表明"保证"的字样、保证人名称和住所、被保证人的名称、保证日期和保证人签章等五项事项。如果保证人在汇票或者粘单上未记载被保证人名称的,已承兑的汇票,承兑人为被保证人;未承兑的汇票,出票人为被保证人。如果未记载保证日期的,出票日期为保证日期。

《票据法》第 48 条还规定,保证不得附有条件;附有条件的,不影响对汇票的保证责任。

(三) 保证的法律效力

汇票保证依法作成后,保证人应当与被保证人对合法取得汇票的持票人所享有的汇票权承担连带责任。也就是说,如果汇票到期后得不到付款的,持票人有权直接向保证人请求付款,保证人应当足额付款。但是,如果被保证人的债务因汇票记载事项欠缺而无效的,则保证人不承担责任。

如果保证人为二人以上的,则保证人之间承担连带责任。保证人在清偿汇票债务后,可以行使持票人对被保证人及其前手的追索权。

六、付款

(一) 付款的概念

汇票付款是指付款人或其代理付款人支付汇票金额,以消灭票据关系的行为。付款的目的在于消灭票据关系,是完成汇票使命的最后阶段。

(二) 付款的程序

完整的付款程序包括提示付款、实际付款与交回汇票。

(1) 提示付款。提示付款是指持票人向付款人或其代理付款人依法出示汇票并向其请求付款的行为。持票人可以亲自提示付款,也可以通过委托收款银行或者通过票据交换系统向付款人提示付款,两者效力一样。根据《票据法》第56条第1款规定,持票人委托的收款银行的责任,限于按照汇票上记载事项将汇票金额转入持票人账户。

根据《票据法》第53条第1款的规定,持票人应当按照下列期限提示付款:见票即付的汇票,自出票日起1个月内向付款人提示付款;定日付款、出票后定期付款或者见票后定期付款的汇票,自到期日起10日内向承兑人提示付款。但是,如果持票人未按照上述规定的期限提示付款,在作出说明后,承兑人或者付款人仍应当继续对持票人承担付款责任。

(2) 实际付款。根据《票据法》第54条的规定,持票人依照规定提示付款后,付款人必须在当日足额付款。付款时,应当以人民币支付,如果汇票金额为外币的,按照付款日的市场汇价,则以人民币支付。但是,汇票当事人对汇票支付的货币种类另有约定的,从其约定。

但是,付款人及其代理付款人付款时,应首先审查汇票背书的连续,并审查提示收款人的合法身份证明或者有效证件。如果付款人及其代理付款人以恶意或者有重大过失付款,如付款人或者代理付款人未能识别出伪造、变造的票据或者身份证件而错误付款,则应当自行承担责任。也就是说,如果给持票人造成损失的,应当依法承担民事责任;但是,付款人或者代理付款人承担责任后有权向伪造者、变造者依法追偿。对于定日付款、出票后定期付款或者见票后定期付款的汇票,付款人如果在到期日前付款,也应自行承担所产生的责任。

(3) 交回汇票。持票人获得付款的,应当在汇票上签收,并将汇票交给付款人。持票人委托银行收款的,受委托的银行将代收的汇票金额转账收入持票人账户,视同签收。

(三) 付款的法律效力

《票据法》第60条规定,付款人依法足额付款后,全体汇票债务人的责任解除。也即是汇票法律关系全部归于消灭,付款人和全体汇票债务人的票据责任因此而解除。

如果持票人的提示付款被拒绝,则付款人必须出具拒绝证明,或者出具退票理由书。未出具拒绝证明或者退票理由书的,应当承担由此产生的民事责任。

七、追索权

(一) 追索权的概念

汇票追索权,是指汇票持有人在法定期限内提示承兑或提示付款而遭拒绝,或有其他无法行使汇票权利的法定原因时,依法向其背书人、出票人以及汇票的其他债务人请求支付汇票金额、利息及相关费用的一种票据上的权利。追索权是汇票上的第二顺序权利,是为了补充汇票上的第一顺序权利即付款请求权而设立的。因此只有当持票人行使第一顺序的付款请求权未获得实现时才能行使第二顺序的追索权;如果持票人不先行使付款请求权,则不能行使追索权,除非有特别规定。

持票人在行使追索权时,必须确定被追索的人。根据《票据法》第68条第1款规定,汇票的出票人、背书人、承兑人和保证人对持票人承担连带责任,也即是被追索人。同时,持票人还可以不按照汇票债务人的先后顺序,对其中任何一人、数人或者全体行使追索权,这称为选择追索权。并且,如果持票人对汇票债务人中的一人或者数人已经进行追索的,对其他汇票债务人仍可以行使追索权,这称为变更追索权。而被追索人清偿债务后,与持票人享有同一权利,可以对其前手债务人行使追索权,这称为代位追索权。值得注意的是,如果持票人为出票人的,则对其前手无追索权;持票人为背书人的,对其后手无追索权。

(二) 追索权发生的条件

根据《票据法》第61条的规定,通常情况下,由于汇票到期被拒绝付款,汇票持票人无法行使第一顺序的付款权,所以才对背书人、出票人以及汇票的其他债务人行使追索权。但是,如果持票人未按照票据法规定的期限提示承兑和提示付款的,则丧失其对前手的追索权。

同时,如果在汇票到期前客观上发生了某些情况,使得持票人的付款请求权无法实现,则也可以在到期日前行使追索权。例如汇票被拒绝承兑的,承兑人或者付款人死亡、逃匿的,承兑人或者付款人被依法宣告破产的或者因违法被责令终止业务活动的。

值得注意的是,汇票权利人还应该在票据权利的有效期间内对其前手行使追索权。

(三) 追索程序

持票人在行使追索权时,要先取得拒绝证明,然后再发出拒绝事由的通知,最后再得到支付并交回汇票。

持票人在行使追索权时,首先应当提供被拒绝承兑或者被拒绝付款的有关证明。这主要指承兑人或付款人出具的拒绝证明或者退票理由书。如果持票人因承兑人或者付款人死亡、逃匿或者其他原因,不能取得拒绝证明的,可以依法取得其他有关证明。例如,人民法院出具的宣告承兑人、付款人失踪或者死亡的证明、法律文书,公安机关出具的承兑人、付款人逃匿或者下落不明的证明,医院或者有关单位出具的承兑人、付款人死亡的证明,人民法院依法作出的宣告破产裁定书或者能够证明付款人或者承兑人破产的其他证据,有关行政主管部门的处罚决定,公证机构出具的具有拒绝证明效力的文书等。[①] 如果持票人不能出示拒绝证明、退票理由书或者未按照规定期限提供其他合法证明的,则丧失对其前手的追索权。但是,承兑人或者付款人仍应当对持票人承担责任。

持票人还应当自收到被拒绝承兑或者被拒绝付款的有关证明之日起3日内,将被拒绝事由书面通知其前手,该书面通知应当记明汇票的主要记载事项,并说明该汇票已被退票;接着,持票人的前手应当自收到通知之日起3日内书面通知其再前手。持票人也可以同时向各汇票债务人发出书面通知。如果是在规定期限内将通知按照法定地址或者约定的地址邮寄的,视为已经发出通知。如果未按照前述规定期限通知的,持票人仍可以行使追索权。但因延期通知给其前手或者出票人造成损失的,由没有按照规定期限通知的汇票当事人,承

---

① 《票据法》第64条,司法解释第11条和第71条。

担对该损失的赔偿责任,只是所赔偿的金额以汇票金额为限。

持票人行使追索权时,可以请求被追索人支付的金额和费用包括:被拒绝付款的汇票金额;汇票金额自到期日或者提示付款日起至清偿日止,按照中国人民银行规定的利率计算的利息;取得有关拒绝证明和发出通知书的费用。被追索人清偿债务时,持票人应当交出汇票和有关拒绝证明,并出具所收到利息和费用的收据。被追索人依照规定清偿后,也可以向其他汇票债务人行使再追索权,其请求其他汇票债务人支付的金额和费用包括:已清偿的全部金额;前项金额自清偿日起至再追索清偿日止,按照中国人民银行规定的利率计算的利息;发出通知书的费用。行使再追索权的被追索人获得清偿时,应当交出汇票和有关拒绝证明,并出具所收到利息和费用的收据。

第四节 本票与支票

一、本票法律制度

(一) 本票及其种类

本票(promissory notes)是出票人签发的,承诺自己在见票时无条件支付确定的金额给收款人或者持票人的票据。[①]

与汇票一样,本票也可以根据对收款人记载方式的不同分为记名本票、指示本票和无记名本票;根据汇票对付款期限的不同记载,可以分为即期本票与远期本票;根据出票人的不同,可以分为银行本票和商业本票。与汇票一样,我国只有记名本票,但不同的是,我国的本票只有即期本票,并且,我国只有银行本票而没有商业本票。

(二) 出票

本票的出票,从形式上看与汇票的出票相同,都包括作成票据和交付票据,也都要求具有票据金额的可靠资金来源。但是,汇票的出票是出票人委托付款人向收款人支付一定金额的票据行为,而本票的出票则是指出票人保证自己支付本票金额的票据行为。

根据《票据法》第75条的规定,本票的绝对必须记载事项包括表明"本票"的字样、无条件支付的承诺、确定的金额、收款人名称、出票日期、出票人签章等6项。与汇票相比,由于本票的付款人即出票人,所以仅少了付款人一项。本票的相对必须记载事项包括付款地和出票地。与汇票相比,因为只有即期本票,所以少了付款时间一项。同时,由于本票的出票人为银行,所以如果本票上未记载付款地的,出票人的营业场所为付款地;未记载出票地的,出票人的营业场所为出票地。本票的可以记载事项和不得记载事项则同汇票完全一样。

(三) 付款

根据《票据法》第77条规定,本票的出票人在持票人提示见票时,必须承担付款的责任。并且,本票的持票人必须在本票出票日起12个月内提示见票,否则丧失对出票人以外的前手的追索权。

(四) 本票与汇票的比较

本票与汇票相比,除了不具有承兑行为外,其他各项行为与汇票基本相同。因此,各国

[①] 《票据法》第73条。

票据立法为了避免法律条款的重复,一般都以汇票的规定为中心内容,除对本票有特别规定外,其他有关规定都适用或准用于汇票的规定。我国《票据法》第 80 条第 1 款也规定:"本票的背书、保证、付款行为和追索权的行使,除本章规定外,适用本法第二章有关汇票的规定。"因此,本票的背书、保证、付款行为和追索权的行为,除本节规定之外,适用有关汇票的规定。

二、支票法律制度

(一) 支票及其种类

支票(cheque)是出票人签发的,委托办理支票存款业务的银行或者其他金融机构在见票时无条件支付确定的金额给收款人或者持票人的票据。[①]

支票按照不同的标准,可以分成不同的类型。其中较为重要的分类有以下三种。

(1) 根据支票对付款期限的不同记载,可以分为即期支票与远期支票。根据《票据法》第 90 条,支票限于见票即付,不得另行记载付款日期。另行记载付款日期的,该记载无效。可见,我国只有即期支票而没有远期支票。

(2) 根据支票对收款人记载方式的不同,分为记名支票、无记名支票。无记名支票又称为空白支票,出票人在支票上不记载收款人的名称,在转让时不适用背书转让规则,可直接依票据交付行为实现支票的转让。根据《票据法》第 84 条和第 86 条的规定,我国允许签发无记名支票;但是《支付结算办法》第 119 条又规定,支票的金额、收款人名称在补记前不得背书转让和提示付款。

(3) 根据支票对付款方式的不同,可分为现金支票、转账支票、普通支票和划线支票。现金支票是指支票上印有"现金"字样、只能用于支取现金的支票;转账支票是指支票上印有"转账"字样、只能用于转账的支票;普通支票是指未印有"现金"或"转账"字样、可以用于支取现金,也可以用于转账的支票;划线支票指支票左上角划两条平行线的、只能用于转账的支票。

(二) 出票

支票的出票,从形式上看与汇票的出票相同,都包括作成票据和交付票据。但为强化支票的流通功能,确保交易安全,对支票的出票人有严格的资格。《票据法》第 82 条第 2 款规定,开立支票存款账户和领用支票,应当有可靠的资信,并存入一定的资金。《票据管理实施办法》第 11 条更明确规定,支票的出票人,为在经中国人民银行批准办理支票存款业务的银行、城市信用合作社和农村信用合作社开立支票存款账户的企业、其他组织和个人。如果出票人签发的支票金额超过其付款时在付款人处实有的存款金额的,称为空头支票,这为票据法所禁止。此外,出票人在开立支票存款账户时,必须使用其本名,并提交证明其身份的合法证件,还应当预留其本名的签名式样和印鉴;出票人不得签发与其预留本名的签名式样或者印鉴不符的支票。

根据《票据法》第 84 条的规定,支票的绝对必须记载事项包括表明"支票"的字样、无条件支付的委托、确定的金额、付款人名称、出票日期、出票人签章等 6 项。与汇票、本票相比,支票可以是无记名支票,所以少了收款人一项。支票的相对必须记载事项包括付款地和出票地,支、本票一样,如果未记载付款地的,出票人的营业场所为付款地;未记载出票地的,出

[①] 《票据法》第 81 条。

票人的营业场所为出票地。另外,支票的可以记载事项和不得记载事项则与汇票、本票完全一样。值得注意的是,票据法特别规定出票人可以在支票上记载自己为收款人。

根据《票据法》第93条第2款以及第26条的规定,支票出票人承担的责任与汇票的一样,签发支票后,即承担保证该支票付款的责任。出票人在支票得不到付款时,应当向持票人清偿支票金额和相关费用。

(三)付款

我国《票据法》第89条规定,出票人必须按照签发的支票金额承担保证向该持票人付款的责任。如果出票人在付款人处的存款足以支付支票金额时,付款人应当在当日足额付款。

对于提示付款的期限,《票据法》第91条规定,支票的持票人应当自出票日起十日内提示付款;异地使用的支票,其提示付款的期限由中国人民银行另行规定。如果超过提示付款期限的,付款人可以不予付款,但出票人仍应当对持票人承担票据责任。

如果付款人依法支付支票金额,则对出票人不再承担受委托付款的责任,对持票人不再承担付款的责任。但是,付款人以恶意或者有重大过失付款的除外。

(四)支票与汇票的比较

我国票据法将汇票、本票和支票统一规定在一部票据法中,并以汇票的规定为中心内容。对支票与汇票相同的内容,票据法采用了与本票相同的适用汇票规定的立法技术。《票据法》第93条第1款也规定:"支票的背书、保证、付款行为和追索权的行使,除本章规定之外,适用本法第二章有关汇票的规定。"因此,支票的背书、保证、付款行为和追索权的行为,除本节规定之外,适用有关汇票的规定。

复习思考题

1. 试述票据的法律特征。
2. 如何理解票据的无因性、要式性和文义性。
3. 比较汇票、本票和支票的区别和联系。
4. 试析票据行为的概念、特征和要件。
5. 阐述票据权利行使与保全的要点和规则。
6. 什么是追索权?试述行使追索权的原因及程序。
7. 票据权利丧失应如何救济方式?
8. 简述票据抗辩及其限制。
9. 试述票据法定主义。

第七章 金融担保法律制度

本章要点

- 担保的概念、特征、种类,以及我国担保法律制度的基本内容
- 金融担保的概念及种类、法律性质
- 担保合同与金融保证合同
- 保函的概念、分类、内容,以及与担保合同的关系
- 抵押担保及抵押物、抵押权、抵押合同、抵押登记、最高额抵押
- 质押担保的概念,以及动产质押、权利质押
- 融资担保的概念与法律特征

传统意义上的担保,主要是保障债权实现的一种基本手段。第二次世界大战以后,特别是近半个世纪以来,随着经济金融化和信用化的深化发展,担保越来越多地应用于融资业务,成为借款人筹集资金的重要工具。正如梁慧星教授所言,担保制度的一个最显著变化就是其促进融资功能的凸显。担保的功能逐渐从债权保全型转向金融媒介型,这可谓担保制度现代化的标志。①

金融担保是指在经济交往中,金融机构和有关当事人之间提供保证、设定抵押、质押、留质、给付定金以实现债权的行为。金融担保法律制度是整个担保法律制度体系的重要组成部分。本章根据我国《民法典》②等法律规定,在讨论保证、抵押、质押、留置和定金五种担保方式法律制度基础上,重点探讨金融担保的各种具体形式及其法律制度。

第一节 金融担保法概述

现代担保本身具有很强的金融属性,而担保资源是稀缺的金融资源。企业经营离不开融资,经济增长离不开信贷的支持。由于绝大多数融资行为和金融产品都需要担保,因此,

---

① 梁慧星:《日本现代担保制度及其对中国制定担保法的启示》,载梁慧星主编《民商法论丛》(第3卷),法律出版社1995年版,第174页。
② 本书成稿时,《民法典》已颁布尚未施行,本书讨论的相关法律内容以《民法典》的条文为准。

担保物几乎是与资金同等重要、具有资金替代性的金融资源。本节以我国现行担保法律制度为基础,讨论金融担保的基本问题。

一、金融担保的概念

(一) 担保的概念及特征

担保(guarantee)是法律规定的或者当事人约定的,以确保债权实现为目的的法律措施。担保是一种特殊的民事法律关系,是为保证债务履行,确保债权的实现,在人的信用或者特定财产上设定的法律关系,是为保护债权人利益而由国家制定或认可的法律制度。

担保作为一种法律制度,其目的是为了保证债务的履行和保障债权实现。当事人在设定债权时,往往担心其债权到期得不到实现,为此希望债务人或第三人能为其债权的实现提供保障,这种在债权之外为保障其债权实现而设定的权利就是担保权。担保制度是民法制度的重要组成部分,它具有以下三个特征:

(1) 从属性。债权担保的从属性又称为债权担保的附随性。债权担保是以保证债务履行和保障债权实现为目的的,它从属于其所保障的债权债务关系,并与之形成主从关系。担保只有在债成立后才可设立,债是担保设立和存在的前提条件。若主债权不存在了,则担保就失去了存在的必要。

根据我国《民法典》第388条规定,担保合同是主债权债务合同的从合同。主债权债务合同无效的,担保合同无效,但是法律另有规定的除外。据此,当事人约定债权担保不从属于被担保的债权的,被担保的债权尚未成立、不成立或者无效的,债权担保并不因之而不成立或者无效。

(2) 补充性。担保的补偿性是指债权人所享有的担保权或者担保利益,对于债权实现仅具有补充的意义。债权人实行其担保权,即担保义务的履行,以主债务已届清偿期而债务人不履行或不完全履行债务为前提条件。当债务人不履行或无力履行债务而导致债权无法实现,或债务人履行不当或仅履行一部分而导致债权不能充分实现时,债权人才能行使担保权或者取得担保利益。特别是,债权担保的补充性使得一般保证的保证人对于债权人有先诉抗辩权。

(3) 相对独立性。所谓债权担保的相对独立性,是指债权担保相对独立于被担保的债权而发生或者存在的情况。其含义有三:一是债权担保的成立,须有当事人的合意,或者依照法律规定而发生,与被担保的债权的发生或者成立分属于两个不同的法律关系,适用不同的法律。二是债权担保的效力,依照法律规定或者当事人约定,可以不依附于被担保的债权而单独发生效力,被担保的债权不成立、无效或者失效,对已经成立的债权担保不发生影响。三是债权担保有其自己的成立要件和消灭原因,且债权担保的不成立、消灭或者无效,对其所担保的债权不发生影响。

(二) 金融担保及其主要特征

金融担保是指在经济交往中,金融机构和有关当事人之间提供保证、设定抵押、质押、留质、给付定金以实现债权的行为。简单地说,所谓金融担保,就是指担保法律关系中至少有一方当事人为金融机构的担保,所以又称为金融业担保。金融担保作为一种民事交往关系,既要受到民法中担保法的规范和调整,又要符合金融法律规范的要求。

金融机构和企业为了融通资金或者保障交易安全,所设定担保的目的或者作用是不同的。金融机构作为债权人时,一般要求债务人提供担保,比如借款担保、信用证保证金等;金融机构开展担保业务或者作为债务人时,通常为债权人提供担保。因此,金融担保从其作用上通常被分为两类:一是为了确保债权的顺利实现,称之为债权担保;二是为了督促债务人自觉履行债务,可称为债务担保。

与一般民事担保相比,金融担保都具有一定的金融行业特征:

(1) 可靠性与严格性。作为专业经营货币资金的信用中介机构,金融机构一般资金实力雄厚,社会信誉良好。选择金融机构作为担保人,对债权人而言具有更高的可靠性;反之,向金融机构提供担保,对债务人而言则要求更为严格。

(2) 反担保(counter-guarantee)要求。金融担保的方式和手段,除了通常保函、抵押之外,还有违约金、保证金等。金融机构向债权人提供担保时,通常要求债务人提供反担保。这进一步反映出金融担保有关要求的严格性。

(3) 防恶意风险。金融机构的行业特性,要求金融担保业务必须注意防范和化解风险,特别注意防止债权人的恶意及权利滥用,如恶意套取银行信用,债权人违约但仍要求银行履行担保责任等。当然,金融担保作为特别担保的机制,也有利于防止恶意。

二、金融担保的种类

法学理论上,传统担保的种类很多,可以不同的标准进行不同的区分。在《民法典》施行之前,我国《民法通则》规定的担保种类包括保证、抵押、留置权与定金四种方式;我国《担保法》把其中的抵押具体分为抵押和质押两种方式,所以具体规定了五种担保方式,即保证、抵押、质押、留置与定金。在传统担保种类的基础上,从金融机构担保业务的角度,金融担保也有若干种类。

我国《民法典》颁布之后,担保制度被分置于物权编和合同编,人保和物保制度被割裂开来。物权编规定了抵押权、质权和留置权,合同编规定了保证合同和定金规则。

(一) 担保的种类

1. 人的担保、物的担保和金钱担保

根据担保标的的不同,担保可以作出这样的分类。

(1) 人的担保,又称为信用担保,是指债务人之外的第三人以自己的信用对债务人的债务进行担保。即如果债务人不履行债务或无法履行债务,则债权人可以要求担保人履行债务。由于人的担保是以担保人的信用作担保,因此,担保人通常都是信用较好的个人或企业。在我国,人的担保指的是保证。

(2) 物的担保,又称为物权担保,是指债务人或第三人以特定的动产、不动产或其他财产权利对债务人的债务进行担保。即如果债务人不履行债务或无法履行债务,则债权人可以对该特定的担保财产行使担保物权,即从该担保物的变价款中获得优先清偿债务的权利。目前我国物的担保包括抵押、质押和留置三种。

(3) 金钱担保,是指债务人以一定的金钱为其债务的履行作担保。我国的金钱担保指的是定金。

2. 法定担保和约定担保

这是根据担保的产生是根据法律直接规定还是双方自愿约定而对担保作出的区分。

(1) 法定担保,是指根据法律规定直接产生的担保方式。对于法定担保,除非当事人另有特定约定,是否产生担保、如何实现担保等都有法律明确规定。我国的法定担保主要指留置。

(2) 约定担保,是指通过当事人签订担保合同而产生的担保方式。对于约定担保,当事人应当自行约定是否设定担保、设定何种担保、如何实现担保等事项。约定担保包括保证、抵押、质押和定金。

3. 一般担保和反担保

根据债务人与担保人的关系,担保分为一般担保和反担保。一般担保,是指债权人通过担保权实现债权之后,担保人直接向债务人行使追偿权的担保。

所谓反担保,是指债务人或第三人对担保人的追偿权再设定的担保。也就是说,在一般担保中,债权人通过担保权实现债权之后,担保人可以向债务人行使追偿权,但如果无法实现该追偿权时,就可以通过反担保权实现该追偿权。反担保方式可以是债务人提供的抵押或者质押,也可以是其他人提供的保证、抵押或者质押。

4. 对外担保和普通担保

这是根据债权人的性质对担保作出的区分。对外担保,是指中国境内机构,向中国境外机构或境内的外资金融机构所提供的担保。除此之外的,都是普通的担保。

由于对外担保涉及境外债权人对境内担保人实现担保权,因此对此类担保有一定限制。《最高人民法院关于适用〈中华人民共和国担保法〉若干问题的解释》第6条就特别规定,特定情况下对外担保合同无效:未经国家有关主管部门批准或者登记对外担保的;未经国家有关主管部门批准或者登记,为境外机构向境内债权人提供担保的;为外商投资企业注册资本、外商投资企业中的外方投资部分的对外债务提供担保的;无权经营外汇担保业务的金融机构、无外汇收入的非金融性质的企业法人提供外汇担保的;主合同变更或者债权人将对外担保合同项下的权利转让,未经担保人同意和国家有关主管部门批准的,担保人不再承担担保责任,但法律、法规另有规定的除外。

(二) 反担保

我国《民法典》第三编合同第689条规定:"保证人可以要求债务人提供反担保。"根据我国《民法典》第387条规定:"第三人为债务人向债权人提供担保的,可以要求债务人提供反担保。反担保适用本法和其他法律的规定。"反担保是债务人或第三人向担保人保证主债务人履行主债务而提供的担保。反担保是担保人转移担保风险的一种措施,其本质和担保并无差别。反担保与担保的区别在于:(1)反担保中的债权人为原担保人。(2)反担保是以原担保有效存在为前提的。(3)反担保仅仅限于约定担保。(4)反担保所担保的实际是原担保人的追偿权。由于原担保人的追偿权是在一定条件下才出现的,因此反担保所担保的属于未来的债权,这一点与最高额保证、最高额抵押相同。

从字面理解,《民法典》中规定的五种典型担保方式都可适用于反担保,但从反担保的性质理解,却有一定的限制:(1)留置不能为反担保的方式,因为留置权为法定担保方式,只有具备法定条件才能成立,而反担保是约定担保。(2)定金也不能作为反担保方式,因为定金只适用于双务合同,而担保合同却是单务合同。①

(三) 金融担保的种类

如前所述,金融担保从其作用上通常被分为两类:一是债权担保,即以确保自己债权的

---

① 《最高人民法院关于适用〈中华人民共和国担保法〉若干问题的解释》第2条第2款规定:"反担保方式可以是债务人提供的抵押或者质押,也可以是其他人提供的保证、抵押或者质押。"

实现而享有担保权的情况;二是债务担保,即为担保债务人履行债务而向债权人提供的担保。除此之外,金融担保也可以按照不同标准,进行若干种分类。与一般民事担保一样,金融担保也可以从担保标的角度进行区分,划分为信用担保和物权担保。

(1) 信用担保。金融机构把担保作为自己对外提供服务的一种业务时,它是以其自身的资产和信誉为他人的债务提供担保,其方式主要归属于人的担保。金融机构对外提供的"人的担保"服务业务,也可以分为两种:一种是传统的保证,它对于主债务人和主债权人之间订立的交易合同具有从属性和补充性,担保合同是主合同的从合同。这种传统的保证业务,主要发生和应用于国内金融和经济活动中。另一种人的担保虽然也是一种合同关系,但它与保证合同不同,因为它具有独立性,即它是担保人与主债务人之间的一种独立担保合同,不从属于主债务人和主债权人之间的基础交易合同。它主要应用于国际金融和国际贸易中的担保业务,如保函、备用信用证等。

(2) 物权担保。金融担保中的物的担保,以抵押权、质权和留置权为限,主要应用于国内的经贸和金融活动中。所谓抵押权、质权和留置权,是从金融机构作为债权人的角度来讨论担保问题,通常借款人向银行申请贷款时,在无法提供保证人时,便以自己或第三人的特定财产向银行提供抵押或质押。根据金融机构业务的特点来看,留置权的情况并不多见。

(3) 其他分类。金融担保业务,根据担保的法律性质,可以分为一般担保、连带责任担保和凭单据付款保证;按照担保书的形式,可分为担保合同(包括保证合同、抵押合同、质押合同)、保函、备用信用证、意愿书、具有担保条款的贷款合同;按担保的数额,可分为限额担保和非限额担保。而债务担保,主要包括借款担保、融资租赁担保、补偿贸易项下的履约担保、境外工程承包中的债务担保、引进技术或设备担保和购销合同付款担保等形式。

本章主要按照信用担保和物权担保的分类方法,从金融交易及融资担保的角度,展开对金融担保若干具体方式及其法律制度的探讨。

三、我国金融担保立法概况

债权担保制度是一种增强交易信用的法律手段。我国担保法律制度是适应改革开放需要,伴随着经济发展和法制进步而逐步建立和完善起来的。

我国民法关于债的担保制度的规定,起始于1981年颁布的《经济合同法》。1986年4月12日,第六届全国人大第四次会议通过了《民法通则》,在第五章第二节"债权"中以第89条对担保制度作出明确规定,该法条对保证、抵押、定金和留置四种担保方式作了简要规定。之后,1988年1月26日,最高人民法院审判委员会讨论通过的《关于贯彻执行〈中华人民共和国民法通则〉若干问题的意见(试行)》,专门用12个条文对担保制度作出进一步规定。

随着《民法通则》以及相关司法解释的颁布,我国债的担保制度开始逐步发展起来。经过司法实践的经验积累以及学理上的准备,1995年6月30日,第八届全国人大常委会第十四次会议通过了《担保法》。《担保法》自1995年10月1日起施行,一直到现在仍然有效并且没有修订过。该《担保法》共7章96条,第一章和最后一章分别是总则和附则,中间五章分别对保证、抵押、质押、留置和定金五种担保方式作出较为细致的规定。

为了便于对《担保法》的统一理解,2000年9月29日最高人民法院审判委员会第1133次会议通过了《关于适用〈中华人民共和国担保法〉若干问题的解释》(法释〔2000〕44号,以下简称《司法解释》)。该《司法解释》对《担保法》七章的内容,分七个部分作出详尽解释,总共有134条之多,比《担保法》本身还要多。

第十届全国人大第五次会议于2007年3月16日通过、自2007年10月1日起施行的《物权法》被《民法典》取代,《民法典》第四编"担保物权"分四章分别规定了一般规定、抵押权、质权和留置权,我国担保法律制度得以进一步完善。

至2020年5月28日我国《民法典》颁布,于2021年1月1日起施行,我国的金融担保制度已经形成了以我国《民法典》为基础和核心,包括《企业动产抵押物登记管理办法》(2000年12月1日国家工商行政管理局修订发布)、《单位定期存单质押贷款管理规定》(1999年9月3日中国人民银行发布)、《证券公司股票质押贷款管理办法》(2004年11月2日中国人民银行、中国银监会、中国证监会发布)等在内的一个体系。

四、担保合同的无效及担保责任的承担

合同要发生当事人所追求的法律后果,必须具备法律规定的民事法律行为的有效条件。担保合同的生效,除了要符合担保法对具体担保种类的特别规定之外,必须符合民法基本原理。根据民法原理,欠缺生效要件的担保合同或者归于无效,或者可以撤销。

所谓无效的担保合同,是指欠缺担保合同的生效要件,在法律上确定的、完全不发生法律效力的合同。不发生法律效力的担保合同是指不发生担保合同当事人所追求的法律效果,而不是不发生任何其他意义上的法律效果;合同归于无效,也要根据各个当事人的过错由当事人各自承担相应的民事责任。无效的担保合同是绝对无效的,在法律上当然无效,自合同成立时起就没有法律约束力,其后也不能转为有效合同。

(1) 国家机关和以公益为目的的事业单位、社会团体违反法律规定提供担保的,担保合同无效,因此给债权人造成损失的,应当根据其过错承担相应的民事责任。

(2) 公司企业的董事、经理以公司资产为本公司的股东或者其他个人债务提供担保的,担保合同无效;除债权人知道或者应当知道的外,债务人、担保人应当对债权人的损失承担连带赔偿责任。

(3) 以法律、法规禁止流通的财产或者不可转让的财产设定担保的,担保合同无效。

(4) 法人或者其他组织的法定代表人、负责人超越权限订立的担保合同,如果相对人知道或者应当知道其超越权限的,该代表行为无效。

(5) 如果主合同有效而担保合同无效,并且债权人无过错的,担保人与债务人对主合同债权人的经济损失,承担连带赔偿责任;如果债权人、担保人有过错,则担保人承担民事责任的部分,不应超过债务人不能清偿部分的二分之一。

(6) 由于担保合同是主合同的从合同,因此,主合同无效则导致担保合同无效。当然,担保合同另有约定的,按照约定。担保合同被确认无效后,债务人、担保人、债权人有过错的,应当根据其过错各自承担相应的民事责任。如果担保人无过错,则不承担民事责任;如果担保人有过错,则其承担民事责任的部分,不应超过债务人不能清偿部分的三分之一。

担保人因无效担保合同向债权人承担赔偿责任后,可以向债务人追偿,或者在承担赔偿责任的范围内,要求有过错的反担保人承担赔偿责任。

五、留置与定金

我国担保法律制度规定了保证、抵押、质押、留置与定金五种担保方式,其中留置与定金

不属于金融担保范围,因而似乎不应在本书中讨论。但是,为全面介绍我国担保法律制度,出于内容完整性的考虑,兹对留置与定金两种担保方式作简要阐述。

(一) 留置

1. 留置的概念

留置(lien)是指在法律规定可以留置的合同中,债权人按照合同约定占有债务人的动产,债务人不按照合同约定的期限履行债务的,债权人有权依法留置该财产,以该财产折价或者以拍卖、变卖该财产的价款优先受偿。在留置法律关系中,债权人称为留置权人,留置权人所留置的动产称为留置物。

留置是一种法定担保方式,只能由法律规定哪些债权可适用留置。根据我国《民法典》有关条款规定,可适用留置的是因保管合同、运输合同、加工承揽合同、行纪合同等而发生的债权。但是,当事人也可以在合同中约定不得留置的物,通过当事人在合同中的约定而排除法定的留置权;债权人行使留置权与其承担的义务或者合同的特殊约定相抵触的,人民法院不予支持。

2. 留置担保的范围

留置所担保的范围应该只涉及与留置的动产有牵连关系的债权,包括主债权及利息、违约金、损害赔偿金,以及留置物保管费用和实现留置权的费用。

3. 留置发生的条件

留置作为一种法定担保方式,只有在具备法定条件时,当事人才可以行使留置权。对动产的留置除了要遵守基本的公共利益和善良风俗之外,当事人取得留置权的条件还包括:

(1) 债权已届清偿期。如果债权未届清偿期,则不需要对债权进行保障,也就没必要行使留置权。只有当债权已届清偿期而债务人仍不履行债务时,债权人才可以出于保障债权实现的目的而行使留置权。

(2) 债权人须依法占有债务人的动产。债权人占有留置物是发生留置的前提条件,如果债权人不占有留置物,则无从留置,这与质押的规定一样。因此,根据司法解释,如果债务人代留置权人占有留置物的,留置不生效;留置权人将留置物返还于债务人后,以其留置权对抗第三人的,人民法院不予支持。但因不可归责于留置权人的事由而丧失对留置物的占有,留置权人可以向不当占有人请求停止侵害、恢复原状、返还质物。

同时,债权人对债务人动产的占有必须基于合同的约定,而不是基于其他原因取得。债权人合法占有债务人交付的动产时,即使不知债务人无处分该动产的权利,也可以享有留置权。

(3) 留置的动产必须与该债权有牵连关系。法律规定留置权的目的在于通过赋予债权人对与其债权发生有牵连的物以支配性权利,以保障其特定债权的实现。因此,债权人只有对与债权有牵连关系的动产行使留置权才符合公平正义原则以及立法目的。另外,根据《民法典》第二编物权第四分编担保物权第十九章留置权,以及第三编合同对四种可留置合同的具体规定中,都可以看出,留置的动产必须与该债权有牵连关系。

4. 留置权人的权利

留置权人在留置法律关系中的主要权利就是实现留置权,《民法典》对于留置权人的权利规定主要如下:

(1) 留置留置物的权利。留置权人在债权未受全部清偿前,留置物为不可分物的,留置权人可以就其留置物的全部行使留置权;如果留置的财产为可分物的,留置物的价值应当相当于债务的金额。如果债权人的债权未届清偿期,其交付占有标的物的义务已届履行期的,不能行使留置权;但是,债权人能够证明债务人无支付能力的除外。

(2) 收取留置物的孳息。这与动产质押中的规定一样,这里不再赘述。

(3) 就留置物优先受偿的权利。这也是留置权的实现。债务人超过规定的期限不履行债务时,债权人可以与债务人协议以留置物折价,也可以依法拍卖、变卖留置物。留置物折价或者拍卖、变卖后,其价款超过债权数额的部分归债务人所有,不足部分由债务人清偿。

5. 留置权人的义务

留置权人在享受相关权利的同时,也必须承担保管留置物等相关义务,主要如下:

(1) 留置权人负有妥善保管留置物的义务。因保管不善致使留置物灭失或者毁损的,留置权人应当承担民事责任。

(2) 不得擅自处分留置物的义务。这与动产质押的规定也是一样。

(3) 通知债务人在合理期限内履行债务的义务。债权人与债务人应当在合同中约定,债权人留置财产后,债务人应当在不少于 2 个月的期限内履行债务。如果双方在合同中约定宽限期的,债权人可以不经通知,直接行使留置权。债权人与债务人在合同中未约定宽限期的,债权人留置债务人财产后,应当确定 2 个月以上的期限,通知债务人在该期限内履行债务。如果债权人未按规定的期限通知债务人履行义务,直接变价处分留置物的,应当对此造成的损失承担赔偿责任。

(二) 定金

1. 定金的概念

定金(earnest)是指合同当事人一方为了担保合同的订立或履行,预先支付给另一方的一笔金钱。当事人可以约定一方向对方给付定金作为债权的担保。

2. 定金的形式、内容

定金合同也是一种要式合同,应当以书面形式约定。当事人交付留置金、担保金、保证金、订约金、押金或者定金等,但没有约定定金性质的,当事人主张定金权利的,人民法院不予支持。

定金的数额由当事人约定,但不得超过主合同标的额的 20%。如果当事人约定的定金数额超过主合同标的额 20% 的,超过的部分,人民法院不予支持。

3. 定金合同的生效

定金合同是一种实践合同,当事人在定金合同中应当约定交付定金的期限,定金合同从实际交付定金之日起生效。如果实际交付的定金数额多于或者少于约定数额,视为变更定金合同;收受定金一方提出异议并拒绝接受定金的,定金合同不生效。

当事人约定以交付定金作为主合同成立或者生效要件的,给付定金的一方未支付定金,但主合同已经履行或者已经履行主要部分的,不影响主合同的成立或者生效。

4. 定金的种类

定金可以根据其担保目的的不同,分为立约定金和违约定金。

(1) 立约定金,是指为保证合同订立而交付的定金。定金规则的主要内容是:当事人约定以交付定金作为订立主合同担保的,给付定金的一方拒绝订立主合同的,无权要求返还定金；收受定金的一方拒绝订立合同的,应当双倍返还定金。

(2) 违约定金,是指当事人为保证合同义务的履行而交付的定金。对于这种定金,给付定金的一方不履行约定的债务的,无权要求返还定金；收受定金的一方不履行约定的债务的,应当双倍返还定金。这也被称为定金罚则。并且,债务人履行债务后,定金应当抵作价款或者收回。

5. 定金的效力

定金交付后,交付定金的一方可以按照合同的约定以丧失定金为代价而解除主合同,收受定金的一方可以双倍返还定金为代价而解除主合同。

因当事人一方迟延履行或者其他违约行为,致使合同目的不能实现,可以适用定金罚则。但法律另有规定或者当事人另有约定的除外。当事人一方不完全履行合同的,应当按照未履行部分所占合同约定内容的比例,适用定金罚则。因不可抗力、意外事件致使主合同不能履行的,不适用定金罚则。因合同关系以外第三人的过错,致使主合同不能履行的,适用定金罚则。受定金处罚的一方当事人,可以依法向第三人追偿。

另外,根据我国《民法典》第588条的规定:"当事人既约定违约金,又约定定金的,一方违约时,对方可以选择适用违约金或者定金条款。"

第二节　金融信用担保

金融机构把担保作为自己对外提供服务的一种业务时,它是以其自身的资产和信誉为他人的债务提供担保,这种担保方式属于"人的担保",即所谓的信用担保。从法律上讲,人的担保属于债法或合同法的范畴。[①] 信用担保的主要形式是保证、保函(保证书)、备用信用证和以汇票、本票形式出具的担保。

一、保证

担保法上的保证(guarantee),是指第三人和债权人约定,当债务人不履行债务时,第三人按约定履行债务或者承担责任的一种担保方式和法律制度,该第三人称为保证人,债务人为被保证人。我国法律中调整保证这种担保方式的规定最早的是1981年《经济合同法》第15条[②]的规定,之后又有1986年《民法通则》第89条第1款[③]的规定,而对保证的理论和实践作出完整规定的是1995年《担保法》。我国《民法典》合同编典型合同分编第十三章对"保证合同"作出了专门规定,结合实践经验,并且反映了市场经济的要求。

(一) 保证概述

1. 保证的概念

保证合同,是指债务人以外的第三人作为保证人和债权人约定,当债务人不履行债务

---

① 沈达明、冯大同:《国际资金融通的法律与实务》,对外贸易教育出版社1985年版,第160页。
② 1999年10月1日起废止的《经济合同法》第15条曾经规定:"经济合同当事人一方要求保证的,可由保证人担保,被担保的当事人不履行合同的,按照担保约定由保证人履行或承担连带责任。"
③ 《民法通则》第89条第1款规定:"保证人向债权人保证债务人履行债务,债务人不履行债务的,按照约定由保证人履行或者承担连带责任；保证人履行债务后,有权向债务人追偿。"

时,保证人按照约定履行债务或者承担责任的担保方式。我国《民法典》第681条规定:"保证合同是为保障债权的实现,保证人和债权人约定,当债务人不履行债务或者发生当事人约定的情形时,保证人履行债务或者承担责任的合同。"

2. 保证的特征

保证作为一种担保方式,具有担保的从属性、补充性和相对独立性的特征;同时,由于其自身的性质,还具有债权性和人身性的法律特征。

(1) 债权性。保证是保证人和债权人之间的合同法律关系,债权人只能请求保证人履行自己的保证义务,而不能直接处分保证人的财产。因此,保证属于债的范畴,债权人享有的权利是债权性的请求权,而不具有物权性。

(2) 人身性。保证是人的担保,而不是物的担保。人保具有显著的人身性,即保证的成立同自然人或法人的人格、身份、名誉等人身属性密不可分,并不单纯依赖于财产。保证人乐于为主债务人保证债务,是出于他们之间的相互信任;债权人接受某第三人为保证人,也是基于对其信赖。当然,保证人接受委托和债权人接受保证都是以对方的经济实力和物质财产为基础的。

3. 保证法律关系

保证是民法上的一项债的担保制度,它涉及两个合同、三方当事人。两个合同即主合同和保证合同,三方当事人即保证人、主合同中的债权人和债务人。债务人是主债务的债务人,保证人是保证债务的债务人,债权人对债务人和保证人分别享有不同的债权。由此可见,保证法律关系在广义上包括三种法律关系。

(1) 债权人与债务人之间的债权债务关系。此为主债权债务关系,这里的债权人是主债权人,债务人是主债务人。作为一种担保方式,保证以主合同债权的实现为目的,主合同或主债务的有效成立是保证合同成立的前提和基础。主合同债权人与债务人的债权债务关系是保证的基础关系。

(2) 保证人与债务人之间的法律关系。这实际上是指保证人何以称为保证人的问题,是内部关系。多数国家对此未作规定。保证人之所以称为保证人,绝大多数情况是基于债务人的委托,但也有基于无因管理或赠与意思而设立保证的情况。① 当然,第三人基于什么原因成为保证人,对债权人没有直接影响。

(3) 保证人与债权人之间的保证关系。保证关系是基于保证合同而产生的单务法律关系,是保证法律关系的核心。保证合同双方当事人中保证人是义务主体,主合同债权人为权利主体。债权人对保证人具有请求权,即当债务人不履行债务时,有权要求保证人代为履行债务或承担赔偿责任。

4. 保证人

保证人(guarantor)是保证合同的当事人,是依据保证合同对债权人提供保证并承诺保证债务人履行债务的人。保证人对债权人承担保证债务,债权人对保证人则有保证债务请求权;保证人向债权人承担保证责任后,有权向债务人追偿。

(1) 保证人的资格。由于保证是以保证人的个人信用提供担保,因此对保证人的资格

---

① 蔡永民:《比较担保法》,北京大学出版社2004年版,第3页。如《日本民法典》第462条规定:"未受主债务人委托而设保证者,……主债务人应于其当时受益限度内予以赔偿。"

有较严格的要求。一般而言,能够作为保证人的是具有代为清偿债务能力的法人、其他组织或者公民,包括依法登记领取营业执照的独资企业、合伙企业、联营企业、中外合作经营企业,经民政部门核准登记的社会团体,经核准登记领取营业执照的乡镇、街道、村办企业等。同时,《民法典》在第683条对不得为保证人的主体又作出了特别规定:

其一,机关法人不得为保证人,但是经国务院批准为使用外国政府或者国际经济组织贷款进行转贷的除外。

其二,以公益为目的的非营利法人、非法人组织不得为保证人。

(2) 保证人的抗辩权。保证认的抗辩权,是指债权人行使债权时,保证人根据法定事由,对抗债权人行使请求权的权利。不管是一般保证还是连带责任保证,保证人均享有债务人的抗辩权。债务人放弃对债务的抗辩权的,保证人仍有权抗辩。而对于一般保证的保证人,还享有对债权人的先诉抗辩权。①

5. 共同保证

共同保证,是指两个以上保证人对同一债务同时或者分别提供保证。

共同保证的保证人在保证合同中约定保证份额的,称为按份共同保证。对此,保证人应当按照保证合同约定的保证份额,承担保证责任。按份共同保证的保证人按照保证合同约定的保证份额承担保证责任后,在其履行保证责任的范围内对债务人行使追偿权。

共同保证的各保证人与债权人没有约定保证份额的,则应认定为连带共同保证。对此,保证人应承担连带责任,即债权人可以要求任何一个保证人承担全部保证责任,保证人都负有担保全部债权实现的义务,不得以其相互之间约定各自承担的份额对抗债权人。连带共同保证的债务人在主合同规定的债务履行期届满没有履行债务的,债权人可以要求债务人履行债务,也可以要求任何一个保证人承担全部保证责任。连带共同保证的保证人承担保证责任后,向债务人不能追偿的部分,由各连带保证人按其内部约定的比例分担。如果保证人之间没有约定比例的,由各保证人平均分担。

6. 最高额保证

最高额保证是指对于债权人的一定范围内的不特定而连续发生的债权预定一个限额,并由保证人提供担保而订立的保证合同。保证属于债的关系,当事人可以依照合同自由原则任意创设。我国《民法典》第690条规定:"保证人与债权人可以协商订立最高额保证的合同,约定在最高债权额限度内就一定期间连续发生的债权提供保证。"最高额保证是一种保证担保方式,债权人和保证人应当以书面形式订立最高额保证合同,记载被保证的债权性质、种类、最高担保数额,保证的方式,保证担保的范围,保证的期间,以及双方认为需要约定的其他事项等内容。

(二) 保证合同

1. 保证合同的概念

保证合同(contract of suretyship)是指由保证人(surety)和债权人订立的,当债务人不履行债务时,由保证人代为清偿或者承担责任的协议。与一般的民事合同相比,保证合同具有以下特征:

---

① 我国《民法典》第686条规定:"一般保证的保证人在主合同纠纷未经审判或者仲裁,并就债务人财产依法强制执行仍不能履行债务前,有权拒绝向债权人承担保证责任。"

(1) 保证合同是单务无偿合同。在保证关系中,保证人代为履行或者承担责任,是一种单方义务,债权人并不对保证人承担任何义务,所以保证合同是单务无偿合同。

(2) 保证合同是诺成性合同。保证合同由保证人和债权人就保证内容、条款达成书面协议,即可成立,无须保证人交付任何财产。

(3) 保证合同是附条件的合同。保证合同并不是一成立就生效,其生效是有条件的,即债务人不依约定履行义务,其生效的时间是主债务履行期届满之日。

(4) 保证合同具有从属性。从属性是保证合同的主要法律特征,保证合同从属于债权人和债务人所签订的主合同的从合同,不能独立存在,它随主合同的变更、消灭而变更、消灭。

2. 保证合同的形式

保证合同是一种要式合同,保证人与债权人应当以书面形式订立保证合同。保证合同可以单独订立的书面合同,包括当事人之间的具有担保性质的信函、传真等,也可以是主债权债务合同中的保证条款。[①] 如果保证人在订有保证条款的主合同上签字或盖章的,保证合同成立;在没有保证条款的主合同上以保证人身份签字或盖章的,也视为保证合同成立。如果第三人单方以书面形式向债权人出具担保书,债权人接受且未提出异议的,保证合同也成立。

保证人与债权人可以就单个主合同分别订立保证合同,也可以协议在最高债权额限度内就一定期间连续发生的借款合同或者某项商品交易合同订立一个保证合同。最高额保证合同的不特定债权确定后,保证人应当对在最高债权额限度内就一定期间连续发生的债权余额承担保证责任。

3. 保证合同的内容

保证合同的内容是债权人与保证人确定各自权利义务的依据,因此必须具体明确。根据《民法典》第 684 条的规定:"保证合同的内容一般包括被保证的主债权的种类、数额,债务人履行债务的期限,保证的方式、范围和期间等条款。"

(三) 保证方式

保证方式可以根据保证人承担责任的不同,分为一般保证和连带责任保证。

1. 一般保证

当事人在保证合同中约定,债务人不能履行债务时,由保证人承担保证责任的,称为一般保证。一般保证的保证人在主合同纠纷未经审判或者仲裁,并就债务人财产依法强制执行仍不能履行债务前,对债权人可以拒绝承担保证责任。一般保证人享有的这种拒绝承担保证责任的权利,称为先诉抗辩权。但是,保证人行使先诉抗辩权也有一定的限制,主要包括以下情形:债务人住所变更,致使债权人要求其履行债务发生重大困难的(重大困难包括债务人下落不明、移居境外,且无财产可供执行);法院受理债务人破产案件,中止执行程序的;保证人以书面形式放弃前款规定的权利的。

如果一般保证的保证人在主债权履行期届满后,向债权人提供了债务人可供执行财产的真实情况的,债权人放弃或者怠于行使权利致使该财产不能被执行,则保证人可以请求法院在其提供可供执行财产的实际价值范围内免除保证责任。

---

① 《民法典》第 685 条。

2. 连带责任保证

当事人在保证合同中约定保证人与债务人对债务承担连带责任的,称为连带责任保证。连带责任保证的债务人在主合同规定的债务履行期届满没有履行债务的,债权人可以要求债务人履行债务,也可以要求保证人在其保证范围内承担保证责任。

与一般保证相比,连带责任保证的保证人不享有先诉抗辩权,只要债务人不履行债务,而不管出于什么原因不履行债务,保证人就要根据债权人的要求承担保证责任,因此,其保证责任相应比较重。

值得注意的是,《民法典》在第686条第2款规定:"当事人在保证方式没有约定或者约定不明确的,按照一般保证承担保证责任。"

(四)保证责任

1. 保证范围

保证担保的范围包括主债权及利息、违约金、损害赔偿金和实现债权的费用。保证合同另有约定的,按照约定。当事人对保证担保的范围没有约定或者约定不明确的,保证人应当对全部债务承担责任。

2. 主合同转让、变更时,保证人的保证责任

(1) 主合同债权转让。保证期间,债权人依法将主债权转让给第三人的,由于债务人履行债务的情况未发生变化,由此保证人承担保证的责任不发生任何变化,因此,保证人仍应在原保证担保的范围内继续对受让人承担保证责任。但是,保证人与债权人事先约定仅对特定的债权人承担保证责任或者禁止债权转让的,保证人不再承担保证责任。

(2) 主合同债务转让。保证期间,债权人许可债务人转让债务的,由于履行债务的主体发生变化,保证人保证的对象发生变化,因此,应当取得保证人书面同意,保证人对未经其同意转让的债务,不再承担保证责任。但是,保证人仍应当对未转让部分的债务承担保证责任。

(3) 主合同变更。保证期间,债权人与债务人对主合同数量、价款、币种、利率等内容作了变动,未经保证人同意的,如果减轻债务人的债务的,保证人仍应当对变更后的合同承担保证责任;如果加重债务人的债务的,保证人对加重的部分不承担保证责任。债权人与债务人对主合同履行期限作了变动,未经保证人书面同意的,保证期间为原合同约定的或者法律规定的期间。如果债权人与债务人协议变动主合同内容,但并未实际履行的,保证人仍应当承担保证责任。如果主合同当事人双方协议以新贷偿还旧贷,除保证人知道或者应当知道的外,保证人不承担民事责任,但新贷与旧贷系同一保证人保证的,不在此限。

3. 保证期间

当事人可以在保证合同中对保证期间进行约定。如果约定的保证期间早于或者等于主债务履行期限的,则视为没有约定,保证期间为主债务履行期届满之日起6个月;如果保证合同约定保证人承担保证责任直至主债务本息还清时为止等类似内容的,则视为约定不明,保证期间为主债务履行期届满之日起2年。主合同对主债务履行期限没有约定或者约定不明的,保证期间自债权人要求债务人履行义务的宽限期届满之日起计算。

一般保证的保证人在合同约定的保证期间或法律规定的保证期间,债权人未对债务人提起诉讼或者申请仲裁的,保证人免除保证责任。如果债权人在保证期间届满前对债务人提起诉讼或者申请仲裁的,保证期间适用诉讼时效中断的规定。保证合同的诉讼时效从判

决或者仲裁裁决生效之日起开始计算。

连带责任保证的保证人在合同约定的保证期间和法律规定的保证期间,债权人未要求保证人承担保证责任的,保证人免除保证责任。如果连带责任保证的债权人在保证期间届满前要求保证人承担保证责任的,从债权人要求保证人承担保证责任之日起,开始计算保证合同的诉讼时效。

最高额保证合同对保证期间没有约定或者约定不明的,如最高额保证合同约定有保证人清偿债务期限的,保证期间为清偿期限届满之日起6个月。没有约定债务清偿期限的,保证期间自最高额保证终止之日或自债权人收到保证人终止保证合同的书面通知到达之日起6个月。

值得注意的是,与民法上的诉讼时效规定一样,如果保证人对已经超过诉讼时效期间的债务承担保证责任或者提供保证的,又以超过诉讼时效为由抗辩的,人民法院不予支持。

4. 其他规定

(1) 特殊保证合同的保证责任。保证合同中约定保证人代为履行非金钱债务的,如果保证人不能实际代为履行,对债权人因此造成的损失,保证人应当承担赔偿责任。

第三人向债权人保证监督支付专款专用的,在履行了监督支付专款专用的义务后,不再承担责任。未尽监督义务造成资金流失的,应当对流失的资金承担补充赔偿责任。

保证人对债务人的注册资金提供保证的,债务人的实际投资与注册资金不符,或者抽逃转移注册资金的,保证人在注册资金不足或者抽逃转移注册资金的范围内承担连带保证责任。

(2) 同一债权既有保证又有物的担保的保证责任。对于这种双份担保,保证人只对物的担保以外的债权承担保证责任。如果债权人放弃物的担保的,保证人在债权人放弃权利的范围内免除保证责任;如果债权人在主合同履行期届满后怠于行使担保物权,致使担保物的价值减少或者毁损、灭失的,视为债权人放弃部分或者全部物的担保。保证人在债权人放弃权利的范围内减轻或者免除保证责任。

(3) 可撤销的合同。债务人与保证人共同欺骗债权人,订立主合同和保证合同的,债权人可以请求法院予以撤销。因此给债权人造成损失的,由保证人与债务人承担连带赔偿责任。

(4) 保证人不承担民事责任的情况。有以下情形之一的,保证人不承担民事责任:主合同当事人双方串通,骗取保证人提供保证的;主合同债权人采取欺诈、胁迫等手段,使保证人在违背真实意思的情况下提供保证的;主合同债务人采取欺诈、胁迫等手段,使保证人在违背真实意思的情况下提供保证的,债权人知道或者应当知道欺诈、胁迫事实的。

(五) 保证人的追偿权

保证人承担保证责任后,可以向债务人行使追偿权。如果法院受理债务人破产案件后,债权人未申报债权的,保证人可以参加破产财产分配,预先行使追偿权。如果债权人知道或者应当知道债务人破产,既未申报债权也未通知保证人,致使保证人不能预先行使追偿权的,保证人在该债权在破产程序中可能受偿的范围内免除保证责任。

但是,如果保证人自行履行保证责任时,其实际清偿额大于主债权范围的,保证人只能在主债权范围内对债务人行使追偿权。

二、保函

(一) 保函的概念

保函(letter of guarantee),又称保证书,是指银行、保险公司、担保公司或担保人应申请人的请求,向受益人开立的一种书面信用担保凭证,保证在申请人未能按双方协议履行其责任或义务时,由担保人代其履行一定金额、一定时限范围内的某种支付或经济赔偿责任。简单地说,保函是保证的书面合同形式。

大多数金融业务中,都是由债务人商请一家银行向债权人或者其他受益人开立保函,称为银行保函。银行保函(bank letter of guarantee),又称为银行保证书,是银行与委托人约定,当委托人到期不能偿还某项合同债务,或者因违约等原因不能支付款项时,由银行代其向债权人偿还债务或代为付款的担保方式。对于银行来说,保函是其担保类中间业务之一,银行向其客户单位提供保函服务,要收取一定的服务费用,获得经营收益。

(二) 从属保函与独立保函

传统的保证制度具有显著的从属性,不利于债权人债权的实现。为克服从属保证不利于化解跨国信用危机方面的缺陷,在国际商事交易实践中逐渐创立了一种完全不同于传统从属保证制度的独立保证(independent guarantee),并取代传统从属保证制度在国际商事担保中的主导地位。① 因此,保函制度可以划分为从属保函和独立保函两种。

1. 从属保函

我国《民法典》第 681 条规定:"保证是为保障债权的实现,保证人和债权人约定,当债务人不履行到期债务或者发生当事人约定的情形时,保证人履行债务或者承担责任的合同。"要理解从属保函的含义,应该从保证的含义出发,并把握保证的主要特点。②

(1) 保函作为一项法律运作机制,是由三个既相对独立又相互依存的合同关系所构成的:一是债权人与债务人之间的主合同关系,这可以是买卖、借贷、租赁等民商事关系,它是保函产生的前提,没有主合同的存在,也就没有保函产生的必要;二是债务人与保证人之间的委任合同关系,它调整着债务人与保证人之间的关系;三是保证人与债权人之间的保证合同关系,它调整着债权人与保证人的关系。

(2) 保函作为一份具体的法律文件,是指保证人与债权人之间的保证合同的书面表现形式。尽管保函关系与主合同关系以及委任关系有着一定的联系,但是根据合同的相对性原理,保函只在保证人与债权人之间具有法律效力。这意味着不能以债务人与保证人之间的委任合同关系的效力对抗保函的效力,但是,由于保函的从属性,保函的效力又取决于主合同的效力,即主合同成立与生效决定了保函的成立与生效,主合同无效,保函也将无效。

(3) 保函是一种信用担保方式,它与抵押、质押、留置等物的担保最大的不同就是不以担保人的特定财产作为债务人履行债务的担保,而是以保证人的不特定的财产作为债务履行的担保,这就决定了当出现需要保证人承担保证责任时,债权人不能直接处分保证人的财产,而是只能向保证人行使请求权,请求其承担保证责任。在保证人拒绝承担保证责任时,

---

① 周辉斌:《银行保函与备用信用证法律实务》,中信出版社 2003 年版,前言。
② 同上书,第 8 页。

债权人只能诉请人民法院强制保证人履行。正因如此,从债权人的角度来看,保函的担保作用比物的担保要弱,保函最终能否起到预期的担保作用,关键取决于保证人的偿债能力即保证人的资信。

（4）保函只能由债务人以外的人出具,债务人自己不得为自己的债务作保证,而在物的担保情形下,债务人与债务人以外的第三人都可以以自己的财产为债权人提供担保。

（5）保函是一种单务无偿合同关系。即保证人在保证合同关系中只承担义务而不享有任何权利,主债权人则只享有权利而对保证人不承担任何义务;同时,保证人承担保证义务不以从债权人那里获得对价为条件,因此保证合同是一种无偿合同。应该注意的是,保证人有时会从主债务人那里获得报酬,尤其是银行保函的情形下银行往往会从其客户即主债务人那里收取保证手续费,但是这只说明保证人与主债务人之间的委任合同是有偿合同,这并不能否认保证合同的无偿性。

（6）保函是一种诺成性合同关系,即保函只需保证人与债权人之间就保函的基本内容达到一致的意思表示就已经成立,而不需要以财产的交付作为保函成立的条件。

（7）保函关系的本质就是由债权人与保证人之间约定当债务人不履行债务时,由保证人按照约定履行债务或者承担责任。

2. 独立保函

独立保证是一种不同于传统从属性保证的新型的信用担保方式,它是为了担保债务的履行,保证人应基础交易债务人的委托,向基础交易债权人作出的只要该债权人提出索款要求并提交符合规定的单据,保证人就须向其支付约定金额或约定金额以内的款项的承诺,而且保证人不得援引源于基础交易的任何抗辩。① 要正确理解独立保证的含义,必须了解独立保证关系的结构。具体而言,独立保证关系可以分解为以下三层法律关系。

其一,保证申请人(主债务人)与受益人(主债权人)之间的基础交易关系。这种基础交易关系主要表现为货物买卖、工程承包、预付款的支付以及工程招投标等法律关系,它虽然是独立保证赖以产生的前提和原因,但基础交易关系与独立保证关系的法律效力却是相互独立的。也就是说,基础交易关系的无效并不导致保证人与受益人之间的保证关系无效。这与从属性保证中基础交易合同的效力决定保证合同的效力截然不同。

其二,保证申请人(主债务人)与保证人之间的委托合同关系。虽然保函是应申请人的委托、为了申请人的利益而开出的,但是,保函一经开出就与申请人和保证人之间的委托合同相互独立。因此,一旦受益人向保证人提出索款要求,即使是欺诈性的不公正索款要求,保证人也不得以申请人违反委托合同(如未交足保证金)为由拒付保函项下的索赔。这为受益人提出恶意索款要求创造了有利条件,增加了出现欺诈性索款的可能性。

其三,银行与受益人之间的独立保证关系。这种独立保证关系一旦成立,即独立于申请人与受益人之间的基础交易关系,也独立于申请人与银行之间的委托合同关系,如果受益人向保证人提出索款要求,保证人既不能享有从属保证中主债务人即申请人所拥有的一般抗辩权,更不能像从属保证中的保证人那样享有先诉抗辩权,只要受益人提出的索款要求符合保函规定的条款和条件,保证人就必须付款。

目前,国际商事交易实践中独立保证的付款条件主要有三种情况。

---

① 周辉斌:《银行保函与备用信用证法律实务》,中信出版社 2003 年版,第 34—38 页。

(1) 见索即付(payment on first demand)，这是国际贸易中最为盛行的一种付款条件。这种付款条件对受益人最为有利，受益人只要向保证人提出索款要求，无须提供任何有关申请人违约或他有权根据基础交易合同向保证人索赔的证据，保证人就必须支付所担保的款项；而且，受益人还有权就全部担保金额向银行提出索赔而不需提供他实际遭受损失的数量及证据。相反，保证人不能要求受益人提供前述有关证据，也不能通过有关事实进行调查而延迟付款。①

(2) 凭第三方出具的单据付款(payment upon submission of third party document)，这是指受益人在提出索款要求时必须向保证人提交保函规定的由第三人出具的条件化单据②，保证人在收到索款要求和有关单据后，对单据负有形式上的审查义务，在确定单据形式上符合保函规定后，应当立即无条件地向受益人支付所担保的款项。保证人无权要求受益人提供保函规定之外的有关申请人违约的其他证据，也无权对基础交易关系是否有效进行调查。

(3) 凭受益人提交的仲裁裁决或法院判决付款(payment upon submission of an arbitral or court decision)，这是指受益人在提出索款要求时，必须向保证人提交仲裁庭或法院就基础交易关系当事人之间的争端所作出的申请人应当对受益人承担责任的裁决或判决作为保证人付款的条件。这种付款条件不容易被受益人滥用。不过，尽管国际商会1991年制定的《见索即付保函统一规则》(URDG)对这种付款条件做了规定，但是国际贸易中很少使用这种付款条件，它主要运用于国内银行保函的情形。

(三) 保函法律关系

银行保函大多属于"见索即付"(on demand)，即无条件保函，是不可撤销的文件。银行保函业务的当事人主要有三个：委托人、受益人和担保银行。此外，往往还有反担保人、通知行及保兑行等。这些当事人之间形成了一环扣一环的合同法律关系。

(1) 委托人与受益人之间基于彼此签订的合同而产生的债权债务关系或其他权利义务关系。此合同是他们之间权利和义务的依据，相对于保函协议书和保函而言是主合同，这是其他两个合同产生和存在的前提。如果此合同的内容不全面，会给银行的担保义务带来风险。因而银行在接受担保申请时，应要求委托人提供他与受益人之间签订的合同。

(2) 委托人与银行之间的法律关系是基于双方签订的《保函委托书》而产生的委托担保关系。《保函委托书》中应对担保债务的内容和数额、担保种类、保证金的交存、手续费的收取、银行开立保函的条件、时间、担保期间、双方违约责任、合同的变更和解除等内容予以详细约定，以明确委托人与银行的权利义务。《保函委托书》是银行向委托人收取手续费及履行保证责任后向其追偿的凭证。因此，银行在接到委托人的担保申请后，要对委托人的资信、债务及担保的内容和经营风险进行认真的评估审查，以最大限度降低自身风险。

(3) 担保银行和受益人之间的法律关系是基于保函而产生的保证关系。保函是一种单务合同，受益人可以以此享有要求银行偿付债务的权利。在大多数情况下，保函一经开立，

---

① 这种付款条件，使得保函申请人迫于受益人的索款压力而不敢违反基础交易合同，又使得受益人进行欺诈性索款几乎是畅行无阻。因此，美国人称这种付款条件的备用信用证为"自杀性的信用证"(suicide letters of credit)。
② 条件化单据因各种基础交易的不同而不同，例如，投标担保中的单据可以是来自公证机构的声明，表明受益人已经接受了承包商的投标，但是承包商未能与受益人签订合同；履约担保中的单据可以是一独立鉴定人或评估师出具的证书；付款担保中的单据可以是第三方出具的装船单据；等等。这些单据都只要在形式上与保函的规定相符即可，所以不诚实的受益人完全有可能伪造单据或与第三人串通伪造单据向银行进行欺诈性索款。

银行就要直接承担保证责任。

(四) 保函当事人及其责任

(1) 申请人(applicant)。即向担保银行申请开立保函的人。其义务是按照交易合同的约定及时向债权人付款,向担保银行交付保证金或提供反担保,并支付担保服务费用。

(2) 担保行(guarantor)。即开立保函的银行。当申请人不能履约时,担保行必须履行保函所承诺的担保责任。

(3) 受益人(beneficiary)。即有权根据保函向担保银行索偿的人。其责任是全面正确地履行交易合同中规定的义务,否则不得向担保行行使追索权。

(4) 通知行(advising bank)。即受担保行委托,将保函通知给受益人的银行。

(5) 指示行(instructing bank)。即开出反担保函,并要求另一家银行据此转开保函的银行。其义务与担保行相似。

(6) 转开行(reissuing bank)。即按指示要求,凭指示行的反担保向受益人开出保函的银行。在国际招标中有些国家政府规定,为便于索偿,必须由当地银行出具保函才可接受。因此,担保银行必须委托当地银行代理开立保函。转开行的义务是依据反担保函,及时准确地向受益人开出保函。保函一经开出,转开行即要代理担保行履行义务。如转开行履行了代偿义务,即可向指示行索偿。

(7) 保兑行(confirming bank)。即对保函或者反担保函加具保兑的银行。转开行为了保证向指示行收汇(如因外汇管制)的安全,通常要求其开出的反担保函必须经保函货币结算地国家的大银行加具保兑。保兑行一经完成保兑,即对受益人和转开行负有付款责任。

(8) 偿付行(reimbursing bank)。即受指示行的委托,向转开行支付担保款项的银行。偿付行可凭指示行的授权对受益人的索偿付款。

(五) 保函的种类

根据其不同用途,保函可以分为投标保函、履约保函和融资保函三种。

(1) 投标保函(tender guarantee),又称为投标保证书。投标保函是指银行、保险公司或其他保证人向招标人承诺,当申请人(投标人)不履行其投标所产生的义务时,保证人应在规定的金额限度内向受益人付款。

(2) 履约保函(performance bond),又称为履约保证书。保证人承诺,如果担保申请人(承包人)不履行他与受益人(业主)之间订立的合同时,应由保证人在约定的金额限度内向受益人付款。此保证书除应用于国际工程承包业务外,同样适用于货物的进出口交易。

(3) 融资保函(financing guarantee)①,又称为还款保证书。融资保函是指银行、保险公司或其他保证人承诺:如申请人不履行他与受益人订立的合同的义务,不将受益人预付、支付的款项退还或还款给受益人,银行则向受益人退还或支付款项。这种保函除在工程承包项目中使用外,也适用于货物进出口、劳务合作和技术贸易等业务。融资保函主要包括借款

---

① 关于保函的种类,不同实务部门根据各自情况有不同分类,如上海浦东发展银行将保函(L/G)分为融资保函和非融资保函两种: Financing Guarantee: Refers to undertaking the guarantee bearing obligations for your financing activities, which includes lending guarantee, overdraft guarantee, leasing guarantee and compensation trade guarantee. Non-Financing Guarantee: Refers to undertaking the guarantee bearing obligations with certain percentage or limit for non-financing activities, which includes tender guarantee, performance guarantee, advance payment guarantee, payment guarantee, quality/maintenance guarantee and retention guarantee.

保函、透支保函、租赁保函、补偿贸易保函等。

(六) 保函的主要内容

保函的种类很多,但其基本内容差别不大。根据国际商会第458号出版物《UGD458》规定,保函的内容主要包括:(1)申请人的名称;(2)受益人的基本情况(名称与地址);(3)保函承保的合同或标书;(4)保函承保金额;(5)保证人的责任和受益人的义务;(6)保函有效期;(7)仲裁条款;(8)保函编号和开出日期;(9)其他事项。

三、见索即付保函

见索即付保函(demand guarantee 或 on demand)属于独立保函的范畴,又称为"凭要求即付担保",是指由银行等金融机构出具的,以书面形式表示在受益人交来符合保函条款的索赔书或符合保函中规定的其他条件时,承担无条件的付款责任。

(一) 见索即付保函的法律特征

见索即付保函是第二次世界大战后为适应当代国际贸易发展的需要,由银行业务和商业实践的发展而逐步确立起来的,已经成为国际担保的主流和趋势。究其原因,主要在于:一是从属性保函发生索赔时,担保银行需调查基础合同履行的真实情况,这是其人员和专业技术能力所不能及的,而且会因此被卷入到合同纠纷甚至诉讼中。银行为自身利益和信誉考虑,绝不愿意卷入到复杂的合同纠纷中,使银行的利益和信誉受到损坏,而趋向于使用见索即付保函。二是见索即付保函可使受益人的权益更有保障和更易于实现,可以避免保函委托人提出各种原因(如不可抗力、合同履行不能等)来对抗索赔请求,可确保其权益不至因合同纠纷而受到损害。

见索即付保函是一种新型的信用担保方式,目前除国际商会通过的《见索即付保函统一规则》①及其配套指南外,多数国家尚未对其进行立法,但各国判例和学理都承认其合同的效力。见索即付保函不同于我国国内经常使用的保证合同,它有其自身的特点,主要表现在其独立性和无条件性两个方面。

(1) 独立性。虽然担保人是依照基础合同的一方当事人申请,向基础合同的另一方当事人作出见索即付的承诺,但一旦见索即付保函生效,担保人与受益人之间的权利义务关系就完全以保函中所记载的内容为准,而不再受基础合同的影响。只要受益人按照保函的要求提交了索赔文件,担保人必须付款。担保人不得主张先诉抗辩权,也不能以基础合同的债务人的抗辩理由来对抗受益人。即使基础合同的债务人已经履行了合同义务或者基础合同已经因其他原因中止,担保人的责任也不能随之解除。只有在保函本身的有效期过后,担保人才能解除担保责任。

---

① 《见索即付保函统一规则》(The Uniform Rules for Demand Guarantees ICC Publication No.458, 1992 Edition),国际商会第458号出版物,简称《URDG458》,是国际商会制定的有关保函的国际惯例。随着银行保函在国际上使用的范围不断扩大,其内容也逐渐复杂化,为了便于研究和使用,国际商会于1978年制定了《合同保函统一规则》(URCG 325),1982年又制定了《开立合约保证书模范格式》,供实际业务参考和使用。以后随着国际经济贸易的发展和变化,1991年国际商会又对《合同担保统一规则》进行了修订,并于1992年4月出版发行《见索即付保函统一规则》。《见索即付保函统一规则》(URDG458)由导言与规则的适用范围、定义及总则、义务与责任、要求、效期的规定、适用法律及司法管辖权六个部分,共28条组成。《见索即付保函统一规则》阐述了该规则的目的及适用范围,各当事人的合理愿望及国际商会对鼓励采用好的、有关各方均感公平的见索即付保函惯例所给予的关注。当出现违约时,在要求快速补偿的受益人和要求防范不适当要求的委托人之间保持一种公正的平衡。该规则为担保人与受益人之间、指示人与担保人之间,在某些方面还为委托人与担保人或指示人之间的交易提供了一个合同框架。

（2）无条件性。见索即付保函具有无条件性。受益人只要提交了与保函中的约定相符合的索赔文件，担保人即应付款。担保人并不审查基础合同的履行情况，担保人的付款义务的成立也不以委托人在基础合同履行中违约为前提。而通常使用的保证合同的保证人，其承担保证责任是以基础合同中主债务人违约为前提，保证人可以行使主债务人的抗辩权，即使主债务人本人放弃抗辩权，保证人亦可以行使抗辩权而不受影响。可见，对于受益人而言，见索即付担保更为便利和有效。

（二）见索即付保函中银行的责任

（1）银行仅负有对保函规定的单证在表面上进行谨慎审查的义务。根据国际商会1992年公布的《见索即付保函统一规则》和联合国1995年签订的《联合国独立性担保与备用信用证公约》规定，保证人虽不对受益人所提交的单证的正确性承担责任，但保证人首先应尽合理的谨慎，对单证在表面上是否适当进行审查，如单证是否齐全，只要所提交的单证经合理谨慎审查符合保函规定的表面要求，保证人就应付款，即便单证的内容是虚假的，形式是伪造的，保证人也不承担过错责任，即被保证人不得以此作为向保证人补偿的抗辩理由。

（2）银行对受益人的赔偿请求负有通知义务。在受益人正式提出索赔时，保证人应立即通知委托人，并将受益人所提交的单证悉数传递给委托人，以便委托人根据基础合同的具体履行情况对受益人的索偿提出抗辩。如果保证人怠于通知并因此给委托人造成损失，保证人应自行承担这部分损失，无权向委托人要求补偿。此外，除非保证人能十分确定地证明受益人的索偿具有欺诈性，即受益人明知委托人没有违约而恶意提出索偿，否则保证人对受益人索偿的任何拖延都构成对见索即付银行保函的违约。

（三）见索即付保函中银行的追偿权

（1）根据委托书和反担保形成的追偿权。委托人向担保行出具的委托书中应明确记载两项重要内容：一是委托担保行出具见索即付银行保函，二是承诺一旦担保人依据保函承担付款责任，委托人应无条件立即予以补偿。

（2）担保行可以要求委托人以其财产或由第三人提供反担保。根据委托书和反担保函，担保人在承担担保责任后即可对委托人行使追偿权。若以财产为反担保物，则可以从该担保物的变卖价款中优先受偿。若由第三人提供保证，则可向反担保人追偿。

（3）根据代位求偿权而形成的追偿权。代位求偿权是保证人根据保函的规定履行保证义务后而取得的受益人依基础合同对委托人所拥有的一切权力。代位求偿权除基础合同权利外，还包括受益人所拥有的各种担保物权或对同意为被担保人的债务承担责任的其他人的追偿权，如在委托人的财产上设立的担保物权和由第三人以保证或其他担保方式提供的各种担保权益。

见索即付保函主要适用于国际融资、国际商务的担保等业务，与其他国内商务或融资时的担保有不同法律特征。根据我国《民法典》第392条的规定："被担保的债权既有物的担保又有人的担保的，债务人不履行到期债务或者发生当事人约定的实现担保物权的情形，债权人应当按照约定实现债权；没有约定或者约定不明确，债务人自己提供物的担保的，债权人应当先就该物的担保实现债权；第三人提供物的担保的，债权人可以就物的担保实现债权，也可以请求保证人承担保证责任。提供担保的第三人承担担保责任后，有权向债务人追偿。"

四、备用信用证

从目前备用信用证发展来看,实践中已经存在充当担保工具的备用信用证和充当支付手段的备用信用证两种类型。本书讨论作为担保工具的备用信用证。

(一) 备用信用证的概念

备用信用证(stand-by letter of credit),是开证行(担保人)应申请人(债务人)的请求,向受益人(债权人)开出的一种将来使用的付款证书,即规定在申请人不切实履行有关合同的情况下,开证行或担保人有代为支付有关合同金额的义务的信用证。

作为担保工具的备用信用证,实际上就是独立担保的替代形式。备用信用证与独立担保之间存在一些细微的差别:独立保证主要用于国际贸易,而备用信用证则首先起源于国内市场;独立保证最初主要用于支持非金融债务(non-financial obligations),而当备用信用证刚开始运用时,则被限定为金融债务提供担保;由于其渊源的关系,备用信用证在形式上比独立担保更像商业信用证,因此两者在文本格式方面有所不同;备用信用证中的一些付款方式在独立保证中是不存在的。但是,两者在担保功能、运作机制、付款条件的跟单性及其独立于基础交易的本质特征等方面都是一致的。所以,备用信用证在本质上就是作为申请人违约时开证人承担第一位付款责任的一种承诺。[1]

(二) 备用信用证的种类

备用信用证作为一种金融创新工具,在实践中运用的种类很多,而且对其划分的标准也有不同。《国际备用信用证惯例》(International Standby Practice,ISP98)[2]出于方便的考虑,根据在基础交易中备用信用证的不同作用以及一些不一定涉及备用信用证自身条款的其他因素,对备用信用证进行了描述性的分类,一共列举了实践中常见的八种类型。这八种类型分别是备用信用证、预付款备用信用证、招标/投标备用信用证、对开备用信用证、融资备用信用证、直接付款备用信用证、保险备用信用证、商业备用信用证。

根据备用信用证申请人在基础交易中所要履行的义务是否为金钱给付义务,可将备用信用证分为履约备用信用证、融资备用信用证和直接付款备用信用证三种类型。

(三) 备用信用证的法律关系

备用信用证包括申请人、开证人、通知人、保兑人、指定人以及受益人等几个基本的当事人,在当事人之间分别形成不同的法律关系。

(1) 申请人与受益人之间的基础交易合同关系,这是开立备用信用证的前提原因,没有这一关系的存在,就不可能开立备用信用证。但是,备用信用证一旦开立,其法律效力就不受基础交易关系的影响,开证人不能以基础交易的瑕疵来对抗受益人的索偿要求,受益人也不能利用基础交易的瑕疵向开证人进行不公平索偿。

(2) 开证申请人与开证人之间的委托合同关系,这是备用信用证得以开立的直接原因。同样,备用信用证一经开出,其法律效力就不受这一委托关系的影响,申请人不能援引这一委托合同要求开证人对受益人拒付,开证人也不得援引这一委托合同关系的瑕疵拒绝向受益人付款。该委托合同关系只调整申请人与开证人之间的关系。因此,申请人可以开证人未履

---

[1] 周辉斌:《银行保函与备用信用证法律实务》,中信出版社 2003 年版,第 72 页。
[2] 《国际备用信用证惯例》(International Standby Practice,ISP98),于 1998 年 4 月 6 日以国际商会第 590 号出版物的形式公布,于 1999 年 1 月 1 日起正式实施。这是独立适用于备用信用证的国际规范。

行开证委托合同的条件,或开证人对受益人的付款未满足单证相符的条件,而拒绝偿付。

(3) 开证人与受益人的保证担保法律关系,两者的权利义务完全由备用信用证的条款规定来决定。开证人不得援引基础交易合同、开证委托合同或申请人的其他关系对抗受益人。受益人也不得援引开证人与申请人的关系对抗开证人。

保兑人的法律地位与开证人相同,根据ISP98的规定,备用信用证的保兑人必须由开证人指定,而不包括未经开证人指定,由受益人自己选定的保兑人。ISP98特别强调备用信用证的保兑人负有与开证人同样的义务与责任,它将保兑人视同为一个独立的开证人,其保兑相当于代表开证人开立独立的备用信用证。因此,保兑人与受益人之间的关系等同于开证人与受益人之间的关系。

(4) 开证人与通知人之间及开证人与保兑人之间的委托代理关系,这两种法律关系在本质上是一致的,都是民法上的委托代理关系,其权利义务均可适用民事代理的一般规定来调整。

(四) 银行备用信用证与独立保证的异同

备用信用证与银行独立保证之间存在着密切的联系。两者都是银行(备用信用证的开证人可以不是银行)为申请人的违约向受益人承担赔付的责任,都是一种银行信用,都充当着一种担保功能,而且作为付款唯一依据的单据,都是受益人出具的违约声明和/或有关证明文件,银行在处理备用信用证和银行独立保证业务交易时都是一种单据交易,都只审查单据表面是否相符,而不对单据的真伪以及受益人与申请人之间的基础交易是否合法有效进行审查。所以,从法律观点看,两者并无本质上的区别。

但是,在实务上,由于备用信用证已经发展到适用于各种用途的融资工具,包含了比银行独立保证更广的使用范围,而且备用信用证在运作程序方面比银行独立保证更像商业信用证,有许多备用信用证中的程序在银行独立保证中是不具备的,如保兑程序、以开证人自己的名义开出备用信用证、向开证人之外的其他人提示单据的情形,等等。

(五) 银行备用信用证与跟单商业信用证的区别

银行备用信用证是一种保证担保工具,而跟单商业信用证不具有担保功能。

跟单商业信用证只是一种供受益人使用的付款机制,在跟单商业信用证下,受益人发运货物取得提单后,首先向银行交单索款;因而,跟单商业信用证一般以清偿货的价款为目的,属于买卖合同的结算方式之一,是在受益人履行交货义务后银行付款。银行在此承担了债务人的义务,而不是承担保证人的义务。可见,跟单商业信用证首先充当的不是担保合同履行的手段,而是充当合同价款支付的手段,它常常作为货款收付形式出现在基础合同的支付条款之中。

备用信用证则一般用来作为货款收付的保证手段,并且作为贸易合同所规定的托收、汇款、寄售等商业信用的结算方式的一种信用补充手段和额外担保形式载入基础合同。货物发运后,受益人不会、也不应该首先去动用备用信用证来完成货款的收付,而只能根据基础合同规定,通过汇款、托收等形式来收取货款,只有在这种商业信用的支付方式未能奏效时才能回过头来寻求备用信用证的收款保护。由此可见备用信用证一般是以融通资金并起到担保的作用为目的,它是在申请人未能履约时银行赔款,备用信用证充当的不是支付手段而是发挥了一种担保的作用。

在跟单商业信用证业务中,开证行的付款责任是第一性的,只要受益人提交了与信用证相符的单据,开证行就必须立即付款,而不管此时申请人能否付款;可见,跟单商业信用证是受益人履行交货义务后银行付款。而备用信用证,则是在申请人未履行其义务时由开证人赔款;可见,尽管备用信用证的开证人形式上承担着见索即付的第一付款责任,但其开立意图实质上是二重性的,具有银行担保的性质。

第三节　金融物权担保

金融物权担保,就是金融担保中的物的担保,以抵押权、质权和留置权为限,主要应用于国内的经贸和金融活动中。这是从金融机构作为债权人的角度来讨论担保问题,通常借款人向银行申请贷款时,在无法应用信用担保方式时,便以自己或第三人的特定财产向银行提供抵押担保或质押担保。

一、抵押担保制度

(一)抵押和抵押物

1. 抵押

抵押(mortgage),是指债务人或者第三人不转移对财产的占有,将该财产作为债权的担保。债务人不履行债务时,债权人有权依法以该财产折价或者以拍卖、变卖该财产的价款优先受偿。在抵押法律关系中,主合同的债权人称为抵押权人,进行抵押的财产称为抵押物(things mortgaged),而提供抵押物进行抵押的人称为抵押人,抵押人可以是主债务人,也可以是第三人。

2. 抵押物

我国《民法典》第二编物权第四分编担保物权对于哪些财产可以进行抵押,哪些不可以,都有明确规定。

(1) 可抵押的财产。根据《民法典》第 395 条的规定,债务人或者第三人有权处分的下列财产可以抵押:①建筑物和其他土地附着物;②建设用地使用权;③海域使用权;④生产设备、原材料、半成品、产品;⑤正在建造的建筑物、船舶、航空器;⑥交通运输工具;⑦法律、行政法规未禁止抵押的其他财产。抵押人可以将前款所列财产一并抵押。

(2) 禁止抵押的财产范围。《民法典》第 399 条规定,下列财产不得抵押:①土地所有权;②宅基地、自留地、自留山等集体所有土地的使用权,但是法律规定可以抵押的除外;③学校、幼儿园、医疗机构等为公益目的成立的非营利法人的教育设施、医疗卫生设施和其他公益设施;④所有权、使用权不明或者有争议的财产;⑤依法被查封、扣押、监管的财产;⑥法律、行政法规规定不得抵押的其他财产。

值得注意的是,学校、幼儿园、医院等以公益为目的的事业单位、社会团体,以其教育设施、医疗卫生设施和其他社会公益设施以外的财产为自身债务设定抵押的,人民法院可以认定抵押有效。按份共有人以其共有财产中享有的份额设定抵押的,抵押有效。如果共同共有人以其共有财产设定抵押,未经其他共有人的同意,抵押无效;但是,其他共有人知道或者应当知道而未提出异议的视为同意,抵押有效。以依法获准尚未建造的或者正在建造中的房屋或者其他建筑物抵押的,当事人办理了抵押物登记,人民法院可以认定抵押有效。以尚未办理权属证书的财产抵押的,在第一审法庭辩论终结前能够提供权利证书或者补办登记手续的,可以认定抵押有效。并且,已经设定抵押的财产被采取查封、扣押等财产保全或者执行措施的,不影响抵押权的效力。

但是,以法定程序确认为违法、违章的建筑物抵押的,抵押无效。当事人以农作物和与其尚未分离的土地使用权同时抵押的,土地使用权部分的抵押无效。

3. 与土地使用权有关的抵押

如果以依法取得的国有土地上的房屋抵押的,该房屋占用范围内的国有土地使用权同时抵押。如果以出让方式取得的国有土地使用权抵押的,应当将抵押时该国有土地上的房屋同时抵押。而乡(镇)、村企业的土地使用权不得单独抵押。如果以乡(镇)、村企业的厂房等建筑物抵押的,其占用范围内的土地使用权同时抵押。

4. 超出抵押

抵押人所担保的债权不得超出其抵押物的价值;如果抵押人所担保的债权超出其抵押物价值的,超出的部分不具有优先受偿的效力。财产抵押后,该财产的价值大于所担保债权的余额部分,可以再次抵押,但不得超出其余额部分。

(二) 抵押合同和抵押物登记

1. 抵押合同的形式

与保证合同一样,抵押人和抵押权人应当以书面形式订立抵押合同,并且抵押合同可以是单独订立的书面合同,包括当事人之间的具有担保性质的信函、传真等,也可以是主合同中的担保条款。

2. 抵押合同的内容

根据《民法典》第400条,抵押合同应当包括以下内容:被担保债权的种类和数额;债务人履行债务的期限;抵押财产的名称、数量等情况;担保的范围。"如果抵押合同不完全具备前述规定内容的,可以补正。

但是,如果抵押合同对被担保的主债权种类、抵押财产没有约定或者约定不明,根据主合同和抵押合同不能补正或者无法推定的,则抵押不成立。

当事人在抵押合同中约定,债务履行期届满抵押权人未受清偿时,抵押物的所有权转移为债权人所有的内容无效。该内容的无效不影响抵押合同其他部分内容的效力。但是,债务履行期届满后抵押权人未受清偿时,抵押权人和抵押人可以协议以抵押物折价取得抵押物。

3. 抵押合同的生效时间

抵押合同的生效时间根据抵押物性质的不同分为两种:

(1) 登记生效。对于不动产以及价值比较重大的准不动产,按担保法的规定应当办理抵押物登记,抵押合同自登记之日起生效。法律规定登记生效的抵押合同签订后,抵押人违背诚实信用原则拒绝办理抵押登记致使债权人受到损失的,抵押人应当承担赔偿责任。

(2) 签订生效。对于一般的动产,当事人可以不办理抵押物登记,也可以自愿办理抵押物登记,抵押合同一律自签订之日起生效。如果当事人办理抵押物登记的,登记部门为抵押人所在地的公证部门。但是,如果当事人未办理抵押物登记的,不得对抗第三人。

4. 抵押物的登记

由于进行抵押时,抵押物仍由抵押人占有,这不利于债权人抵押权的实现。因此,担保法对不动产等部分抵押物规定为必须经过登记。根据《民法典》第402条,以下列财产抵押的,应办理抵押登记,抵押权自登记时设立:(1)建筑物和其他土地附着物;(2)建设用地使用权;(3)海域使用权;(4)正在建造的建筑物。

(三) 抵押的效力

1. 抵押担保和抵押权效力的范围

抵押担保的范围包括主债权及利息、违约金、损害赔偿金和实现抵押权的费用。抵押合同另有约定的,按照约定。

在实现抵押权时,抵押权效力的范围自然包括抵押物本身,但除此之外,也还包括其他的物或财产,主要有如下几种情况:

(1) 如果抵押物因附合、混合或者加工使抵押物的所有权为第三人所有的,抵押权的效力及于补偿金;抵押物所有人为附合物、混合物或者加工物的所有人的,抵押权的效力及于附合物、混合物或者加工物;第三人与抵押物所有人为附合物、混合物或者加工物的共有人的,抵押权的效力及于抵押人对共有物享有的份额。

(2) 抵押权设定前为抵押物的从物的,抵押权的效力及于抵押物的从物。但是,抵押物与其从物为两个以上的人分别所有时,抵押权的效力不及于抵押物的从物。

(3) 债务履行期届满,债务人不履行债务致使抵押物被人民法院依法扣押的,自扣押之日起抵押权人有权收取由抵押物分离的天然孳息以及抵押人就抵押物可以收取的法定孳息;但是,收取的孳息应当先用于清偿收取孳息的费用,然后再清偿主债权的利息和主债权本身。如果抵押权人未将扣押抵押物的事实通知应当清偿法定孳息的义务人的,抵押权的效力不及于该孳息。

(4) 在抵押物灭失、毁损或者被征用的情况下,抵押权人可以就该抵押物的保险金、赔偿金或者补偿金优先受偿。

2. 抵押物的出租

抵押人可以对抵押物享有占有、使用、收益和处分的四种权利,对抵押物设定抵押权之后,并不阻止其对抵押享有的占有和使用权,因此,抵押物的抵押和出租可以同时进行。但是,如果债权人在实现抵押权时,抵押物仍处于租赁状态,则债权人的抵押权与承租人的使用权就会发生冲突。为此,《民法典》第405条抵押与租赁设定的先后顺序,对此作出了的规定:"抵押权设立前,抵押财产已经出租并转移占有的,原租赁关系不受该抵押权的影响。"

3. 抵押物的转让

抵押期间,如果抵押人转让抵押物,则可能影响债权人抵押权的实现;如果在抵押物转让时保护抵押权的实现,则又可能妨碍善意受让人的合法权利;而如果完全禁止抵押人转让抵押物,又可能影响其对抵押物所有权的实现。为此,《民法典》第406条规定,抵押期间,抵押人可以转让抵押财产。当事人另有约定的,按照其约定。抵押财产转让的,抵押权不受影响。抵押人转让抵押财产的,应当及时通知抵押权人。抵押权人能够证明抵押财产转让可能损害抵押权的,可以请求抵押人将转让所得的价款向抵押权人提前清偿债务或者提存。转让的价款超过债权数额的部分归抵押人所有,不足部分由债务人清偿。

4. 抵押物价值减少

设定抵押的目的,就是以抵押物的价值对债权人的债权作担保,在债务人不履行债务时，债权人可以就抵押物的价值实现其债权。因此，如果抵押物价值由于某种原因而减少时，势必影响债权人抵押权的实现。为此，《民法典》第408条规定，抵押人的行为足以使抵押物价值减少的，抵押权人有权要求抵押人停止其行为；抵押财产价值减少的，抵押权人有权要求抵押人恢复抵押财产的价值，或者提供与减少的价值相应的担保。抵押人不恢复财产的价值，也不提供担保的，抵押权人有权请求债务人提前清偿债务。

（四）抵押权的实现

1. 抵押权实现的方式

债务履行期届满抵押权人未受清偿的，可以与抵押人协议以抵押物折价或者以拍卖、变卖该抵押物所得的价款受偿；协议不成的，抵押权人可以向人民法院提起诉讼。抵押物折价或者拍卖、变卖后，其价款超过债权数额的部分归抵押人所有，不足部分由债务人清偿。

2. 抵押权实现的顺序

同一财产向两个以上债权人抵押的，如果拍卖、变卖抵押物所得的价款不足以偿还所有的债权，就有必要确定抵押权实现的先后顺序。因此，《民法典》第414条根据抵押物是否进行登记按照不同规则确定清偿顺序：抵押物已登记的先于未登记的受偿；如果抵押物都登记的，按照抵押物登记的先后顺序清偿，顺序相同的，按照债权比例清偿；如果抵押物都未登记的，按照债权比例清偿。

3. 双份抵押或多份抵押的特殊规定

如果同一债权有两个以上抵押人的，当事人对其提供的抵押财产所担保的债权份额或者顺序没有约定或者约定不明的，抵押权人可以就其中任一或者各个财产行使抵押权。如果此时债权人放弃债务人提供的抵押担保的，其他抵押人可以请求人民法院减轻或者免除其应当承担的担保责任。抵押人承担担保责任后，可以向债务人追偿，也可以要求其他抵押人清偿其应当承担的份额。

（五）最高额抵押

最高额抵押（mortgage of maximum amount），是指抵押人与抵押权人协议，在最高债权额限度内，以抵押物对一定期间内连续发生的债权作担保。借款合同以及债权人与债务人就某项商品在一定期间内连续发生交易而签订的合同，可以附最高额抵押合同。

最高额抵押的主合同债权不得转让。当事人对最高额抵押合同的最高限额、最高额抵押期间进行变更，以其变更对抗顺序在后的抵押权人的，法院不予支持。

最高额抵押权所担保的债权范围，不包括抵押物因财产保全或者执行程序被查封后或债务人、抵押人破产后发生的债权。

最高额抵押权所担保的不特定债权，在特定后，债权已届清偿期的，最高额抵押权人可以根据普通抵押权的规定行使其抵押权。抵押权人实现最高额抵押权时，如果实际发生的债权余额高于最高限额的，以最高限额为限，超过部分不具有优先受偿的效力；如果实际发生的债权余额低于最高限额的，以实际发生的债权余额为限对抵押物优先受偿。

二、质押法律制度

（一）质押概述

1. 质押的概念及其分类

质押（pledge）是指债务人或者第三人将其动产或权利移交债权人占有，将该动产或权利作为债权的担保。债务人不履行债务时，债权人有权依法以该动产或权利折价或者以拍卖、变卖该动产的价款优先受偿。

在质押法律关系中，提供动产或权利的主合同债务人或者第三人为出质人，债权人为质权人，移交质权人占有的动产为质物。

质押可以根据质权对象的不同，分为动产质押(pledge of movables)和权利质押(pledge of rights)。前者是以动产进行质押，而后者是以权利作进行质押，两者在合同的内容等诸多方面相同。

2. 质押与抵押的关系

质押与抵押最明显的差别就在于担保对象的不同以及是否转移对担保对象的占有。质物的对象是动产和权利，而抵押的对象包括动产和不动产。质押以占有动产或权利为前提，并以此为质押合同生效时间；抵押的设立不发生对抵押物的占有，但对于部分抵押物要进行登记以确保抵押权的实现。

正因为抵押和质押在许多内容方面的相同，因此，我国在 1995 年《担保法》制定前，《民法通则》把抵押和质押规定在一起，统称为"抵押"，在《担保法》制定后才把两者区分开来。即使如此，根据担保法的司法解释第 96 条，有 8 条适用于抵押的解释也同时适用于动产质押。

3. 合同的内容

根据《民法典》第 427 条，质押合同一般包括下列条款：被担保债权的种类和数额；债务人履行债务的期限；质押财产名称、数量等情况；担保的范围；质押财产交付的时间、方式。如果质押合同不完全具备前款规定内容的，可以补正。

《民法典》第 428 条规定："质权人在债务履行期限届满前，与出质人约定债务人不履行到期债务时质押财产归债权人所有的，只能依法就质押财产优先受偿。"

(二) 动产质押

1. 动产质押合同的形式和生效

动产质押合同与其他担保合同一样都是要式合同，应当以书面形式订立。但动产质押合同不是诺成性合同而是实践性合同，动产质押合同自质物移交于质权人占有时生效。

如果由出质人代质权人占有质物，则动产质押合同不生效；但质权人将质物返还于出质人后，以其质权对抗第三人的，人民法院不予支持。如果出质人以间接占有的财产出质的，动产质押合同自书面通知送达占有人时视为移交；占有人收到出质通知后，仍接受出质人的指示处分出质财产的，该行为无效。

如果动产质押合同中对质押的财产约定不明，或者约定的出质财产与实际移交的财产不一致的，以实际交付占有的财产为准。

2. 动产质押的范围

动产质押的担保范围包括主债权及利息、违约金、损害赔偿金、质物保管费用和实现质权的费用。但动产质押合同另有约定的，按照约定。

动产质权的效力及于质物的从物。但从物未随同质物移交质权人占有的，质权的效力不及于从物。有关质物附合、混合、加工、灭失、毁损或被征用时的效力以及对孳息的效力，适用前述有关抵押物的相关规定。

3. 出质人的义务

质权最终需要通过处置质物而实现，因此，出质人提供的质物影响质押关系的产生及质

权的实现。担保法对出质人依法提供质物的义务及相应责任作出规定,主要如下:

(1) 及时交付质物的义务。债务人或者第三人未按动产质押合同约定的时间移交质物的,因此给质权人造成损失的,出质人应当根据其过错承担赔偿责任。

(2) 保证对质物享有所有权的义务。出质人以其不具有所有权但合法占有的动产出质的,不知出质人无处分权的质权人行使质权后,因此给动产所有人造成损失的,由出质人承担赔偿责任。

(3) 保证质物没有瑕疵的义务。质物有隐蔽瑕疵造成质权人其他财产损害的,应由出质人承担赔偿责任。但是,质权人在质物移交时明知质物有瑕疵而予以接受的除外。

4. 质权人的权利

在质押中,质权人的主要权利就是通过占有质物而保障其债权的最终实现。为保障债权人债权的实现,《民法典》规定质权人享有以下几项主要权利:

(1) 依法占有质物的权利。如果因不可归责于质权人的事由而丧失对质物的占有的,质权人可以向不当占有人请求停止侵害、恢复原状、返还质物。

(2) 依法保障质权的权利。质物有损坏或者价值明显减少的可能,足以危害质权人权利的,质权人可以要求出质人提供相应的担保。出质人不提供的,质权人可以拍卖或者变卖质物,并与出质人协议将拍卖或者变卖所得的价款用于提前清偿所担保的债权或者向与出质人约定的第三人提存。

(3) 依法转质押的权利。质权人在质权存续期间,为担保自己的债务,经出质人同意,可以以其所占有的质物为第三人设定质权的,称之为转质押。但是,转质押应当在原质权所担保的债权范围之内,超过的部分不具有优先受偿的效力。并且,转质权的效力优于原质权。

(4) 依法收取孳息的权利。质权人有权收取质物所生的孳息。动产质押合同另有约定的,按照约定。但是,孳息应当先充抵收取孳息的费用。

(5) 依法行使质权的权利。债务履行期届满质权人未受清偿的,质权人可以继续留置质物,并以质物的全部行使权利。在行使质权时,质权人可以与出质人协议以质物折价,也可以依法拍卖、变卖质物。如果债务人或者第三人将其金钱以特户、封金、保证金等形式特定化后,移交债权人占有作为债权的担保,债务人不履行债务时,债权人可以以该金钱优先受偿。

5. 质权人的义务

在质押中,出质人的质物由质权人占有,为保障出质人对质物所享有的合法权利不被侵害,担保法对质权人占有质物期间行为作出一定限制,主要如下:

(1) 妥善保管质物的义务。因保管不善致使质物灭失或者毁损的,质权人应当承担民事责任。质权人不能妥善保管质物可能致使其灭失或者毁损的,出质人可以要求质权人将质物提存,或者要求提前清偿债权而返还质物。

(2) 不得擅自处分质物的义务。质权人在质权存续期间,未经出质人同意,擅自使用、出租、处分质物,因此给出质人造成损失的,由质权人承担赔偿责任。同样,未经出质人同意,为担保自己的债务,在其所占有的质物上为第三人设定质权的无效,质权人还应对因转质而发生的损害承担赔偿责任。

(3) 积极行使权利的义务。债务履行期届满,出质人请求质权人及时行使权利,而质权人怠于行使权利致使质物价格下跌的,由此造成的损失,质权人应当承担赔偿责任。

(4) 质权消灭后返还质物的义务。质权与其担保的债权同时存在,债权消灭的,质权也消灭。因此,债务履行期届满债务人履行债务的,或者出质人提前清偿所担保的债权的,质权人应当返还质物。

6. 质权的消灭

首先,质权会因质物灭失而消灭,但因灭失所得的赔偿金,应当作为出质财产。其次,质权也会因债权的消灭而消灭,由此质权人应当还返质物。最后,质权人通过依法折价、变卖、拍卖质物实现质权也使得质权消灭,此时,为债务人质押担保的第三人,有权向债务人追偿。

(三) 权利质押

1. 可以质押的权利

根据《民法典》第440条以及司法解释,可以质押的权利包括:汇票、本票、支票;债券、存款单;仓单、提单;可以转让的基金份额、股权;可以转让的商标专用权、专利权、著作权等知识产权中的财产权;现有的以及将有的应收账款;法律、行政法规规定可以出质的其他财产权利。

2. 权利质押合同的形式和生效

对权利质押合同形式的要求根据质押权利的不同而不同,有的是要式合同要求签订书面合同,有的要求登记才生效,有的属于实践性合同以权利凭证交付为生效条件。具体规定如下:

(1) 以汇票、支票、本票、债券、存款单、仓单、提单等票证出质的,应当在合同约定的期限内将权利凭证交付质权人。质押合同自权利凭证交付之日起生效。另外,以汇票、支票、本票出质,出质人与质权人没有背书记载"质押"字样,以票据出质对抗善意第三人的,人民法院不予支持;以公司债券出质的,出质人与质权人没有背书记载"质押"字样,以债券出质对抗公司和第三人的,人民法院也不予支持。

(2) 以依法可以转让的股票出质的,出质人与质权人应当订立书面合同,并向证券登记机构办理出质登记,质押合同自登记之日起生效。以有限责任公司的股份出质的,质押合同自股份出质记载于股东名册之日起生效。以上市公司的股份出质的,质押合同自股份出质向证券登记机构办理出质登记之日起生效。以非上市公司的股份出质的,质押合同自股份出质记载于股东名册之日起生效。

(3) 以依法可以转让的商标专用权,专利权、著作权中的财产权出质的,出质人与质权人应当订立书面合同,并向其管理部门办理出质登记。质押合同自登记之日起生效。

3. 质押权利的转让及质权的实现

由于种类进行质押的权利差异较大,因此对于权利质押的具体要求不同,如何实现这些质权也有差异,具体规定如下:

(1) 以票据、债券、存款单、仓单、提单出质的,质权人再转让或者质押的无效。以载明兑现或者提货日期的汇票、支票、本票、债券、存款单、仓单、提单出质的,如果其兑现或者提货日期先于债务履行期的,质权人可以在债务履行期届满前兑现或者提货,并与出质人协议将兑现的价款或者提取的货物用于提前清偿所担保的债权或者向与出质人约定的第三人提存;如果其兑现或者提货日期后于债务履行期的,质权人只能在兑现或者提货日期届满时兑现款项或者提取货物。

(2) 股票出质后,不得转让,但经出质人与质权人协商同意的可以转让。出质人转让股票所得的价款应当向质权人提前清偿所担保的债权或者向与质权人约定的第三人提存。以有限责任公司的股份出质的,适用公司法股份转让的有关规定。并且,以依法可以转让的股份、股票出质的,质权的效力及于股份、股票的法定孳息。

(3) 以商标专用权、专利权和著作权中的财产权出质后,出质人未经质权人同意而转让或者许可他人使用已出质权利的,应当认定为无效。因此给质权人或者第三人造成损失的,由出质人承担民事责任。但经出质人与质权人协商同意的,可以转让或者许可他人使用。出质人所得的转让费、许可费应当向质权人提前清偿所担保的债权或者向与质权人约定的第三人提存。

特别提醒的是,以存款单出质的,签发银行核押后又受理挂失并造成存款流失的,应承担民事责任。

第四节 融资担保制度

近年来,我国融资性担保业为中小企业提供融资服务和促进地方经济发展的能力和作用日益增强,特别是在国际金融危机爆发后,担保机构在缓解中小企业贷款难、促进中小企业发展等方面发挥了重要作用,取得了较好的社会效益。但是,融资担保业也存在着一系列问题,诸如相关法律和信用体系不健全、担保机构运作不规范、非法经营等,阻碍了其政策性放大功能的发挥和融资性增信效应的实现,需要通过更新法律理念、完善相关立法和监管措施予以规范。

一、融资担保的法律界定

对于中小企业融资难的认识,可以追溯到 1931 年 7 月《麦克米伦报告》(Macmillan Report)时期。目前,各国针对中小企业融资需求的担保制度安排,一般属于信用担保的范畴。我国信用担保起步较晚,至今不过 20 多年的历史,理论研究还不充分,对其认识尚未厘清,相关立法存在不足,严重制约了我国中小企业信用担保行业的规范发展。

(一) 融资担保的概念

传统意义上的担保,是指法律规定的或者当事人约定的,以确保债权实现为目的的法律措施。第二次世界大战以后,特别是近四十多年来,随着经济金融化和信用化的深化发展,担保越来越多地应用于融资业务,成为借款人筹集资金的重要工具。担保制度的一个最显著变化就是其促进融资功能的凸显。担保的功能逐渐从债权保全型转向金融媒介型,成为担保制度现代化的标志。

我国《民法典》虽规定五种担保方式,但由于立法的角度倾向于不动产,实际操作中土地和房产就成为金融机构、担保机构发放贷款时抵押担保的首选,成为金融机构、担保机构防范中小企业道德风险和缓解信息不对称的基本方法。但是,中小企业最主要的问题是,大多没有可作抵押的房地产,使其融资变得特别困难。因此,迫切需要建立专门的融资新担保(financing guarantee)制度。

根据国务院 2017 年《融资担保公司监督管理条例》第 2 条规定:"本条例所称融资担保,

是指担保人为被担保人借款、发行债券等债务融资提供担保的行为;所称融资担保公司,是指依法设立、经营融资担保业务的有限责任公司或者股份有限公司。"

(二)融资担保的法律特征

根据国务院《融资担保公司监督管理条例》第12条规定,除经营借款担保、发行债券担保等融资担保业务外,经营稳健、财务状况良好的融资担保公司还可以经营投标担保、工程履约担保、诉讼保全担保等非融资担保业务以及与担保业务有关的咨询等服务业务。

根据中国银监会、中国人民银行等七部委2010年《融资性担保公司管理暂行办法》规定,经监管部门批准,融资性担保公司可以经营融资性担保业务、非融资性担保业务和其他业务。其中,融资性担保业务一般包括贷款担保、票据承兑担保、贸易融资担保、项目融资担保、信用证担保等;非融资性担保业务主要包括诉讼保全担保、投标担保、预付款担保、工程履约担保、尾付款如约偿付担保等履约担保业务;而所谓其他业务,主要是指融资咨询、财务顾问等中介服务,以及以自有资金进行投资等业务。符合条件的融资性担保公司,还可以为其他融资性担保公司的担保责任提供再担保和办理债券发行担保业务。

融资性担保是一种保证方式的信用担保。保证(guarantee)是指债务人以外的第三人作为保证人和债权人约定,当债务人不履行债务时,保证人按照约定履行债务或者承担责任的担保方式。关于保证的法律特征、法律关系分析,请参阅本章第二节第一部分的讨论。

(三)融资性担保与非融资性担保的主要区别

根据国务院《融资担保公司监督管理条例》规定,融资担保是指担保人为被担保人借款、发行债券等债务融资提供担保的行为,融资担保公司是指依法设立、经营融资担保业务的有限责任公司或者股份有限公司。其与非融资性担保机构最主要的不同是三个方面:

(1)市场准入。根据目前的规定,融资性担保机构是特许机构,需要通过地方监管部门前置性审批许可并获得融资性担保机构经营许可证后,才能在工商等相关部门注册登记成立;而非融资性担保机构尚未实行准入管理,其注册登记没有前置性的行政审批要求,也不持有经营许可证,只要符合《公司法》等相关规定,直接进行工商注册登记或其他注册登记即可成立。

该《条例》第6条规定,设立融资担保公司,应当经监督管理部门批准。融资担保公司的名称中应当标明融资担保字样。未经监督管理部门批准,任何单位和个人不得经营融资担保业务,任何单位不得在名称中使用融资担保字样。

(2)特许经营。融资性担保业务属于依法特许经营的业务。根据规定,经过监管部门批准,融资担保公司可以兼营非融资性担保业务,但是非融资性担保机构不得经营融资性担保业务,未经批准擅自经营融资性担保业务的,由有关部门依法予以取缔并处罚。这里所谓的经营,就是以融资性担保为业的意思。

(3)审慎监管。融资性担保机构为纳入监管机构监管的特许机构,除在机构准入方面需要审批外,其分支机构设立、高管人员任职资格、业务都需准入审批,而且对其经营活动实施审慎监管。对于非融资性担保机构,则没有这些要求。

二、融资担保行业的发展现状

中国担保行业起步较晚,自1993年第一家信用担保公司成立以来,再到1999年开始中小企业信用担保试点,经过30年的发展,逐渐形成了一定的规模。总体而言中国担保行业的发展可以分为五个阶段:起步探索阶段(1993—1997年)、基础构建阶段(1998—2002年)、持续发展阶段（2003—2008年）、规范整顿阶段（2009—2018年）、规范发展阶段（2018年至今）。

中国担保行业发展至今，行业细分业务品类呈井喷式涌现。中国担保业务按照担保业务品种分类可分为直保、反担保、再担保。中国担保市场业务主要由直保业务和再担保业务构成，通常商业性担保机构仅从事直保业务，再担保业务由政府审批的为数不多的政策性再担保机构承接。另外，反担保业务发展较慢。反担保是指第三人为债务人向债权人提供担保的同时，又反过来要求债务人对自己提供担保的行为，即为担保人提供的担保。

担保业务规模和社会融资规模呈正相关，社会融资规模存量的增速在一定程度上决定了担保规模扩张的快慢。中国社会融资规模存量由2015年末的138.14万亿元缓慢增长至2018年末的200.75万亿元，年均增速为11.8%；2018年中国担保行业在保余额约为3.6万亿元。到2020年，全国仅融资性担保机构在保余额就将达到5.5万亿元。

按照有关规定，目前国内担保机构的担保放大倍数一般不超过10倍，实际上大部分信用担保机构实行2—5的担保放大倍数，而10倍左右是世界大多数国家（地区）信用担保的放大倍数。因此，按照未来几年我国担保行业实现5倍的担保放大效果，其市场发展空间巨大。

三、融资担保的法律规范体系

为了扶持中小企业发展，推动中小企业服务体系建设，改善中小企业融资难问题，我国先后颁布施行了一系列法律法规，初步形成了规范中小企业融资担保行业发展的法律制度体系；同时，在融资担保业的监管机制和措施安排上，取得了较大的进展和改善。

（一）我国担保立法的基本情况

债权担保制度是一种增强交易信用的法律手段。我国民法关于债的担保制度的规定，起始于1981年颁布的《经济合同法》。1986年4月12日，第六届全国人大第四次会议通过了《民法通则》，在第五章第二节"债权"中以第89条对担保制度作出明确规定，该法条对保证、抵押、定金和留置四种担保方式作了简要规定。之后，1988年1月26日，最高人民法院审判委员会讨论通过的《关于贯彻执行〈中华人民共和国民法通则〉若干问题的意见（试行）》，专门用12个条文对担保制度作出进一步规定。之后，我国《担保法》于1995年10月1日起施行，《最高人民法院关于适用〈中华人民共和国担保法〉若干问题的解释》于2000年9月29日通过；2007年10月1日起我国《物权法》开始施行，我国担保法律制度得到进一步完善。

2020年5月28日，我国《民法典》通过，自2021年1月1日起施行。《民法典》在物权编和合同编对担保制度做了规定，在《物权法》《担保法》基础上有所制度创新，我国担保法律制度由此更加完善。

（二）中小企业信用担保的规范体系

自1999年6月全国中小企业信用担保体系建设试点至今，中国中小企业信用担保业已经历了十余年的发展历程。

（1）1996年经贸委发布的相关文件。在1999年前后，国务院相关部委及各地方政府纷纷出台了大量的关于中小企业信用担保体系的指引性文件。例如，1996年6月，国家经贸委下发的《关于建立中小企业信用担保体系试点的指导意见》（后称《指导意见》）便对信用担保的指导原则、担保机构的性质、资金来源、风险控制、责任分担等问题作了规定。《指导意见》第1条对中小企业担保及其属性等作了明确界定:"本意见所指中小企业信用担保,是指经同级人民政府及政府指定部门审核批准设立并依法登记注册的中小企业信用担保专门机构与债权人(包括银行等金融机构)约定,当被担保人不履行或不能履行主合同约定债务时,担保机构承担约定的责任或履行债务的行为。中小企业信用担保属《担保法》规定的保证行为,各类中小企业信用担保机构均属非金融机构,一律不得从事财政信用业务和金融业务。中小企业信用担保机构创办初期不以营利为主要目的。其担保资金和业务经费以政府预算资助和资产划拨为主,担保费收入为辅。中小企业信用担保机构依合同约定,承担一般保证责任或连带保证责任。"《指导意见》的发布,揭开了我国信用担保制度规范化发展的序幕。

(2) 1999年央行发布的相关文件。1999年11月,中国人民银行公布的《关于加强和改进对小企业金融服务的指导意见》,从强化和完善对小企业的金融服务体系、改进小企业信贷工作方法、完善信贷管理体制、支持小企业为大中型企业提供配套服务及参与政府采购合同生产、支持建立小企业社会化中介服务体系及加强对金融机构改进小企业服务的引导和督促等几个方面,规定了各商业银行对中小企业的金融服务工作精神。2000年5月,建设部与央行联合推出了《住房置业担保管理试行办法》,其第2章对担保公司的组织形式、设立条件等问题作了专门性的规定,其第7—9条规定:"担保公司是为借款人办理个人住房贷款提供专业担保,收取服务费用,具有法人地位的房地产中介服务企业;设立担保公司,应当报经城市房地产行政主管部门审核,并经城市人民政府批准后,方可向工商行政管理部门申请设立登记,领取营业执照;担保公司的组织形式为有限责任公司或者股份有限公司。"

(3) 2000年经贸委发布的相关文件。为贯彻《国务院办公厅转发国家经贸委关于鼓励和促进中小企业发展若干政策意见的通知》(国办发[2000]59号,简称《鼓励政策》)有关加快建立中小企业信用担保体系的决定精神,以及选择若干具备条件的省、自治区、直辖市进行担保与再担保试点的要求,根据《指导意见》,2000年7月国家经贸委发布的《关于建立全国中小企业信用担保体系有关问题的通知》对全国信用担保体系之试点范围、担保机构的监督与管理及设立担保机构之基本条件等问题作出了规定。该《通知》规定,凡依据《指导意见》,由地级市(州、盟)人民政府(授权部门)批准成立并经省级人民政府(经贸委)核准,依法登记注册为企业法人(事业法人、社团法人),且冠以"××省(市)中小企业信用担保公司(担保中心、担保协会)"字样的专门从事担保的机构;不以营利为主要目的,担保业务收费标准报经所在地人民政府(地级市)中小企业工作主管部门和同级人民政府物价部门批准且不超过《指导意见》规定的担保收费最高标准;参加上一级中小企业信用担保机构的强制再担保并加入中小企业信用担保行业协会,承诺依法实现信用信息资源的共享等的中小企业信用担保机构,列入全国中小企业信用担保体系的试点范围。

(4) 财政部系列规范性文件。2001年3月,财政部印发了《中小企业融资担保机构风险管理暂行办法》(后称《暂行办法》),其对专业担保机构的组织结构、业务范围、风险控制、运营原则及监督管理等事项作了相关规定,如在担保额的信用放大倍数及业务范围上,《暂行办法》第8—9条规定:"担保机构对单个企业提供的担保责任金额最高不得超过担保机构自身实收资本的10%;担保机构担保责任余额一般不超过担保机构自身实收资本的5倍,最高不得超过10倍;担保机构的业务范围主要是:对中小企业向金融机构贷款、票据贴现、融资租赁等融资方式提供担保和再担保,以及经主管财政部门批准的其他担保和资金运用业务。

担保机构不得从事存、贷款金融业务及财政信用业务。"

2003年7月,该部又下发了《关于加强地方财政部门对中小企业信用担保机构财务管理和政策支持若干问题的通知》,其对规范中小企业担保机构的财务制度、担保风险控制起到了必要的指引作用。2002年6月,通过并于2003年1月1日正式实施的《中小企业促进法》为我国第一部关于中小企业发展的法律,也是目前建立中小企业担保制度有章可循的位阶最高的法律。该法首次以正式的国家立法确立了扶持中小企业发展的财政、税收和金融支持体系,将对中小企业的资金扶持纳入了法治化的轨道。该文件从资金支持、创新扶持、技术创新、市场开拓、社会服务等方面展现了国家在经济平衡发展中对促进中小企业发展所作的努力,如在资金扶持方面,该法第10—11条规定:"中央财政预算应当设立中小企业科目,安排扶持中小企业发展专项资金。地方人民政府应当根据实际情况为中小企业提供财政支持;国家扶持中小企业发展专项资金用于促进中小企业服务体系建设,开展支持中小企业的工作,补充中小企业发展基金和扶持中小企业发展的其他事项。"

(5) 2009年国务院发布的文件。2009年9月,国务院发布《关于进一步促进中小企业发展的若干意见》(国发〔2009〕36号),要求完善中小企业信用担保体系,加强对融资性担保机构的监管,引导其规范发展等。

这一系列规范性、政策性文件,构成了我国中小企业担保实践的指导性原则框架。

(三) 融资性担保行业的专门性规范体系

近年来,为进一步促进融资性担保业务健康发展,防范化解融资担保风险,国务院先后出台了几项行政法规,初步形成了我国融资性担保业的专门性的规范体系。

(1) 部际联席会议制度。2009年2月,国务院办公厅发布《关于进一步明确融资性担保业务监管职责的通知》(国办发〔2009〕7号,以下简称《通知》),国务院决定,建立融资性担保业务监管部际联席会议(以下简称联席会议),同时明确地方相应的监管职责,以加强对融资性担保业务的监督管理,促进融资性担保业务健康发展,防范化解融资担保风险。

《通知》要求,联席会议负责研究制订促进融资性担保业务发展的政策措施,拟订融资性担保业务监督管理制度,协调相关部门共同解决融资性担保业务监管中的重大问题,指导地方人民政府对融资性担保业务进行监管和风险处置,办理国务院交办的其他事项。联席会议由银监会牵头,发展改革委、工业和信息化部、财政部、中国人民银行、工商总局、法制办等部门参加。联席会议办公室设在银监会,承担联席会议日常工作。有关部门要认真履行职责,相互配合,加强与地方人民政府的沟通,共同做好这项工作。

各省、自治区、直辖市人民政府结合本地实际制定促进本地区融资性担保业务健康发展、缓解中小企业贷款难担保难的政策措施,负责制定本地区融资性担保机构风险防范和处置的具体办法并组织实施,负责协调处置融资性担保机构发生的风险,负责做好融资性担保机构重组和市场退出工作,督促融资性担保业务监管部门严格履行职责、依法加强监管,引导融资性担保机构探索建立符合国家产业政策和市场规律的商业模式,并完善运行机制和风险控制体系。省、自治区、直辖市人民政府按照"谁审批设立、谁负责监管"的要求,确定相应的部门根据国家有关规定和政策,负责本地区融资性担保机构的设立审批、关闭和日常监管。按照属地管理原则,对已设立的跨省区或规模较大的融资性担保机构,由地方负责监管和风险处置工作。

(2) 专门性管理办法。2010年3月8日,为加强对融资性担保公司的监督管理,规范融资性担保行为,促进融资性担保行业健康发展,依据我国《公司法》《担保法》《合同法》等法律规定,中国银监会、国家发改委、工信部、财政部、商务部、中国人民银行、国家工商行政管理总局(七部委)公布了《融资性担保公司管理暂行办法》(以下简称《办法》)。

《办法》共7章54条。其中,第一章总则,主要规定了制定《办法》的目的与依据、经营原则、监管体制及相关释义;第二章设立、变更和终止,重点确立了融资性担保公司及其分支机构的设立审批制度与设立的条件;第三章业务范围,规定了融资性担保公司的业务范围和禁止行为;第四章经营规则和风险控制,对内部控制制度、风险集中度管理、风险指标管理、准备金计提、为关联方担保的管理以及信息管理与信息披露等进行了重点规范,对公司治理、专业人员配备、财务制度、收费原则以及风险分担等内容作出了原则性规定;第五章监督管理,对非现场监管、资本金监管、现场检查和重大事项报告、突发事件响应、审计监督、行业自律以及征信管理等内容作出了相应的规定;第六章法律责任,在现行法律法规的限度内规定了监管部门、融资性担保公司以及擅自经营融资性担保业务的其他市场主体的法律责任;第七章附则,规定了《办法》的适用范围、制定相关办法的授权、规范整顿等内容。

(3) 八个配套文件。《办法》发布之后,原中国银监会先后发布实施了一系列的规范性文件,主要的有:《关于印发〈融资性担保机构重大风险事件报告制度〉的通知》(银监发〔2010〕75号)、《关于印发〈××省(自治区、直辖市)融资性担保行业××××年度发展与监管情况报告〉和〈××机构概览〉编写说明的通知》(银监发〔2010〕76号)、《关于印发〈融资性担保机构经营许可证管理指引〉的通知》(银监发〔2010〕77号)、《关于加强融资性担保行业统计工作的通知》(银监发〔2010〕80号)、《融资性担保公司董事、监事、高级管理人员任职资格管理暂行办法》(银监会2010年第6号令)、《关于印发〈融资性担保公司公司治理指引〉的通知》(银监发〔2010〕99号)、《关于印发〈融资性担保公司信息披露指引〉的通知》(银监发〔2010〕100号)和《关于印发〈融资性担保公司内部控制指引〉的通知》(银监发〔2010〕101号)八个配套制度。

(4) 规范发展通知。国务院办公厅转发银监会、发展改革委等部门《关于促进融资性担保行业规范发展意见的通知》(国办发〔2011〕30号)、《国务院办公厅关于进一步明确融资性担保业务监管职责的通知》(国办发〔2009〕7号)印发以来,各地人民政府和国务院有关部门高度重视,制定完善政策法规,明确监管责任,推进规范整顿工作,取得了明显成效。但是,融资性担保行业基础薄弱,长期以来缺乏有效监管,存在机构规模小、资本不实、抵御风险能力不强等问题,一些担保机构从事非法吸收存款、非法集资和高利贷等活动,严重扰乱市场秩序,危害社会稳定,需要进一步采取措施予以规范。

(5) 国务院发布的条例和配套制度。2017年8月2日,国务院公布《融资担保公司监督管理条例》(国务院令第683号),自2017年10月1日起施行。2018年4月2日,中国银保监会会同发展改革委、工业和信息化部、财政部、住房和城乡建设部、农业农村部、商务部、中国人民银行、市场监管总局等融资性担保业务监管部际联席会议成员单位(七部委)联合印发了《融资担保公司监督管理条例》四项配套制度,包括《融资担保业务经营许可证管理办法》《融资担保责任余额计量办法》《融资担保公司资产比例管理办法》和《银行业金融机构与融资担保公司业务合作指引》。

2019年10月9日,为全面、深入贯彻实施《融资担保公司监督管理条例》,实现融资担保机构和融资担保业务监管全覆盖,上述"七部委"联合印发了《关于印发融资担保公司监督管理补充规定的通知》。《补充规定》保持与现有法规相衔接,坚持从严监管,要求融资担保公司监督管理部门承担主体监管责任,将未取得融资担保业务经营许可证但实际上经营融资担保业务的住房置业担保公司、信用增进公司等机构纳入监管,结合实际分类处置,推进牌照管理工作,妥善结清不持牌机构的存量业务,有利于进一步规范融资担保经营行为,促进融资担保行业稳健运行,更好地支持普惠金融发展。

复习思考题

1. 试述担保的概念、特征和种类。
2. 比较金融信用担保和金融物权担保。
3. 试述一般保证与连带责任保证的区别。
4. 试述抵押权实现的先后顺序。
5. 试述权利质押在金融担保中的应用。
6. 简述无效担保合同的法律后果。
7. 简述融资担保的概念与法律特征。

第八章 证券法律制度

本章要点

- 证券法的概念及其特点
- 股票与债券的公开发行
- 我国《证券法》规定的禁止性交易行为
- 上市公司要约收购与协议收购
- 信息披露法律制度
- 投资者保护制度

证券法属于金融法的重要组成部分,它既是组织法,又是行为法。证券法是调整有价证券的发行和交易以及相关行为的法律规范,因而它首先是一种行为法;证券法规定和调整国家证券监管机构、证券交易场所、证券发行(特别是发行股票和企业债券的)机构、证券中介机构等的法律地位、设立条件、资格取得、组织机构、权利义务、运作规程等,因而它又是一种组织法。

我国《证券法》是资本市场的基本法,第十三届全国人大常委会第十五次会议于2019年12月28日作出了第二次修订,修订后的《证券法》共226条,比2005年《证券法》的240条少了14条,增加了"信息披露"和"投资者保护"两章,于2020年3月1日起实施。本章以我国最新修订的《证券法》为核心,主要探讨证券法的基本概念、发行与交易、信息披露制度,以及证券市场监管制度等。

第一节 证券法基本原理

一、证券法的基本概念

(一) 证券法的概念

证券法是调整有价证券的发行、交易以及相关行为的法律规范的总称。我国《证券法》主要是调整资本证券的发行和交易行为的法律规范,其所调整的资本证券的基本形式有两种:一是股权凭证,如股票、证券投资基金份额等;二是债权凭证,如公司债券、金融债券、政府债券等。①

证券法的含义,有广义和狭义之分。广义上,证券法是指有关一切有价证券的法律和法规,包括调整所有货币证券、资本证券和货物证券等有价证券法律关系的法律规范,它广泛地存在于民法、民事诉讼法、票据法、海商法、税法、公司法、证券法等各项民事经济法律、法规之中,是各个部门法中有价证券的法律规范的总称。狭义上,证券法是指专门用以调整和规范股票、债券及其衍生品等资本证券法律关系的法律、法规,它并不局限于以单行法形式制定的形式意义上的《证券法》或《证券交易法》,而是包括《证券法》或《证券交易法》以及在其基础上制定的有关调整资本证券的所有法律规范的总和。本章所称证券法,除特别说明外,均指狭义上的证券法。

我国《证券法》,于1998年12月29日第九届全国人大常委会第六次会议审议通过,自1999年7月1日开始实施;6年后,于2005年10月27日经过第十届全国人大常委会第十八次会议重新修订,自2006年1月1日起施行。2019年12月28日,第十三届全国人大常委会第十五次会议对《证券法》作出了第二次修订,于2020年3月1日起实施。可以认为,我国《证券法》首先是形式意义的证券法,同时它又是狭义的证券法的核心和基础。我国《证券法》的宗旨是规范证券的发行和交易行为,保护投资者的合法权益,维护社会经济秩序和社会公共利益,促进社会主义市场经济的发展。

(二)证券法的特点

不同的法律因其规定的内容和调整的方式不同,表现出若干不同的特点,从而显示出该法区别或类似于其他法律的性质。一般而言,证券法具有以下特点:

(1)证券法是行为法。证券法是调整有价证券的发行和交易以及相关行为的法律规范,因而它首先是一种行为法。与其调整证券管理关系和证券交易关系等两类社会关系相适应,证券法要调整和规范两类行为:一是证券监管部门对证券市场及其各个主体实施监督、控制的管理行为;二是证券发行机构、经营机构、投资者在证券的发行和交易过程中发生的平等主体之间的民事法律行为。

(2)证券法是组织法。证券法是调整证券市场各行为主体之间关系的法律规范,对国家证券监管机构、证券交易场所、证券发行(特别是发行股票和企业债券的)机构、证券中介机构等的法律地位、设立条件、资格取得、组织机构、权利义务、运作规程等作了规定,因而它又是一种组织法。

(3)证券法具有强制性。证券法是以强制性规范为主的法律,它具有显著的强制性。这是因为,屡禁不止的证券投机行为和证券违法犯罪致使证券市场蕴藏着巨大风险,作为规制市场行为、维护市场秩序、防范市场风险的专门法规体系,证券法自应以强制性规范为主,充分体现国家对于证券市场进行干预和控制的意志。

(4)证券法是成文法。在世界范围内,不论是以成文法为特征的大陆法系,还是以判例法为特征的英美法系,各个国家证券法的存在形式一般都是成文法或制定法,我国证券法也不例外。

(5)证券法具有一定的国际性。证券法属于商法的范畴,它是国内法,但具有一定国际性。随着各国证券市场的国际化发展,以及各国到国际资本市场筹资的大量增加,作为国内

---

① 张学森、张伟弟:《证券法原理与实务》,经济科学出版社1999年版,第1页。

法的证券法就必然涉及外国金融机构、企业和自然人来本国证券市场投资的法律保障问题,以及本国证券到海外发行融资、上市交易等活动的法律调整和监管问题,这些涉外因素使得证券法的国际性日益增强。

二、证券法的调整对象

对于证券法的调整对象,可以从不同的角度予以理解和解释。一方面,证券法的调整对象即证券法律关系,即证券市场行为主体之间在证券市场管理和证券的发行、交易过程中根据证券法的规定所形成的权利义务关系;另一方面,证券法的调整对象可以指其调整范围,它涉及两个问题:一是证券法调整的证券品种,二是证券法调整的证券活动。

从法的一般理论的角度,作为证券法调整对象的证券法律关系,如同其他法律关系一样,由证券法律关系的主体、客体和内容三大要素构成,其主体是证券市场的行为主体,其客体即指证券法所规定的各类证券及其发行、交易和相关的管理活动,其内容则是证券法律关系主体在证券的发行、交易和管理活动中享有的权利、承担的义务。

(一) 证券的一般概念

证券是商品经济制度发展和人类配置资源实践的产物。证券的含义十分广泛,在现代市场经济条件下,为人们所普遍接受和使用。

(1) 证券的含义。证券的基本含义,指的是一种具有一定票面金额的能够代表、证明或设定对财产的所有权,取得一定收益,并可以自由转让和买卖的书面凭证。证券有广义和狭义的解释,广义上的证券指的是所有的权利证书,狭义上一般仅指有价证券。

(2) 证券的分类。广义上的证券,按照其本身能否使所有人或持券人取得一定的经济收益,证券可以分为有价证券和无价证券两种。无价证券是指其本身不能为所有人或持券人带来一定经济收益的证券,如借据、收据、购物券等。有价证券则是指其本身能够使所有人或持券人取得一定经济收入的证券。

(3) 资本证券。资本证券(investment securities)是指由金融投资或与金融投资有直接联系的活动而产生的证券,它是有价证券的主要形式。所谓金融投资是指为取得收益而将资本转化为股票、债券、基金份额等金融资产的行为。资本证券的一个突出特点是持券人因对证券本身的拥有而能够取得一定的经济收益。

(4) 证券法上的证券。作为证券法调整对象的证券,通常称有价证券,实质上是其中的资本证券。证券法上的证券,一方面,它不包括有价证券中的货币证券如支票、汇票等,也不包括货物证券如提单、仓单等,而主要指其中的资本证券,其范围小于民商法上的有价证券;另一方面,证券法上的有价证券有时也包括民商法上的一些证券之外的、可以表明权利的凭证,如认股权证、证券价款缴款凭证等,这时其范围又大于民商法上的有价证券。

(5) 中国证券法上的证券。自2020年3月1日起实施的我国最新修订的《证券法》第2条规定,其所调整的证券范围主要包括股票、债券、证券投资基金份额、存托凭证和国务院依法认定的其他证券。该条第3款规定:"资产支持证券、资产管理产品发行、交易的管理办法,由国务院依照本法的原则规定。"这意味着资产支持证券、资产管理产品被视作"准证券",由国务院依照本法原则作出专门规定。

值得特别指出的是,《证券法》第2条第4款规定:"在中华人民共和国境外的证券发行和交易活动,扰乱中华人民共和国境内市场秩序,损害境内投资者合法权益的,依照本法有关规定处理并追究法律责任。"这意味着《证券法》的适用范围得以扩展到了境外,可以对发生在境外的损害中国投资者权益和扰乱境内市场秩序的行为,追究其法律责任。

(二) 股票

股票作为一种典型的资本证券,是股份有限公司在筹集资本时发行的用以证明投资者的股东身份和所有者权益的股份凭证,它既是反映财产权的有价证券,又是证明股东权的法律凭证,还是股票投资行为的凭证。股票是各国证券法调整的主要对象之一。

股票代表着其持有人(即股东)对股份公司相应份额财产的所有权,同一类别的每一份股票所代表的公司财产所有权是相等的。每个股东所拥有的公司所有权份额的大小,取决于其所持有的股票数量占有公司总股本的比重。股票可以有偿转让,而且一般是通过在法定的交易场所进行买卖。股东能够通过股票转让收回其投资,但却不能要求公司返还其出资,即不能退股。股东与股份公司之间的关系不是债权债务关系,股东是公司的所有者,以其所持股份为限对公司承担责任。

1. 股票的基本特征

(1)不可偿还性;(2)稳定性;(3)收益性;(4)流通性;(5)风险性。股票的风险性是指购买或持有股票存在着预期投资收益不能实现,甚至遭到损失的可能性。

2. 股票的主要分类

按照不同的标准,股票可作若干种分类。根据股东承担的风险大小和享受的权利多少为标准,股票可分为普通股和优先股;依照有无记名为标准,股票可分为记名股票和不记名股票;按照有无票面金额为标准,股票可分为有面额股票和无面额股票;根据是否能上市交易为标准,股票又可分为流通股票和非流通股票等。其中,普通股与优先股是最基本、最常见的一种分类方法。

(1) 普通股(common share)是指在公司的经营管理和盈利及财产的分配方面享有普通权利的股份,所谓"普通"权利意味着在满足所有债权偿付要求和优先股股东的收益权与财产求偿权之后,普通股股东才能享有对企业盈利和剩余财产的索取权。普通股是股票的基本形式,发行量最大,也最为重要,构成了公司资本的基础。上海、深圳证券交易所目前上市交易的股票都是普通股。

普通股股票持有者按其所持有股份的比例,对于股份公司或上市公司享有以下基本权利:决策参与权,即普通股股东有权参加或委托他人参加股东大会,行使表决权、选举权和建议权;利润分配权,即普通股股东有权取得公司根据盈利状况和分配政策所决定的股息和红利,这种利润分配权是在优先股股东获得固定股息后的分配权;优先认股权,即在公司增资配股即增发普通股股票时,现有普通股股东有权按其持股比例优先购买一定数量的新发行股票,以便使其保持对公司所有权的原有比例;剩余财产索取权,即当公司破产或清算时,公司资产偿还欠债后的剩余部分,按照先优先股后普通股的顺序在股东之间进行分配。

(2) 优先股(preferred share),即在收益分配和剩余财产索取方面享有优先权的股票。从西方各国公司法来看,优先股一般具有以下三个特点:其一,优先股可以先于普通股领取股息,而且其股息往往是固定的,不受公司经营业绩好坏的影响;其二,当公司破产或清算时,优先股享有先于普通股对公司剩余财产的索取权;其三,优先股一般没有表决权,不参与公司的经营管理,也不参加公司红利的分配。

优先股可以在公司设立时发行,也可以在增资配股、发行新股时发行。一般而言,公司在下列情况下会选择发行优先股：清偿公司债务；解决公司财政困难；在不影响普通股固定控制权的情况下增加公司资本；等等。有的国家公司法规定，公司只有在增资配股或清偿债务等特殊情况下才能发行优先股。在我国证券市场的发展历程中，还没有发行过优先股。

3. 我国的股票种类

我国证券市场上特有的一种现象是，股票的种类较多。一方面，按照投资主体的不同，我国上市公司的股份可分为国有股、法人股和社会公众股三类；另一方面，按照上市地点和投资者的不同，又可分为A股、B股、H股、N股、S股等。

（三）债券

债券是政府、金融机构和工商企业等各类经济主体直接向社会借债筹措资金，向投资者出具的，承诺按一定的利率定期支付利息并到期偿还本金的债权债务凭证。从法律上讲，债券是债权债务关系的证明文件，具有重要的法律意义。有效的债券表明持有人与发行人之间一种债权债务关系的存在，持有人或投资者是债权人，发行人是债务人。

债券的种类非常多，根据发行主体性质的不同，可分为政府债券、金融债券和公司债券。

1. 债券的特征

作为一种虚拟资本证券和重要的金融工具，债券主要有如下四个特征：

（1）偿还性。债券一般均依法规定偿还期限，期限届满时，发行人必须按照约定的条件偿还本金并支付利息。

（2）流通性。债券一般都可以在证券市场上自由转让。债券的这种流通性，主要是为满足投资者在债券存续期间提前变现和收回投资的需求。

（3）安全性。债券的安全性是与股票相比较而言的，主要在于：一是债券所具有的利率固定、与发行人经营绩效没有直接联系的特点，使得其收益稳定、风险较小；二是在发行人破产清算时，债券持有人对企业的剩余财产，享有相对于股票持有者的优先索取权。

（4）收益性。债券规定有固定的利率，债券投资者可获得定期或者不定期的利息收入；同时，由于债券可以在证券市场上上市流通，投资者可以利用债券在交易市场上价格的涨跌变化，通过高抛低吸买卖债券来赚取差价。

2. 政府债券

政府债券是政府或政府授权代理机构为筹集建设资金、弥补预算赤字或归还旧债本息而发行的债券，它又可分为中央政府债券、地方政府债券和政府保证债券等，其中以国债为主。

3. 公司债券

公司债券即企业债券，是指公司企业依照法定程序发行的约定在一定期限内还本付息的债券，因其通常是由具有法人资格的公司发行，所以通称为公司债券。

可转换公司债券又称股权转换债券，是特殊形式的公司债券。可转换债券与发行人的股权有密切的联系。作为一种融资工具，它具有能够降低筹资成本，又不会立即摊薄每股税后利润的优点，自20世纪80年代以来在许多国家的证券市场上得到了广泛的应用。

4. 金融债券

金融债券是指由银行和非银行金融机构为筹措资金而发行的债券，实质上它是公司债券的一种。在欧美国家，金融机构发行的债券同样归类为公司债券，而在我国及日本等国家则称为金融债券。相对于普通公司债券,金融债券具有较高的安全性;与银行存款相比,金融债券又有盈利性较高的特点。

(四) 证券投资基金

投资基金作为一种利益共享、风险共担的集合投资方式,是随着股票、债券市场的发展而产生的,它已有100多年的发展历史,在西方金融市场发达国家十分盛行。投资基金的基本要点是,通过发行基金单位,集中投资者的资金,由基金托管人托管,由基金管理人管理和运用资金,从事股票、债券、外汇、货币等金融工具的投资,以获得投资收益和资本增值。其中,主要投资于股票、债券等金融工具的基金类别即证券投资基金。

(五) 存托凭证

存托凭证(Depository Receipts,DR),又称存券收据或存股证,是指在一国证券市场流通的代表外国公司有价证券的可转让凭证,由存托人签发,以境外证券为基础在境内发行,代表境外基础证券权益的证券。存托凭证属公司融资业务范畴的金融衍生工具,一般代表公司股票,但有时也代表债券。按其发行或交易地点之不同,存托凭证被冠以不同的名称,如美国存托凭证(American Depository Receipt,ADR)、欧洲存托凭证(European Depository Receipt,EDR)、中国存托凭证(Chinese Depository Receipt,CDR)等。

三、证券法的基本原则

法律的基本原则,是法律的精神实质和价值取向的高度概括和集中体现。证券法的基本原则反映着证券法的精神实质和价值取向,它是体现证券立法目的、贯穿整个证券立法过程并对各项证券法律制度和全部证券法律规范起统率作用的指导思想和最高准则。证券法的基本原则,对于解释和理解具体的证券法律制度、规定和规范,具有十分重要的指导作用。

我国《证券法》第1条规定了我国证券法的立法宗旨,即规范证券发行和交易行为,保护投资者的合法权益,维护社会经济秩序和社会公共利益,促进社会主义市场经济的发展。为了实现立法宗旨、达到上述目的,维护证券市场的统一、稳定,促进证券市场的有序运行,《证券法》在第一章"总则"中规定了证券活动必须遵守的基本原则。

(一) 公开、公平、公正原则

世界各国和地区的证券立法,都无一例外地将公开、公平、公正的"三公"原则作为其证券法律制度的基本原则。"三公"原则的确立,为保障投资者的合法权益和各国证券市场的健康发展奠定了法律基础。我国《证券法》第3条明确规定:证券的发行、交易活动,必须遵循公开、公平、公正的原则。

(1) 公开原则。公开原则,又称信息公开原则,主要是指证券市场有关信息的公开化,要求证券市场具有充分的透明度。信息公开原则是公平、公正原则的前提,证券市场中的投资活动是一连串信息分析的结果,只有市场信息能够公开地发布和传播,投资者才能公平地作出自己的投资决策。也只有如此,才能防止出现各种证券欺诈和舞弊行为,保证市场公正。

(2) 公平原则。在证券市场上,公平原则是指在证券发行和交易活动中当事人法律地位的平等性。也就是说,公平原则要求证券发行和交易活动的所有参与者在法律地位上完全平等。机会均等、权利平等、公平竞争是公平原则的要旨。

(3) 公正原则。作为法律所体现的精神,作为一种法律原则,公正与公平是有所区别、相互独立的。作为市场经济法律制度的一个原则,公正之精神表现为对立法者、司法者、管理者之权利的赋予和约束。也就是说,作为法律原则的公正原则,是从对立法者、司法者、管理者的立法、司法、执法提出要求的角度,寻求和确立平等的投资者法律地位和公平的市场竞争环境。

公开、公平、公正的原则,作为证券市场立法和监管的基本原则,构成了世界各国证券市场法律制度的精神和灵魂。我国通过《证券法》《刑法》等法律、法规、规章及规范性文件,既明确地确立了"三公"原则在证券法律规范体系中的地位,也较好地将其贯彻于所有的证券法律规范,使之实施在制度上得到保障。

(二) 自愿、有偿、诚实信用原则

我国《证券法》第 4 条规定:"证券发行、交易活动的当事人具有平等的法律地位,应当遵守自愿、有偿、诚实信用的原则。"自愿、有偿、诚实信用原则是民商法的基本原则,作为民商法之特别法的证券法也应确立和遵循这些原则。

(1) 自愿原则。法律上的自愿,是指当事人按照自己的意愿参与证券的发行、交易活动,依法行使自己的民事权利,任何人不得干涉。它是平等原则的必然要求。自愿原则有以下三个方面的含义:其一,投资者有依法参与证券的发行、交易活动的自由,他人无权干涉;否则,投资行为无效或可以变更、撤销。其二,投资者有选择投资行为相对人、行为内容和行为方式的自由。其三,当事人有权约定或决定解决纠纷的方式,或者调解或者仲裁或者诉讼,悉听自愿。

(2) 有偿原则。证券法上的有偿原则,是民商法上等价有偿原则在证券市场上的具体化。这里的有偿,是指证券民事法律关系的主体,在从事民事活动、参与证券投资时,应按照价值规律的要求进行等价交换;除法律另有规定或当事人另有约定者外,取得他人的财产利益或获得他人的服务,都必须向对方支付相应的价款或酬金。等价有偿原则是平等原则在经济利益上的体现,是价值规律在证券法上的直接表现和具体应用。

(3) 诚实信用原则。诚实信用原则简称诚信原则,它是商业道德法律化的结果和体现。诚实,是指遵守法律、不欺不诈;信用,是指讲究信誉、恪守诺言。具体说来,诚实信用原则要求,当事人所作的意思表示真实,行为合法,讲究信誉,恪守诺言,不规避法律,行使权利时不损害他人利益,履行义务时考虑对方利益,等等。

(三) 分业经营、分业管理原则

我国《证券法》第 6 条规定:"证券业和银行业、信托业、保险业实行分业经营、分业管理,证券公司与银行、信托、保险业务机构分别设立。国家另有规定的除外。"

实践证明,证券业、银行业、保险业、信托业各有其特定的业务范围和经营方式,在我国现阶段都还处于提高经营水平、加强改革发展过程中,分业经营、分业监管有利于提高水平、加强监管、化解风险。第五次全国金融会议启动的新一轮金融改革中,国务院金融稳定发展委员会于 2017 年成立,中国银保监会于 2018 年合并设立,加之独立存在的中国证监会,各地地方金融监督管理局于 2019 年纷纷挂牌,我国形成了新时代的金融监管体制,依法履行对证券业、银行业、保险业、信托业的监督管理职能。

当然,随着我国金融体制改革的不断深化和金融市场的对外开放,在继续实行严格的分业经营、分业监管体制的同时,如何通过金融控股公司模式探索金融业的综合经营,以克服市场管理的高成本、低效率问题,是我们必须加强研究的一个重要课题。

（四）国家监管与行业自律相结合的原则

证券市场的风险性较高，为保护投资者利益、维护市场正常秩序，各国政府都非常重视对证券市场的监督管理，并建立起完备的监督管理体制。根据我国《证券法》第7条、第8条的规定，国务院证券监督管理机构及其依法设立的派出机构，依法对全国证券市场实行集中统一的监督管理，并在此前提下依法设立证券业协会，实行自律性管理。由此，我国确立了国家集中统一监管与行业组织自律管理相结合，国家集中统一监管为主、行业组织自律管理为辅的证券市场监管原则和监管模式。我国政府履行证券市场的国家集中统一监管职能的机构是1992年10月成立的中国证监会。

（1）国家集中统一监管的原则。证券市场复杂多变，投机性强，风险较大，国家应该实行集中、统一、高效的监督管理。各国证券市场的发展经验表明，证券市场的健康发展，需要一个强有力的监管机构，对市场实行集中统一监管。综合看来，证券市场集中统一的监管原则和监管体制具有若干优点：其一，能够公平、公正、高效、严格地发挥监管机构的监管作用，并能够协调全国各证券市场的运行和发展，防止出现过度投机的混乱局面；其二，在全国统一的证券市场法律体系的规范作用之下，证券发行、交易和管理活动在全国范围内得到统一、协调的进行，证券市场监管工作的权威性得到较大提高和充分发挥；其三，监管机构和监管人员的地位超脱，能够更好地保护投资者的利益，从全国统一的高度维护市场运行规范化、秩序性。

（2）行业组织自律管理的原则。在注重法制建设和国家监管的同时，也必须认识和强调自律性管理对于证券市场重要性，发挥证券市场组织者、参与者自我管理、相互监督的积极作用。因为，一方面，证券市场参与者众多、运作程序复杂、影响因素广泛，仅靠国家监管机构的监管是不够的；另一方面，自律性管理既可以发挥证券市场所有利益主体进行相互监督、自我约束的功能和作用，又是市场组织者和参与者维护自身利益的需要。正因为如此，世界各国均十分重视证券市场的自律性管理。目前，我国证券市场的自律组织主要有证券交易所及其证券登记结算机构、中国证券业协会和地方性的证券业协会，我国《证券法》对于它们各自的自我管理职能都有规定。

（3）国家集中统一监管与行业组织自律管理的关系。徒法不足以自行。国家监管和行业自律是证券市场法律制度能够得到贯彻落实的根本保障，它们对于证券法制的有效实施和证券市场的健康发展具有重要意义。作为证券法制和证券市场的基本原则，必须明确以国家集中统一监管为主的原则，而行业组织自律管理处于辅助地位、起辅助作用。从性质上讲，中国证监会履行的国家监管职能带有行政管理的性质，行业组织对证券市场的监管具有自律管理性质，两者之间既有区别又有联系，存在着相互补充、相互促进的关系。

四、证券法律关系

证券法律关系是由证券法律规范调整的具有权利义务内容的证券关系，或者说，各种具体的证券关系经证券法律规范调整之后所形成的权利义务关系就是证券法律关系。

（一）证券法律关系概说

1. 证券法律关系的概念

证券法律关系是指证券活动关系主体在证券发行、交易和管理活动过程中，根据证券法的规定所达成的具体的权利义务关系。也就是说，参与证券市场的人们，在证券的发行、交易和管理活动中发生着多种联系，结成了作为特殊社会关系的各种证券关系，当它们受到证券法律、法规的调整和规范,并赋予相关当事人以一定的权利、义务时,就构成了证券法律关系。

证券法所调整的证券关系相当复杂,既有平等主体之间发生的财产利益关系,如证券的卖方与买方之间的交易关系等;又有不平等主体之间发生的行政管理关系,如证券监管机构与证券经营机构之间的管理与被管理关系;还有司法机关运用强制力对证券犯罪进行处罚的刑事制裁关系。其中,平等主体之间的物质利益关系由民事法律规范进行调整,属于民事性证券法律关系;不平等主体之间的行政管理关系由行政法律规范进行调整,属于行政性证券法律关系;司法机关对证券犯罪的制裁关系由刑法规范进行调整,属于刑事性证券法律关系。证券及其相关关系的复杂性,决定了证券法律关系的多样性,同时决定了其有别于一般法律关系的特征。

2. 证券法律关系的构成要素

证券法律关系的构成要素是构成证券法律关系的必不可少的组成部分,即其主体、客体和内容。(1)证券法律关系的主体,是指证券法律关系中享有权利和承担义务的自然人、法人或其他组织。或者说,证券法律关系主体是依法享有权利和承担义务的证券活动的参加者,包括证券发行人、证券经营机构、证券投资者、证券交易所、证券登记结算机构、证券交易服务机构、证券行业协会、证券监管机构等;在政府债券的发行法律关系中,政府也是一方主体。(2)证券法律关系的内容,是指证券法律关系主体享有的权利和承担的义务。它体现着证券法律关系主体参加证券活动的行为目的和具体要求,反映着证券法律关系的本质属性。(3)证券法律关系的客体,是指证券法律关系主体所享有的权利和承担的义务所指向的对象。它包括两类,即与证券的发行、交易和管理相关的行为和作为金融工具的证券。在证券市场上,如果只有证券而没有发行、出售和购买的行为,就不可能构成证券法律关系;如果只有监管机构而没有进行监管的具体行为,就不可能构成证券管理法律关系。

3. 证券法律关系的保护

证券法律关系的保护就是证券监管机构和国家司法机关依法对证券法律关系主体进行严格监督管理,促使其正确行使权利、切实履行义务,维护证券市场的正常秩序,保护权利主体的合法权益。在保护证券法律关系方面具有职能的机构有证券监管机构、证券仲裁机构、证券审判机构。

国家对法律关系的保护,最终是通过追究违法者的法律责任来实现的,从而使得法律责任成为法律关系保护的一个重要范畴。证券法律责任是证券市场的行为主体违反证券法规定时应当受到的法律制裁及其法律后果。根据证券违法行为的性质的不同,违法行为人要承担不同的证券法律责任,主要有民事责任、刑事责任和行政责任。

(1)证券民事责任。证券行为主体违反民事性质的证券法律规范,就要承担证券民事法律责任,以使违法行为的受害人获得必要的经济补偿。承担证券民事法律责任的条件为:其一,有违法行为的存在;其二,有财产损失的事实存在;其三,违法行为与财产损失之间存在因果关系;其四,违法行为的实施者主观上有过错。违法行为者承担证券民事法律责任的形式主要有停止侵害,返还财产,赔偿损失,支付违约金等。

(2)证券行政责任。证券行政责任是指证券行为主体因违反行政性质的证券法律规范而依法必须承担的法律后果,其目的在于矫正市场行为、维护市场秩序。行为人承担证券行政法律责任的条件为:其一,行为人已构成行政违法;其二,行为人具有责任能力;其三,行政违法的情节与后果;其四,违法行为者的主观恶性程度。违法行为者承担证券行政法律责任的形式分为惩罚性行政责任和补救性行政责任,前者主要有通报批评、行政处分、行政惩罚;后者主要有履行职务、撤销违约、纠正不当、行政赔偿等。

(3) 证券刑事责任。证券刑事责任是指法院对违反刑事性质的证券法律规范、达到犯罪程度的行为人所依法给予的刑事制裁。行为人的违法行为具备证券犯罪的构成要件时,必须承担刑事责任。根据我国《刑法》的规定,承担刑事责任的形式即刑事处罚的形式有管制、拘役、有期徒刑、无期徒刑、死刑,以及罚金、剥夺政治权利、没收财产等。

法律责任是任何法律制度得以实现的根本保证,因而我国证券立法十分重视证券法律责任制度的建立和完善。1997年10月1日开始实施的新修订的《刑法》增设了证券犯罪条款,一系列刑法修正案对若干具体证券犯罪作出专门规定,2020年3月1日起实施的最新修订的《证券法》在第十三章对证券法律责任作了详细规定。

(二)证券法律关系的主体

证券法律关系的主体是指在证券法律关系中享有权利和承担义务的自然人、法人或其他组织,即依法享有权利和承担义务的证券活动的参加者。证券法律关系主体的资格是由法律直接规定的,凡依照证券法的规定在证券的发行、交易和管理活动中可以作为当事人的自然人、法人或其他组织,均可成为证券法律关系的主体。在我国,证券法律关系的主体主要包括证券发行人、证券经营机构、证券投资者、证券交易所、证券登记结算机构、证券交易服务机构、证券业协会、证券监管机构等;国家是特殊的证券法律关系的主体,如在国债的发行法律关系中,国家就是主体一方。

(三)证券法律关系的内容

证券法律关系的内容就是证券法律关系主体所享有的权利和承担的义务,即证券法律权利和证券法律义务,它们体现着证券法律关系主体参加证券活动的行为目的和具体要求,反映着证券法律关系的本质属性。

(1) 证券法律权利。证券法律权利是证券法律关系主体依法实施证券的发行、交易和管理等行为时所享有的权利,包括证券监管机构和自律组织的证券管理权、其他证券关系主体所享有的证券财产权和证券请求权。

(2) 证券法律义务。证券法律关系主体在享有权利的同时,必须承担和履行相应的法律义务。证券法律义务是指证券关系主体根据证券法的规定,为实现其参加证券活动的目的而必须履行的相应的特定的义务。根据证券法的规定,证券法律义务主要包括依法履行证券管理职责,遵守证券发行、交易的有关法律规定,秉承"三公"原则、诚信原则履行各类证券活动有关的协议,接受证券监管机构和自律组织的监督管理,等等。

(四)证券法律关系的客体

证券法律关系客体是指证券法律关系主体所享有的权利和承担的义务所指向的对象,它包括两类,即与证券的发行、交易和管理相关的行为和作为金融工具的证券。

关于我国证券法所调整的证券法律关系的客体,2020年3月1日起实施的最新修订的我国《证券法》第2条规定:"在中华人民共和国境内,股票、公司债券、存托凭证和国务院依法认定的其他证券的发行和交易,适用本法;本法未规定的,适用《中华人民共和国公司法》和其他法律、行政法规的规定。政府债券、证券投资基金份额的上市交易,适用本法;其他法律、行政法规另有规定的,适用其规定。资产支持证券、资产管理产品发行、交易的管理办法,由国务院依照本法的原则规定。在中华人民共和国境外的证券发行和交易活动,扰乱中华人民共和国境内市场秩序,损害境内投资者合法权益的,依照本法有关规定处理并追究法律责任。"

第二节 证券发行与交易

一、证券发行制度

(一) 证券发行的概念

证券发行是指发行人或承销人,以筹集资金为目的,依照法律规定的条件和程序,向社会投资者出售代表一定权利的资本证券的直接融资行为。

证券发行有以下几个特征:第一,证券发行是合乎条件的发行人依法从事的以筹资为目的的商业性行为。第二,证券发行是发行人向社会各类投资者从事的技术性较强的筹资活动。证券发行的要约实质上表现为发行人向不特定多数人的要约,每一证券发行行为的标的表现为标准证券,证券发行和认购的过程实际上表现为公开的标准化交易的过程。第三,证券发行本质上是指发行人发行资本权利凭证的行为。

(二) 证券发行的分类

按照不同的标准,可以对证券发行作多种分类:

(1) 按照所发行证券的种类,证券发行可分为股票发行、债券发行、基金证券发行、存托凭证发行等。①股票发行是指符合发行条件的股份有限公司以筹集资金为目的依法向社会投资人出售代表一定股权的凭证的行为,股票发行是证券发行的基本类型,也是股份有限公司募集设立和增资扩股的基本手段,大多数国家对股票发行专门制定特别法规予以规定。②债券发行是指符合发行条件的政府组织、金融机构或者企业组织以借贷资金为目的依法向不特定的投资者发出要约,出售代表一定债权的凭证的行为,债券发行又可分为政府债券发行、金融债券发行和企业债券发行三种,债券发行也是证券发行的重要类型。③基金证券发行是指符合条件的基金公司以筹集受托资金为目的依法向社会投资者公开发售代表特定信托受益权的凭证的行为,基金证券是证券的一种,其发行也受证券法的调整。关于证券投资基金,我国有《证券投资基金管理暂行办法》进行专门调整。④中国存托凭证发行。存托凭证作为由存托人签发、以境外证券为基础在中国境内发行、代表境外基础证券权益的证券,其发行应该严格遵照中国证监会《存托凭证发行与交易管理办法(试行)》的规定。

(2) 按照发行对象的范围不同,证券发行可分为公开发行和非公开发行两种方式,即通常所说的公募发行和私募发行。公开发行是指向社会公众发行证券,由于涉及公众利益,国家对公开发行行为要进行监管。非公开发行主要是指向一定数量的特定对象发行证券,这种发行涉及人数较少,且投资者对发行人情况比较了解,发行行为对社会影响较小,国家对这种发行一般不进行监管。我国《证券法》第9条对非公开发行作了规范,即向200人以下的特定对象发行证券,但依法实施员工持股计划的员工人数不计算在内;不得采用广告、公开劝诱和变相公开发行方式。

关于公开发行的概念,《证券法》第9条第2款作了明确界定,有下列情形之一的为公开发行:①向不特定对象发行证券的;②向特定对象发行证券累计超过 200 人的,但依法实施员工持股计划的员工人数不计算在内;③法律、行政法规规定的其他发行行为。

(3) 按照证券的价值表现形式,证券发行可分为溢价发行、平价发行和折价发行三种。①平价发行是指面额发行,即发行人以票面金额作为发行价,如股票面额为一元,而发行股票时的售价也是一元,平价发行的优点是简单易行、投资者乐于认购,缺点是发行人筹集资金量较少。②溢价发行是指发行人按高于面额的价格发行股票,这样,发行人可用较少的股份筹集到较多的资金,但溢价应当适当,否则投资者不会乐于认购。溢价发行还可分为时价发行和中间价发行两种,时价发行又叫市价发行,是指以同类股票的流通价格为基础来确定股票发行价格,中间价发行是指以介于面额和时价之间的价格来发行股票。③折价发行是指以低于面额的价格出售新股,即按照面额打折后发行股票,折扣的大小取决于发行人的业绩和承销人的能力,我国对折价发行规定得比较严格。

(4) 按照发行地点区分,证券发行可分为国内发行和国外发行两种。国内发行是指发行人在本国境内发行有价证券的方式,如我国的国库券、保值公债、人民币普通股票等的发行。国外发行是指政府、法人在本国境外发行有价证券的方式,如我国在日本发行日元债券、在境外发行欧洲债券、在境外发行人民币特种股票等。

(三) 证券发行核准制度

1. 证券发行审核的一般类型

证券发行的审批核准制度,世界各国做法各不相同,但大致上可以分成两类,一种是证券发行核准制,另一种是证券发行的注册制。

(1) 证券发行核准制,又称实质管理原则,它是指证券发行不仅以证券和公司的真实状况的充分公开为条件,而且主管机关应予事实公开之前,对已预定发行证券的性质、价值加以判断,以确定该证券是否可以发行,对于认定不符合发行条件的证券,或者认为对于投资人保护存在危险可能的情况下,主管机关可不予批准该证券发行,《证券法》规定的我国证券发行的审批管理制度就属于这一类。

(2) 证券发行注册制,又称形式审查制度,是指发行人充分、客观地将发行人及拟发行证券的详细资料向证券主管机关提示并申请发行,经证券主管机关实施形式要件审查,认为合格后予以注册,即可公开发行的审核制度。美国证券法就采用这种审批制度,这种制度要求证券发行人在发行证券之前,首先依法向证券交易委员会申请注册,注册申请文件要求公开,如实反映公司状况,不得虚报、漏报,否则有关人员应承担民事责任或者刑事责任,注册制强调公开原则,发行人必须客观、真实、全面地公开披露有关自身及证券的一切资料,供投资者自行了解、判断、选择、决策,政府的职责不在于实质审查并作出判断,而在于对违反信息公开制度的行为进行纠正,对有关公司给予处罚。

2. 中国证券发行注册制度

按照我国法律规定,在 2020 年 3 月 1 日之前,证券的发行和交易都采取严格的核准制,也就是说,证券等发行和交易必须经过国务院证券监督管理机构和其他有关机构的审查批准,取得相应的许可,才可从事有关的发行和交易,否则便是违法行为,这与世界其他大多数国家实行的注册审查制度是不同的。

2020 年 3 月 1 日起,我国证券发行制度正式实行注册制。根据最新修订的我国《证券法》第 9 条第 1 款规定:"公开发行证券,必须符合法律、行政法规规定的条件,并依法报经国务院证券监督管理机构或者国务院授权的部门注册;未经依法注册,任何单位和个人不得公开发行证券。证券发行注册制的具体范围、实施步骤,由国务院规定。"

(四)证券发行保荐制度

为规范证券发行上市行为,提高上市公司质量和证券经营机构执业水平,保护投资者的合法权益,促进证券市场健康发展,在我国的证券发行上市实践活动中实行保荐制度。

根据中国证监会于2008年12月1日起施行、2009年5月13日修订的《证券发行上市保荐业务管理办法》,发行人首次公开发行股票并上市,上市公司发行新股、可转换公司债券,中国证监会认定的其他情形,应当聘请具有保荐资格的证券公司行保荐职责。根据该管理办法的规定,保荐机构应当尽职推荐发行人证券发行上市;发行人证券上市后,保荐机构应当持续督导发行人履行规范运作、信守承诺、信息披露等义务。

该管理办法第36条规定,持续督导的期间自证券上市之日起计算。

首次公开发行股票并在主板上市的,持续督导的期间为证券上市当年剩余时间及其后2个完整会计年度;主板上市公司发行新股、可转换公司债券的,持续督导的期间为证券上市当年剩余时间及其后1个完整会计年度。

首次公开发行股票并在创业板上市的,持续督导的期间为证券上市当年剩余时间及其后3个完整会计年度;创业板上市公司发行新股、可转换公司债券的,持续督导的期间为证券上市当年剩余时间及其后2个完整会计年度。

首次公开发行股票并在创业板上市的,持续督导期内保荐机构应当自发行人披露年度报告、中期报告之日起15个工作日内在中国证监会指定网站披露跟踪报告,对本办法第35条所涉及的事项,进行分析并发表独立意见。发行人临时报告披露的信息涉及募集资金、关联交易、委托理财、为他人提供担保等重大事项的,保荐机构应当自临时报告披露之日起10个工作日内进行分析并在中国证监会指定网站发表独立意见。

持续督导期届满,如有尚未完结的保荐工作,保荐机构应当继续完成。保荐机构在履行保荐职责期间未勤勉尽责的,其责任不因持续督导期届满而免除或者终止。

(五)证券发行承销制度

证券承销是指发行人向社会公开发行证券时,协议委托依法成立的证券公司代理或承包销售证券的制度。我国《公司法》第87条规定,发起人向社会公开募集股份,应当由依法设立的证券公司承销,签订承销协议。《证券法》第26条规定,发行人向不特定对象发行的证券,法律、行政法规规定应当由证券公司承销的,发行人应当同证券公司签订承销协议。

证券承销业务采取代销或者包销方式。证券代销是指证券公司代发行人发售证券,在承销期结束时,将未售出的证券全部退还给发行人的承销方式。证券包销是指证券公司将发行人的证券按照协议全部购入或者在承销期结束时将售后剩余证券全部自行购入的承销方式。

二、证券交易制度

(一)证券交易概述

证券交易,又称证券买卖、证券转让或证券流通,是指证券投资者在证券交易市场依法买卖证券的法律行为。按照交易对象的品种划分,证券交易可以分为股票交易、债券交易、基金交易、其他证券衍生工具交易等。

证券交易市场,又叫证券流通市场、二级市场或者次级市场,是指已经依法发行的证券进行流通转让的场所。

证券交易市场可以分为集中交易市场、场外交易市场。集中交易市场是指有组织的证券交易市场,即指证券交易所市场。其基本特点是:交易地点固定,参加交易的人员固定。场外交易市场主要包括店头市场、第三市场、第四市场。①

在世界范围内,随着资本市场的发展和金融工具的创新,证券交易已从过去的现货交易方式为主,逐步发展到现货交易、信用交易、期货交易和期权交易等多种方式并存的局面。我国证券市场是新兴市场,1999年12月通过的《证券法》曾禁止融资融券的信用交易方式,只规定了现货交易方式。2006年1月1日开始实施的《证券法》取消了这一限制性规定,在第42条规定:"证券交易以现货和国务院规定的其他方式进行交易。"

(二) 证券上市制度

1. 证券上市的概念

广义上的证券上市,是指已经发行的证券获准在证券交易市场进行交易;狭义上,证券上市专指已经发行的证券获准在证券交易所挂牌进行交易转让。

我国《证券法》规定的证券上市是狭义的,指已经公开发行的证券获准在证券交易所挂牌交易。《证券法》第37条规定,依法公开发行的股票、公司债券及其他证券,应当在依法设立的证券交易所上市交易或者在国务院批准的其他证券交易场所转让。

2. 证券上市的法律规定

《证券法》第46条规定,申请证券上市交易,应当向证券交易所提出申请,由证券交易所依法审核同意,并由双方签订上市协议。证券交易所根据国务院授权的部门的决定安排政府债券上市交易。《证券法》第47条规定,申请证券上市交易,应当符合证券交易所上市规则规定的上市条件。证券交易所上市规则规定的上市条件,应当对发行人的经营年限、财务状况、最低公开发行比例和公司治理、诚信记录等提出要求。

《证券法》第48条规定,上市交易的证券,有证券交易所规定的终止上市情形的,由证券交易所按照业务规则终止其上市交易。证券交易所决定终止证券上市交易的,应当及时公告,并报国务院证券监督管理机构备案。

《证券法》第49条规定,对证券交易所作出的不予上市交易、终止上市交易决定不服的,可以向证券交易所设立的复核机构申请复核。

(三) 证券交易制度

我国《证券法》第三章对证券交易作了专门规定。《证券法》第35条规定,证券交易当事人依法买卖的证券,必须是依法发行并交付的证券。非依法发行的证券,不得买卖。

《证券法》第36条规定,依法发行的证券,《公司法》和其他法律对其转让期限有限制性规定的,在限定的期限内不得转让。上市公司持有百分之五以上股份的股东、实际控制人、董事、监事、高级管理人员,以及其他持有发行人首次公开发行前发行的股份或者上市公司向特定对象发行的股份的股东,转让其持有的本公司股份的,不得违反法律、行政法规和国

---

① 关于证券的第一、二、三、四市场,可参阅周洪钧、张学森:《国际证券业的规范运作》,上海译文出版社1996年版,第131—146页。

务院证券监督管理机构关于持有期限、卖出时间、卖出数量、卖出方式、信息披露等规定,并应当遵守证券交易所的业务规则。

《证券法》第37条规定,公开发行的证券,应当在依法设立的证券交易所上市交易或者在国务院批准的其他全国性证券交易场所交易。非公开发行的证券,可以在证券交易所、国务院批准的其他全国性证券交易场所、按照国务院规定设立的区域性股权市场转让。

证券交易的操作程序主要包括:(1)开立账户,包括分别开立资金账户和证券账户;(2)委托,即投资者下达买卖证券的委托指令,每次交易都要分别下达指令;(3)成交,即买卖双方的出价在证券交易所的交易系统中经过竞价后,根据价格优先、时间优先原则,撮合成交;(4)清算与交割;(5)过户。

(四)证券交易的禁止性规定

证券交易的禁止性行为是指根据我国的证券法律、法规、行政规章的规定,证券市场的参与者在证券交易过程中不得从事的,如果违反则应当依法承担法律责任的行为。我国《证券法》规定的禁止的交易行为,包括内幕交易、操纵市场、虚假陈述、欺诈客户等。

1. 内幕交易

(1)内幕交易行为的概念。内幕交易行为是指证券交易内幕信息的知情人和非法获取内幕信息的人利用内幕信息从事证券交易活动。《证券法》第50条规定:"禁止证券交易内幕信息的知情人和非法获取内幕信息的人利用内幕信息从事证券交易活动。"

(2)内幕信息。《证券法》第52条规定,证券交易活动中,涉及发行人的经营、财务或者对该发行人证券的市场价格有重大影响的尚未公开的信息,为内幕信息。本法第80条[1]第2款、第81条[2]第2款所列重大事件属于内幕信息。

(3)内幕信息的知情人。《证券法》第51条规定,证券交易内幕信息的知情人包括:①发行人及其董事、监事、高级管理人员;②持有公司百分之五以上股份的股东及其董事、监

---

[1] 《证券法》第80条:"发生可能对上市公司、股票在国务院批准的其他全国性证券交易场所交易的公司的股票交易价格产生较大影响的重大事件,投资者尚未得知时,公司应当立即将有关该重大事件的情况向国务院证券监督管理机构和证券交易场所报送临时报告,并予公告,说明事件的起因、目前的状态和可能产生的法律后果。""前款所称重大事件包括:(一)公司的经营方针和经营范围的重大变化;(二)公司的重大投资行为,公司在一年内购买、出售重大资产超过公司资产总额百分之三十,或者公司营业用主要资产的抵押、质押、出售或者报废一次超过该资产的百分之三十;(三)公司订立重要合同、提供重大担保或者从事关联交易,可能对公司的资产、负债、权益和经营成果产生重要影响;(四)公司发生重大债务和未能清偿到期重大债务的违约情况;(五)公司发生重大亏损或者重大损失;(六)公司生产经营的外部条件发生的重大变化;(七)公司的董事、三分之一以上监事或者经理发生变动,董事长或者经理无法履行职责;(八)持有公司百分之五以上股份的股东或者实际控制人持有股份或者控制公司的情况发生较大变化,公司的实际控制人及其控制的其他企业从事与公司相同或者相似业务的情况发生较大变化;(九)公司分配股利,增资的计划,公司股权结构的重要变化,公司减资、合并、分立、解散及申请破产的决定,或者依法进入破产程序、被责令关闭;(十)涉及公司的重大诉讼、仲裁,股东大会、董事会决议被依法撤销或者宣告无效;(十一)公司涉嫌犯罪被依法立案调查,公司的控股股东、实际控制人、董事、监事、高级管理人员涉嫌犯罪被依法采取强制措施;(十二)国务院证券监督管理机构规定的其他事项。""公司的控股股东或者实际控制人对重大事件的发生、进展产生较大影响的,应当及时将其知悉的有关情况书面告知公司,并配合公司履行信息披露义务。"

[2] 《证券法》第81条:"发生可能对上市交易公司债券的交易价格产生较大影响的重大事件,投资者尚未得知时,公司应当立即将有关该重大事件的情况向国务院证券监督管理机构和证券交易所报送临时报告,并予公告,说明事件的起因、目前的状态和可能产生的法律后果。""前款所称重大事件包括:(一)公司股权结构或者生产经营状况发生重大变化;(二)公司债券信用评级发生变化;(三)公司重大资产抵押、质押、出售、转让、报废;(四)公司发生未能清偿到期债务的情况;(五)公司新增借款或者对外提供担保超过上年末净资产的百分之二十;(六)公司放弃债权或者财产超过上年末净资产的百分之十;(七)公司发生超过上年末净资产百分之十的重大损失;(八)公司分配股利,作出减资、合并、分立、解散及申请破产的决定,或者依法进入破产程序、被责令关闭;(九)涉及公司的重大诉讼、仲裁;(十)公司涉嫌犯罪被依法立案调查,公司的控股股东、实际控制人、董事、监事、高级管理人员涉嫌犯罪被依法采取强制措施;(十一)国务院证券监督管理机构规定的其他事项。"

事、高级管理人员,公司的实际控制人及其董事、监事、高级管理人员;③发行人控股或者实际控制的公司及其董事、监事、高级管理人员;④由于所任公司职务或者因与公司业务往来可以获取公司有关内幕信息的人员;⑤上市公司收购人或者重大资产交易方及其控股股东、实际控制人、董事、监事和高级管理人员;⑥因职务、工作可以获取内幕信息的证券交易场所、证券公司、证券登记结算机构、证券服务机构的有关人员;⑦因职责、工作可以获取内幕信息的证券监督管理机构工作人员;⑧因法定职责对证券的发行、交易或者对上市公司及其收购、重大资产交易进行管理可以获取内幕信息的有关主管部门、监管机构的工作人员;⑨国务院证券监督管理机构规定的可以获取内幕信息的其他人员。

2. 操纵市场

国家禁止任何操纵市场的行为。我国《证券法》第55条规定,禁止任何人以下列手段操纵证券市场,影响或者意图影响证券交易价格或者证券交易量:(1)单独或者通过合谋,集中资金优势、持股优势或者利用信息优势联合或者连续买卖;(2)与他人串通,以事先约定的时间、价格和方式相互进行证券交易;(3)在自己实际控制的账户之间进行证券交易;(4)不以成交为目的,频繁或者大量申报并撤销申报;(5)利用虚假或者不确定的重大信息,诱导投资者进行证券交易;(6)对证券、发行人公开作出评价、预测或者投资建议,并进行反向证券交易;(7)利用在其他相关市场的活动操纵证券市场;(8)操纵证券市场的其他手段。操纵证券市场行为给投资者造成损失的,应当依法承担赔偿责任。

3. 虚假陈述

我国《证券法》第56条规定,禁止任何单位和个人编造、传播虚假信息或者误导性信息,扰乱证券市场。禁止证券交易场所、证券公司、证券登记结算机构、证券服务机构及其从业人员,证券业协会、证券监督管理机构及其工作人员,在证券交易活动中作出虚假陈述或者信息误导。各种传播媒介传播证券市场信息必须真实、客观,禁止误导。传播媒介及其从事证券市场信息报道的工作人员不得从事与其工作职责发生利益冲突的证券买卖。编造、传播虚假信息或者误导性信息,扰乱证券市场,给投资者造成损失的,应当依法承担赔偿责任。

4. 欺诈客户

我国《证券法》第57条规定,禁止证券公司及其从业人员从事下列损害客户利益的行为:(1)违背客户的委托为其买卖证券;(2)不在规定时间内向客户提供交易的确认文件;(3)未经客户的委托,擅自为客户买卖证券,或者假借客户的名义买卖证券;(4)为牟取佣金收入,诱使客户进行不必要的证券买卖;(5)其他违背客户真实意思表示,损害客户利益的行为。违反前款规定给客户造成损失的,应当依法承担赔偿责任。

5. 其他禁止性行为

(1)任何单位和个人不得违反规定,出借自己的证券账户或者借用他人的证券账户从事证券交易。

(2)依法拓宽资金入市渠道,禁止资金违规流入股市。禁止投资者违规利用财政资金、银行信贷资金买卖证券。

(3)国有独资企业、国有独资公司、国有资本控股公司买卖上市交易的股票,必须遵守国家有关规定。

《证券法》第61条规定,证券交易场所、证券公司、证券登记结算机构、证券服务机构及其从业人员对证券交易中发现的禁止的交易行为,应当及时向证券监督管理机构报告。

第三节　上市公司收购

企业的兼并与收购,通常合称"并购",它是现代公司产权制度的产物,也是公司资产性交易行为的高级形式。公司并购作为按照市场法则让渡和转移产权、调整社会存量资产以达到资源优化配置的手段,在国际市场曾经几度潮起潮涌,往往对社会经济的发展产生深刻影响。

一、上市公司收购概述

我国改革开放以来,资本市场40余年的发展中,通过股权转让、资产置换、买壳上市等方式进行资产重组的现象层出不穷、风起云涌,对我国证券市场资源的存量调整和优化配置功能的发挥起到了巨大的促进作用。为了以法规范证券市场上的公司购并、资产重组行为,我国《证券法》设专章"上市公司的收购",对上市公司收购的方式、条件、程序、监管等问题作出了专门规定。

(一)上市公司收购的概念

上市公司收购是指投资者购买股份有限公司已发行上市的股份以达到对其控股或兼并目的的行为。

1. 上市公司收购的含义

一般而言,企业的购并或者并购,包括企业的兼并和收购两个方面,兼并(merger)是指两家或多家独立的公司企业组成一家公司,通常由一家占优势的公司吸收另外一家或多家公司,优势公司依然保留自己的法人资格和公司实体,被吸收公司则失去法人资格或改变法人实体,仅作为优势公司的一个组成部分存在;收购(acquisition)是指一家优势公司通过购买另一家公司的股权或资产,达到获得该公司控制权的行为,被收购公司的法人资格和地位并不因此消失。

2. 证券法上的上市公司收购

从我国《证券法》第四章的规定来看,内涵上,上市公司收购包括了收购和兼并两个方面的内容,所以可称为上市公司购并(M&A);外延上,它有别于一般性的证券购买和证券投资行为,因为其目的在于谋取目标公司的控制权或经营权;方式上,它有两种,既可以是要约收购,也可以是协议收购;收购范围上,既包括通过证券交易所集中交易收购已上市流通股份,也包括在证券交易所之外以协议方式收购非上市流通股份。

3. 上市公司收购的法律特征

上市公司收购是公司购并的重要形式和组成部分,因为它是以上市公司为目标公司,并必须受到证券法等证券市场法律法规的调整和规范,使得其具有若干特殊性,即有别于一般公司购并的法律特征。

(1)上市公司收购的主体是证券市场上的投资者,具有多元性。我国《证券法》把上市公司收购的主体规定为"投资者",未作具体的限制性规定。

(2)上市公司收购的目的在于通过收购行为实现对被收购公司的控股或者兼并。这与一般投资者依法在证券市场上买卖股票、赚取买卖差价的目的大为不同。

(3) 上市公司收购的对象是上市公司已经依法发行的股份,而不问其是否已上市流通。

(二) 上市公司收购的分类和方式

从不同的理论角度、按照不同的标准,上市公司收购可以作不同的分类,表现为不同的收购方式。与我国的公司收购实践较为密切的分类方法主要有以下四种。

1. 部分收购与全面收购

这是按照收购目标公司股份的数量的不同对上市公司收购的分类。一般而言,部分收购是指投资者收购一家上市公司的部分股份的行为,全部收购则是指收购者收购目标公司的全部100%股份或投票权的行为,两者的主要区别在于收购者所取得的目标公司股份的数量的不同。

2. 强制收购与自愿收购

以是否构成法律义务为标准,上市公司收购可分为自愿收购和强制收购。强制收购即指收购者在持有目标公司股份达到一定比例时,依法必须向该公司所有股东发出收购该公司其余全部股份的收购要约的收购行为。而自愿收购则是收购者依法自主自愿进行的收购,即在证券法律、法规规定有强制收购制度的国家和地区,收购者在法定的持股比例之下收购目标公司的股份,是否进一步收购或收购到多少比例的股份等,均由收购者自己决定。

3. 要约收购与协议收购

根据我国《证券法》第62条规定,投资者可以采取要约收购、协议收购及其他合法方式收购上市公司。要约收购是指收购者在持有目标公司股份达到法定比例时,继续进行收购,并依法通过向目标公司所有股东发出全面收购要约的方式进行的收购;协议收购则是收购者通过同目标公司的股东在场外协商、达成收购协议的方式进行的收购。

4. 现金收购、换股收购和混合收购

从收购方支付对价的方式来看,上市公司收购可分为现金收购、换股收购和混合收购。现金收购是指收购人以现金为对价购买上市公司股份的行为;换股收购是指以本公司发行的股份为对价来交换上市公司股份的行为;混合收购是兼用现金和换股两种支付方式购买上市公司股份的收购方式。

5. 善意收购、敌意收购、恶意收购、反向收购

(1) 善意收购(agreed offer)一般是指被收购公司董事会一致同意向其股东推荐被收购,并在将收购要约推荐给其股东时附上一份由投资银行、证券经纪人等专业顾问提供的关于收购要约是否公平合理的完全独立的建议或说明。在董事会不能达成一致同意意见时,若多数董事同意,则要附上不同意见董事的不同意见及其理由。

(2) 敌意收购(hostile bid)是与善意收购相对的一种收购方式,指在目标公司不愿意的情况下,当事人双方采用各种攻防策略、经过收购与反收购的激烈争夺而完成的收购行为。需要指出的是,善意收购和敌意收购均为合法的收购行为。

(3) 反向收购(reverse takeover)则是英国公司购并法律规定的善意收购中的一种方式,其基本含义是:一家较小的上市公司主动向一家较大的有意成为上市公司的非上市公司提出收购意向并与之共同达成协议、实施收购行为,从而使该非上市公司成为上市公司,或者达到使上市公司自身规模获得迅速扩大的目的。

(4) 恶意收购则是与善意收购和敌意收购相对的一种非法的收购行为,是指违反国家有关法律,通过不正当竞争手段,如内幕交易、联手操纵、欺诈行为、散布谣言等,未作充分信

息披露而采取突然袭击的形式掌握目标公司的控制权或将其合并,使有关当事人和广大投资者、社会公众的利益受到不正当、不公平损害的收购行为。恶意收购的突出特征是突袭性、掠夺性和欺诈性。

(三) 上市公司收购的一般原则

上市公司收购作为产权流动的一种重要形式,对国民经济的发展具有积极意义,国家依法鼓励和保证公司购并的顺利进行。但由于上市公司收购是关系到我国产业结构调整、资源有效配置、企业机制转换、国有资产保值增值,以及证券市场的正常运行和健康发展的重要问题,国家又以法予以严格的规范和监管。投资者在实施上市公司收购计划的过程中,应严格遵守法律规定及其体现的一般原则,其中主要是目标公司股东公平待遇原则,它是公司购并其他原则的核心,其他原则是对它的阐释和具体化。

(1) 目标公司股东公平待遇原则。被购并上市公司股东应得到公平的待遇,这是各国证券立法的核心,也是证券市场"三公"原则在公司购并问题上的集中体现。目标公司股东公平待遇原则要求,在上市公司收购中,目标公司的所有股票持有人均需获得公平的待遇,而属于同一类别的股东必须获得同等待遇。

(2) 收购者持股披露原则。收购者持股披露是上市公司收购的一项基本原则,其基本内容为:投资者通过证券交易所的证券交易,持有一个上市公司已发行的股份达到一定比例,或达此比例后持股量增加或减少一定比例时,应依法将有关情况予以报告、通知和公告。这一原则在美、日、英等各个国家的公司并购立法中是一致的,所不同的是对于收购者需要进行披露的持股比例的具体规定不尽相同。

(3) 强制性要约收购原则。强制性要约收购作为一项法律制度,最早出现于英国《伦敦城收购与合并守则》。其基本内容是,发起人以外的任何投资者,通过证券交易所的证券交易持有一个上市公司已发行的股份的一定比例时,继续进行收购的,必须依法向该上市公司所有股东发出收购要约。这同收购者持股披露制度一样,是一项强制性法律规定。这一制度的立法意图,在于通过限制和规范大股东(收购者)的收购行为,实现对目标公司中小投资者利益的保护,维护证券市场的"三公"原则。我国立法借鉴了国外的经验,《股票发行与交易管理暂行条例》和目前的《证券法》均规定了强制性要约收购原则。

二、要约收购

上市公司的要约收购是收购人依法向目标公司所有股东发出收购要约而进行的收购,它属于强制性收购。从我国证券法的规定来看,要约收购所具有的鲜明特点有:收购人持股比例必须已经达到30%这一触发点,非经有权机关豁免必须发出要约进行全面收购的强制性,收购条件受到法律的严格限定等。

(一) 要约收购的理论分析

世界上不同国家和地区的立法和判例,在上市公司要约收购的制度设计上,存在不同的情况。如英国以其《伦敦城收购与合并守则》、我国香港特区以其《公司收购及合并守则》,均对上市公司要约收购进行了系统的调整和规范,并均采取了强制性要约收购制度。然而,在美国、日本等国家情况就大不相同了,它们均未采取强制性要约收购制度。[①]

---

① 张学森、张伟弟:《证券法原理与实务》,经济科学出版社1999年版,第167—168页。

纵观各国和地区立法可见,意思自治原则在大多数国家和地区的上市公司收购立法中仍占主导地位,但同时也存在着一种采取强制性要约收购的倾向性和发展趋势。这是因为上市公司收购中,收购人持有目标公司的股份达到了一定比例时,可能操纵目标公司的董事会并进而对目标公司其他股东的权益造成影响,而强制性要约收购的规定,可以在一定程度上防止这种情况的发生。

在强制性要约收购制度下,法律赋予收购者对目标公司所有股东发出收购要约,以特定出价购买股东手中持有的目标公司股份的强制性义务,一方面是目标公司股东公平待遇原则的要求,可以在制度上保证投资者特别是投资公众合法权益获得有效保护;另一方面,通过强制性要约收购各项具体制度的约束,有利于证券监管机构、证券交易所和广大投资者及时、充分地了解收购者本身的情况,以及其收购目标公司股份的目的、目标、资金等。

强制性要约收购以收购者进一步操作上的公开性,使得证券市场各方面可以对收购行为作出及时、准确的判断,投资者可以依此作出投资决策,监管机构可以依此对收购行为进行有效监控。所以,强制性要约收购对于贯彻证券市场的"三公"原则,防止投机者借收购之名行操纵市场、内幕交易和欺诈客户之实,保护投资者合法权益,维护证券市场正常的运行秩序,具有十分重要的意义和作用。在新兴市场国家,尤其是我国上市公司股票类别多样、股权结构中非上市流通股份占很大比例的情况下,强制性要约收购更是显得十分必要。

(二) 要约收购的法律规定

我国的要约收购属于强制性要约收购,而且是一种典型的要约收购制度,其要点是持股达到法定比例的投资者在履行持股情况披露义务的同时,还负有向所有股东发出收购要约的义务。我国《证券法》第四章"上市公司的收购"对要约收购作了制度上和程序上的具体规定。

(1) 持股情况披露义务。投资者通过证券交易所的证券交易,持有一个上市公司已发行的股份的5%时,应当在该事实发生之日起3日内,向国务院证券监管机构、证券交易所作出书面报告,通知该上市公司,并予以公告;在上述期限内,不得再行买卖该上市公司的股票。之后,其所持有该上市公司已发行的股份比例每增加或者减少5%,应依照前述方法履行进一步的报告和公告义务,在报告期限内和作出报告、公告后2日内,收购者不得再行买卖该上市公司的股票。

(2) 强制性收购要约的触发点。发生收购要约义务的原因是任何投资者通过证券交易所的证券交易,持有或者通过协议、其他安排与他人共同持有一个上市公司已发行的股份达到30%时,并且继续进行收购。事实发生之后,除国务院证券监管机构免除其发出收购要约义务者外,作为投资者的收购者应当依法向该上市公司所有股东发出收购上市公司全部或者部分股份的要约。在依法发出收购要约之前,收购人必须事先将上市公司收购报告书报送证券监管机构,并同时提交证券交易所。收购人依法报送上市公司收购报告书之日起15日后,公告其收购要约。收购要约的期限不得少于30日,并不得超过60日。

(3) 上市公司收购报告书。向国务院证券监管机构和有关证券交易所报送和提交的上市公司收购报告书,应载明的事项主要有:①收购人的名称、住所;②收购人关于收购的决定;③被收购的上市公司名称;④收购目的;⑤收购股份的详细名称和预定收购的股份数额;⑥收购期限、收购价格;⑦收购所需资金额及资金保证;⑧报送上市公司收购报告书时持有被收购公司股份数占该公司已发行的股份总数的比例。

(4) 收购要约中提出的各项收购条件，适用于被收购公司的所有股东。在收购要约的有效期限内，收购人不得撤回其收购要约；收购人需要变更收购要约中事项的，必须事先向国务院证券监管机构及证券交易所提出报告，经获准后，予以公告。要约收购的收购人在收购要约期限内，不得卖出被收购公司的股票，也不得采取要约规定以外的形式和超出要约的条件买入被收购公司的股票。

(5) 收购期限届满，被收购公司股权分布不符合上市条件的，该上市公司的股票应当由证券交易所依法终止上市交易；其余仍持有被收购公司股票的股东，有权向收购人以收购要约的同等条件出售其股票，收购人应当收购。

(6) 收购行为完成后，被收购公司不再具备股份有限公司条件的，应当依法变更企业形式。收购行为完成后，收购人与被收购公司合并，并将该公司解散的，被解散公司的原有股票由收购人依法更换。

(7) 在上市公司收购中，收购人持有的被收购的上市公司的股票，在收购行为完成后的十八个月内不得转让。

三、上市公司的协议收购

我国《证券法》关于上市公司协议收购的规定，是其对我国原有证券法律、法规的重要突破，也是近年来我国证券市场上协议收购实践的经验总结，它将起到鼓励上市公司购并、促进资源优化配置的重要作用。

（一）协议收购的积极意义

我国证券市场诞生40多年来，早期由于非上市流通的国有股份（包括国家股和国有法人股）的大量存在，使得上市公司收购实践绝大多数情况是通过大宗国有股权的协议转让进行的。的确，股权的协议转让，一方面探索出了国有股份有效流通的可行途径，为盘活存量国有资产，优化产业结构提供了良好的手段和机制；另一方面也推动了证券市场的不断深化发展，特别是其优化资源配置功能的形成和发挥。可以认为，大宗股权的协议转让，已成为我国证券市场上上市公司收购的重要形式。

多年以来，我国上市公司股权协议转让，促使我国证券市场企业融资和产业结构调整方面的积极作用得以显现。不少上市公司，特别是业绩不良的公司，通过股权转让等股权运作形式的公司购并、资本经营，剔除低效资产，合理配置股权资源，对各种要素进行重新整合，提高了公司营运效率、国有资产的使用效益和上市公司的经营业绩。

（二）协议收购的法律规定

上市公司协议收购作为收购人与目标上市公司的股东之间以协议方式进行的股权转让行为，收购人受让股权的目的往往是为了获得目标上市公司的控制权。由于上市公司收购活动的特殊性，我国《证券法》作出了一系列原则规定。

(1) 上市公司的收购，采取协议收购方式的，收购人可以依照法律、行政法规的规定同被收购公司的股东以协议方式进行股份转让。以协议方式收购上市公司时，达成协议后，收购人必须在三日内将该收购协议向国务院证券监督管理机构及证券交易所作出书面报告，并予公告。在公告前不得履行收购协议。

(2) 及时报告和公告。以协议方式收购上市公司时，达成协议后，收购人必须在三日内将该收购协议向国务院证券监管机构及证券交易所作出书面报告，并予以公告；收购上市公司的行为结束后,收购人应当在十五日内将收购情况报告证券监管机构和证券交易所,并予以公告。这是法律赋予收购人的持股信息披露义务。

(3) 股票保管和资金存放。协议收购的协议双方可以临时委托证券登记结算机构保管协议转让的股票,并将资金存放于指定的银行。

(4) 股票禁卖。在上市公司收购中,收购人对所持有的被收购的上市公司的股票,在收购行为完成后18个月内不得转让。

(5) 采取协议收购方式的,收购人收购或者通过协议、其他安排与他人共同收购一个上市公司已发行的股份达到百分之三十时,继续进行收购的,应当向该上市公司所有股东发出收购上市公司全部或者部分股份的要约。但是,经国务院证券监督管理机构免除发出要约的除外。

关于上市公司收购的具体规定,中国证监会于2006年制定实施了《上市公司收购管理办法》,2014年10月23日作出修订,当年11月23日起施行。

值得注意的是,世界范围内,各个国家或地区关于上市公司收购的法律制度和操作程序不尽一致、各有千秋,值得比较研究。一方面可以帮助理解上市公司收购的法律机理,另一方面可以促进我国上市公司收购法律制度在实践基础上不断完善。比较而言,美国、英国和我国香港地区关于上市公司收购的法律规定和操作程序较为完善和具有特点。①

第四节 信息披露与投资者保护

信息披露制度属于资本市场"三公原则"的核心制度,是证券法律制度的基石之一。信息披露的质量是保护投资者利益、维护资本市场健康发展的关键要素,是解决信息不对称问题的重要工具,它直接影响着资本市场的有效性和资源配置的效率性。

一、信息披露与投资者保护

信息披露机制具有减少市场信息不对称、预防内幕交易等违规行为的作用,因而在各国加强投资者保护制度建设中发挥着越来越重要的作用。在实行证券发行注册制的背景下,信息披露制度的完善、信息披露行为的质量,对投资者保护的有效性就起到了更大的决定性。美国证券发行的注册制度,决定了其招股说明书和上市公告书不仅是一份法律文件,更是一份产品销售说明。因此,美国的信息披露规则都是从投资者角度出发进行制定的,内容全面,透明度高,可理解性、可操作性都强。美国的信息披露不仅要充分反映发行人的商业价值,吸引投资者;同时,还要详细披露企业风险,在法律层面进行免责,降低融资风险。我国最新修订的《证券法》第五章,对信息披露进行了专章规定,其目的恐怕也在于此,即实现立法宗旨,即规范证券发行和交易行为,保护投资者的合法权益。

二、信息披露制度

信息披露制度,即信息公开原则的制度落实,主要是指证券市场有关信息的公开化,要

---

① 张学森、张伟弟:《证券法原理与实务》,经济科学出版社1999年版,第186—209页。该书对于美国、英国和我国香港特区的有关上市公司收购的法律制度和操作程序进行了较为详细具体的叙述。

求证券市场具有充分的透明度。信息公开原则是公平、公正原则的前提,证券市场中的投资活动是一连串信息分析的结果,只有市场信息能够公开地发布和传播,投资者才能公平地作出自己的投资决策。也只有如此,才能防止出现各种证券欺诈和舞弊行为,保证市场公正。

(一) 证券发行上市信息披露

(1) 信息披露的原则要求。证券的发行上市,应该依法履行信息披露责任。我国《证券法》第 19 条规定,发行人报送的证券发行申请文件,应当充分披露投资者作出价值判断和投资决策所必需的信息,内容应当真实、准确、完整。为证券发行出具有关文件的证券服务机构和人员,必须严格履行法定职责,保证所出具文件的真实性、准确性和完整性。

(2) 信息披露的形式要求。《证券法》第 23 条规定,证券发行申请经注册后,发行人应当依照法律、行政法规的规定,在证券公开发行前公告公开发行募集文件,并将该文件置备于指定场所供公众查阅。发行证券的信息依法公开前,任何知情人不得公开或者泄露该信息。发行人不得在公告公开发行募集文件前发行证券。

(3) 信息披露的违法责任。我国《证券法》第 24 条规定,国务院证券监督管理机构或者国务院授权的部门对已作出的证券发行注册的决定,发现不符合法定条件或者法定程序,尚未发行证券的,应当予以撤销,停止发行。已经发行尚未上市的,撤销发行注册决定,发行人应当按照发行价并加算银行同期存款利息返还证券持有人;发行人的控股股东、实际控制人以及保荐人,应当与发行人承担连带责任,但是能够证明自己没有过错的除外。

股票的发行人在招股说明书等证券发行文件中隐瞒重要事实或者编造重大虚假内容,已经发行并上市的,国务院证券监督管理机构可以责令发行人回购证券,或者责令负有责任的控股股东、实际控制人买回证券。

(二) 上市公司持续信息披露

1. 持续披露的原则要求

我国《证券法》第 78 条规定,发行人及法律、行政法规和国务院证券监督管理机构规定的其他信息披露义务人,应当及时依法履行信息披露义务。信息披露义务人披露的信息,应当真实、准确、完整,简明清晰,通俗易懂,不得有虚假记载、误导性陈述或者重大遗漏。证券同时在境内境外公开发行、交易的,其信息披露义务人在境外披露的信息,应当在境内同时披露。

2. 定期报告的披露要求

每一个会计年度,信息披露义务人应当依法披露其季度报告、半年报告和年度报告。我国《证券法》第 79 条规定,上市公司、公司债券上市交易的公司、股票在国务院批准的其他全国性证券交易场所交易的公司,应当按照国务院证券监督管理机构和证券交易场所规定的内容和格式编制定期报告,并按照以下规定报送和公告:(1)在每一会计年度结束之日起四个月内,报送并公告年度报告,其中的年度财务会计报告应当经符合本法规定的会计师事务所审计;(2)在每一会计年度的上半年结束之日起二个月内,报送并公告中期报告。

3. 重大事件的披露要求

关于重大事件的信息披露,《证券法》上区分为股票发行人和公司债券发行人的披露要求,分别作出了规定。

其一,股票发行人的重大事件披露义务。《证券法》第 80 条规定了股票发行人的信息披露义务,即发生可能对上市公司、股票在国务院批准的其他全国性证券交易场所交易的公司的股票交易价格产生较大影响的重大事件,投资者尚未得知时,公司应当立即将有关该重大事件的情况向国务院证券监督管理机构和证券交易场所报送临时报告,并予公告,说明事件的起因、目前的状态和可能产生的法律后果。前款所称重大事件包括:(1)公司的经营方针和经营范围的重大变化;(2)公司的重大投资行为,公司在一年内购买、出售重大资产超过公司资产总额百分之三十,或者公司营业用主要资产的抵押、质押、出售或者报废一次超过该资产的百分之三十;(3)公司订立重要合同、提供重大担保或者从事关联交易,可能对公司的资产、负债、权益和经营成果产生重要影响;(4)公司发生重大债务和未能清偿到期重大债务的违约情况;(5)公司发生重大亏损或者重大损失;(6)公司生产经营的外部条件发生的重大变化;(7)公司的董事、三分之一以上监事或者经理发生变动,董事长或者经理无法履行职责;(8)持有公司百分之五以上股份的股东或者实际控制人持有股份或者控制公司的情况发生较大变化,公司的实际控制人及其控制的其他企业从事与公司相同或者相似业务的情况发生较大变化;(9)公司分配股利、增资的计划,公司股权结构的重要变化,公司减资、合并、分立、解散及申请破产的决定,或者依法进入破产程序、被责令关闭;(10)涉及公司的重大诉讼、仲裁,股东大会、董事会决议被依法撤销或者宣告无效;(11)公司涉嫌犯罪被依法立案调查,公司的控股股东、实际控制人、董事、监事、高级管理人员涉嫌犯罪被依法采取强制措施;(12)国务院证券监督管理机构规定的其他事项。公司的控股股东或者实际控制人对重大事件的发生、进展产生较大影响的,应当及时将其知悉的有关情况书面告知公司,并配合公司履行信息披露义务。

其二,公司债券发行人的重大事件披露义务。《证券法》第81条对债券发行人的重大事件信息披露义务作出了规定,即发生可能对上市交易公司债券的交易价格产生较大影响的重大事件,投资者尚未得知时,公司应当立即将有关该重大事件的情况向国务院证券监督管理机构和证券交易场所报送临时报告,并予公告,说明事件的起因、目前的状态和可能产生的法律后果。前款所称重大事件包括:(1)公司股权结构或者生产经营状况发生重大变化;(2)公司债券信用评级发生变化;(3)公司重大资产抵押、质押、出售、转让、报废;(4)公司发生未能清偿到期债务的情况;(5)公司新增借款或者对外提供担保超过上年末净资产的百分之二十;(6)公司放弃债权或者财产超过上年末净资产的百分之十;(7)公司发生超过上年末净资产百分之十的重大损失;(8)公司分配股利,作出减资、合并、分立、解散及申请破产的决定,或者依法进入破产程序、被责令关闭;(9)涉及公司的重大诉讼、仲裁;(10)公司涉嫌犯罪被依法立案调查,公司的控股股东、实际控制人、董事、监事、高级管理人员涉嫌犯罪被依法采取强制措施;(11)国务院证券监督管理机构规定的其他事项。

4. 持续披露的形式要求

(1)签署与保证。我国《证券法》第82条规定,发行人的董事、高级管理人员应当对证券发行文件和定期报告签署书面确认意见。发行人的监事会应当对董事会编制的证券发行文件和定期报告进行审核并提出书面审核意见。监事应当签署书面确认意见。发行人的董事、监事和高级管理人员应当保证发行人及时、公平地披露信息,所披露的信息真实、准确、完整。董事、监事和高级管理人员无法保证证券发行文件和定期报告内容的真实性、准确性、完整性或者有异议的,应当在书面确认意见中发表意见并陈述理由,发行人应当披露。发行人不予披露的,董事、监事和高级管理人员可以直接申请披露。(2)范围与保密。《证券法》第83条规定,信息披露义务人披露的信息应当同时向所有投资者披露,不得提前向任何单位和个人泄露。但是,法律、行政法规另有规定的除外。任何单位和个人不得非法要求信息披露义务人提供依法需要披露但尚未披露的信息。任何单位和个人提前获知的前述信息,在依法披露前应当保密。(3)自愿披露与相关责任。《证券法》第84条规定,除依法需要披露的信息之外,信息披露义务人可以自愿披露与投资者作出价值判断和投资决策有关的信息,但不得与依法披露的信息相冲突,不得误导投资者。发行人及其控股股东、实际控制人、董事、监事、高级管理人员等作出公开承诺的,应当披露。不履行承诺给投资者造成损失的,应当依法承担赔偿责任。

5. 信息披露的方式要求

《证券法》第86条规定,依法披露的信息,应当在证券交易场所的网站和符合国务院证券监督管理机构规定条件的媒体发布,同时将其置备于公司住所、证券交易场所,供社会公众查阅。

(三) 信息披露的法律责任

(1)法律责任。信息披露义务人违反法律规定,应当承担相应的法律责任。《证券法》第85条规定,信息披露义务人未按照规定披露信息,或者公告的证券发行文件、定期报告、临时报告及其他信息披露资料存在虚假记载、误导性陈述或者重大遗漏,致使投资者在证券交易中遭受损失的,信息披露义务人应当承担赔偿责任;发行人的控股股东、实际控制人、董事、监事、高级管理人员和其他直接责任人员以及保荐人、承销的证券公司及其直接责任人员,应当与发行人承担连带赔偿责任,但是能够证明自己没有过错的除外。

(2)监督管理。《证券法》第87条规定,中国证监会对信息披露义务人的信息披露行为进行监督管理。证券交易场所应当对其组织交易的证券的信息披露义务人的信息披露行为进行监督,督促其依法及时、准确地披露信息。

三、投资者保护制度

2020年3月1日起实施的最新修订的《证券法》第六章对"投资者保护"进行了专门规定,大幅度提高投资者保护水平,其中规定了投资者适当性制度和证券代表人诉讼制度。

(一) 投资者适当性制度

最新修订的《证券法》明确规定了投资者适当性制度,这在中国法律上属于第一次。该法第88条第一款规定:"证券公司向投资者销售证券、提供服务时,应当按照规定充分了解投资者的基本情况、财产状况、金融资产状况、投资知识和经验、专业能力等相关信息;如实说明证券、服务的重要内容,充分揭示投资风险;销售、提供与投资者上述状况相匹配的证券、服务。"第三款规定:"证券公司违反第一款规定导致投资者损失的,应当承担相应的赔偿责任。"这一制度,增强了对投资者保护的水平。

(二) 证券代表人诉讼制度

关于证券代表人诉讼制度的研究,在我国法学界由来已久。此次得以纳入《证券法》,反映出第五次全国金融工作会议之后新一轮金融改革前所未有的力度和成就。特别是第95条关于虚假陈述证券民事赔偿案件的代表人诉讼的规定,可谓本法最为突破性的条款。

因此,《证券法》第95条明确规定:"投资者提起虚假陈述等证券民事赔偿诉讼时,诉讼标的是同一种类,且当事人一方人数众多的,可以依法推选代表人进行诉讼。

对按照前款规定提起的诉讼,可能存在有相同诉讼请求的其他众多投资者的,人民法院可以发出公告,说明该诉讼请求的案件情况,通知投资者在一定期间向人民法院登记。人民法院作出的判决、裁定,对参加登记的投资者发生效力。

投资者保护机构受五十名以上投资者委托,可以作为代表人参加诉讼,并为经证券登记结算机构确认的权利人依照前款规定向人民法院登记,但投资者明确表示不愿意参加该诉讼的除外。"

(三)新修《证券法》的突破性

虚假陈述证券民事赔偿诉讼的困难就在于受害投资者人数众多,单个受损金额又很少,因此需要有一个便利诉讼方式将所有受害投资者组织起来参与诉讼。实践中,最高法院于2003年发布虚假陈述证券赔偿诉讼的司法解释,虽然采用了因果关系推定的方式解决了实体法问题,但并没有解决诉讼方式的问题。该司法解释明确此类诉讼只能采用单独或者共同诉讼,不能采用人数不确定的代表人诉讼。此次第95条的规定,明确了证券民事赔偿诉讼可以采用人数不确定的代表人诉讼,由法院发出公告征集受害投资者登记。该种诉讼方式其实在我国《民事诉讼法》第54条早有规定。

当然,最重要的是第95条第3款的规定,在该条规定下,投资者保护机构受50名投资者委托,就可以作为代表人参加诉讼,更为重要的是,在法院公告登记的情况下,可以为经证券登记结算机构确认的权利人直接在法院登记,除非投资者明确表示不愿意参加该诉讼,这就是所谓的"默示加入明示退出"的美国集团诉讼的中国版本。美国集团诉讼之所以会发挥巨大的遏制违法行为的效果,就是因为在默示加入明示退出的制度安排下,不需要众多受害投资者主动加入诉讼,而是由"代表性原告"代替他们向违法公司求偿。当然,美国证券集团诉讼也有种种弊端,例如律师主导导致滥诉、过早和解导致投资者无法获得足够赔偿等。但第95条第3款设计的"中国版证券集团诉讼"则极为精巧:首先,该条设计的诉讼方式并没有突破中国《民事诉讼法》的规定,而只是借用了人数不确定的代表人诉讼的躯壳;其次,由投资者保护机构代替律师来主导诉讼,很大程度上减少了滥诉和过早和解的可能。

 复习思考题

1. 简述证券法的概念、特征与调整对象。
2. 什么是证券的公开发行?股票公开发行的条件有哪些?
3. 简述我国证券发行与上市保荐制度的主要内容。
4. 论述我国《证券法》规定的禁止性交易行为。
5. 简述上市公司协议收购制度。
6. 论我国上市公司要约收购制度。
7. 简述我国证券市场监管制度的特点。

第九章 金融信托法律制度

本章要点

- 信托与金融信托的概念、特征、种类及作用
- 金融信托法与金融信托法律关系
- 信托的设立、变更与终止
- 信托财产的概念与独立性特征
- 信托当事人及其权利、义务
- 金融信托投资机构的设立条件、业务范围与法律监管

> 信托制度是英国的固有的法律制度,信托法是英国人对世界法律体系的重大贡献。[1]
>
> 信托制度是一种特殊的财产管理制度,它以信任(confidence)为基础,"受人之托,代人理财"。所谓金融信托,是指金融机构作为受托人,按照委托人的要求或指明的特定目的,收受、经理或运用货币资金、有价证券、其他财产等的金融业务。在我国,金融信托是由信托投资机构办理的具有金融属性的营业性信托业务。经过 40 年发展,我国的金融信托业已经初具规模,成为我国金融体系中的一支相当重要的力量。

第一节 金融信托法概述

一、金融信托的概念与特征

(一) 信托的概念与特征

信托(trust)是一种特定的财产管理制度,从字面上看,信托就是信任而委托。如果进一步地概括,就是"得人之信,受人之托,代人理财,履人之嘱"。作为一种财产管理制度,信托

---

[1] 英国著名法学家梅特兰曾说:"如果有人要问,英国人在法学领域取得的最伟大、最杰出的成就是什么? 我相信再不会有比这更好的答案了,那就是:历经数百年发展起来的信托概念。"Maitland: "If we were asked what is the greatest and most distinctive achievement performed by Englishmen in the field of jurisprudence, I cannot think that we should have any better answer to give than this, namely the development from century to century of the trust idea."— In Maitland, *Selected Essays* (1936), p.129.

从几百年前英国的衡平法创制近代信托制度以来,经过信托活动的实践,逐步形成有关信托关系的基本法律规范。这些规范反映了信托活动的内在要求和基本功能,构成了民事商事法律中的一种特殊的法律概念和法律制度。

1. 信托的概念

关于信托的定义,我国《信托法》第 2 条规定:"本法所称信托,是指委托人基于对受托人的信任,将其财产权委托给受托人,由受托人按委托人的意愿以自己的名义,为受益人的利益或者特定目的,进行管理或者处分的行为。"由此分析,我国信托法中的信托具有以下含义:

(1) 信托是委托人委托受托人管理和处分信托财产的法律行为。我国《信托法》从法律行为的角度出发,把信托的核心含义界定为委托他人管理和处分信托财产的法律行为。具体来讲,这种法律行为又可以分为两部分,一是委托行为,二是管理和处分行为。

委托行为是指委托人为了使受托人能够对自己的财产进行管理和处分,将自己的财产通过信托文件委托给受托人占有的行为。此行为主要通过信托契约或信托遗嘱来实施,其实质是对受托人进行授权的行为,授权的内容为受托人占有、管理和处分信托财产。委托行为是信托的基础,是管理和处分行为的前提,没有委托人的委托行为,信托是不可能产生和存在的。

管理和处分行为是指受托人依照委托人的授权或信托法的规定,为了达到增值信托财产的目的而对信托财产进行管理或处分的行为。对于受托人而言,进行管理和处分行为既是其一种权利,也是其一项义务。从权利角度来说,受托人对信托财产享有排他的管理和处分权,任何人,包括委托人和受益人,对受托人管理和处分信托财产的行为都不得非法干涉;从义务角度说,受托人必须依照信托文件及法律的规定管理和处分信托财产。

(2) 信托是基于委托人对受托人的信任而产生的法律关系。民事法律关系产生的基础是当事人之间的信任关系,信托关系也是如此。比较而言,作为信托产生基础的信任关系又有其自身的特点,表现为这种信任关系主要是委托人对受托人的单方信任而不是他们之间的相互信任。这是由信托制度的特质决定的,在信托设计中,委托人将财产交付受托人的目的,是借助于受托人的专业知识和能力来管理信托财产,以使信托财产保值、增值,从而实现受益人的利益。

在信托制度中,信托财产具有高度的独立性。委托人在将财产交付信托形成信托财产之后,其就对信托财产失去了直接占有和控制的权利;受益人尽管对信托财产有受益权,但他也无权管理和处分信托财产;信托财产完全由受托人来占有、管理和处分。因此,在信托中,委托人对受托人的信任是极其重要的,其是信托产生的基础。只有委托人对受托人产生了信任,委托人才会将其财产委托给受托人管理和处分,否则委托人是不会把财产委托给受托人的。

(3) 受托人是以自己的名义来管理和处分信托财产的。在信托体制下,信托财产具有高度的独立性,信托财产不归委托人所有,也不归受益人所有。这样,受托人就不可能以委托人或受益人的名义来管理和处分信托财产。同时,尽管信托财产不归受托人所有,受托人也无权将信托财产归为其固有财产,但依照信托文件和信托法律的规定,受托人是唯一对信托财产享有管理权和处分权的人,其在管理和处分信托财产的时候是以自己的名义来进行的。

受托人以自己的名义管理和处分信托财产的时候,对他人而言,受托人的身份基本上相当于信托财产所有人(当然,我国《信托法》并不承认受托人是信托财产的所有人),他完全有权以所有人的地位来占有、管理和处分信托财产并承担由此产生的法律后果,对其占有、管理和处分信托财产的行为,任何人不得非法干涉,否则即构成对受托人的侵权。受托人也完全是以自己的名义与第三人就信托财产进行交易的,这是信托的一个重大特征,也是信托和委托(代理)根本不同的地方。

(4) 受托人管理和处分信托财产要按委托人的意愿进行。由于信托财产具有独立性,它不是受托人的固有财产,所以受托人不能随心所欲地进行管理和处分信托财产的行为。换句话说,受托人管理和处分信托财产,必须按照委托人的意愿进行,而不能按照自己的意愿任意进行。

受托人按委托人意愿管理和处分信托财产,并不意味着委托人可以任意干涉受托人管理和处分信托财产的行为。受托人要遵照的委托人意愿,必须是在信托成立时就已形成的意愿,这些意愿包含在信托契约或信托遗嘱等信托文件之中,主要体现为信托目的,以及委托人对受托人管理和处分信托财产的一些具体要求。

(5) 受托人管理和处分信托财产是为了实现信托目的。信托目的是指委托人希望通过信托所要达到的目的。委托人设立信托的目的不外乎两个,在私益信托中是为了使受益人受益,以实现受益人的受益权;在公益信托中是为了实现特定公益目的。

受托人管理和处分信托财产的行为,要紧紧围绕信托目的进行。当受托人管理和处分信托财产的行为背离信托目的的时候,受益人有权要求其改正;如果受托人的行为造成受益人的损失,受益人可以要求受托人承担相应的法律责任。

2. 信托的特征

信托属于民商法调整的范围,具有以下法律特征:

(1) 信托有三方当事人。作为一种法律关系,信托有三方当事人,即必须有委托人、受托人和受益人。在信托关系当事人中,受托人是以自己的名义管理、处分信托财产的,这是信托制度的一个特点。

(2) 所有权与收益权相分离。信托作为一种法律制度,是基于信托财产之上的所有权、占有处分权和收益权三相分离的财产管理制度。所有权与收益权相分离,信托财产的权利主体和利益主体相分离,成为信托制度区别于其他类似财产管理制度的根本特征。

(3) 信托财产具有独立性。信托关系一旦设立,信托财产即从委托人、受托人和受益人的自有财产中分离出来,成为一种独立运作的财产;其管理和处分,仅仅服从于信托目的。关于这一特点,我国学者将其概括为财产隔离制度,是信托的独特制度优势。①

(4) 受托人责任的有限性。信托关系中,受托人责任的有限性源于信托财产的独立性。在信托中,只要受托人在处理信托事务过程中没有违背信托目的和法律规定,即使未能取得信托利益或造成了信托财产的损失,受托人也不以自有财产负个人责任。委托人处理信托事务,只以信托财产为限对外承担有限清偿责任。

(5) 信托关系的连续性。或者称信托存续的连贯性,是指信托不因委托人或者受托人的死亡、丧失民事行为能力、依法解散、被依法撤销或者被宣告破产而终止,也不因受托人的

---

① 张学森:《信托业务创新有制度优势》,载《上海证券报》,2005 年 3 月 7 日。

辞任而终止,具有一定的连续性和稳定性。在公益信托中还适用"近似原则",即当公益信托所指定公益目的不能实现或者实现已无意义时,公益信托并不终止,有关管理机关将使信托财产运用于与原公益目的相近似的其他公益事业上。

(二) 金融信托的概念与特征

1. 金融信托的概念

金融信托是指金融机构作为受托人,按照委托人的要求或指明的特定目的,收受、经理或运用货币资金、有价证券、其他财产等的金融业务。在我国,金融信托是由信托投资机构办理的具有金融属性的营业性信托业务。①

也有学者认为,金融信托是信托之一种,根据信托财产的不同,可以将信托财产分为金融信托与一般信托。金融信托是指以货币资金、有价证券等金融资产为信托财产的信托。一般信托是指以动产、不动产以及知识产权等财产、财产权为信托财产的信托。

2. 金融信托的法律特征

金融信托具有以下法律特征:

(1) 对受托人有特定的要求。在国外,一般是信托投资公司或银行的信托业务部。在我国,受托者必须是符合法定条件并经审核批准的金融机构,但商业银行依《商业银行法》规定不得经营信托业务。未经批准,任何部门、单位不准经营金融信托业务,禁止个人经营金融信托业务。

(2) 金融信托是从单纯保管、运用财产的信托发展而来的现代信托,具有资金融通和财产管理的双重职能。

(3) 金融信托必须采用书面形式设立,并通过签订合同,明确信托各方的权利义务。

(4) 金融信托业务是一种他主经营行为,即受托人要按照委托人的意旨被动地开展具体业务,因此,受托人对信托财产运用风险仅负有限责任。这种有限责任主要限定在受托人要对因违背信托目的而造成信托财产损失负赔偿责任。在我国,信托业务风险的承担因信托的具体情形的不同而不同:信托存款的风险全部由受托人承担;委托贷款与投资的主要风险由委托方承担;甲类信托贷款与投资风险主要由委托方承担;乙类信托贷款与投资的风险由委托人和受托人按约定的比例承担。

(5) 金融信托是金融机构以营利为目的而开办的一项金融业务,因此,受托金融机构根据业务的性质,按照实绩分红的原则,依法取得一定的收益和报酬。

3. 金融信托的职能

金融信托的职能是金融信托业务应有的职责和独具的功能。金融信托具有多种职能,但其最基本和最主要的职能有以下三个:

(1) 财务管理职能。这是金融信托最基本的职能,它是指金融信托机构接受财产所有者的委托,为其管理、处理财产或代办经济事务等。比较典型的管理行为有委托投资、委托贷款等;典型的处理行为有代为出售或转让信托财产;代办事务则主要包括代收款项、代为发行和买卖有价证券等。

(2) 融通资金职能。它是指金融信托机构通过办理信托业务,为建设项目筹措资金,或对其他客户给予资金融通和调剂的职能。主要表现为三个方面:一是货币资金的融通,金融

---

① 张学森:《金融法学》,复旦大学出版社 2006 年版,第 344 页。

信托机构将货币资金无论用于贷款、投资或购买、出售有价证券,都能发挥融资的职能;二是通过融资租赁,实现物资上的融通与货币资金的融通;三是通过受益权的流通转让而进行的货币资金融通。

(3) 沟通和协调经济关系的职能。它是指金融信托机构通过开展信托业务,提供信任、信息与咨询服务等方面的职能。金融信托业务是一种多边经济关系,金融机构作为委托人与受益人的中介,在开展信托业务过程中,要与诸多方面发生经济往来,是天然的横向经济联系的桥梁和纽带。通过办理金融信托业务,特别是代办经济事务为经济交易各方提供信息、咨询和服务,发挥沟通和协调各方经济联系的职能。[1]

二、信托与相关制度的比较

(一) 信托与代理

代理是指代理人在代理权限内,以被代理人的名义,与第三人实施法律行为,其法律后果由被代理人承担的民事法律制度。

1. 信托和代理的若干相同之处

主要包括:(1)两者都基于信任而产生,受托人和代理人均处于被信任者的地位。(2)两者都是为了他人的利益而从事活动,受托人为受益人的利益而活动,代理人为本人的利益而活动。(3)两者都可能涉及为他人管理财产问题,只是信托财产是委托人转移给受托人的特定财产。

2. 信托和代理之间的区别

(1)当事人不同。信托有委托人、受托人和受益人三方当事人,而代理只有代理人和被代理人两方。(2)财产权属不同。信托财产的所有权和受益权分离,受托人取得法律上和形式上的所有权,受益人取得信托财产的利益;在代理关系中代理人并不因代理而取得被代理人的财产所有权,代理所涉及的财产的所有权和利益不发生分离,均归属于被代理人。(3)使用的名义不同。在信托中,受托人以自己的名义对外从事活动;而代理中,代理人以被代理人的名义在代理权限内对外活动。(4)被信任者的权限不同。在信托中,除了信托文件和法律另有限制外,受托人具有为实施信托事务所必需的一切权限,委托人和受益人不得随意干涉受托人的活动;在代理中,代理人只能在被代理人授权范围内活动,不得逾越代理权限,而且其行为受到被代理人的严格监督。(5)法律后果的承担主体不同。在信托中,受托人以自己的名义对外活动,并承担由此产生的法律后果;而在代理中,代理人在代理权限内以被代理人名义对外活动,由此产生的法律后果完全由被代理人承担。(6)适用范围不同。信托制度是一种特殊的财产管理制度,因而信托关系以财产管理为核心;而代理制度应用更为广泛,适用于被代理人自愿委托的各种事务,如立约、诉讼、表决等。

(二) 信托与行纪

行纪是大陆法系国家民商法上的一种代客买卖的法律制度,指一方(行纪人)接受他方(委托人)委托,以自己的名义为委托人从事贸易活动,并收取报酬的营业活动。

1. 信托与行纪的若干相同之处

(1)行纪与信托关系均是基于信任而产生的;(2)两者均涉及财产的管理与处分;(3)受

---

[1] 朱大旗:《金融法》,中国人民大学出版社2000年版,第298—299页。

托人和行纪人均以自己的名义对外活动,并就此活动的法律后果自负责任。

2. 信托与行纪之间的不同

(1)当事人不同。行纪关系的当事人只有委托人和行纪人两方,而信托关系有委托人、受托人和受益人三方当事人。(2)成立要件不同。信托必须以信托财产交付给受托人为成立要件,行纪则不以财产交付为成立要件。(3)涉及财产范围不同。行纪所涉及的财产,一般限于动产;而信托财产可以是动产、不动产、有价证券、知识产权及其他财产。(4)利益归属不同。信托财产利益归属于受益人而非委托人,而行纪中委托人财产所得利益归属于委托人所有。(5)当事人介入权不同。信托关系中,受托人原则上没有介入权,不得为了自己的利益而买进信托财产或以信托资金购买自己的财产;而行纪关系中,如无特别规定,行纪人具有介入权,可以以一方当事人的身份与委托人实施交易行为。(6)业务活动环节不同。行纪业务是以代客买卖为主的一种特殊的财产交易制度,涉及环节相对单一;而信托事务则涉及活动非常广泛,涉及财产管理、处分、投资、利益分配等各个环节的事务。

(三) 信托与寄存保管

信托与寄存保管的共同点是财产都是由委托人转交给受托人(保管人),两者之间的不同点有:(1)在信托关系中,不仅信托财产的占有发生变化,信托财产的名义也转为受托人;而寄存保管关系中,保管人只临时占有寄存的财产,并不发生名义上的变化。(2)在信托关系中,受托人要按照信托文件的约定,为了信托目的,对信托财产进行管理、运用和处分;而在寄存保管关系中,保管人仅负有安全保管和返还的义务,而不承担运用、处分财产的义务。

(四) 信托与赠与

信托与赠与的共同点都是将财产交付给他人,不同之处在于:(1)财产所有权转移的目的不同;(2)长期规划功能不同;(3)弹性空间大小不同;(4)受益人的存在前提不同;(5)对财产的控制力或影响力不同;(6)受益人/受赠人的法律保护程度不同;(7)赠与是无偿的,信托则可能是无偿的,也可能是有偿的。

三、信托的种类

在现代社会,信托作为一种财产管理制度,具有特殊性和优越性,适用十分广泛。按照不同的标准,可将信托进行不同的分类。

(1) 私益信托和公益信托。根据信托目的性质的不同,可以将信托划分为私益信托和公益信托。私益信托是指委托人出于私益目的(为了自己或其他特定人的利益)而设立的信托,又可分为民事信托和营业信托;相对于私益信托,公益信托是出于发展公共事业的目的而设立的信托,该信托财产只能用于公益事业。

(2) 民事信托、营业信托和公益信托。按照受托人的性质和设立信托的具体目的,私益信托可区分为营业信托和非营业信托。营业信托即商事信托,是个人或法人以财产增值为目的,委托营业性信托机构进行财产经营而设立的信托。非营业信托即民事信托,是个人为抚养、扶养、赡养、处理遗产等目的,委托受托人以非营利业务进行财产的管理而设立的信托。

(3) 明示信托、默示信托、法定信托。按照信托设立的意思表示的不同,可以分为明示信托、默示信托、法定信托。明示信托是指委托人以明确的意思表示而设立的信托,该明确的意思表示采取信托合同的形式、遗嘱的形式以及其他信托文件的形式;默示信托是指非经委托人的明确的意思表示,而根据对事实和当事人行为的解释产生的信托,这种信托是英美法系衡平法上的一种推定信托;法定信托是指国家法律明令规定当事人必须设立的信托,是因法律的强制规定而产生的信托。

(4) 自益信托和他益信托。按照受益人与委托人的关系不同,可以分为自益信托和他益信托。自益信托是指受益人和委托人是同一人,委托人设立信托的目的是为了自己的利益;他益信托是指受益人为第三人,委托人设立信托是为了第三人的利益,委托人与受益人不是同一人。

(5) 个别信托和集合信托。按照接受信托的方式不同,可以分为个别信托和集合信托。个别信托是指受托人根据不同的信托合同,对每一个信托分别独立地承诺,分别管理各个委托人的信托财产,即一对一地形成若干个别的信托关系。所谓集合信托,是指受托人在同一条件下,根据定型化的条款,与众多委托人订立信托合同,集合社会大众的资金,依特定目的,对信托财产概括地加以运用,即形成一对多的集合信托关系。

(6) 可撤销信托和不可撤销信托。按照信托可否撤销,分为可撤销信托和不可撤销信托。在信托文件中,委托人可以按照信托目的的性质事先作出约定,标明了可撤销条款的,属于可撤销信托;未标明可撤销条款的,或者标明不可撤销条款的,为不可撤销信托。

(7) 按照信托财产的种类不同,可以将信托做不同的业务区分,如动产信托、不动产信托、金钱信托、年金信托、有价证券信托、证券投资信托等等。

四、金融信托法的概念

(一) 信托法的概念

1. 信托法的概念

信托法(trust law)是调整信托关系的法律规范的总称。信托法有广义和狭义之分,狭义上的信托法是指调整信托基本关系的法律,其内容主要包括信托当事人、信托财产,以及信托的设立、变更、终止等。广义上的信托法除包括狭义的信托法外,还包括信托业法。信托业法是指规范信托机构及其组织、行为、监管的法律,其内容主要包括信托机构的设立、变更、终止,信托机构的业务范围、经营规则及监督管理等。

在世界各个国家和地区,信托法存在两种立法模式:一是合并立法模式,就是将调整信托关系的一般规范与调整信托业的专门规范合并规定在同一部信托法中,如我国香港特区的《受托人法》;二是分别立法模式,即由《信托法》和《信托业法》分别规定信托关系的一般规范和调整信托业的专门规范,如日本、韩国和我国台湾地区都在《信托法》之外制定了专门的《信托业法》。

2001年4月28日第九届全国人大常委会第二十一次会议通过的《信托法》,是我国调整信托关系的基本法,信托当事人从事民事、商事和公益信托活动,都必须严格遵守。目前,我国调整信托业的法律依据是原中国银监会于2006年12月28日通过、2007年3月1日实施的《信托公司管理办法》,属于部门规章。定位于"经营信托业务的金融机构"的中国信托业,在金融体系中应当具有独立的行业地位。中国资产管理市场的规模和发展潜力,已足以支撑信托业作为一个行业的发展。当务之急是,国家立法机关应加快立法进程,早日颁布、实施专门的《信托业法》。

2. 信托法的基本原则

信托法的基本原则是信托立法、执法、司法和守法以及解释信托法必须遵循的指导原则,是一切信托当事人从事信托活动的基本行为准则。我国《信托法》第1条规定:"为了调整信托关系,规范信托行为,保护信托当事人的合法权益,促进信托事业的健康发展,制定本法。"《信托法》第5条规定:"信托当事人进行信托活动,必须遵守法律、行政法规,遵循自愿、公平和诚实信用原则,不得损害国家利益和社会公共利益。"这两条规定揭示了信托法作为民商法的特别法所必须遵循的基本原则。

(1) 促进信托事业健康发展原则。
(2) 保护信托当事人合法权益原则。
(3) 公平原则。
(4) 诚信原则。
(5) 合法性原则。

3. 信托法的基本制度

信托作为一种特殊的财产管理模式,具有独到的制度优势。概括起来,我国《信托法》包含了以下基本制度:

(1) 信托财产所有权与受益权分离制度。我国《信托法》与世界各国大不一样的一点是,没有明确规定财产的所有权或者财产权属于受托人,而只规定信托财产的经营管理的权利交给了受托人,这是一个很重要的基本原则。我国《信托法》的这一个特征表明,必须要同时兼顾两方面的利益:一是受托人对于财产应该享有的完全分配的权利;另外一方面又要考虑到受益人对于这部分信托财产的本身所获得的利益的保障,而单纯强调某一方面都不符合《信托法》的原则。

(2) 信托财产独立制度。信托财产名义上属于受托人,但又和受托人的其他财产不能混合。在国外,如日本的信托银行,或美国的类似机构,都有一个制度,就是信托的财产虽然名义上属于受托人,但是它和受托人的其他财产之间有一堵隔离墙,这两者不能混淆。不论是哪一种信托基金,基金管理人必须把基金的财产和其自身的财产严格区分开;也必须把他所托管的多个基金的财产严格划分开。只有这样,才能保障信托财产的完全独立,避免造成财产的交叉与财产利益混淆。

(3) 信托公示制度。信托公示是指通过一定方式将有关财产已设立信托的事实向社会公众予以公布,从而使交易第三方对交易对象是信托财产还是受托人自有财产能充分识别,保证第三方的交易安全和交易效率,确保第三方免受无谓的损失,从而平衡受益人和第三方的利益关系。从立法目的及制度设计上来看,我国《信托法》设立这一原则的目的就是为了平衡前述信托财产独立性原则及受托人有限责任原则可能会引发的第三方利益受损的问题。

(4) 受托人有限责任制度。我国《信托法》第37条规定:"受托人因处理信托事务所支出的费用、对第三人所负债务,以信托财产承担。受托人以其固有财产先行支付的,对信托财产享有优先受偿的权利。"此即反映了受托人有限责任原则。也就是说,在此类情形下,受托人以信托财产为限对第三人承担有限责任。但如信托财产不足以偿还第三人的债务,《信托法》没有规定也不可能规定由委托人或者受益人承担剩余的债务。这就意味着,信托设立后,受托人在与他人进行交易时,如果受托人未向第三人明示或未公示登记该信托财产,则完全可能给不知情的第三人带来损害。

(二) 金融信托法

金融信托法是调整金融信托关系的法律规范的总称。金融信托关系是指信托当事人之间的社会关系，包括委托人和受托人之间的委托关系，受托人与受益人之间的利益转移关系，以及国家金融监督管理部门对信托活动及信托机构的监督管理关系。

金融信托法包括信托基本法和信托业法。信托基本法是规定信托基本关系的法律规范，其内容包括信托财产、信托当事人（委托人、受托人、受益人）的资格及各自的权利义务、信托的类别及设立和终止等。信托业法是规定金融信托机构的组织及其业务监管的法律规范。其内容包括信托机构的性质、业务范围、组织形式、设立条件及程序、变更、终止、经营规则、监督管理等。金融信托法是金融法体系中的重要组成部分。

目前，我国关于信托方面的立法并不完善。调整信托关系的法律规范主要是《信托法》《信托公司管理办法》等法律和行政规章。

五、金融信托法律关系

(一) 信托法律关系

1. 信托法律关系的概念

法律关系是由法律调整的社会关系，即由法律规范所确认和调整的人与人之间的权利义务关系。所谓信托法律关系，又称信托关系，是指由信托法调整和保护的，在委托人、受托人和受益人之间形成的，以信托当事人的权利、义务为内容的社会关系。实际生活中，人们常把信托法律关系简称为信托关系。

与信托的种类划分相适应，信托法律关系也可以进行若干分类，主要包括私益信托法律关系和公益信托法律关系，民事信托法律关系和商事信托法律关系，自益信托法律关系和他益信托法律关系，等等。

按照信托财产的种类不同，可以将信托法律关系划分为不同种类，如动产信托法律关系、不动产信托法律关系、金钱信托法律关系、年金信托法律关系、有价证券信托法律关系、证券投资信托法律关系等。

2. 信托法律关系的构成要素

正如法律关系有三个构成要素一样，信托法律关系也是由主体、客体和内容构成。

(1) 信托法律关系主体，或称信托关系人。信托法律关系的主体就是指参加信托法律关系，享有信托权利和承担信托义务的当事人，包括委托人、受托人和受益人。

一般而言，信托当事人的资格在法律上都有规定。关于委托人，个人、法人和其他组织，包括未成年人通过其监护人、不具备法人资格的团体等，都可以成为委托人；关于受益人，法律往往不作限制，只要是具有权利能力的人即可，哪怕其不具有行为能力，所以未成年人都可以成为受益人；关于受托人，法律上往往有资格方面的限制性规定，如未成年人、禁治产人（无行为能力人）和破产者不能成为受托人。在我国，受托人应当是具有完全民事行为能力的自然人、法人；①商业银行在我国境内不得从事信托投资活动。②

(2) 信托法律关系客体。信托法律关系的客体是指信托法律关系主体享有的权利和承

---

① 我国《信托法》第24条规定："受托人应当是具有完全民事行为能力的自然人、法人。"
② 我国《商业银行法》第43条规定："商业银行在中华人民共和国境内不得从事信托投资和证券经营业务，不得向非自用不动产投资或者向非银行金融机构和企业投资，但国家另有规定的除外。"

担的义务所共同指向的对象,也就是信托法律关系所赖以产生和存在的信托财产。一般认为,作为信托法律关系客体的信托财产包括货币、有价证券、动产和不动产等有形财产,以及发明专利权、商标使用权、牌照使用权和其他可转让的有价值的权利等无形财产。我国《信托法》第14条规定,法律、行政法规禁止流通的财产不得作为信托财产。

在信托法律关系中,信托财产既包括委托人通过信托行为转移给受托人,并由受托人按照信托目的进行管理和处分的财产,也包括信托受益,即经过管理和处分而获得的财产。

(3) 信托法律关系内容。信托法律关系的内容是指信托当事人相互之间的权利和义务,包括委托人的权利、义务,受托人的权利、义务,受益人的权利、义务等。关于信托当事人的权利和义务,本章将另作叙述,在此不作赘述。

3. 信托法律关系的产生、变更和终止

如同其他社会关系,任何法律关系都有一个产生、变更和终止的过程。一定的法律事实出现,就会引起某种法律关系的产生、变更和终止。所谓法律事实,就是指能够引起法律关系产生、变更和终止的客观现象,一般包括事件和行为。

信托法律关系的产生、变更和终止,也是由一定的法律事实引起的;没有一定法律事实的出现,就不会有信托法律关系的产生、变更和终止。而能够引起信托法律关系产生、变更和终止的法律事实,主要是信托法律行为,简称信托行为。研究信托行为制度对于有效规范信托活动,促进我国信托业健康发展,具有重要意义。关于信托法律关系产生、变更和终止的具体制度,本章将另有专节展开阐述。

(二) 金融信托法律关系

金融信托法律关系,又可简称"金融信托关系",是指由金融信托法调整的,在信托当事人之间形成的以信托财产为中心的权利、义务关系。金融信托关系和其他法律关系一样,也是由主体、客体和内容三部分构成的。

(1) 金融信托法律关系主体。我国法律对金融信托法律关系的主体资格有具体规定,如商业银行在我国境内不能成为信托投资法律关系的主体(受托人),不能直接参与投资办企业。另外,根据有关规章规定,在我国从事金融信托业务的受托人限于经过批准的信托投资公司。

(2) 金融信托法律关系客体。金融信托法律关系的客体,是借以产生信托法律关系、能够成为信托公司经营对象的信托财产,主要有货币、有价证券、金钱债权、动产和不动产等有形财产,无形资产一般不能成为金融信托关系的客体。如在我国,专利权、商标权和著作权就不能成为信托财产。

(3) 金融信托法律关系内容。金融信托法律关系的内容是指金融信托关系人(即委托人、受托人和受益人)所享有的权利和承担的义务。在金融信托关系中,信托投资机构作为受托人,依法享有一定权利,承担一定义务。

信托投资机构的权利主要包括:占有、经理和运用信托财产进行信托投资业务;有权取得相应的信托报酬,对因经营信托业务而花去的有关费用有权要求补偿;只在信托财产的范围内按有关规定承担有限责任,对信托财产以外的财产补偿要求有权拒绝。

信托投资机构的义务主要包括:经营信托投资业务必须符合法定的条件和资格,并经过审核批准;依照法律规定和信托合同的约定,尽职尽责地履行受托义务,忠实、公正地管理和处分信托财产,将信托收益和财产按规定交付给受益人,否则要承担相应的法律责任;不得利用或滥用信托权,为自己或第三人谋取非法利益;未经委托人同意,不得擅自将信托财产再委托给他人;设置信托业务账簿,保存有关资料凭证,接受有关机关和委托人、受益人的检查、监督和管理。①

第二节 信托行为

一、信托的设立

(一) 信托行为及其有效要件

信托的设立是指在特定当事人之间确立信托关系的法律行为,也就是说,通过一定行为在有关当事人之间创设信托关系,使这些当事人在法律上分别具有委托人、受托人和受益人的身份。如前所述,信托作为一种基于信任而产生的财产关系,其设立、变更和终止都离不开信托行为。

1. 信托行为

广义上讲,信托行为作为一种民事法律行为,是法律事实之一种,是指信托当事人之间以设立、变更和终止信托权利义务为目的,以意思表示为要素,依法产生相应法律后果的行为。② 通常认为,信托行为既包括信托的设立行为,又包括信托的变更和终止行为;既包括委托人移转信托财产的行为,又包括受托人对信托财产的管理或处分行为。

狭义的信托行为仅指设立信托的行为,或称信托的设立行为。我国《信托法》第二章对信托的设立行为做出了专章规定。本章所讲的信托行为,是指狭义上的信托行为概念。目前存在于我国社会生活中的种类繁多的民事信托、营业信托和公益信托等,都是基于信托行为而设立的。

2. 信托行为的特征

与一般民事法律行为相比,信托行为具有四个特征:

(1) 信托行为必须有合法的信托目的。信托目的是当事人设立信托所要达到的目标,是信托不可缺少的要素之一,它决定着信托财产的管理和运用方式。我国《信托法》第6条规定,设立信托必须有合法的信托目的。

(2) 信托行为应当采取书面形式。设立信托一般由委托人与受托人签订信托合同,或者由委托人以遗嘱方式设立遗嘱信托。我国《信托法》第8条规定,设立信托应当采用书面形式,包括信托合同、遗嘱或者法律、行政法规规定的其他书面文件等。

(3) 信托行为以意思表示为要件。意思表示是表意人以一定方式,把其希望发生某种法律后果的内在意思,表现于外部的行为。意思表示是民事法律行为的要素,也是信托行为的要素,对信托行为的成立和效力具有决定性意义。

(4) 信托行为是合法行为。信托法坚持当事人意思自治原则,但当事人的意志自由不是绝对的,它必须以合法性作为产生效力的条件。我国《信托法》第5条规定,信托当事人进行信托活动,必须遵守法律、行政法规,遵循自愿、公平和诚实信用原则,不得损害国家利益和社会公共利益。

---

① 朱大旗:《金融法》,中国人民大学出版社2000年版,第302页。
② 徐孟洲:《信托法学》,中国金融出版社2004年版,第61页。

3. 信托行为的有效要件

信托行为只有具有必备的有效要件,才能产生法律效力,也才能引起信托关系的设立。信托行为的有效要件是指使已经成立的信托发生完全法律效力所应当具备的条件。根据我国《信托法》有关规定,信托行为的有效要件可以分为一般有效要件和特殊有效要件。

所谓一般有效要件是指信托行为作为民事法律行为所应该具备的条件,根据我国《民法典》第143条规定,有效的民事法律行为应当具备三个条件,即行为人具有相应的民事行为能力;意思表示真实;不违反法律、行政法规的强制性规定,不违背公序良俗。相应地,信托行为的一般有效要件包括三项:一是信托行为主体合格;二是意思表示真实;三是内容不违反法律或者社会公共利益。

所谓信托行为的特殊有效要件,是指根据我国《信托法》的有关规定,信托行为作为特殊的民事法律行为所必须具备的有效要件。概括而言,这些要件包括三项:

(1) 信托目的合法。信托作为一种合法行为,其设立的目的必须合法。我国《信托法》第6条规定,设立信托必须有合法的信托目的。这意味着,信托当事人不得以信托名义从事任何非法活动。

(2) 信托财产确定。设立信托必须有确定的信托财产,这有两层含义,一是当事人设立信托必须针对确定的财产进行,并就该项财产明确权利与责任;二是信托财产是委托人交由受托人管理和处分的财产,所以它必须为委托人合法所有。我国《信托法》第7条规定,设立信托,必须有确定的信托财产,并且该信托财产必须是委托人合法所有的财产。

(3) 受益人或者受益人范围确定。受益人是享受信托利益的人,信托制度本身是为受益人利益而设计的一种财产管理制度。在私益信托中,无论受益人是一人或者数人,信托行为都必须具体指明;在公益信托中,由于其受益人是不特定的社会公众,无法具体指明,但必须确定受益人的范围。按照我国《信托法》第11条规定,受益人或者受益人范围不能确定的,则信托无效。

总之,信托目的的确定性、信托财产的确定性和受益人的确定性,被认为是信托的三大确定性和信托行为有效成立的三大要件,三者缺一不可。[1] 信托行为必须具备这些要件才能发生法律效力,产生预期的法律效果。而且,必须注意,信托的设立(信托行为的成立)与信托的生效(信托行为的生效)是两个不同的概念,后者以前者为前提,但信托成立并不当然生效,已经成立的信托自具备了有效要件后才生效,信托关系才得以最终产生。

(二) 信托文件的内容和形式

1. 信托文件的内容

对于信托书面文件的内容,我国法律作出了两方面的规定,即信托文件的法定记载事项和信托文件可以载明的其他事项。我国《信托法》第9条规定,设立信托,其书面文件应当载明下列事项:(1)信托目的;(2)委托人、受托人的姓名或者名称、住所;(3)受益人或者受益人范围;(4)信托财产的范围、种类及状况;(5)受益人取得信托利益的形式、方法。除前述所列事项外,信托文件还可以载明信托期限、信托财产的管理方法、受托人的报酬、新受托人的选任方式、信托终止事由等事项。

---

[1] 徐孟洲:《信托法学》,中国金融出版社2004年版,第72页。

2. 信托文件的形式

我国《信托法》第 8 条规定，设立信托，应当采取书面形式。书面形式包括信托合同、遗嘱或者法律、行政法规规定的其他书面文件等。采取信托合同形式设立信托的，信托合同签订时，信托成立。采取其他书面形式设立信托的，受托人承诺信托时，信托成立。

(1) 信托合同。生前信托的设立一般采取信托合同的形式，即由委托人与受托人签订信托合同，形成信托关系。作为一种民事合同或商事合同，信托合同应当遵循《民法典》第三编合同的原则和规定：一是信托合同的书面形式，包括合同书、信件、数据电文（电报、电传、传真、电子数据交换和电子邮件）等可以有形地表现所载内容的形式；二是采用书面合同形式的，当事人予以签字或者盖章时信托合同成立，除信托合同另有约定外，信托合同自成立时起产生法律效力；三是对于法律、行政法规规定应当办理批准、登记等手续的信托合同，在依法办理了批准、登记手续时，才发生法律效力。

(2) 遗嘱信托。遗嘱信托是相对于生前信托而言的，是信托关系形成的另一种形式。遗嘱信托以委托人的单独行为而设立信托，即采取立遗嘱的形式，它不需要在立遗嘱时就得到被指定的受托人的同意。有效的遗嘱是遗嘱信托是否成立的前提，被指定人是否承诺信托，并不影响遗嘱的效力。遗嘱虽然指定了受托人，但被指定人并不受到遗嘱指定的强制，被指定人是否愿意承诺信托，可以自由选择。当被指定人明确表示承诺该委托时，以遗嘱形式设定的信托才成立。由于遗嘱是在立遗嘱人死亡时才发生效力，因此，依该遗嘱设立的信托视为同时成立，是否生效则有待于受托人的选择。

(3) 其他书面形式。设立信托，除采用信托合同和遗嘱的形式外，随着信托业务范围的扩大，信托业务种类的增加，还会出现一些新的设立信托的书面形式。例如，以广大投资者为对象的营业信托，以公布章程的形式或发售受益凭证的形式，将基金的发起、委托和受托关系的确定以及受益事项综合地予以规定，从而形成集团信托。这些书面形式也构成信托关系产生的依据。

(三) 信托公示制度

信托公示是指通过一定方式将有关财产已经设立信托的事实向社会公众予以公布，其功能在于公开信托事实，使第三人对交易对象是信托财产还是受托人自有财产能充分识别，保证第三人的交易安全和交易效率，确保第三人免受损失，从而平衡受益人和第三方的利益关系。这是因为，信托一旦有效设立，信托财产即具有对抗第三人的效力；信托财产具有独立性，名义上虽归属于受托人所有，但实质上不是受托人的财产，它必须与受托人的自有财产相区分；而且，委托人和受托人的债权人原则上不得对信托财产强制执行。

我国《信托法》第 10 条规定，"设立信托，对于信托财产，有关法律、行政法规规定应当办理登记手续的，应当依法办理信托登记。未依照前款规定办理信托登记的，应当补办登记手续；不补办的，该信托不产生效力。"我国《信托法》的这一规定，与其他国家的公示对抗主义不同。我国目前《信托法》将未履行登记的法律后果归于信托不生效，而其他国家一般规定不登记的法律后果为不得对抗第三人。

应该指出，从我国《信托法》第 10 条规定来看，我国立法上似乎认为信托的生效以财产转移为标志，而且不应该理解为仅限于依法应当办理登记手续的财产。只不过，需要办理登记手续的财产和不需要办理登记手续的财产，在财产交付或财产移转上的表现形式不同而已。因此，信托合同似乎应该理解为实践合同，受托人取得信托财产时信托生效。

二、信托的变更与解除

(一) 信托的变更

信托的变更是指他益信托的委托人更换受益人或者处分受益人的信托受益权。我国《信托法》第 51 条,设立信托后,有下列情形之一的,委托人可以变更受益人或者处分受益人的信托受益权:(1)受益人对委托人有重大侵权行为;(2)受益人对其他共同受益人有重大侵权行为;(3)经受益人同意;(4)信托文件规定的其他情形。

(二) 信托的解除

所谓信托的解除,指的是在信托存续期间,信托关系当事人基于法律或者信托文件的规定,行使解除权而使信托关系归于消灭。我国《信托法》规定了信托解除的两种情况:

(1) 委托人是唯一受益人的,委托人或者其继承人可以解除信托。信托文件另有规定的,从其规定。①

(2) 根据我国《信托法》第 51 条规定,在委托人可以变更受益人或者处分受益人的信托受益权的四种情形中,有第(1)项、第(3)项、第(4)项所列情形之一的,委托人可以解除信托。

三、信托的终止

(一) 信托终止的概念与事由

所谓信托的终止,是指已经有效成立的信托关系因法律或者信托文件规定的事由而归于消灭。信托终止的事由包括:(1)信托文件规定的终止事由发生;(2)信托的存续违反信托目的;(3)信托目的已经实现或者不能实现;(4)信托当事人协商同意;(5)信托被撤销;(6)信托被解除。②

我国《信托法》第 52 条规定,信托不因委托人或者受托人的死亡、丧失民事行为能力、依法解散、被依法撤销或者被宣告破产而终止,也不因受托人的辞任而终止。但《信托法》或者信托文件另有规定的除外。

(二) 信托终止的法律后果

1. 信托财产的归属

我国《信托法》第 54 条规定,信托终止的,信托财产归属于信托文件规定的人;信托文件未规定的,按下列顺序确定归属:(1)受益人或者其继承人;(2)委托人或者其继承人。第 55 条规定,信托财产的归属确定后,在该信托财产转移给权利归属人的过程中,信托视为存续,权利归属人视为受益人。

信托终止后,人民法院依据《信托法》第 17 条的规定对原信托财产进行强制执行的,以权利归属人为被执行人。

2. 受托人的留置权和请求权

我国《信托法》第 57 条规定,信托终止后,受托人依照本法规定行使请求给付报酬、从信托财产中获得补偿的权利时,可以留置信托财产或者对信托财产的权利归属人提出请求。

---

① 《信托法》第 50 条。
② 《信托法》第 53 条。

3. 信托事务清算报告

我国《信托法》第 58 条规定,信托终止的,受托人应当作出处理信托事务的清算报告。受益人或者信托财产的权利归属人对清算报告无异议的,受托人就清算报告所列事项解除责任。但受托人有不正当行为的除外。

第三节 信托财产

信托财产(trust res, trust property)作为信托法律关系的客体,是信托设立的前提条件,也是信托赖以存在的物质基础,在信托法律关系中居于重要地位。没有信托财产,便无信托可言。从信托的设立看,委托人不将信托财产转移给受托人,信托便无由成立;从信托的运行看,没有信托财产,受托人的活动和受益人的权利便会失去依托;从信托的存续看,若信托财产一旦灭失,则信托自动消灭。

一、信托财产的概念

信托财产是指委托人为实现信托目的而交由受托人管理和处分的特定财产。根据我国《信托法》规定,信托财产包括两部分:一是受托人承诺信托而取得的财产;二是受托人因信托财产的管理运用、处分或者其他情形而取得的财产。

同时,信托财产应当是可以合法转让的财产,或者说应当由可以合法流通的财产构成。因此,法律、行政法规禁止流通的财产,不得作为信托财产;①法律、行政法规限制流通的财产,依法经有关主管部门批准后,可以作为信托财产。②

二、信托财产的独立性

信托财产最根本的特征在于其独立性。就信托人而言,其一旦将财产交付信托,即丧失对该财产的所有权,从而使信托财产完全独立于信托人的自有财产。

(一) 信托财产独立性的含义

信托财产的独立性是指信托财产一经有效设立,信托财产即从委托人、受托人和受益人的固有财产中分离出来而成为一项独立财产,并不为委托人、受托人和受益人的债权人追索。

(二) 信托财产独立性的表现

(1) 信托财产独立于委托人的其他财产。信托关系成立后,应当严格区分信托财产与委托人未设立信托的其他财产。我国《信托法》第 15 条规定,设立信托后,委托人死亡或者依法解散、被依法撤销、被宣告破产时,信托财产按下列规则处理:①委托人是唯一受益人的,信托终止,信托财产作为其遗产或者清算财产;②委托人不是唯一受益人的,信托存续,信托财产不作为其遗产或者清算财产;但作为共同受益人的委托人死亡或者依法解散、被依

---

① 根据我国现行法律、行政法规的规定,禁止流通物主要包括:(1)专属国家所有的财产,如矿藏、水流、森林、山岭等自然资源,全民所有的博物馆和其他单位的文物藏品等;(2)军用武器、弹药;(3)淫秽的书刊、影片、录像带、录音带、图片等。
② 根据我国现行法律、行政法规规定,限制流通物主要包括:(1)城乡土地使用权;(2)全民所有的水面、滩涂的使用权;(3)烟草专卖品;(4)麻醉品;(5)探矿权、采矿权;(6)用材林、经济林、薪炭林及其林地、采伐迹地、火烧迹地的林地使用权;(7)国家重点保护野生动物及其产品;等等。

法撤销、被宣告破产时,其信托受益权作为其遗产或者清算财产。

(2) 信托财产独立于受托人的固有财产。对受托人而言,他虽因信托而取得信托财产的所有权,但由于他并不能享有因行使信托财产所有权而带来的信托利益,故其所承受的各种信托财产必须独立于其自有财产。如果受托人接受不同信托人的委托,其承受不同委托人的信托财产应各自保持相对独立。我国《信托法》第 16 条规定,信托财产与属于受托人所有的财产(以下简称固有财产)相区别,不得归入受托人的固有财产或者成为固有财产的一部分。受托人死亡或者依法解散、被依法撤销、被宣告破产而终止,信托财产不属于其遗产或者清算财产。

(3) 信托财产独立于受益人的财产。受益人虽享有信托财产的利益,但信托财产不属于受益人的自有财产。对受益人而言,他虽然享有信托财产的受益权,但这只是一种利益请求权,在信托法律关系存续期间,受益人并不享有信托财产的所有权,即使信托法律关系终止后,委托人也可通过信托条款将信托财产本金归于自己或第三人,故信托财产也独立于受益人的自有财产。

(4) 信托财产抵消的禁止。我国《信托法》第 18 条规定:①受托人管理运用、处分信托财产所产生的债权,不得与其固有财产产生的债务相抵销;②受托人管理运用、处分不同委托人的信托财产所产生的债权债务,不得相互抵销。

(5) 强制执行的禁止及其例外。信托财产的独立性决定了委托人、受托人和受益人的债权人均不能对其进行强制执行,这是一项法律原则。同时,《信托法》第 17 条规定了可以对信托财产强制执行的例外情况:"除因下列情形之一外,对信托财产不得强制执行:①设立信托前债权人已对该信托财产享有优先受偿的权利,并依法行使该权利的;②受托人处理信托事务所产生债务,债权人要求清偿该债务的;③信托财产本身应担负的税款;④法律规定的其他情形。"对于违反这一规定而强制执行信托财产的,委托人、受托人或者受益人有权向人民法院提出异议。

第四节 信托当事人

信托当事人,即信托法律关系的当事人,是指享有信托权益、承担信托义务的信托关系各主体,包括委托人、受托人和受益人。

一、委托人

(一) 委托人的概念和条件

信托关系中的委托人,是指将信托财产委托他人管理和处分的人。或者说,委托人是指通过信托行为,把自己的财产作为信托财产转移给受托人,并委托受托人为自己或自己指定的其他人的利益,对信托财产进行管理或处分,并以此设立信托的人。我国《信托法》第 19 条规定,委托人应当是具有完全民事行为能力的自然人、法人或者依法成立的其他组织。

值得注意的是,在金融信托中的集合信托和实质上属于信托的各种基金中,由相关金融机构设计信托契约并据此销售信托受益凭证的行为,并不能改变这一交易的法律本质,即这本质上仍然是由投资者作为委托人设立的信托。

(二) 委托人的权利

根据我国《信托法》的规定，委托人的权利包括：

1. 信托执行情况知情权

我国《信托法》第20条规定，委托人有权了解其信托财产的管理运用、处分及收支情况，并有权要求受托人作出说明。委托人有权查阅、抄录或者复制与其信托财产有关的信托账目以及处理信托事务的其他文件。

2. 管理方法调整请求权

我国《信托法》第21条规定，因设立信托时未能预见的特别事由，致使信托财产的管理方法不利于实现信托目的或者不符合受益人的利益时，委托人有权要求受托人调整该信托财产的管理方法。

3. 信托财产损失救济权

当信托财产受到损失时，委托人依法享有多项救济权，包括撤销请求权、返还财产请求权、恢复原状请求权及赔偿损失请求权。我国《信托法》第22条规定，受托人违反信托目的处分信托财产或者因违背管理职责、处理信托事务不当致使信托财产受到损失的，委托人有权申请人民法院撤销该处分行为，并有权要求受托人恢复信托财产的原状或者予以赔偿；该信托财产的受让人明知是违反信托目的而接受该财产的，应当予以返还或者予以赔偿。前款规定的申请权，自委托人知道或者应当知道撤销原因之日起一年内不行使的，归于消灭。

4. 受托人解任权

委托人的解任权是针对受托人而言的，包括自行解任和申请解任两种情况。我国《信托法》第23条规定，受托人违反信托目的处分信托财产或者管理运用、处分信托财产有重大过失的，委托人有权依照信托文件的规定解任受托人，或者申请人民法院解任受托人。因此，自行解任是指信托文件中明确约定委托人享有直接解任受托人的权利，体现了当事人意思自治原则；申请解任是指在信托文件中没有明确约定时，委托人向人民法院提出申请，由人民法院决定是否解任受托人。

5. 受托人辞任的同意权

这是指在信托关系存续期间，受托人提出辞任请求时，委托人享有表示同意的权利。我国《信托法》第38条规定，设立信托后，经委托人和受益人同意，受托人可以辞任。本法对公益信托的受托人辞任另有规定的，从其规定。受托人辞任的，在新受托人选出前仍应履行管理信托事务的职责。信托的设立是基于当事人之间的高度信任，信托目的能否实现，完全仰赖于受托人的努力。因此，为了保护信托财产安全，避免造成不必要的损失，原则上，非经委托人和受益人同意，受托人不能自行辞任。

6. 新受托人的选任权

我国《信托法》第39条规定了受托人职责终止的六种情形，第40条对新受托人的选任做出了具体规定：受托人职责终止的，依照信托文件规定选任新受托人；信托文件未规定的，由委托人选任；委托人不指定或者无能力指定的，由受益人选任；受益人为无民事行为能力人或者限制民事行为能力人的，依法由其监护人代行选任。

7. 对信托事务处理报告的认可权

我国《信托法》第41条规定，受托人有信托法第39条第1款第(3)项至第(6)项所列情形之一,①职责终止的,应当作出处理信托事务的报告,并向新受托人办理信托财产和信托事务的移交手续。前款报告经委托人或者受益人认可,原受托人就报告中所列事项解除责任。但原受托人有不正当行为的除外。

8. 特定情况下信托的解除权

信托制度是为了受益人的利益而设计的一种财产管理制度,信托有效成立后,受益权就成为一项独立的权利,原则上委托人无权解除信托。但是,既然信托是由于委托人的信托行为而产生,那么法律也赋予其在特定情况下解除信托的权利。委托人依法行使信托解除权,将直接导致信托的终止。委托人对信托的解除权分为两种情况:一是自益信托情况下,委托人对信托关系的解除权;二是他益信托情况下,委托人对信托关系的解除权。

(1) 自益信托的情况。我国《信托法》第50条规定了自益信托,委托人是唯一受益人的,委托人或者其继承人可以解除信托。信托文件另有规定的,从其规定。可以认为,在自益信托情况下,委托人与受益人是同一人,委托人享有全部信托利益;也就是说,受托人管理信托财产、处理信托事务,完全是为了委托人的利益。因此,当委托人认为其已经不需要现有信托关系时,他就可以单方面将该信托解除。

(2) 他益信托的情况。在他益信托的情况下,受益人是委托人以外的其他人,委托人解除信托势必损害受益人的利益,因此,各国信托法对他益信托情况下委托人解除信托的权利做出了严格的限制,以保护受益人的利益。根据我国《信托法》第51条的规定,设立信托后,委托人只有在三种情形下才有权解除信托:其一,受益人对委托人有重大侵权行为;其二,经受益人同意;其三,信托文件规定的其他情形。

9. 就信托财产强制执行向法院主张异议的权利

我国《信托法》第17条规定,除法定的四种情形之外,对信托财产不得强制执行;②并规定,对于违反规定而强制执行信托财产的,委托人、受托人或者受益人有权向人民法院提出异议。

10. 设立信托时保留的权利

无论是在英美法系还是大陆法系,一般都允许委托人在设立信托时为自己保留一定的权利,只是各国法律允许委托人保留的权利的范围和种类有所不同。一般来讲,允许委托人保留的权利包括:(1)要求受托人履行信托义务的请求权;(2)对受托人的指挥权;(3)对受益人的重新指定和更换权;(4)变更信托权;(5)撤销信托权。

我国《信托法》对于委托人可以保留的权利,没有专门规定;但从有些条款规定的内容来看,法律许可委托人以一定方式为自己保留相关的权利。比如,《信托法》第21条规定,委托人有权要求受托人调整该信托财产的管理方法;第23条规定,委托人有权依照信托文件的规定解任受托人,或者申请人民法院解任受托人;第33条规定,受托人应当每年定期将信

---

① 《信托法》第39条规定:"受托人有下列情形之一的,其职责终止:(1)死亡或者被依法宣告死亡;(2)被依法宣告为无民事行为能力人或者限制民事行为能力人;(3)被依法撤销或者被宣告破产;(4)依法解散或者法定资格丧失;(5)辞任或者被解任;(6)法律、行政法规规定的其他情形。受托人职责终止时,其继承人或者遗产管理人、监护人、清算人应当妥善保管信托财产,协助新受托人接管信托事务。"

② 《信托法》第17条规定:"除因下列情形之一外,对信托财产不得强制执行:(1)设立信托前债权人已对该信托财产享有优先受偿的权利,并依法行使该权利的;(2)受托人处理信托事务所产生债务,债权人要求清偿该债务的;(3)信托财产本身应担负的税款;(4)法律规定的其他情形。对于违反前款规定而强制执行信托财产,委托人、受托人或者受益人有权向人民法院提出异议。"

财产的管理运用、处分及收支情况报告委托人;第51条规定,委托人可以变更受益人或者处分受益人的信托受益权,也可以解除信托;第53条规定,信托文件规定的终止事由发生时信托终止。

(三) 委托人的义务

信托制度的本质特征在于,委托人提供信托财产,交由受托人进行管理或者处分。因此,对于委托人而言,在信托关系中享有许多权利,而承担较少义务。概括而言,在信托关系中,委托人的义务主要有两项:一是转移信托财产;二是不得违反《信托法》的规定和信托文件的约定干预或者指挥受托人执行信托事务。

二、受托人

(一) 受托人的条件

受托人是指在信托关系中,接受委托人的委托并按照其意愿,以自己的名义,为受益人的利益或者特定目的,执行信托事务,管理和处分信托财产的一方当事人。受托人在信托关系中处于核心地位,是信托关系的最重要的当事人。信托关系的存续,信托事务的处理,信托目的的实现以及信托功能与作用的发挥,都完全仰赖于受托人。

我国《信托法》第24条规定,受托人应当是具有完全民事行为能力的自然人、法人。法律、行政法规对受托人的条件另有规定的,从其规定。

我国信托法不承认宣言信托,因此在我国,受托人不能由委托人担任。我国《信托法》第43条规定,受托人可以是受益人,但不得是同一信托的唯一受益人。

关于营业信托的受托人,各个国家和地区的信托法对其资格往往都有特殊规定。从事营业信托业务的专门机构,属于非银行金融机构;信托业,与银行、证券和保险一起,构成了金融业的四大支柱产业。在我国,专门从事营业信托业务的金融机构是依法专门成立的信托公司。中国人民银行于2007年发布施行的《信托公司管理办法》(下称《管理办法》)对信托公司的设立、变更和终止,经营范围,经营规则,以及监管和自律等问题做出了具体规定,明确了信托公司作为营业信托受托人的资格和条件。

《管理办法》第2条规定,本办法所称信托公司,是指依照《公司法》和本办法设立的主要经营信托业务的金融机构。本办法所称信托业务,是指信托公司以营利和收取报酬为目的,以受托人身份承诺信托和处理信托事务的经营行为。

(二) 受托人的权利

根据信托原理及信托法律规定,受托人所享有的权利主要有:

(1) 亲自管理信托财产和处理信托事务的权利。在现代信托关系中,亲自管理信托财产、处理信托事务是受托人的义务,也是受托人的权利。

(2) 委托他人代为处理信托事务的权利。当信托文件有规定或者出现不得已事由的时候,受托人有权委托他人代为处理信托事务。我国《信托法》第30条规定,受托人应当自己处理信托事务,但信托文件另有规定或者有不得已事由的,可以委托他人代为处理。受托人依法将信托事务委托他人代理的,应当对他人处理信托事务的行为承担责任。

(3) 取得报酬的权利。我国《信托法》第35条规定,受托人有权依照信托文件的约定取得报酬。信托文件未作事先约定的,经信托当事人协商同意,可以做出补充约定;未作事先约定和补充约定的,不得收取报酬。约定的报酬经信托当事人协商同意,可以增减其数额。

由此看来,在我国,事先约定和事后补充约定是受托人取得报酬的前提条件。如果信托文件中没有约定,当事人也不同意向受托人支付报酬的,则受托人无权取得报酬。

从各国的信托实践来看,受托人的取得报酬权一般可以通过三种途径行使:一是直接对信托财产行使;二是对受益人行使;三是对委托人行使。关于我国是否允许受托人直接从信托财产中支取其报酬的问题,《信托法》没有明确规定,但结合第57条关于受托人对信托财产留置权的规定来看,应该推定我国允许。

(4) 费用和损失的补偿请求权。我国《信托法》第37条规定,受托人因处理信托事务所支出的费用、对第三人所负债务,以信托财产承担。受托人以其固有财产先行支付的,对信托财产享有优先受偿的权利。受托人违背管理职责或者处理信托事务不当对第三人所负债务或者自己所受到的损失,以其固有财产承担。

(5) 辞任权。我国《信托法》第38条规定,设立信托后,经委托人和受益人同意,受托人可以辞任。受托人辞任的,在新受托人选出前仍应履行管理信托事务的职责。第62条规定,公益信托的设立和确定其受托人,应当经有关公益事业的管理机构(以下简称公益事业管理机构)批准。未经公益事业管理机构的批准,不得以公益信托的名义进行活动。

(三) 受托人的义务

在信托关系中,受托人处于核心地位。信托目的的实现,受益人利益的保障,以及信托功能与作用的发挥,都仰赖于受托人义务的合理确定和严格履行。在英美法系国家,由于信托历史悠久,而且信托观念深入人心,信托义务(即受托人义务)作为一种特殊的十分严格的民事义务,具有特定含义和特定标准,已经成为民商事领域中各种基于信赖关系而接受委托、委任的人所负有义务的一个标尺,包括各种公司的董事、高级管理人员的义务等,均以此为参照。在大陆法系国家,信托不是其固有制度,信托义务被看作是特定领域的事情;在大陆法系国家的法律传统中,没有关于信托义务的现成的同类义务范畴可以参照,在确定受托人义务时,通常以民法典中关于有报酬、无报酬的委任中受托人的义务作为参照,要求受托人承担善良管理人的忠实义务、注意义务等。

根据我国《信托法》的规定,受托人依法应当承担以下十项义务:

(1) 守约义务。这是指受托人按照委托人的意志或信托文件的规定,为受益人最大利益处理信托事务的义务。我国《信托法》第25条第1款规定,受托人应当遵守信托文件的规定,为受益人的最大利益处理信托事务。

(2) 注意义务。即受托人承担对信托财产的诚实、信用、谨慎、有效管理的义务。我国《信托法》第25条第2款规定,受托人管理信托财产,必须恪尽职守,履行诚实、信用、谨慎、有效管理的义务。受托人的注意义务包括诚信义务、谨慎义务和有效管理义务。

(3) 忠实义务。忠实义务是指受托人要忠于信托,不谋私利,真诚地处理信托事务,维护信托关系赖以存在的信任基础。我国《信托法》关于忠实义务有三条规定:

① 不谋取私利的义务。《信托法》第26条规定,受托人除依照本法规定取得报酬外,不得利用信托财产为自己谋取利益。受托人违反前款规定,利用信托财产为自己谋取利益的,所得利益归入信托财产。

② 不侵占财产的义务。《信托法》第27条规定,受托人不得将信托财产转为其固有财产。受托人将信托财产转为其固有财产的,必须恢复该信托财产的原状;造成信托财产损失的,应当承担赔偿责任。

③ 不相互交易的义务。《信托法》第 28 条规定,受托人不得将其固有财产与信托财产进行交易或者将不同委托人的信托财产进行相互交易,但信托文件另有规定或者经委托人或者受益人同意,并以公平的市场价格进行交易的除外。受托人违反前款规定,造成信托财产损失的,应当承担赔偿责任。

(4) 分别管理义务。这是信托财产独立性特征的具体要求,一方面是受托人应当将自己的固有财产与信托财产分别管理,另一方面是受托人在同时受托管理多个信托财产时应当将各个信托财产分别管理。我国《信托法》第 29 条规定,受托人必须将信托财产与其固有财产分别管理、分别记账,并将不同委托人的信托财产分别管理、分别记账。

(5) 亲自处理义务。亲自管理是指受托人自己直接管理。信托关系的产生,是因为委托人对受托人的信赖,受托人本身所具有的人格、能力、信誉等在其中起着至关重要的作用。因此,原则上,受托人应当亲自处理信托事务,恪尽职守,尽心竭力,不辜负委托人的信赖。我国《信托法》第 30 条规定,受托人应当自己处理信托事务,但信托文件另有规定或者有不得已事由的,可以委托他人代为处理。受托人依法将信托事务委托他人代理的,应当对他人处理信托事务的行为承担责任。

(6) 保存记录义务。我国《信托法》第 33 条第 1 款规定,受托人必须保存处理信托事务的完整记录。所谓处理信托事务的完整记录,是指有关信托的财产和物品的收支情况,有关信托的金钱方面的收付情况,处理信托事务的方式,交易对方的情况,等等。而所谓"完整",可以理解为与处理信托事务有关的全部合同、单据、凭证、账户资料等。"保存"是指记录并装订成册,在计算机处理时应有专门存储方式。在这方面,我国会计法、税收法、审计法等有规定的,应严格遵守相关规定。

(7) 定期报告义务。我国《信托法》第 33 条第 2 款规定,受托人应当每年定期将信托财产的管理运用、处分及收支情况,报告委托人和受益人。这一规定,在时间要求上,是每年定期一次或多次报告。在报告的对象上,包括委托人和受益人。在报告的内容方面,有三种要求:一是信托财产的管理运用,是指采取何种管理方式,如受托人自己管理运用或委托他人代理管理运用等;二是处分情况,一般包括事实上的处分和法律上的处分,比如对现金是进行了储蓄、投资实业、证券交易或购买了不动产,对非现金类的财产是进行了拍卖变卖、租赁、承包或进行了业务运营;三是收支情况,指管理运用与信托财产有关的现金,非现金财物的收入、支出的明细和分类记录。

(8) 保密义务。作为当事人之间财产委托关系的信托关系,一般都会牵涉到委托人及受益人的商业秘密和个人隐私,为避免因泄密造成不应有的损害,维护信托当事人的合法权益,各国信托法往往要求受托人承担依法保密的义务。我国《信托法》第 33 条第 3 款规定,受托人对委托人、受益人以及处理信托事务的情况和资料负有依法保密的义务。可以认为,保密的范围包括委托人、受益人以及处理信托事务的情况和资料,内容主要是委托人、受益人的姓名、职业、身份证件、账户账号、设立信托的情况、受益情况等,处理信托事务的情况和资料,等等。

(9) 支付信托利益义务。委托人基于对受托人的信任,将其财产权委托给受托人,最根本的目的是使受益人获得信托利益。所以,在信托法律关系中,受托人应承担向受益人支付信托利益的义务。我国《信托法》第 34 条规定,受托人以信托财产为限向受益人承担支付信托利益的义务。这一条规定,既揭示了受托人依法承担向受益人支付信托利益的义务,又规定了受托人只承担有限责任,所以通常被称为受托人的有限责任原则。信托利益是指由信托财产本身及其收益所产生的利益,包括本金及其孳息,例如,金钱本金及其产生的利息,果树及其所结的果实,母畜及所产的奶产品及所产的仔畜,房屋及其出租的租金等。

(10) 损失赔偿义务。如前所述,由于受托人管理信托财产,必须恪尽职守,承担和履行诚实、信用、谨慎、有效管理的义务,所以当由于受托人过错导致信托财产受到损失时,理应首先恢复信托财产的原状或者赔偿损失。我国《信托法》第36条规定,受托人违反信托目的处分信托财产或者因违背管理职责、处理信托事务不当致使信托财产受到损失的,在未恢复信托财产的原状或者未予赔偿前,不得请求给付报酬。本条虽然是对受托人请求给付报酬的限制性规定,但实际上也同时明确了受托人违反注意义务、造成信托财产损失时,应当承担恢复原状或者赔偿损失的义务。所谓恢复财产的原状,是指对动产、不动产进行修复、重建或通过依法行使权利使因经过法律上的处分的信托财产恢复到原来的状态,如已经卖出的予以赎回,已经出租的予以收回等;对确实无法恢复原状的,依照法律或信托文件的规定赔偿损失。赔偿损失是指对信托财产造成的物质上的损耗和金钱上的减少予以弥补,包括直接损失和间接损失都应予以赔偿,但应以合理为限。

(四) 共同受托人

1. 共同受托人的概念

我国《信托法》第31条第1款规定,同一信托的受托人有两个以上的,为共同受托人。

2. 共同信托人的行为规则

关于共同信托人的行为规则,我国《信托法》第31条第2款、第3款作了规定:(1)共同受托人应当共同处理信托事务,但信托文件规定对某些具体事务由受托人分别处理的,从其规定。(2)共同受托人共同处理信托事务,意见不一致时,按信托文件规定处理;信托文件未规定的,由委托人、受益人或者其利害关系人决定。

3. 共同受托人的连带责任

关于共同信托人的民事责任,我国《信托法》第32条有两款规定:(1)共同受托人处理信托事务对第三人所负债务,应当承担连带清偿责任。第三人对共同受托人之一所作的意思表示,对其他受托人同样有效。(2)共同受托人之一违反信托目的处分信托财产或者因违背管理职责、处理信托事务不当致使信托财产受到损失的,其他受托人应当承担连带赔偿责任。

(五) 受托人职责的终止

1. 受托人职责终止的情形

我国《信托法》第39条第1款规定,受托人有下列情形之一的,其职责终止:(1)死亡或者被依法宣告死亡;(2)被依法宣告为无民事行为能力人或者限制民事行为能力人;(3)被依法撤销或者被宣告破产;(4)依法解散或者法定资格丧失;(5)辞任或者被解任;(6)法律、行政法规规定的其他情形。

2. 信托财产的保管

《信托法》第39条第2款规定,受托人职责终止时,其继承人或者遗产管理人、监护人、清算人应当妥善保管信托财产,协助新受托人接管信托事务。

3. 新受托人的选任

《信托法》第40条规定,受托人职责终止的,依照信托文件规定选任新受托人;信托文件未规定的,由委托人选任;委托人不指定或者无能力指定的,由受益人选任;受益人为无民事行为能力人或者限制民事行为能力人的,依法由其监护人代行选任。原受托人处理信托事务的权利和义务,由新受托人承继。

4. 受托人责任的解除

《信托法》第41条规定,受托人职责终止的,应当作出处理信托事务的报告,并向新受托人办理信托财产和信托事务的移交手续。处理信托事务的报告经委托人或者受益人认可,原受托人就报告中所列事项解除责任,但原受托人有不正当行为的除外。

5. 共同受托人之一职责终止

《信托法》第42条规定,共同受托人之一职责终止的,信托财产由其他受托人管理和处分。

三、受益人

(一) 受益人的概念

受益人是信托关系的当事人,是在信托中享有信托受益权的人。所谓信托受益权,是指受益人在信托关系中享受信托利益的权利,为受益人所专有。我国《信托法》第43条规定,受益人是在信托中享有信托受益权的人。受益人可以是自然人、法人或者依法成立的其他组织。

一个信托可以有两个以上的受益人,我国《信托法》第45条规定,共同受益人按照信托文件的规定享受信托利益。信托文件对信托利益的分配比例或者分配方法未作规定的,各受益人按照均等的比例享受信托利益。

委托人可以是受益人,也可以是同一信托的唯一受益人。受托人可以是受益人,但不得是同一信托的唯一受益人。

(二) 受益权的取得

我国《信托法》第44条规定,受益人自信托生效之日起享有信托受益权。信托文件另有规定的,从其规定。

(三) 受益权的放弃

我国《信托法》第46条规定,受益人可以放弃信托受益权。全体受益人放弃信托受益权的,信托终止。部分受益人放弃信托受益权的,被放弃的信托受益权按下列顺序确定归属:(1)信托文件规定的人;(2)其他受益人;(3)委托人或者其继承人。

(四) 受益权的行使

根据我国《信托法》第47条、第48条和第49条规定,信托受益权的行使包括以下形式:(1)清偿债务。受益人不能清偿到期债务的,其信托受益权可以用于清偿债务,但法律、行政法规以及信托文件有限制性规定的除外。(2)转让和继承。受益人的信托受益权可以依法转让和继承,但信托文件有限制性规定的除外。(3)行使委托人的部分权利。受益人可以行使委托人享有的信托财产状况的知情权、信托财产管理方法的调整权、信托财产处分不当的撤销请求权等。其中,受益人行使上述权利,与委托人意见不一致时,可以申请人民法院作出裁定;共同受益人之一行使撤销申请权的,人民法院所作出的撤销裁定,对全体共同受益人有效。

第五节 金融信托业

作为我国信托业主体的信托公司,是指根据我国《公司法》《信托法》和《信托公司管理办法》规定设立的主要经营信托业务的金融机构。信托公司是以信任委托为基础、以货币资金和实物财产的经营管理为形式,融资和融物相结合的多边信用行为。

一、中国信托业的产生、发展与立法规范

(一) 中国信托业的产生与发展

中国的信托业起源于 20 世纪初商品经济较为发达的上海,当时以银行兼办信托业务的形式出现。1917 年,上海商业储蓄银行设立了首家保管部,开办代保管业务,1921 年更名为信托部,增办个人信托业务以及公益信托业务等。中国专业信托机构和交易所同时兴起,1921 年 5 月至 7 月间,先后开设了中国商业、上海运驳、大中华、中央、中华、中外、中易、通商、通易、神州、上海、华盛共 12 家信托公司,总资本达 8 100 万元法币,各类交易所则发展到 136 家。[①] 当时的信托公司大多以证券投机为主要业务,导致信托业几度兴衰。1933 年起,当时的国民党政府开始建立官办信托机构,如中央信托局,分支机构遍布各地。当时调整信托业的法律主要是 1937 年颁布的《新银行法》,主管部门为财政部。

中华人民共和国成立初期,在接管和改造旧中国信托业的同时,我国部分城市试办了两类社会主义的信托机构:一是银行的信托部;二是投资公司等专业信托机构。由于客观经济条件的制约和信托业自身消极因素的影响,新中国的上述信托机构分别于 20 世纪五六十年代陆续停办,中国的信托业一度暂时消失。

自中国共产党十一届三中全会以来,经济体制改革推行、多种经济成分兴起、大规模经济建设,使得社会各界的资金需求大量增加,并伴随着对融资方式多元化的需要,信托机构应运而生,开始得到恢复。1979 年 10 月,中国银行重新设立信托咨询部;10 月 4 日,中国第一家信托投资机构——中国国际信托投资公司经国务院批准宣布成立。1980 年 9 月 9 日,中国人民银行发布了《关于积极开办信托业务的通知》,提出各分行要利用银行机构普遍、联系面广的有利因素,在有条件的地区积极开办信托业务。这样,各地纷纷设立信托投资公司,银行信托部也遍布全国。由于这些信托机构的资金主要投向是计划外的固定资产投资项目,因此在一定程度上引发了固定资产投资规模的膨胀。对此,国务院于 1982 年 4 月 10 日下发了《关于整顿国内信托投资业务和加强更新改造资金管理的通知》,规定除国务院批准和国务院授权单位批准的信托投资公司外,各地区、各部门都不得办理信托业务;经批准开办的信托投资业务的全部资金活动,都要纳入国家信贷计划和固定资产投资计划,进行综合平衡。

1983 年 1 月 3 日,中国人民银行发布了《关于办理信托业务的若干规定》,对信托业务的指导方针、业务范围、资金来源、计划管理等作了规定,首次明确了信托业务的发展方向,将信托业务的重点放在"委托、代理、租赁、咨询"上,暂停投资性业务。1986 年 4 月 26 日,中国

---

① 徐孟洲:《信托法学》,中国金融出版社 2004 年版,第 40 页。

人民银行发布了《金融信托投资机构管理暂行规定》,对我国信托业务的管理、业务经营范围、机构设立的条件、审批程序等都作了具体规定。1986年12月24日,中国人民银行又发布了《金融信托投资机构资金管理暂行办法》。这些规定对信托投资公司的设立及其业务开展起到了一定的规范作用。到1988年9月,经中国人民银行批准设立的信托投资公司达745家,资产总额700亿元人民币,其中各类贷款总额为500多亿元。

信托投资公司的广泛设置,在增加资金流量、挖掘资金潜力,为经济部门提供金融服务等方面发挥了一定的作用。但与此同时也出现了盲目竞争、乱设机构、资本金不实、超范围违规经营、擅自提高利率等问题,带来了很大的金融风险。后经多次清理、整顿,到1994年年底信托投资公司减为393家。这些信托公司从所有制性质来看,有国有制、股份制及外资、中外合资的信托投资公司;从规模来看,有全国性的和区域性的信托投资公司;从经营方式、内容来看,有专营信托公司也有银行兼营的信托部,有国内也有国际信托投资公司。而从所属系统来看,则可分为两大系统:一是银行系统所属的信托投资公司,即由银行独资、控股或参股组成的信托投资公司。[1] 该类信托公司(包括信托公司的分支机构及银行的信托部、证券部等)按照1995年《国务院批转中国人民银行关于中国工商银行等四家银行与所属信托投资公司脱钩的意见的通知》,要在机构、资金、财务、业务、人事、行政等方面与其所属银行彻底脱钩,不再保持隶属或挂靠关系,以贯彻"分业经营、分业管理"的原则。二是各级政府(包括国务院及各部委、地方政府)主办的信托投资公司,其财务和资金要与原行政主管部门彻底脱钩,归口中国人民银行领导。经过清理,此项工作于1996年年底结束。

1995年10月,中国人民银行对违规操作、资不抵债的中银信托投资公司宣布接管,一年后由广东发展银行收购。1997年1月4日,中国农村发展信托投资公司被中国人民银行依法关闭。1998年6月22日,中国新技术创业投资公司被中国人民银行关闭。1998年10月6日,中国人民银行决定关闭广东国际信托投资公司。所以,我国从1982年到2002年年底对信托业进行了五次整顿,全国批准保留的信托投资公司为60家左右,原则每个省(直辖市)、自治区保留一至两家,从而为我国信托业发展奠定了坚实的基础。

2007年3月1日起正式实施《信托公司管理办法》。

总体而言,我国的信托投资业是在改革、开放过程中摸索、发展起来的。其特点是:只能由经中国人民银行批准设立的金融机构办理,而不允许由个人办理;一开始就是商事信托而不是民事信托;与政府、财政、计划等存在较为密切的联系。

(二) 中国金融信托业的立法规范

为规范信托投资公司的发展,中国人民银行于2001年1月发布了《信托投资公司管理办法》。虽然这个管理办法不是法律或行政法规,只属于部门规章的性质,但对于信托业长远发展具有重要意义。

为了以国家立法的形式调整信托关系,规范信托行为,保护信托当事人的合法权益,促进信托事业的健康发展,第九届全国人大常委会第二十一次会议于2001年4月28日通过了《信托法》,自2001年10月1日开始施行。

1. 信托投资公司阶段

根据《信托法》的规定,中国人民银行于2002年5月9日修改了《信托投资公司管理办

---

[1] 朱大旗:《金融法》,中国人民大学出版社2000年版,第303页。

法》。2002年6月13日,中国人民银行针对作为信托投资公司主要业务的资金信托业务进行专门规范,制定了《信托投资公司资金信托管理暂行办法》。至此,我国以上述"一法两规"为核心的信托法律制度基本形成,为我国信托投资公司的发展提供了更为基本的法律保障。

2003年3月中国银监会成立,信托业的监督管理随着银行业监管从中国人民银行分离出来,转由中国银监会负责。之后,中国银监会相继发布施行了若干部门规章,如2004年9月10日发布、10月1日起施行的《关于信托投资公司开设信托专用证券账户和信托专用资金账户有关问题的通知》,2004年12月8日发布的《关于信托投资公司集合资金信托业务信息披露有关问题的通知》,2005年1月18日发布的《信托投资公司信息披露管理暂行办法》等。

2. 信托公司阶段

2007年1月23日,中国银监会同时发布了《信托公司管理办法》《信托公司集合资金信托计划管理办法》,于2007年3月1日起施行。之后,我国经营信托业务的金融机构,不再称"信托投资公司",改称为"信托公司"。所称"集合资金信托计划",是指由信托公司担任受托人,按照委托人意愿,为受益人的利益,将两个以上(含两个)委托人交付的资金进行集中管理、运用或处分的资金信托业务活动。

2016年12月26日,中国信托登记有限责任公司(中国信登)在上海成立,它是经国务院同意、由原中国银监会批准设立并由其实施监督管理、现由中国银保监会实施监督管理、提供信托业基础服务的非银行金融机构。2017年8月25日,中国银监会印发《信托登记管理办法》,自2017年9月1日起施行,要求信托机构开展信托业务,应当办理信托登记。按照《信托登记管理办法》,中国信登在其经营业务范围内,提供信托登记、信托受益权账户管理、定期或不定期信息报送收集、集合资金信托计划公示等服务。

二、信托公司法律制度

(一)信托公司概述

1. 信托公司的概念

根据《信托公司管理办法》(下称《管理办法》)第2条规定,信托公司是指依照《公司法》和本办法设立的主要经营信托业务的金融机构。信托业务,是指信托公司以营业和收取报酬为目的,以受托人身份承诺信托和处理信托事务的经营行为。

2. 信托公司从事信托活动的基本要求

《管理办法》第4条规定:信托公司从事信托活动,应当遵守法律法规的规定和信托文件的约定,不得损害国家利益、社会公共利益和受益人的合法权益。

3. 信托投资公司的设立条件

设立信托公司,应当采取有限责任公司或者股份有限公司的形式,应当经批准并领取金融许可证。《管理办法》第8条规定:"设立信托公司,应当具备下列条件:(1)有符合《公司法》和中国银监会规定的公司章程;(2)有具备中国银监会规定的入股资格的股东;(3)具有本办法规定的最低限额的注册资本;(4)有具备中国银监会规定任职资格的董事、高级管理人员和与其业务相适应的信托从业人员;(5)具有健全的组织机构、信托业务操作规程和风险控制制度;(6)有符合要求的营业场所、安全防范措施和与业务有关的其他设施;(7)中国银监会规定的其他条件。"

4. 注册资本要求

《管理办法》第 10 条规定,信托公司注册资本最低限额为 3 亿元人民币或等值的可自由兑换货币,注册资本为实缴货币资本。申请经营企业年金基金、证券承销、资产证券化等业务,应当符合相关法律法规规定的最低注册资本要求。

(二) 信托公司的业务范围

《管理办法》第 16 条规定:"信托公司可以申请经营下列部分或者全部本外币业务:(1)资金信托;(2)动产信托;(3)不动产信托;(4)有价证券信托;(5)其他财产或财产权信托;(6)作为投资基金或者基金管理公司的发起人从事投资基金业务;(7)经营企业资产的重组、购并及项目融资、公司理财、财务顾问等业务;(8)受托经营国务院有关部门批准的证券承销业务;(9)办理居间、咨询、资信调查等业务;(10)代保管及保管箱业务;(11)法律法规规定或中国银行业监督管理委员会批准的其他业务。"

据此,信托投资公司的业务范围可划分为五大类:

(1) 信托业务,包括资金信托、动产信托、不动产信托、其他财产的信托业务;

(2) 投资基金业务,包括发起、设立投资基金和发起设立投资基金管理公司;

(3) 投资银行业务,包括企业资产重组、购并、项目融资、公司理财、财务顾问等业务,经批准的证券承销业务;

(4) 中间业务,包括办理居间、咨询、资信调查等业务,代保管及保管箱业务;

(5) 法律允许或银监会批准的其他业务。

同时,《管理办法》第 19—23 条规定,信托公司管理运用或处分信托财产时,可以依照信托文件的约定,采取投资、出售、存放同业、买入返售、租赁、贷款等方式进行。中国银行业监督管理委员会另有规定的,从其规定。信托公司不得以卖出回购方式管理运用信托财产。

信托公司固有业务项下可以开展存放同业、拆放同业、贷款、租赁、投资等业务。投资业务限定为金融类公司股权投资、金融产品投资和自用固定资产投资。信托公司不得以固有财产进行实业投资,但中国银行业监督管理委员会另有规定的除外。信托公司不得开展除同业拆入业务以外的其他负债业务,且同业拆入余额不得超过其净资产的 20%。中国银行业监督管理委员会另有规定的除外。

信托公司可以开展对外担保业务,但对外担保余额不得超过其净资产的 50%。

信托公司经营外汇信托业务,应当遵守国家外汇管理的有关规定,并接受外汇主管部门的检查、监督。

(三) 公益信托的原则规定

《管理办法》第 17 条规定,信托公司可以根据我国《信托法》等法律法规的有关规定开展公益信托活动。一般来说,公益信托是指委托人以实现社会公共利益为目的而设定的信托。除具有一般信托的全部要件外,还具有特殊的三大要件,即目的公益性,实施效果的公共利益性和设立目的的排他性。

我国《信托法》对公益信托的设立、变更和终止作出了规定。在设立上,公益信托的设立和确定其受托人,应当经有关公益事业的管理机构批准,未经公益事业管理机构的批准,不得以公益信托的名义进行活动;公益信托的信托财产及其收益,不得用于非公益目的。在变更上,公益信托的受托人未经公益事业管理机构批准,不得辞任;公益信托的受托人违反信托义务或者无能力履行其职责的,由公益事业管理机构变更受托人;公益信托成立后,发生设立信托时不能预见的情形,公益事业管理机构可以根据信托目的,变更信托文件中的有关条款。在终止上,受托人应当于终止事由发生之日起十五日内,将终止事由和终止日期报告公益事业管理机构;受托人作出的处理信托事务的清算报告,应当经信托监察人认可后,报公益事业管理机构核准,并由受托人予以公告;终止时,若没有信托财产权利归属人或者信托财产权利归属人是不特定的社会公众的,则应经公益事业管理机构批准,受托人应当将信托财产用于与原公益目的相近似的目的,或者将信托财产转移给具有近似目的的公益组织或者其他公益信托。

(四) 信托公司的经营规则

信托公司经营信托业务,就是管理运用或者处分信托财产的活动。信托财产不属于信托公司的固有财产,也不属于信托公司对受益人的负债。信托公司终止时,信托财产不属于其清算财产。信托公司开展信托业应遵循一定的经营规则,以保障委托人和受托人的利益。对此,《管理办法》在第24—31条作出了如下规定:

(1) 信托公司管理运用或者处分信托财产,必须恪尽职守,履行诚实、信用、谨慎、有效管理的义务,维护受益人的最大利益。

(2) 信托公司在处理信托事务时应当避免利益冲突,在无法避免时,应向委托人、受益人予以充分的信息披露,或拒绝从事该项业务。

(3) 信托公司应当亲自处理信托事务。信托文件另有约定或有不得已事由时,可委托他人代为处理,但信托公司应尽足够的监督义务,并对他人处理信托事务的行为承担责任。

(4) 信托公司对委托人、受益人以及所处理信托事务的情况和资料负有依法保密的义务,但法律法规另有规定或者信托文件另有约定的除外。

(5) 信托公司应当妥善保存处理信托事务的完整记录,定期向委托人、受益人报告信托财产及其管理运用、处分及收支的情况。委托人、受益人有权向信托公司了解对其信托财产的管理运用、处分及收支情况,并要求信托公司作出说明。

(6) 信托公司应当将信托财产与其固有财产分别管理、分别记账,并将不同委托人的信托财产分别管理、分别记账。

(7) 信托公司应当依法建账,对信托业务与非信托业务分别核算,并对每项信托业务单独核算。

(8) 信托公司的信托业务部门应当独立于公司的其他部门,其人员不得与公司其他部门的人员相互兼职,业务信息不得与公司的其他部门共享。

三、金融信托业的监督管理

我国信托业原来是由中国人民银行负责监督管理,2003年中国银监会正式成立、《银行业监管法》颁布后,转由中国银监会依照《银行业监管法》《信托法》等将其作为非银行金融机构进行监管。

2015年6月5日,中国银监会公布实施《中国银监会信托公司行政许可事项实施办法》,规定信托公司须经行政许可的事项,包括机构设立,机构变更,机构终止,调整业务范围和增加业务品种,董事和高级管理人员任职资格,以及法律、行政法规规定和国务院决定的其他行政许可事项。

2018年4月起,我国信托业转由合并成立的中国银保监会实施统一监督管理。目前,

《信托公司资金信托管理办法》等制度规则正在起草之中,将形成以监管部门为主体,行业协会自律功能、信托登记公司市场约束功能、信托业保障基金保障机制为补充的信托业风险防控体系。

 复习思考题

1. 试述信托的概念与基本含义。
2. 简述金融信托及其法律特征。
3. 简析金融信托法律关系。
4. 试述信托制度的法律特征。
5. 试述信托财产及其独立性特征。
6. 我国信托设立的基本条件有哪些?
7. 简述我国信托公司的设立条件与业务范围。

第十章 保险法律制度

本章要点

- 保险法及其调整对象、基本原则
- 保险合同的概念及其特征
- 财产保险合同与人寿保险合同
- 保险公司及其经营规则
- 保险代理人与保险经纪人
- 保险监督管理与保险法律责任

保险(insurance)既是分散风险、消化损失的一种经济制度,又是一种因保险契约而产生的法律关系。保险作为一种危险管理的重要手段,其实质不是保证危险不发生,或不遭受损失,而是对危险发生后遭受的损失予以经济补偿。

近些年来,我国保险业发展迅速。中国银保监会数据显示,2019年,中国保险业原保费收入达到4.26万亿元,同比增长12.17%。其中,财产险行业原保费收入1.16万亿元;人身险行业原保费收入3.1万亿元,其中健康险原保费收入7 066亿元,同比增长29.7%。

保险法是调整保险关系的法律规范的总称。通过本章学习,应该掌握保险法的基本概念、基本原理,熟悉我国现行保险法的基本原则和基本制度,具体包括财产险、人身险、责任险、信用险以及保险行业监管制度等内容,并学会将这些知识应用于社会实践中,以达到学以致用的目的。

第一节 保险法基本原理

一、保险概述

(一) 保险的概念

1. 保险的概念

根据我国《保险法》第2条规定,所称保险,是指投保人根据合同约定,向保险人支付保险费,保险人对于合同约定的可能发生的事故因其发生所造成的财产损失承担赔偿保险金责任,或者当被保险人死亡、伤残、疾病或者达到合同约定的年龄、期限时承担给付保险金责任的商业保险行为。

保险作为一种危险管理的重要手段,其实质不是保证危险不发生,或不遭受损失,而是对危险发生后遭受的损失予以经济补偿。

2. 保险的含义

保险既是分散风险、消化损失的一种经济制度,又是一种因保险契约而产生的法律关系。

(1) 保险是一种经济保障制度。保险是为维护社会的安定,通过运用多数社会成员的集合力量,根据合理的计算,共同建立保险基金,用于补偿少数社会成员因特定危险事故或因特定人身事件发生而造成的经济损失,是"集众人之力救助少数人灾难"的经济保障制度,其基本原理是聚合风险,分散损失。

(2) 保险是一种具有经济补偿内容的法律制度,是一种双务有偿的合同关系。保险是一种因合同而产生的债权债务关系。这种债权债务关系是基于保险法律规范和保险事实而产生的保险法律关系,其实质是当事人互为约定承担给付义务,即投保人承担给付保险费的义务,保险人承担赔偿或给付保险金的责任。

在保险法律关系中,保险人的责任与一般民事赔偿责任的区别在于,投保人所遭受的损失是由不可抗力等危险事故造成的,保险人承担的保险赔偿责任和给付责任是基于保险合同设定的一种义务,具有对损失进行经济补偿的性质;而一般民事损害赔偿责任是当事人的侵权行为或违约行为所引起的法律后果。

(二) 保险的构成

构成保险必须具备三个要素:

(1) 以特定的危险为对象。危险的存在是构成保险的一个要件,无危险则无保险。保险制度上的危险必须具备如下特征:①危险发生与否具有不确定性。不可能发生或者肯定要发生的危险,不能构成保险危险。②危险发生的时间不能确定。③危险所导致的后果不能确定。④危险的发生对于投保人或者被保险人来说,必须为非故意的。

尽管危险的种类纷繁多样,但构成保险制度上的危险,大体上可以概括为三类:①人身危险(personal risks)。人身危险主要指死亡危险,还包括人的残废、伤害、疾病、丧失劳动能力、失业等。②财产危险(property risks)。财产危险是指财产因意外事故而遭受毁损或灭失的危险。③法律责任危险(liability risks)。是指对他人的财产、人身实施不法侵害,依法应由行为人承担民事赔偿责任的危险。

(2) 以多数人参加并建立基金为基础。作为一种危险管理制度,保险的基本原理是聚合危险,分散损失。因此,保险要通过多数人的共同参加,形成互助共济的保险基金,用以补偿少数人的损失。参加保险的人越多,分摊损失的数额就越少;积累的保险基金越多,损失补偿的能力就越强。

(3) 以对危险造成的损失进行补偿为目的。为了达到补偿损失的目的,就必须在合理分摊、合理计算的基础上建立保险基金。保险必须合理计算各投保人的分摊费用,也就是各投保人所要支付的保险费,并在此基础上建立保险基金。否则,就会引起投保人负担的不公平,从而导致投保人减少,最终导致保险难以维持。保险业的通例是以概率论为计算损失率的依据,而以损失率确定保险费金额。

（三）保险的分类

保险按照不同的划分标准，可作多种分类：

（1）按照保险设立是否以营利为目的划分，保险可分为社会保险和商业保险。社会保险是指国家基于社会保障政策的需要，不以营利为目的而举办的一种福利保险。社会保险属法定保险，一般由社会保障立法予以规范，其费用的主要来源是国家财政资金或企事业单位资金和经费。商业保险是指社会保险以外的普通保险，它以营利为目的，其资金的主要来源是投保人交纳的保险费，一般受保险法规范。我国《保险法》规定的保险，以商业保险为限。

（2）按照保险标的划分，保险可分为财产保险和人身保险。财产保险是以物质财产或财产性利益为保险标的，以实物的毁损和利益的灭失为保险事故的各种保险。它包括家庭财产保险、企业财产保险、机动车辆保险、责任保险、信用保险和海上保险等。人身保险是以人的生命或健康为保险标的，以人的生理意外事故作为保险事故的保险。人身保险又可分为人身意外伤害保险、健康保险和人寿保险等。

（3）按照保险责任发生的效力依据划分，保险可分为自愿保险和强制保险。自愿保险是投保人与保险人双方平等协商，自愿签订保险合同而产生的一种保险。这种保险责任发生的效力依据是保险合同，投保人享有投保或不投保的自由，保险人则可决定是否承保。强制保险又称法定保险，是指国家法律、法规直接规定必须进行的保险。其保险标的多与人民生命、健康和国家重大经济利益有关，如我国实行的机动车第三者责任强制保险制度。

（4）按照保险人是否转移保险责任划分，保险可分为原保险和再保险。原保险又称第一次保险，是指保险人在保险责任范围内直接由自己对被保险人负赔偿责任的保险。再保险又称分保或第二次保险，是原保险人为减轻或避免所负风险把责任的一部分或全部转移给其他保险人的保险。再保险的目的主要是分散风险、扩大承保能力、稳定经营。

（5）按照保险人的人数划分，保险可分为单保险和复保险。单保险是投保人对于同一保险标的、同一保险利益、同一保险事故与一个保险人订立保险合同的行为。复保险，或称重复保险，是投保人对于同一保险标的、同一保险利益、同一保险事故与数个保险人分别订立数个保险合同的行为。

此外，按照保险是否具有涉外因素，保险可分为国内保险和涉外保险；按照保险标的的价值，保险可分为定值保险和不定值保险；按照所保对象与被保险人的利害关系，保险可分为积极保险和消极保险；按照保险利益存在的时间，保险可分为现在保险、追溯保险和未来保险。

（四）保险的特征

保险具有自己的特征，并因此使其与储蓄（saving）、保证（warranty）以及赌博（gambling）等明显区别开来。

1. 保险与储蓄

保险与储蓄都是处理经济不稳定的善后措施之一。在这一点上，两者有其相似之处。然而，保险与储蓄毕竟是不同的。

（1）两者实施的方法不同。储蓄是一种自助行为，可以单独地、个别地进行；保险则是一种互助合作行为，必须靠多数人的互助共济才能实现。

(2) 两者给付的条件不同。储蓄可以由存款人任意处分,随时存取,其可以利用的金额应以其存款的范围为限;保险则必须在保险合同条款规定的事故发生或期限届满时,保险人才可以按保险合同的规定支取保险金。

(3) 两者给付的内容不同。存款人可以获得的储蓄的本金和利息是确定的,被保险人是否可以得到保险金以及得到的保险金的具体数额是不确定的。

(4) 两者的目的有所不同。储蓄作为应付经济不稳定的一种措施,可以应付各种需要:既可以补偿意外事故的损失,也可以应付教育费、丧葬费、婚姻费用等支出。当事件可以预测得到,而且后果可以计算得出的,一般都用储蓄的方法。而保险,一般是针对意外事故所导致的损失的。其优点是,可以应付个别单位或个人难以预测的意外事故,可以用较少的支出取得经济上较大的保障。

应当指出,保险多少也具有储蓄的性质,这在一些人身保险上尤为明显。但是,它与纯粹的储蓄相比,差别是很大的。

2. 保险与保证

保险与保证都是民商法上的契约关系,在这两种契约关系中,对于被保险人和债权人而言,保险人和保证都是对偶然事件的保障,但它们有很大的不同,主要体现在:

(1) 保险是一种独立的合同关系;保证则是从属于借款合同、买卖合同等主合同的一种从合同。

(2) 保险人承担赔偿责任,以投保人支付保险费为必要条件;保证关系中则不一定具有对价。同时,保证人履行义务是有条件的,即当债务人(即被保证人)不履行或不能履行其义务时,保证人才负有代替债务人履行债务的义务。

(3) 在保证关系中,保证人代替债务人履行债务后,享有的债的代位求偿权,可以向债务人追偿;而保险人依约赔偿损失或给付保险金,这是履行自己应尽的义务,除非保险事故的发生是由于第三者的过错行为所造成,否则保险人无追偿权。

3. 保险与赌博

保险和赌博有相似之处,即两者都带有偶然性。但是,它们之间有着本质的区别。

(1) 标的和对象不同。保险的标的是保险利益;而赌博则可以是任何对象。

(2) 合法性不同。从法律上说,保险无论在任何国家或地区都是合法的,为法律所保护的;而赌博,除个别国家或地区以外,大多数国家的法律是不允许的,违者必受惩罚。从道德上说,保险是道德所赞同的行为,而赌博则属违反道德的行为。在大多数国家里,赌博行为是受谴责的。

(3) 目的和作用不同。保险是由保险人通过收取保险费的方式来建立专门的保险基金,用以在发生自然灾害或人身事件(包括因病、因伤和因年老而丧失劳力)时,对投保人或受益人给予经济补偿或给付保险金的一种法律制度。人们之所以需要保险制度,是因为它能够分散危险,消化损失,达到互助共济,从而实现社会生活安定的目的。因此,保险是一种安定社会经济生活的手段。而赌博,企图以最小的赌注博取最大的利益,容易助长投机取巧的侥幸心理;在绝大多数情况下,它不是也不可能成为安定社会经济生活的手段;赌博,因其投机性的特点,潜伏着破坏社会安定的不利因素,所以只会给社会带来消极的作用。

二、保险法概述

(一) 保险法的概念

保险法是调整保险关系的法律规范的总称。狭义的保险法是指保险法典。而广义的保险法不仅包括保险法典,而且还包括其他法律、法规中有关保险的规定,以及保险的习惯,有关保险的判例和法理。

(二) 保险法的调整对象

保险法是以保险关系作为调整对象的法律规范的总称。作为保险法调整对象的保险关系,是指参与保险活动的主体之间形成的权利义务关系,包括保险合同关系和保险监管关系;或者说,保险关系包括两种关系:一是保险人与投保人、被保险人、受益人等平等主体间的关系,这些主体之间的关系通常是由保险合同确立,属于保险合同关系;二是保险监管关系,即保险经营者的设立、组织形式、经营规则、变更和终止以及国家金融监督管理部门对保险经营者的监督管理关系。

(三) 保险法的内容和体系

根据其所调整的内容,保险法可分为保险业法、保险合同法和保险特别法三部分。它们构成保险法的体系。

(1) 保险业法。保险业法是调整国家和保险机构的关系的法律规范。凡规范保险机构设立、经营、管理和解散等的有关法律均属于保险业法。

(2) 保险合同法。保险合同法,是调整保险合同双方当事人关系的法律规范。保险人及投保人的保险关系是通过保险合同确定的,凡有关保险合同的签订、变更、终止以及当事人权利义务的法律,均属保险合同法。

(3) 保险特别法。保险特别法,是专门规范特定的保险种类的保险关系的法律规范。对某些有特别要求或对国计民生具有特别意义的保险,国家专门为之制定法律实施。如英国的海上保险法,日本的人身保险法。在这种保险特别法中,往往既调整该险种的保险合同关系,也调整国家对该险种的管理监督关系。

(四) 世界保险立法的起源与发展

1. 世界保险立法的起源

世界上最早的用于调整保险产业的法律规范,萌芽于古代的中世纪。地中海上的罗德岛船东及商人们起草并公布了被称为世界保险法起源的《罗德海商法》,并在当时的地中海的航海贸易中起着极为重要的作用。

《罗德海商法》中规定:在海上运输途中,船舶及其所载的货物遭遇自然灾害或意外事故等情况时,船长为了解除共同危险,有意识地采取合理的救难措施,如为减轻船只载重而将一部分货物投弃入海中导致的特殊损失和额外费用等,由船东及货主共同负担。《罗德海商法》第一次将保险的"共同海损"原则,用文字的形式写入法典,为以后的保险法奠定了坚实的基础。

1435年的春天,西班牙巴塞罗那市政当局公布了一项有关海上承保规则和损害赔偿的法令,这一被称为《巴塞罗那法令》的法律文本,被后来誉为"世界上最古老的海上保险法典"。在以后的数百年间,巴塞罗那法典的精髓,成为以后各国众多海上保险法的参照蓝本。其意义在当时十分的重大,在此后更是影响深远。

1523年，在意大利的港口城市佛罗伦萨，司法当局制定并颁布了一部海上保险的比较完整的条例，条例中规定了标准的保险单格式，明确了保险商与船东及货主的权利及义务的关系，统一了发生保险事故后船东的索赔程序和保险商应承担的责任。此后，比利时的安特卫普、荷兰的阿姆斯特丹等都先后设立了海上保险的地方法院，用以处理和协调保险纠纷。

在法国，在1681年，路易十四制定的《海事条例》，及1808年拿破仑制定的《商法典》中均有海上保险的条例规定。而在1904年就开始讨论及草拟的《保险契约法》，历经26年的试行及修改，在1930年才正式公布实施，在当时，可谓是一部体例完整、炉火纯青的保险法典。

1906年，英国女王正式签署并颁布了英国历史上第一部《海上保险法》，其中将劳合社制定的海上保险单，经过严密论证及修改后作为该法案的附件。这部《海上保险法》出现以后，即成为世界各国海上保险法范本。直到今天，该法案中的一些规定，仍为各国保险公司在签订海上保险单时所遵循。

在西班牙，国王腓力二世颁布的保险法令中规定，经纪人不得在保险业务中认占份额，使保险法令中对保险经纪人的约束程度又提高了一步。以后，1563年，腓力二世又制定颁布了《安特卫普法典》（安特卫普现为比利时港口城市，原为西班牙的殖民地），它分为两个部分：一部分是航海法令；另一部分是海上保险及统一的海上保险单格式的法令。《安特卫普法典》在以后的航海业中影响深远，为欧洲各国所普遍采用。

在德国，1731年汉堡市就颁布了《保险及海损条例》，规定了海上保险的行为及准则。1794年诞生的《普鲁士法》，则属于陆上保险法。该法共分五章，第一章为各种保险的共同规则，即保险契约法的通则；第二章为损害保险；第三章为人寿保险；第四章为伤害保险；第五章为附则。在保险业监督法方面，有1901年制定的《民营保险业法》，1931年颁布的《民营保险企业及建筑银行法》，此外在1931年又公布了《再保险监督条例》。以上这些法律文本的贯彻实施，对当时德国及其欧洲的保险市场，起到了积极的稳定及规范作用。

2. 世界保险立法的发展

保险立法经过了从私法到公法的发展过程。20世纪30年代以来，鉴于现代社会经济生活的深刻变化，国家干预主义逐渐取代自由放任主义，这对立法产生的影响是公法、私法出现了相互融合，这一客观存在使保险法逐步丧失传统商法的特点，具有了经济法的特质。(1)保险是风险集散的特有制度，是风险主体间的互助协作，具有社会性、公益性，其中安全性是第一属性，营利性是第二属性，可见保险是以社会为本位的。(2)保险合同权责的依据主要不是保险合同法，而是国家对保险关系主体权责直接的法律界定，体现了国家干预和国家意志。(3)保险关系包括保险监督管理关系和保险合同关系，体现了经济法的纵横统一。

保险法最早可追溯到公元前罗马法中关于共同海损的规定，而现代意义上的保险法则形成于14世纪以后的海上保险法。目前，世界上存在以德国保险法为代表的德国法系、以法国保险法为代表的法国法系和以英美等国为代表的英美保险法系。保险法的立法体例可分为以下三种类型：(1)制定单行保险法律，如英国、美国、丹麦、瑞士、德国、中国、泰国等；(2)在民法典中规定，如意大利、苏联及东欧国家等，将保险法作为民法典的一章；(3)将保险法列入商法典中，如法国、西班牙、荷兰、日本、比利时等。

三、中国保险立法及其原则

(一) 中国保险立法的起源

中国的保险立法起步较晚。1904年《钦定大清商律》是中国第一部带有保险内容的法律。清朝末年和北洋政府时期都曾进行过保险立法起草活动,但均未公布施行。国民党政府成立后,于1929年12月30日公布了《中华民国保险法》,该法未曾实施;1937年经过修订重新公布后,仍然没有实施。1935年7月5日,国民政府公布《保险业法》,1937年1月11日修改后再次公布,同一天还公布了《保险业法实施法》,但均未付诸实施。1935年5月10日公布《简易人寿保险法》等。

中华人民共和国刚成立时,1949年10月就设立了保险业的管理机关中国人民保险公司。中华人民共和国成立初期,登记复业的华商保险公司有63家,外商保险公司41家,中央人民政府政务院为此颁发了一系列保险行政法规,对各种保险业务予以规范。1958年以后,保险业陷入停顿状态。1980年,中国人民保险公司恢复办理保险业务。1993年以后,保险业改革步伐加快,中国人民保险公司完成了财产险、人寿险和再保险业务的分离工作,改组设立了中国人民保险(集团)公司(含中保财产保险公司、中保人寿保险公司和中保再保险公司三家子公司),其他保险公司、中外合资保险公司、外资保险公司分公司也大量出现。

与保险业的恢复、发展相适应,我国的保险立法也得到了发展。1981年12月31日发布的《经济合同法》,将保险合同作为经济合同的一种加以规定。1983年9月1日,国务院颁布《财产保险合同条例》,对《经济合同法》中关于保险合同规定进一步具体化。1985年3月3日,国务院颁布的《保险企业管理暂行条例》对保险企业的设立,保险公司的权利和义务、偿付能力,保险基金以及再保险业务等作了规定。1992年公布的《海商法》则就海上保险作了特别规定。

1995年6月30日,作为我国第一部完备的保险基本法的《保险法》经第八届全国人大常委会第十四次会议通过,自1995年10月1日起施行。之后,根据2002年10月28日第九届全国人大常委会第三十次会议第一次修正;2009年2月28日第十一届全国人大常委会第七次会议修订;根据2014年8月31日第十二届全国人大常委会第十次会议第二次修正;根据2015年4月24日第十二届全国人大常委会第十四次会议第三次修正。

(二) 中国保险法律体系

自我国《保险法》颁布实施之后,1996年2月2日、1996年7月15日、1998年2月16日和1998年9月11日中国人民银行先后发布了《保险代理人管理暂行规定》《保险管理暂行规定》《保险经纪人管理规定(试行)》和《保险业监管指标》等,对保险业及其业务开展作了具体的规定。

1998年11月18日,中国保险监督管理委员会(简称中国保监会)成立。中国保监会是全国商业保险的主管部门,根据国务院授权履行行政管理职能,依法统一监督管理全国保险市场。中国保监会成立后,制定了一系列保险方面的规章,主要包括:2001年11月16日、2002年3月15日、2002年9月17日、2003年3月24日保监会先后制定公布了《保险经纪公司管理规定》《保险兼业代理管理暂行办法》《保险公估机构管理规定》《关于修改〈保险公司管理规定〉有关条文的决定》《保险公司偿付能力额度及监管指标管理规定》《再保险公司设立规定》。2001年12月5日国务院通过了《外资保险公司管理条例》。

我国《保险法》,2009年2月28日第十一届全国人大常委会第七次会议修订,自2009年10月1日起施行;根据2015年4月24日第十二届全国人大常委会第十四次会议第三次修正,标志着我国的保险立法日臻完善。修改后的现行《保险法》共8章185条,包括总则、保险合同、保险经营规则、保险业的监督管理、保险代理人和保险经纪人、法律责任、附则。在指导思想上,《保险法》贯穿了履行我国加入世贸组织的承诺、加强对被保险人利益的保护、强化保险监管、支持保险业的改革和发展、促进保险业同国际接轨的精神。同时,《保险法》的规定,海上保险适用海商法的有关规定,海商法未作规定的,适用保险法的有关规定。国家支持发展为农业生产服务的保险事业,农业保险的法律、行政法规另行规定。

2019年9月30日,国务院公布、实施《关于修改〈中华人民共和国外资保险公司管理条例〉和〈中华人民共和国外资银行管理条例〉的决定》,对我国《外资保险公司管理条例》作出第三次修订。2019年11月29日,国务院公布了修订后的《外资保险公司管理条例实施细则》,自公布之日起施行。

最新修订的《外资保险公司管理条例》及其《实施细则》,放宽外资保险公司准入条件,不再对"经营年限30年""代表机构"等相关事项作出规定。为规范外资保险公司股权管理,修改后的《实施细则》要求外资保险公司至少有1家经营正常的保险公司作为主要股东,进一步明确主要股东的责任和义务,保障外资保险公司持续健康运行。在统一中外资监管制度方面,《实施细则》删除了关于外资保险公司分支机构管理等相关条款,外资保险公司在分支机构的设立和管理方面与中资保险公司同等适用《保险公司分支机构市场准入管理办法》等相关规定,设立合资保险公司的中国申请人的资格条件统一适用《保险公司股权管理办法》,确保相关监管规定的协调统一。由此,我国保险业的进一步开放有了法律保障。

2020年5月8日,中国银保监会印发《信用保险和保证保险业务监管办法》,共五章35条,以加强信保业务监管,规范经营行为,防范化解风险,保护消费者合法权益,促进信保业务持续健康发展。

(三)我国保险法的基本原则

我国保险法的基本原则有五个:

(1)合法原则。我国《保险法》第4条规定,"从事保险活动必须遵守法律、行政法规,尊重社会公德,不得损害社会公共利益。"作为保险法的一项基本原则,合法原则是指保险活动的内容和形式都必须合法,保险活动的整个过程应当遵守国家的法律、法规。

(2)诚信原则。诚实信用原则是民商法的基本原则,当然适用于保险法领域。我国《保险法》第5条规定,"保险活动当事人行使权利、履行义务应当遵循诚实信用原则。"关于"最大诚信原则",在我国保险立法过程中曾经争论颇大,因其立足点在于保护处于强势一方的保险人,显然已经不合时宜,所以并未被我国《保险法》采纳。

(3)保险专营原则。保险业属于经营风险的特殊行业,各国对于保险业的经营主体都有严格的限制性的资格和条件要求。我国《保险法》第6条规定:"保险业务由依照本法设立的保险公司以及法律、行政法规规定的其他保险组织经营,其他单位和个人不得经营保险业务。"

(4)境内投保原则。我国《保险法》第7条规定:"在中华人民共和国境内的法人和其他组织需要办理境内保险的,应当向中华人民共和国境内的保险公司投保。"境内投保原则要求在中国境内的法人和其他组织对其在中国境内的财产或者组织成员投保时,应当向中国境内的保险公司投保,即可以向中国境内的中国保险公司投保,也可以向经批准设立在中国境内的中外合资保险公司和外资保险公司(或其分公司)投保。对于中国境内的个人,法律没有要求必须境内投保。

(5) 分业经营原则。我国金融业实行分业经营、分业监管的原则和体制,其中当然包括保险业。我国《保险法》第8条规定:"保险业和银行业、证券业、信托业实行分业经营、分业管理,保险公司与银行、证券、信托业务机构分别设立。国家另有规定的除外。"

第二节 保险合同

一、保险合同概述

(一) 保险合同的概念及特征

保险合同是投保人与保险人约定保险权利义务关系的协议。投保人是指与保险人订立保险合同,并按照保险合同负有支付保险费义务的人。保险人是指与投保人订立保险合同,并承担赔偿或者给付保险金责任的保险公司。

与一般商事合同相比,保险合同的特征主要表现为:

(1) 保险合同是射幸合同(aleatory contract)[①]。"射幸"是碰运气的意思,射幸合同是指碰运气的机会性合同。在保险合同关系中,倘若发生保险标的损失,被保险人从保险人那里得到的赔偿金可能远远超过其所支出的保险费;反之,如果保险标的没有损失,则被保险人支出了保险费却没有任何保险金所得。从保险人角度,当事故发生时,其所赔付的金额可能大于其所收取的保险费;如果没有事故发生,则保险人享有收取保险费的权利,而无赔付的责任。这种或赔或不赔,以及赔款与保费不等额的情形,就是所谓的射幸性。保险合同的射幸性质是由危险发生的偶然性决定的。

(2) 保险合同是不要式合同。保险合同应当采用书面形式,我国《保险法》第13条规定,"投保人提出保险要求,经保险人同意承保,并就合同的条款达成协议,保险合同成立。保险人应当及时向投保人签发保险单或者其他保险凭证,并在保险单或者其他保险凭证中载明当事人双方约定的合同内容。经投保人和保险人协商同意,也可以采取前款规定以外的其他书面协议形式订立保险合同。"可见保险合同的书面形式不限于保险单形式,也可以采用其他保险凭证或书面协议形式。英国、美国、德国、日本等都将保险合同认定为不要式合同。可以认为,将保险合同视为不要式合同有利于保护被保险人。

(3) 保险合同是双务有偿合同。保险合同的当事人按照合同的约定互相负有义务,保险人在合同约定的保险事故发生时或者在保险期限届满时,向投保人(或被保险人、受益人)支付赔偿金或保险金;投保人按约定向保险人交纳保险费,并以此为代价将一定范围内

[①] See Bryan A. Garner: *Black's Law Dictionary* (8th ed), West, a Thomson Business, 2004, p.342: "Aleatory contract: A contract in which at least one party's performance depends on some uncertain event that is beyond the control of the parties involved. Most insurance contracts and life annuities are of this type."另参见薛波:《元照英美法词典》,法律出版社2003年版,第58页。该词典在对"aleatory contract 射幸合同"的解释为:"在该合同中,至少一方当事人的履行取决于当事人所不能控制的不确定事件。大部分的保险合同是射幸合同。该词主要用于表达大陆法系中的含义;在英格兰法中,则多用赌博合同(wagering contract)或偶然性合同(hazardous contract)。"

的危险转移给保险人。保险合同的双务性在于危险的承担，即投保人参加保险后，不管危险是否发生，都无需担心其保险利益的损失；而保险人将损失的偶然性转化为经济保障的确定性，这就是保险人收取保险费后所提供的对价。保险人的义务并非始于保险事故发生之时，而是存在于整个保险合同的有效期间之内；也就是，保险合同有效期内，保险人均有承担危险之义务。

（4）保险合同是附合合同。附合合同或称格式合同、标准合同，是指一方当事人提出合同的主要内容，另一方必须服从、接受或拒绝对方提出的条件而成立的合同。在现代保险业务中，保险合同的内容或主要条款或保险单一般由保险人根据国家法律规定拟订、备制和提供，投保人在投保时，通常只能决定是否接受保险人制定的保险条款，一般没有拟定、磋商或更改保险条款的自由。附合性是保险合同的一个重要特征。当然，保险合同的附合性使得当就条款解释发生争议时，按照《民法典》第三编合同和《保险法》关于格式条款合同解释的规定，仲裁机构和人民法院应该做出不利于条款制定者即保险人的解释。

（5）保险合同是补偿性合同。保险是一种危险管理手段，其集合危险、分散损失的特点决定了保险合同的补偿性。保险并不能保证危险的不发生，也不能恢复已受损失的保险标的。只是通过货币给付来补偿投保人或被保险人的经济利益，弥补其遭受的损失。因此，如果经济利益没有受到损失，就无所谓补偿；如果经济利益受到损失，则以实际损失的最高限额给付补偿，保险法禁止谋取超过实际损失的额外经济利益。人身保险也是一种货币救济，但因人身无价，所以人身保险中没有最高限额的限制。

（二）保险合同的种类

保险合同的分类方法很多，以保险的种类或者保险标的为标准对保险合同进行分类，是最为常用的方法之一，由此可以把保险合同分为财产保险合同、人身保险合同，我国《保险法》即采取的是这种分类方法，而且在第二章分别以专节予以规定。

除此之外，还可以做如下分类。

1. 定值保险合同与不定值保险合同

这是根据保险合同中的保险价值是否预先确定为标准对保险合同的分类。

（1）定值保险合同。定值保险合同是指保险金额由当事人双方约定的保险合同。这种保险合同在订立时，由保险人和投保人约定保险金额，并载明于合同中。在全损的情况下，不再依据出险时的市场价值来确定赔偿金额，而是直接以合同约定的保险金额赔偿。这种保险合同主要适用于保险标的如古董等不能以市场价格估计，或者在出险后损失难以确定的保险。由于定值保险易于引发道德风险而不用于一般财产保险，主要用于海上保险。

（2）不定值保险合同。不定值保险合同是指在订立保险合同时，对保险标的的保险价值不予事先确定，而只是在合同中载明保险金额，待损失发生时，依据损失发生时的市场价格来确定赔偿金额，但是依据市价的赔偿金额不得超过保险金额。不定值保险合同的赔偿金额的确定，不是以确定保险合同时的市场价格为准，而是以保险事故发生时的市价为准。这种保险合同，用于一般的财产保险，海上保险则较少采用。

2. 足额保险合同、不足额保险合同和超额保险合同

依据保险价值和保险金额的关系，可以把保险合同划分为足额保险合同、不足额保险合同和超额保险合同。

（1）足额保险合同。足额保险合同也称为足额保险，是指保险金额等于保险价值的保

险合同,即以保险标的的全部价值投保所签订的保险合同。若保险标的遭受全部损失,保险人按保险金额赔偿;若为部分损失,根据补偿原则,则以实际损失赔偿。

(2) 不足额保险合同。不足额保险合同也称为不足额保险,是指保险金额小于保险价值的保险合同,也就是说以保险标的的一部分投保。以部分标的价值投保,不足部分则由被保险人自行承担责任,保险人只按承保的比例承担保险责任。发生不足额保险的情况有两种:一是投保时以部分价值投保,大多出于节省保险费支出的考虑;二是在投保时以标的全部价值投保,但在保险合同有效期间,因市价上涨导致保险标的的实际市场价值高于保险金额。对于不足额保险合同,保险人的赔偿方式有:若为全损,保险人按保险金额赔偿;若为部分损失,则保险人采取比例责任方式赔偿。

(3) 超额保险合同。超额保险合同也称为超额保险,是保险金额高于保险价值的保险合同。产生超额保险的原因主要有两种情况:一是在投保时,投保人出于各种原因,以超过标的实际价值的保险金额投保而成;二是在保险合同有效期间,因市价的跌落造成保险标的的实际市场价值下跌,从而保险金额超过保险价值。对于超额保险,无论出于何种原因,也无论是全损还是部分损失,超额部分都无效,保险人按实际损失赔偿。

3. 定额保险合同与补偿保险合同

这是以保险人是否按保险金额承担责任为标准对保险合同所作的分类,定额保险合同是在人身保险中采用的,而各种财产保险合同都采用补偿保险合同。定额保险合同是指在保险事故或约定事件出现时,按合同中约定的保险金额支付,不得增减,也不用再行计算。补偿保险合同是指保险人的责任以补偿被保险人的实际损失为限,并不得超过保险金额。

4. 特定危险保险合同与一切危险保险合同

这一分类是以保险人所承担危险状况的不同为标准而进行的分类。

(1) 特定危险保险合同是指保险人承担保险标的的一种或几种危险的保险合同,大多数的保险合同是承担保险标的的几种危险,但承保火灾险、盗窃险、地震险等时,保险人则仅仅承担保险标的的一种危险。

(2) 一切危险保险合同中的"一切危险保险",简称"一切险",它并不是指保险人对任何危险都予以承保,而是除去列明的不保危险外,承保其他任何不列明的危险。由于一切险合同给被保险人提供了较为广泛的保险保障,而且在理赔时易于判明责任,可以减少被保险人与保险人之间的分歧和争议,所以一切险合同广受欢迎,发展迅速。

(三) 保险合同法的原则

与一般民商事合同相比,保险合同具有特殊性。理论上,一般认为保险合同有五个基本原则,即最大诚信原则、保险利益原则、损失补偿原则、近因原则、保护被保险人和受益人原则。

1. 最大诚信原则

作为合同法的一般原理,任何合同的订立,双方当事人都应当本着善意和诚信原则。但是,由于保险合同具有射幸性,所以要求保险关系双方当事人在订立合同时应当遵守最大诚信原则。否则,保险无异于赌博。

最大诚信原则(utmost good faith)首次出现在英国《1906 年海上保险法》中,其第 17 条规定"海上保险是建立在最大诚信基础上的合同,如果任何一方不遵守最大诚信,另一方可以宣告合同无效"。违反最大诚信原则的行为,主要包括隐瞒、不告知、不实陈述和违反保证等。原则上,如果投保人违反最大诚信原则,无论是在损失发生前还是损失发生后,即使发生的损失或损失原因与违反最大诚信原则无关,保险人有权自违反最大诚信原则时解除合同。随后各国的保险法相继效仿,明确规定了这一原则。

应该说,最大诚信原则主要是保险人约束投保人的工具,保险人往往以投保人破坏此原则为由而拒绝履行赔偿义务;至于保险人是否履行同样的义务,各国立法都没有具体规定。为保护投保人利益,促进保险业健康发展,我国《保险法》没有采用最大诚信原则。我们认为,如果我国《保险法》将来规定最大诚信原则,应该同时适用于保险人和投保人。对于投保人而言,遵守最大诚信原则主要在于如实告知和履行保证;而保险人遵守该原则,主要体现在弃权与禁止抗辩方面。

2. 保险利益原则

保险利益(insurable interest),又称可保利益,是指投保人对保险标的具有法律上承认的利益。所谓保险标的,是指作为保险对象的财产及其有关利益或者人的寿命和身体。根据保险利益原则,投保人对保险标的应当具有保险利益;投保人对保险对象不具有保险利益的,保险合同无效。保险合同的客体是保险利益,而不是保险标的,投保人对保险标的具有保险利益是保险合同生效的依据和要件。没有保险利益,保险合同将会因不满足客体要件而归于无效。

我国《保险法》第12条规定:"人身保险的投保人在保险合同订立时,对被保险人应当具有保险利益。""财产保险的被保险人在保险事故发生时,对保险标的应当具有保险利益。""保险利益是指投保人或者被保险人对保险标的具有的法律上承认的利益。"由此确立了保险利益原则,目的在于禁止投保人借助于保险的形式而达到赌博的目的,限制保险责任的数额,抑制道德危险的发生,避免投保人利用保险活动而取得额外利益。

3. 损失补偿原则

损失补偿原则(principle of indemnity)是财产保险合同中所特有的一项原则,由财产保险合同的经济补偿性质所决定的。人们参加财产保险不是为了盈利,而是为了保障经济利益。损失补偿原则体现在以下几个方面:

(1) 补偿实际损失。投保人或者被保险人只有受到约定的保险事故所造成的损失时,才能得到补偿,而且损失多少,补偿多少,没有损失就不予补偿。也就是说,保险人的补偿恰好能使保险标的恢复到保险事故发生之前的状况,投保人或被保险人不能获得多于或少于损失的补偿。

(2) 最高赔偿限额。保险人的赔付以投保时约定的保险金额为限,而且保险金额不得超过保险标的的实际价值,超过保险金额的损失,保险人不予赔偿。

(3) 超额保险或重复保险中的超额部分无效。超出保险标的的实际价值投保的称为超额保险,其中超出保险价值的部分无效。重复保险是指投保人对同一保险标的、同一保险利益、同一保险事故分别向两个以上保险人订立保险合同的保险,其中保险金额总和超过保险价值的,各保险人的赔偿金额的总和不得超过保险价值;除另有规定外,各保险人按照其保险金额与保险金额总和的比例承担赔偿责任。

(4) 代位求偿制度。代位求偿制度是指财产保险中保险标的损失是由第三人的行为造成的,被保险人从保险人处取得赔付之后,应将向肇事者追偿的权利转让给保险人,保险人有权向肇事的第三者追偿损失。我国《保险法》第60条规定:"因第三者对保险标的的损害而造成保险事故的,保险人自向被保险人赔偿保险金之日起,在赔偿金额范围内代位行使被保险人对第三者请求赔偿的权利。""前款规定的保险事故发生后,被保险人已经从第三者取得损害赔偿的,保险人赔偿保险金时,可以相应扣减被保险人从第三者已取得的赔偿金额。""保险人依照本条第一款规定行使代位请求赔偿的权利,不影响被保险人就未取得赔偿的部分向第三者请求赔偿的权利。"

4. 近因原则

近因原则是指危险事故的发生与损失结果的形成,必须是直接的因果关系(近因),保险人才对损失承担补偿责任。所以,所谓近因(proximate cause),是指造成保险标的损失最直接、最有效的、起决定性作用或起支配性作用的原因。在损失的原因有两个以上时,这些原因中可能既有近因又有远因;在损失的原因中既有承保风险又有非承保风险的情况下,需要找出一个造成事故损失的主要原因。近因原则是在保险理赔过程中必须遵循的原则,它要求只有当被保险人的损失是直接由于保险责任范围内的事故所造成的情况下,保险人才能给予赔偿。近因原则是英美法上的称谓,实际上就是我国法律的因果关系。

5. 保护被保险人和受益人原则

根据我国《保险法》第 30 条规定,采用保险人提供的格式条款订立的保险合同,保险人与投保人、被保险人或者受益人对合同条款有争议的,应当按照通常理解予以解释。对合同条款有两种以上解释的,人民法院或者仲裁机构应当作出有利于被保险人和受益人的解释。

(四) 保险合同主体

保险合同的主体包括保险合同当事人、保险合同关系人和保险合同辅助人。

(1) 保险合同当事人。保险合同的当事人是指订立保险合同的双方,包括投保人和保险人。投保人,又称要保人,是指与保险人订立保险合同,并按照保险合同负有支付保险费义务的人。投保人应具备两个要件:一是具备民事权利能力和民事行为能力;二是对保险标的须具有保险利益。保险人,又称承保人,是指与投保人订立保险合同,并承担赔偿或者给付保险金义务的保险公司。

(2) 保险合同的关系人。保险合同的关系人系指与保险合同有利害关系的人,包括被保险人和受益人。被保险人是指其财产或者人身受保险合同保障,享有保险金请求权的人,投保人可以为被保险人。受益人是指人身保险合同中由被保险人或者投保人指定的享有保险金请求权的人,投保人、被保险人可以为受益人。

(3) 保险合同的辅助人。保险合同的辅助人是指对订立保险合同起协助作用的人,包括保险代理人、保险经纪人和保险公估人。2001 年 11 月 16 日,中国保监会颁布了《保险经纪公司管理规定》《保险兼业代理管理暂行办法》《保险公估机构管理规定》。对保护投保人、被保险人的合法权益,维护公平竞争的市场秩序,防范保险风险具有重要意义。

(五) 保险合同的客体:保险利益

1. 保险利益的概念

保险利益又称可保利益,是指投保人对保险标的具有的法律上承认的利益。保险利益就是投保人或被保险人对于保险标的所有的利害关系,投保人或被保险人,因保险事故的发生,导致保险标的不安全而遭受损失;保险事故不发生时,因保险标的的安全而直接受益,这种损益关系就是保险利益。保险标的是指作为保险对象的财产及其有关利益或者人的寿命和身体,保险标的或者为财产和财产利益,或者为人身和人身利益,但投保人或被保险人对其应存在利害关系。

我国《保险法》第12条规定："人身保险的投保人在保险合同订立时,对被保险人应当具有保险利益。""财产保险的被保险人在保险事故发生时,对保险标的应当具有保险利益。""保险利益是指投保人或者被保险人对保险标的具有的法律上承认的利益。"可见,对保险标的有无保险利益是投保人能否投保和保险合同是否有效的评定标准。此外,保险利益更是决定保险标的、保险价值、损害发生、复保险、超额保险及保险契约利益移转的标准。

2. 财产保险的保险利益

在财产保险合同中,凡是因财产发生危险事故而可能遭受损失的人,均为对该项财产具有一定的保险利益的人,包括财产所有人、经营管理人或对某项财产有直接利害关系的人。财产保险合同的保险利益有财产上的现有利益、由现有利益而产生的期待利益、责任利益几种。财产保险的保险利益必须具备三个成立要件,简称为三性,即合法性、经济性和确定性。

3. 人身保险的保险利益

在人身保险合同中,凡一方的继续生存对他方具有现实的或预期的经济利益,即认为具有保险利益。我国《保险法》第31条规定："投保人对下列人员具有保险利益:(1)本人;(2)配偶、子女、父母;(3)前项以外与投保人有抚养、赡养或者扶养关系的家庭其他成员、近亲属;(4)与投保人有劳动关系的劳动者。""除前款规定外,被保险人同意投保人为其订立合同的,视为投保人对被保险人具有保险利益。""订立合同时,投保人对被保险人不具有保险利益的,合同无效。"投保人以他人的生命或身体投保人身保险时,除其配偶、亲属之外,其与下列人员之间一般被认定为存在利害关系:债权人对于债务人,雇佣人对于受雇人,合伙人,等等。

二、保险合同的订立

投保人和保险人订立保险合同,应当遵循公平互利、协商一致、自愿订立的原则,不得损害社会公共利益。除法律、行政法规规定必须保险的以外,保险公司和其他单位不得强制他人订立保险合同。

(一) 保险合同订立的程序

订立保险合同的程序主要为投保和承保两个步骤。投保是指投保人提出保险请求并提交投保单的行为,其实质为保险要约;承保是指保险人同意接受投保人投保请求的行为,即保险承诺。实践中,保险合同的订立一般须经以下程序:

(1) 投保人提出申请,索取并填写投保单。

(2) 投保人与保险人商定支付保险费的方法。

(3) 承保。保险人审查投保单,向投保人询问、了解保险标的的各种情况和被保险人的身体状况,决定接受投保后即在投保单上签章。

(4) 出具保险单。既可以是保险单,也可以是暂保单,还可以是其他保险凭证。

(二) 保险合同的形式

我国《保险法》规定保险合同应采用书面形式。具体形式包括:

1. 保险单

保险单即"保单",是投保人与保险人订立保险合同的正式书面凭证。由保险人或其代理人制作并签发给投保人。保险单中一般印有保险条款。当保险标的遭受损失时,保险单就成为被保险人向保险人索赔的主要凭证,同时也是保险人向被保险人理赔的主要依据。

保险单是订立保险合同的书面形式,但并非保险合同本身,而是保险合同成立的正式凭证。根据我国《保险法》第13条的规定,投保人提出保险要求,经保险人同意承保,保险合同成立。因此,如在正式保险单签发之前发生保险事故,保险合同仍具有法律效力,保险人应按合同约定负赔偿责任。除非当事人事先约定以正式签发保险单为合同成立条件,保险人才可免除赔偿义务。

2. 保险凭证

保险凭证又称"小保单",是一种内容和格式简化了的保险单。它一般不列明具体的保险条款,只记载投保人和保险人约定的主要内容。保险凭证上记载的内容,虽然不是保险合同的全部内容,但与保险单具有同等的法律效力。对于保险凭证未列明的内容,以相应的保险单记载为准,当保险凭证记载的内容与相应的保险单列明的内容发生抵触时,以保险凭证的记载为准。保险人向投保人出具保险凭证的,不再签发保险单。

3. 暂保单

暂保单又称"临时保单",指保险人或其代理人在同意承保风险而又不能立即出具保险单或保险单证时,向投保人签发的临时保险凭证。暂保单不同于保险单,但在有效期限内在保险单做成并交付之前,具有与保险单相同的效力。签发暂保单不是订立保险合同的必经程序,但在以下情况下可使用暂保单:(1)保险代理人争取到保险业务但尚未向保险人办妥保险单之前;(2)保险公司的分支机构,在接受投保时,须经上级公司或总公司的审批,而未获批准前;(3)保险人和投保人就标准保险单的条款达成一致,但就标准保单记载以外的个别事项尚未达成一致,而保险人原则上同意承保时;(4)保险人与投保人在不能确定保险条件是否符合承保标准前。

4. 投保单

投保单是保险人预先备制的以供投保人提出保险要约时使用的格式文书,一般包括以下内容:(1)投保人姓名(名称)、地址;(2)投保人的职业或经营性质;(3)保险标的及其坐落位置;(4)保险标的的实际价值或保险价值的确定方法;(5)保险金额或保险责任限额;(6)保险期间;(7)投保人签章;(8)投保日期。

投保单本身不是保险合同,也非保险合同的正式组成部分。但投保单经投保人如实填写,并由保险人签章承保后,就成为保险合同的组成部分之一,补充保险单的遗漏。

5. 其他书面形式

其他书面形式是指投保人和保险人以上述四种方式以外的书面形式订立的保险合同。如投保人和保险人约定特殊事项的保险,并经过公证的保险合同。

(三)保险合同的内容

根据我国《保险法》第18条的规定,保险合同应当包括下列事项:

(1)保险人名称和住所。保险人是保险合同当事人之一,指经营保险业务,与投保人订立保险合同并承担赔偿或者给付保险金责任的保险公司。保险合同对其名称和住所应当加以记载,以便于投保人、被保险人、受益人行使权利、履行义务。由于我国法律规定保险人是保险公司,而保险公司又是法人,所以保险人的名称应当使用经过工商行政管理机关核准登记的名称,保险人的住所应以其主要办事机构所在地为住所。

(2)投保人、被保险人名称和住所,以及人身保险的受益人的名称和住所。投保人、被保险人、受益人作为保险活动的当事人,对其名称和住所加以记载同样是履行保险合同的需要。投保人、被保险人、受益人为自然人的,应当使用身份证或者户口簿所记载的姓名,并以其户籍所在地为住所,经常居住地与住所不一致的,经常居住地为住所。

(3) 保险标的。保险标的是指作为保险对象的财产及其有关利益或者人的寿命和身体。保险标的必须明确记载于合同,据以判断投保人对其有无保险利益,并确定保险人的保险责任范围。

(4) 保险责任和责任免除。保险责任是指保险单上记载的危险发生造成保险标的损失或约定人身保险事故发生时,保险人所承担的赔偿或给付责任。责任免除是指依法或合同约定,保险人可以不负赔偿或给付责任的范围。保险合同应当明确保险责任和责任免除。保险合同规定有关于保险人责任免除条款的,保险人在订立保险合同时应当向投保人明确说明,未明确说明的,该条款不产生效力。

(5) 保险期间和保险责任开始时间。保险期间即保险合同的有效期间。只有在保险期间发生保险事故或出现保险事件,保险人才承担赔偿或给付责任。保险责任开始时间,即保险人开始履行保险责任的时间。

(6) 保险金额。保险金额是指保险人承担赔偿或者给付保险金责任的最高限额。保险金额是由投保人和保险人约定的,财产保险的保险金额不得超过保险价值,超过保险价值的,超过的部分无效;人身保险的保险金额,就是保险事故发生时,保险人实际所要给付的保险金。由于保险金额是计算保险费的基数,且对于保险合同当事人的给付责任与义务关系极为重要,因此必须在保险合同中明确规定。

(7) 保险费以及支付办法。保险费简称"保费",是投保人应该向保险人支付的费用。它是建立保险基金的源泉。保险费的多少,取决于保险金额的大小、保险费率的高低和保险期限的长短。保险合同应该约定保险费的支付办法。

(8) 保险金赔偿或者给付办法。保险金赔偿或者给付办法是指保险人在保险事故发生造成保险标的损失时,向被保险人或受益人赔偿或者给付保险金的方式和时间等,应由投保人和保险人依法约定,并在保险合同中载明。一般而言,以金钱给付为原则。

(9) 违约责任和争议处理。违约责任是指合同当事人因其过错致使合同不履行或者不完全履行时,基于法律规定或者合同约定应当承担的法律后果。在保险合同中规定违约责任条款,可以保证合同的顺利履行。争议处理是指保险合同当事人在合同履行过程中发生争议时的处理办法,投保人和保险人应当在保险合同中加以约定,以利于争议的解决。

(10) 订立合同的年、月、日。保险合同应当记载订立合同的时间,这对于确定投保人是否具有保险利益、保险合同是否有效、保险责任的开始时间以及计算保险期间等都具有重要作用。

投保人和保险人可以在法律规定的保险合同事项之外,就与保险有关的其他事项作出约定。

(四) 告知义务

我国《保险法》第16条规定,订立保险合同,保险人就保险标的或者被保险人的有关情况提出询问的,投保人应当如实告知。

投保人故意或者因重大过失未履行前款规定的如实告知义务,足以影响保险人决定是否同意承保或者提高保险费率的,保险人有权解除合同。

前款规定的合同解除权,自保险人知道有解除事由之日起,超过三十日不行使而消灭。自合同成立之日起超过二年的,保险人不得解除合同;发生保险事故的,保险人应当承担赔偿或者给付保险金的责任。

投保人故意不履行如实告知义务的,保险人对于合同解除前发生的保险事故,不承担赔偿或者给付保险金的责任,并不退还保险费。

投保人因重大过失未履行如实告知义务,对保险事故的发生有严重影响的,保险人对于合同解除前发生的保险事故,不承担赔偿或者给付保险金的责任,但应当退还保险费。

保险人在合同订立时已经知道投保人未如实告知的情况的,保险人不得解除合同;发生保险事故的,保险人应当承担赔偿或者给付保险金的责任。

三、保险合同的履行

(一) 保险合同履行的概念

保险合同的履行是指保险合同生效后,合同主体全面、适当完成各自承担的约定义务的行为。从内容上看,履行包括投保人、被保险人和保险人的合同义务的履行。从程序上看,履行还包括索赔、理赔、代位求偿三个环节。

(二) 投保人、被保险人和保险人的义务

1. 投保人、被保险人的义务

主要包括:(1)投保人应按照约定交付保险费,这是投保人最基本的义务;(2)投保人、被保险人应履行出险通知、预防危险、索赔举证的义务;(3)被保险人应履行危险增加通知、施救的义务。

2. 保险人的义务

主要是按照合同约定的时间开始承担保险责任,在保险事故发生后或保险合同规定的事项发生后对损失给予赔偿或向受益人支付约定的保险金。保险人或者再保险接受人对在办理保险业务中知道的投保人、被保险人、受益人或者再保险分出人的业务和财产情况及个人隐私,负有保密的义务。

(三) 索赔、理赔与代位求偿

1. 索赔与理赔

索赔是被保险人或受益人在保险事故发生后或保险合同中约定的事项出现后,按照保险合同的规定,在法定期限内向保险人要求赔偿损失的行为。理赔是保险人在被保险人或受益人提出索赔后,根据保险合同的规定,对保险财产的损失或人身伤害进行调查并处理有关保险赔偿责任的活动。

对于保险合同的条款,保险人与投保人、被保险人或者受益人有争议时,人民法院或者仲裁机关应当作有利于被保险人和受益人的解释。

索赔时效:人寿保险的索赔时效为自知道保险事故发生之日起5年;其他保险的索赔时效为自知道保险事故发生之日起2年。

2. 代位求偿权

我国《保险法》第60条规定:"因第三者对保险标的的损害而造成保险事故的,保险人自向被保险人赔偿保险金之日起,在赔偿金额范围内代位行使被保险人对第三者请求赔偿的权利。""前款规定的保险事故发生后,被保险人已经从第三者取得损害赔偿的,保险人赔偿保险金时,可以相应扣减被保险人从第三者已取得的赔偿金额。""保险人依照本条第一款规定行使代位请求赔偿的权利,不影响被保险人就未取得赔偿的部分向第三者请求赔偿的权利。"代位求偿权只存在于财产保险中,人身保险中不存在代位求偿权。

四、保险合同的变更和解除

(一) 保险合同的变更

保险合同依法成立,即具有法律约束力,当事人双方都必须全面履行保险合同规定的义务,不得擅自变更合同。保险合同的变更是指在保险合同存续期间,其主体、内容、效力发生变化。

(1) 主体的变更。主体的变更,即保险合同的转让,是指保险合同当事人和关系人的变更,一般是投保人或被保险人的变更,而不是保险人的变更。保险合同的转让,通常是由于保险标的所有权的转让而引起的。

(2) 内容的变更。保险合同内容的变更,是指在主体不变的情况下,保险标的的数量、品种、价值或存放地点发生变化,或货物运输合同中的航程变化、船期变化以及保险期限、保险金额的变更等。保险合同的内容变更,一般应有保险人的同意,我国《保险法》第 20 条规定,投保人和保险人可以协商变更合同内容。变更保险合同的,应当由保险人在保险单或者其他保险凭证上批注或者附贴批单,或者由投保人和保险人订立变更的书面协议。

(3) 效力的变更。保险合同效力的变更,主要是指保险合同效力中止后又复效的情况。我国《保险法》第 35—36 条规定,投保人可以按照合同约定向保险人一次支付全部保险费或者分期支付保险费。合同约定分期支付保险费,投保人支付首期保险费后,除合同另有约定外,投保人自保险人催告之日起超过三十日未支付当期保险费,或者超过约定的期限六十日未支付当期保险费的,合同效力中止,经保险人与投保人协商并达成协议,在投保人补交保险费后,合同效力恢复。

应该指出,再保险不是合同变更。按照我国《保险法》第 28、29 条规定,保险人将其承担的保险业务,以分保形式部分转移给其他保险人的,为再保险。应再保险接受人的要求,再保险分出人应当将其自负责任及原保险的有关情况书面告知再保险接受人。再保险接受人不得向原保险的投保人要求支付保险费。原保险的被保险人或者受益人不得向再保险接受人提出赔偿或者给付保险金的请求。再保险分出人不得以再保险接受人未履行再保险责任为由,拒绝履行或者迟延履行其原保险责任。

(二) 保险合同的解除

保险合同的解除是指在保险合同关系有效期内,当事人依据法律规定或合同约定,提前消灭保险合同的权利义务的行为。一般由有解除权的一方向他方为意思表示,使已经成立的保险合同失效。

(1) 投保人的解除权。保险合同的解除权一般由投保人行使,因为保险合同从根本上说是为分担投保人的损失而设,故赋予投保人以保险合同解除权可以很好地维护其利益。我国《保险法》第 15 条规定:除本法另有规定或者保险合同另有约定外,保险合同成立后,投保人可以解除保险合同。

(2) 保险人的解除权。保险人是保险合同这一格式合同的制定者,各国立法都规定保险人不得随意解除保险合同,除非投保人一方有违约或违法行为。我国《保险法》第 16 条第

2款规定,投保人故意或者因重大过失未履行前款规定的如实告知义务,足以影响保险人决定是否同意承保或者提高保险费率的,保险人有权解除合同。

第三节 保险公司及其经营规则

一、保险公司

(一) 保险公司的组织形式

我国《保险法》规定,经营商业保险业务,必须是依照保险法设立的保险公司。其他单位和个人不得经营商业保险业务。根据《保险法》第94条规定,保险公司,除本法另有规定外,适用《公司法》的规定。我国的保险公司应当采取有限责任公司或股份有限公司的组织形式。

2019年9月30日,国务院公布、实施《关于修改〈中华人民共和国外资保险公司管理条例〉和〈中华人民共和国外资银行管理条例〉的决定》,对我国《外资保险公司管理条例》作出第三次修订。2019年11月29日,国务院公布了修订后的《外资保险公司管理条例实施细则》,自公布之日起施行。

(二) 保险公司的设立

1. 保险公司的设立条件

根据《保险法》第68条的规定,设立保险公司应当具备下列条件:

(1) 主要股东具有持续盈利能力,信誉良好,最近三年内无重大违法违规记录,净资产不低于人民币二亿元;

(2) 有符合本法和《公司法》规定的章程;

(3) 有符合本法规定的注册资本;

(4) 有具备任职专业知识和业务工作经验的董事、监事和高级管理人员;

(5) 有健全的组织机构和管理制度;

(6) 有符合要求的营业场所和与经营业务有关的其他设施;

(7) 法律、行政法规和国务院保险监督管理机构规定的其他条件。

2. 注册资本要求

《保险法》第69条规定:"设立保险公司,其注册资本的最低限额为人民币二亿元。""保险公司的注册资本必须为实缴货币资本。"

3. 申请和审批

《保险法》第70条规定,申请设立保险公司,应当向国务院保险监督管理机构提出书面申请,并提交下列材料:

(1) 设立申请书,申请书应当载明拟设立的保险公司的名称、注册资本、业务范围等;

(2) 可行性研究报告;

(3) 筹建方案;

(4) 投资人的营业执照或者其他背景资料,经会计师事务所审计的上一年度财务会计报告;

(5) 投资人认可的筹备组负责人和拟任董事长、经理名单及本人认可证明;

(6) 国务院保险监督管理机构规定的其他材料。

《保险法》第71—72条规定,国务院保险监督管理机构应当对设立保险公司的申请进行审查,自受理之日起6个月内作出批准或者不批准筹建的决定,并书面通知申请人。决定不批准的,应当书面说明理由。

申请人应当自收到批准筹建通知之日起一年内完成筹建工作;筹建期间不得从事保险经营活动。

4. 分支机构

保险公司在中华人民共和国境内设立分支机构,应当经保险监督管理机构批准。保险公司分支机构不具有法人资格,其民事责任由保险公司承担。

保险监督管理机构应当对保险公司设立分支机构的申请进行审查,自受理之日起60日内作出批准或者不批准的决定。决定批准的,颁发分支机构经营保险业务许可证;决定不批准的,应当书面通知申请人并说明理由。

经批准设立的保险公司及其分支机构,凭经营保险业务许可证向工商行政管理机关办理登记,领取营业执照。

(三) 保险公司的变更

根据《保险法》第84条规定,保险公司变更名称、变更注册资本、变更公司或者分支机构的营业场所、撤销分支机构、公司分立或者合并、修改公司章程、变更出资额占有限责任公司资本总额百分之五以上的股东,或者变更持有股份有限公司股份百分之五以上的股东等,须经保险监督管理机构批准。

(四) 保险公司的终止

1. 保险公司终止的原因

根据《保险法》的规定,保险公司终止的主要原因有:

(1) 解散。保险公司因分立、合并需要解散,或者股东会、股东大会决议解散,或者公司章程规定的解散事由出现,经国务院保险监督管理机构批准后解散。

经营有人寿保险业务的保险公司,除因分立、合并或者被依法撤销外,不得解散。

保险公司解散,应当依法成立清算组进行清算。

(2) 被撤销。保险公司违反法律、行政法规,被保险监督管理机构吊销经营保险业务许可证的,依法撤销。由保险监督管理机构依法及时组织清算组,进行清算。

(3) 破产。保险公司有《企业破产法》第2条规定情形的,经国务院保险监督管理机构同意,保险公司或者其债权人可以依法向人民法院申请重整、和解或者破产清算;国务院保险监督管理机构也可以依法向人民法院申请对该保险公司进行重整或者破产清算。

2. 保险公司终止的后果

保险公司依法终止其业务活动,应当注销其经营保险业务许可证。

《保险法》第92条规定,经营有人寿保险业务的保险公司被依法撤销或者被依法宣告破产的,其持有的人寿保险合同及责任准备金,必须转让给其他经营有人寿保险业务的保险公司;不能同其他保险公司达成转让协议的,由国务院保险监督管理机构指定经营有人寿保险业务的保险公司接受转让。转让或者由国务院保险监督管理机构指定接受转让前款规定的人寿保险合同及责任准备金的,应当维护被保险人、受益人的合法权益。保险公司的设立、变更、解散和清算事项,保险法未作规定的,适用公司法和其他有关法律、行政法规的规定。

二、保险经营规则

(一)保险公司的业务范围

根据我国《保险法》第95条规定,保险公司的业务范围由保险监督管理机构依法核定。保险公司只能在被核定的业务范围内从事保险经营活动。保险公司不得兼营保险法及其他法律、行政法规规定以外的业务。

保险公司的业务范围包括财产保险业务和人身保险业务。同一保险人不得同时兼营财产保险业务和人身保险业务;但是,经营财产保险业务的保险公司经保险监督管理机构核定,可以经营短期健康保险业务和意外伤害保险业务。

1. 人身保险业务

人身保险(personal insurance),包括人寿保险、健康保险、意外伤害保险等保险业务。人身保险业务,是以人的寿命和身体为保险对象的保险业务,又可细分为人寿保险、健康保险以及意外伤害保险等三类:

(1)人寿保险(life insurance)。保险公司以被保险人在保险期限内死亡、残废或者在保险期限届满时仍生存作为给付保险金条件而从事的保险业务。人寿保险业务又可以具体划分为死亡保险、生存保险、生死两全保险、简易人身保险、年金保险业务等。人寿保险的保险标的为被保险人的寿命,或者为被保险人的死亡或残废,或者为被保险人的生存,或者为被保险人的死亡和生存两者。开展人寿保险业务的期间一般较长,保险公司承担的给付保险金的责任期间相应较长,保险公司应当留存足够的人寿保险准备金。

(2)健康保险(health insurance)。健康保险业务又称为疾病保险业务。保险公司对被保险人在保险期限内发生疾病、分娩或由此引起的残废、死亡承担给付保险金责任而开展的保险业务。健康保险业务为综合性保险业务,保险公司不仅承保被保险人的疾病和因疾病致残的风险,而且承保被保险人因病死亡风险。健康保险业务是有待发展的新型保险业务。健康保险具有综合附加险和短期险的特征,国外有的将其称为"第三领域"的保险,允许财险公司开展这方面的业务。

(3)意外伤害保险(unforeseen injury insurance)。保险公司对被保险人遭受的意外伤害或者因意外伤害致残、死亡承担给付保险金责任而开展的保险业务。意外伤害保险业务,可以具体分为一般意外伤害保险、旅客意外伤害保险和职业伤害保险等三大类业务。意外伤害保险既可以作为财产综合险中的附加险,也有短期险的特征,也是所谓"第三领域"的保险。

2. 财产保险业务

财产保险(property insurance),包括财产损失保险、责任保险、信用保险、保证保险等保险业务。这里的财产既包括有形的财产,也包括无形的财产,前者如房屋、汽车、商品等,后者如财产权利、财产责任、预期收益等。财产保险业务,以财产及其利益作为保险对象,由投保人交付保险费,形成保险基金,当保险财产及其利益在保险事故中遭受损失时,由保险公司赔偿保险金。财产保险业务作为保险业务的两大基本类别之一,还可以细分为以下三类:

(1)财产损失保险(property loss insurance),是指保险公司以有形财产为保险标的而从事的保险业务。财产损失保险业务的特点在于,投保人按照约定向保险公司支付保险费,在被保险财产发生保险事故而受到损失时,保险公司按照约定向被保险人给付保险赔偿金。

(2) 责任保险(liability insurance),是指保险公司以被保险人依法应当对第三人承担的赔偿责任为保险标的而从事的保险业务。责任保险业务的特点在于,投保人按照约定向保险公司支付保险费,在被保险人应当向第三人承担赔偿责任时,由保险公司按照约定向被保险人给付保险赔偿金。

(3) 信用保险(credit insurance),是指保险公司对被保险人的信用或者履约能力提供担保而从事的保险业务。信用保险业务的特点在于,投保人按照约定向保险公司支付保险费,在被保险人不能偿付其支付款项的义务时,由保险公司按照约定对被保险人承担赔偿责任。

(4) 保证保险(guarantee insurance),是指保险人承保因被保证人行为使被保险人受到经济损失时应负赔偿责任的保险形式。保证保险主要分为三类:合同保证保险、忠实保证保险、商业信用保证保险。忠实保证保险,也称诚实保证保险,是保险人对雇主因雇员不诚实行为,如盗窃、侵占、挪用等,造成的经济损失承担赔偿责任。

3. 再保险业务

再保险是保险人将其承担的保险业务,以分保的形式部分转移给其他保险人来承担。这样,转移出保险业务的保险人称之为原保险人,接受原保险人所转移的保险业务的保险人被称之为再保险人。再保险为保险的保险,其作用在于减轻原保险人的责任,使其经营增强稳定性。

再保险业务应当由两部分组成,原保险人将其部分保险业务转移给其他保险公司,从原保险人来说,称之为分出保险;其他保险公司接受原保险人所转移的保险业务,从接受的这一方来说,称之为分入保险。原保险人、再保险人都是指保险公司而言,再保险分出人就是指原承保的保险公司,再保险接受人就是承担分入保险业务的保险公司。

(二) 保险经营规则

我国《保险法》第四章就保险公司的保险经营规则作了专章规定,其内容主要包括:

(1) 责任准备金规则。保险公司应当根据保障被保险人利益、保证偿付能力的原则,提取各项责任准备金。保险公司提取和结转责任准备金的具体办法由保险监督管理机构制定。

(2) 公积金制度。保险公司应当依照有关法律、行政法规及国家财务会计制度的规定提取公积金。

(3) 保险保障基金规则。我国《保险法》第100条规定,保险公司应当缴纳保险保障基金。保险保障基金应当集中管理,并在下列情形下统筹使用:①在保险公司被撤销或者被宣告破产时,向投保人、被保险人或者受益人提供救济;②在保险公司被撤销或者被宣告破产时,向依法接受其人寿保险合同的保险公司提供救济;③国务院规定的其他情形。保险保障基金筹集、管理和使用的具体办法,由国务院制定。

(4) 最低偿付能力要求规则。保险公司应当具有与其业务规模和风险程度相适应的最低偿付能力。保险公司的认可资产减去认可负债的差额不得低于国务院保险监督管理机构规定的数额;低于规定数额的,应当按照国务院保险监督管理机构的要求采取相应措施达到规定的数额。

(5) 自留保险费限制规则。经营财产保险业务的保险公司当年自留保险费,不得超过其实有资本金加公积金总和的四倍。

(6) 单次危险限制规则。保险公司对每一危险单位，即对一次保险事故可能造成的最大损失范围所承担的责任，不得超过其实有资本金加公积金总和的百分之十；超过的部分，应当办理再保险。

(7) 危险单位划分办法与巨灾风险安排方案备案规则。保险公司对危险单位的划分方法和巨灾风险安排方案，应当报国务院保险监督管理机构备案。

(8) 再保险规则。保险公司应当按照国务院保险监督管理机构的规定办理再保险，并审慎选择再保险接受人。

(9) 资金运用规则。保险公司的资金运用必须稳健，遵循安全性原则。保险公司的资金运用限于下列形式：①银行存款；②买卖债券、股票、证券投资基金份额等有价证券；③投资不动产；④国务院规定的其他资金运用形式。保险公司资金运用的具体管理办法，由国务院保险监督管理机构依照前两款的规定制定。

(10) 保险公司及其工作人员禁止性行为规则。保险公司及其工作人员在保险业务活动中不得有下列行为：①欺骗投保人、被保险人或者受益人；②对投保人隐瞒与保险合同有关的重要情况；③阻碍投保人履行本法规定的如实告知义务，或者诱导其不履行本法规定的如实告知义务；④给予或者承诺给予投保人、被保险人、受益人保险合同约定以外的保险费回扣或者其他利益；⑤拒不依法履行保险合同约定的赔偿或者给付保险金义务；⑥故意编造未曾发生的保险事故、虚构保险合同或者故意夸大已经发生的保险事故的损失程度进行虚假理赔，骗取保险金或者牟取其他不正当利益；⑦挪用、截留、侵占保险费；⑧委托未取得合法资格的机构从事保险销售活动；⑨利用开展保险业务为其他机构或者个人牟取不正当利益；⑩利用保险代理人、保险经纪人或者保险评估机构，从事以虚构保险中介业务或者编造退保等方式套取费用等违法活动；⑪以捏造、散布虚假事实等方式损害竞争对手的商业信誉，或者以其他不正当竞争行为扰乱保险市场秩序；⑫泄露在业务活动中知悉的投保人、被保险人的商业秘密；⑬违反法律、行政法规和国务院保险监督管理机构规定的其他行为。

第四节 保险中介服务

保险中介一直是推动中国保险行业发展的重要力量。我国保险中介传统上以保险营销员和保险兼业代理机构为主，但近年来专业中介机构发展迅速。截至2018年年底，中国市场有2 647家保险专业中介机构，3.2万家保险兼业代理机构，以及764万保险公司营销员。①

保险中介(insurance intermediary)是指介于保险经营机构之间或保险经营机构与投保人之间，专门从事保险业务咨询与销售、风险管理与安排、价值衡量与评估、损失鉴定与理算等中介服务活动，并从中依法获取佣金或手续费的单位或个人。

保险中介服务的市场主体，多种多样，主要包括保险代理人、保险经纪人和保险公估人，

---

① 徐惠喜：《普华永道：保险中介行业已进入3.0时代》，载《经济日报》，2019年6月22日。

他们一起构成保险中介市场的三驾马车。此外,其他一些专业领域的单位或个人,也可以从事某些特定的保险中介服务,如保险精算师事务所、事故调查机构和专业律师,等等。

一、保险代理人

保险代理人(insurance agent)是根据保险人的委托,向保险人收取代理手续费,并在保险人授权的范围内代为办理保险业务的单位或者个人。应当从以下几点来理解保险代理人的含义。

(1)保险代理人是保险人的代理人。所谓代理人是指在代理权限内,以被代理人的名义实施民事法律行为之人。保险代理人是代理人的一种,其接受保险人的委托,代表保险人的利益,以保险人的名义,在保险人授权的范围内代保险人办理保险业务。

(2)保险代理人必须与保险人订立委托代理协议。保险代理人接受保险人的委托代为办理保险业务,应当与保险人签订委托代理协议,依法约定双方的权利和义务及其他代理事项。

(3)保险代理人向保险人收取保险代理费。保险代理费是保险代理人代保险人办理保险业务所应当获得的报酬。保险代理人代保险人办理保险事务,保险人应当按照委托代理协议的规定支付报酬。

(4)保险代理人以保险人的名义,在保险人的授权范围内代为办理保险业务的行为,由保险人承担责任。即由于保险代理人的有效代理行为,使得相对人与保险人之间形成保险法律关系,其法律后果由保险人承担,保险代理人不承担责任。

(5)保险代理人可以是单位,也可以是个人。从目前的情况来看,保险代理人包括三类:第一类是专业保险代理机构,是指经保险监督管理机构批准设立并办理工商登记的,根据保险人的委托,在保险人授权的范围内专门办理保险业务的企业;第二类是兼营保险代理机构,是指经保险监督管理机构核准,接受保险人的委托,在从事自身业务的同时,为保险人代办保险业务的企业;第三类是个人保险代理人,是指接受保险人委托,代为办理保险业务的自然人。无论是保险代理机构,还是保险个人代理人,都应当具备保险监督管理机构规定的资格条件,并取得保险监督管理机构颁发的经营保险代理业务许可证,向工商行政管理机关办理登记,领取营业执照。

2018年7月13日,中国银保监会发布了《保险代理人监管规定(征求意见稿)》,向社会公开征求意见。该文件中所称保险代理人是指根据保险公司的委托,向保险公司收取佣金,在保险公司授权的范围内代为办理保险业务的机构或者个人,包括保险专业代理机构、保险兼业代理机构及个人保险代理人。同时明确,保险公司应当制定个人保险代理人管理制度。

其中,保险专业代理机构是指依法设立的专门从事保险代理业务的保险专业代理公司及其分支机构。保险兼业代理机构是指利用自身主业与保险的相关便利性,依法在自身经营场所兼营保险代理业务的企业,包括保险兼业代理法人机构及其分支机构。个人保险代理人是指与保险公司签订委托代理合同,从事保险代理业务的人员。保险代理机构从业人员是指在保险专业代理机构、保险兼业代理机构中,从事销售保险产品或者进行相关损失查勘、理赔等业务的人员。

二、保险经纪人

保险经纪人（insurance broker）是基于投保人的利益，为投保人与保险人订立保险合同提供中介服务，并依法收取佣金的专业机构。应当从以下几个方面来理解保险经纪人的含义。

(1) 保险经纪人代表投保人的利益。与保险代理人不同的是，保险经纪人是接受投保人的委托，其代表的是投保人的利益，应当按照投保人的指示和要求行事，在为投保人与保险人订立保险合同提供中介服务的过程中反映和坚持投保人的利益和要求。

(2) 保险经纪人是为投保人与保险人订立保险合同提供中介服务之人。保险经纪人虽然是接受投保人的委托，代表投保人的利益，但是他只是向投保人报告订立保险合同的机会、信息，或者促成投保人与保险人订立保险合同，起介绍、协助作用，并不以自己的名义或者投保人的名义与保险人订立保险合同。

(3) 保险经纪人可以依法收取佣金。佣金是保险经纪人为投保人与保险人订立保险合同提供中介服务的报酬。一般来讲，经纪合同的委托人应当向经纪人给付报酬，作为对经纪人提供中介服务的补偿。但是，根据保险业通例，保险经纪人虽然是接受投保人的委托并代表投保人的利益，为其与保险人订立保险合同提供中介服务，但其佣金一般由保险人支付。如果保险经纪人与投保人约定，投保人应当为保险经纪人的中介服务支付佣金，投保人应当按照合同约定予以支付。

(4) 保险经纪人必须是单位。根据目前我国的实践，保险经纪人是符合规定条件经保险监督管理机构批准并办理工商登记的经营保险经纪业务的保险经纪公司，个人不得作为保险经纪人。

2018年2月1日，中国保监会发布《保险经纪人监管规定》，自2018年5月1日起施行。本规定所称保险经纪人是指基于投保人的利益，为投保人与保险公司订立保险合同提供中介服务，并依法收取佣金的机构，包括保险经纪公司及其分支机构。本规定所称保险经纪从业人员是指在保险经纪人中，为投保人或者被保险人拟订投保方案、办理投保手续、协助索赔的人员，或者为委托人提供防灾防损、风险评估、风险管理咨询服务、从事再保险经纪等业务的人员。

《保险经纪人监管规定》包括八章109条，分别规定了总则、经营条件、经营规则、市场退出、行业自律、监督检查、法律责任和附则。

三、保险公估人

保险公估人（insurance assessor）是指依照法律规定设立，受保险公司、投保人或被保险人委托办理保险标的的查勘、鉴定、估损以及赔款的理算，并向委托人收取酬金的专业机构。公估人的主要职能是按照委托人的委托要求，对保险标的进行检验、鉴定和理算，并出具保险公估报告，其地位超然，不代表任何一方的利益，使保险赔付趋于公平、合理，有利于调停保险当事人之间关于保险理赔方面的矛盾。概括起来，保险公估人的作用主要体现在以下三个方面。

(1) 提供专业服务。保险理赔是保险经营的重要环节。在保险业发展初期，对保险标的检验、定损等工作往往由保险公司自己进行。随着业务的发展，这种保险公司"全程包办"

方式的局限性日益暴露:保险公司理赔人员的专业局限性越来越难以适应复杂的情况。保险公司从经营成本考虑,不可能配备人数众多、门类齐全的各类专业技术人员。而保险公估人能协助保险公司解决理赔领域的一些专业性、技术性较强的问题,特别是经济、金融、保险、财会、法律及工程技术等领域方面的问题,从而促进保险运作的顺畅进行和保险市场的健康发展。

(2) 保障公平合理。保险公司既是承保人又是理赔人,直接负责对保险标的进行检验和定损,得出的结论难以令被保险人信服。保险合同的首要原则是最大诚信原则,由于保险合同订立双方的信息不对称,在承保和理赔阶段,以及在危险防范和控制方面,都存在违背这一原则的可能。而地位超然、专门从事保险标的查勘、鉴定、估损的保险公估人作为中介人,独立于保险双方当事人,在从事保险公估业务过程中始终本着"独立、公正"原则,能使保险赔付更趋于公平合理,可以有效缓和保险人与被保险人在理赔领域的矛盾。

(3) 促进社会效益。保险公估人代替保险公司独立承担保险理赔领域的工作,从而实现了保险理赔工作的专业化分工。这种分工,一方面有利于保险理赔技术的不断升级和横向交流,并能促进保险公估业整体执业水平的提高,从而促进整个保险行业的发展;另一方面,由于规模效应以及逆向选择和道德风险的减少,必然会大大降低保险理赔费用从而降低保险成本,从而提高整个社会的经济效益。

2018年2月1日中国保监会发布《保险公估人监管规定》,自2018年5月1日起施行。本规定所称保险公估,是指评估机构及其评估专业人员接受委托,对保险标的或者保险事故进行评估、勘验、鉴定、估损理算以及相关的风险评估。保险公估人是专门从事上述业务的评估机构,包括保险公估机构及其分支机构。保险公估机构包括保险公估公司和保险公估合伙企业。

《保险公估人监管规定》包括八章111条,分别规定了总则、经营条件、经营规则、市场退出、行业自律、监督检查、法律责任和附则。为规范保险公估执业行为,保护保险公估活动当事人合法权益和公共利益,中国银行保险监督管理委员会于2018年5月2日公布《保险公估基本准则》,并于当日起施行。

复习思考题

1. 简述保险的特征与构成要素。
2. 试述保险合同的概念与特征。
3. 简述保险法上的最大诚信原则。
4. 试述保险合同的形式。
5. 简述人身保险合同的法律特征。
6. 试述保险合同的解除。
7. 列举保险法规定的保险人享有解除权的情形。

第十一章 金融纠纷解决

本章要点

- 民事纠纷处理机制
- 金融纠纷的概念和特点
- 我国仲裁立法概况
- 金融纠纷多元解决机制
- 我国金融调解的实践
- 我国金融仲裁的发展
- 互联网金融仲裁的优缺点

我国社会矛盾纠纷类型、特点、规律发生了新的变化,社会矛盾纠纷的复杂性和多样性,客观上要求解决矛盾纠纷的机制必须多层次和多元化。

金融是现代经济的血脉,金融领域纠纷集中反映了经济社会发展中的矛盾和问题。随着我国金融资产规模的不断增长、金融市场活动的快速发展,金融领域的各类民商事纠纷也必然日益增加。金融纠纷解决是防范金融风险、维护市场秩序的重要途径,是促进金融业持续健康发展的重要保障。纠纷的解决可以由多种主体承担,也可以通过多种途径进行。既不能把纠纷解决仅仅看成是政府的事情,也不能把纠纷解决仅仅看成是只有通过司法途径才能办理的事情。

因此,我国应该大力推进包括调解、仲裁、诉讼等在内的金融纠纷多元预防调处化解综合机制建设,为维护金融市场繁荣稳定、促进经济社会健康发展提供有力的服务和保障。

第一节 纠纷解决概述

纠纷解决是和谐社会的最重要的基础和要件。可以认为,纠纷解决得不到充分重视、纠纷解决机制不够有效的社会,就不能称之为和谐社会。矛盾纠纷多元化解机制是一套以诉讼为核心,以非诉讼方式为补充的相互配合,相互衔接,综合运用政治、经济、法律、行政、教育等多种手段来协调处理社会矛盾纠纷的机制,是国家治理体系和治理能力现代化的重要内容,也是国家法治化发展水平的重要标杆。

党的十八届四中全会提出"健全社会矛盾纠纷预防化解机制,完善调解、仲裁、行政裁决、行政复议、诉讼等有机衔接、相互协调的多元化纠纷解决机制",对推进多元化纠纷解决机制改革作出重要部署。深入实施"四个全面"战略布局,就必须建立一套以诉讼为核心、非诉讼方式为补充的多元化纠纷解决机制,通过法治化手段和制度化安排,解决改革发展稳定中面临的突出矛盾和问题。

一、纠纷及其分类

纠纷(dispute),又可称为争议、争端、冲突(conflict)、意见不同(disagreement)等,是指争执不下的事情,或者不容易解决的矛盾。在法律上通常划分为民事纠纷、行政纠纷等。本章只讨论民事纠纷及其解决机制。

所谓民事纠纷,是指发生在平等主体之间的,以民事权利义务为内容的社会纠纷。一般来说,民事纠纷作为法律纠纷的一种,是因为违反了民事法律规范而引起的。民事主体违反了民事法律义务规范而侵害了他人的民事权利,由此而产生以民事权利义务为内容的民事争议。

我国立法采取民商合一的体制,广义上的民法包括商法在内,因而我国民法通常可称为民商法。民事纠纷又可称为民商事纠纷,包括狭义上的民事纠纷和商事纠纷。一般而言,民法调整平等主体之间的财产关系和人身关系,其中商法所调整的商事关系是指民商事主体依法从事各种以营利为目的的营业活动所发生的财产关系。

商事纠纷特指商人(包括公司、合作社、合伙企业、个人独资企业、个体工商户、信托财产和投资者等)作为一方当事人的民事纠纷。

金融纠纷,顾名思义,一般以金融机构作为当事人之一,是金融领域内发生的平等主体之间的合同性或者财产性的民事纠纷,不包括金融调控和金融监管领域内因金融调控或金融监管所发生的不平等主体之间的纠纷。

司法实践中,金融纠纷案件通常包括借款合同纠纷案件、融资租赁合同纠纷案件、信托纠纷案件、财产保险纠纷案件、票据纠纷案件、股票纠纷案件、债券纠纷案件、信用证纠纷案件和期货纠纷案件等各类案件。

审判和执行是人民法院工作的两项基本内容,审判是对当事人权利的确认,执行则是为了当事人权利的实现。审判是执行工作的前提和基础,生效判决书、调解书是执行的主要依据。

二、民商事纠纷解决机制

(一)民事纠纷处理机制

民事纠纷的处理机制,是指缓解和消除民事纠纷的方法和制度。根据纠纷处理的制度和方法的不同,可以把民事纠纷的处理机制划分为自力救济、社会救济和公力救济三种。

(1)自力救济,包括自决与和解,是指纠纷主体依靠自身力量解决纠纷,以达到维护自己权益的目的。两者的共同点都是依靠自我的力量来解决争议,无需第三方的参与,一般也不受任何规范的制约。自决,是指特定主体依据自己意志处理一定事务的方式或权利。在民事纠纷解决中,自决是最原始最简单的处理方式,指纠纷主体一方凭借自己的力量使对方服从，现在为我国法律所禁止。和解是指双方友好协商、互相妥协和让步，以解决纠纷的方式。

（2）社会救济，包括调解（诉讼外调解）和仲裁，是指依靠社会力量或称第三方参与处理民事纠纷的机制。调解和仲裁的方式，都以纠纷双方当事人的自愿为前提条件。

调解是由第三者（调解机构和调解人）出面对纠纷的双方当事人进行调停说和，用一定的法律规范和道德规范劝导冲突双方，促使他们在互谅互让的基础上达成解决纠纷的协议。调解协议不具有法律上的强制力，但具有合同意义上的效力。

仲裁是由双方当事人选定的仲裁机构和仲裁员对纠纷进行审理并作出裁决的纠纷解决方式，仲裁裁决对双方当事人有法律上的拘束力。但是，仲裁与调解一样，也是以双方当事人的自愿为前提条件的，只有纠纷的双方达成仲裁协议，一致同意将纠纷交付裁决，仲裁才能够开始。

（3）公力救济，包括诉讼和行政裁决。民事诉讼是指法院在当事人和其他诉讼参与人的参加下，以审理、判决、执行等方式解决民事纠纷的活动，以及由这些活动产生的各种诉讼关系的总和。民事诉讼动态地表现为法院、当事人及其他诉讼参与人进行的各种诉讼活动，静态地则表现为在诉讼活动中产生的诉讼关系。

行政裁决是指行政机关或法定授权的组织，依照法律授权，对当事人之间发生的、与行政管理活动密切相关的、与合同无关的民事纠纷进行审查，并作出裁决的具体行政行为。行政裁决的主体具有法定性。行政机关只有获得法律授权，才能对授权范围内的民事纠纷案件进行审查并裁决，没有法律授权，行政机关不能自行决定和裁决某些民事纠纷案件。根据我国目前法律、法规的规定，行政裁决的种类有侵权纠纷、补偿纠纷、损害赔偿纠纷、权属纠纷、国有资产产权纠纷、经济补偿纠纷、民间纠纷等。

（二）调解

调解（mediation, conciliation）是指中立的第三方在当事人之间调停疏导，帮助交换意见，提出解决建议，促成双方化解矛盾、解决纠纷的活动。在我国，调解主要有四种形式：诉讼调解（法院在诉讼过程中的调解）、行政调解（行政机关在执法过程中的调解）、仲裁调解（仲裁机关在仲裁过程中的调解）和人民调解（群众性组织即人民调解委员会的调解）。

（三）仲裁

仲裁是指纠纷当事人双方根据事前或事后达成的仲裁协议，自愿将纠纷提交给仲裁机构审理，由仲裁机构作出对争议双方均有约束力的裁决的一种解决纠纷的法律制度。1995年9月1日起施行的我国《仲裁法》，标志着我国仲裁制度的崭新开始，并且对于统一和完善中国仲裁法律制度，规范仲裁机构和仲裁程序，保护当事人在仲裁中的合法权益，促进社会主义市场经济的健康发展，有着十分重要的意义。仲裁的应用范围非常广泛，除民商事领域外，还应用于其他方面，如我国常见的劳动争议仲裁、行政争议仲裁等。本章所讲述的仲裁，主要以《仲裁法》为依据，讨论解决合同纠纷或者财产权益纠纷的商事仲裁。

（四）诉讼

民事诉讼是诉讼的基本类型之一，是指公民之间、法人之间、其他组织之间以及他们相互之间因财产关系和人身关系提起的诉讼，或者说，法院在当事人和其他诉讼参与人参加下，审理解决民事案件的活动以及由这种活动所产生的诉讼关系的总和。民事诉讼具有公权性，是以司法方式解决平等主体之间的纠纷，是由法院代表国家行使审判权解决民事争议。凡我国领域内进行民事诉讼活动,都必须遵守我国民事诉讼法的规定。诉讼作为解决民事纠纷的最重要的方式之一,向来被视为最后的救济手段。

习近平同志在 2019 年中央政法工作会议上指出:"要坚持把非诉讼纠纷解决机制挺在前面,从源头上减少诉讼增量,要完善党委领导、政府负责、社会协同、公众参与、法治保障的社会治理体制,打造共建共治共享的社会治理格局,创新完善平安建设工作协调机制,统筹好政法系统和相关部门的资源力量,形成问题联治、工作联动、平安联创的良好局面"。

三、我国多元纠纷解决机制建设

改革开放 40 多年以来,面对社会治理和纠纷解决的需求与挑战,我国积极探索法制建设和司法改革的经验和道路,实施了构建多元化纠纷解决机制改革,取得了巨大成效。目前,我国在全社会树立起了"国家主导、司法推动、社会参与、多元并举、法治保障"的现代纠纷解决理念。

党的十八届四中全会明确要求,"健全社会矛盾纠纷预防化解机制,完善调解、仲裁、行政裁决、行政复议、诉讼等有机衔接、相互协调的多元化纠纷解决机制"。

(一) 一站式多元解纷机制

2015 年 10 月 13 日,十八届中央全面深化改革领导小组第十七次会议审议通过了《关于完善矛盾纠纷多元化解机制的意见》,矛盾纠纷多元化解机制,从法院系统的多元化纠纷解决机制的制度体系,上升为国家治理体系和治理能力现代化的战略行动。

2016 年 6 月 28 日,最高人民法院发布《关于人民法院进一步深化多元化纠纷解决机制改革的意见》,提出主要目标为根据"国家制定发展战略、司法发挥引领作用、推动国家立法进程"的工作思路,建设功能完备、形式多样、运行规范的诉调对接平台,畅通纠纷解决渠道,引导当事人选择适当的纠纷解决方式;合理配置纠纷解决的社会资源,完善和解、调解、仲裁、公证、行政裁决、行政复议与诉讼有机衔接、相互协调的多元化纠纷解决机制;充分发挥司法在多元化纠纷解决机制建设中的引领、推动和保障作用,为促进经济社会持续健康发展、全面建成小康社会提供有力的司法保障。

2019 年 8 月 1 日,《最高人民法院关于建设一站式多元解纷机制、一站式诉讼服务中心的意见》(以下简称《意见》)发布实施。《意见》是最高人民法院立足新时代,把握新形势,围绕建设现代化诉讼服务体系目标,聚焦"一站式多元解纷机制、一站式诉讼服务中心"建设工作,制定的系统性、综合性、协同性的司法改革文件。

《意见》围绕建设集约高效、多元解纷、便民利民、智慧精准、开放互动、交融共享的现代化诉讼服务体系,以两个"一站式"建设为主线,分三个部分规定了推进工作的总体要求、工作措施和组织实施。其中,第二部分为《意见》核心内容,提出 16 条工作措施。

该《意见》第 7—12 条重点围绕建设一站式多元解纷机制,从两个维度四个层次提出工作要求。两个维度分别是"走出去"和"引进来"。"走出去"强调主动发挥人民法院职能作用,向前延伸触角,为非诉讼方式解决纠纷提供司法保障。"引进来"是为了满足当前群众更愿意在法院解决纠纷的实际需求,在诉讼服务中心建立类型多样的调解平台,引入各类调解人员,配备速裁法官或团队,按照自愿、合法原则,为当事人提供多途径、多层次、多种类的解纷方案和方便、快捷、低成本的解纷服务。四个层次是从源头到诉前再到诉讼前后端的分层递进、繁简结合、衔接配套的多元解纷体系。具体为:一是参与、推动、规范和保障党委政府领导下的溯源治理,从源头上预防纠纷;二是健全诉非程序衔接机制,畅通联络对接渠道,为诉前多元解纷提供司法保障;三是完善诉调一体对接机制,实行法官、法官助理和调解员一个团队一体办理,强化诉调统筹衔接,促进诉调对接实质化,做到能调则调,当判则判;四是完善"分调裁审"机制,加强繁简分流,推进诉讼程序简捷化,从简从快审理简单案件,精细化审理疑难复杂案件,做到简案快审,繁案精审。此外,《意见》还强调推动建设应用在线调解平台,为当事人提供线上一站式解纷服务。

该《意见》第13—22条对一站式诉讼服务中心作了规定,具体可以概括为"三化""四立""一平台"。"三化"是诉讼服务立体化集约化信息化。健全立体化诉讼服务渠道,通过大厅、网络、电话、巡回"厅网线巡"为一体的诉讼服务中心,为当事人提供一站通办、一网通办、一号通办、一次通办的诉讼服务。完善集约化诉讼服务机制,将全部对外服务工作、影响诉讼进程和审判效率的辅助性、事务性工作以及多元解纷工作集约在诉讼服务中心,方便当事人"一次办好"各类诉讼事务。发挥信息化效能,将现代科技与司法为民相结合,打造"智慧诉讼服务"新模式,推动导诉、立案、交退费、保全、庭审等全部诉讼事务网上办、掌上办,努力实现当事人诉讼"零跑腿"。"四立"是案件"当场立、自助立、网上立、就近立"相结合的便民立案模式。《意见》除了要求对符合受理条件的起诉原则上当场立案外,还对网上立案和跨域立案服务两项重点工作提出明确要求。强调对当事人选择网上立案的,除确有必要现场提交材料外,一律网上立案;普遍推行跨域立案服务,实现就近能立、多点可立、少跑快立。"一平台"是诉讼服务指导中心信息平台。这是推动两个"一站式"建设的重要抓手,也是今年最高人民法院的一项重点亮点工作,通过建立质效评估体系,实现对全国法院诉讼服务工作的大数据管理。上级法院可以自动监测、全程监管和评估分析下级法院诉讼服务工作,一旦发现推进不力、工作不规范的情形,即时督促整改。

(二) 金融纠纷多元化解机制

尽管各地陆续成立了金融法院、金融审判庭,对金融案件实行集中审理,最高人民法院也频频出台金融审判指导意见,但相对稀缺的司法资源依然要面对逐年增加的审判压力。加之诉讼制度自身存在成本高、周期长、制约条件多、矛盾易激化、执行难度大等特点,金融纠纷"化而不解"、金融案件"结而未了"现象也屡见不鲜。超负荷运转的司法机构需要撬动社会力量分流金融案件纠纷压力,金融机构和消费主体也亟待更加灵活、高效、便捷、多样的金融纠纷化解渠道。因此,金融纠纷多元化解机制应运而生。

近年来,金融纠纷调解机制建设工作取得初步成效,中国人民银行和中国银保监会开展了金融纠纷调解机制建设试点工作,加强跟进指导,及时交流总结,形成了一批可复制可推广的经验做法。金融纠纷调解工作开展以来,消费者获得感不断增强,金融机构纠纷解决和自我整改效果不断提升,消费者保护监管工作得到加强,取得了多方共赢的良好效果。

"多元化解机制"就是要打破将诉讼当作解决纠纷唯一途径的传统格局,集合行政、司法、行业监管、专业机构、市场主体等各方力量,融合咨询、调解、审判等多种方式,共同构建一个多元参与、人人有责、协同互动、集约高效的纠纷化解系统。这一机制的建立并非凭空设计、一蹴而就。早在2014年,上海市浦东新区就成立了上海经贸商事调解中心,探索以非诉方式解决商事纠纷。

2016年,最高人民法院先后开展证券、期货、保险纠纷的多元化解试点工作,20余万件金融纠纷得以在法庭外妥善解决。2017年,浙江杭州市启动在线矛盾纠纷多元化解平台

(ODR),从法律咨询到线上调解诉讼,层层解决用户法律问题,通过智能化网络实现诉讼纠纷的过滤分流。

至2019年年底,全国已有23个省份共建立了192个纠纷调解组织,累计调解金融纠纷4.1万件,涉及金额达102亿元。最高人民法院日前也公布了10起化解矛盾纠纷的典型案件,涉及金融借款、P2P平台破产、理财、基金、银行卡盗刷、涉农金融、跨区域交易等多种类型难题,通过多方联动,讲法讲情讲理,有效调和矛盾,实现了低成本、高效率的多赢局面。其中,一起超亿元的案件更是仅用时1个月就办结,为当事人节省了600多万元诉讼费,成为金融纠纷多元化解机制发挥作用的成功例子。

第二节 金融纠纷及其解决机制

至2019年,新中国成立70周年,我国基本建成了与中国特色社会主义相适应的现代金融市场体系。目前,我国金融业已形成了覆盖银行、保险、证券、期货、信托、基金等领域,种类齐全、竞争充分的金融机构体系。我国银行业金融机构达到4 588家,全国金融业总资产300万亿元,其中银行业总资产268万亿元,规模位居全球第一;证券业总资产7万亿元;保险业总资产18万亿元。2019年7月末,我国外汇储备余额3.1万亿美元,多年位居全球第一。

我国金融业和金融市场的快速发展,金融纠纷案件的持续增长,更加彰显出金融纠纷多元化解机制在金融治理中的重要意义。金融纠纷多元化解机制是多元解纷机制建设的重要组成部分,全面推进金融纠纷多元化解机制建设,是坚持和发展新时代"枫桥经验"、推进社会治理现代化的重要体现,是践行司法为民宗旨、保护金融消费者合法权益的重要举措,是加强金融制度建设、优化营商环境的重要内容,在满足人民群众多元司法需求、推动金融业高质量发展等方面发挥着重要作用。

一、金融纠纷及其特点

金融纠纷是指金融机构与自然人、法人和其他组织之间,金融机构之间所发生的因货币融通等金融交易行为而引起的民商事性质的争议。

随着金融交易体量增大、服务模式不断丰富创新、消费主体维权意识提高,金融领域的矛盾纠纷也与日俱增,纷繁多样。从已公布的数据来看,2018年全国法院共审结金融案件83.9万件,2019年在判决文书网上可检索到的金融纠纷民商事文书共有129.7万条结果。[①] 根据上海市高级人民法院于2020年5月15日发布的《2019年度金融商事审判白皮书》,上海法院在2019年共受理一审金融商事案件192 559件,审结191 365件,同比分别上升12.72%、13.56%;共受理二审金融商事案件1 995件,同比上升91.46%。一审金融商事案标的总额达2 218.41亿元,同比上升57.26%。

金融业逐步全面开放,推动着我国金融业又进入了一个新的发展时期。近年来,我国金融业市场化、国际化的趋势,不断加强。在这个发展过程中,以下几个现象日益突出。

---

① 《多元化:金融纠纷化解新路径》,载《中国城乡金融报》,2020年1月3日,第A4版。

第一,金融纠纷的数量日益增多。金融机构之间、金融机构和非金融机构之间,以及金融机构与客户之间的金融纠纷明显增多。外资银行和外国资本进入我国市场从事金融交易,随之而来的是国内外金融机构之间和中外其他主体之间的金融纠纷有不断增长的趋势。

第二,金融纠纷的种类日益增多。金融体制改革的深化,金融交易不断推陈出新,新的金融品种让人们目不暇接。在货币市场、资本市场、外汇市场、黄金市场和保险市场等五大金融市场上,金融交易品种日渐多样化,金融业的专业化程度越来越高,金融纠纷所涉及的技术问题、事实和法律问题也越来越复杂。

第三,金融交易的市场主体对争议解决服务的要求呈现多样化的态势。除了传统的诉讼方式外,替代诉讼的各种争议解决方式,例如仲裁、调解、专家裁判、和解协商等方式也受到了当事人的欢迎。

第四,仲裁在我国已逐步发展成为法院诉讼外的一种重要争议解决方式,其权威性和公正性也日益受到市场主体的认可。与法院诉讼相比,仲裁有着当事人自愿、专家办案、保密、一裁终局和广泛执行力等突出优点。实践中,信息技术的发展、金融业的市场化和国际化使得金融纠纷所涉及的技术问题和法律问题越来越复杂,专业化程度越来越高,因此既具备金融专长又谙熟法律的专家仲裁员越来越为当事人所需要。而仲裁的快捷性、灵活性、费用较低和一裁终局等优势,又能较好地满足当事人快捷方便地解决金融纠纷的需求。因此,在金融市场的发育和成长过程中,仲裁的重要性日渐显现。

由于金融机构作为当事人一方的特殊性,金融纠纷呈现出与其他类型纠纷的不同特点。

(1) 标的额大,当事人数量多。金融借款合同纠纷案件更为明显,保证人较多,进入诉讼程序后被告多,导致送达难,缺席审理和判决成为常态。

(2) 法律关系相对简单,争议不大,金融机构证据比较充分,胜诉率高。

(3) 新类型案件例如信用卡纠纷、股权纠纷、委托理财纠纷等不断涌现,涉及的金融专业知识较多,对审判人员业务能力也提出更高要求。

(4) 案件审理判决率高、调解率低。该类案件法律关系单一,证据充分,金融机构的调解意愿较低且对债务人的还款期限要求高,导致案件调解率低。

(5) 金融机构在办理业务时不具备较高的风险意识。保证人与债务人之间多数是亲戚关系,对于保证人的保证能力,金融机构没有严格把控。

金融纠纷案件呈现出新的特点:第一,案件诉讼标的金额巨大。因金融案件多涉及商业银行,金融借款纠纷在金融类案件中占有较大比例。第二,新类型金融纠纷不断增加。如委托理财纠纷等。第三,案件类型呈阶段性特点。金融案件的收案情况与当时经济形势紧密相关。第四,金融审判涉及面广泛,被诉金融机构主体增多。金融纠纷案件继续呈逐年上升趋势,根据最高人民法院年度工作报告公布的数字,2009年各级法院审结金融纠纷案件51.9万件,2010年审结57.9万件,2011年审结59.3万件。通过依法审判,支持和维护国家金融体制的发展,最大限度地保障金融机构的合法权益,促进银行不良资产的降低,化解金融风险,已经成为当前人民法院民商事金融审判工作中的重要任务。

二、金融纠纷解决的机制创新

尽管各地陆续成立了金融法院、金融审判庭,对金融案件实行集中审理,最高人民法院也频频出台金融审判指导意见,但相对稀缺的司法资源依然要面对逐年增加的审判压力。

加之诉讼制度自身存在成本高、周期长、制约条件多、矛盾易激化、执行难度大等特点,金融纠纷"化而不解"、金融案件"结而未了"现象也屡见不鲜。超负荷运转的司法机构需要撬动社会力量分流金融案件纠纷压力,金融机构和消费主体也亟待更加灵活、高效、便捷、多样的金融纠纷化解渠道。因此,金融纠纷多元化解机制应运而生。

2019年11月20日,最高人民法院、中国人民银行、中国银行保险监督管理委员会联合召开金融纠纷多元化解机制建设推进会。会议提出,金融纠纷多元化解机制是一站式多元解纷机制建设的重要组成部分,全面推进金融纠纷多元化解机制建设,是坚持和发展新时代"枫桥经验"、推进社会治理现代化的重要体现,是践行司法为民宗旨、保护金融消费者合法权益的重要举措,是加强金融制度建设、优化营商环境的重要内容,在满足人民群众多元司法需求、推动金融业高质量发展等方面发挥着重要作用。

同是在2019年11月20日,为保护金融消费者合法权益、防范化解金融风险、促进金融业持续健康发展,最高人民法院、中国人民银行、中国银行保险监督管理委员会联合印发《关于全面推进金融纠纷多元化解机制建设的意见》(以下简称《意见》)。

《意见》对金融纠纷多元化解机制的案件范围、调解协议的司法确认制度作出规定。该意见指出,平等民商事主体之间因金融业务产生的合同和侵权责任纠纷,可以向金融纠纷调解组织申请调解。经金融纠纷调解组织调解员主持调解达成的调解协议,具有民事合同性质。经调解员和金融纠纷调解组织签字盖章后,当事人可以向有管辖权的人民法院申请确认其效力。经人民法院确认有效的具有明确给付主体和给付内容的调解协议,一方拒绝履行的,对方当事人可以申请人民法院强制执行。

《意见》对规范金融纠纷多元化解机制工作流程作出规定。人民法院在受理和审理金融纠纷案件过程中,应当落实"调解优先、调判结合"方针,对于具备调解基础的案件,按照自愿、合法原则,采取立案前委派、立案后委托、诉中邀请等方式,引导当事人通过金融纠纷调解组织解决纠纷。各级人民法院要切实发挥多元解纷机制作用,将多元解纷机制建设与诉讼服务中心建设结合起来。把金融纠纷调解组织及调解员引入诉讼服务中心,有条件的地区要积极设立金融纠纷调解室,供金融纠纷特邀调解组织、特邀调解员开展工作;要建立并动态管理特邀调解组织名册、特邀调解员名册,向金融纠纷当事人提供完整、准确的调解组织和调解员信息;探索邀请金融纠纷调解组织调解员担任人民陪审员,提升审判专业化水平。人民法院和金融纠纷调解组织可互设工作站,强化双向衔接,提升调解服务的便民、利民水平。

三、金融纠纷解决的司法解释

2019年11月14日,最高人民法院发布《全国法院民商事审判工作会议纪要》(法〔2019〕254号),并即时生效。这是最高人民法院出台的第九个会议纪要,而且聚焦民商事审判工作,故被称为《九民纪要》。

《九民纪要》共计12部分130个问题,内容涉及公司、合同、担保、金融、破产等民商事审判的绝大部分领域,直面民商事审判中的前沿疑难争议问题。特别是,涉及金融领域的部分包括金融消费者权益保护、证券、营业信托、财产保险、票据纠纷案件审理5个方面的内容,对其中一些争议问题,统一了裁判思路。

关于金融消费者权益保护纠纷案件,《纪要》规定,在审理金融产品发行人、销售者以及金融服务提供者（下称"卖方机构"）与金融消费者之间因销售各类高风险等级金融产品和为金融消费者参与高风险等级投资活动提供服务而引发的民商事案件中，必须坚持"卖者尽责、买者自负"原则，将金融消费者是否充分了解相关金融产品、投资活动的性质及风险并在此基础上作出自主决定作为应当查明的案件基本事实，依法保护金融消费者的合法权益，规范卖方机构的经营行为。卖方机构不能证明其已经按照法律、行政法规和相关监管规定的要求履行了适当性义务的，应当对金融消费者因此所受的损失承担赔偿责任。《纪要》还对举证责任、告知说明义务的衡量标准、损失赔偿数额的确定、免责事由进行了规定。

关于证券纠纷案件，《纪要》规定，在证券虚假陈述案件审理过程中，对于需要借助其他学科领域的专业知识进行职业判断的问题，要充分发挥专家证人的作用，使得案件的事实认定符合证券市场的基本常识和普遍认知或者认可的经验法则，责任承担与侵权行为及其主观过错程度相匹配，在切实维护投资者合法权益的同时，通过民事责任追究实现震慑违法的功能，维护公开、公平、公正的资本市场秩序。在场外配资案件审理过程中，除依法取得融资融券资格的证券公司与客户开展的融资融券业务外，对其他任何单位或者个人与用资人的场外配资合同，人民法院应当根据《证券法》第142条、合同法司法解释（一）第10条的规定，认定为无效。《纪要》还分别对相关问题作出了详细规定。

关于营业信托纠纷案件，《纪要》规定，信托公司根据法律法规以及金融监督管理部门的监管规定，以取得信托报酬为目的接受委托人的委托，以受托人身份处理信托事务的经营行为，属于营业信托。由此产生的信托当事人之间的纠纷，为营业信托纠纷。从审判实践看，营业信托纠纷主要表现为事务管理信托纠纷和主动管理信托纠纷两种类型。在事务管理信托纠纷案件中，对信托公司开展和参与的多层嵌套、通道业务、回购承诺等融资活动，要以其实际构成的法律关系确定其效力，并在此基础上依法确定各方的权利义务。在主动管理信托纠纷案件中，应当重点审查受托人在"受人之托，忠人之事"的财产管理过程中，是否恪尽职守，履行了谨慎、有效管理等法定或者约定义务。《纪要》对资产或者资产收益权转让及回购、劣后级受益人的责任承担、增信文件的性质、保底或者刚兑条款无效、通道业务的效力、受托人的举证责任、信托财产的诉讼保全等问题，分别作出了规定。

关于票据纠纷案件，《纪要》规定，贴现行的负责人或者有权从事该业务的工作人员与贴现申请人合谋，伪造贴现申请人与其前手之间具有真实的商品交易关系的合同、增值税发票等材料申请贴现，贴现行不享有票据权利。票据贴现属于国家特许经营业务，合法持票人向不具有法定贴现资质的当事人进行"贴现"的，该行为应当认定无效。人民法院在案件审理过程中，发现不具有法定资质的当事人以"贴现"为业的，因该行为涉嫌犯罪，应当将有关材料移送公安机关。《纪要》还对票据"清单交易""封包交易"案件的处理原则、票据权利的认定以及民刑交叉的程序处理、恶意申请公示催告的权利救济等进行了规定。

关于保险纠纷案件，《纪要》规定，财产保险合同约定以投保人支付保险费作为合同生效条件，但对该生效条件是否为全额支付约定不明，投保人已经支付部分保险费的，应当认定保险合同已经生效。关于仲裁协议对行使保险代位求偿权的保险人的约束力问题，《纪要》明确，保险代位求偿权是一种法定债权转让，被保险人和第三者在保险事故发生前达成的仲裁协议，对保险人具有约束力。考虑到涉外民商事案件的处理常常涉及国际条约、国际惯例的适用，相关问题具有特殊性，故未将具有涉外因素的仲裁协议对保险人的约束力问题纳入《纪要》规范的范围。

四、金融纠纷多元化解的典型案例

2019年11月20日,最高人民法院、中国人民银行、中国银行保险监督管理委员会联合召开金融纠纷多元化解机制建设推进会。会上发布《关于全面推进金融纠纷多元化解机制建设的意见》,并发布金融纠纷多元化解十大典型案例,总结金融纠纷化解经验,推进金融纠纷多元化解机制建设,保障金融消费者权益。

此次公布的金融纠纷多元化解十大典型案例包括:

(一) 府院联动化解重大信贷资产风险案

该案由四川省委、四川省人民政府、四川省高级人民法院、四川银监局参与处理。该案中,涉案的P银行C分行为掩盖不良贷款,虚构工作业绩,通过编造借款用途、分拆授信、越权审批等手法,违规办理信贷、同业、理财、信用证和保理等业务,向1 493个空壳企业授信上千亿元,引发重大信贷资产风险。P银行因此受到银保监会行政处罚,同时也导致大量诉讼案件涌至法院。仅2019年,各级法院就受理P银行C分行信贷纠纷案件1 003件,涉诉金额700余亿元。该案的典型意义在于,在党委政府领导支持下,司法机关、金融监管部门、政府职能部门加强沟通联系,积极协作配合,形成化解矛盾、防控风险的最大合力,对推动涉案银行走出困境提供了有力支持,有效防范系统性区域性金融风险的发生,切实维护了经济金融秩序安全稳定。

(二) 府院联动化解金融借款合同纠纷案

该案由安庆市中级人民法院、不良资产处置领导小组参与处理,是一起府院综合协调模式下多元化纠纷化解的成功案例。对于金融机构大额金融纠纷的高效化解具有示范意义。一是对多元化纠纷化解机制的拓展。传统的多元化纠纷化解更多是依靠仲裁机构、专业协会、律师等外部机构或个人的纠纷处理的经验与专业知识,推动纠纷的顺利化解。但对债权人尤其是金融债权人,往往难以达到利益最大化。而府院综合协调模式下多元化纠纷化解,充分利用住房城乡建设委、国土资源局、检察院、公安等部门之间的协调与配合,加强对产权办理、违法行为的处置、拒不执行判决犯罪的审查等,提升债务人可清偿财产信息的可获得度,督促债务人诚信履约,及时偿债。二是促进大额金融纠纷的及时化解。金融纠纷一般来说,债权债务关系清楚,抵押担保等债权保障措施充分,合同凭证证据扎实,但债务人往往通过诉讼来拖延偿还期限,有的甚至在诉讼前后存在转移财产的行为。而通过在府院协作下,法院积极调解,使得金融债权人根据债务人实际的资产状况以及诚信等级,给予相应期限利益的豁免,对诚信的困难经营者信用进行相应的保护等。

(三) 刑民并行处置网贷公司破产清算案

该案由瑞安市人民政府、瑞安市人民法院、瑞安市公安局、瑞安市金融服务中心参与处理,较好地解决了非法集资等涉众性刑事案件涉案财产处置难的问题。其典型意义在于利用网络平台开展的非法集资严重影响了我国金融安全。如何最大限度地对"爆雷"的P2P企业进行追赃挽损、清理债权债务、维护社会秩序稳定是其重点和难点之一。在Z平台相关人员涉刑事犯罪侦查过程中,引入破产清算程序依破产法的相关规定及时有效地处置涉案财产、追收债权、清理债务,并进行预分配,解决受害人的实际诉求是该案的一大亮点。刑民并进,较好地解决了非法集资等涉众性刑事案件涉案财产处置难的问题,做到了法律效果与社会效果的统一。

具体而言，破产程序处置涉案财产具有以下优势：一是破产程序处置涉案财产有完整的法律体系支撑，程序公正透明，公信力强。二是有大量专业的社会中介力量依法处置财产，解决了公安、法院和政府相关部门人员力量相对不足以及处置财产难的困境。三是管理人履职过程中有债权人全程参与以及法院的监督和指导。

本案主要经验做法：一是及时启动涉案财产先行处置工作，解决涉案财产处置难的痛点。二是多方式、多途径进行财产追收、追赃。三是采取网络信息化方式召开债权人会议。瑞安法院结合破产案件特点，自主研发破产案件管理平台，以网络方式申报债权，线上、线下同步召开债权人会议，充分实现债权人会议功能。四是及时进行财产预分配。对破产分配方案采用网络表决方式，由管理人统一通过债权人的银行账户进行转账支付，极大地方便了债权人。同时，在预分配方案中载明债权人最终受偿金额将在刑事案件程序终结后根据债权人会议通过的破产财产分配并经瑞安市人民法院裁定的最终方案确定，多还少补。五是信息公开，多方联动共维稳。通过例会制度，由瑞安市金融服务中心牵头召集多个部门共同研判案件、落实任务，以多元化方式化解纠纷。

（四）大额复杂标的金融借款合同纠纷案

该案由东莞市金融消费纠纷调解委员会、东莞市中级人民法院、东莞市第一人民法院参与处理，是迄今为止，金融消费纠纷调解组织调解的标的额最大的案件，成功调解为债务人节省了约600多万元诉讼费，大大提高了案件处理效率，有效减少了当事人的时间成本、人力成本和诉讼成本，取得了良好的社会效益，延缓了债务人的还款期限，为债务人下一步开展司法重整，解决经营困难争取了时间，有效化解金融风险，有力维护了党的十九大召开前后相关地区的金融稳定。同时，调解类型实现了从一般小额日常金融消费纠纷向金融民商事纠纷案件的跨越，为构建多层次多元化金融纠纷非诉解决机制提供了更多的实践经验。

（五）商事专家调解涉房地产金融借款合同纠纷案

该案由北京市第四中级人民法院、"一带一路"商事调解中心参与处理。案件中，法官立足案件事实释明法律，调解员立足行业情况提出方案建议，是调解方式的创新。其典型意义在于，法律的刚性与社会矛盾的复杂性、多样性，司法程序的复杂、漫长与当事人便捷、高效解决纠纷需求之间的矛盾一直存在。调解的介入为缓和上述矛盾提供了有效路径。本案是一起大标的额的金融借款合同纠纷，因案情复杂诉讼已经历时两年，双方当事人均为诉讼所累，希望尽快寻找解决问题的路径。用调解的方式解决金融机构放贷问题，给债务人企业再生机会，使债务人有机会自觉履行调解书的内容，相较于被动强制执行效率大大提高，社会效果也更佳。

商事调解中心金融领域专家调解员与法官联手，法官立足案件事实释明法律，调解员立足行业情况提出方案建议，是调解方式的创新，分析判决后强制执行可能给当事人双方带来的不利影响，引导当事人从互利共赢，促进企业良性发展的角度达成和解。

（六）在线调解跨区域超亿元金融借款合同纠纷案

该案由上海金融法院、上海银行业纠纷调解中心参与处理，是一个网络在线调解方式方便异地调解，借助行业调解专业力量快速化解金融纠纷的案件。其典型意义在于，有些企业与银行间的金融借款纠纷往往法律关系并不复杂，但标的额大，地域跨度大，诉讼处理耗时耗力，企业也可能因为执行程序而陷入经营困难。对这类案件，本案提供了一种典型的多元纠纷化解思路。一方面，本案通过网络在线调解方式，方便异地调解，提升调解便利度。网上在线调解平台是将科技进步与法院发展深度融合的鲜活实例。通过网络在线调解平台,当事人无论身处何处,都可以通过互联网进入在线调解系统,参与调解,这样将大大减少当事人的时间成本和交通开销。法官也可以随时进入在线调解平台,见证当事人达成调解方案过程,并基于当事人申请进行司法确认。另一方面,本案借助行业调解专业力量,快速化解金融案件。针对银行、证券、期货等专业性较强的金融纠纷,可以充分发挥行业调解的力量,更加快速、妥当地化解纠纷,有机地结合法院的"最后一道防线"与调解的"第一道防线"。

(七)采用适当性原则调解委托理财纠纷案

该案由上海市黄浦区人民法院、上海市金融消费纠纷调解中心参与处理,其典型意义在于:理财产品亏损纠纷为金融消费纠纷中的常见问题,较早的法院判决中,对理财产品销售环节金融机构是否尽到风险告知义务以及消费者是否理解和接受理财产品存在的风险,金融机构和消费者往往各执一词,且都没有有力的证据,如仅依据理财产品销售合同进行判决,结果很有可能对消费者不利。本案中,调解员引入了"适当性原则",即将合适的金融产品和服务提供给适当的金融消费者,金融机构不向低风险承受等级的金融消费者推荐高风险金融产品,最后得到妥善解决,对同类案件具有一定的借鉴意义。

(八)善用情理法化解基金到期收益纠纷案

该案由宁波市金融消费纠纷人民调解委员会(简称金调委)、宁波市鄞州区人民法院、宁波市中级人民法院参与处理,其调解过程具有典型性,值得类似案件参考。该案的处理,分为三步骤——讲情、讲理、讲法。

首先"讲情",以情为先。本案中,柴某与其母亲来金调委申请调解时,调解员不仅向柴某了解案情,也注意到其母亲身体欠佳,提出以老人家身体健康为重的建议,取得柴某认同,在柴某与某银行关系不佳的前提下,调解员先与双方讲情,缓和双方对立态势,为之后调解成功提供了可能性。

其次"讲理",以理为基。调解过程中,调解员以事实为基础,耐心向双方当事人客观分析案情,明确双方责任,并提出补偿金额以两年期定期存款利率为基础的建议,做到有理有据,极具说服力。

最后"讲法",以法为准。调解员在调解过程中,以双方签订的协议为根本,坚持"谁主张谁举证"原则,依据《民法典》和《商业银行理财产品销售管理办法》相关规定区分责任。调解员考虑到双方当事人之前因此纠纷闹到公安机关,建议双方将调解协议申请司法确认,获得一致同意,最终由法院出具民事裁定书,纠纷圆满解决。

(九)手机病毒致银行卡盗刷纠纷案

该案由青岛市市南区人民法院、青岛市金融消费权益保护协会参与处理,通过调解的方式最大限度保护消费者的利益,其典型意义在于,为确保本案案件调解结果的公正性和客观性,调解前青岛市金融消费权益保护协会召集青岛市多家银行相关部门,围绕电子银行业务的主要类型及电子银行网银盗刷案件中不法分子作案手段方式,以及如何防范网银盗刷风险等方面进行研讨,为调解做了充分准备。调解过程中,调解员围绕着转账发生的原因和责任承担问题与双方进行沟通。在大致判断消费者的手机可能被病毒入侵后,调解员又向王某说明了不法分子利用手机病毒盗刷银行卡的手段,并向其普及保护个人信息安全和手机使用安全相关知识,促使双方态度逐渐缓和,并站在对方的角度考虑问题。本案通过调解的方式最大限度地保护了消费者的利益,虽然从法律的角度银行并无过错,但是在调解的过程中,银行在深入了解案情的基础上同意给予消费者一定补偿,收到了良好的效果。

(十) 涉农企业金融借款合同纠纷案

该案由上海银行业纠纷调解中心、上海市崇明区人民法院参与处理,探索金融服务方式创新,对特定的"三农"企业制定特殊贷款展期规定。其典型意义在于,"三农"企业与其他行业相比有其特殊性。农业生产周期一般比较长,一般需要三到四年才能有较大收益,如果银行按照正常流动贷款期限给到"三农"企业,可能最终因补贴到账与贷款期限发生错位,或种植产品还未成熟,或是天灾等其他因素影响,导致无法一次性偿还银行贷款。

本案的成功调解,为后续类似案件处理提供了实践经验。银行机构可以通过对"三农"企业推出适应其农业生产周期的贷款产品,或是对特定的"三农"企业制定特殊贷款展期规定,探索金融服务方式创新,实现金融服务实体经济、金融支撑乡村振兴的国家战略。

第三节 金融调解

在我国,成立于1987年的中国贸促会/中国国际商会调解中心,是国内最早从事国际商事调解业务的非营利性中立组织,也是迄今为止我国唯一一家专门从事涉外商事调解的常设调解机构。近年来,在我国有关部门的大力推动下,商事调解在金融纠纷解决中得到了越来越广泛的应用,取得了快速的发展。

一、商事调解的概念

关于"调解"的定义,根据联合国国际贸易委员会《国际商事调解示范法》(*UNCITRAL Model Law on International Commercial Conciliation*,*UNCITRAL Conciliation Model Law*)的规定,"调解"系指当事人请求一名或多名第三人("调解人")协助他们设法友好解决他们由于合同引起的或与合同的或其他的法律关系有关的争议的过程,而不论其称之为调解、调停或以类似含义的措辞相称。调解人无权将解决争议的办法强加于当事人。①

商事调解是指对商事性质的纠纷所进行的调解,而对于"商事"的含义,立法和实践中一般都作广义解释。在国际商事法律中,有关国际组织或国家大多也对"商事"一词采取广义的解释。例如,《国际商事调解示范法》沿用了《联合国国际商事仲裁示范法》(*UNCITRAL Model Law on International Commercial Arbitration*)对"商事"一词的注解:"对'商事'一词应作广义解释,使其包括不论是契约性或非契约性的一切商事性质的关系所引起的种种事情。商事性质的关系包括但不限于下列交易:供应或交换货物或服务的任何贸易交易;销售协议,商事代表或代理;保付代理;租赁;建造工厂;咨询;工程;许可证;投资;融资;银行;保险;开采协议或特许权;合营企业或其他形成的工业或商业合作;货物或旅客的航空、海

---

① UNCITRAL Conciliation Model Law, Article 1: Conciliation means a process, whether referred to by the expression conciliation, mediation or an expression of similar import, whereby parties request a third person, or a panel of persons, to assist them in their attempt to reach an amicable settlement of their dispute arising out of or relating to a contract or other legal relationship. The conciliator or the panel of conciliators does not have the authority to impose upon the parties a solution of the dispute.

上、铁路或公路运输。"①

在我国,关于"商事"一词同样也做了比较广义的解释。根据我国加入1958年在纽约通过的《承认及执行外国仲裁裁决公约》(Convention on the Recognition and Enforcement of Foreign Arbitral Awards, the "New York" Convention)时所作的商事保留声明,所谓"商事",包括货物买卖、财产租赁、工程承包、加工承揽、技术转让、合资经营、合作经营、勘探开发自然资源、保险、信贷、劳务、代理、咨询服务和海上、民用航空、铁路、公路的客货运输以及产品责任、环境污染、海上事故和所有权争议等,但不包括外国投资者与东道国政府之间的争端。②

二、商事调解的特征

(一) 商事调解的五大特征

调解已经被公认为更灵活、更经济、更高效的替代性纠纷解决方式(alternative dispute resolution, ADR)。与其他纠纷解决方式相比,调解具有当事人自愿性、第三人介入性、程序的灵活性、过程的经济性、结果的契约性等五大特征。

(1) 自愿性。当事人双方的自愿性贯穿于商事纠纷调解的整个过程之中,这是调解机制的性质所决定的。从调解的整个过程来看,调解的启动、调解规则的适用、调解员的选定、调解程序的进行、和解协议的达成,以及调解结果的履行等,都取决于当事人的自愿和合意。在商事调解中,调解员虽然介入纠纷解决过程中,并可以进行调停、说和、劝导、说服,促使当事人达成谅解,甚至可以提出解决争议的具体方案,但这一方案仅是一种建议而已,其是否被采用或参考,取决于当事人自己,调解员决不能把自己的意志强加于当事人。这也是调解与仲裁、诉讼的最大区别所在。

(2) 介入性。一般而言,第三方的协助对于当事人之间纠纷的解决具有重要作用。与协商相比,调解的最大特点就是中立第三方介入纠纷解决活动,向争议双方当事人提供协助。由于商事纠纷中当事人之间往往存在较大分歧,如果没有第三方从中斡旋、调和,矛盾难以解决,而借助于有经验第三方的居中沟通、调停,创造和谐氛围,当事人则比较容易相互谦让、妥协,从而达成谅解,解决纠纷。当然,为获得当事人双方信任,第三者应该始终保持中立地位,做到独立和公正,不代表任何一方,也不偏向任何一方。否则,如果当事人产生对调解人的不信任,可能随时终止调解程序,从而不利于调解机制在商事纠纷解决中发挥应有的协助和促进作用。正因如此,调解机构往往制定和实行调解人应当遵守的行为准则。

(3) 灵活性。调解具有程序和过程上的灵活性,就程序而言,它无需遵循严格的程序,当事人可以根据纠纷特点、彼此关系及各自需要来选择适当的程序。因此,调解往往得以在一种非对抗性的、和谐的气氛中进行,争议双方可以自由阐述各自观点和意见;就过程而言,

---

① The term "commercial" should be given a wide interpretation so as to cover matters arising from all relationships of a commercial nature, whether contractual or not. Relationships of a commercial nature include, but are not limited to, the following transactions: any trade transaction for the supply or exchange of goods or services; distribution agreement; commercial representation or agency; factoring; leasing; construction of works; consulting; engineering; licensing; investment; financing; banking; insurance; exploitation agreement or concession; joint venture and other forms of industrial or business cooperation; carriage of goods or passengers by air, sea, rail or road.
② 最高人民法院:1987年4月10日,法(经)发〔1987〕5号:《关于执行我国加入的〈承认和执行外国仲裁裁决公约〉的通知》第2条,载《中华人民共和国最高人民法院公报》,1987年第2号。

调解除依据现行法律法规之外,还可依据各种社会规范来处理纠纷,如行业标准、地方惯例、乡规民约、伦理道德、公平原则等。

(4) 经济性。调解机制相对于其他纠纷解决机制,具有节省人力、财力、物力和时间的优势,其经济性十分明显。这也是调解机制得以受到广泛欢迎的主要因素之一。

(5) 契约性。调解协议相当于和解,具有契约性,但是否具有司法性(即是否具有强制执行力)则取决于具体调解机构的性质和各国的立法和实践。契约性是调解的本质属性,其贯穿于调解的整个过程:调解程序的启动、调解员的选任、调解规则的适用、调解协议的达成,以及调解的终止等,这些事项都取决于当事人是否达成合意或契约。

(二) 商事调解与其他调解方式之比较

1. 商事调解与仲裁调解

商事调解与仲裁调解具有密切的联系,如两者均属于社会救济方式,都是当事人通过和解、调解的方式结束纠纷等。但是,与仲裁调解相比,商事调解显然具有明显优势。

(1) 商事调解由调解员主持。在仲裁调解中,调解由仲裁员主持,仲裁员同时担任仲裁与调解两项工作,调解成为仲裁过程中的一种手段与方式;而在商事调解中,调解由专门的调解员主持。虽然该调解员可能也同时具备仲裁员资格,但在主持调解时,只能以调解员的角色处理案件,不得使用或表现出任何与仲裁相关的言辞和行为。

(2) 可以避免仲裁调解的固有弊端。仲裁调解产生以来,其合理性、公正性一直受到质疑,而核心内容就是质疑一人同为仲裁与调解工作的公正性。由于调解员只负责调解,一旦调解失败则不再参与同一案件的仲裁程序,充分保障了调解的自愿性和仲裁机构的中立形象。

(3) 调解完全独立于仲裁。在仲裁调解中,调解实际上是仲裁过程中的一种辅助手段。一旦调解失败,则自动归于仲裁程序,调解依附于仲裁。而商事调解则不同,调解程序完全独立,调解失败的,独立调解程序即宣告结束。这更加有利于节省资源、提高效率。

2. 商事调解与人民调解

我国的人民调解,是一种具有中国特色的纠纷解决方式,人民调解组织属于基层群众组织,调解员主要来自民间。与商事调解类似,人民调解在实现公平正义、化解矛盾纠纷等方面发挥了积极作用。然而,两者的区别也是显而易见的。

(1) 调解范围很不一样。人民调解的范围主要限于民间纠纷,而商事调解则主要针对的是合同纠纷、财产纠纷等民事商事纠纷和经济纠纷。

(2) 调解人员素质不同。商事调解机构中的调解员,一般均为从事多年司法工作的专业人员,具有丰富的仲裁经验和调解经验,可以保证调解的质量和公正性。而人民调解中的调解员,则对专业素质要求很低。

(3) 纠纷解决程度不同。基于调解主体的不同,商事调解与人民调解所产生的实际效果差别很大,对纠纷解决的彻底性不同。商事调解的调解员,基于丰富经验和专业知识,能够更好地在明晰纠纷双方权利义务基础上促使调解协议的达成,满足当事人的现实需求,因而和解协议履行率高、争议反复率低。

3. 商事调解与行业调解

行业调解是指行业性社会团体及其分支机构,设置行业调解委员会,对于会员之间以及会员与非会员之间发生的、具有行业特点或者和行业活动有关的民事权利义务争议予以调解的行为和过程。其与商事调解的区别主要有以下三个方面。

（1）调解范围不同。行业调解的范围，一般限定在两个方面：其一，纠纷须发生在会员之间或者会员与非会员之间；其二，纠纷须具有行业特点或者与行业活动相关，因此，其范围是比较狭窄。而商事调解的范围较为广泛。

（2）社会价值不同。由于受案范围的差异，行业调解与商事调解在所能解决社会纠纷的总量上，存在明显差异，因而它们的社会价值很不相同。

（3）机构定位不同。行业调解是社团内部设置、用以调解行业内部纠纷的机构，所以定位和角色上恐怕难以保持应有的独立性和中立性。而商事调解机构是独立于政府行政部门和行业社会团体的中立性组织，更易避免受到行业人际等社会因素的干扰。

4. 商事调解与法院调解

法院调解是指在人民法院审判人员的主持下，双方当事人通过自愿协商，达成协议，解决民事争议的活动和结案方式。法院调解在我国是广为人知的纠纷解决方式。商事调解与法院调解相比，主要特点在于：

（1）调解方式简便、灵活。由法院主持的调解，也是附属于法院裁判程序的。在启动法院调解程序之前，需要逐一经过起诉、受理、庭前准备、庭审等严格而漫长的诉讼程序，无疑增加了纠纷解决的成本，消耗了当事人更多时间与精力；在商事调解过程中，当事人申请调解、选定调解员、参与调解的程序要求要简便许多，调解过程也更为灵活，充分体现了商事调解快速、高效解决纠纷的特点。

（2）有利于减轻法院调解压力。在我国目前纠纷解决的方式中，调解是广大人民群众较能接受的一种有效手段。而且，具有一定专业质量和权威性的调解是更为吸引人并且令人信服的。商事调解的出现，有效的解决社会纠纷的同时，也在一定程度上缓解了法院调解工作的压力。商事调解不但简便、灵活，而且具有很高的专业水准，能够保证调解的质量。因此，可以很好地实现社会纠纷的"分流"，起到与法院调解较为接近的效果。

（3）更能体现当事人的自愿。无论是法院调解还是仲裁调解，调解程序都要附属于审判或者仲裁程序，其失败就意味着启动上述程序。因此，当事人难免在调解时有所顾虑，而不能充分体现调解的自愿性。审判人员或仲裁人员，在最后作出判决、裁决时，也难免受到之前调解程序中信息和情绪上的影响，这对于当事人也是不利的。而商事调解的完全独立性，使得其有效避免了上述问题，能够真正体现和尊重当事人的自愿性。

三、商事调解的原则

商事调解工作必须在遵守相关法律法规的基础上，运用和谐仲裁文化与各种和谐的可以利用的手段，为双方当事人寻求利益平衡点，将矛盾化解，把纠纷调和，以最大可能地达到案结事了的最优目的。在实际操作中，仲裁调解工作应注意一些事项。

1. 当事人自愿原则

自愿原则是指在商事调解中，无论是调解活动的进行，还是调解协议的形成，都要建立在当事人自愿的基础上。自愿原则既包括程序意义上的自愿，也包括实体意义上的自愿。而且，一个商事纠纷能不能用调解的方式解决，也是由双方当事人决定的。

2. 合法性原则

合法原则是指商事调解在程序上要合法，形成的调解协议不得违反法律规定。这是严格依法办事原则在调解制度中的体现。调解虽然是说服教育双方当事人相谅互让以达成协议,但是一切调解活动都要限制在法律、政策允许的范围内,不得违法,也不得损害公共利益和他人利益。

3. 查明事实、分清是非原则

查明事实,分清是非的原则是指商事调解必须在事实已经清楚、是非已经分清的基础上进行。实事求是是做好调解工作的一大法宝。它与"以事实为依据,以法律为准绳"这条商事纠纷必须遵循的基本原则是一脉相承的。

4. 互谅互让、友好协商原则

从商事纠纷当事人角度,为促进纠纷的及时有效解决,双方当事人一般都能够做到互谅互让、友好协商。这也是商事纠纷得以通过调解方式解决的前提和基础。

5. 保守商业秘密原则

对于保守商业秘密,联合国国际贸易委员会《国际商事调解示范法》(UNCITRAL Conciliation Model Law)的规定,具有重要参考价值,其主要内容如下:

其一,披露信息(第8条):调解人收到一方当事人关于争议的信息时,可以向参与调解的任何其他方当事人披露该信息的实质内容。但是,一方当事人向调解人提供任何信息附有必须保密的特定条件的,该信息不得向参与调解的任何其他方当事人披露。

其二,保密(第9条):除非当事人另有约定,与调解程序有关的一切信息均应保密,但按照法律要求或者为了履行或执行和解协议而披露信息的除外。

其三,证据在其他程序中的可采性(第10条):

(1) 调解程序的一方当事人或任何第三人,包括参与调解程序行政工作的人在内,不得在仲裁、司法或类似的程序中以下列事项作为依据、将之作为证据提出或提供证言或证据:(a)一方当事人关于参与调解程序的邀请,或者一方当事人曾经愿望参与调解程序的事实;(b)一方当事人在调解中对可能解决争议的办法所表示的意见或提出的建议;(c)一方当事人在调解程序过程中作出的陈述或承认;(d)调解人提出的建议;(e)一方当事人曾表示愿望接受调解人提出的和解建议的事实;(f)完全为了调解程序而准备的文件。

(2) 不论本条第(1)款所述的信息或证据的形式如何,本条第(1)款均适用。

(3) 仲裁庭、法院或政府其他主管当局不得下令披露本条第(1)款所述的信息。违反本条第(1)款提供这类信息作为证据的,该证据应当作为不可采纳处理,但按照法律要求或者为了履行或执行和解协议的,可以披露或者作为证据采纳这类信息。

(4) 不论仲裁、司法或类似的程序与目前是或曾经是调解程序的标的事项的争议是否有关,本条第(1)款、第(2)款或者第(3)款的规定均适用。

(5) 以本条第(1)款的限制为限,在仲裁或司法或类似程序中可予采纳的证据并不因其曾用于调解中而变成不可采纳。

四、金融调解的实践和发展

当金融消费者与金融机构产生纠纷时,我国现行的纠纷解决机制主要包括金融机构内部处理、行业协会调解、金融监管部门行政调解、仲裁或诉讼、媒体监督等,这些机制较好地解决了涉及消费者切身利益的一些实际问题,有效防范和化解了大量因纠纷所产生的不稳定因素。

(一) 金融纠纷调解的兴起

近年来,随着金融消费的持续增长与金融产品和服务的日趋复杂化,金融消费纠纷呈现出快速增长态势,金融消费者需要成本更为低廉、方式更加便捷的专业救济途径,为此,许多国家和地区建立了金融消费纠纷非诉第三方调解组织,如英国金融督察服务公司、加拿大银行服务与投资督察员、澳大利亚金融督察服务机构等。

2008年次贷危机后,国际上更加重视金融消费者保护,寻求高效率、低成本的金融消费纠纷多元化解决机制是其中重要议题。世界银行发布的《金融消费者保护的良好经验》明确建议应当为消费者提供一个经济、有效、权威和专业并匹配充足资源的独立第三方非诉纠纷解决机制。实践表明,这些组织因具备专业性、独立性、中立性等优势,贯彻公平、合理、专业、及时、经济、便捷的金融消费纠纷处理理念,在解决金融消费纠纷中发挥了重要作用。

当金融消费者与金融机构产生纠纷时,我国现行的纠纷解决机制主要包括金融机构内部处理、行业协会调解、金融监管部门行政调解、仲裁或诉讼、媒体监督等,这些机制较好地解决了涉及消费者切身利益的一些实际问题,有效防范和化解了大量因纠纷所产生的不稳定因素。

同时,实践中也暴露出一些问题:一是金融机构作为交易主体之一,一旦自身利益与消费者权益产生冲突,其既充当运动员又充当裁判员的缺点使其很难做到公平公正解决纠纷。二是金融监管部门行政调解是以自愿为原则,采取说服和劝导手段促使交易双方达成和解,约束力有所欠缺。三是通过仲裁或诉讼方式解决金融消费纠纷的周期长、成本高,再加上作为个体的金融消费者举证能力有限,仲裁或诉讼失败的风险较高,消费者权益难以真正得到保护。四是媒体监督往往可能引起不必要的炒作,给交易双方均造成无法预料的负面影响。

我国目前尚无金融督察服务机构(FOS)的相关法律和类似组织,缺乏简便、快捷、低成本的非诉纠纷调处机制。理想的金融消费纠纷的解决方式应该是多元并存,立体、多层次的,金融机构的内部处理、行政机关的投诉处理和行政调解、独立第三方的民间调解应与仲裁、诉讼对接并存,形成功能互补、程序衔接、高效、低成本的金融消费纠纷解决机制,以快速、有效地解决纠纷,降低对司法资源的占用。

随着国内关于建立金融领域的非诉第三方解决机制的呼声越来越高,我国各金融监管部门在金融消费纠纷非诉解决机制方面开展了一系列的积极探索。在保险业领域,中国保险监督管理委员会自2005年开始在上海、安徽和山东等省市探索建立保险合同纠纷非诉讼快速处理机制,之后又出台了《关于推进保险合同纠纷快速处理机制试点工作的指导意见》,明确了保险纠纷调解工作原则、机构建设、受案条件和工作程序,要求各保监局在辖区内有条件的地区依托保险业协会试点建立调处机制。2012年保监会要求各保监局所在城市均要建立调处机制,并与最高法院联合下发了《关于在全国部分地区开展建立保险纠纷诉讼与调解对接机制试点工作的通知》,在31个保监局辖区试点建立保险纠纷诉调对接机制。

在证券期货业领域,目前存在四种形式的调解组织。一是行业协会设立的调解组织,如中国证券业协会设立了调解中心。二是证监会设立的专门机构。证监会于2014年8月成立了中证中小投资者服务中心有限责任公司,其主要职责就是提供证券期货纠纷调解服务。三是成立事业单位性质的调解组织——深圳证券期货业纠纷调解中心。四是通过人民调解委员会形式开展调解,主要是依托各地方证券业协会调解组织成立证券业纠纷人民调解委员会。

在银行业领域,中国银行业监督管理委员会在北京、上海、重庆、深圳等地进行了银行业投诉纠纷调解的试点。各试点银监局的第三方调解机制,一是采用依托银行业组织模式,如北京、上海、重庆由银行业协会(同业公会)设立投诉和调解中心。二是采用权益保护类社会团体模式,如深圳的"深圳市银行业消费者权益保护促进会"。

中国人民银行金融消费权益保护局成立后,高度重视金融消费纠纷多元化解机制的建设,本着"稳妥起步、不断完善、先试点后推广"的原则,在上海、广东、陕西、黑龙江等省(市)进行了省(市)级调解组织建设试点,在山东、广东省进行了地(市)级调解组织建设试点。各试点地区结合实际,推动调解组织建设,取得了一定成效。各试点地区结合当地实际,探索不同模式的金融消费纠纷非诉第三方调解组织构建途径,主要包括以下两类:一是采用民办非企业(法人)模式,成立在民政部门注册登记的独立性、专业化的调解组织,如上海市和陕西省;二是在金融消费权益保护协会等社会团体(行业协会)内部设立调解机构,如黑龙江省和广东省。

(二) 金融调解专业组织

在国家有关政策指导下,在政府部门的支持推动下,为公正、便捷、高效地处理各类金融消费纠纷,专门从事金融消费纠纷调解解决的专业机构,纷纷在全国各地成立,推动着我国多元化金融纠纷解决机制的不断发展。例如,在上海,就有上海市金融消费纠纷调解中心、上海银行业纠纷调解中心、上海经贸商事调解中心等多家从事金融商事纠纷调解的专业机构。

作为上海国际金融中心建设重点工作之一,上海市金融消费纠纷调解中心于2014年12月率先在上海登记成立。该中心是中国人民银行金融消费权益保护局确定的金融消费纠纷非诉讼解决机制建设的首批4家省级试点单位之一,也是我国第一家金融消费纠纷专业调解组织。以下以该中心为例,讨论金融调解专业组织及其发展问题。

上海市金融消费纠纷调解中心是在上海市民政局、上海市社会团体管理局登记注册,属于民办非企业法人。其基本组织结构如下。

1. 组织形式

在筹建之初,对采用"社会团体"还是"民办非企业"的组织形式有不同的建议。有意见主张采用"社团"模式,认为以社团模式建立"金融消费权益保护协会",采用会员制,一是可以有固定的会费收入作为协会的运营费用,经费来源有保障。二是协会的活动内容可以更广泛。三是协会的会费收入可以免税。笔者个人支持"民办非企业"模式,逻辑是现在金融领域的协会(公会)已经很多了,不能每个金融子行业都成立一个协会。而且现有的每个金融类协会都可以做调解,没有必要再成立一个金融消保协会。且社会团体的宗旨就是为会员服务,以社团的名义开展调解,其独立性和公正性会受到质疑。成立"金融消费纠纷调解中心"的民办非企业单位,可以突出独立第三方的特点,并聚焦于纠纷处理。经过论证,我国金融业现在不缺协会,而是缺乏独立的纠纷非诉解决机构,最后采用民办非企业模式,成立上海市金融消费纠纷调解中心。

2. 治理结构

根据《民办非企业单位登记管理暂行条例》和《中心章程》,中心设立理事会作为决策机构,理事主要由大型金融机构的代表、资深专家学者和律师代表出任。目前中心理事会有理事19名,成员包括各商业银行推荐的理事17人,高校推荐的专家理事2人。监事会是中心的监督机构,监事主要由大型金融机构代表、资深专家和举办单位代表出任。

3. 主要业务

一是运营、维护 12363 金融消费权益保护咨询投诉电话;二是调解金融消费纠纷;三是开展金融消费服务领域的金融知识普及、课题研究、咨询、培训和国际交流。成立以来,该中心的主要业务运行良好:

(1) 诉调对接机制覆盖全市三级法院。根据我国法律,当事人经中心调解达成的调解协议,其效力等同于民事合同。为了增强调解协议对当事人的约束力,经与上海市高级人民法院协商,2015 年 6 月 18 日与该院签订了《关于建立金融消费纠纷诉调对接工作机制的会议纪要》。《纪要》明确:①中心作为行业调解组织依法对金融消费纠纷进行调解,调解协议可申请法院司法确认。经确认的调解协议,如一方拒绝履行或未完全履行的,另一方可依法向法院申请强制执行。②法院在受理涉及金融消费纠纷的案件前或受理案件后,经当事人同意,可以将争议案件委托、委派中心调解,也可邀请中心推荐的专家、专业人员共同参与调解,或者提供专家意见。③法院鼓励、支持中心参与法院设立的"诉调对接中心"工作,并将定期开展对中心调解员的业务培训。2015 年 9 月 15 日,中心与上海市第二中级人民法院签署了《金融纠纷诉调对接工作机制合作协议》,落实与上海高院签署的合作纪要。之后,中心与黄浦、浦东等区法院进一步推动诉调对接机制的落地。2015 年 11 月 9 日,浦东新区法院在中心设立了诉调对接中心金融争议解决分中心,拟派法官现场对中心的调解协议进行司法确认。这个机制保证了中心调解结果的法律约束力。

(2) 高素质的调解员队伍基本建立。在调解员队伍的建设方面,征询各方意见后,确定了调解员的任职条件和资格。通过机构推荐、专家推荐等方式从高校、研究机构、律师事务所、金融机构、监管机关遴选了精通金融、法律业务,热爱调解工作的专家作为调解员。截至目前,中心共聘任了 48 名调解员。为了使来自不同单位和行业的调解员能尽快适应金融消费纠纷调解工作,中心分别邀请司法行政机关、法院等部门的资深专家、法官作调解技巧、金融案件审理的专题讲座与培训。

(3) 小额纠纷快速解决机制初步建立。为公正、便捷、高效地处理各类金融消费纠纷,2016 年 3 月 15 日,中心与上海地区银行业金融机构签订合作备忘录,在上海正式启动小额金融消费纠纷快速解决机制,即赔付金额在 5 000 元以下的纠纷,如果经调解,当事人无法协商一致的,由调解员根据法律、法规和国家政策、行业惯例,依照公正公平的原则,提出解决纠纷的调解意见。如果消费者接受该意见的,则争议双方均应接受并承诺履行该调解意见。如果消费者不接受该意见的,则调解意见对各方当事人均无约束力。

(4) 世界银行给中心提供了专业的技术支持。中心成立以后,世界银行专门立项进行技术支持,委派专家到中心开展培训,带来了世界先进的第三方非诉调解机构的运营模式、经验,并对中国相关立法进行研究。

(5) 投诉处理和调解业务起步良好。以开业第一年即 2015 年为例,中心共接听各类电话 21 278 个,其中投诉类来电 14 273 个,咨询类来电 7 005 个。239 个工作日,日均来电接听量为 89 个,最高日接听量为 426 个。

至 2019 年 12 月 16 日,上海市金融消费纠纷调解中心成立五周年以来,在中国人民银行上海总部、上海市高级人民法院和上海市司法局的指导下不断完善和创新工作机制,开发和运行了汇集 8 个省市 20 家调解组织的"中国金融消费纠纷调解网"在线调解平台,建立了小额纠纷快速解决机制、中立评估机制,与全市三级法院全面建立诉调对接机制,跨省市设立了105个调解工作站。全面构建起"投诉＋调解＋裁断"一站式化解平台。

(三) 金融调解业务发展

上海市金融消费纠纷调解中心成立五周年以来,发展迅速,成绩斐然。

(1) 调解业务发展迅速。中心不断丰富调解服务方式,推出现场调解、上门调解、夜间调解、电话调解、在线调解等服务,针对聋哑人士推出手语调解,为外籍人士提供涉外调解服务。调解工作得到当事人认可,调解业务连年攀升。2019年,中心全年累计完成调解1 766件,比上年增长109.37%;成功1 049件,比上年增长131.34%;成功率达79.83%,比上年提升7.7个百分点。中心成立5年来,累计完成调解3 309件,调解成功2 576件,成功率77.87%;涉及金融机构60多家,涉案金额约8 834亿元。

(2) 网上调解平台服务范围不断扩大。为适应互联网时代的新需求,中心开发了"中国金融消费纠纷调解网",为当事双方提供网上咨询、网上调解服务。该调解平台还集合了八省一市的20家金融调解组织,未来将逐步扩展至全国各金融消费纠纷调解组织,实现线上线下融合,达到信息互通、资源共享,构建便捷、高效、智能的调解服务新模式。截至2019年11月底,中心通过网上调解平台受理金融消费纠纷1 122件,占所有调解受理量的66.12%;完成调解1 102件,占总完成量的66.87%,成功898件,成功率74.96%,协议金额468.79万元。

(3) 中立评估机制成效显著。2017年9月调解中心借鉴国际成熟经验和良好实践,引入裁断机制,试行中立评估制度。对纠纷事实、责任认定、解决方案有较大分歧的案件,由独立的专家,基于各方陈述和证据,依据相关法律法规和其他规范性文件,作出中立的专业评估意见,引导争议双方回到法治轨道上理性主张权利、解决纠纷。2019年截至11月底,中心累计新受理中立评估案件75件,比前一年增加47.06%;完成评估案件61件,比前一年增加74.29%。

(4) 诉调对接机制运行顺畅。中心分别与上海市高级人民法院、第一中级人民法院、第二中级人民法院、金融法院,以及黄浦、浦东、虹口、长宁等多家基层法院建立了诉调对接机制。接受法院委托进行诉前、诉中调解,经双方当事人同意对调解协议进行司法确认。2019年截至11月底,中心累计完成法院委托委派调解37起,完成司法确认2起;涉及信用卡、贷款、理财、保险理赔等多类纠纷。

(5) 金融调解工作站覆盖广泛。中心认真践行"枫桥经验",利用工作站提供金融消费纠纷咨询与调解服务,开展金融知识教育普及活动。截至目前调解工作站已突破100家,其中在上海全市设立了81家调解工作站,在北京、天津、成都等24个省市设立了异地工作站。另外,中心还与律师事务所合作,设立1家区域性调解工作站,从获得消费者满意单位的金融机构中优选出32家网点设立了金融机构调解工作站。

(6) 宣传教育推陈出新。金融知识宣传普及方面,中心参加"3.15金融消费者权益日""金融知识普及月"系列活动,联合虹口法院、江湾镇司法所联合开展金融诉讼案例法治宣讲活动。教育培训方面,与往年相比,呈现出规格更高、师资更强、范围更广、类型更丰富的特点。主要有:与世界银行联合举办ADR机制建设运行及调解技能培训;承办了2期中国人民银行上海分行举办的2019年金融消费纠纷调处技能培训;举办了金融消费者投诉分类标准专题培训以及首期人民调解员资格培训。

(7) 对外交流更上台阶。国内交流方面,一是以网上调解平台为契机,加强与各地金融消费纠纷调解组织的交流合作,与各地调解组织交流更为密切,合作关系更为牢固。今年有来自陕西、山东等地的 4 家调解组织到访中心进行学习交流,江苏、贵州等地的 12 家调解组织新加入调解平台,中心与济南、苏州、福州的调解组织完成了 3 起线上跨地区和跨境的联合调解。二是加强了与其他组织的交流学习,中心至中证中小投资者服务中心(以下简称"中小投")进行交流学习,分别参加"中小投"和银联举办的研讨会,并与上述两家组织初步探索进行调解合作。国际交流方面,在中国人民银行金融消费权益保护局的指导下,中心与世界银行联合举办了为期 5 天的 ADR 机制建设运行及调解技能培训。以此为契机,中心与来自新西兰、加拿大的世行专家进行了深入交流,学习世界一流水平的调解经验。

(8) 社会认可再度提升。2019 年 7 月 31 日,最高人民法院,中国人民银行金融消费纠纷多元化解机制建设调研组至中心调研指导,最高人民法院民二庭副庭长关丽充分肯定了中心在金融纠纷多元化解机制建设方面所作出的成绩。2019 年 11 月 20 日,最高人民法院、中国人民银行、中国银行保险监督管理委员会联合印发《关于全面推进金融纠纷多元化解机制建设的意见》(以下简称《意见》),并发布《金融纠纷多元化解十大典型案例》。中心正在推行的小额纠纷快速裁决机制、中立评估机制以及中心研发的网上调解平台等写进了该《意见》,中心与黄浦法院解决的"采用适当性原则调解委托理财纠纷案"入选十大典型案例。此外,中心的涉外调解经验得到了《中国青年报》的专题报道,并获得国家信访局官方微信专题推荐;中心的"投诉+调解+裁断"一站式争议解决机制获评 2018 年度上海市"创新社会治理、深化平安建设"优秀案例。

(四) 金融调解的司法支持

2019 年 12 月 30 日,上海金融法院发出首份司法确认裁定书,对一起标的额达人民币 1.65 亿元的金融商事调解协议作出司法确认。

2019 年 12 月 28 日,全国人大常委会作出了《关于授权最高人民法院在部分地区开展民事诉讼程序繁简分流改革试点工作的决定》。两天后,上海金融法院作为试点法院,积极开展民事诉讼程序繁简分流改革,率先在优化司法确认程序方面作出了积极探索。此次司法确认案系一起融资租赁纠纷,上海某融资租赁有限公司因沈阳某旅游开发建设有限公司(以下简称旅游公司)未按融资租赁合同约定支付租金,向上海金融法院提起诉讼,请求判令旅游公司及其担保人连带承担支付租金及违约金的责任,诉请金额达 1.65 亿元。

该案中,上海金融法院立案法官经初步审查发现,案件虽然具有标的额大、地域跨度大的特点,但法律关系并不复杂。为促进矛盾纠纷快速、实质化解,立案法官积极引导当事人选择多元解纷机制。在法官释明后,当事人选择了与上海金融法院签有《诉调对接合作协议》的上海市金融消费纠纷调解中心进行调解。通过法院委派调解,各方在调解中心主持下达成调解协议,并共同向上海金融法院申请司法确认。

案件受理后,法官依法对调解协议的内容和形式进行了审查,作出民事裁定书,确认该调解协议有效。裁定书同时明确各方当事人应按调解协议的约定自觉履行义务,一方当事人不履行的,对方当事人可以依法向人民法院申请执行。涉案纠纷从起诉到圆满解决,用时仅一周,不仅满足了当事人高效、便捷、公正解决纠纷的多元司法需求,也更好地实现了源头解纷、分流提速、简案快审、繁案精审的司法改革内在要求。

第四节 金融仲裁

仲裁是我国法律规定的纠纷解决制度,也是国际通行的商事争议解决方式。经过近30年发展,我国运用仲裁方式解决民商事纠纷的数量已位居世界前列,仲裁为推进全面依法治国、保障经济社会发展、服务国家对外开放作出了积极贡献。

2019年全国仲裁工作会议信息显示,截至2018年底,全国共设立255个仲裁委员会,工作人员6万多名。自我国《仲裁法》颁行以来,全国仲裁机构累计处理各类民商事案件260万余件,标的额4万多亿元,案件当事人涉及70多个国家和地区。仲裁解决纠纷的范围涉及经济贸易、建设工程、房地产、金融、农业生产经营以及物业纠纷等经济社会发展各个领域。

据2020年7月18日中国仲裁网信息,2019年,全国253家仲裁委员会共受理商事仲裁案件为281 411件,标的总额为7 598亿元。其中,有31家仲裁委采取网上仲裁方式仲裁案件,共处理案件205 544件,占全国案件总数的42.21%,占31家仲裁委案件总数的73%。

一、仲裁法概述

(一) 仲裁与仲裁法

1. 仲裁的概念

仲裁是指纠纷当事人双方根据事前或事后达成的仲裁协议,自愿将纠纷提交给仲裁机构审理,由仲裁机构作出对争议双方均有约束力的裁决的一种解决纠纷的法律制度。

仲裁是国际上通行的一种最为重要的替代司法诉讼的争议解决方式。随着我国经济的迅速发展,市民自治观念的增强,仲裁机构受理案件的数量越来越多,受理案件的范围也越来越广泛。仲裁制度在争议解决领域正在发挥其愈来愈重要的作用。

仲裁的应用范围非常广泛,除民商事领域外,还应用于其他方面,如我国常见的劳动争议仲裁、行政争议仲裁等。本章所讲述的仲裁,主要以《仲裁法》为依据,介绍解决财产权益纠纷的民商事仲裁。

2. 我国仲裁立法

1949年10月新中国成立以后,我国建立了涉外仲裁制度。涉外仲裁机构由民间性商会,即中国国际贸易促进会(中国国际商会)组建。相对规范的国内仲裁制度则产生于20世纪80年代初。当时,国内仲裁和涉外仲裁是各自独立的体系。1994年8月31日,第八届全国人大常委会通过了《仲裁法》,该法于1995年9月1日起施行。该法根据2009年8月27日十一届全国人大常委会第十次会议《关于修改部分法律的决定》第一次修正,根据2017年9月1日十二届全国人大常委会第二十九次会议进行第二次修正。

2019年3月28日全国仲裁工作会议信息显示,我国《仲裁法》实施25年来,全国仲裁机构累计处理各类民商事案件260万余件,标的额4万多亿元,案件当事人涉及70多个国家和地区,仲裁裁决的自动履行率达到50%以上。

3. 仲裁司法解释

2006年8月23日,最高人民法院公布《最高人民法院关于适用〈中华人民共和国仲裁法〉若干问题的解释》,自2006年9月8日起施行。该仲裁司法解释共31条,规定了人民法院审理涉及仲裁案件适用法律的若干问题。

2017年年底至2018年年初,最高人民法院集中发布了一个通知及三个司法解释,分别是《最高人民法院关于仲裁司法审查案件归口办理有关问题的通知》和《最高人民法院关于仲裁司法审查案件报核问题的有关规定》《最高人民法院关于审理仲裁司法审查案件若干问题的规定》《最高人民法院关于人民法院办理仲裁裁决执行案件若干问题的规定》。这几个司法解释的制定,体现了最高人民法院对于仲裁司法审查的重视,强调多元化纠纷解决机制。

一个通知。2017年12月28日,最高人民法院发布的《最高人民法院关于仲裁司法审查案件归口办理有关问题的通知》(法〔2017〕152号)规定,各级人民法院审理涉外商事案件的审判庭(合议庭)作为专门业务庭(以下简称专门业务庭)负责办理本通知规定的仲裁司法审查案件。仲裁司法审查案件的主要类型包括:(1)申请确认仲裁协议效力案件;(2)申请撤销我国内地仲裁机构仲裁裁决案件;(3)申请认可和执行港、澳、台地区仲裁裁决案件;(4)申请承认和执行外国仲裁裁决案件。

三个司法解释。2017年12月26日,最高人民法院同时公布了《最高人民法院关于仲裁司法审查案件报核问题的有关规定》(法释〔2017〕22号)、《最高人民法院关于审理仲裁司法审查案件若干问题的规定》(法释〔2017〕22号),都是自2018年1月1日起施行。

关于仲裁司法审查案件报核问题的规定,主要是各中级人民法院或者专门人民法院办理涉外涉港澳台仲裁司法审查案件,经审查拟认定仲裁协议无效,不予执行或者撤销我国内地仲裁机构的仲裁裁决,不予认可和执行香港特别行政区、澳门特别行政区、台湾地区仲裁裁决,不予承认和执行外国仲裁裁决,应当向本辖区所属高级人民法院报核;高级人民法院经审查拟同意的,应当向最高人民法院报核。待最高人民法院审核后,方可依最高人民法院的审核意见作出裁定。

关于仲裁司法审查案件的范围,包括:(1)申请确认仲裁协议效力案件;(2)申请执行我国内地仲裁机构的仲裁裁决案件;(3)申请撤销我国内地仲裁机构的仲裁裁决案件;(4)申请认可和执行香港特别行政区、澳门特别行政区、台湾地区仲裁裁决案件;(5)申请承认和执行外国仲裁裁决案件;(6)其他仲裁司法审查案件。

2018年2月22日,最高人民法院发布了《最高人民法院关于人民法院办理仲裁裁决执行案件若干问题的规定》(法释〔2018〕5号),自2018年3月1日起施行。

(二) 仲裁的特点

作为解决民商事纠纷的一种方式,仲裁不同于协商、调解和诉讼,主要具有以下特点:

(1) 自愿性。当事人之间的纠纷是否提交仲裁、交与谁仲裁、仲裁庭组成人员的产生、仲裁适用的程序规则等,都可以由当事人在自愿的基础上协商确定。仲裁充分体现当事人意思自治的原则。

(2) 专业性。提交仲裁的民商事纠纷经常会涉及复杂的法律问题和各行业领域的专业性问题,而仲裁机构聘任的仲裁员一般都是各行各业的专家,因此对于解决上述纠纷,他们具有一定的专业优势,从而亦能保证仲裁的专业权威性。

(3) 灵活性。仲裁程序的灵活性很大,当事人甚至可以自定程序,很多环节可以被简化。

(4) 保密性。仲裁以不公开审理为原则,并且各国有关的仲裁法律和仲裁规则都规定了仲裁员以及仲裁秘书人员的保密义务,所以当事人的保密意愿在仲裁中可以得到充分的尊重。

(5) 快捷性。仲裁实行一裁终局制,不同于诉讼的两审终审制,因此有利于当事人之间纠纷的快速解决。

(6) 经济性。仲裁的保密性、快捷性等特点,加上仲裁收费一般低于诉讼收费,因而能有效地降低当事人解决纠纷的费用,减少可能发生的损失。

上述特点充分体现了仲裁的优点,也是吸引纠纷当事人选择仲裁的重要原因。

(三) 仲裁法的基本原则

(1) 当事人意思自治原则。这一原则通常也称为当事人自愿原则,亦是仲裁法最基本的原则。自愿原则在仲裁中主要体现为:其一,是否采取仲裁方式解决纠纷,须由当事人自愿协商决定,即当事人应当自愿达成仲裁协议。没有仲裁协议,一方申请仲裁的,仲裁委员会不予受理;有仲裁协议,一方向法院起诉的,法院不予受理。其二,当事人将纠纷提交哪一个仲裁委员会仲裁,亦由当事人自愿协商决定。仲裁不实行级别管辖和地域管辖。

(2) 以事实为根据,以法律为准绳原则。这一原则是我国法制建设的一项基本原则,也是仲裁法的基本原则。我国仲裁法规定,仲裁应当根据事实,符合法律规定,公平合理地解决纠纷。

(3) 独立仲裁原则。仲裁独立是仲裁公正的重要保障。仲裁法规定,仲裁依法独立进行,不受行政机关、社会团体和个人的干涉。仲裁委员会独立于行政机关,与行政机关没有隶属关系。仲裁委员会之间也没有隶属关系。独立仲裁原则还体现在,仲裁庭审理案件的时候,亦不受仲裁机构的干涉。

(4) 一裁终局原则。一裁终局原则是世界各国普遍接受的仲裁原则。我国仲裁法规定,仲裁裁决作出后,即发生法律效力,当事人就同一纠纷再申请仲裁或者向人民法院起诉,仲裁委员会或者人民法院不予受理。裁决生效后,当事人应当履行裁决,一方当事人不履行裁决的,另一方当事人可以向人民法院申请执行,受申请的人民法院应当执行。一裁终局原则既体现了仲裁快捷的特点,又保证了仲裁裁决的权威性和有效性。

(四) 仲裁范围

我国《仲裁法》第 2 条、第 3 条规定,平等主体的公民、法人和其他组织之间发生的合同纠纷和其他财产权益纠纷,可以仲裁。下列纠纷不能仲裁:(1)婚姻、收养、监护、扶养、继承纠纷;(2)依法应当由行政机关处理的行政争议。

《仲裁法》的调整范围是平等民事主体之间的民商事纠纷。劳动合同纠纷和农业承包合同纠纷因其特殊性,不适用《仲裁法》。

实践中,仲裁解决纠纷的范围涉及经济贸易、建设工程、房地产、金融、农业生产经营以及物业纠纷等经济社会发展的各个领域。

二、仲裁机构

(一) 仲裁委员会

仲裁委员会是我国受理仲裁案件的民间性常设机构。仲裁委员会属于民间组织,与行政机构没有隶属关系,各仲裁委员会之间也没有隶属关系。

我国《仲裁法》规定,仲裁委员会可以在直辖市和省、自治区人民政府所在地的市设立,也可以根据需要在其他设区的市设立。仲裁委员会不按行政区划层层设立。设立仲裁委员会,应当经省、自治区、直辖市的司法行政部门登记。2019 年全国仲裁工作会议公布的司法部统计数据显示,截至 2018 年年底,全国共设立 255 家仲裁委员会,工作人员达 6 万多名。

仲裁委员会应当具备下列条件:(1)有自己的名称、住所和章程;(2)有必要的财产;(3)有该委员会的组成人员;(4)有聘任的仲裁员。

仲裁委员会由主任 1 人、副主任 2—4 人和委员 7—11 人组成,其组成人员必须由法律、经济贸易方面的专家和有实际工作经验的人员担任,其中法律、经济贸易专家不得少于三分之二。

(二) 仲裁员

仲裁员是仲裁委员会聘任的从事商事纠纷案件仲裁工作的人员。法律对仲裁员有很高的资格要求,仲裁员首先在思想品德方面要公道正派,同时还要有较高的业务水平。我国《仲裁法》对仲裁员的业务水平有具体的要求:(1)从事仲裁工作满八年的;(2)从事律师工作满八年的;(3)曾任审判员满八年的;(4)从事法律研究、教学工作并具有高级职称的;(5)具有法律知识,从事经济贸易等专业工作并具有高级职称或者具有同等专业水平的。

仲裁委员应当按照不同专业设立仲裁员名册,供当事人选择。

(三) 中国仲裁协会

中国仲裁协会是社会团体法人,是仲裁委员会的自律性组织。仲裁委员会是中国仲裁协会的会员。中国仲裁协会的章程由全国会员大会制定。中国仲裁协会的职责主要有:(1)根据章程对仲裁委员会及其组成人员、仲裁员的违纪行为进行监督;(2)依照本法和民事诉讼法的有关规定制定仲裁规则。

为贯彻落实中办、国办 2019 年 4 月发布的《关于完善仲裁制度提高仲裁公信力的若干意见》和 2019 年 3 月举行的首次全国仲裁工作会议精神,进一步理顺仲裁工作管理体制、发挥行业自律管理作用,推动仲裁行业高质量发展,加快打造面向全球的亚太仲裁中心,上海市司法局依照《社会团体登记管理条例》规定,筹建成立了上海仲裁协会,2019 年 10 月经上海市民政局登记为专业性非营利社会团体法人,其英文名称为 Shanghai Arbitration Association(SHAA)。其业务范围是组织开展教育培训、理论研究、交流合作、宣传推广、编撰书刊资料等工作,协助业务主管部门开展工作,实施自律管理。

在 2019 年 11 月 8 日举办的上海国际仲裁高峰论坛上,上海仲裁协会正式揭牌成立,成为我国首个由省级司法行政机关筹建设立的地方仲裁协会。

三、仲裁协议

(一) 仲裁协议概述

仲裁协议是指双方当事人自愿把他们之间发生或者将来可能发生的财产性权益争议提交仲裁解决的协议。仲裁协议是当事人申请仲裁、仲裁委员会受理仲裁申请的重要依据。在仲裁实践中,仲裁协议可以分为两类:(1)仲裁条款,即指当事人在合同中订立的以仲裁方式解决争议的条款;(2)仲裁协议书,即指在争议发生之前或之后,双方当事人订立的同意将争议提交仲裁的一种独立协议。仲裁协议书,无论形式上还是内容上,都属于独立的合同。

仲裁条款和仲裁协议书,当事人都应当以书面形式订立。

(二) 仲裁协议的基本内容

仲裁协议的基本内容,是指一份完整、有效的仲裁协议应当具备的约定事项。我国《仲裁法》第 16 条规定,仲裁协议应当具有下列内容:(1)请求仲裁的意思表示。在仲裁协议中,当事人应明确表示愿意将争议提交仲裁解决。(2)仲裁事项。即当事人提交仲裁的争议范围。(3)选定的仲裁委员会。当事人应明确选定具体的仲裁委员会。

仲裁协议对仲裁事项或者仲裁委员会没有约定或者约定不明确的,当事人可以补充协议;达不成补充协议的,仲裁协议无效。

(三)仲裁协议的无效

根据我国仲裁法,仲裁协议应当采用书面形式,并且必须具备三项内容。同时,我国仲裁法亦规定,有下列情形之一的,仲裁协议无效:(1)约定的仲裁事项越出法律规定的仲裁范围的;(2)无民事行为能力人或者限制民事行为能力人订立仲裁协议的;(3)一方采取胁迫手段,迫使对方订立的仲裁协议的。

在仲裁实践中,如果当事人对仲裁协议的效力有异议的,可以请求仲裁委员会作出决定或者请求人民法院作出裁定。一方请求仲裁委员会作出决定,另一方请求法院作出裁定的,由人民法院裁定。当事人对仲裁协议的效力有异议,应当在仲裁庭首次开庭前提出。

在仲裁实践中,还需注意的是,双方当事人已经达成仲裁协议,一方向人民法院起诉却没有声明有仲裁协议,人民法院受理后,另一方应当在首次开庭前提交仲裁协议,人民法院收到仲裁协议后应当驳回起诉,但仲裁协议无效的除外;如果另一方在首次开庭前未对人民法院受理该案提出异议,则视为放弃仲裁协议,人民法院应当继续审理。

(四)仲裁协议的独立性

从合同理论上而言,仲裁协议是从属于主合同的从合同,主合同的效力会影响从合同的效力,但仲裁协议具有独立性。我国《仲裁法》规定,仲裁协议独立存在,合同的变更、解除、终止或者无效,不影响仲裁协议的效力。而且在仲裁实践中,主合同未成立或未生效一般也不影响仲裁协议的效力。

(五)示范仲裁条款

1. 上海仲裁委员会的仲裁示范条款

"因本合同发生的争议,应当协商解决,协商不成的,提请上海仲裁委员会按其仲裁规则进行仲裁。"

2. 中国国际经济贸易仲裁委员会的示范仲裁条款

"凡因本合同引起的或与本合同有关的任何争议,均应提交中国国际经济贸易仲裁委员会,按照申请仲裁时该会现行有效的仲裁规则进行仲裁。仲裁裁决是终局的,对双方均有约束力。"

四、仲裁程序

(一)申请和受理

1. 申请

当事人向仲裁委员会申请仲裁,应当符合下列条件:(1)有仲裁协议;(2)有具体的仲裁请求和事实、理由;(3)属于仲裁委员会的受理范围。

当事人申请仲裁,应当向仲裁委员会递交仲裁协议、仲裁申请书及副本。仲裁申请书应当载明下列事项:(1)当事人的姓名、性别、年龄、职业、工作单位和住所,法人或者其他组织的名称、住所和法定代表人或者主要负责人的姓名、职务;(2)仲裁请求和所根据的事实、理由;(3)证据和证据来源、证人的姓名和住所。

当事人提交仲裁申请书,应当按对方当事人的人数和组成仲裁庭的仲裁员人数,备具副本。

2. 受理与不予受理

仲裁委员会收到仲裁申请书之日起五日内,认为符合受理条件的,应当受理,并通知当事人;认为不符合受理条件的,应当书面通知当事人不予受理,并说明理由。

3. 送达与答辩

仲裁委员会受理仲裁申请后,应当在仲裁规则规定的期限内将仲裁规则和仲裁员名册送达申请人,并将仲裁申请书副本和仲裁规则、仲裁员名册送达被申请人。被申请人收到仲裁申请书副本后,应当在仲裁规则规定的期限内向仲裁委员会提交答辩书。仲裁委员会收到答辩书后,应当在仲裁规则规定的期限内将答辩书副本送达申请人。被申请人未提交答辩书的,不影响仲裁程序的进行。

(二) 财产保全

财产保全是指在仲裁庭仲裁前,为保证调解或裁决能够付诸实现,而通过人民法院对当事人的财物采取的一些强制措施。财产保全旨在保护当事人的合法权益,维护裁决的权威性。我国《仲裁法》规定,一方当事人因另一方当事人的行为或者其他原因,可能使裁决不能执行或者难以执行的,可以申请财产保全。当事人申请财产保全的,仲裁委员会应当将当事人的申请依照民事诉讼法的有关规定提交人民法院。

申请财产保全,当事人可以在申请仲裁时同时提出,也可以在仲裁裁决作出前的任何阶段提出。财产保全申请只能由仲裁委员会提交人民法院,而非仲裁庭,当事人也不能直接向人民法院申请。人民法院受理申请后,依据民事诉讼法的相关规定,作出财产保全的裁定并采取财产保全措施。

申请财产保全,如果申请有错误的,申请人应当赔偿被申请人因财产保全所遭受的损失。

(三) 仲裁庭的组成

我国《仲裁法》规定,仲裁庭可以由三名仲裁员或者一名仲裁员组成。仲裁庭的组成形式因此可以分为合议仲裁庭和独任仲裁庭。当事人双方可以约定由合议仲裁庭或独任仲裁庭来审理案件。

合议仲裁庭简称合议庭,由三名仲裁员组成,设首席仲裁员。当事人约定由合议庭审理案件时,应当各自选定或者各自委托仲裁委员会主任指定一名仲裁员,第三名仲裁员由当事人共同选定或者共同委托仲裁委员会主任指定。第三名仲裁员为首席仲裁员。独任仲裁庭,由一名仲裁员组成,由当事人共同选定或者共同委托仲裁委员会主任指定仲裁员。

如果当事人没有在仲裁规则规定的期限内约定仲裁庭的组成方式或者选定仲裁员的,由仲裁委员会主任指定。

仲裁庭组成后,仲裁委员会应当将仲裁庭的组成情况书面通知当事人。

(四) 回避

仲裁中的回避是指与本案或者本案当事人有利害关系的仲裁员以及其他相关人员不参加本案仲裁活动的制度。回避制度旨在保障仲裁公正,防止枉法裁判。我国《仲裁法》规定,仲裁员有下列情形之一的,必须回避,当事人也有权提出回避申请:(1)是本案当事人或者当事人、代理人的近亲属;(2)与本案有利害关系;(3)与本案当事人、代理人有其他关系,可能影响公正仲裁的;(4)私自会见当事人、代理人,或者接受当事人、代理人请客送礼的。

当事人提出回避申请,应当说明理由,在首次开庭前提出。回避事由在首次开庭后知道的,可以在最后一次开庭终结前提出。

(五) 开庭

1. 开庭原则

我国《仲裁法》规定,仲裁应当开庭进行。当事人协议不开庭的,仲裁庭可以根据仲裁申请书、答辩书以及其他材料作出裁决。开庭可分为公开开庭和不公开开庭,仲裁以不公开开庭为原则。当事人协议公开的,可以公开进行,但涉及国家秘密的除外。

2. 开庭通知

仲裁庭开庭仲裁案件的,仲裁委员会应当在仲裁规则规定的期限内将开庭日期通知双方当事人。当事人有正当理由的,可以在仲裁规则规定的期限内请求延期开庭。是否延期,由仲裁庭决定。

申请人经书面通知,无正当理由不到庭或者未经仲裁庭许可中途退庭的,可以视为撤回仲裁申请。被申请人经书面通知,无正当理由不到庭或者未经仲裁庭许可中途退庭的,可以缺席裁决。

3. 开庭的一般程序

(1) 宣布开庭。开庭仲裁,由首席仲裁员或者独任仲裁员宣布案由和开庭;核对当事人;宣布仲裁庭组成人员和记录员名单;告知当事人有关的仲裁权利义务;询问当事人是否提出回避申请。

(2) 庭审调查。仲裁庭通常按照下列顺序进行庭审调查:申请人陈述仲裁请求、事实和理由;被申请人进行答辩或提出反请求;双方代理人阐述代理意见;证人作证或宣读未到庭的证人证言、出示证据、当事人双方相互质证。

(3) 庭审辩论。当事人在仲裁过程中有权进行辩论,就争议的事实、证据和法律适用等问题阐明自己的意见。辩论终结时,首席仲裁员或者独任仲裁员应当征询当事人的最后意见。

(六) 证据

当事人应当对自己的主张提供证据,证据包括八种:(1)书证。书证应当提供原件。提交原件确有困难的,可以提交副本、复印件。(2)物证。物证应当提交原物。提交原物确有困难的,可以提交复制品、照片。(3)视听资料。(4)证人证言。知道案件情况的人有义务出庭作证。(5)当事人的陈述。(6)现场笔录。(7)勘验笔录。(8)鉴定结论。我国仲裁法规定,仲裁庭对专门性问题认为需要鉴定的,可以交由当事人约定的鉴定部门鉴定,也可以由仲裁庭指定的鉴定部门鉴定。根据当事人的请求或者仲裁庭的要求,鉴定部门应当派鉴定人参加开庭。当事人经仲裁庭许可,可以向鉴定人提问。

证据应当在开庭时出示,当事人可以质证。

仲裁中,仲裁庭有权调查搜集证据。对于当事人不能搜集的证据,或者仲裁庭认为有必要搜集的证据,仲裁庭可以自行搜集。

在证据可能灭失或者以后难以取得的情况下,当事人可以申请证据保全。当事人向仲裁委员会申请证据保全的,仲裁委员会应当将当事人的申请提交证据所在地的基层人民法院,由人民法院做出裁定,采取证据保全措施。

(七) 和解、调解和裁决

1. 和解

我国《仲裁法》规定,当事人申请仲裁后,可以自行和解。达成和解协议的,可以请求仲裁庭根据和解协议作出裁决书,也可以撤回仲裁申请。当事人达成和解协议,撤回仲裁申请后反悔的,可以根据原仲裁协议重新申请仲裁。

2. 调解

仲裁调解,即在仲裁员主持下,双方当事人协商解决纠纷。我国《仲裁法》规定,仲裁庭在作出裁决前,可以先行调解。当事人自愿调解的,仲裁庭应当调解。调解不成的,应当及时作出裁决。

调解达成协议的,仲裁庭应当制作调解书或者根据协议的结果制作裁决书。调解书与裁决书具有同等法律效力。调解书经双方当事人签收后,即发生法律效力。在调解书签收前当事人反悔的,仲裁庭应当及时作出裁决。

3. 裁决

我国《仲裁法》规定,裁决应当按照多数仲裁员的意见作出,少数仲裁员的不同意见可以记入笔录。仲裁庭不能形成多数意见时,裁决应当按照首席仲裁员的意见作出。作出裁决书后,对裁决持不同意见的仲裁员,可以签名,也可以不签名。

仲裁庭在仲裁纠纷时,其中一部分事实已经清楚,可以就该部分先行裁决。

裁决书自作出之日起发生法律效力。

五、仲裁裁决的撤销

(一) 申请撤销仲裁裁决的概念

申请撤销仲裁裁决,是指对已经发生法律效力的仲裁裁决,当事人有证据证明裁决违反仲裁法规定的,可以向人民法院申请撤销裁决,人民法院经审查核实,裁定撤销裁决。由于仲裁实行一裁终局的制度,仲裁裁决一经作出,即发生法律效力。但在仲裁实践中,有些裁决可能因各种原因会出现偏差或错误,从而给当事人权益带来不利后果。申请撤销仲裁裁决制度,既是对仲裁的监督,确保仲裁裁决的合法性、正确性,同时也完善了我国仲裁制度。

(二) 撤销仲裁裁决的申请

我国《仲裁法》规定,当事人提出证据证明裁决有下列情形之一的,可以向仲裁委员会所在地的中级人民法院申请撤销仲裁裁决:(1)没有仲裁协议的;(2)裁决的事项不属于仲裁协议的范围或者仲裁委员会无权仲裁的;(3)仲裁庭的组成或者仲裁的程序违反法定程序的;(4)裁决所根据的证据是伪造的;(5)对方当事人隐瞒了足以影响公正裁决的证据的;(6)仲裁员在仲裁该案时有索贿受贿,徇私舞弊,枉法裁决行为的。

此外,人民法院认定该裁决违背社会公共利益的,应当裁定撤销。

当事人申请撤销裁决的,应当自收到裁决书之日起六个月内提出。

(三) 人民法院对撤销仲裁裁决申请的处理

人民法院受理当事人撤销仲裁裁决的申请后,应当组成合议庭进行审查,并在受理申请之日起两个月内作出撤销裁决或者驳回申请的裁定。

人民法院经审查核实,认定仲裁裁决具有法定可被撤销条件的,应当裁定撤销裁决。仲裁裁决一旦被撤销,当事人就其纠纷想再通过仲裁方式解决的,必须重新签订仲裁协议。

人民法院受理撤销裁决的申请后,认为可以由仲裁庭重新仲裁的,通知仲裁庭在一定期限内重新仲裁,并裁定中止撤销程序。仲裁庭拒绝重新仲裁的,人民法院应当裁定恢复撤销程序。

六、仲裁裁决的执行

(一) 申请执行仲裁裁决

仲裁裁决生效后,当事人应当自觉履行裁决。如果一方当事人不履行的,另一方当事人可以依照我国民事诉讼法的有关规定向人民法院申请执行。受申请的人民法院应当执行。根据我国《民事诉讼法》的规定,仲裁裁决由被执行人所在地或者被执行人财产所在地的人民法院执行。

(二) 仲裁裁决的不予执行

人民法院接到当事人的执行申请后,应当及时执行裁决,保障当事人的合法权益。但是,如果被申请人提出证据证明裁决有法定不予执行的情形的,人民法院组成合议庭经审查核实,裁定不予执行。根据我国民事诉讼法规定,仲裁裁决有下列情形之一的,被申请人可以请求人民法院不予执行:(1)当事人在合同中没有订有仲裁条款或者事后没有达成书面仲裁协议的;(2)裁决的事项不属于仲裁协议的范围或者仲裁机构无权仲裁的;(3)仲裁庭的组成或者仲裁的程序违反法定程序的;(4)认定事实的主要证据不足的;(5)适用法律确有错误的;(6)仲裁员在仲裁该案时有贪污受贿,徇私舞弊,枉法裁决行为的。此外,人民法院认定执行该仲裁裁决违背社会公共利益的,裁定不予执行。

(三) 仲裁裁决执行的中止和终结

一方当事人申请执行裁决,另一方当事人申请撤销裁决的,人民法院应当裁定中止执行。

人民法院裁定撤销裁决的,应当裁定终结执行。撤销裁决的申请被裁定驳回的,人民法院应当裁定恢复执行。

七、涉外仲裁

(一) 涉外仲裁的概念

涉外仲裁是指含有涉外因素的仲裁。我国《仲裁法》规定的涉外仲裁适用于涉外的经济贸易、运输和海事中发生的纠纷,因此涉外仲裁通常又称为国际商事仲裁。

(二) 涉外仲裁机构

我国《仲裁法》规定,涉外仲裁委员会可以由中国国际商会组织设立。目前,我国设有两个涉外仲裁委员会,分别是中国国际经济贸易仲裁委员会和中国海事仲裁委员会。两者均由中国国际商会建立。中国国际经济贸易仲裁委员会,其受案范围包括国际商事交易中发生的一切争议。该仲裁委员会设在北京,并分别在上海市和深圳市设有两个仲裁委员会分会。中国海事仲裁委员会主要受理涉外海事争议。

涉外仲裁委员会由主任一人、副主任若干人和委员若干人组成。涉外仲裁委员会的主任、副主任和委员可以由中国国际商会聘任。

涉外仲裁委员会可以从具有法律、经济贸易、科学技术等专门知识的外籍人士中聘任仲裁员。

(三) 涉外仲裁程序

涉外仲裁程序基本适用我国《仲裁法》关于国内仲裁的程序规定,包括涉外仲裁的申请和受理、仲裁庭的组成、开庭和裁决等。

涉外仲裁的当事人申请证据保全的,涉外仲裁委员会应当将当事人的申请提交证据所在地的中级人民法院。

涉外仲裁的仲裁庭可以将开庭情况记入笔录,或者作出笔录要点,笔录要点可以由当事人和其他仲裁参与人签字或者盖章。

(四) 涉外仲裁裁决的撤销和执行

根据我国民事诉讼法的相关规定,当事人提出证据证明涉外仲裁裁决违反法律规定的,可以向人民法院申请撤销或不予执行,人民法院组成合议庭经审查核实,裁定撤销或不予执行。

涉外仲裁委员会作出的发生法律效力的仲裁裁决,当事人请求执行的,如果被执行人或者其财产不在中华人民共和国领域内,应当由当事人直接向有管辖权的外国法院申请承认和执行。

八、金融仲裁的实践和发展

与世界发达国家相比,我国金融仲裁起步稍晚。2007年12月18日,上海金融仲裁院作为我国内地首家金融仲裁机构在上海成立。十多年来,我国金融仲裁发展迅猛,广州、深圳、武汉、重庆、杭州、青岛、包头、西安、银川等地近百个金融仲裁院或国际金融仲裁院相继成立。这些年,我国金融仲裁机构在解决金融争议方面发挥着很大的作用,解决争议范围包含借贷、证券、基金投资、保险合同、投资金融等各类金融性纠纷。

(一) 金融仲裁发展空间巨大

我国目前仲裁制度在解决金融纠纷中的利用率远远不及诉讼,未能充分发挥其裁断纠纷、化解矛盾的功能。据统计,2017年全国253家仲裁机构共处理金融类案件25 677件,占比仲裁机构受理全部案件的10.7%;金融类案件标的金额1 558亿元,占比29.2%。从上海情况来看,上海金融仲裁院2017年的受案数592件,而同年上海法院系统受理一审金融商事案件数量已经达到17.9万件。研究发现,商业银行在选择诉讼与选择仲裁的偏好之间的差距有10倍左右之多。在金融纠纷高发、频发的今天,如此之低的仲裁受案比例严重阻碍了仲裁制度在多元纠纷化解机制中应有作用的发挥。

实际情况显示,与各类经济金融纠纷增长的速度相比,我国社会对于金融仲裁的了解和利用程度还远远不能匹配,仲裁法律制度的社会影响力依然偏低。事实上,在大量由存款、贷款、股票、基金、担保、典当、期货、外汇、票据、保险以及信用证、银行卡等各类金融交易和金融服务所引发的纠纷、冲突中,包括商业银行在内的当事人之所以不选择仲裁作为解决纠纷、冲突的方式,多数就是因为对仲裁制度不够了解,甚至存在诸多误解,以至于在纠纷发生前后出现仲裁约定不明确、达不成仲裁协议的问题。与此同时,随着互联网时代的发展与大数据的发展,新金融类型的不断出现也给金融仲裁带来了巨大的挑战。

因此,我们认为,为促进仲裁制度在金融纠纷化解中的作用、减轻诉讼爆炸带来的司法压力,政府有关部门、金融监管机构、金融行业协会有必要采取切实措施,积极传播仲裁法律知识、宣传金融纠纷仲裁的优势及特点,仲裁机构则应主动与金融机构等主体进行沟通,使金融纠纷的当事人认识到,仲裁制度的高专业性、高效率性、高灵活性更加适应日益复杂多样的金融纠纷。可以相信,一旦金融机构对仲裁法律有了更多正确的认识,便会积极运用金融仲裁作为提前规避风险、维护自身权益的方式,以促进金融仲裁繁荣发展,保障我国金融市场稳定、和谐。应该说,金融仲裁正在实践中不断发展成长,而且发展空间巨大,未来必将在防范化解金融风险、维护金融市场秩序、推动持续健康发展发挥更加积极的作用。

(二) 金融仲裁专业组织涌现

根据我国《仲裁法》第2条的规定,平等主体的公民、法人和其他组织之间发生的合同纠纷和其他财产权益纠纷,可以仲裁。因此,金融商事纠纷当然属于我国仲裁机构受理的业务范围。一般来说,仲裁委员会不需要设立专门的金融仲裁机关,即可受理金融纠纷案件。

为更好地服务金融市场发展,调动优势资源,及时仲裁金融纠纷案件,我国许多仲裁委员会专门设立了金融仲裁分支机构,即金融仲裁院或国际金融仲裁院,并制定和实行了专门的金融仲裁规则。

自上海金融仲裁院成立以来,全国各地仲裁委员会纷纷成立自己的金融仲裁院,专门仲裁解决金融纠纷案件。需要强调的是,包括上海金融仲裁院在内,各地的金融仲裁院都是仲裁委员会下属的办理金融类纠纷案件的专门分支机构,并不是独立的法人机构。

以上海金融仲裁院为例,其成立于2007年12月18日,是上海仲裁委员会的特设机构。上海金融仲裁院遵守仲裁自愿原则、仲裁独立原则、仲裁不公开原则,依据《仲裁法》的规定,受理平等主体的金融机构之间或金融机构、企事业法人、其他组织、自然人之间在金融交易、金融服务等活动中发生的商事纠纷,包括存款和贷款纠纷;保险纠纷;股票、债券、基金等证券交易纠纷;金融期货交易纠纷;票据、信用证、银行卡等支付结算纠纷;金融租赁纠纷;外汇、黄金交易纠纷;信托投资纠纷;金融衍生品交易纠纷;典当纠纷等。

为了完善上海金融法制环境,为国内外金融主体提供优质高效的仲裁法律服务,上海金融仲裁院制定了专门的金融仲裁规则,聘请了一批国内外知名金融法律专家担任仲裁员。仲裁庭根据事实、符合法律规定、遵循公平合理原则,并参考国内、国际惯例和行业标准、习惯,独立、公正、及时地进行仲裁。仲裁裁决与法院终审判决具有同等的法律效力。

(三) 互联网金融仲裁机制

互联网仲裁又称网络仲裁,是指利用互联网等IT技术资源提供仲裁服务的网上争议解决方法,仲裁的全部或主要程序,包括立案、受理、审理到裁决、送达等都在网上进行。基于互联网金融参与主体众多、地域跨度大、电子证据为主的特点,传统的纠纷解决机制已难以应对高频多发的法律风险和纠纷。相比之下,网络仲裁为互联网民商事交易提供了更为方便、高效的纠纷解决方案。

相比诉讼,互联网仲裁无疑是网贷平台解决用户恶意逾期等金融合同纠纷的有效途径。据了解,2014年,广州仲裁委员会(简称"广仲")在国内率先"试水"网络仲裁,一开始采取的是线上线下结合的方式,当年仅有1 000多件案件;2015年3月,广仲成立了我国首个网络仲裁服务平台;2016年网络仲裁受理案件达到11 621件;2017年受理网络案件共70 079件,标的35.61亿余元,其中互联网金融案件占85%。2018年,广州仲裁委员会受理案件总数189 620件,占全国案件量的35%,位列全国第一;其中,涉外案件数量21 62件、网络案件数量166 634件,均位列全国第一。

互联网金融仲裁兴起之后,全国各地仲裁委员会纷纷搭建互联网金融仲裁服务平台,如上海金融仲裁院、天津仲裁委员会等都已经开发和运行了网络仲裁服务平台。

值得提及的是,作为广东自贸试验区2018年制度创新最佳案例中金融开放创新十大最佳案例之一,横琴片区按照新型互联网金融业态的发展规律及需求,积极构建互联网金融仲裁机制,设立国内首个专门解决金融纠纷的互联网仲裁平台。该平台由互联网仲裁当事人及仲裁员、互联网仲裁核心业务处理、互联网仲裁委管理等三大子系统构成,主要运用主流的主体身份认证、电子签章、时间戳等技术促进文件交换具备法律效力,对外以互联网方式提供在线仲裁服务,对内通过内部网络进行案件处理确保信息安全,推动仲裁业务全流程在线办理。据该案例材料介绍,该项改革创新的主要亮点有:

(1) 主体网络认证。平台采用人脸活体认证和银行卡四要素认证,确保网络主体身份与线下真实身份一致。

(2) 全程在线处理。通过电子商务认证、时间戳、电子签章等技术,从提出仲裁申请、答辩、选定仲裁员、举证质证到作出仲裁裁决,全程均依托互联网仲裁平台进行。

(3) 智能批量操作。金融交易或服务平台通过与仲裁平台数据对接,可批量上传欠款案件。对于其中类型化案件,则可按照同案类裁的方式进行批量处理。

(4) 突破地域空间限制。网络仲裁对仲裁申请人与被申请人的地域性要求不高,可接收境内外金融争议案件,有效解决互联网金融参与人分布广泛问题。

(5) 制定专门规则和组建专门仲裁员团队。结合互联网金融仲裁特点,制定了专门的互联网金融仲裁规则,并在原有和增补的仲裁员名册中挑选储备专门服务互联网金融仲裁员开展仲裁。

(6) 运用区块链技术建立联盟链。与技术开发方深度合作,在合同签订时即利用区块链存证,合同的履行环节同样上传存证,发生纠纷后电子证据问题迎刃而解。

互联网金融仲裁服务平台优势比较明显:一方面,提高仲裁效率。该平台改变传统仲裁模式,实现与国内互联网交易金融平台对接,实现在线批量受理、办理来自各平台海量互联网金融纠纷案件,实现互联网金融纠纷解决便利化。另一方面,降低仲裁成本。小额互联网金融纠纷案件,适用速裁程序从组庭到裁决最快只需6天,适用普通程序案件只需10天,与传统线下仲裁需4个月审批时限相比,成本大幅降低。

当然,网络金融仲裁目前还存在一定的局限性和挑战性。(1)网络仲裁的实际应用率不高。实践中,并非所有当事人都习惯使用网络交流方式,如电子证据提交、即时信息发送、视频会议技术等。当事人可能因为不习惯这种全新的方式,放弃选择网上仲裁。(2)对网络仲裁的公正性存疑。传统仲裁只涉及三方参与者,而网络仲裁涉及四方参与者,这个"第四方"就是互联网技术,它要求仲裁庭成员具备新的技术、知识和对策来有效完成工作。若当事人对仲裁庭是否具有这些必备技能存疑,就不会信任网络仲裁能公正裁判,并维护自己的合法利益。(3)涉及网络仲裁的保密性问题。网络仲裁具有突破空间距离的阻碍,实现仲裁活动便捷化的优点,但正因仲裁参与者身处不同空间,对仲裁庭而言,是否有第三人参与到庭审过程是无法得知的。(4)电子证据固化平台的权威性问题。第三方机构和组织所搜集、认定和保全的电子证据的权威性与可靠性,实践中仍受到不少质疑:一方面,我国未明确这类机构和组织的法律地位;另一方面,这些机构并无相关资格审查程序。因此,将电子证据交予电子固化系统予以保存仍存在权威性不充分的问题。

 **复习思考题**

1. 简述民事纠纷处理机制。
2. 试述金融纠纷的概念和特点。
3. 试述我国仲裁立法概况。
4. 试述我国金融纠纷多元解决机制。
5. 试述我国金融调解的实践和发展。
6. 试述我国金融仲裁的实践和发展。
7. 分析互联网金融仲裁的优点和缺点。

第十二章 金融创新的法治保障

本章要点

- 金融创新及其特点
- 我国金融创新的法治体系
- 绿色金融及其制度框架
- 资产证券化的法律本质
- 融资租赁及其法律关系
- 保理合同的法律特征

> 创新就是创造与更新,没有的东西被创造出来,已有的东西被不断地更新和完善,这就是创新。金融创新是市场经济和金融业发展的内在需求,整个人类金融业的发展史就是一部不断创新的历史,金融创新一直伴随着金融业的发展。无论是金融对外开放,还是金融创新发展,都需要一个良好的法治体系予以规范和保障。

第一节 金融创新及其法治保障

一、金融创新概述

(一) 金融创新的概念

"创新"(innovation)这一概念是美籍奥地利经济学家约瑟夫·熊彼特(Joseph A. Schumpeter)于1911年在《经济学发展理论》①中首次提出的,根据其定义,创新就是建立一种新的生产函数,即把一种从来没有过的生产要素和生产条件的新组合引入生产体系,包括五种情况:(1)引入新产品;(2)引入新技术;(3)开辟新市场;(4)控制原材料新的供应来源;(5)实现产业的新组织。

套用熊彼特的创新理论,所谓金融创新是指在金融领域内建立"新的生产函数",是各种金融要素的新的结合,是为了追求利润机会而形成的市场改革。它泛指金融体系和金融市场上出现的一系列新事物,包括新的金融工具、新的融资方式、新的金融市场、新的支付清算

---

① Schumpeter, J. A., *The Theory of Economic Development*, Harvard University Press, 1911.

手段以及新的金融组织形式与管理方法等内容。它与作为上层建筑的法治存在着密切联系。金融创新是金融全球化的技术诱因,也是金融制度和体制变革的推动力。金融创新中的市场创新是对制度安排的规避,而随后的制度创新就是对市场创新的纵容,金融创新的这种互相作用,推动着金融体制的嬗变沿革。

(二)金融创新的分类与特征

金融创新是指会引起金融领域结构性变化的新工具、新的服务方式、新市场以及新的体制。金融创新应该包括金融体制创新,而且还是一种极为重要的创新。广义上的金融创新可以分为金融工具的创新、金融服务方式的创新、金融市场的创新和金融体制的创新等四类;狭义上的金融创新一般仅指前三类创新,这是因为它们与金融体制创新的创新主体性质不同,相互之间存在较大区别。因此,一般所讲的金融创新,包括金融工具创新、服务方式创新和金融市场创新等三类。

金融创新的特征主要包括六个方面:(1)金融创新是一个具有强烈时间色彩的概念,同时还有一定的地域性;(2)金融创新是一种会引起金融领域结构性变动的活动;(3)金融创新不仅仅是创新设想的提出,而且还是这种设想的成功应用和发展;(4)金融创新的主体多样化,既可以是金融机构也可以是政府;(5)金融创新类型多样,并且各种创新之间相互联系、相互作用;(6)金融创新的成果容易被模仿,这是金融创新区别于其他领域创新的重要特征。

(三)金融创新的主要影响

金融创新在广义上包括了金融体制的创新,而金融体制创新主要以法律形式进行,因此它在某种意义上说就是法律创新。从金融创新的结果来看,一方面是增加了新的金融产品和金融工具,使金融结构发生深刻变化,并带来金融业的竞争和繁荣;另一方面是逃避金融管制,是使金融监管制度丧失应有的防范金融风险的功能。因此,有人形象地比喻,为应对金融创新而适时调整的金融监管立法,是放松管制与加强管制的博弈,即立法放松某些方面的管制,以鼓励金融创新,同时立法又加强另一些方面的管制,以防范金融创新后的风险。

(1)金融创新使直接融资和间接融资、资本市场与货币市场的界限变得越来越模糊,从而导致融资体制发生了深刻的结构性变化。这样一来,由于金融创新,原本清晰的融资制度结构变得难以分辨了。融资制度的这种结构变化,表明原有的融资形式种类已不能适应金融主体的融资需求,需要向多样化和复杂化方向发展。同时,它使传统的融资方式,特别是贷款方式在社会融资机制中的地位下降,成为金融脱媒化的一个重要因素。

(2)金融创新冲击金融分业经营制度,推动金融经营体制螺旋演变。20世纪80年代开始,在金融自由化和金融创新浪潮的推动下,金融机构之间的竞争加剧,彼此间业务渗透和交叉越来越广泛,银行业务与证券业务之间的界限变得越来越模糊。一些规避分业经营法律限制的金融创新措施,对促进金融业务交叉的作用更为明显。于是,各国开展金融制度改革,改变分业经营模式,实行综合化经营。2008年次贷危机以来,各国意识到综合经营和放松管制是金融危机发生的重要原因,因而又纷纷强化以金融消费者保护为目的的金融监管。

(3)金融创新促进了国际货币制度的变革,推动了国际货币一体化的进程,成为国际金融体制发展的推动力之一。这方面,欧元(Euro)的创设就是一个典型实例。在我国,自2009年央行启动跨境贸易人民币结算试点以来,人民币国际化发展走过了十多年进程,取得了骄人的成绩。随着我国跨境支付系统(CIPS)获得更加广泛应用,我国数字货币(DCEP)横空出世、走向"世界货币",国际货币市场和制度必将在人民币更加国际化中形成一个新的格局。

二、中国金融创新的发展和特点

当代金融创新最早起源于20世纪60年代末,经过70年代的发展,至八九十年代如火如荼、形成高潮,进入21世纪后有所突破,呈现出了一些新的特点。在我国,金融创新从一开始就是与改革开放事业、社会主义市场经济制度相伴而生、共同发展的,至今成就斐然,世人有目共睹。而且,伴随着新一轮的金融开放和改革,我国金融业必将在不断创新中取得更大发展,而且未来空间巨大。

从银行角度看,金融创新是指商业银行为适应经济发展的要求,通过引入新技术、采用新方法、开辟新市场、构建新组织,在战略决策、制度安排、机构设置、人员准备、管理模式、业务流程和金融产品等方面开展的各项新活动,最终体现为银行风险管理能力的不断提高,以及为客户提供的服务产品和服务方式的创造与更新。

需要指出的是,创新是相对的,不是绝对的。比如,在一个国家或地区的某些金融创新活动,在另一个国家或地区可能已经比较成熟,早已经是常规金融业务。

(一) 中国金融创新的主要方面

金融创新具有鲜明的时代特征,不同的历史时期,金融创新的内容、特点各不相同。有的专家过去曾用12个字即"起了步、上了路、水准低、不平衡"来概括改革开放早期我国金融创新的发展状况。随着时间的推移,银行业金融创新又会呈现出新的趋势和特点。

(1) 金融行业信息化。现代信息化技术的快速发展,能够适应现代金融时效性和迅捷性的特点,有利于金融行业构建高效、安全、稳定的金融服务平台。以信息技术为依托的金融科技(FinTech)的迅猛发展,形成了ABCD格局,即人工智能(AI)、区块链(block chain)、云计算(cloud)、大数据(data)。金融行业信息化程度的不断提高,不仅有利于降低交易成本、便利信息交流与资金融通,更将为金融市场各个要素的创新发展注入新的活力。

(2) 金融产品复杂化。为规避自身风险以及满足客户投资与避险需求,金融机构开展自营和代客的衍生品交易业务,不仅包括期权、期货和掉期等衍生品工具,还推出了与利率、汇率、商品价格和股票指数挂钩的结构性票据,以及其他复合型金融工具;更加综合化的金融创新,包括近几年兴起的结构融资(资产证券化)、融资租赁、融资性担保、商业保理、P2P融资、信托理财等业务。

(3) 金融服务个性化。改革开放40年来,我国国民经济实现了快速增长,人民生活水平不断提高。中国经济的快速发展加速了个人财富积累,为商业银行等金融机构开展财富管理提供了广阔空间。如我国商业银行针对特定客户"量身定做"私人银行等个性化服务、证券公司的集合理财、信托公司的理财计划,以及PE/VC理财产品,等等。可以预见,金融个性化服务将成为未来金融创新的重要内容。

(4) 金融业务综合化。尽管世界各国金融业务一体化的趋势已经有所改变,但是以商业银行为核心的金融业,为适应市场发展需要,拓展业务领域、探索跨业经营、增强资金效率、提高盈利能力的冲动,永远不会改变。比如,我国以金融控股公司模式探索金融业综合经营的尝试,并没有因为防范金融风险、加强金融监管而受到大的影响。

(5) 金融活动国际化。我国国家外汇储备和居民本外币储蓄存款长期位居世界第一,如何为巨额的外汇储备和居民储蓄存款寻求投资机会以分散风险,是我国宏观经济运行中的一个难点。随着新一轮对外开放和"一带一路"的发展,"既要引进来、又要走出去"

是我国金融业的必然选择。今后,我国金融业全面融入国际金融体系,资本跨境流动,必将更加活跃。

(二) 中国金融创新的主要特点

改革开放四十余年来,中国金融业的整体素质和核心竞争力显著增强,但发展中的深层次矛盾仍然存在,公司治理结构有待规范和完善,经营模式和经营方向亟须转变和突破,竞争能力、盈利能力和风险防范能力亟待提高和增强,而解决这些问题的根本途径就是金融创新。可以说,金融创新是当今中国金融业改革发展的客观要求,是金融业规避风险,有效提高国际竞争力,促进金融业科学发展的必然选择。

(1) 政府主导创新与市场主导创新并驾齐驱。现今中国的金融创新,很多情况下是首先由市场需求引起,再由政府部门或者监管机构组织试点、改变或者完善规则等,这是政府主导的自下而上的金融创新模式。与此同时,很多微观主体则是先在法规不健全或者是灰色地带进行金融创新或突破,然后促使有关部门出台相关法规加以引导、规范和保障,经过正式的制度创新之后,实现创新做法在金融行业的全面推广。

(2) 追求盈利的创新与防范风险的创新齐头并进。现今的金融创新,特别是金融产品、金融工具或者金融服务的创新,很多是为了拓展业务、扩大盈利。但是,在加强金融监管和强调风险防范的政策引导下,有很多具有风险管理特征的金融工具、管理制度得以应运而生,它们同时有助于提高管理效率,或者降低经营成本,同样可以实现扩大盈利的目标。这种齐头并进的格局,反映出金融创新应有的内在动力机制,具有可持续性。

(3) 负债类业务的创新与资产类业务的创新并行不悖。过去一个阶段,我国银行业金融机构在业务创新中有一个明显特点,就是负债类业务创新较多,而资产类业务创新较少。随着金融业供给侧结构性改革的推进,相关管理制度不断完善,资产类业务的创新开始增多。比如,银行业金融机构加大银团贷款、保理贷款、融资租赁等业务拓展力度,积极开展绿色债券投资、资产证券化业务,等等。

三、金融创新的法治保障

无论是金融对外开放,还是金融创新发展;无论是金融业务创新,还是服务模式创新,都需要一个良好的法治体系予以规范和保障。一般来说,金融法律体系通过确定金融市场主体组织规则、准入要求、业务范围、权利义务、监管标准,以及风险防范、纠纷解决等,发挥对金融创新的法律保障作用。依托已经形成的中国特色社会主义法律体系,我国日趋完善的金融法治体系,能够承担起保障金融创新发展的使命和任务。

(一) 我国金融法治体系

改革开放四十余年来,我国金融法治建设不断加强,基本建立了既符合国情又与国际接轨的现代金融法律体系,形成了以《中国人民银行法》《商业银行法》《银行业监督管理法》《证券法》《保险法》《票据法》《信托法》等基础金融法律为核心,相关行政法规、部门规章及规范性文件为重要内容的金融法律制度框架,为金融业改革发展奠定了较为扎实的制度基础。在全面深化改革和全面依法治国背景下,我国种类齐全、结构合理、服务高效、安全稳健的现代金融市场体系日益完善,客观上要求金融管理部门和有关部门从立法、执法、司法、法治宣传教育、消费者和投资者保护等环节全面加强金融法治建设。

随着金融业发展,金融类纠纷案件大大增加。人民法院严厉打击金融犯罪和非法集资、电信诈骗等涉及金融领域的犯罪,有效发挥了化解矛盾纠纷、保护合法权益、维护社会稳定的重要作用;同时积极探索新型、疑难案件的法律适用标准,探索创建金融法院、金融法庭。2018年4月,全国人大常委会决定设立上海金融法院,更好发挥人民法院在防范金融风险、促进实体经济和金融良性循环、推动金融深化改革等方面的司法服务和保障职能,促进金融监管部门与金融法院间的协作沟通,推动形成共识与合力;适应金融领域纠纷高度专业特征,统一金融司法裁量,推动完善金融领域相关立法及司法解释。

(二)中国金融创新的监管与立法

金融创新是新生事物,它的成长需要金融机构、投资者和监管机构的共同推动。金融机构是金融创新的主体,对创新活动及其风险承担第一责任,要建立良好的客户关系,包括建立争议处理的解决机制;投资者在享受现代金融服务的同时,也要遵循"买者自负"的原则,承担决策风险;监管机构要履行服务于公共利益的职责,督促金融机构向金融投资者充分披露信息,揭示风险,保护金融投资者合法权益,同时建立公平的市场交易规则,完善法律法规,创造有利于创新发展的法制环境,规范市场行为。

我国金融业监管机构历来十分重视金融创新,而且监管有效性不断增强、监管能力不断提高。2005年,中国银监会专门设立了"业务创新监管协作部",为金融创新监管提供了组织保障。在随后的不断探索中,在深刻分析国际国内银行业创新发展现状、充分认识金融创新基本风险情况的基础上,确定了"鼓励与规范并重、培育与防险并举"的创新监管原则;先后出台了《金融衍生交易业务管理暂行办法》《市场风险管理指引》《商业银行个人理财业务管理暂行办法》《商业银行个人理财业务风险管理指引》《电子银行业务管理办法》《电子银行安全评估指引》《商业银行代客境外理财业务管理暂行办法》等一系列规范银行业创新活动的行政规章和规范性文件,与相关部门共同发布了《商业银行投资设立基金管理公司试点管理办法》《信贷资产证券化试点办法》,开展了市场风险、资产证券化、信息科技风险监管、理财业务等业务培训,为金融创新监管提供了制度和人才保障。

为了适应银行业创新发展的需要,中国银监会提出了对商业银行金融创新要"宽准入、严监管、多支持、管得住、快发展"的监管思路。2006年12月,中国银监会通过制定《商业银行金融创新指引》,该指引于2006年12月11日起施行,共分七章48条,其核心内容可以概括为四句话:鼓励发展,强调规范,服务客户,教育公众。这是中国银行业监管史上第一次专门颁布文件对商业银行的金融创新活动进行全面规范和引导,标志着中国银行业金融创新和创新监管将跨入一个新的发展阶段。

2017年6月21日,国务院公布《融资担保公司监督管理条例》(国务院令第683号),自2017年10月1日起施行。2018年4月2日,中国银保监会银联合其他部门以保监发〔2018〕1号文件发布了《融资担保业务经营许可证管理办法》《融资担保责任余额计量办法》《融资担保公司资产比例管理办法》和《银行业金融机构与融资担保公司业务合作指引》等四项配套制度,自发布之日起施行。

第五次全国金融工作会议之后,我国展开了新一轮的金融改革,形成了适应新形势的金融监管体制。国务院金融稳定发展委员会统筹抓总职能不断显现,中国银保监会积极推进银行业、保险业的法律法规修订,加强普惠金融、创新金融领域的统一监管法规建设,积极推动我国具有高度适应性、竞争力、普惠性的现代金融体系建设。

第二节　绿色金融的法治保障[①]

人类进入 21 世纪以来,随着全球范围内环境与气候变化、资源与节能减排方面挑战的日益严峻,可持续发展观念得到不断深化,大力发展绿色金融、积极促进节能减排,已经成为各国政府、金融系统和相关产业的普遍共识。

一、绿色金融的界定与功能

一般而言,绿色金融是指对环保、节能、清洁能源、绿色交通、绿色建筑等领域的项目投融资、项目运营、风险管理等所提供的金融服务;其基本功能,主要在于两个方面:一是应对气候变化和支持环境改善,促进社会生态文明发展;二是加强资源节约和高效利用,促进经济持续循环发展。

(一) 绿色金融及相关概念的界定

目前,在境内外理论界与实务界,甚至在各有关国际组织之间,对绿色金融的概念,并没有一致的看法。而且,关于绿色金融的不同界定,往往是因为关注和强调了绿色金融的不同侧面。

(1) 二十国集团(G20)的界定。2016 年 9 月,绿色金融研究小组向杭州 G20 领导人峰会提交的《G20 绿色金融综合报告》指出,"绿色金融"是指能产生环境效益以支持可持续发展的投融资活动。这些环境效益包括减少空气、水和土壤污染,降低温室气体排放,提高资源使用效率,减缓和适应气候变化并体现其协同效应等。发展绿色金融要求将环境外部性内部化,并强化金融机构对环境风险的认知,以提升环境友好型的投资和抑制污染型的投资。绿色金融应该覆盖各种金融机构和金融资产,既要利用公共资金,也要动员私人资本。

值得注意的是,2018 年 11 月 30 日至 12 月 1 日,在阿根廷首都布宜诺斯艾利斯举行的 G20 领导人第十三次峰会发布的《G20 领导人布宜诺斯艾利斯宣言》和《布宜诺斯艾利斯行动计划》,第三次写入绿色金融议题研究成果,而且将其拓展为"可持续金融"(sustainable finance)。

(2) 国外智库机构大多从环境保护角度对绿色金融进行界定。普华永道认为,绿色金融是指金融机构在普通的投融资决策、事后监督和风险管理流程之外,更进一步考虑环境因素而提供的金融产品和服务,这些产品和服务旨在促进环境责任投资,以及刺激低碳技术、项目、产业和市场的发展。

德国发展研究院则认为,绿色金融是指为在环境产品和服务、保护环境和气候等领域的公共和私人投资提供融资服务,或为鼓励节能减排和保护环境的公共政策提供融资服务的包括法律、经济、机构等框架和条件在内的金融运行体系。

(3) 我国关于绿色金融的综合性、开放性的定义。

① 我国香港特区的金融发展局认为,绿色金融是指支持可持续发展和低碳环保的项目、产品和企业的投融资安排。

[①] 张学森:《绿色金融及其法治保障研究》,载《2018 年上海国际金融中心建设蓝皮书》,上海人民出版社 2019 年版,第 225—261 页。

② 七部委的界定。中国人民银行等七部委于2016年8月31日联合印发的《关于构建绿色金融体系的指导意见》认为，绿色金融是"为支持环境改善、应对气候变化和资源节约高效利用的经济活动，即对环保、节能、清洁能源、绿色交通、绿色建筑等领域的项目投融资、项目运营、风险管理等所提供的金融服务。"

③ "绿金委"关于绿色债券的界定。中国金融学会绿色金融专业委员会（简称"绿金委"）2015年12月发布的《绿色债券支持项目目录（2015年版）》（简称《目录》），是我国第一份关于绿色债券界定与分类的文件，可以为绿色债券审批与注册、第三方绿色债券评估、绿色债券评级和相关信息披露提供参考依据；而且，其获得了中国人民银行认同。该《目录》参照产业和环境政策的原则与相关技术标准，基于项目环境效益的显著性等因素，对绿色债券支持项目进行了比较细致的界定与分类。《目录》对六大类和31小类环境效益显著项目及其解释说明和界定条件。该六大类项目是：节能、污染防治、资源节约与循环利用、清洁交通、清洁能源、生态保护和适应气候变化。

(4) 不同定义之间的联系与区别。从关于绿色金融的不同定义来看，准确界定绿色金融，需要将其与绿色投资、绿色信贷和气候金融相区分开来。首先，绿色金融的金融资源配置模式具有双向性，既包括面向绿色环保的产品、项目和企业的投资活动，又包括相关企业和项目利用金融市场的融资活动，不宜简单地将绿色金融与绿色投资相等同。其次，绿色金融所涉及的金融业务类型具有多元性，既包括银行信贷，也包括股权投资、债券发行和绿色保险等业务，将绿色金融局限于绿色信贷并未反映绿色金融的多样性特征；再次，绿色金融所支持的领域具有广泛性，除了关注降低温室气体排放等气候问题之外，绿色金融还支持更为广泛的环境保护和可持续发展目标，包括清洁能源、污染控制、绿色建筑、交通和基础设施建设、能源效率、循环经济、废物处理等各方面的项目。易言之，气候金融只是绿色金融体系中的一部分。

G20绿色金融研究小组认为，绿色金融是指一类有特定绿色偏好的金融活动，金融机构在投融资决策中充分考虑环境因素的影响，并通过一系列体制安排和产品创新，将更多资金投向环境保护、节能减排、资源循环利用等可持续发展的企业和项目，同时降低对污染性和高能耗企业和项目的投资，以促进经济的可持续发展，在本质上是一系列金融工具、市场机制和监管安排的加总。

(二) 绿色金融发展的逻辑、功能和优势

1. 绿色金融发展的两个逻辑起点

一方面，可持续发展的需要。绿色金融对可持续发展具有促进作用，通过制度创新建设，设计激励性和约束性机制，不仅可以推进金融部门的改革创新，也可响应循环经济的政策倡导。另一方面，金融机构风险规避的发展需要。基于金融业与企业经营活动间的密切联系，金融业在信贷决策过程中需要关注投资项目或企业是否符合国家环境保护的基本国策，以避免因环境风险造成资金损失。可以认为，金融机构面临两种类型的环境风险：一种是自身运营活动直接造成的环境问题；另一种是借款企业的经营投资行为造成环境污染被叫停或惩罚时，将会降低相关经营企业的盈利能力，从而导致偿债风险增加，连累金融机构承担连带责任。

2. 绿色金融的双重功能

一般认为，绿色金融具有促进经济和保护环境的双重功能。在促进经济方面，绿色金融体系的发展,能够支持新能源、节能高效技术与装备、环境监测与治理等环保行业的发展,这些潜在的投资需求能够获得绿色金融的支持而形成新的经济增长点,同时有利于产业结构、能源结构的转型升级,提高资源利用水平和经济增长效率。在保护环境方面,绿色金融体系的发展,能够借助金融的力量推动环境保护产业和环境保护事业的进步,通过新能源、新技术、新产业的发展降低经济发展对环境的压力,同时也能够引导社会投资对于环境保护效果的考量,从而有利于环境的改善。

3. 绿色金融的两个优势

支持和促进绿色金融的发展,具有以下两方面的显著优势:一方面,鼓励和调动私营部门(private sector)的投资,降低公共财政的压力。以往环境保护类的投资主要依赖财政资金,绿色金融的发展能够极大地拓宽环保类项目和产品的融资途径,对市场主体通过金融体系进行融资形成正向激励,从而增加私营部门在环保方面的投入,减少公共财政的资金压力。另一方面,绿色金融能够促进金融体系创新,引导金融业可持续发展。由于传统金融行业过度逐利导致的金融资源配置不合理和社会效果不佳而导致金融业招致诸多批判,发展绿色金融能够使得金融资源的配置更加符合社会公共利益的需求,同时也能够使金融行业自身发现新的增长点,以实现金融业将绿色环保理念融入金融商业模式,通过创新性的绿色金融产品实现金融行业的差异化竞争,提升金融行业的健康发展水平。

二、我国绿色金融的快速发展

近年来,中国积极推动绿色低碳发展的国际潮流,统筹国内国际两个大局,提倡"创新、协调、绿色、开放、共享"五大发展理念,低碳发展和应对气候变化已成为中国生态文明建设的重要途径。

党的十九大报告明确指出,"推进绿色发展。加快建立绿色生产和消费的法律制度和政策导向,建立健全绿色低碳循环发展的经济体系。构建市场导向的绿色技术创新体系,发展绿色金融,壮大节能环保产业、清洁生产产业、清洁能源产业。推进能源生产和消费革命,构建清洁低碳、安全高效的能源体系。"

(一) 我国绿色金融的稳步推进

1995年中国人民银行颁布《关于贯彻信贷政策和加强环境保护工作有关问题的通知》,规定"各级金融部门在信贷工作中要重视自然资源和环境保护,把支持国民经济的发展和环境资源的保护、改善生态环境结合起来,要把支持生态资源的保护和污染的防治作为银行贷款的考虑因素之一"。

2007年,中国人民银行、国家环保总局、银监会三部门联合发布了《关于落实环境保护政策法规防范信贷风险的意见》,要求银行对未通过环评审批或环保设施验收的项目不得新增任何形式的授信支持,对违规排污的企业严格限制流动资金贷款。

2008年,国家环保总局发布《关于加强上市公司环境保护监督管理工作的指导意见》,明确了上市公司环保核查制度,上市公司环境信息披露机制和上市公司环境绩效评估机制等绿色证券的基本政策和制度。

2012年,银监会发布《绿色信贷指引》,对绿色信贷的宗旨、内涵与外延进行了界定,从银行内部治理、信息披露、借贷审批流程等方面明确了绿色信贷的运行规则。

2015年,发改委发布了《绿色债券发行指引》,发挥企业债券融资对促进绿色发展、推动节能减排解决环境问题、应对气候变化、发展节能环保产业等的支持作用,规定了绿色债券的适用范围以及审核效率、准入条件、担保增信等方面的优惠政策。

2016年8月31日,中国人民银行、财政部、发展改革委、环境保护部、银监会、证监会、保监会七个部委联合发布《关于构建绿色金融体系的指导意见》,将构建绿色金融体系提上了日程,对包括绿色信贷、绿色债券、绿色股票指数和相关产品、绿色发展基金、绿色保险、碳金融等的绿色金融产品的发展做出了系统性的规划与设计。

2017年以来,中国绿色金融发展取得显著成效,已经走在了国际第一方阵。中国是为数不多的构建了系统性绿色金融政策框架的国家。作为全球最大的绿色债券发行国之一,2018年上半年,全国累计发行绿色债券超850亿元,存量规模居世界前列。截至2018年6月末,全国绿色贷款余额7.7万亿元,占企业贷款余额的近10%。绿色金融产品创新活跃,绿色基金、绿色租赁、绿色PPP、环境权益融资等产品和业态蓬勃发展,有力地推动了中国经济绿色转型。

目前,我国绿色金融业绿色产品类别、个性化融资方案仍有改善的空间,融资产品的覆盖对象范围有待进一步扩展,金融机构的参与度仍需进一步提升,需要我们不断借鉴国外优秀绿色金融市场实践经验,构建起一套完整有效运行的绿色金融发展机制,并通过相应的制度性规范予以保障。

(二)我国绿色金融的发展现状

1. 绿色信贷与绿色债券

截至2018年年末,我国本外币绿色贷款余额8.23万亿元,同比增长16%,比同期企业及其他单位贷款增速高6.1个百分点;全年增加1.13万亿元,占同期企业及其他单位贷款增量的14.2%。

2018年,我国共发行贴标绿色债券144只,同比增长17%,发行金额2 676亿元,同比增速超过8%。由于我国的绿债标准与国际标准存在一定差异,主要体现在对化石能源清洁高效利用项目的认定方面,因此,根据国际标准统计的数据略低于根据我国标准统计的数据,但发行规模逐年上行的趋势是一样的。以CBI发布的数据为例,其统计数据显示2018年我国共发行贴标绿债2 103亿元(约为312亿美元),较前一年的1 543亿元上涨了36.29%。

2. 绿色金融指数

绿色指数是一种较为特殊的绿色产品,它主要通过对社会公众公开募集资金,来引导资金流向环保企业和项目。养老金、保险资金等大型机构投资者是绿色指数的主要购买者,普通大众也可以通过购买指数型产品参与绿色企业的运营和管理。我国目前的绿色指数产品可以分为绿色股票指数产品和绿色债券指数产品,前者的数量较后者略多一些。

目前我国的绿色股票指数产品已经形成四个大类:(1)可持续发展类,包括ESG、社会责任、公司治理指数;(2)环保产业类,涵盖环保、环境治理、新能源等;(3)环境生态类,如上证180碳效率指数,基于碳足迹的数据;(4)绿色收入+环境风险类,如中证绿色投资股票指数等。绿色债券指数主要有中央结算公司推出的中债绿色系列指数(共4只)、上海证券交易所和中证指数有限公司联合推出的3只绿色债券指数,以及中央财经大学绿色金融国际研究院、深圳证券交易所、卢森堡证券交易所共同推出的"中财—国证绿色债券系列指数"。

3. 碳交易产品

中国自2013年启动七省市碳交易试点以来,至今已完成5个履约年度。截至2018年年底,七省市试点碳市场碳配额累计成交 2.63 亿吨,累计成交额近 54 亿元,成交均价为 20.53 元/吨。

碳交易试点开市以来,为了推进企业碳资产管理、活跃碳市场交易,各个碳交易试点开展了多种形式的产品创新。目前,我国的碳交易产品总体可以分为三大类:(1)碳交易工具产品,主要包括碳掉期、碳期权、碳远期、碳债券、碳基金等。(2)碳融资工具产品,主要包括碳回购、碳抵押和质押、碳托管、借碳、碳信托等。(3)支持工具产品,主要包括碳指数和碳保险等。

(三) 我国绿色金融国际合作成效显著

在国际合作和共同应对气候变化方面,中美成立了中美绿色基金,中英、中法开展财金对话,也讨论了绿色金融合作等内容。中国和法国欢迎旨在实现《巴黎协定》全面和有效实施的国际推动力,并致力于尽最大努力在 2018 年前完成关于《巴黎协定》实施的工作规划。双方认同低碳和气候适应型投资的重要性,特别是在基础设施领域,并将采取措施鼓励资金流向资源集约、可持续、低碳和气候适应型项目。双方视对方为主要"绿色金融中心",并认识到进一步合作的益处。基于各自市场的经验,中法双方将进一步分享绿色融资经验,鼓励双方金融机构落实各自国际国内"绿色融资"相关倡议,支持中法绿色投资合作,并提升对气候变化和环境风险的评估和管理。

2017 年 9 月 5 日,中国绿金委、中国银行业协会等七个行业协会和机构共同发布了《中国对外投资环境风险管理倡议》。此倡议旨在鼓励和引导中国金融机构与企业在对外投资过程中加强环境风险管理,遵循责任投资原则,将生态文明和绿色发展理念融入"一带一路"建设。

2018 年 11 月 30 日,中英绿色金融工作组在伦敦举行的第三次工作组会议上,中国绿金委与伦敦金融城绿色金融倡议共同发布了由中英机构组织起草的《"一带一路"绿色投资原则》(Green Investment Principles for the Belt and Road)。

2018 年 10 月 4 日,世界交易所联合会(WFE)正式发布了由上海证券交易所(以下简称"上交所")牵头制定的交易所行业指引《可持续交易所原则》。基于联合国环境署、世界银行关于"可持续金融系统发展路线图"的框架,该行业指引明确了决定交易所未来可持续发展的五项基本原则。

三、绿色金融的规则与法治

虽然绿色金融早已通过市场自发和政府推动展开了丰富的实践,但是在制度层面尚属于新生事物。未来绿色金融的稳健有序发展,需要建立在完善的配套制度的基础之上,遵循既促进发展又规避风险的路径与原则。

(一) 绿色金融的制度框架

尽管不同的绿色金融运行模式对法律制度供给有着差异化的需求,但从宏观整体层面,绿色金融配套制度的构建与完善需要从以下几个方面展开:

1. 绿色认证制度

由于绿色金融在政策层面受到高度重视,且享受着大量的优惠政策,比如绿色证券的优惠发行条件、绿色信贷的政府财政支持等,因此不排除会有机构为获取政策优惠或绿色资金而将非绿色项目或非绿色金融工具"漂绿"的行为,即声称具有绿色效益但实际上并不会产生绿色效益,或者声称的绿色效益高于实际能产生的绿色效益的行为。当"漂绿"项目未能被有效甄别,将可能造成绿色金融市场充斥大量虚假的绿色项目从而导致市场趋于无效。因此,有必要构建绿色认证制度,确保通过绿色金融体系所筹集的资金投入真正能够产生环境效益的项目。通过绿色认证,一方面能够甄别和筛选符合绿色环保要求的融资项目,使绿色金融体系的运行更富针对性和实效性,另一方面也能够增强绿色项目的透明度,为投资者和金融机构提供更具真实性和指导性的信息,便利绿色金融体系的投融资活动。绿色认证制度的构建,包括绿色认证机构的设置和绿色认证标准的确立。

(1) 绿色认证机构。即指有权对绿色项目进行认定和评估的权威组织或部门。绿色认证机构的设置需要考虑机构的权威性、专业性、独立性,以确保在绿色认证过程和结论的公信力和客观性。目前我国的绿色认证制度尚属于起步阶段,中国人民银行在《关于在银行间债券市场发行绿色金融债券有关事宜的公告》和发改委、上交所的《关于开展绿色公司债券试点的通知》中对于绿色债券的评估和认证都只是鼓励性规范,且对于认证机构的范围均未予明确,容易导致绿色认证的混乱。因此,绿色认证制度首先就需要框定认证机构的主体范围,既不宜将认证职能过度集中于官方独家,也不宜过度分散。

(2) 绿色认证标准。即指绿色认证机构据以对绿色项目进行评估和认定的具体参考标准。明确的绿色认证标准,能够保证绿色认证的公正性和统一化。具体而言,绿色认证标准应当包括但不限于以下内容:①融资方的绿色标准,包括其在环境领域的信用记录、自然环境风险控制能力、绿色项目的投资建设或运营管理经验、其在环境领域已实现的绿色效益等,用以度量融资方的绿色程度;②项目的绿色标准,包括项目是否符合绿色目录、绿色效益指标及应达到的绿色效益标准、历史上同类项目的绿色效益等,用以度量绿色投融资项目的绿色程度;③募集资金使用与管理标准,包括绿色资金的专款或专户管理、绿色资金投向的清晰度、投资项目投资进度及监控、投资项目运营期监控等,用以度量申请人对绿色资金的使用与管理的规范程度;④绿色资金的单位绿色效益指标及标准,主要用于度量绿色资金所产生的绿色效益指标及标准;⑤绿色信息披露透明度标准,主要用于度量绿色信息披露方面的真实性、完整性与及时性。

2. 绿色金融激励制度

如果将所有对绿色金融的期待全部以强制性规范的形式规定在法律之中,无疑是一种形而上学的禁锢或者说是道德绑架,背离了正常的市场规律,而这种将利他性道德变成强制义务的法律也是没有社会基础的。发展绿色金融,更多的是需要利用激励制度来鼓励各类市场主体积极参与绿色金融活动,充分利用市场规律,在尊重金融市场主体自由选择的基础上通过调整利益和激发动机来引导金融市场主体的行为,使之符合绿色金融的要求。绿色金融激励制度主要表现为赋予权利、减免义务、减免责任、增加收益、减少成本、特殊待遇、特殊资格、特殊荣誉等。具体而言,主要表现为声誉激励制度和经济激励制度。

(1) 声誉激励,指法律确认金融市场主体参与绿色金融活动的积极意义,并通过荣誉称号、资格认定等方式影响金融市场主体声誉,引导金融市场主体基于维护良好声誉评价的动机而积极从事绿色金融活动。例如,国际项目融资中的"赤道原则"(equator principles)虽然不是强制性法律规定,但是赤道原则是参照了国际金融公司可持续发展政策和指南所建立的自愿性行业基准,倡导金融机构对项目融资中的环境问题和社会问题尽到审慎性核查的义务。在项目融资中采纳了赤道原则的银行可以称为"赤道银行"。这一称谓能够体现出金融机构在承担社会责任中的努力,因此很多金融机构会主动地采用并遵守赤道规则,以期提高社会声誉。这种声誉激励,有利于金融机构在审核融资项目时选择那些符合环境保护和社会发展要求的,提高了金融发展所带来的社会福利。

(2) 经济激励,指法律通过设置具体规则,以减免义务、赋予权利、给予特殊待遇等方式使金融市场主体能够降低成本或者增加收益,引导金融市场主体基于获取更大经济利益的动机而积极参与绿色金融活动。例如,发改委《绿色债券发行指引》对绿色债券在发行审核上的优惠待遇,以及政府投资补助、担保补贴、债券贴息、基金注资等支持措施,能够对绿色债券的发行形成正向激励。《关于构建绿色金融体系的指导意见》也提出了对绿色项目进行贴息,并且探索将绿色信贷纳入宏观审慎评估框架,并将绿色信贷实施情况关键指标评价结果、银行绿色评价结果作为重要参考,纳入相关指标体系,形成支持绿色信贷等绿色业务的激励机制。除此之外,我国也可以借鉴境外经验,对从事绿色投资的投资者进行相应税收的减免,以激励各类投资者对绿色金融工具的投资。

3. 绿色金融风险防范制度

尽管绿色金融具有显著的环境社会效益,但作为金融市场活动,绿色金融本身也不可避免地面临着各类风险。基于维护金融安全和保护投资者利益的考量,有必要清醒认识绿色金融风险,并构建和完善相应的风险防范制度,以保障绿色金融体系的安全、有序运行。绿色金融本身面临着诸多风险:(1)技术风险,即绿色金融体系所支持的绿色项目和绿色技术往往具有较高的初始成本,由于基础设施落后和其他技术原因,会导致绿色项目运行的收益并不一定能符合预期;(2)政策风险,即环保政策和金融监管政策的变动,容易导致绿色项目对投资者吸引程度的降低,从而影响绿色金融体系的正常运行;(3)市场风险,即绿色技术的应用和绿色项目的投资,往往会具有较高的先发成本(first-mover cost),在市场不成熟的情况下的商业实践具有一定的不确定性;(4)道德风险,即有可能存在并不属于绿色项目但通过虚构、粉饰等欺诈手段"漂绿"以利用绿色金融体系获取绿色投资和其他优惠待遇的风险。绿色金融体系中的投资者并不一定能够充分认识绿色金融的上述风险,容易在政策引导下盲目地参与绿色金融活动,从而导致其利益暴露在风险之中。为了有效规避风险和保护投资者利益,有必要建立和完善透明度规则、欺诈制裁规则等约束机制。

(二) 我国绿色金融的政策体系

近年来,我国大力推动绿色金融发展的顶层设计,制定和出台了一系列促进绿色金融发展的法律法规,逐步探索构建起我国绿色金融体系。特别是,2016年是中国和全球的绿色金融元年。中国发布了全面构建绿色金融体系的指导意见,成为全球最大的绿色债券市场,并且各类绿色金融创新大量涌现。

2015年4月25日,《中共中央 国务院关于加快推进生态文明建设的意见》首次提出要推广绿色信贷、排污权抵押等融资,开展环境污染责任保险试点。2015年9月,中共中央、国务院印发《生态文明体制改革总体方案》,从信贷、绿色股票指数、绿色债券、绿色发展基金、上市公司披露信息、担保、环境强制责任保险、环境影响评估、国际合作等方面具体提出了建立绿色金融体系。2015年10月,党的十八届五中全会再次明确我国要发展绿色金融,设立绿色发展基金。2015年12月,央行、发改委相继发布绿色金融债和绿色企业债的发行指引。

2016年3月,"建立绿色金融体系,发展绿色信贷、绿色债券,设立绿色发展基金"再次写入我国"十三五"规划。2016年8月31日,中国人民银行、财政部等七部委联合发布《关于构建绿色金融体系的指导意见》,指导意见定义了绿色金融、绿色金融体系,指出了构建绿色金融体系的重要意义,并提出从大力发展绿色信贷、推动证券市场支持绿色投资、设立绿色发展基金、发展绿色保险、完善环境权益交易市场、支持地方发展绿色金融、推动开展绿色金融国际合作等方面建立多层次的绿色金融市场体系,由此,构建起了较为完整的绿色金融政策体系。

2017年3月,在上交所、深交所开展绿色公司债试点的基础上,证监会正式发布了《关于支持绿色债券发展的指导意见》,对绿色公司债券、绿色产业项目、发行主体及信息披露等提出了明确要求。同月,中国银行间市场交易商协会公开发布了《非金融企业绿色债务融资工具业务指引》,对绿色债务融资工具、绿色项目界定与分类、资金使用与管理、信息披露等作出规定,并对认证评估报告框架提出具体要求。自此,绿色金融债、绿色企业债、绿色公司债和绿色债务融资工具等绿色债券产品标准已经初成体系。

2017年6月,央行等5部门联合发布了《金融业标准化体系建设发展规划(2016—2020年)》,将绿色金融标准化工程作为"十三五"时期金融业标准化的重点工程之一。规划重点部署了绿色信用评级标准、环境信息披露标准、绿色金融产品标准等任务,并研究金融信息和统计数据共享标准,推动我国绿色金融标准化进程。

2017年6月,环保部与证监会签署《关于共同开展上市公司环境信息披露工作的合作协议》。12月,证监会对上市公司年报和半年报信息披露内容与格式准则进行了统一修订,明确要求重点排污单位的公司或其重要子公司在年报和半年报中强制披露排污信息、防污设施建设运行情况、突发环境事件应急预案等,其他公司执行"不披露就解释"原则。我国环境信息披露在2018年已要求所有其他上市公司实施半强制披露,即"不披露就解释";自2020年起强制环境信息披露要求覆盖到全部上市公司。此外,随着2018年6月我国A股正式纳入MSCI新兴市场指数和MSCI全球指数,所有纳入MSCI指数的A股公司将接受MSCI的ESG(环境、社会与治理)研究和评级。由此可预见,未来针对所有上市公司的环境信息披露将愈发严格。

2017年12月27日,央行、证监会联合制定发布了《绿色债券评估认证行为指引(暂行)》,正式将绿色债券评估认证行为纳入了监管和自律框架,从机构准入和资质条件、业务承接、业务实施、报告出具以及监督管理等方面提出了全方位要求。指引建立了绿色债券标准委员会自律管理机制,强化了对绿色债券发行人的约束和绿色债券标识的管理,对绿色债券认证评估进行全面规范,将大幅提高绿色债券发展的规范性,并提高绿色评估认证对市场参与各方的有用性,有望将绿色债券市场引入持续健康发展的快车道。

2018年11月10日,中国基金业协会发布《绿色投资指引(试行)》(下称《指引》)。近年来,我国绿色主题基金和带有绿色目标的集合投资活动发展迅速,对于行业评价指标体系,有很强的现实诉求。中国基金业协会立足于绿色投资发展初期这一实际,起草制定《指引》,意图逐步引导从事绿色投资活动的基金管理人、基金产品以市场化、规范化、专业化方式运作,培养长期价值投资取向、树立绿色投资行为规范,避免绿色投资活动良莠不齐给行业带来困扰。以环境(E)、社会(S)和公司治理(G)为核心的ESG责任投资是资管行业新兴的投资策略,也是基金行业落实绿色发展理念、构建绿色金融体系的重要抓手。《指引》是在《上市公司ESG评价指标体系》研究成果基础上,以E指标为基础,对基金管理人的绿色投资活动及其内部制度建设作出普适性指引,由机构自主灵活地运用相关指标和基本方法,改善投资决策机制,丰富投资策略,提升绿色投研体系和绿色投资文化建设,为推动发展绿色投资基金、开发绿色投资指数、全面践行 ESG 责任投资奠定基础。《指引》分总则、目标和原则、基本方法、监督和管理、附则五章,共 18 条,附件 1 份。

(三) 我国探索推出的绿色金融国际规则

中国作为最重要的新兴经济体,需要使绿色金融"中国标准"成为"世界标准",以体现中国在绿色金融方面的领导力,提升中国在全球环境治理中的话语权。中国在担任 G20 主席国期间,在国际上充分展示了绿色金融方面的领导能力。同时,中国的"一带一路"建设致力于提升沿线国家和地区的基础设施建设,跨境绿色投融资的机遇处于巨大的风口之上。①

1.《"一带一路"绿色投资原则》

2018 年 11 月 30 日,中英绿色金融工作组在伦敦举行的第三次工作组会议上联合发布了《"一带一路"绿色投资原则》(Green Investment Principles for the Belt and Road)。

该《原则》,在现有责任投资倡议的基础上,将低碳和可持续发展议题纳入"一带一路"倡议,致力于强化对投资项目的环境和社会风险管理,推动"一带一路"投资的绿色化。作为一套鼓励投资企业自愿参加和签署的行为准则,该原则从战略、运营和创新三个层面提出了七条原则性倡议,内容包括公司治理、战略制定、风险管理、对外沟通以及绿色金融工具运用等,供参与"一带一路"投资的全球金融机构和企业在自愿的基础上采纳和实施。

该《原则》是由中国绿金委与伦敦金融城牵头多家机构共同起草并发布的。除了两家牵头单位之外,参与起草《原则》的机构还包括"一带一路"银行间常态化合作机制、绿色"一带一路"投资者联盟、国际金融公司(IFC)、联合国责任投资原则(PRI)、保尔森基金会(Paulson Institute)和世界经济论坛(World Economic Forum)。该《原则》发布之后,中国绿金委和伦敦金融城将组建支持该原则落地的秘书处,以继续推动更多机构(包括全球的金融机构和企业)签署该原则,开发支持"一带一路"绿色投资的方法和工具,帮助相关机构提升实施该原则的能力和水平,评估进展情况。

可以认为,全球正面临严重的环境和气候挑战。未来几十年,全世界大部分基础设施投资将在"一带一路"国家,而这些项目将对环境和气候产生重大影响。"一带一路"绿色投资原则有利于确保"一带一路"的新投资项目兼具环境友好、气候适应和社会包容等属性,以支持联合国可持续发展目标以及《巴黎协定》的落实。

2.《可持续交易所原则》

2018 年 10 月 4 日,世界交易所联合会(WFE)正式发布了由上海证券交易所牵头制定的交易所行业指引《可持续交易所原则》。基于联合国环境署、世界银行关于"可持续金融系统发展路线图"的框架,该行业指引明确了决定交易所未来可持续发展的五项基本原则。由此,上交所成为力推全球绿色金融发展、勇担交易所可持续发展的领头人。

构建行业基本原则和框架是决定交易所未来可持续发展的前提条件,《可持续交易所原则》基于联合国环境署、世界银行关于"可持续金融系统发展路线图"的框架,明确交易所应当遵循以下五项原则:一是努力培育市场参与方可持续发展意识;二是有效提升投资者获取有助于投资决策的 ESG(即环境、社会和公司治理,是社会责任投资的基础,是绿色金融体系

---

① 张学森:《绿色金融及其法治保障研究》,载《2018 年上海国际金融中心建设蓝皮书》,上海人民出版社 2019 年版,第 225—261 页。

的重要组成部分)信息的便利性;三是积极沟通监管及政策制定机构以实现可持续金融计划;四是持续提供相关市场和产品以支持可持续金融进一步发展;五是妥善建立有效内部治理、操作流程及相关规则,以促进可持续倡议。

第三节 结构融资的法治保障

结构融资(structured finance)是一个广泛应用但很少定义的概念。一般认为,结构融资是指企业通过利用特定目的实体(SPE 或 SPV),将拥有未来现金流的特定资产剥离开来,并以该特定资产为标的进行融资。或者说,以现金资产将企业特定资产从其资产负债表中替换(资产置换),在资产负债率不变的情况下增加高效资产。

从报表的结构来看,结构融资包括资产融资和资本融资两大类。其一,资产融资主要有流动资产类的,如现金融资(存一贷三)、应收账款融资(保理、账期)、存货融资(仓单融资)、订单融资(信用证打包贷款、红色条款信用证)等;固定资产类的,如抵押贷款、分期付款、融资租入固定资产、回租等。其二,资本融资主要有股权融资、所有者权益融资等。本节主要讨论资产融资,即以资产支持证券形式的融资,即资产证券化。

一、资产证券化的概念

(一) 资产证券化的概念与类型

资产证券化(asset securitization)是指原始权益人将某种缺乏流动性但具有可预测现金流入的资产或资产组合,出售给特定的发行人,或者将该基础资产信托给特定的受托人,并创立一种以该基础资产的现金流为支持的权利凭证,最终在资本市场上出售变现该权利凭证,获得资金的一种结构性融资手段。①

概括起来,资产证券化主要具有以下四个类型:

(1) 实体资产证券化:即实体资产向证券资产的转换,是以实物资产和无形资产为基础发行证券并上市的过程。

(2) 信贷资产证券化:即把欠流动性但有未来现金流的信贷资产(如银行的贷款、企业的应收账款等)经过重组形成资产池,并以此为基础发行证券。

(3) 证券资产证券化:即证券资产的再证券化过程,就是将证券或证券组合作为基础资产,再以其产生的现金流或与现金流相关的变量为基础发行证券。

(4) 现金资产证券化:即现金的持有者通过投资将现金转化成证券的过程。狭义的资产证券化是指信贷资产证券化。按照被证券化资产种类的不同,信贷资产证券化可分为住房抵押贷款支持的证券化和资产支持的证券化。

(二) 资产证券化的机理与意义

资产证券化的本质是通过金融产品的结构设计与安排,并对未来的现金流实现分割与重组,最终达到分散风险,各方受益的目的。概而言之,资产证券化的机理主要包括资产重

---

① 张学森:《金融创新发展的法治保障研究》,复旦大学出版社 2018 年版,第 170 页。关于资产证券化的法律问题,请见该书第五章"资产证券化创新的法治保障研究",第 169—249 页。

组机制、风险隔离机制、信用增级机制等。

(1) 资产重组机制。资产重组机制是运用一定的方式与手段,对资产的风险和收益进行重新配置和组合,从而使各方受益。在资产证券化的过程中,需要对原始权益人的融资需求进行分析,确定资产证券化目标,并对已拥有的资产进行重新组合,形成具有与目标相匹配的资产池。资产重组最重要的因素是资产的选择。资产池中的资产必须是可特定化的,可以是某一企业剥离出来的某项资产或者全部资产或者是不同企业的资产组合;资产池的资产应该有较高同质性,且具有一定的质量要求,未来可以产生可预测和稳定的现金流。另外,资产池应达到一定的规模,以实现规模效应。

(2) 风险隔离机制。风险隔离机制是指在资产证券化过程中通过隔离基础资产资金池与原始权益人的其他资产的风险,从而提高资产证券化的运营效率。通过风险隔离,基础资产被出售给一个特殊目的机构(SPV),从而实现真实出售。真实出售的含义在于基础资产池一旦出售后,将不包括在原始权益人的破产清算范围,即使原始权益人破产,基础资产也不作为破产财产。通过风险隔离达到两层目的:一是原始权益人将基础资产的风险进行了转移;二是对持有资产证券化产品的投资者只需承担基础资产的风险,而不必承担原始权益人的全部风险。

(3) 信用增级机制。信用增级机制是指通过外部或者内部增信措施对证券进行信用增级,从而增加证券的信用等级,降低证券发行成本。若资产证券化不进行信用增级,投资者可能面临基础资产未达到预期收益率可能出现亏损的风险,证券在发行时就必须体现这部分风险的风险溢价,发行成本相对较高。通过信用增级措施,例如优先次级结构化分层、外部机构流动性支持等可以进一步保证资产支持证券持有人的利益,降低资产证券化产品出现亏损的风险,提高信用评级,从而降低发行成本。

资产证券化的意义,主要在于以下四个方面:

(1) 增强资产的流动性。从发起人(一般是金融机构)的角度来看,资产证券化提供了将相对缺乏流动性、个别的资产转变成流动性高、可在资本市场上交易的金融商品的手段。通过资产证券化,发起者能够补充资金,用来进行另外的投资。

(2) 获得低成本融资。资产证券化还为发起者提供了更加有效的、低成本的筹资渠道。通过资产证券化市场筹资比通过银行或其他资本市场筹资的成本要低许多,这主要是因为:发起者通过资产证券化发行的证券具有比其他长期信用工具更高的信用等级,等级越高,发起者付给投资者的利息就越低,从而降低筹资成本。

(3) 减少风险资产。资产证券化有利于发起者将风险资产从资产负债表中剔除出去,有助于发起者改善各种财务比率,提高资本的运用效率,满足风险资本指标的要求。

(4) 便于进行资产负债管理。资产证券化还为发起者提供了更为灵活的财务管理模式。这使发起者可以更好地进行资产负债管理,取得精确、有效的资产与负债的匹配。

总之,资产证券化为发起者带来了传统筹资方法所没有的益处,并且随着资产证券化市场的不断深入发展,将愈加明显。

二、资产证券化的产品分类与交易模式

(一) 资产证券化的基本类别

从本质上讲,资产证券化就是将基础资产产生的现金流包装成为易于出售的证券,将可

预期的未来现金流立即变现。所以,可以预见的现金流是进行证券化的关键先决条件。

广义的资产证券化不仅包括了传统的资产证券化,而且还将基础资产扩展至特定的收入及企业的运营资产等权益资产,甚至还可以进一步与信用衍生品结合形成合成型的证券化(见表12-1)。

表12-1 资产证券基本类型比较

	传统 ABS、MBS	合成型资产证券化
基础资产	现金流可预测的资产,多为债权资产	信用资产组合
风险隔离	资产真实出售,风险完全隔离	风险基本实现隔离,但资产没有实现转移,存在信用违约、互换对手违约风险
信用评级	可能高于发行人	可能高于发行人
对发起人的益处	表外融资,实现资产出表	适用于银行及其他金融机构不同类型的风险资产
对投资者的益处	收益高于同信用评级的普通资产	杠杆交易可能带来更高的潜在回报

(二)资产证券化产品的基本分类

在资产证券化发展较为成熟的欧美市场,传统的证券化资产包括银行的债权资产,如住房抵押贷款、商业地产抵押贷款、信用卡贷款、汽车贷款、企业贷款等,以及企业的债权资产,如应收账款、设备租赁等。这些传统的证券化产品一般统称为 ABS(asset-backed securities),但在美国通常将基于房地产抵押贷款的证券化产品特称为 MBS(mortgage-backed securities),而将其余的证券化产品称为 ABS。

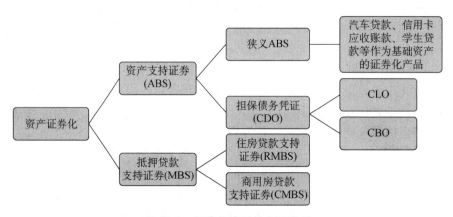

图12-1 证券化产品的主要类别

MBS 产品可以细分为 RMBS(residential mortgage-backed securities,住房抵押贷款支持证券)和 CMBS(commercial mortgage-backed securities,商业地产抵押贷款支持证券)。由于 RMBS 是 MBS 产品的主体,所以一般 MBS 也就特指 RMBS,而 CMBS 则单独表示(见表12-2)。

表 12-2　RMBS 与 CMBS 的比较

	RMBS	CMBS
基础资产	零售消费者购买住宅申请的抵押贷款	能产生租金收入的不动产作抵押的贷款，如出租型公寓、购物中心、写字楼、旅馆等
基础资产特征	贷款数量多，但单笔贷款规模较小	贷款数量少，但单笔贷款规模大
基础资产合同性质	贷款合同的同质性较强	合约的差异性较大

ABS 产品的分类相对而言更为繁杂，大致可以分为狭义的 ABS 和 CDO 两类。前者主要是基于某一类同质资产，如汽车贷款、信用卡贷款、住宅权益贷款（home equity loan）、学生贷款、设备租赁等为标的资产的证券化产品，也有期限在一年以下的 ABCP（asset-backed commercial papers，资产支持商业票据）；后者对应的基础资产则是一系列的债务工具，如高息债券、新兴市场企业债或国家债券、银行贷款，甚至传统的 MBS 等证券化产品。CDO 又可根据债务工具的不同分为 CBO（collateralized bond obligation，担保债券凭证）和 CLO（collateralized loan obligation，担保贷款凭证），前者以一组债券为基础，后者以一组贷款为基础。

例如，2020 年 6 月 5 日，全国首单集合型 ABCP，即"链鑫联捷"2020 年第一期资产支持商业票据成功发行，规模 1.2 亿元，首期期限多半年，后续可选择滚动发行。该产品成功运用区域链技术，为产业链上下游中小企业搭建起对接公开市场的融资渠道，大大提升了企业融资的直达性。

（三）资产证券化的交易结构

1. 资产证券化的基本流程

狭义的传统资产证券化交易结构主要包括了四个主要的设计交易程序（见图 12-2）。

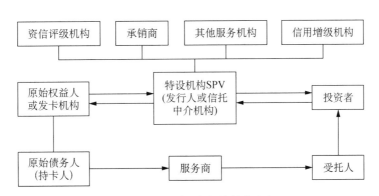

图 12-2　资产证券化的基本流程

（1）构建基础资产池。资产证券化的发起人将未来能够产生现金流的资产进行剥离、整合，形成资产池。在这一步中，基础资产的原始持有人需要挑选合适的债权项目作为资产证券化的基础资产。

（2）组建 SPV，即特殊目的机构。然后将基础债权资产转移或者是出售给特殊目的载体（SPV）；SPV 将基础资产进行重新组合配置。

(3) 发售并支付,即 SPV 在中介机构(一般为投资银行或证券公司)的帮助下发行债券,向债券投资者进行融资活动。一般来说,资产证券化产品可采用公开发售或者私募的方式,过程类似于 IPO。等到销售完成之后,SPV 把发行所得按照约定好的价格支付给发起人,同时支付整个过程中产生的服务费用。

(4) 管理资金池和到期清偿结算。即对资产池实施续存期间的管理和到期清偿结算工作。资产证券化成功之后,SPV 聘请专业机构对资产池进行管理,主要工作包括收取资产池的现金流,账户之间的资金划拨以及相关税务和行政事务。同时到了到期结算日,SPV 根据约定进行分次偿还和收益兑现。在全部偿付之后,如果仍有现金流剩余,将返还给发起人。一般在实践中,为了保证债券投资者能够及时地获得证券化债券的本息支付,在资产证券化交易中都会有专门的资产服务机构来负责从债务人处收取本息的工作,目前全球最为常见的安排是由债权资产的原始持有人来承担此项职责。

特别值得一提的是,在第三个步骤中,除了投资银行或证券公司的参与之外,在发达金融市场中一般还有各种类型的外部服务机构参与其中,例如信用评级机构、信用增信机构、承销机构及其他中介服务机构(见表 12-3)。

表 12-3 中介外部机构职能表

	目的	职能
信用评级机构	投资者面对众多投资标的时难以识别其所面临的信用风险大小,信用评级将辅助投资者进行评判	评级机构通过审核资产池能承受的风险强度,赋予证券产品合理的评级。同时,在将证券化产品分割为不同信用级别时评级机构决定各自规模的分配比例,以保证各层次品种达到相应的评级要求
信用增信机构	证券化产品可能面临债务人违约、拖欠的风险,为使产品受到投资者青睐,需要进行信用增级	发行人运用各种手段和方法,保证按时足额支付投资者利息和本金
资产管理服务机构		负责向债务人收取每期应付的本金和利息偿还,用于支付投资者和其他服务机构的费用。在债务人违约时处理违约情况

虽然这些机构不在资产证券化交易结构中起到核心作用,但他们往往决定了资产化证券在上市后的市场接受度及流动性,所以也是整个发行过程中至关重要的一环。

2. SPV 的定义及功能

(1) SPV 的概念。特殊目的载体(special purpose vehicle,SPV)是资产证券化过程中的核心组成部分。SPV 代表了投资者承接债权出售者的资产并发行证券化的收益凭证或证券,是整个证券化产品名义上的发行人。所谓的特殊目的,指它的设立仅仅是为了发行证券化产品和收购资产,不再进行其他的投融资或经营活动。SPV 有信托、公司等多种组织形式,一般视税收或法规限制情况而定,但以信托形式居多。

需要注意的是,在资产证券化的续存过程中,SPV 本身并不参与任何基础资产的管理和运营工作,而是交由受托机构来管理。受托机构不仅负责向投资者支付本金和利息,而且需要保证整个证券化交易过程中投资者利益不受侵害。就法律组织形式而言 SPV 有信托型和公司型两种,但在实践中,还有更加简化的有限合伙模式。

信托型 SPV 又称为特殊目的信托(special purpose trust,SPT),在这种形式下,原始权益人将基础资产转让给作为受托人的 SPV,成立信托关系,由 SPV 作为资产支撑证券的发行人发行代表对基础资产享有权利的信托收益凭证。在这样一个信托关系中,委托人为原始权益人;作为受托人的 SPV 是法律规定的营业受托人,即有资格经营信托业务的信托机构;信托财产为基础资产的资产池;受益人则为受益凭证的持有人——投资者。在信托关系的法律构造下,原始权益人将其基础资产信托给 SPV 后,这一资产的所有权就属于 SPV,原始权益人的债权人就不能再对不属于原始权益人的基础资产主张权利,从而实现了基础资产与原始权益人的破产隔离。我国目前银行信贷资产的证券化采取的就是这种信托模式。

公司型 SPV 又称为特殊目的公司(special purpose company,SPC),在这种形式下,原始权益人将基础资产真实销售给 SPC,即将基础资产的所有权完全、真实地转让给 SPC,SPC 向投资者发行资产支撑证券,募集的资金作为购买基础资产的对价。真实销售旨在保证在原始权益人破产时,出售给 SPC 的资产不会被列为破产财产,从而实现破产隔离(见表 12-4)。

表 12-4 两种类型的 SPV 比较

	信托型 SPV	公司型 SPV
别称	特殊目的信托(special purpose trust, SPT)	特殊目的公司(special purpose company, SPC)
基础资产转让关系	原始权益人将基础资产转移给作为受托人的 SPT	原始权益人将基础资产真实出售给 SPC
实现风险隔离的方式	原始权益人将基础资产信托给 SPV 后,这一资产的所有权就属于 SPV。原始权益人的债权人就不能再对不属于原始权益人的基础资产主张权利	基础资产的所有权完全、真实地转让给 SPC

有限合伙制模式最为简单,成员较少,权责分明,合伙人通过购买基础资产,再和其他合伙人融资,把 SPV 和投资者结合在一起。这种模式实现了真实出售,但风险比较集中。

作为资产证券化中的核心组成,SPV 主要有三个方面的功能:第一,代表投资者拥有基础资产,并且是证券或受益凭证的发行主体。在资产证券化过程之初,资产原始权益人必须将旗下具有稳定预期收入的资产出售给 SPV,后者必须代表投资者承接这些资产。这个资产出售的过程结束之后,SPV 才具备发行证券的资格。第二,SPV 持有基础资产后能够起到隔离资产,保护投资者收益的作用。由于 SPV 已经代表投资者获得了资产的所有权,所以当资产出售人发生财务困难时,其债权人无权对已证券化的资产提出索偿权。由此使证券化产品的投资者的收益与原资产持有者的破产风险无关。第三,税收优惠。证券化过程中的一个重要原则是保持税收中性,即证券化本身不会带来更多的税收负担。

(2) SPV 的架构设计。根据证券的发行形式和现金流特征,又可将 SPV 的架构分为过手架构和支付架构两种(见表 12-5)。两者的主要区别在于,SPV 收到基础资产的现金流之后,SPV 是否对基础资产的现金流做出重新安排。在前者中,SPV 只进行现金流的传递,在收到现金流后扣除必要的服务费,然后转付给投资者,证券的现金流形式与基础资产的现金流形式完全一致。而后者将对收到的现金流进行重新规划分配后,分配给不同类型的证券,这些证券到期日不同,本金收回的优先顺序和现金流的性质(固定还是浮动)可能也不同。

表 12-5 SPV 过手架构与支付架构对比

	过手架构	支付架构
管理类型	被动管理	主动管理
现金流处理	只进行现金流的传递,在收到现金流后扣除必要的服务费,然后转付给投资者	基础资产的现金流将被重新安排,并分配给不同类型的证券
证券现金流安排	证券的现金流形式与基础资产的现金流形式完全一致	证券到期日不同,本金收回的优先顺序和现金流的性质(固定还是浮动)可能也不同
税收待遇	大部分现金流都以债券利息的形式支付,所以 SPV 的所得收入很少,几乎无需纳税	由于存在主动经营行为,除非有特殊规定或者特定安排,否则无法豁免 SPV 的融资行为

3. 资产证券化的信用增级服务

在发行资产证券化产品的过程中,为了增强证券产品对投资人的吸引力,需要引入各种信用增级方式来保证和提高证券化产品的信用级别,满足不同投资者的需求。

总体上,根据信用增级服务的来源,可将信用增级方式划分为内部增级和外部增级。外部增级主要包括,由第三方提供信用支持,如银行提供信用状、保险公司提供债券保险、公司提供担保,或者从第三方获得次级贷款,即索偿顺序在证券化产品之后,保证当基础资产的现金流发生恶化时证券化产品能首先获得及时偿付。

但是,外部增级的缺点是其费用过高且仍然存在较大的不确定性。从本质上看,证券化产品的信用实质上依赖于担保人的信用。一旦担保人的信用评级被降低,则证券化产品的评级也将受到拖累。这一缺点在出现系统性风险之时尤为突出。所以,在金融危机之后,资产证券化的信用增级步骤主要通过内部法来实现,即由证券化交易结构的自身设计来完成。

三、资产证券化的法治环境

资产证券化作为一种金融创新,不是纯粹的法律现象,但要从法律角度分析其本质特征,就有必要从其赖以产生的金融领域的制度变迁进行入手。

(一)资产证券化的一般法律分析

资产证券化是衍生证券技术和金融工程技术相结合的产物,其作为近几十年来国际金融领域最重要的金融创新之一,以其精巧的构思和独特的功能,成为金融创新浪潮中的一颗璀璨明珠。由于资产证券化涉及证券、担保、非银行金融业务等多方面,运作过程极其复杂,如果没有良好的法律制度来调整相关当事人之间盘根错节的法律关系,保障各个环节的良性运转,就可能导致金融风险失控,引发更大的经济危机。2008 年美国次贷危机引发的国际金融危机,导致全球经济至今没有完全恢复。因此,对资产证券化这一融资措施和金融创新产品,从法律角度进行剖析,就显得十分必要。

1. 基础资产的法律问题

资产证券化是指将缺乏流动性,但具有可预见的稳定现金流的资产(underlying assets),分类组合成资产组合(pool of assets),将其出售给特殊目的载体(special purpose vehicle,SPV),然后由后者用购买的组合资产为担保发行证券,从而实现金融互通的过程。资产证券化的这一定义,明确了流程、参与者和物件,即流程包括构建资产池、真实出售、发行证券、资产管理与资金偿付,参与者包括资产原始权益持有人/(发起人)、SPV(受托人)、投资者、资产管理人等,物件包括证券化资产、有价证券等。资产证券化的法律分析,就是要从法律角度,对资产证券化的各个行为主体、操作流程的各个环节,进行具体的界定。

一般来说,一个完整的资产证券化基本运作流程是:首先由发起人(即原始权益人)或者其他投资机构确定可以进行资产证券化的资产,然后由发起人或者其他投资机构构建SPV;再由发起人将证券化资产真实出售给SPV或者由SPV主动购买发起人可证券化的资产,将这些资产汇集成资产池;对资产池中的资产进行信用评级和信用增级后,以该资产所产生的稳定现金流为支撑在金融市场上发行有价证券,最后用资产池产生的现金流来清偿所发行的有价证券。

资产证券化都有一个共同的特征,它们都是以独立的特定资产作为发行证券的信用基础,即以该资产产生的现金流作为偿付证券本金和收益的主要资金来源。如果离开了这一点,偿付证券的资金来源于原始权益人的企业运营收益或其他人提供的资金,那么这种融资方式或者就是传统的融资证券化,或者就是附担保的贷款行为。

资产证券化区别于融资证券化的根本特征即在于其独立且特定的资信基础,打通了传统的中介信用和市场信用之间的通道,集中介信用的资产组合优势与市场信用的投资者组合优势为一体,这是对传统融资信用基础的一次革命,实现了人(法人)的信用基础向资产信用基础的转化,而融资证券化还停留在市场信用这一个层面上。

在资产证券化产品的设计中,根据基础资产是否从发起人的资产负债表中剔除可分为表内证券化和表外证券化。在表内证券化情形下,投资者不是对特定的资产组合拥有追索权,而是对整个发起机构拥有追索权,决定证券信用质量的不是证券化资产的质量,而是发起机构的整体资信状况。表内证券化显然不是严格意义上的资产证券化,相当于发行担保债券。20世纪70年代从美国发展起来的现代意义上的资产证券化均是表外证券化,也是本节讨论的资产证券化。

2. 资产流转的法律问题

资产证券化中的资产流转问题主要在于,资产证券化的发起人必须在SPV成立后向其转让资产,转让的方式有债务更新、从属参与和真实销售三种。在这三种方式中,债务更新是先终止发起人与资产债务人之间的债务合约,再由SPV与债务人之间按原合约主要条款订立一份新合约,来替换原来的债务合约。其手续较为烦琐,替换成本高,因此只能适用于资产组合涉及少数债务人的情况。从属参与(sub-participation)是发起人以附追索权的方式向SPV融资,基础资产不发生转让,发起人与资产债务人的合约一直有效,SPV与债务人之间无合同关系。SPV发行资产证券融资,由发起人转贷,贷款附有追索权,偿付资金来源于基础资产的现金流。在发起人破产的情况下,SPV只能作为无优先受偿权的一般债权人参加破产财产的分配。由于这种方式不能将SPV与发起人的破产风险相隔离,其资产证券的风险比较大,难以吸引一般投资者。相比之下,若既要隔离发起人的破产风险,又要获得成本经营和富有效率,采取真实销售方式是较为理想的选择。

在美国,一般认为只有同时具备了下列条件,资产转移方可被认定为是真实销售:资产转移的形式和当事人内心的真实意思为真实销售;证券化资产的风险完全移转于 SPV;证券化资产的受益权完全移转于 SPV;资产的移转是不可撤销的;资产转让的价格必须合理;另外还要综合考虑其他条件,包括发起人的债权人和其他关系人是否收到资产出让的通知,发起人是否保留了与资产有关的法律文件,SPV 是否有权审查这些文件,以及如果将资产出售定性为抵押融资的情况下,是否会违背相关的实体法律,等等。根据《美国统一商法典》第 9 章第 318 条的规定,SPV 要使债权让与具备对抗债务人的效力,必须通知债务人。

就我国而言,真实销售可能产生如下法律问题:

(1) 虽然从表面上看证券化发起人向 SPV 交付并移转的是"资产"的所有权,SPV 接受交付并支付价款,符合我国《民法典》第三编合同规定的买卖合同的法律特征。但从证券化实务看,证券化标的资产多为金融债权,而债权不存在"所有权"问题。这种真实销售是发起人将金融债权有偿让与 SPV 的行为,其法律性质为合同债权的有偿转让,如同在我国"货款出售"亦是合同债权的有偿转让一样。

(2) 我国《民法典》在合同编第六章"合同的变更和转让"对合同权利转让的问题作出了具体规定,包括合同权利转让的方式、内容和效力等,但对于合同的有偿转让等特殊问题却尚未作出明确的规定。这些问题,如基于债权有偿转让所成立的合同,属于双务、有偿合同,而双务合同在履行过程中存在同时履行抗辩权和不安抗辩权的问题。若允许抗辩权存在,则债权转让的后果将难以预料,从而增大资产证券化的法律风险。在发起人使用超额担保的内部信用增级方式下,SPV 给付的对价与债权的实际价值会有较大的出入(通常情况下,SPV 给付的对价只有资产实际价值的 25% 左右)。在这种情况下,法院或仲裁机构能否以显失公平为由要求变更或撤销转让合同,发起人的债权人能否以发起人超低价处置资产为由主张撤销权,都还是一个未知数。这使得证券化发起人和 SPV 之间的真实销售的法律效力难以确认,从而影响资产证券的信用评级和包装出售。

(3) 我国《民法典》合同编规定合同权利转让以通知债务人为生效要件。2021 年 1 月 1 日生效的《民法典》第 546 条明确了债权转让的通知主义,规定:"债权人转让债权,未通知债务人的,该转让对债务人不发生效力。""债权转让的通知不得撤销,但是经受让人同意的除外。"

在证券化操作实务中,由于证券化发行媒介一般须委托发起人为其债权管理人,负责债权的管理和回收工作,是否通知债务人对资产证券化的运作并无太大影响。在债务人人数众多、分布广泛、流动频繁的场合下,若一味要求每一笔债权转让都通知债务人,资产证券化的成本将大大增加。为降低成本,一些国家如泰国等规定,在发起人担任债权管理人的情况下,债权的转让可不必通知债务人。

(二) 资产证券化的法律本质

作为新兴的金融工具,资产证券化不仅有其独特的内涵,更在与传统融资方式的比较当中将其内在的本质外化为显著的特征。资产证券化是一种资产信用融资方式、一种结构性融资方式和一种可以提供表外融资的融资方式。

资产证券化之所以得到广泛接受和应用,主要在于其本身作为一项金融创新所具有的优越性,以及对经济发展、企业融资的良好促进作用。就金融创新的效果而言,一般可分为四类:(1)风险(价格风险或信用风险)转移创新;(2)流动性提高创新;(3)信用创造创新;(4)权益增加创新。如上所述,证券化的资产在法学本质上是一项债权,按照传统的民法理论,债是特定人与特定人之间得请求为特定行为的法律关系,债权的相对权、对人权性质决定了债权人只能向特定的债务人请求履行债务,并独自承担债务人不履行债务的风险,即所谓的债之"法锁"。

而资产证券化的创新性体现于:首先,它将原本为特定的资产债权人所承担的债务人的信用风险,通过证券化的过程转移给了金融市场上的投资者,因此具有风险转移的创新功能;其次,它将原本存在于特定当事人之间的缺乏流动性的债权债务关系通过证券化过程转化为金融市场上可流通的证券形式,因此具有流动性提高的创新功能;最后,资产证券化,以资产及其所产生的现金流为担保发行证券融资,在融资者的信用之外创造了资产信用这一信用形式,因此具有信用创造创新功能。

在法律本质上,与资产证券化三项金融创新的本质相对应,资产证券化是在债权逐步摆脱身份色彩而实现独立财产化的过程中,具有流通性的证券与作为信用主要手段的物的担保较完美结合的产物。[1]

(三) 资产证券化的法治保障

资产证券化本质上是一种融资方式,但与普通的融资方式相比,其交易结构复杂、交易主体众多,被称作为结构性融资。实践表明,资产证券化不仅是一个复杂的经济过程,也是一个精巧的法律过程。从资产证券化的过程来看,它涵盖了众多的法律领域,实际上是一项复杂的法律系统工程。面对这种复杂的融资模式,各国各地区纷纷采取立法先行的办法。我国的资产证券化法律法规也体现了规则先行这一原则,但整体而言,还有待完善。

资产证券化产品的核心,实际上是一套复杂的法律安排,需要以未来现金流作支撑进行融资,无论是资产转移还是证券发行环节,都涉及会计、税收、法律诸多方面的配合。证券化技术可运用在各种资产业务领域,但需要相应的法律环境、税务体系和会计制度及资本流通市场的配套来完成。长期来看,资产证券化今后要在中国大规模发展,特别需要相关法律体系的尽快完善。

1. 我国资产证券化的三种主要模式

目前,我国资产证券化主要模式包括央行和银保监会主管的信贷资产证券化、证监会主管的企业资产证券化以及交易商协会主管的资产支持票据。三种业务模式在监管机构、审核方式、发起人、管理人、投资者、基础资产、交易场所、法律关系等方面都有所不同。目前,信贷资产证券化发行数量和发行规模都处于首位,企业资产证券化近几年来发展十分迅速。

2. 我国资产证券化的监管政策

我国资产证券化的监管政策是随着资产证券化试点的不断发展逐步完善的,市场创新和监管创新两者相互推进不断演变。

(1) 2005—2008年,资产证券化业务的试点阶段。2004年10月,证监会发布《关于证券公司开展资产证券化业务试点有关问题的通知》;2005年4月,中国人民银行和银监会联合发布《信贷资产证券化试点管理办法》标志着我国资产证券化试点正式拉开帷幕。试点阶段,政策的出台是围绕业务实操中遇到的各种问题,不断进行丰富完善,这个阶段的政策出

---

[1] 张学森:《金融创新发展的法治保障研究》,复旦大学出版社2018年版,第189页。

台数量多,内容较为简单,实操性更强。例如,针对会计核算的《信贷资产证券化试点会计处理规定》;针对税务处理的《关于信贷资产证券化有关税收政策问题的通知》;针对信息披露问题的《资产支持证券信息披露规则》等。

在试点阶段,资产证券化作为一种新的产品,除了遵循监管部门出台的针对性规章制度,同时也要符合行业普遍规则。例如,针对增信措施的《关于有效防范企业债担保风险的意见》,针对信用评级的《中国人民银行信用评级管理指导意见》等。

(2) 2011—2014年,资产证券化业务常态化发展阶段。2011年9月,证监会开始重启对企业资产证券化项目的审批,2012年5月,央行、银监会和财政部联合下发《关于进一步扩大信贷资产证券化试点有关事项的通知》,标志着在经历了美国次贷危机之后,我国资产证券化业务重新启动,进入第二轮试点阶段,试点额度500亿元。2012年8月,银行间交易商协会发布《银行间债券市场非金融企业资产支持票据指引》。至此,我国三种主要资产证券化产品类型全部推出。2013年8月,银监会开启第三轮试点工作,试点额度达到4 000亿元,我国资产证券化市场正式进入常态化发展时期。

在此阶段,监管政策进一步注重风险管理和防范,2013年银监会发布《关于进一步规范信贷资产证券化发起机构风险自留行为的公告》明确发起机构自留不低于一定比例(5%)的基础资产信用风险,证监会则于2013年、2014年连续发布《证券公司资产证券化业务管理规定》《证券公司及基金管理公司子公司资产证券化业务管理规定》,明确了专项资产管理计划作为SPV独立于发起人、管理人和投资人的法律地位,扩大了开展资产证券化业务的业务主体以及基础资产范围,对企业资产证券化的快速发展奠定了基础。

(3) 2014年年底至今,资产证券化业务启用备案制,进入快速发展阶段。2014年年底,我国资产证券化业务监管发生了重要转折,完成了从过去的逐笔审批制向备案制的转变。通过完善制度、简化程序、加强信息披露和风险管理,促进市场良性快速发展。

一方面,信贷资产证券化实施备案制+注册制。2014年11月20日,银监会发布《关于信贷资产证券化备案登记工作流程的通知》,宣布针对信贷资产证券化业务实施备案制;2015年1月4日,银监会下发批文公布27家商业银行获得开展信贷资产证券化产品的业务资格,标志着信贷资产证券化业务备案制在实操层面落地;3月26日,中国人民银行发布《关于信贷资产支持证券试行注册制的公告》,宣布已经取得监管部门相关业务资格、发行过信贷资产支持证券并且能够按照规定披露信息的受托机构和发起机构可以向央行申请注册,并在注册有效期内自主发行信贷ABS。

另一方面,企业资产证券化实施备案制+负面清单管理。2014年12月26日,证监会发布《资产支持专项计划备案管理办法》,开始针对企业资产证券化实施备案制,同时配套《资产证券化业务风险控制指引》和《资产证券化业务基础资产负面清单指引》,提出8类负面清单,大大拓宽了发行人及基础资产的可选范围,促进企业资产证券化在2015年高速发展。

3. 我国资产证券化的规范性文件。针对信贷资产证券化、企业资产证券化、资产支持票据,不同的监管主体在不同的历史时期均出台了推动业务稳定发展的整体规范性、纲领性文件;同时,财政部、税务局、建设部也分别针对资产证券化业务开展中所涉及的会计、税务、产权变更等内容进行了规范。

应该说,随着资产证券化市场的快速发展和不断扩容,关于资产证券化的法律监管体系已基本完善,可以明显看到监管的变化促进了市场运转效率和市场参与度的提升,包括企业资产证券化中专项计划作为 SPV 独立于发起人、管理人和投资人的法律地位,备案制和注册制的实施落地都是监管方面的重要进步。但是,目前我国资产证券化依然面临"真实出售"难以界定、"破产隔离"难以实现、独立法人地位等在法律上并不明确的问题。

第四节 融资租赁的法治保障

融资租赁(financial lease),起源于 20 世纪中叶的美国,是指出租人根据承租人对租赁物和供货人的选择或认可,将其从供货人处取得的租赁物按合同约定出租给承租人占有、使用,向承租人收取租金的交易活动。融资租赁是设备融资模式、设备销售模式、投资方式的创新,不仅在各交易主体之间实现新的权责利平衡,为客户提供了新的融资方法,而且成为交易主体优势互补、配置资源的机制和均衡税务的理财工具。

在国际上,融资租赁是仅次于银行信贷的第二大融资工具,被誉为朝阳产业。近年来,我国融资租赁业步入了前所未有的快速发展阶段,在服务实体经济和供给侧结构性改革及经济转型升级等方面发挥的作用日益凸显,成为与银行、证券和信托等并列的重要金融工具。

一、融资租赁的概念

(一)法律界定

1. 法律上的定义

我国《民法典》第三编合同第十五章"融资租赁合同"以 26 条的内容对融资租赁关系作出了专门规定。我国民法典第 735 条规定,融资租赁合同是出租人根据承租人对出卖人、租赁物的选择,向出卖人购买租赁物,提供给承租人使用,承租人支付租金的合同。根据中国银监会《金融租赁公司管理办法》,融资租赁是指出租人根据承租人对租赁物和供货人的选择或认可,将其从供货人处取得的租赁物按合同约定出租给承租人占有、使用,向承租人收取租金的交易活动。

融资租赁在法律上的界定,注重交易形式,调整交易各方的权责利。很好地反映了以下说法:"你选我付款、质量厂家管。""你租我才买,我买你必租。""想要所有权、租金要付清。"

2. 会计准则的定义

2018 年 12 月 7 日,财政部修订发布《企业会计准则第 21 号——租赁》(以下简称《新租赁准则》)规定,在境内外同时上市的企业以及在境外上市并采用国际财务报告准则或企业会计准则编制财务报表的企业自 2019 年 1 月 1 日起实施,其他执行企业会计准则的企业(包括 A 股上市公司)自 2021 年 1 月 1 日起实施。

《新租赁准则》第 2 条将租赁定义为"在一定期间内,出租人将资产的使用权让与承租人以获取对价的合同",并进一步说明如果合同中一方让渡了在一定期间内控制一项或多项已识别资产使用的权利以换取对价,则该合同为租赁或者包含租赁。同时,《新租赁准则》还对包含租赁和非租赁成分的合同如何分拆,以及何种情形下应将多份合同合并为一项租赁合同进行会计处理作了规定。

融资租赁在会计准则上的定义,重点在于规范各租赁交易人的会计计量、核算和信息披露。不重交易的法律形式,而重交易形成的经济实质。关于融资租赁的识别,有五条标准,只要符合其一者就是融资租赁:(1)租赁到期所有权发生转移;(2)租赁期限大于设备折旧年限75%;(3)租金支付额的现值大于购置成本90%;(4)承租人有廉价购买选择权;(5)承租人的专用设备。

3. 与传统租赁的异同

租赁合同是出租人将租赁物交付承租人使用、收益,承租人支付租金的合同,其与融资租赁的相同之处在于所有权与使用权的分离,租赁资产不属于承租人的破产财产。而两者的不同之处在于融资租赁涉及两个合同,三方当事人,承租人行使租赁物的购买选择权,出租人承担租赁物购买的付款义务。出租人不承担租赁物的质量瑕疵责任,由供应商直接对承租人负责。

(二)法律特征

2021年1月1日起施行的我国《民法典》,吸纳了《合同法》中有关融资租赁合同的规定。我国《民法典》第739条明确规定:"出租人根据承租人对出卖人、租赁物的选择订立的买卖合同,出卖人应当按照约定向承租人交付标的物,承租人享有与受领标的物有关的买受人的权利。"第741条进一步明确"出租人、出卖人、承租人可以约定,出卖人不履行买卖合同义务的,由承租人行使索赔权利。"由此可见,融资租赁合同最基本的交易特征就是由三方当事人(出租人、出卖人、承租人)及两个合同(买卖合同、租赁合同)组成。这种交易特征,使其与传统的租赁合同及其相关的一般买卖合同相比,有着独特的法律特征(图12-3)。

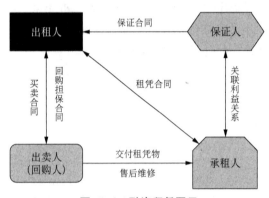

图12-3 融资租赁图示

1. 特有的三方关系

一般在经济类的双务合同中,当事人多为双方,双方相互享有的权利和承担的义务是相互对应的。平等互利的公平原则是在合同中直接体现出来的。而在融资租赁合同中,这种公平原则是由三方当事人的权利义务在两个合同的履行过程中交叉体现的。

出租人在买卖合同中享有买受人的权利,如购买决策权、知情权、租赁物的占有、使用及收益权,是根据承租人的意愿由承租人直接行使的。《民法典》第744条明确规定:"出租人根据承租人对出卖人、租赁物的选择订立的买卖合同,未经承租人同意,出租人不得变更与承租人有关的合同内容。"第748条规定:"出租人应当保证承租人对租赁物的占有和使用。"第750条强调:"承租人应当妥善保管、使用租赁物。"但是,出租人必须按承租人与出卖人商定的价格及支付方式履行买卖合同中买方支付价款的义务;出卖人收取了受买人(出租人)支付的价款,就"应当按照约定向承租人交付标的物。承租人享有与受领标的物有关的受买人的权利"(《民法典》第739条)。出卖人要按照买卖合同约定的与承租人利益直接相关的交货、质量保证、维修服务等对受买人的义务直接对承租人负责;承租人必须按照租赁合同的约定向出租人支付租金。但是,"租赁物不符合约定或者不符合使用目的的,出租人不承担责任,但承租人依赖出租人的技能确定租赁物或者出租人干预选择租赁物的除外。"在融资租赁交易中,出租人的义务主要体现在购买租赁物上,其权利主要体现在租赁合同上,而承租人的权利则主要反映在租赁物的选择、购买和使用上,义务主要体现在租赁合同的租金支付上。

2. 互为前提、相互依存又相互独立的两个合同

在融资租赁合同中,租赁物的购买是要通过买卖合同来实现的,即买卖合同是与租赁合同的签订及生效互为前提、互相依存的,即"你租我才买,我买你必租。"而且,正如前述,在融资租赁交易中的买卖合同也不同于一般的买卖合同,融资租赁合同本身更不同于传统的租赁合同。三方当事人的权利义务,在两个合同中分别履行。在融资租赁交易中,是不能将两个合同割裂开的。但是,买卖合同和租赁合同都是完全独立的,如买卖合同中,买受人支付货价,出卖人转让所有权;租赁合同中,出租人转让使用权,承租人支付租金;在此之后,出卖人不能对出租人的租赁收益主张权利,承租人也不能因买卖合同中出现的非出租人责任问题而拒付租金。

3. 融资租赁合同具有期限性

同传统租赁一样,融资租赁也是有期限性的合同。但在国际惯例中,融资租赁合同的期限一般是一年或几年,而传统租赁的出租合同期限一般是短期的(不动产租赁期限则可能长些)。在租赁期内,出租人在融资租赁合同中收取的租金,已基本涵盖了购买租赁物的大部或者全部成本及出租人的合理利润。《民法典》第746条规定"融资租赁合同的租金,除当事人另有约定外,应当根据购买租赁物的大部分或者全部成本以及出租人的合理利润确定。"这条规定不仅反映了融资租赁与传统租赁的区别,又为融资租赁业务的创新保留了发展空间。

(三) 业务模式与操作流程

1. 业务模式

随着融资租赁业的发展,融资租赁公司的业务模式逐渐增多。根据商务部2013年《融资租赁企业监督管理办法》第8条规定,融资租赁企业可以在符合有关法律、法规及规章规定的条件下采取直接租赁、转租赁、售后回租、杠杆租赁、委托租赁、联合租赁等形式开展融资租赁业务。

一般而言,融资租赁公司的业务模式包括直接融资租赁、售后回租、杠杆租赁、委托租赁、转租赁、结构化共享式租赁、风险租赁、捆绑式融资租赁、融资性经营租赁、项目融资租赁、结构式参与融资租赁、销售式租赁等。不同模式下,融资租赁的业务环节和操作流程差异较大,当事人的权利、义务都会有所不同。

2. 一般业务流程

根据法律法规规定,融资租赁公司经营租赁业务,其基本交易流程比较清晰,从融资租赁公司角度,业务流程如下:

(1) 租赁公司与承租人签署经营性租赁协议;

(2) 租赁公司与银行签署贷款协议,保险权益转让协议,设备抵押协议;

(3) 承租人根据协议安排向租赁公司支付保证金;

(4) 租赁公司与供应商签署设备采购协议;

(5) 银行向租赁公司提供资金,租赁公司向供应商付款购买设备;

(6) 设备提供商向租赁公司提交设备,租赁公司将设备出租于承租人;

(7) 承租人按照经营性租赁协议向租赁公司支付租金,租赁公司向银行还本付息;

(8) 租赁期结束,承租人向租赁公司返还设备,租赁公司根据设备耗损程度确定抵扣保证金数额,多余部分返还承租人(若押金不足,公司将向承租人追缴不足部分)。

从承租人的角度,在融资租赁交易中,承租人作为需要设备等租赁物和融资的当事人,一个简单的交易流程如下:

(1) 承租人与供应商签署设备采购协议;

(2) 承租人与融资租赁公司签署融资租赁协议,购买合同转让协议,保险权益转让协议,设备远期回购协议;

(3) 融资租赁公司与银行签署贷款协议,设备抵押协议,租赁权益转让协议,保险权益再转让协议;担保人与银行签署担保协议;

(4) 银行向融资租赁公司提供资金,融资租赁公司向设备提供商购买设备;

(5) 供应商向融资租赁公司提供设备,融资租赁公司将设备租赁给承租人;

(6) 承租人按照融资租赁协议规定定期向融资租赁公司支付租金,融资租赁公司向银行还本付息;

(7) 租赁期结束,承租人与融资租赁公司按照设备远期回购协议规定交易租赁物,实现设备产权向承租人的转移。

3. 售后回租业务流程

根据《金融租赁公司管理办法》,售后回租业务是指承租人将自有物件出卖给出租人,同时与出租人签订融资租赁合同,再将该物件从出租人处租回的融资租赁形式。售后回租业务是承租人和供货人为同一人的融资租赁方式。其业务流程是:

(1) 融资租赁公司与承租人签署售后回租协议;

(2) 融资租赁公司与银行签署贷款协议,担保人与银行签署担保协议;

(3) 融资租赁公司与承租人签署设备买卖协议,保险权益转让协议;

(4) 融资租赁公司与银行签署抵押协议,保险权益再转让协议;

(5) 银行向融资租赁公司提供资金,融资租赁公司向承租人付款购买设备;

(6) 承租人按照售后回租协议向融资租赁公司支付租金,融资租赁公司向银行还本付息。

二、融资租赁的法律关系

融资租赁是当事人之间发生的一种贸易与信贷相结合、融资与融物为一体的商事交易关系。从法律关系的角度,典型的融资租赁一般是三方主体之间的两个合同法律关系,即出租人和承租人之间的一个租赁合同关系和出卖人和买受人之间的一个买卖合同相关。两个合同关系互相交错,买卖合同的订立是为了履行租赁合同,而租赁合同的履行又必须以买卖合同的成立为前提。

(一) 融资租赁合同关系主体

1. 融资租赁公司

融资租赁交易中,融资租赁企业是一方当事人,一般作为物件出租人和信用提供方。我国融资租赁行业的参与主体分为三类:内资融资租赁公司、外资融资租赁公司和金融租赁公司;商务部曾经按照2013年《融资租赁企业监督管理办法》、2005年《外商投资租赁业管理办法》分别对内资、外资融资租赁公司进行管理,中国银监会按照2014年《金融租赁公司管理办法》对金融租赁公司进行管理。2018年4月20日起,商务部将制定融资租赁公司、商业保理公司、典当行业务经营和监管规则职责划给中国银保监会。现在由中国银保监会对融资租赁行业实施统一监督管理。

2. 三方主体之间关系

融资租赁交易中两个合同的三方当事人分别是承租人、出租人(买受人)、出卖人。交易中,首先由承租人与出租人订立租赁合同,再由出租人与承租人选定的出卖人订立买卖合同,购买承租人选定的租赁物。尽管买卖合同与租赁合同效力相互交错,但并未突破合同的相对性,因为这种效力上的相互交错是基于合同的约定产生的,是各方当事人之间意思表示一致的结果。

3. 两个合同之间关系

融资租赁合同就是指我国《民法典》第三编合同第二分编第十五章融资租赁合同。《民法典》第735条规定:"融资租赁合同是出租人根据承租人对出卖人、租赁物的选择,向出卖人购买租赁物,提供给承租人使用,承租人支付租金的合同。"根据第736条规定:"融资租赁合同的内容包括租赁物的名称、数量、规格、技术性能、检验方法、租赁期限、租金构成及其支付期限和方式、币种、租赁期间届满租赁物的归属等条款。融资租赁合同应当采用书面形式。"

融资租赁交易中的买卖合同和租赁合同并不是完全独立存在,两者在效力上相互交错。主要体现在:买卖合同中的出卖人不向买卖合同的买受人履行交付标的物的义务,而是向租赁合同中的承租人交付标的物,承租人享有与受领标的物有关的买受人的权利和义务;在出卖人不履行买卖合同中的义务时,承租人在一定前提下有权向出卖人索赔。

(二)融资租赁公司的业务范围

从2018年4月起,我国融资租赁业由中国银保监会统一监管。融资租赁公司主要分为以下三类:金融租赁公司、内资融资租赁公司和外资融资租赁公司。

1. 融资租赁企业

根据商务部2013年《融资租赁企业监督管理办法》,融资租赁企业是指根据商务部有关规定从事融资租赁业务的企业,包括内资企业和外资企业。融资租赁业务是指出租人根据承租人对出卖人、租赁物的选择,向出卖人购买租赁物,提供给承租人使用,承租人支付租金的交易活动。

融资租赁企业可以在符合有关法律、法规及规章规定的条件下采取直接租赁、转租赁、售后回租、杠杆租赁、委托租赁、联合租赁等形式开展融资租赁业务。融资租赁企业应当以融资租赁等租赁业务为主营业务,开展与融资租赁和租赁业务相关的租赁财产购买、租赁财产残值处理与维修、租赁交易咨询和担保、向第三方机构转让应收账款、接受租赁保证金及经审批部门批准的其他业务。

融资租赁企业开展融资租赁业务应当以权属清晰、真实存在且能够产生收益权的租赁物为载体,不得从事吸收存款、发放贷款、受托发放贷款等金融业务。未经相关部门批准,融资租赁企业不得从事同业拆借等业务。严禁融资租赁企业借融资租赁的名义开展非法集资活动。融资租赁企业的风险资产不得超过净资产总额的10倍。

2. 金融租赁公司

根据原中国银监会2014年发布的《金融租赁公司管理办法》(下称《办法》),金融租赁公司(financial leasing companies)是指经中国银保监会批准,以经营融资租赁业务为主的非银行金融机构。金融租赁公司名称中应当标明"金融租赁"字样。未经监管部门批准,任何单位不得在其名称中使用"金融租赁"字样。

金融租赁公司的发起人包括在中国境内外注册的具有独立法人资格的商业银行,在中国境内注册的、主营业务为制造适合融资租赁交易产品的大型企业,在中国境外注册的融资租赁公司以及银监会认可的其他发起人。

金融租赁公司的业务范围主要是:经监管部门批准,金融租赁公司可以经营下列部分或全部本外币业务:(1)融资租赁业务;(2)转让和受让融资租赁资产;(3)固定收益类证券投资业务;(4)接受承租人的租赁保证金;(5)吸收非银行股东3个月(含)以上定期存款;(6)同业拆借;(7)向金融机构借款;(8)境外借款;(9)租赁物变卖及处理业务;(10)经济咨询。

经营状况良好、符合条件的金融租赁公司可以开办下列部分或全部本外币业务:(1)发行债券;(2)在境内保税地区设立项目公司开展融资租赁业务;(3)资产证券化;(4)为控股子公司、项目公司对外融资提供担保;(5)银监会批准的其他业务。金融租赁公司开办前款所列业务的具体条件和程序,按照有关规定执行。

三、融资租赁业的发展与法治保障

(一)我国融资租赁业的发展现状

经过十余年的快速发展,我国的融资租赁行业取得了骄人的业绩,至今已为20万家小微企业提供了金融支持,是服务实体经济发展的重要举措。

(1)发展概况。截至2019年9月底,全国融资租赁企业(既不含单一项目公司、分公司、SPV公司和收购的海外公司,也不含港澳台地区当地的租赁企业)总数为12 027家。其中,已获准开业的金融租赁企业70家;外资租赁公司11 604家。注册资金(统一以1:6.9的平均汇率折合成人民币计算)约合33 309亿元,其中金融租赁公司为2 292亿元;内资租赁公司约为2 134亿元,外资租赁公司约为28 883亿元。全国融资租赁合同余额约为66 800亿元,其中金融租赁约25 150亿元;内资租赁约20 900亿元;外商租赁约合20 750亿元。

(2)业务领域。从业务领域来看,金融租赁公司尤其银行系,业务发展主要定位于交通、船舶、大型设备制造业等行业。在业务模式上,金融租赁公司以融资租赁为主,且售后回租占比高,仅有少数头部金融租赁公司拥有较大规模的经营租赁资产,主要集中在飞机、船舶等领域;从整体看,金融租赁公司业务模式较为单一,且存在同质化、类信贷化的现象。但近年来,在经济增速放缓、监管政策导向租赁业务"回归本源"以及企业违约风险上升、同业竞争加剧的经营环境下,金融租赁公司也在逐步优化业务结构,提升直租业务比例。而融资租赁企业,则是主要依赖其股东的客户资源、技术和渠道优势,拓展上下游客户,因此业务领域分化较大。如中飞租赁,作为中国飞机租赁集团控股有限公司的全资子公司,依托其母公司的业务资源,专注于民用航空业;而中国康富国际租赁,作为国家电力投资集团公司下属租赁公司,主要在工程机械、电力能源领域形成了较为稳定的业务模式。

(3)融资渠道。融资租赁是资金密集型行业,必须大量依靠外部资金来支撑业务发展。由于其无法进入银行间市场进行同业拆借以及发行金融债券,又鉴于租赁ABS产品有助于优化资产负债表、改善中长期资金匹配程度等特性,其成为融资租赁企业优先选择的融资工具。从融资渠道来看,租赁企业主要资金来源可大致分为股权融资和债项融资。租赁企业的股权融资渠道主要包括增资扩股和IPO上市等。租赁企业的债项融资主要包括银行借款、发行债券、ABS、信托融资等,部分企业还通过互联网金融等方式融资。融资渠道方面,目前租赁企业仍主要依赖短期银行借款,资产负债期限存在一定程度的错配;为解决资金需求、优化资产负债结构,发行债券和 ABS 逐渐成为租赁企业重要的融资渠道。债券品种方面,在经历过 2017 年金融租赁 ABS 井喷式的发行后,2018 年以来金融租赁公司优先选择发行金融债券来进行融资;对于融资渠道相对狭窄的融资租赁企业,则持续选择通过租赁 ABS 的方式来筹措资金。

(4) 股东背景与业务发展。根据股东背景差异划分,租赁企业可分为银行系、专业化的厂商系和独立第三方系。其中,银行系主要为金融租赁公司,其特点是依托于银行股东,具有资金实力雄厚、融资成本低、客户群体多等优势,其业务发展一般定位于交通、船舶、大型设备制造业等大资产类行业;但银行系金融租赁公司由于普遍缺乏成熟的融资租赁业务能力,因此其业务模式多为"类信贷"的售后回租,业务"同质化"现象较为严重。厂商系租赁主要股东为设备制造厂商,其特点是拥有系统内的客户资源和技术优势,业务开展集中于系统内部及上下游客户,在机械、医疗、汽车、电力设备等特定行业领域具有较为丰富的专业经验和竞争优势,业务模式多为直租;但厂商系租赁受制于系统内产品体系和客户,服务对象通常较为单一。独立第三方系租赁股东多为大型外贸、物流、综合型集团企业,其特点是依托于股东的资源,定位于印刷、医疗设备、工程机械等行业的中小企业,行业分布较为广泛,业务模式相对灵活;但独立第三方系租赁通常资本实力相对较弱,市场定位不明确,融资渠道较为单一。

随着我国"供给侧结构性改革"的持续推进,"一带一路""中国制造 2025"等导向型政策的持续深入,产业经济结构调整、技术革新带动大量固定资产投资需求,融资租赁将在产业结构转型升级和中国企业"走出去"的道路上发挥重要作用,融资租赁行业未来面临良好发展机遇。

(二) 我国融资租赁业的法治保障体系

我国融资租赁业行业的法律规范体系,包括我国《民法典》《外商投资法》《商业银行法》《银行业监管法》等国家法律,国务院办公厅《关于加快融资租赁业发展的指导意见》《关于促进金融租赁行业健康发展的指导意见》、中国银监会《金融租赁公司管理办法》、商务部《融资租赁企业监督管理办法》《外商投资租赁业管理办法》等部门规章,上海自贸区《关于进一步促进融资租赁产业发展的若干措施》、上海浦东新区政府《关于浦东新区促进融资租赁业发展的意见》等地方法规或规章等。

自 2018 年 4 月我国融资租赁行业实行统一监督管理以来,中国银保监会加大相关法律法规的修订和制定力度,必将对融资租赁行业的法治保障产生积极影响。

(1) 中国银保监会修订《融资租赁企业监督管理办法》。2020 年 1 月 8 日,中国银保监会发布《融资租赁业务经营监管管理暂行办法(征求意见稿)》,向社会公开征求意见。《办法》对融资租赁企业业务范围、经营规则、监管指标、监督管理等进行了全面的规范。总体而言,对于融资租赁企业的监管力度和规范程度将会加强,监管要求逐步与金融租赁公司趋同。

(2)《中国金融租赁行业自律公约》实施。2019 年 1 月,中国银行业协会金融租赁专业委员会(以下简称"金租专委会")发布了金融租赁行业首个自律公约——《中国金融租赁行业自律公约》(以下简称《自律公约》)。《自律公约》表示,为不断提高金融服务实体经济的能力和质量,逐步降低售后回租的业务比例,开展售后回租业务时,租赁物必须由承租人真实拥有并有权处分。

《自律公约》主要从遵章守法、业务体系建设、公司发展战略以及从业人员管理等方面分别进行了约定。其中,主要包括遵章守法行为、严守商业道德、行业自律原则、强化内控建设、制定发展战略规划、建立合理定价体系、建立关联交易管理制度、建立租赁物评估定价体系、降低售后回租业务比例以及加强对全体会员机构从业人员的自我约束管理和教育培训等内容。《自律公约》的发布,将更好地倡导全行业依法合规经营,维护金融租赁业合理有序、公平竞争的市场环境,建立行业约束和监督机制,促进金融租赁行业高质量发展。

(3) 金融租赁公司监管评级。2020年6月30日,中国银保监会印发、施行《金融租赁公司监管评级办法(试行)》,共五章24条,主要包括总责、评级要素和评级办法、评级操作规程、分类监管、附责等五部分,对金融租赁公司监管评级工作作出了规定。金融租赁公司监管评级结果分为1级、2级(A、B)、3级(A、B)、4级和5级共5个级别7个档次。级数越大表明级别越差,越需监管关注。

第五节　商业保理的法治保障

自2012年6月商务部发布《关于商业保理试点有关工作的通知》在天津滨海新区、上海浦东新区开展商业保理试点以来,保理业务在国内贸易领域的运用显著增多。根据提供保理服务主体的不同,分为银行类保理机构和商业保理公司。商业保理是继银行保理之后发展出来的一项新型的金融活动,对促进资金流通、解决中小企业融资难问题具有积极意义。商务部、天津市人民政府、上海市商务委、中国(上海)自由贸易试验区先后出台关于商业保理的规范文件,商业保理业务作为深化金融创新的一项措施得到积极推广和快速发展。

我国《民法典》在第三编合同以第十六章对"保理合同"作出专门规定,"保理合同"由此从无名合同成为典型合同。因此,我国商业保理业进入规范化发展的新时期。

一、商业保理的法律界定

(一) 保理的概念

1. 基本概念

保理(factoring),全称"保付代理",是指卖方将其现在或将来的基于其与买方订立的货物买卖或服务合同所产生的应收账款转让给保理商,由保理商向其提供资金融通、买方资信评估、销售账户管理、信用风险担保、账款催收等一系列服务的综合金融服务方式。它是商业贸易中以托收、赊账方式结算货款时,卖方为了强化应收账款管理、增强流动性而采用的一种委托第三者(保理商)管理应收账款的行为。

自2021年1月1日起生效的我国《民法典》在合同编中设专章对保理合同进行规定,其保理合同的定义为:保理合同是应收账款债权人将应收账款转让给保理人,保理人提供资金融通、应收账款管理或者催收、应收账款债务人付款保证等服务的合同。

举例说明:甲公司给乙公司供货,双方谈好3个月结一次款。甲因赊销,导致经常缺钱,问银行借太慢了,所以甲把乙欠他的钱转让给做保理的丙公司,并和乙确认后,丙公司融资给甲,赚利息,3个月到期时,乙把欠甲的钱借给保理商丙公司。

保理业务是一项集贸易融资、商业资信调查、应收账款管理及信用风险担保于一体的新兴综合性金融服务。根据业务主体的不同,保理业务可以分为银行保理业务和商业保理业务(非银行办理业务)两类。

2. 银行保理

中国银监会于 2014 年 4 月发布《商业银行保理业务管理暂行办法》,第二章第 6 条规定,保理业务是以债权人转让其应收账款为前提,集应收账款催收、管理、坏账担保及融资于一体的综合性金融服务。债权人将其应收账款转让给商业银行,由商业银行向其提供下列服务中至少一项的,即为保理业务:(1)应收账款催收。商业银行根据应收账款账期,主动或应债权人要求,采取电话、函件、上门等方式或运用法律手段等对债务人进行催收。(2)应收账款管理。商业银行根据债权人的要求,定期或不定期向其提供关于应收账款的回收情况、逾期账款情况、对账单等财务和统计报表,协助其进行应收账款管理。(3)坏账担保。商业银行与债权人签订保理协议后,为债务人核定信用额度,并在核准额度内,对债权人无商业纠纷的应收账款,提供约定的付款担保。(4)保理融资。以应收账款合法、有效转让为前提的银行融资服务。以应收账款为质押的贷款,不属于保理业务范围。

2016 年 8 月 23 日,中国银行业协会印发了修订后的《中国银行业保理业务规范》,在其第 2 条第二项对保理业务作出了相同的界定。

(二) 国际保理

现代保理业务作为一种贸易融资和风险控制的工具,缘起于 18 世纪初期欧美之间的国际贸易。在现代国际贸易中,赊销方式是最为有利、最具吸引力的非信用证贸易结算方式。但赊销方式中,出口商会承担更大的汇价和信用风险,加之应收账款可能在营运资金中占有更大比例而导致资金短缺。因此,国际保理(international factoring),作为以赊销为主的信用销售方式而设计的包括贸易融资、分户账管理、债款回收、坏账担保在内的一种综合金融服务方式,应运而生,而且在第二次世界大战后得到迅速普及和蓬勃发展。[①]

(1) UNIDROIT 的界定。根据国际统一私法学会(UNIDROIT)1988 年《国际保理公约》第 2 条,"保理合同是指一方当事人(供应商)与另一方当事人(保理商)之间所订立的合同,根据该合同:①供应商可以或将要向保理商转让由供应商与其客户(债务人)订立的货物销售合同所产生的应收账款,但主要供债务人个人、家人或家庭使用的货物销售所产生的应收账款除外。②保理商应履行至少两项下述职能:为供应商融通资金,包括贷款和预付款;管理与应收账款有关的账户(销售分户账);代收应收账款;对债务人的拖欠提供坏账担保。"[②]

[①] 张学森:《国际保理及其在国际贸易中应用的法律问题》,载《法学研究生》,1996 年第 19 期,第 54—60 页。
[②] Article 2 of Unidroit Convention on International Factoring (28 May 1988):
1. — This Convention applies whenever the receivables assigned pursuant to a factoring contract arise from a contract of sale of goods between a supplier and a debtor whose places of business are in different States and: (a) those States and the State in which the factor has its place of business are Contracting States; or (b) both the contract of sale of goods and the factoring contract are governed by the law of a Contracting State.
2. — A reference in this Convention to a party's place of business shall, if it has more than one place of business, mean the place of business which has the closest relationship to the relevant contract and its performance, having regard to the circumstances known to or contemplated by the parties at any time before or at the conclusion of that contract.

(2) FCI 的界定。根据国际保理商联合会(FCI)2005 年 7 月修订的《国际保理通用规则》,保理是指存在一种契约关系,根据该契约,无论是否为了取得融资,供应商将基于本规则所定义的应收账款转让给保理商,由保理商为供应商提供下列服务中的至少一项:销售分户账管理、应收账款的催收与坏账担保。①

(三) 商业保理

2012 年 6 月,商务部发布《关于商业保理试点有关工作的通知》,同意在天津滨海新区、上海浦东新区开展商业保理试点。商业保理试点的内容是:"设立商业保理公司,为企业提供贸易融资、销售分户账管理、客户资信调查与评估、应收账款管理与催收、信用风险担保等服务。"

2016 年 8 月,中国服务贸易协会商业保理专委会(CFEC)受商务部市场秩序司委托起草的《商业保理术语:基本术语》进行公开征求意见。其中,商业保理(commercial factoring)指商业保理企业受让应收账款的全部权利及权益,并向债权人提供应收账款融资、应收账款管理、应收账款催收、还款保证中至少两项业务的经营活动。

2014 年 7 月《上海市商业保理试点暂行管理办法》和 2018 年 11 月《中国(上海)自由贸易试验区商业保理业务管理暂行办法》,对商业保理业务进行了类似的界定。即商业保理业务,是指供应商与商业保理商(非银行机构)通过签订保理协议,供应商将现在或将来的应收账款转让给商业保理商,从而获取融资,或获得保理商提供的分户账管理、账款催收、坏账担保等服务。

(四) 商业保理合同的法律特征

无论是国内保理、国际保理,还是商业保理、银行保理,保理业务在实质上是围绕着保理所提供的贸易融资、应收账款催收、销售分户账管理与坏账担保等专业服务展开的。例如,我国商业保理行业将保理归属于综合性的"商贸"服务,而银行保理行业则将保理定性为综合性的"金融"服务,这无非是不同的监管机关从其角度所下的定义,在本质上并无差别。

因此,商业保理合同是一种以应收账款债权转让为主要形式、以融资获得为核心、具有担保功能的综合性金融服务合同。

(1) 商业保理业务的主要表现形式为应收账款债权转让。无论是否办理融资,保理业务都是以应收账款的转让作为前提的。凡是没有办理应收账款转让,或者以质押方式办理业务的,均不能称之为保理业务。而且,所有的商业保理合同的权利义务关系,均是在应收账款转让的基础上形成的,因为融资、对应收账款相关账户的管理、催收、信用销售控制以及坏账担保等职能,都只有在应收账款债权转让之后才得以实现。虽然各国法律对应收账款转让通知生效的规定有所不同或不尽明确,但转让应收账款必须通知原债务人才能对债务人发生效力的规定基本是一致的。

(2) 商业保理业务的核心是融资活动。从我国商业保理实践来看,融资是我国现阶段商业保理的最主要目的,甚至可以说我国商业保理的发展都是围绕融资而开展的。以转让应收账款债权的融资方式,可以加速应收账款变现,促进资金流转。

---

① A factoring contract is a contract pursuant to which a supplier may or will assign accounts receivable (referred to in these Rules as "receivables" which expression, where the context allows, also includes parts of receivables) to a factor, whether or not for the purpose of finance, for at least one of the following functions: Receivables ledgering; Collection of receivables; Protection against bad debts.

（3）商业保理业务具有担保功能。以有追索权的商业保理合同为例，供应商对买方的支付义务承担担保责任，在保理商因各种原因不能收回应收账款时，供应商在保理商要求时承担应收账款的回购义务。

（4）商业保理合同是一种综合性金融服务合同。商业保理和银行保理虽然在业务主体、行业准入和监管规则上有所不同，但是两者的交易模式并无区别，均属于金融活动。随着信息技术的发展，商业保理业务的范围不断扩张，也在企业资金周转、应收账款管理、融资渠道开拓和企业财务管理等方面发挥着综合性的服务功能，同时极大地促进了资金流通，有助于解决中小微企业融资的问题，属于普惠金融体系的重要组成部分。

二、商业保理的发展现状

现代保理业务作为一种贸易融资和风险控制的工具，缘起于18世纪初期欧美之间的国际贸易。17世纪末18世纪初，英国纺织工业迅猛发展，向海外销售纺织品成为资本主义初期实现经济扩张的必由之路。而此时，恰逢美国人口快速增长、经济加速发展的兴业时期，对欧洲商品需求强烈。但是，由于当时的运输条件和通信技术尚不发达，以英国为代表的欧洲出口商对美国的市场情况和客户资信了解有限。为保障贸易的顺利进行，欧洲地区的出口商开始与进口国当地的商业代理合作，交由后者负责销售货物并保证货款的及时结清。

由此，欧美贸易催生并繁荣了美国当地商业代理和保理商的代售活动。他们为欧洲的出口商提供在美国的商品寄售和货物存储、寻找买家并向其发运货物，在向买方进行赊账或放账销售的基础上在一定期限后向买方进行付款催收等服务，收取佣金作为报酬。

保理业务是19世纪欧洲商人在美国发明的。当欧洲人开始在美国做寄售业务时，他们雇用了当地代理人来评估客户的信誉并代表他们发送货物。随着货物存储到代理人处，发票寄给代理人，他们开始向卖方提供营运资本流动资金，此后就形成了保理业务。经过近一个世纪的发展，2017年全球保理业务规模已增长到2.6万亿欧元，其中65%以上来自欧洲，其次是亚洲和美国。

2017年，全球保理业务的国内生产总值渗透率平均为3.4%。作为最发达的保理市场，欧洲的国内生产总值渗透率为10%；而美国的国内生产总值渗透率仅为0.5%，原因是国内生产总值基数大，资本市场高度成熟。中国在保理业务发展的早期阶段，其国内生产总值渗透率为3.7%，接近全球平均水平，但由于强劲的贸易流动，未来中国有可能实现更高的增长。

欧洲拥有世界上最大、最成熟的保理市场。其中银行占主导地位，银行和有银行背景的商业保理商的贡献率超过90%。同时，这个市场也高度集中。在英国有49个保理商，2015年前十大保理商所占市场份额超过80%。与此同时，法律环境和欧洲政府坚定地鼓励保理业务的发展，保护保理商的所有权，同时也允许保理业务的灵活性，从而开发新的保理产品以满足客户的个性化需求。

自2012年试点以来，我国商业保理行业获得了跨越式发展，取得了令世人瞩目的成就。经过不到10年的发展，我国商业保理行业监管格局逐步明确，相关政策不断出台，行业标准化建设有序推进，保理市场需求持续快速增长。资产证券化快速发展，银行与商业保理合作加强。保理立法取得重大进展，仲裁成为商业保理纠纷解决新途径。商业保理行业信息化建设加快推进，金融科技赋能商业保理行业，核心企业应付账款电子化流转业务发展迅猛。

以 2018 年为起点,商业保理从商务部转由中国银保监会监督管理,我国商业保理行业进入成长期。据统计,截至 2018 年 12 月 31 日,全国已注册商业保理法人企业及分公司共计 11 541 家(不含已注销企业 436 家,已吊销企业 57 家)。据测算,全年商业保理业务量达到 1.2 万亿人民币,较 2017 年增长了 20%。到 2018 年年底,全国 31 个省(直辖市、自治区)均已设立了商业保理企业及分公司。

从初创期进入成长期,我国商业保理行业发展特点鲜明:市场基础牢固、发展持续向好,金融科技创新、助力转型升级,产融结合深入发展、反向保理备受青睐,资产证券化快速发展、成为重要融资渠道,专注细分行业、提供专业服务。由于上市公司股价暴跌现象频发,保理业务风险加剧,促使行业自律加强、力促协同发展。

在持续快速发展的同时,我国商业保理行业也面临着一些迫切需要解决的问题:保理公司整体开业率较低,行业监管细节尚待明确,缺乏行业信用信息共享和约束机制,保理公司再融资渠道亟须拓展,高额税赋加重了商业保理企业负担,政策阻碍保理业务投保信用保险,外汇结转限制跨境保理开展,人才结构的合理性等问题亟待进一步完善。

在 2020 年代,我国商业保理处于重要的战略机遇期,市场基础深厚、发展前景可期。随着各地注册政策开放,商业保理企业逐渐形成全国遍地开花的良好局面。我国商业保理行业发展应当着重于提高监督管理规范化水平,拓宽商业保理企业融资渠道,调整商业保理行业税收政策,放开商业保理投保信用保险政策,支持跨境商业保理业务开展,完善人才培养机制,强化行业自律。

三、商业保理的法治保障

在全球范围内,保理业务的监管形式各异。在发达的大型国际市场,保理业务不受任何监管,比如澳大利亚、中国香港、新加坡和美国;而在有监管的市场,各地的监管力度差异较大:例如,采取弱监管的英国,将保理作为非银行机构监管的印度、德国和中国大陆;执行与银行同一监管标准的奥地利和法国等。总体上,监管政策的重点在于对程序的要求,如合同手续、保理业务种类(比如是否有追索权)和注册条件等。

(一) 我国商业保理业务的法律规范

商业保理的核心是应收账款转让。一般认为,在法律性质上,保理业务属于债权让与。从司法实践来看,商业保理合同纠纷所适用的基本法律规范,是我国《合同法》第 79 条至第 83 条关于债权让与的一般规定。自 2021 年 1 月 1 日起施行的我国《民法典》在第三编合同中设第十六章对保理合同进行规定。因此,我国《民法典》(包括被替代的《民法通则》《物权法》《合同法》《担保法》等),是商业保理法律规范体系的基本法律。除了基本法律,我国商业保理的法律规范主要包括部门规章,如商务部 2012 年 6 月《关于商业保理试点有关工作的通知》、中国银保监会 2019 年 10 月《关于加强商业保理企业监督管理的通知》;来自试点地区的地方法规或规章,如上海市 2014 年 7 月《上海市商业保理试点暂行管理办法》和 2018 年 11 月《中国(上海)自由贸易试验区商业保理业务管理暂行办法》,天津市地方金融监督管理局 2019 年 4 月《天津市商业保理试点管理办法(试行)》,等等。

同时,银行保理业务的有关法规和规则,对商业保理业务具有一定的参考意义。主要包括中国银监会 2014 年 4 月《商业银行保理业务管理暂行办法》、中国银行业协会 2016 年 8 月《中国银行业保理业务规范》。

值得注意的是,中国银保监会正在制定《商业保理企业监督管理办法》,以进一步完善商业保理企业市场准入、退出、业务经营和监督管理规则。

(二)保理业务法律风险类型及防范

分析保理业务的法律风险,或有很多分类方法,风险来源即是其一。

1. 交易型风险

主要是交易对手方带来的风险。(1)诈欺性风险。如虚假贸易,即基础债权债务虚构,存在不同情况:有的是完全虚构,有的是以少充多,或是伪造转让通知。这种虚假交易,有时候是债权人和债务人串通作假,即买方和卖方联合起来,有的只是单方面的。(2)偿还能力风险。同样是来自交易对手的问题,比如债权人倒闭、破产、跑路;债务人和担保人都没有偿债的能力。

2. 管理型风险

主要是保理企业的自身原因。比如:(1)尽职调查存在重大疏漏;(2)合同条款存在重大失误;(3)其他操作性风险。

3. 第三方风险

这是除了交易双方以外其他产生的风险。(1)金融政策、法律法规变化;(2)裁判者(法院、仲裁)观点、尺度的差异,如管辖权问题、合同效力、合同性质、违约金标准、刑民交叉问题等。

关于保理业务法律风险的防控,主要应该从三个方面入手:(1)强化尽职调查,可引进第三方专业机构(律师、会计师);(2)严格审查合同条款;(3)加强政策法规研究;(4)加强行业指导与警示指引,创建业务流程指引规范、制作合同范本。

(三)把握合同法律特点,防范商业保理纠纷

商业保理业务中存在三方当事人,即保理商、债权人和债务人;依托两个合同,即保理合同和基础合同。法律关系比较复杂,需要把握合同关系的法律特征,防范纠纷发生。

1. 商业保理的两个合同、三方当事人

保理是债权人基于与债务人之间的买卖合同、服务合同等基础合同,与保理商签订保理合同,约定将基础合同项下的应收账款转让给保理商,由保理商就受让的应收账款向债权人提供综合性金融服务。保理业务中涉及债权人与保理商之间的保理合同,债权人与债务人之间的买卖合同等基础合同。

两个合同中涉及三方当事人,包括债务人(基础合同项下的付款义务人)、债权人(基础合同中的债权人,同时也是保理合同中的应收账款出让人)、保理商(开展保理业务的金融机构及商业保理公司,即保理合同中的应收账款受让人)。

2. 保理融资功能应用最为广泛

近年来,随着购货商赊销付款逐步成为主导结算方式,大量应收账款不可能及时变现,保理业务拓宽了融资渠道,有效解决了中小企业的融资困难。分析认为,融资在保理业务中所占比例近80%。

3. 保理商通过受让债权取得对债务人的直接请求权

保理以应收账款转移为前提,保理商受让应收账款,取得债权人地位。保理商依据与债权人签订的保理合同以债权人身份对应收账款进行持续性的监督管理,如销售分户账管理、应收账款催收等。

4. 债务人付款是保理融资的第一还款来源

债权人将应收账款转让给保理商后,保理商为债权人提供资金融通款,包括贷款和应收账款转让预付款。保理融资应以债务人对于应收账款的支付为第一还款来源,并非债权人直接支付款项。只有债务人未依约履行还款责任,保理商才可依保理合同约定向债权人主张相关权利。

5. 保理商在一定条件下对债务承担有条件的坏账担保

在无追索权的保理中,保理商根据债权人提供的债务人核准信用额度,在信用额度内承购债权人对债务人的应收账款并提供坏账担保责任。债务人因发生信用风险未按基础合同约定按时足额支付应收账款时,保理商一般情况下不能向债权人追索。

自 2021 年 1 月 1 日起实施的我国《民法典》设专章,即合同编第十六章共 9 个条款,对保理合同进行了规定。《民法典》第 761 条规定:"保理合同是应收账款债权人将现有的或者将有的应收账款转让给保理人,保理人提供资金融通、应收账款管理或者催收、应收账款债务人付款担保等服务的合同。"769 条规定:"本章没有规定的,适用本编第六章债权转让的有关规定。"这些规定,很好地揭示了保理合同的法律特征,也是确定保理合同当事人权利义务的基本依据。

复习思考题

1. 简述金融创新及其特点。
2. 试述普惠金融体系法律问题。
3. 试述绿色金融及其制度框架。
4. 分析资产证券化的法律本质。
5. 试述融资租赁及其法律关系。
6. 简述保理合同的法律特征。
7. 论述金融创新的法治保障。

参 考 文 献

丁邦开、周仲飞:《金融监管学原理》,北京大学出版社2004年版。
郭德香:《金融信托法律制度研究》,郑州大学出版社2003年版。
何宝玉:《英国信托法原理与判例》,法律出版社2001年版。
黄达、张杰:《金融学》(第四版),中国人民大学出版社2017年版。
季爱东:《银行新中间业务与法律问题》,中国金融出版社2004年版。
李珂丽:《国际保理法律机制研究》,知识产权出版社2014年版。
刘丰名:《国际金融法》(修订版),中国政法大学出版社1997年版。
刘隆亨:《银行金融法学》(第七版),北京大学出版社2020年版。
禄正平:《证券法学》,商务印书馆2019年版。
施天涛:《商法学》(第六版),法律出版社2020年版。
施天涛、余文然:《信托法》,人民法院出版社1999年版。
王文宇:《新金融法》,中国政法大学出版社2003年版。
吴大器、张学森:《金融行业法律案例知识读本》,上海科学普及出版社2015年版。
吴大器、张学森:《上海国际金融中心发展环境专项研究》,上海财经大学出版社2014年版。
吴志攀:《金融法概论》(第五版),北京大学出版社2011年版。
武靖人、袁祝杰:《中国担保法律与实务》,中信出版社1997年版。
谢怀栻:《票据法概论》(增订第二版),法律出版社2017年版。
徐孟洲:《金融法》(第三版),高等教育出版社2014年版。
徐孟洲:《信托法学》,中国金融出版社2004年版。
张学森:《金融创新发展的法治保障研究》,复旦大学出版社2018年版。
张学森:《金融法学》,复旦大学出版社2006年版。
张学森、张伟弟:《证券法原理与实务》,经济科学出版社1999年版。
周洪钧、张学森:《国际证券业的规范运作》,上海译文出版社1996年版。
周辉斌:《银行保函与备用信用证法律实务》,中信出版社2003年版。
周小明:《信托制度比较法研究》,法律出版社1996年版。
周玉华:《信托法学》,中国政法大学出版社2001年版。
朱崇实、刘志云:《金融法教程》(第四版),法律出版社2017年版。
朱大旗:《金融法》(第三版),中国人民大学出版社2015年版。
邹海林、常敏:《债权担保的理论与实务》,社会科学文献出版社2005年版。

图书在版编目(CIP)数据

金融法学/张学森编著. —2版. —上海:复旦大学出版社,2020.8(2021.12重印)
(复旦卓越.金融学系列)
ISBN 978-7-309-14908-1

Ⅰ.①金… Ⅱ.①张… Ⅲ.①金融法-法学-中国-高等学校-教材 Ⅳ.①D922.280.1

中国版本图书馆 CIP 数据核字(2020)第 074748 号

金融法学(第二版)
张学森　编著
责任编辑/戚雅斯

复旦大学出版社有限公司出版发行
上海市国权路 579 号　邮编:200433
网址:fupnet@fudanpress.com　http://www.fudanpress.com
门市零售:86-21-65102580　团体订购:86-21-65104505
出版部电话:86-21-65642845
上海四维数字图文有限公司

开本 787×1092　1/16　印张 23　字数 560 千
2021 年 12 月第 2 版第 2 次印刷

ISBN 978-7-309-14908-1/D·1024
定价:58.00 元

如有印装质量问题,请向复旦大学出版社有限公司出版部调换。
版权所有　侵权必究